THE APPROACHES AND PRACTICES OF

GLOBAL HISTORY

全球史研究指南

方法与实践

夏继果　王文生　杜宪兵　主编

商务印书馆
创于1897　The Commercial Press

Patrick O'Brien. "Historiographical Traditions and Modern Imperatives for the Restoration of Global History," *Journal of Global History* (2006) 1, pp. 3–39.

Richard Drayton and David Motadel. "Discussion: the Futures of Global History," *Journal of Global History* (2018) 13, pp. 1–21.

Paolo Malanima. "Energy Crisis and Growth 1650—1850: The European Deviation in a Comparative Perspective." *Journal of Global History* (2006) 1, pp.101–121.

Matthias Middelland Katja Naumann. "Global History and the Spatial Turn: From the Impact of Area Studies to the Study of Critical Junctures of Globalization," *Journal of Global History* (2010) 5, pp. 149–170.

Markus P. M. Vink. "Indian Ocean Studies and the 'new thalassology'," *Journal of Global History* (2007) 2, pp. 41–62.

Jean Michaud. "Editorial – Zomia and beyond," *Journal of Global History* (2010) 5, pp. 187–214.

Kenneth Pomeranz. "Teleology, Discontinuity and World History: Periodization and Some Creation Myths of Modernity," *Asian Review of World Histories* 1: 2, 2013, pp. 189–226.

Philippa Levine. "Is Comparative History Possible?" *History and Theory* 53, no. 3, 2014, pp. 331–347.

Xinru Liu. "A Silk Road Legacy: The Spread of Buddhism and Islam," *Journal of World History* ,Vol. 22, No.1 (2011), pp. 55–81.

Anne E. C. McCants. "Exotic Goods, Popular Consumption, and the Standard of Living: Thinking about Globalization in the Early Modern World," *Journal of World History*, Vol.18, No. 4 (2007), pp. 433–462.

Adam McKeown. "Global Migration, 1846–1940," *Journal of World History*, Vol.15, No. 2 (2004), pp. 155–189.

John Tully. "A Victorian Ecological Disaster: Imperialism, the Telegraph, and Gutta-Percha." *Journal of World History*, Vol.20, No.4 (2009), pp. 559–579.

Richard Horowitz. "International Law and State Transformation in China, Siam, and the Ottoman Empire during the Nineteenth Century," *Journal of World History*, Vol.15, No.4 (2004), pp. 445–486.

Michael Adas. "Contested Hegemony: The Great War and the Afro-Asian Assault on the Civilizing Mission Ideology," *Journal of World History*, Vol.15, No.1 (2004), pp. 31–63.

Edmund Burke III. "Toward a Comparative History of Mediterranean, 1750–1919," *Journal of World History*, Vol.23, No. 4 (2012), pp. 907–939.

Heather Streets-Salter. "The Local Was Global: The Singapore Mutiny of 1915," *Journal of World History*, Vol.24, No. 3 (2013), pp. 539–576.

Peter Burke, Luke Clossey and Felipe Fernández-Armesto. "The Global Renaissance," *Journal of World History*, Vol.28, No. 1(2017), pp. 1–30.

Patrick Manning. "Locating Africans on the World Stage: A Problem in World History." *Journal of World History*, Vol.26, No. 3 (2015), pp. 605–637.

目　录

CONTENTS

Framing

夏继果　王文生　杜宪兵

导论　全球史研究的路径

2010年，北京大学出版社出版了由首都师范大学夏继果和夏威夷大学杰里·本特利共同主编的《全球史读本》。该书挑选译介了从1963年到2007年西方全球史和世界史领域最具代表性和最具影响力的部分研究成果。[1] 该书出版正值国内学界日益关注全球史之际，对于学术的发展和大众对全球史的认知起到了一定的推动作用。

转眼间十多年过去了，全球史在国际学术界获得重大发展，我们感觉有必要把这些新的研究成果介绍给读者，主要目的在于为推进国内学术界的全球史研究提供借鉴。在《世界历史杂志》第二任主编法比奥·洛佩兹·拉萨罗（Fabio López Lázaro）的大力协助下，我们从国际权威的英文期刊[2] 中精选了在2004年到2018年间发表的十八篇文章（其中十六篇是首次译成中文），翻译、编辑成此书。全书分为两大部分。第一部分"全球史的过去、现在和未来"包括两篇研究综论，呈现了全球史发展的大致轨迹。第二部分"全球史的分析方法与实践"由十六篇专题文章组成，涵盖了全球史领域诸多重要的研究主题，包括宗教文化、贸易消费、移民、生态环境、信息通信、能源创新、帝国殖民、主权与国际法、全球化和现代性、历史分期与空间转向、海洋史、高地社会、微观史和知识交流，等等。[3] 这些文章进一步分为三小类，分别体现了全球史研究的三大路径——互动、比较和建构。

国际学术界通常把1963年视为全球史学开始兴起的标志，因为在这一年美国历史学家威廉·H. 麦克尼尔的名著《西方的兴起》正式出版。1982年，美国"世界史学会"（World

---

1　本特利亦为美国《世界历史杂志》（*Journal of World History*）创刊主编。他认为，对英语世界的大多数历史学家而言，世界史与全球史两个概念高度重合，经常被等同视之。有的学者则认为两者在研究时段、取向和方法等方面存在不同，并加以区分。本书延续北京大学出版社《全球史读本》的做法，将全球史和世界史等同使用。

2　绝大部分来自全球史领域最主要的两份期刊，即《世界历史杂志》和《全球史杂志》（*Journal of Global History*）。

3　未能涵盖的研究主题包括性别史的全球转向、人类影响地质记录的"人类世"（Anthropocene）以及将历史学与自然科学紧密结合的"大历史"（Big History）等，需要读者另外给予关注。

History Association）成立，1990 年，该学会主办的《世界历史杂志》问世。两者发展迅速，共同引领着美国全球史教学和学术研究的动向。一方面，从中小学课程、本科课程到博士生培养的全球史教育体系建立起来；另一方面，全球史大众出版物、博物馆展览、媒体节目的不断增多，表明全球史在美国已经从学术圈走向大众。鉴于此，《世界史指南》主编密歇根大学的道格拉斯·诺思罗普自豪地说，全球史学者现在有了更多的底气，已经超越了“证明自己”的阶段。[4] 2012 年，哈佛大学教授大卫·阿米蒂奇甚至宣告“民族国家史的霸权时代已经终结”[5]，虽然这一论断颇具争议。

在欧洲，《全球史杂志》2006 年创刊于英国。编入本书的第一篇文章即为英国著名历史学家帕特里克·奥布赖恩为该杂志所作的创刊序言。文章在研究时段上自古代历史书写传统的滥觞延续至全球化的当下，在地理空间上涉及多个地区和国家，全面总结了世界主要史学传统的地方性和全球性，从学术史层面有力论证了全球史复兴的可能性和必要性，为全球史研究的开展提供了理论铺垫。[6] 奥布赖恩对于全球史复兴的现代必要性的论述是振聋发聩的：“根据我的理解，现代全球史的任务和目标并非假惺惺地声称科学客观性和个人公正性，而是出于道义目的，满足日益全球化的世界的需求。这需要对各种文化既有的经典史学进行重组，以便为那些试图摆脱民族传统、区域传统、种族传统和宗教传统的历史书写腾出空间。”[7]可以说，此序言不仅宣告了该领域一份最重要学术期刊的诞生，而且吹响了全球史现代复兴的号角。短短十余年间，该杂志就成为国际史学界最受瞩目的期刊之一，标志着全球史研究整体地位的提升，也间接证实了作者的乐观论断。柏林自由大学塞巴斯蒂安·康拉德在 2016 年出版的《全球史是什么》一书中描述了全球史在国际学术界的发展：全球史教学与研究方兴未艾，在过去几十年里是历史学科中发展最快的领域，这一趋势在英语世界（尤其是美国）表现最为明显，同时也扩及欧洲部分地区和东亚，在那里日益受到年轻一代学者的青睐；很多时候，要成功申请一个项目，“全球维度”是必不可少的，一些最权威的国际史学杂志，如《美国历史评论》和《过去与现在》，越来越多地刊载全球史论文，全球史已成为“主流”，“历史学的每个方向皆可采用全球视角”。[8]

---

4 Douglas Northrop, “Introduction: The Challenge of World History, ” in Douglas Northrop, ed., *A Companion to World History*, Chichester: Blackwell Publishing Ltd., 2012, p. 3.

5 Martine van Ittersum and Jaap Jacobs, “Are We All Global Historians Now? An Interview with David Armitage, ” *Itinerario*, 36: 2 (2012), p. 16.

6 帕特里克·奥布赖恩：《全球史复兴的史学传统根基与现代必要性》，见本书第 27—68 页。

7 同上文，见本书第 67 页。

8 塞巴斯蒂安·康拉德：《全球史是什么》，杜宪兵译，北京：中信出版集团，2018 年，第 1、12 页。

尤其值得我们关注和欣喜的是，全球史教学与研究在东亚各国取得了长足的进展。以中国为例，2004年，首都师范大学成立国内第一个“全球史研究中心”，在短短几年的时间里凝练了诸多研究方向，形成从本科教学到博士研究生培养的全球史教育体系。近十年来，国内许多高校和科研院所成立了全球史研究机构，资助了众多研究项目，传统的中国史研究领域也出现了显而易见的“全球史转向”。

但是，我们也应该清醒地看到，全球史学还存在这样那样的问题和诸多局限性。美国学者理查德·德雷顿和英国学者大卫·莫塔德尔在发表于2018年的文章中列举了全球史遭致的批评：忽视民族国家及“小地方”的历史；只关注流动与整合而轻视静态和断裂；只考察精英群体和全球性现象而忽略边缘阶层和地方性问题；非英语学界未能有效发声。文章结合个案研究，针对性地反驳了这些批评。全球史与多种历史相互交织，其关注对象也包括民族国家、局部地区、个体、外来者、底层民众以及与世隔绝的小地方。近几年来民粹主义和逆全球化的突然升级对全球史提出了挑战，但也使其重要性更加提升。与居于绝对主导地位的民族国家史学相比，全球史在历史学界的影响依然薄弱，因此必须加强该领域的研究，这对破解帝国和民族史学的种种迷思及以此为基础的民粹主义有积极意义。只要各国学者们相互协作，就能充分挖掘非西方的历史经验并找到新的阐释路径，以此修正补充甚至替换欧洲的解释标准和话语体系，从而改变英语世界的历史学家独占鳌头的局面。[9]

另外，全球史于20世纪后期在美国兴起时主要是作为一个“教学领域”而存在的，如何开展严谨的全球史研究，把它变成一个被学界广泛认可的“研究领域”，是近几十年以来全球史学者所面临的共同挑战。本书编者在培养研究生和自己的学术实践中，也经常面临类似的问题，并且深切地体会到，这是目前制约中国学界全球史发展的最大难题。因而，推进国内学术界的全球史研究，成为本书编者最主要的初衷，唯愿本书所辑文章能够带给读者一些启示。为了更好地达此目的，本书在每篇文章的开头提供了“导读”，其中包括作者简介、文章概要及其学术价值。接下来，本书编者根据这些文章、相关论著以及自己的学术积累与思考，从“互动”“比较”“建构”三个方面谈谈全球史的研究路径。

一、互动

从互动的视角研究人类历史发展，是全球史最为重要的研究路径。在《西方的兴起》

9　理查德·德雷顿、大卫·莫塔德尔：《全球史的未来》，见本书第69—89页。

出版25年之后，麦克尼尔写文章（发表于1990年）指出，纵观人类历史，与“外来者”的“相遇”“接触”，尤其是“关联”，是大多数变化的源头和动力，这些变化涉及经济、社会、政治、军事、文化、宗教、技术等层面。[10] 在1995年发表的《变动中的世界历史形态》一文中，他更是旗帜鲜明地提出“与外来者的交往是社会变革的主要推动力”的论断。[11] 稍后，本特利提出“历史是把世界上所有人卷入其中的互动的产物”的观点，并从互动的角度对人类历史进行分期。[12] 总的来说，全球史学家之所以把“互动”作为历史研究的重要路径，是因为它是人类历史的常态。其一，几乎没有任何国家、地区或文明可以真正与世隔绝，或孤立地决定自己的命运；在历史发展的过程中，它们与周围世界的交往愈发紧密，在交往中互通有无，互相依存。其二，互动推进历史的发展。无论是否愿意，与外部世界的交往往往会导致相关社会发生不同程度和形式的种种变革，从而改变其原有的一些惯例。对此，国内学者刘新成明确指出：“互动乃人类社会组织的存在形式和世界历史发展的动力，互动在于相遇、联结、交流、交往、互相影响，而不是一方主导、引导甚至塑造对方和整个世界。”[13]

然而，如何揭示人类历史上极端复杂的互动？全球史的先驱们并没有提供太多具体的研究方案。20世纪末21世纪初，国内外学者在这方面进行了积极的探索。帕特里克·曼宁于1996年指出：“时至今日，世界历史的从业者仍然在使用简单化的互动概念，而且对它的运用也不是完全自觉的一种行为。”他进而提出，仅仅定义世界历史上的“互动”是不够的，还必须区分互动的类型和特征。对于如何从跨文化互动的角度展开全球史研究，他提出了四点建议。第一，要考虑到互动的广泛性，它不仅包括备受关注的大规模移民、帝国兴衰和贸易，还涵盖了粮食作物、家畜等其他方面的技术交流。第二，跨文化联系的评判标准和实施者应趋于具体化。社会中不同类型的联系是由不同的人类群体作为媒介来完成的。传统的评判标准一般会强调帝国首都和文明中心的创新能力与贡献，而新的标准则可能凸显草原、森林，群岛和乡村的创新作用。第三，要考虑到不同时代的跨文化互动的

10　William McNeill, “The Rise of the West after Twenty-five Years, ” *Journal of World History*, vol. 1, no. 1, 1990, pp. 1–21.

11　威廉·H. 麦克尼尔：《变动中的世界历史形态》，载夏继果、杰里·H. 本特利主编：《全球史读本》，北京：北京大学出版社，2010年，第13页。

12　杰里·H. 本特利：《跨文化互动与世界历史分期》，载夏继果、杰里·H. 本特利主编：《全球史读本》，第123—144页。

13　刘新成：《互动：全球史观的核心理念》，载刘新成主编：《全球史评论》第2辑，北京：中国社会科学出版社，2009年，第3页。

不同特征。第四，把几种主要的历史分期方法进行详细对比，不论是基于跨文化互动的、文明兴衰的、社会发展阶段的，还是其他什么标准，以分清各自的优点和缺点。[14]刘新成在发表于2009年的《互动：全球史观的核心理念》一文中列举了全球史学家研究互动的十种模式：阐述不同人群"相遇"之后，文化影响的相互性和双向性；描述人类历史上曾经存在的各种类型的"交往网络"或"共生圈"；论述产生于某个地区的发明创造如何在世界范围内引起连锁反应；探讨"小地方"与"大世界"的关系，说明全球化时代任何局部地区的变化都折射世界发展趋势；"地方史全球化"；全球范围的专题比较研究；生态史、环境史研究；跨文化交流，即文化在不同地区间的流动和传播；探讨互动规律与归宿；"全球化史"研究。[15]

这些研究让读者认识到历史上的互动的复杂性和差异性，对于深入地开展全球史研究起到了重要推动作用。以首都师范大学全球史研究中心为例，在刘新成文章的启示下，中心逐渐凝练成全球史理论与方法、地中海史、近代早期世界文明互动、近现代的西方文明与世界等研究领域。

进入21世纪，全球史的个案研究日益增多，以此为基础，一些学者从方法论方面进行了分析总结。接下来，编者以美国学者迭戈·奥尔斯坦的论著[16]为线索，结合本书的部分文章，谈谈作为研究方法的"互动"。此方法大致有三种类型。

第一，扩大研究单位的地理规模。为了界定研究的对象，历史学者通常会划分出各种各样的边界，这类边界有些是历史上确曾存在过的，有些则是人为制造出来的。马丁·W. 刘易士、卡伦·E. 魏根在《大陆的神话：元地理学批判》中指出，元地理学意味着一整套空间结构，它树立起不同大陆、文明、民族国家和东西方之间的种种边界。[17]这些习以为常的传统框架深刻影响着历史学等学科的研究，一方面把边界视为密不透风的屏障，另一方面又忽视其内部存在的各种差异，从而建构出所谓充满"内在一致性"的"密闭单位"，结果是学术研究往往推崇"文化独特性、排外的民族认同、地方知识和个体社会的发展经历"。[18]相比之下，互动研究更简单合理的办法是构建更大的分析单位，去除

14　帕特里克·H. 曼宁：《世界历史上的互动问题》，载夏继果、杰里·H. 本特利主编：《全球史读本》，第151、155—157页。

15　刘新成：《互动：全球史观的核心理念》，第9—12页。

16　Diego Olstein, *Thinking History Globally*, Basingstoke, New York: Palgrave Macmillan, 2015, pp. 74–76.

17　马丁·W. 刘易士、卡伦·E. 魏根：《大陆的神话：元地理学批判》，杨瑾、林航、周云龙译，上海：上海人民出版社，2011年。

18　杰里·H. 本特利：《新世界史》，载夏继果、杰里·H. 本特利主编：《全球史读本》，第44—65页。

其中的边界。举例来说，如果把东亚文明、非洲文明或拉丁美洲文明作为研究单位，那么其内部的诸多边界，特别是行政和语言的界限，就变得不如以前重要。东亚的中日韩之间，非洲的津巴布韦、马里和埃塞俄比亚之间，拉丁美洲的墨西哥、巴西和智利之间就体现出更加紧密的联系和认同。同样，如果把海洋盆地作为研究单位，通过探讨以此类液态媒介为中心的交流便可以重新界定不同文明的空间边界。例如，太平洋研究单位不仅把上述东亚三国联系在一起，还整合了墨西哥、智利和其他众多亚太地区国家；大西洋盆地则把西欧和西非海岸与美洲东海岸结合起来。以此类推，消弭各种边界最根本的方式就是把全球作为研究单位。这样，通过扩大空间规模、重新定义空间单位的方式，我们可以构建起文明、海洋盆地、半球和全球这样一些不同级别的研究单位，并且较为便利地挖掘各自内部存在的相互联系。

第二，关注研究单位间的历史联系。如果说第一种建立联系的方式是概念的（conceptual），即先构建一个历史的大单元，然后再挖掘其中的联系，那么第二种则是历史的（historical），即首先从挖掘历史上确曾存在过的联系入手，进而把一些所谓的密闭单位联结在一起。举例来说，中国和日本可以通过采用东亚这样一个单位联系起来，也可以通过深入研究其相互关系而把它们联结在一起。值得注意的是，联通的性质、强度和影响也是千差万别的，它们取决于相关国家、地区或文明之间系统整合的程度。有的联系并非真实且不持久；有的只是小范围和低强度的，很难带来真正的变化；有的联系背后的逻辑不同甚至相左。所以，如何界定联系本身非常重要，关键在于相连单位的相互影响力和接触频度，而不是其规模大小。这一点直接影响着互动研究的成败，也决定其学术价值。两个或者多个单位间的最低强度的交流是接触（contact），持续性的接触导致互动（interaction），长期不断加深的互动造就了互相依赖的关系（interdependency），这种建立在相互依赖基础上的诸单位构成一个大的分析单位，即体系（system）。一经达到体系研究这个层面，就可以把前两种形式的互动研究结合在一起了。

第三，研究那些本身就有跨界意义的单位或主题。其一是社会网络，也就是各种连接群体或个人的超越空间限制的关系体系，与前文提到的互动单位相比，它既大又小。例如美国“世界历史学会”的网络，其成员来自世界上几十个国家和地区，这样一个空间单位比文明、海洋甚至半球都要大，同时又比其中任何一个都要小。其二是跨国、跨边界的组织。这种研究不仅要揭示国际组织形成、发展的全球语境，还要分析各地不同的政治、文化等因素对国际组织运行的影响，重在研究国际组织的运行机制。其三是跨国、跨边界的主题。除了贸易、移民、帝国扩张等传统主题之外，人与自然关系的历史演进近年来颇受关注，越来越多自然科学领域（比如生物、地质学、气候学和流行病学）的研究者对历史学产生了兴趣，并为其发展注入了新的动力。例如，本书中的《维多利亚时代的生态灾难：帝国主义、电报与古塔胶》一文强调，产自东南亚的古塔胶引发了全球通信革命，却摧毁了出产这一材料的热带雨林。该文以古塔胶为中心，将世界史的多个核心主题（工业化、技术革命、殖民统治以及生态环境等）有机结合起来，探讨它们在全球化过程中的纠葛互动。[19]即使像商品贸易这样的传统主题，一些个案研究也颇有新意。以本书收录的《外来商品、大众消费与生活水平：对近代早期全球化的思考》一文为例，它聚焦于17世纪末以来西欧对茶、咖啡、糖、烟草、瓷器和纺织品消费数量的迅猛增加，并从这一现象出发深入分析新消费模式及其影响下的经济生产和生活水平与全球化进程的关联。[20]

需要说明的是，分类只是为了提供一个简明的方法论清单。但在具体的研究实践中，三种互动的研究方法其实很难区分，它们并非相互排斥，而是交错重叠，并且拥有一些共同的特征。第一，共时性的视角。例如，对于欧洲文明，如果从历时性的时间维度出发，我们关注的是其从古典到现代的演进。但如果用共时性的视角，关注点就转移到世界各主要地区同时发生的事情，如中世纪欧洲的出现、伊斯兰教在中东的兴起、隋唐中国的重新统一。从这一视角出发，最重要的时间维度是各单位间互动的真正时间，而不再是每一单位内前后相继的阶段。例如，共时性地看待公元700年的欧洲，对它来说更重要的是伊斯兰教的出现，而不是其古典时代。这里需要强调的是，如何把纵向的历时性和横向的共时性有机结合起来，是全球史学者面临的共同挑战。第二，重视外部的因果联系。只要地理范围是圈定的，时间是垂直的，因果关系就只能在圈围的单位中发现。而对内生变化的关注和强调是传统社会理论的一个突出特征，从马克思到韦伯再到帕森斯和福柯都是如此。一旦界限被打破，跳出内生论的窠臼，考察各种跨界条件下人口、商品、观念和制度的流动、交换和冲突，就可以看到社会发展的外部动力，还有可能思考很多区域同时发生的历史进程的共同原因。例如，关于西罗马帝国衰亡史的研究，只要看一下亚欧大陆同时发生的帕提亚、贵霜和汉帝国的瓦解，我们自然就会重视外部原因的解释，如气候变化、流行病蔓延、游牧民族入侵，等等。第三，争取使用更多的二手资料。奥尔斯坦对此充满自信：“专业历史学经过一个多世纪的发展，已积累起大量二手资料，可用于研究联系和进行综合。”他同时也强调，空间的扩展并不意味着研究其全部内容，而可以把它视为大的历史场景，用原始材料深入研究其中的几个关键事件、过程和结构，从这个角度说，全球史研究与民族国家史研究有类似之处，因为关于民族国家的大多著述并非涉及整个国家，而是更

19　约翰·塔利：《维多利亚时代的生态灾难：帝国主义、电报与古塔胶》，见本书第170—187页。

20　安妮·E. C. 麦坎茨：《外来商品、大众消费与生活水平：对近代早期全球化的思考》，见本书第114—139页。

小的单位，如一个城市、一个郡、一个省。第四，偏爱涉及流动的主题，例如人口、思想、商品、工艺、植物、病菌等等。[21]

应当说，全球史的兴起在很大程度上得益于对关联互动的高度重视。但是，目前来看，它在这方面的“成功”也存在着诸多弊端。[22]首先是对于互动的简单化、狭隘化处理。对此可以从三个方面来分析。其一，一些互动研究往往满足于对现象的描述，特别是对流动两端的描述，缺乏对历史背景和互动机制的深入分析，对于怎样追踪、衡量和解释关联互动这样一些根本性的问题语焉不详。正如董欣洁所言：“全球史的跨文化互动研究实际上止步于用经验性的实证归纳方法描述和归纳各种历史现象，回避以此为基础从因果必然性上探讨人类社会普遍规律。”[23]我们认为，互动本身只是一个起点甚至表象，其意义取决于各方面条件（尤其是结构性条件）的综合作用；应该把它视为一种复杂的多层面多维度的历史进程，在具体的历史场景中予以考察，这是取之不竭的历史研究素材。其二，有些研究对历史上曾经存在的“联系”缺乏鉴别。如前所述，“联系”的种类方式和作用千差万别，有的联系短暂甚至是昙花一现，有的则是不断重复发生；有的联系是地方性的，有的则在更大规模上展开。这样，不同的联系对历史发展的影响存在巨大差异。例如，目前国际学术界对于谁先发现了美洲存在各种假说，但无论如何，真正把新旧大陆休戚相关地联系在一起的应该是哥伦布。其三，有些研究带有明显的“目的论”倾向，认为历史发展的目的只有一个，那就是全球化。换句话说，这类研究想当然地认为全球化是不断向前的直线式发展，低估了其原因和结果的多样性以及过程的复杂曲折，在现实生活中也造成各种各样的误导。德国全球史学家于尔根・奥斯特哈默对此深表忧虑。他指出，由于不了解全球化背后的社会等级、权力差异和暴力强制等，“全球史可能会面临失去分寸感的危险”。[24]这种理解和研究互动的方式使得各种夸大其词甚至扭曲历史的言论充斥在史学写作中，比如“自发的”流动、“毫不费力的”贸易扩张和“自由的”联系等；全球化被错误地看成一个可以脱离历史主体而独立进行的结构性变革，导致对参与其中的地区和人群缺乏了解，最终造成全球史书写中有关“地域性知识和研究技能的方法论降级”（methodological downgrading of place-based knowledge and expertise）[25]。

21　参见 Diego Olstein, *Thinking History Globally*, pp. 77–79。

22　John-Paul A. Ghobrial, “Introduction: Seeing the World like a Microhistorian, ” *Past & Present*, Volume 242, Issue Supplement 14, November 2019, p. 6.

23　董欣洁：《西方全球史的方法论》，《史学理论研究》2015 年第 2 期，第 63 页。

24　Jürgen Osterhammel, “Global History and Historical Sociology, ” in James Belich et al., eds., *The Prospect of Global History*, Oxford: Oxford University Press, 2016, p. 38.

25　John-Paul A. Ghobrial, “Introduction: Seeing the World like a Microhistorian, ” p. 6.

其次，全球史太过拘泥于互动研究。彭慕兰和西格尔认为，如果把“联系”当成是全球史的唯一特征，就会给该领域的发展带来局限。[26]简单地说，只聚焦关联的弊端在于，它把与外界极少联系的社会和人群视为世界史的边缘，其中最明显的是那些身处“偏远地带”的人们。康拉德也有类似的看法：“只将眼光放在关联之上，尚不足以写出优秀的全球史。”[27]让·米肖在《“佐米亚”及其超越》一文中考察了居住在东南亚高地多达一亿的山区人口。他们长期以来抵触融合，逃避国家的控制，被称为现代性的难民，很少出现在人们的视野中。全球史不能遗忘这些特殊群体，否则他们会成为过度强调流动性的牺牲品。[28]

那如何才能避免上述两个方面的问题呢？跟许多学者一样，彭慕兰和西格尔给出的答案是既强调互动又重视比较。[29]我们也认为，全球史学者在关注互动的同时，也要结合“比较”和“建构”的研究路径，这样将会有效弥补互动研究的不足，把对全球史的探索引向深入。

二、比较

用比较法进行学术研究有着悠久的传统。被称为“社会学之父”的孔德（Auguste Comte，1798—1857）最早指出比较对探索社会规律的重要意义。他认为获取实证知识的方式有四种：观察法、实验法、比较法和历史法。马克斯·韦伯（1864—1920）是把比较法具体用于学术研究的先驱者。他一生致力于考察世界诸宗教的经济伦理观，从比较的角度，探讨世界各主要民族的精神文化气质与该民族的社会经济发展之间的内在关系。马克·布洛赫（1886—1944）也是比较研究非常重要的倡导者，并进一步发展了此方法，将它用以考察社会制度的差异及成因。在他看来，历史学的功能在于“建立研究对象之间的解释性联系”，而比较就是建立这种联系的最根本方法。1928年，布洛赫在第六届国际历史科学大会上宣讲的论文中第一次对比较法进行了理论性和系统性的说明。他以英、法、德的农奴制为例，探讨了历史比较的逻辑路径：其一，以问题的建构为中心，“文件就像证人一样，大部分证人只有在交叉诘问的时候才会吐露真言，真正的难点在于提出正确的问

26　Kenneth Pomeranz and Daniel A. Segal, “World History: Departures and Variations,” in Douglas Northrop, ed., *A Companion to World History*, p. 24.

27　塞巴斯蒂安·康拉德：《全球史是什么》，第57页。

28　让·米肖：《“佐米亚”及其超越》，见本书第391—418页。

29　Kenneth Pomeranz and Daniel A. Segal, “World History: Departures and Variations,” in Douglas Northrop, ed., *A Companion to World History*, pp. 24–25.

题，这就是比较对历史学家最有价值的地方”；其二，寻找并解释比较对象之间的相互影响；其三，最为重要的是究因稽理，也就是探求历史演化的深层次规律和趋势及其背后的因果关系。[30]

在以上学者的影响下，比较法在各学科领域都得到了广泛的运用，其中以比较史学、历史社会学和文明研究最为成功。20 世纪下半叶，各学科的学者对林林总总的比较研究进一步分类，总结出所谓的两分法、三分法、四分法。两分法关注两种基本的比较，其一是对不同的研究对象进行比较，来加深对这些个案的认识，或者比较同一对象在不同时期的情况，简单地说，这种比较就是总结不同对象的特点或者同一对象在不同时期的特征；其二是考察几个研究对象中共同存在的运转模式，在此基础上形成一个总体性概括。三分法其实是把上述第二种比较进一步分类。一是通过比较发现导致一个结果的变量，例如要厘清是什么导致了社会革命，可以选择法国、俄罗斯和中国这几个单位进行比较，寻找共同的导致革命的一个或多个变量。二是先形成一个普遍性的结论，然后用多个例子予以证明。[31]

尽管比较研究应用广泛，但学界对它一直存有批评和争论。在历史学领域，随着全球史的兴起以及学者们对互动的关注，比较史日益受到非议，主要集中在以下方面。第一，比较史把考察对象当成同质化的实体或者界限清晰的“密闭单位”，从而忽略其内部差别和外部影响。比如它经常受制于以民族认同为基础的现代国家框架。[32] 第二，不重视研究单位（帝国、民族国家、城市）之间的互动，没有把它们放入交通、贸易和文化交流的网络中，甚至有意回避这种互动，因为太多的联系会使比较变得复杂化。结果是比较对象经常被“独立自主的假象”（fiction of autonomy）所遮蔽。[33] 第三，比较有时是为了刻意证明什么而进行的，其框架设计往往带有很强的目的性，把其中一方视为标准，与之偏离的其他个案则被当作异常。这种比较研究不仅失之偏颇而且危害很大，典型例证就是各种以西方为中心的解释模式，譬如“欧洲奇迹论”（European Miracle）[34]、“欧洲例外论”（European Exceptionalism）以及本书中迈克·亚达斯所考察的“文明使命论”（Civilizing Mission）[35]。它

---

30 Marc Bloch, “A Contribution towards a Comparative History of European Societies, ” in Marc Bloch, trans. J. E. Anderson, *Land and Work in Medieval Europe: Selected Papers by Marc Bloch,* Berkeley, CA: University of California Press, 1967, pp. 44–81; Mark Bloch, *The Historian's Craft*, New York: Vintage, 1962, p. 10.

31 Diego Olstein, *Thinking History Globally*, pp. 68–73，鉴于四分法非常复杂，此处不予以介绍。

32 菲利帕·莱文:《比较史可行吗？》，见本书第 188—206 页。

33 塞巴斯蒂安·康拉德:《全球史是什么》，第 34—35 页。

34 关于“欧洲奇迹论”，最典型的著作是 E. L. Jones, *The European Miracle: Environments, Economies and Geopolitics in the History of Europe and Asia*, 3nd edn., Cambridge, New York: Cambridge University Press, 2003.

35 迈克·亚达斯:《有争议的霸权：第一次世界大战与亚非对文明使命论的抨击》，见本书第 260—286 页。

们都强调欧洲走向工业化和现代化的独特道路，并以此反衬其他地区的落后和失败，从而为殖民扩张提供合理解释。[36]

面对非议，学者们采用了各种各样的应对方法。埃利加·古尔德和桑贾伊·苏布拉马尼亚姆有意绕开了比较方法，前者推崇“缠结（entangled）”史，而后者钟意“关联（connected）”史。然而，虽然这些替代路径宣称不采用比较方法，实际上却反映了许多当代比较史学家所坚持的理念。在迈克尔·维尔纳和本尼迪克特·齐默曼看来，比较史与缠结史、关联史“同属于‘关系型’方法（“relational” approaches），它用比较方法和关于迁移研究……考察不同历史构成形态之间的相互联系”。[37]的确如此，这些所谓跨越边界的解释模式在不同程度上都建立在隐形比较（hidden comparison）的基础上，因为其历史分期，区域划分，以及对流通过程和扩散影响的确认都是比较分析的结果。

与这种消极地绕开比较史的尝试相比，更多的研究者承认其方法论价值并为其辩护。在菲利帕·莱文看来，尽管比较史与国别史曾经密切相关，但以简单的方式将两者捆绑起来的传统研究现在已不多见，不应以此作为质疑所有比较史的理由；恰恰相反，比较史对打破国别史在历史学中的支配地位有积极意义。[38]奥尔斯坦对此做了进一步解释。与密闭单位的史学与跨越边界的史学都不同，比较史对研究对象的处理代表了一个过渡和折中，因为既然是比较，就至少需要有两个这样的密闭单位，探讨其异同和联系本身就是一种跨界的认识，这样一来“比较史就成功地把‘边界闭合与边界跨越’这种史学研究的二元对立转变为一个连续统一体”。在比较史的影响下，历史社会学通常涉及三个以上的民族国家单位，而文明研究把很多民族国家聚拢起来建构一个更大的单位——文明。海洋史和世界体系研究进一步超越了文明的边界，最大的研究单位则来自全球史、世界史和大历史（Big History）。这么说来，通过推动从闭合向跨界的转变，比较方法不仅体现了历史学的包罗万象，也架起了通往全球性思维的桥梁。[39]康拉德也认为，比较法的好处显而易见：它使我们离开单个的个案，开启与不同历史轨迹和经验的对话；它还迫使历史学家提出明确的问题，采用以问题为导向的研究；它迫使研究者超越简单的描述，在历史研究中进行深入的分析；最后，对于极少与外界交流的个案，特别是跨时代的研究对象，比较法是一个有效的工具，例如，我们可以比较最早的城市文明，从公元前三千纪的美索不达米亚，经埃及的希拉孔

36　参见 Barbara Weinstein, “The World is Your Archive? The Challenges of World History as a Field of Research, ” in Douglas Northrop, ed., *A Companion to World History*, p. 68；塞巴斯蒂安·康拉德：《全球史是什么》，第 35 页。

37　菲利帕·莱文：《比较史可行吗？》，见本书第 195 页。

38　同上文，见本书第 196 页。

39　Diego Olstein, *Thinking History Globally*, pp. 87–89.

波利斯、印度河领域的哈拉巴和摩亨佐-达罗，到两千年后的第一批玛雅城市。这种研究可以探讨让城市如雨后春笋般出现的那些共同要素。[40]

与此同时，学者们继续对比较研究方法进行探讨，其中美国历史社会学家查尔斯·蒂利（Charles Tilly）的研究尤其值得关注。他在专著《宏大结构、长期历程、巨观比较》中由易到难阐释了四种比较方法：个体化（individualizing）、普遍化（universalizing）、差异发现（variation-finding）和系统涵括（encompassing）。个体化比较是为了“突出每一个案例的独特性”，而普遍化比较旨在证明“与某种现象相关的所有案例都遵循同一规则”，也就是解释这一现象的普遍模式；至于差异发现式比较，它“通过分析不同案例的系统差异来厘清某一共同现象背后质与量变化的规律”；最为复杂的当数系统涵括式比较，它把各考察对象“放在同一系统属于自己的位置上，然后解释它们与整个系统的不同关系是如何决定其自身特征的”，这跟伊曼纽尔·沃勒斯坦的世界体系论有些相似。[41] 换言之，第四种比较法考察多个相互联系的实体，它们同属于一个整体体系，此方法的目标是比较各对象在体系中的不同位置如何影响它们自身以及与其他部分的联系。举例来说，长期以来，墨西哥是美国廉价劳动力和廉价商品的供应者，后者则是前者最大的移民接收国和最大的贸易伙伴之一，在这种语境下需要思考的问题是：这样的国际分工如何影响两个邻国的发展及相互关系？显然，在系统涵括方法中，比较和互动结合得最好，也最有解释力，所以它非常适合用于全球研究。

从以上分析可以看出，尽管比较史学有种种局限性[42]，但是就研究方法本身而言，把互动研究与比较研究对立起来是有失公允的。对历史学者来说，比较是最基本的思维方式和研究方法之一，没有人可以弃之不用。几乎所有的历史分析和评价都建立在某种比较判断的基础上（譬如变与不变、个性与共性等），宏观研究尤为如此。正是在这个意义上，奥尔斯坦说“一切历史知识都是比较性知识”，马克·布洛赫更是声称一切历史都是比较史。[43]

另外，从全球史的发展历程来看，比较研究与互动研究本来就有着千丝万缕的联系。许多最成功的全球史著作都属于比较研究，从该领域的奠基之作《西方的兴起》到引发巨大反响的《大分流》皆是如此。前者由威廉·麦克尼尔所著，1963 年出版，所关注的中心问题是文明间的平衡、失衡及其所导致的社会变革。它所涉及的主要是中华、印度、中东

40　塞巴斯蒂安·康拉德：《全球史是什么》，第 34 页。

41　Charles Tilly, *Big Structures, Large Processes, Huge Comparisons*, New York: Russell Sage, 1984, pp. 82–83.

42　菲利帕·莱文认为最困扰比较路径的问题是决定论、普世主义和例外主义。参见菲利帕·莱文：《比较史可行吗？》，见本书第 190—192 页。

43　Diego Olstein, *Thinking History Globally*, p. 88; Chris Lorenz, “Comparative Historiography: Problems and Perspectives,” *History and Theory* 38, no. 1 (1999), p. 28.

和西方文明，每个文明都是实体，因此，该书在大多时候所采用的是比较研究法。如麦克尼尔本人1995年所言，在撰写《西方的兴起》的时候，“我试图说明欧亚大陆不同文明之间自有历史起就开始了互动……以此来修正汤因比的观点”，但其实“我完全是在汤因比的阴影下强调这样一些事例”，关注的焦点仍然是“不同文明的独立发展史”。[44]

然而，全球史在发展的过程中，其研究方法经历了从比较研究到互动研究的转变。20世纪70年代，由于世界体系论的问世，关注联系的研究方法开始受到全球史学者青睐，到90年代，互动研究似乎一统天下，成为与比较研究互相排斥的方法。如果说前者是全球史的宠儿，那借用普拉桑南·帕塔萨拉蒂的说法，后者“就是个可怜的养子”。[45]麦克尼尔父子的《人类之网》就诞生在这一时期，该书所关注的不再是密闭的文明，而是跨越边界的网络，关联与互动成为核心主题。[46]

需要指出的是，进入21世纪，越来越多的全球史学者认识到兼顾互动和比较的必要性，比较研究也日益出现全球史转向。我们认为完全可以双管齐下并将两方面的研究有机结合起来，其方式可分为以下几种情况。

第一，把被比较的单位放入从地区到全球的多重背景中，注重它们与各自环境和外部因素以及整体体系的纠葛互动。这与蒂利的系统涵括式比较非常相似，运用此方法最成功的著作之一是彭慕兰的《大分流》。该书对18—19世纪亚欧大陆两端的经济发展进行了交叉对比。[47]任何有意义的比较都需要设定既可控又具备可比性的考察单位，国家之间因种种原因（比如内部的巨大差异）并不一定是合适的选择，所以作者特意挑选了两大经济核心区域——中国最繁荣的长江三角洲和欧洲最先进的英格兰——进行对比，二者就各方面的指标来说（土地面积、人口数量、经济活力等）都较为接近。彭慕兰认为，从基本相似点出发进行系统性、交互式比较，可以更好地发现东西方历史发展的深层差异并解释其分道扬镳的原因。具体来说，他从各自的视角和标准来评价对方，不仅思考长江三角洲为什么没能像英国那样走上工业化，同样也探究后者何以摆脱前现代世界经济的结构宿命（马尔萨斯人口危机），换言之，为什么英格兰没有变成江南？这一标新立异的反转追问打破了欧洲中心论的传统假设，也避免因采用单一标准和“普世”发展模式而落入历史决定论的陷阱，这是全书

---

44 威廉·H. 麦克尼尔：《变动中的世界历史形态》，载夏继果、杰里·H. 本特利主编：《全球史读本》，第10—11页。

45 Prasannan Parthasarathi, “Comparison in Global History, ” in Maxine Berg, ed., *Writing the History of the Global, Challenges for the Twenty-First Century*, Oxford: Oxford University Press, 2013, p. 69.

46 参见 Diego Olstein, *Thinking History Globally*, pp. 80–81。

47 这一交叉比较的方法由王国斌在其名著《转变的中国：历史变迁与欧洲经验的局限》（南京：江苏人民出版社，2008年）一书中首先提出。

的一大亮点也是其方法论的关键所在。问题导向的推陈出新在布洛赫所说的交叉诘问中得以产生，这充分显示了借由比较来建构问题的魅力。《大分流》的另外一个特色同样值得关注，即它把每个单位与各自的社会、政治、经济大背景以及全球体系联系起来。作者认为，欧洲的工业化起飞有一系列相互交织的内外因素在起作用，例如丰富而便利的煤，海上贸易与殖民扩张的联合，商人与政府的结合，非洲黑奴和美洲资源，等等。因此，大分流不是西方内生现代性的体现，它只能在超越欧洲的交互作用体系中才能得到解释。概而言之，在交叉比较与全球互动的高度结合中，历史发展的偶然性和多样性得以充分体现。

其实，全球史的开拓者之一马歇尔·霍奇森（1922—1968）很早就在思考如何把比较与互动协调起来。他在《不同时代和区域历史比较的条件》一文中尤其强调考察比较对象与各自环境之间关系的重要性。霍奇森举例说，维京人和波利尼西亚人同时进行海上开拓和殖民，但他们与各自环境的联系是非常不同的。维京人的活动是亚欧非大陆历史的一部分，在评价其海上活动及其最终结果时，不能忽视他们与这个广阔世界在技术、贸易甚至政治方面的密切联系。在扩张的过程中，维京人逐渐皈依基督教，其扩张动机也随之发生变化，最终结果是他们融入亚欧非相互依存的网络之中。与维京人的拓殖相比较，波利尼西亚人则是孤立的探索者，其历史影响自然要小得多。[48]

第二，被比较对象之间至少有一定程度的直接联系。菲利帕·莱文明确指出，近来的历史研究“细致入微且以地方研究为基础，此外还整体观照了元历史以外的诸多内容，譬如网络、交换、地方、协作等，这些做法在某种程度上规避了比较史领域早期研究中那些曾被诟病的问题”[49]。以近年来颇受国际史学界青睐的比较帝国史研究为例。在传统的帝国研究中，学者们特别关注奥斯曼帝国之于欧洲的特殊性，但当今学者日益超越这种传统想象，认识到它与欧洲间的相互影响，“奥斯曼帝国是一种复杂且不断变化的权力形态，其帝国架构与思想意识形态先是遇到了更为抽象的早期现代主权国家的思想理念，继而面临民族主义以及其他帝国的竞争，之后又有殖民主义者的争论”；基于这种认识，他们聚焦于那些真实历史进程得以发生的“中间地带”——“这里不是想象的真空地带，而是各种势力、人物和地区之间的竞技场”；在此基础上深刻认识“源于地理位置、历史发展、人口组成，或各种各样的突发事件与危机的帝国独特性”。[50]

---

48 Marshall Hodgson, “Conditions of Historical Comparison among Ages and Regions, ” in Edmund Burke III, ed., *Rethinking World History: Essays on Europe, Islam, and World History*, Cambridge: Harvard University Press, 1993, p. 269. 参见 Diego Olstein, *Thinking History Globally*, pp. 90–91。

49 菲利帕·莱文：《比较史可行吗？》，见本书第 192 页。

50 Alan Mikhail, Christine M. Philliou, “The Ottoman Empire and the Imperial Turn, ” *Comparative Studies in Society and History*, 2012, 54(4), p. 743.

第三，比较不同国家和地区对于同样大背景的反应有何异同。换言之，我们可以在具体的场景中研究外部因素与本地因素的互动，也可以进一步比较受到同样外部因素影响的不同场景，思考其中呈现出的共性与差异。19 世纪中期，由于欧洲国家四处插手，世界各地区间陷入越来越深刻、越来越具有竞争性的接触。在这种背景下，世界各地出现了不同程度的危机及其所导致的社会变革，其中包括：中国的太平天国运动及其引发的内战、克里米亚战争、印度各阶层人民发起的反英斗争、在拉丁美洲发生的试图灭绝巴拉圭民族的战争、美国内战、非洲南部黑人与白人争夺定居点的战争、后拿破仑时代的欧洲协调危机以及欧洲国家（意大利、德国、西班牙、塞尔维亚等）实现统一的一系列战争。所有这些我们耳熟能详的战争都反映出区域性权力和稳定出现了危机，各地应对危机的措施各异，反映了各自不同的发展轨迹。但也表现出一些共同之处，一则都努力恢复秩序，重建国家，二则都实践了自我变革，自我提高的战略，即“师夷长技以制夷”。[51] 本书收录的理查德·霍洛维茨的文章可谓此类研究的典范之作。它比较清朝、暹罗及奥斯曼帝国接受欧洲民族国家模式的过程，并分析了它们如何努力适应国际法对领土主权的界定和对民族认同的设想。[52]

下面再以帝国史研究为例进一步说明。帝国是一种大规模的政治实体，它把许多地域和民族控制在一个至高无上的权力之下。对内，帝国不仅要加强与统治地区及其人口的联系，还要对这种联系拥有最高解释权；对外，它不断与别的政治实体发生碰撞，力图将其征服占有。因此，帝国的成长建立在地区之间、大陆之间甚至全球联系的基础上，帝国是一个覆盖广阔地区的重要力量。我们可以沿着这种思路，从联系互动的角度开展帝国史研究。然而，如果在此基础上加入比较的视角，帝国史研究将会得到深化。我们可以看到，帝国治理绝对不是简单的自上而下的强迫行为，权力的流动不是单向度的，其中必然涉及各个层面的对话，例如殖民者和“母国”政府之间、殖民者和被殖民者之间、不同类型的殖民者之间、被殖民者之间、不同政府之间的对话。就帝国统治本身而言，各种各样的比较始终是存在的，诸如我们是否比竞争对手做得更好？我们所统治的不同人群能为我们做什么？他们有什么我们想要的？有什么我们所没有的？而就被统治地区来说，其能动性也有各种展现。19 世纪末的昆士兰州和 20 世纪初新成立的澳大利亚联邦，都试图获取当地的殖民地，以创建一个幅员辽阔的太平洋帝国，与其说该帝国源自“母邦”英国，毋宁说它更具有当地特色。为了理解这些试图扩大澳大利亚影响力的做法，“需要借助比较框架审视

51　迈克尔·盖耶、查尔斯·布莱特：《全球化时代的世界历史》，载夏继果、杰里·H. 本特利主编：《全球史读本》，第 186—187 页。

52　理查德·霍洛维茨：《19 世纪国际法与中国、暹罗及奥斯曼帝国的国家转型》，见本书第 229—259 页。

这些做法的操作过程，考察别处是否也有类似做法，以及这些做法在各地的接受情况”。[53]

第四，比较跨文化传播过程中同一主体（包括物品和思想文化）传播到不同地区后与当地社会的具体结合及其影响。本特利在《世界历史上的文化交流》一文中强调“文化交流”的两个层面。[54]其一为科学、技术、意识形态、教育、哲学宗教等传统的传播，编者认为这个层面上的文化交流是传统意义上从A地到B地的流动，是对现象的描述。其二为“不同社会的代表和不同传统的支持者互相间频繁交流时所发生的调适和其他反应”，编者认为这个层面的文化交流丰富多彩，可以进行具体深入的研究，而引入比较的视角，则更能推进这一研究。董少新在《对全球史的几点思考》一文中表达了类似的观点：“跨文化传播并非仅仅表现为空间的转移，更为重要的是在传播过程中或传播完成以后的变异和反响。”例如，欧洲天主教圣母像在16世纪以后传遍世界各地，在不同地区圣母形象会发生不同的变化，将这些变化背后的文化原因加以比较，并用全球史的广阔视野进行综合分析，便有可能获得对圣母像的全面而立体的认识。[55]自1776年美国《独立宣言》问世以来，在世界的不同国家和地区，已有一百多种类似的《独立宣言》问世。大卫·阿米蒂奇的专著《独立宣言：一种全球史》就比较了美国《独立宣言》在世界主要地区的传播，特别是在此过程中不同地区对它所做的具体改变。[56]

如前文所述，布洛赫早在1928年就强调“寻找并解释比较对象之间的相互影响”：比较研究要具备最大的历史解释力，那些被选定为考察对象的社会之间应该拥有重要的历史关联性，可以是诸如语言、制度、认识论的文化共同性，也可以是长时间范围内的持续联系和交流。[57]这样看来，互动在一定程度上是题中应有之义。然而，比较史学后来的发展在一定程度上偏离了布洛赫的愿望。令人欣喜的是，当今越来越多的历史学家把比较和互动结合起来，正如彭慕兰和西格尔所说，不同考察对象的“相互联系及其加入大体系所造成的后果，都已成为比较研究的组成部分”[58]。从前述四种结合方式来看，前两者体现了互动研究对比较研究的贡献，后两者则是比较研究对互动研究的提升。在今天全球史研究不断深

53　菲利帕·莱文：《比较史可行吗？》，见本书第198页。

54　杰里·H. 本特利：《世界历史上的文化交流》，刘新成主编：《全球史评论》第5辑，北京：中国社会科学出版社，2012年，第32页。

55　董少新：《对全球史的几点思考》，《澳门理工学报》2014年第3期，第202页。

56　大卫·阿米蒂奇：《独立宣言：一种全球史》，孙岳译，北京：商务印书馆，2014年。

57　Marc Bloch, “A Contribution towards a Comparative History of European Societies, ” in Marc Bloch, trans. J. E. Anderson, *Land and Work in Medieval Europe: Selected Papers by Marc Bloch*, pp. 46–48.

58　Kenneth Pomeranz and Daniel A. Segal, “World History: Departures and Variations, ” in Douglas Northrop, ed., *A Companion to World History*, p. 25.

入发展的形势下，布洛赫的愿望正在变成现实。

三、建构

其实，前文提到的专注于对互动或比较的探讨以及将两者结合起来的研究本身都不应成为全球史学者的终极目标，它们应当有一个更高层次的指向，即对人类历史的发展历程有所“建构”。如果说互动和比较是全球史研究的双翼，那么建构就是其展翅高飞的方向和动力，三者缺一不可。建构的出发点就是重新审视19世纪以来现代历史学科的两大支柱：欧洲中心论的视角和以民族国家为中心的论述结构。要达到这一目的，首先要理解时空框架的可变性及其不断建构的本质。于尔根·奥斯特哈默和彭慕兰都认为这是全球史研究和教学的中心目的之一。[59] 对于历史进程中的空间、时间进行重构，也就是把历史分解为不同的空间和时间单位并根据具体研究的需要排列重组。这一过程要求从多重视角审视时空尺度（scale）以及两者之间的对应关系。接下来分别从空间和时间两个方面予以说明。

对于历史空间进行重新思考，这是全球史研究最为迫切的问题。历史空间因人类活动而形成，是社会互动的产物。互动对旧的空间单位造成冲击，而对互动进行管控又推动了新空间单位的形成。正是从这个意义上，德国学者马蒂阿斯·米德尔和卡特娅·瑙曼在《全球史与空间转向：从地区研究的影响到全球化关键节点的探究》一文中认为，全球化是一个“去领域化”和“再领域化”（de- and re-territorialization）的辩证过程。[60] 总的来说，历史空间具有流动性、开放性、变动性，这是客观的历史进程使然。然而，如前文所述，在19世纪，民族国家和西方中心论成为现代人文社科研究的基础。在这一过程中，一系列本质主义的空间单位被制造出来，并为历史学拿来为我所用。

20世纪下半叶以来，众多的全球史学者对历史空间提出了自己的理解。威廉·麦克尼尔在刊发于1995年的文章中指出：“严格意义上的世界历史应该首先关注共生的世界体系的变动，接下来再把不同文明内部以及类似国家、民族的更小的实体内部的发展纳入这个不断变动的整体框架之内。”[61] 很明显，在他看来，亚欧大陆是一个共生的整体，任何小的空

59　Jürgen Osterhammel, “Global History,” in Peter Burke and Marek Tamm, eds., *Debating New Approaches to History*, London: Bloomsbury, 2018, p. 29; Kenneth Pomeranz, “Histories for a Less National Age,” *The American Historical Review*, Volume 119, Issue 1, February 2014, pp. 1–22.

60　马蒂亚斯·米德尔、卡特娅·瑙曼：《全球史与空间转向：从地区研究的影响到全球化关键节点的探究》，见本书第312—335页。

61　威廉·H. 麦克尼尔：《变动中的世界历史形态》，载夏继果、杰里·H. 本特利主编：《全球史读本》，第11页。

间单位都是这个整体的一部分，其内部的发展变化离不开这个整体。

在超越了民族国家等传统空间单位的固化思维后，历史学从业者的研究单位变得灵活多样。杰里·本特利从地方和全球两个层面对此进行了解读。空间的地方转向是指把视线投向比民族国家小得多的环境，以当地的视角观察人们是如何通过自己的方式来接受、体验和推动全球的变化。这一取向与微观史对个人生活、经验和关系的种种关切以及克利福德·格尔茨关注“地方性知识”的人类学研究有些相似，它们都丰富了我们对基层社会的理解，但不同之处在于空间的地方转向也分析当地形势对全球史的横向扩展和纵向渗透的影响。[62]至于空间的全球转向，它将地区和国家的历史置于更大的跨地区、跨文化甚至全球场景中。做出这一转向的历史学家通常十分关注全球化、现代性以及一体化之类的宏观议题。但他们往往会用这些明确的趋势和简单化的特征来概括纷繁复杂的世界和林林总总的历史经验。要避免这一认知陷阱就必须与地方转向结合起来，以便解释整合和分裂，全球化与地方化，必然性和偶然性在诸多层面上的矛盾冲突和转化。[63]

在这里，真正的挑战是如何根据建构的需要在不同的空间架构之间转换腾挪，而不是始终坚持某个特定的场域单位。对此，法国年鉴学派大师埃玛纽埃尔·勒华拉杜里有如下精彩比喻：全球史学者要像从高空徐徐下落的跳伞者一样，在多维的历史时空中穿梭游走，感受风景跟随视角的不断转换；当降落完成后又要紧贴地面，需要借助松露猎人（truffle hunters）的灵敏嗅觉才能找到解决历史谜团的钥匙。[64]他们的任务是“既要认识规模巨大的抽象结构及其表现，也要了解融入到细微生活中的世界变迁”，这是因为地方和全球互相依存，相互作用，这一关系在不同时代背景下表现也各不相同。需要强调的是，全球史研究中最引人入胜的问题往往出现在全球进程与地方情势的激烈碰撞之中，这也是大多数结构变迁的重要推力。[65]希瑟·斯特里兹-萨尔泽在这方面做出了成功的尝试。她以1915年的新加坡哗变为切入点，以小中见大和大中见小的交叉视角，深入分析了这一带有全球背景和影响的地方事件，并提出了“地方即全球”的有力论断。[66]

进一步说，全球史学者根据研究的需要，从所研究的问题出发，对于历史空间进行了

---

62 Jerry H. Bentley, “The Task of World History, ” in Jerry H. Bentley, ed., *The Oxford Handbook of World History*, Oxford: Oxford University Press, 2011, p. 11.

63 Jerry H. Bentley, “The Task of World History, ” in Jerry H. Bentley, ed., *The Oxford Handbook of World History*, p. 12.

64 参见 Robert Bain, “The Challenges of Teaching and Learning World History, ” in Douglas Northrop, ed., *A Companion to World History*, p. 112。

65 Thomas C. Holt, “Marking: Race, Race-making and the Writing of History, ” *American Historical Review,* 100 (1), 1995, pp. 1–20；塞巴斯蒂安·康拉德，《全球史是什么》，第 109 页。

66 希瑟·斯特里兹-萨尔泽：《地方即全球：1915 年新加坡哗变》，见本书第 419—447 页。

多种多样的排列组合。康拉德归纳了四种类型：跨国区域建构（海洋、大陆、高地等），跟随模式（人、商品、冲突等），网络思维（电报通信、交通系统、贸易口岸等）和全球微观史书写（个人和团体如何应对大规模的结构变迁等）。[67]这些方法在本书多篇文章中都有所体现。[68]前述德国学者马蒂亚斯·米德尔和卡特娅·瑙曼把所有这样的尝试称为历史学的"空间转向"（spatial turn）。在他们看来，全球史研究应当关注历史上的空间性结构及其随着时间推移而不断进行的解构和重构，从这一角度出发可以更好地探究全球化的进程。这种"空间转向"承认各种空间结构的并存和交混，认识到空间的可建构性以及历史参与者和历史学家们在这一过程中的核心地位，并且拒绝作为方法论的狭隘民族主义或其他形式的中心主义。[69]

这其实又涉及全球史研究和教学的一个重要价值取向：赋予各国各地区的人们书写全球历史的平等权利。在全球史研究中，某些地区（比如亚欧大陆）一直是关注的焦点。相比之下，像非洲这样的"落后"地区则长期受到严重忽视。对此帕特里克·曼宁在《在世界舞台上定位非洲人：世界史研究中的一个问题》一文中进行了论述。他认为其原因并不在于非洲大陆及其居民存在某些先天的缺陷，而在于大多数世界史家的研究框架与写作方式本身存在问题。简而言之，他们以精英为中心的叙事逻辑忽视了底层的能动性，因此得出了非洲历史进程是由欧洲精英及其影响下的本地精英所推进的错误结论。在此分析的基础上，曼宁强调，非洲人并不全然是西方的跟随者，他们在世界历史上的许多时期都展现出惊人的能动性并做出诸多贡献。该文把非洲和非洲裔离散社群作为一个空间单位来展开研究，给人耳目一新的感觉。[70]另外，还可以以传统思想史研究为例来予以说明。它强调欧洲对世界其他地区的重大贡献，与其他史学领域相比，该领域对全球史的空间转向反应较慢。然而，彼得·伯克等学者近来做出了有益的尝试，提出了"全球文艺复兴"的概念，用文艺复兴的全球起源和交互影响来说明伊斯兰世界、南亚和东亚等地区对欧洲的贡献，试图以此破除欧洲文化中心论的神话。[71]

历史学在很大程度上是时间建构的学问，它对各种长中短时段有一种天然的敏感和关

67　塞巴斯蒂安·康拉德，《全球史是什么》，第98—112页。

68　例如，马库斯·P. M. 芬克的《印度洋研究与"新海洋学"》和埃德蒙·伯克三世的《迈向现代地中海的比较史研究（1750—1919年）》对于海洋空间单位的探讨，让·米肖的《"佐米亚"及其超越》对于高地空间单位的探讨。

69　马蒂阿斯·米德尔、卡特娅·瑙曼：《全球史与空间转向：从地区研究的影响到全球化关键节点的探究》，见本书第320页。

70　帕特里克·曼宁：《在世界舞台上定位非洲人：世界史研究中的一个问题》，见本书第477—506页。

71　彼得·伯克，卢克·克洛赛，菲利普·费尔南多-阿梅斯托：《全球文艺复兴》，见本书第448—476页。

注，并把它们编织成一个巨大的“时间矩阵”用来定位不同的人群、社会和文明，与此同时十分注重历时性的变化。这样的时间霸权是形形色色历史叙事的基本特征，比如现代化、革命和进步、停滞与赶超等。[72]与空间相比，全球史对时间建构的兴趣似乎要小得多，这既是全球史研究和教学的明显短板，也是可能出现重大突破的地方。例如，因为对横向联系和共时视角的偏好，全球史可以将历史时间从现代化和全球化的目的论中解放出来，还原其本身的复杂性、偶然性和多样性。这样，通过各种时空建构及其相互转换，全球史可以把陌生变成熟悉，把熟悉变成陌生，从而提出新的问题并产生令人惊喜的发现。在这方面，彭慕兰对于“历史分期”的反思非常具有启发性。历史分期是历史研究和教学的重要参照，然而历史分期又是相对的和主观的，它与采用何种时间尺度有关。彭慕兰从“现代性起源”这一人文社科领域的核心课题出发，批判性地评估了世界历史叙事中常见的时间框架及分期方法，认为跨度过大的历史分期往往无法摆脱目的论的影响，而以重大技术变革为基础的时间建构又经常会忽视历史发展的连续性和复杂性。因此，他提醒我们应当以更加细致、多元和灵活的分期方式来克服以上弊端，具体而言，应该运用不同时间框架来考察现代世界的多重起源，并从多地区的角度探寻历史发展的共通性、互动性和全球性。[73]

在全球史新时空观的指导之下，通过综合运用互动比较的研究方法，可以对人类历史发展形成一些新的认识，或者说有所“建构”。奥尔斯坦提出了全球性思考历史的四大策略，分别为比较、联系、概念化、情景化。所谓概念化，就是对某一现象通过比较、联系研究而形成结论，进而抽象为一个概念，该概念对所研究的现象进行界定，说明现象得以发生的必要条件，并构建一个模型，以展现现象运行、发展的程式；所谓情景化，就是把所研究的问题放到特定的时空框架之中，同一问题的研究可以有多种大小不一的框架。[74]概念化和情景化大致与我们理解的“建构”有着相同的指向。为了使“建构”这一概念更加明晰，在具体研究中便于把握，下面从三个方面进一步阐释。

第一，“一体化”（integration）进程的建构。与其他类型的宏观研究相比，全球史从方法论取向来说更加重视一体化的发展及其程度、范围和性质。[75]如同集木成林，由互相联系进而形成一体化，这似乎不难理解，但这一整合过程绝非自然而然的演化。它是由形形色色的个人和团体加以推动，因此需要对这些历史主体及其不同关系和目的进行仔细分析。作为一种大规模的结构变迁，“一体化”并非所有全球史研究的主题，但它必然作为背景存

72　塞巴斯蒂安·康拉德：《全球史是什么》，第 119 页。

73　彭慕兰：《目的论、不连续性和世界史：历史分期与现代性的起源迷思》，见本书第 287—311 页。

74　Diego Olstein, *Thinking History Globally*, pp. 19, 24.

75　塞巴斯蒂安·康拉德：《全球史是什么》，第 65 页。

在，这就是为什么我们不能将“全球史”和“全球化的历史”画等号的原因。前者主要是一种方法，后者则指一个历史过程。[76]

具体而言，“一体化”的内涵相当丰富，需要从多方面进行认识和把握。（一）联系与互动所产生影响的大小有赖于世界一体化的程度。以西洋钟表传入日本为例。17 世纪，日本是按照日出日落计时的，即“小时”的长短取决于白昼的长短，因而一年中每天都在发生变化。那时，从欧洲传入的机械钟表不得不按照这种计时方式每天进行调整，在很大程度上成了摆设。然而，1850 年后，东亚被纳入西方的政治、经济轨道，以铁路为代表的新科技、新工厂、新社会组织，都需要新的计时方式。在此时代背景下，西方的钟表和钟楼成为现代化的象征，日本明治政府也不得不采用新的计时方式。比较钟表传入日本的以上两个阶段，可以发现，最重要的不是传入本身，而是各自所处的宏观地缘政治背景。在 17 世纪，日本与西方间的贸易稀少，而到 19 世纪，英国主导的以帝国主义为基础的世界秩序建立起来。在新的形势下，文化输入品不再被纳入地方的宇宙论中，而是成为从根本上改变人们日常生活的力量。这个例子告诉我们，联系本身只是一个起点，其意义大小不一，有赖于大的环境。全球史学者应该认识到环境条件决定着全球联系，在理解联系之前，应当先深入理解这些环境条件。换句话说，交流可能是一个表面现象，更为重要的是了解交流得以进行的世界一体化程度。[77] 这种一体化在社会学中被称为“结构”，在世界体系研究中被称为“网络”。（二）联系与互动又进一步推动了一体化。“一体化”或者“结构”不应当被视为抽象的实体，因为它们是人类主体性和时间流动的产物，也是不断积累转化和修补的结果。这也意味着结构与互动之间没有内在的敌对和冲突。（三）有些结构达到全球规模，有些则范围较小。也就是说，结构整合不一定是星球级，它可能是区域性甚至地方性的。（四）各种一体化或结构的指向并不一定相同，其发展也并非直线型的。经济整合可能与政治分裂并行，文化开放和政治经济交流也不一定是同步的。全球一体化进程是在曲折中往前推进的，古代世界的联系因游牧民族的第二次大迁徙遭到严重破坏，卢格霍德的“13 世纪世界体系”也仅仅维持了一百年左右的时间。（五）历史发展的总趋势是走向全球一体化，并且往往是通过各种区域一体化或者结构交叉重叠而形成。（六）从全球史研究的角度来说，有必要重点考察那些一体化持续进行并达到一定交流频度和强度的历史时期或地区，这样就能激发出该领域的更大潜力；反之，其研究难度就会增加，成果也不容乐观，因为对某些个案来说其他方法更为有效。这也正如本特利所说，并非所有历史内容都适合全球史研究，该领域的学者要“找出跨文化互动频繁的历史时代或时期，追溯不同时期的

76　塞巴斯蒂安·康拉德：《全球史是什么》，第 76—77 页。

77　同上书，第 57—58 页。

不同环境下所形成的不同文化交流模式”。[78]

第二，因果关系和运行机制的建构。大规模结构变迁的空间层次和表现形式十分丰富，其原因也是多种多样的，我们需要考察其背后的不同逻辑及其相互关系，这是全球史研究的主要任务之一。学者们通常提到全球一体化的五种推动力量，分别为技术、帝国、经济、文化、生物和生态。[79]这些力量不是互相排斥的，它们经常共同发挥作用。进一步具体地说，全球史研究应进一步关注互动与一体化的运行机制。威廉·麦克尼尔在《变动中的世界历史形态》一文中指出，公元1500年之前，亚欧非形成了交流互动的网络，其原因在于“商业实践实际上逐渐地创造出了一套可行的商业法则，这些法则大大有利于规范跨越文化边界的交流”，“甚至神秘的宗教也为外来者和异教徒留出了空间……因此，尽管不曾有过任何统治集团在政治上统治整个亚欧非共生圈，但是一套粗略的道德法则的确出现了，并且卓有成效地把跨文明交流的风险降低到能容忍的限度”。麦克尼尔在此提醒全球史研究者应该对这种交流机制高度敏感，并把它作为自觉研究的目标，“因为正是这一点赋予他们的专业内聚性和框架结构，正如同政府的法令和决议为民族国家史提供内聚性和框架一样”。[80]麦克尼尔的这一论断对我们有巨大的启发意义，它强调全球史研究要透过现象看本质，为今天全球化世界的人们提供借鉴。

第三，通过前文论及的研究路径，可以形成一些具有普遍意义的概述式的总体建构，[81]日积月累，最终构建起颇具学术含量的全球通史。从目前的全球史研究来看，不乏以此为指向的学术研究成果。前述《独立宣言：一种全球史》在对不同的《独立宣言》比较分析后指出：“不论何时何地，诸多独立宣言的特征是它们标志着从先前帝国的附庸到现在独立、平等国家的转变。”[82]在这方面给编者留下最深刻印象的是近年来的帝国社会史研究。该研究关注近代以来世界范围内帝国的发展，并总结出一些普遍的发展趋势。何谓帝国？帝国是这样的政治实体，其领导者同时直接或间接地用不同手段统治着至少两个社会。根据这种理解，帝国所面临的一个重要问题就是如何证明其合法性，不同时代的政府采取了不同的手段，但在某些时段的某种做法却具有世界性。比如，许多近代早期的帝国统治者都对疆域图的绘制以及种族群体的归类十分关注，并积极把这些信息传达给其他帝国。到19世纪，出现了一个非常流行的现象，即许多帝国的官员（英帝国、清帝国、沙皇俄国、奥

78　杰里·H. 本特利：《世界历史上的文化交流》，刘新成主编：《全球史评论》第5辑，第39页。参见塞巴斯蒂安·康拉德：《全球史是什么》，第84—91页。

79　参见塞巴斯蒂安·康拉德：《全球史是什么》，第85—89页。

80　威廉·H. 麦克尼尔：《变动中的世界历史形态》，第12—13页。

81　前述“二分法”之下的第二种比较研究即属此类。

82　大卫·阿米蒂奇：《独立宣言：一种全球史》，第64页。

斯曼帝国无不如此）都日益重视所谓的“教化工程”，声称此工程最终会把至少一部分“异域”臣民成功改造和转化，让他们像帝国中心区的人那样思考、生活和接受管理。19世纪后期发生了进一步的转变：“教化”臣民意味着使大众文明化，目的是更详尽地规范他们的生活，也包括在殖民地的欧洲人的生活。这一观点逐渐占据主导地位。[83]

行文至此，还有两个方面需要补充说明。第一，全球史对历史的“建构”是在互动研究、比较研究以及互动—比较研究的基础上进行的，是跨越各种边界思考多层历史因果关系的产物，并以全球为最终指向，这使其与人文社会科学的其他建构区别开来。第二，全球史研究的多个环节、多种路径并非互相排斥，而是互为补充的，在一项研究中可以综合利用。我们在地中海史研究中就试图把这些方法有机结合起来。我们的研究以地中海本身为中心，把地中海视为“互动区”，区别于传统的“地中海周边地区史”。通过这样一个“规模扩大了的地理单位”，可以看到历史上发生的各种各样的互动。从地理的角度说，互动有跨海与环海之分。从时间的角度说，有些历史时期互动频繁且有规律性，地中海也因此被编织为一个有机的整体，实现了一体化；而有些时期——例如黑死病肆虐的14世纪——则出现相反的情况，那时一体化遭到破坏。从互动内容来说，可以分为物质的、制度的和文化的三个层面。物质的交流，特别是哥伦布大交换式的物种交流，在很大程度上赋予地中海以相似的自然景观；法律的交流使伊斯兰法与罗马法相互借鉴，规范着地中海的商业活动；阿拉伯科学技术的传播推动了西欧文艺复兴和科学革命的勃兴；然而，西欧人在接受阿拉伯科学技术的同时，却拒斥伊斯兰教，这种意识形态的冲突有时非常剧烈，以致出现了多次旷日持久的十字军远征，地中海成为了伊斯兰文明与基督教文明的地理分隔并长期存在。也就是说，互动并不一定导致同质化的出现，思想文化领域的互动进一步让人们形成并强化自我与他者之分，并千方百计维护自身的特殊性。我们也尝试把互动研究与比较研究结合起来。7世纪起，阿拉伯人在地中海扩张，先后占领巴勒斯坦、埃及及以西的北非地区、伊比利亚半岛、西西里岛等地，把阿拉伯人在这些地区的治理政策，特别是对基督教徒的态度进行比较，可以深入理解阿拉伯征服的实质以及伊斯兰教的自我与他者观。

四、余论

在探讨全球史研究路径的过程中，我们对于全球史的含义、特点和目标有了更深的理

83　彭慕兰：《社会史与世界史：从日常生活到变化模式》，载夏继果、杰里·H. 本特利主编：《全球史读本》，第281—288页。

解。其中有以下几个基本点：第一，随着19世纪民族意识的勃发和西方列强主导地位的确立，民族国家和西方中心论成为现代人文社科研究的基础。然而，20世纪下半叶以来，全球化迅猛推进，以上两大特征已经渐渐沦为各学科的“先天缺陷”而受到诟病。正是在这样的情况下，全球史应运而生并成长为最具活力的史学领域之一。它强调灵活多元的视角以及比较、互动的建构方法，进而突出了历史发展的多样性、偶然性和全球性。第二，全球史研究的最大特色是“跨越边界地思考历史”，不仅包括民族国家的边界，还包括语言、宗教、地理等边界。历史学通常在确立研究单位的过程中划分出各种各样的边界，其中有些在历史上确曾存在，有些则是人为制造出来的，后者主要是民族国家和西方中心论的产物。跨越这些传统的、人为制造的边界，以便对全球性的事件、过程和结构做出令人信服的解释，成为历史学发展的必然趋势。第三，在跨越边界的基础上探寻历史的“关联性”和“整体性”。可以通过互动研究发现历史上确曾存在过的相互联系，也可以通过比较研究建立逻辑的关联。在关联性的基础上探究历史的“整体性”，对人类历史进程进行新的整合。需要强调的是，这并不意味着全球史研究必然是大规模的，其空间建构实际上是灵活多变的，“大”可以至全球，“小”到跨越传统的边界即可；关键在于所建构起的新的研究单位要以探寻历史发展的因果关系，关注人类历史的总体走向为最终目的。第四，全球史研究需要不断挖掘新知识、新史料。全球史应该关注此前被历史学家所忽视的区域及其居民的历史，形成新的历史知识，并探索其相互关联性。也就是说，应该将历史从民族国家、文明研究的桎梏下解放出来，采用灵活多元的视角，公平看待不同社会、不同人群在全球发展中的作用及其相互关系。第五，全球史的目标和特性决定了其研究是非常具有挑战性的，必须借鉴其他学科的理论与方法，真正做到跨学科研究。总的来说，全球史研究为历史学的拓展提供了巨大可能性，这一领域目前仍处于不断提升和发展之中，多样化探索仍将是未来的趋势。

进入21世纪，国际政治中出现了种种“逆全球化”现象，难民、环境恶化、公共健康等问题频发。一方面，我们应该把这些现象放到全球历史的发展进程中客观理性地予以对待，另一方面，各国人民需要更加团结协作、共渡难关。全球史能够在这两方面发挥绵薄之力，因为其重要价值取向就是“关注人类的共同命运”，全球史研究、教学的核心目的就是培养既立足当下又胸怀全球的具有历史感的世界公民。希望本书在这方面也能有所贡献。

（夏继果，首都师范大学历史学院、国别区域研究院教授；王文生，美国夏威夷大学历史系副教授，《世界历史杂志》前书评主编；杜宪兵，天津师范大学欧洲文明研究院副教授）

全球史的过去、现在和未来

帕特里克·奥布赖恩　著
杜宪兵　译

全球史复兴的史学传统根基与现代必要性*

【导读】

帕特里克·奥布赖恩（Patrick K. O'Brien，1932—　），英国历史学家，伦敦政治经济学院经济史系荣休教授。他于1960年在牛津大学纳菲尔德学院获得博士学位，之后入职伦敦大学东方与非洲研究院。1970年转入牛津大学圣安东尼学院从事经济史研究，1990年起担任伦敦大学历史研究所主任，九年后加入伦敦经济学院，参与了“全球经济史网络”的筹建。1999—2001年担任英国经济史学会主席。主要研究领域为全球经济史，近年来致力于全球史理论与方法的思考。代表性著作有《埃及经济体系中的革命》（1966）、《铁路的新经济史》（1977）、《美国内战的经济影响》（1988）等。

本文从史学编纂的角度思考了全球史研究得以复兴的传统根基及现实必要性。作者首先介绍了该领域的两个主要研究路径，即关联与比较，继而对世界主要地区的史学传统进行综述，并分析了全球史面临的挑战和机遇。在19世纪之前，欧洲、伊斯兰世界、南亚、东亚等地区的史学传统均带有浓厚的中心论、目的论色彩，但随着西方对世界其余地区的地缘政治霸权的确立，世界各地的史学传统逐渐汇合，要么颂扬、顺应西方的兴起，要么抨击、抵抗欧洲势力的压制，要么尽力将传统与现代性融合起来。作者指出，全球史复兴的学术条件和现实条件均已成熟，其关键是在严谨学术研究的基础上建构人类历史发展的宏大叙事，且该研究既要贯彻世界主义的观念又能迎合全球化的时代需求。

本文乃奥布赖恩于2006年为《全球史杂志》所作的创刊序言。它不仅吹响了全球史现代复兴的号角，也宣告了该领域最重要研究期刊的诞生。短短十余年间该杂志就成为了国际史学界最受瞩目的期刊之一，此成就不仅标志着全球史研究整体地位的提升，也间接证实了作者的乐观论断。文章论述深刻，视野开阔，在研究时段上自古代历史书写传统滥觞

---

* 受《全球史杂志》编委会邀约，为全球史领域的这份新刊物的首期撰写序篇，我备感荣幸。剑桥大学出版社与伦敦政治经济学院联手操办本刊，我为它们的勇气而自豪。感谢编委会与我的同事邓刚和加雷斯·奥斯汀（Gareth Austin）的帮助。本文如同众多学术作品一样，其实是集体劳动的结晶。

延续至全球化的当下，在地理空间上涉及多个地区和国家，全面总结了世界各地主要史学传统的地方性和全球性，从学术史层面有力地论证了全球史复兴的可能性和必要性，为全球史研究的开展提供了理论铺垫。自发表以来，本文广受国际史学界征引，成为了解全球史过去、现在和未来的重要文献，同时也引发了广泛讨论。值得注意的是，近年来奥布赖恩的主张遭受挑战，如下一篇文章指出的，有些学者强调了当前全球史研究所面临的种种问题并对其发展前景表示忧虑。

我们理当回到这种比较性的世界历史上来。唯有在世界尺度上，我们的问题才能得以解答，至少是以恰当的方式呈现出来。——费尔南·布罗代尔（Fernand Braudel, *Civilization and Capitalism 15th–18th Century, Vol. 2: The Wheels of Commerce*, London: William Collins, 1982, p. 137.）

如若没有整个亚欧非世界（西方曾是其中的一部分）积淀而成的历史，西方的蜕变几乎不可想象。——马歇尔·霍奇森（Marshall Hodgson, in Edmund Burke III, ed., *Rethinking World History*, Cambridge: Cambridge University Press, 1993, p. 68.）

两种风格的现代全球史：关联与比较

"全球化"是我们时代的主旋律。有鉴于此，一个急速扩增的历史学家群体正运用多种视角、概念和方法论，将他们的研究、思考和教学定位在标有世界史、普世史或全球史等各种名号的题目之下。在探明这三个形容词可能存在的歧义混淆或体现出的潜在的具有启发性的区分时，可能会出现分歧。[1] 然而，不论是自愿参与其中的专业历史学家，还是那些在教学与写作中被迫从事这个全球性事业的历史学家（无论是应征参与还是协作参与），都发觉自己身处某块知识前沿。这块前沿阵地不受地理、半球及大陆边界的束缚，更没有国界之限和教区之隔。他们与兰克确立的研究范式背道而驰，意图像现代考古学那样毅然冲破桎梏，打破用于建构欧洲史、美国史、印度史、日本史、中国史或其他国别史的学科边界、既定时序和文本传统。[2] 全球史书写的悠久传统，或许增强了这些历史学家投身于当代的"古今"之战的信心。而多份专业刊物的发行连同大量著述和教材的涌现，或许进一步打消了他们的疑虑。这些成果表明，某种经典研究流派显然正在复兴，而且这种势头将延续到人文学科和社会科学中去。本文试图根据《全球史杂志》（*Journal of Global History*）编委会的想法，从史学编纂角度对这个看似是现代史学领域，实则有着悠久历史的史学传统加以阐释。如今，这个领域正在向两个主要方向发展，以确保人们理性地审视政体、经济和文化等层面不断加速的全球化趋势。

---

1 Manfred Kossok, "From Universal History to Global History," and Bruce Mazlish, "An Introduction to Global History," in Bruce Mazlish and Ralph Buultjens, eds., *Conceptualising Global History*, Boulder: Westview, 1993, pp. 1–24 and 96–111.

2 Andrew Sherratt, "Reviving the Grand Narrative: Archaeology and Long Term Change," *Journal of European Archaeology*, vol. 3, no. 1, 1995, pp. 139–153.

第一个方向就是关联（connexion）模式，该模式长期适用于历史学的多个领域及考古学。这是一种古老且（持续）有效的全球史书写方式，对此，威廉·麦克尼尔的著述能够加以佐证。近年来，他的原创性作品激发了人们从历史角度研究跨越漫长时段，贯穿不同大陆、海洋与国家的关联网络的热情。麦克尼尔认为，与“外来者”（outsider）的“相遇”（encounter）、“接触”（contact），尤其是“关联”，是历史学家所研究的大多数变化的源头和动力，这些变化涉及经济、社会、政治、军事、文化、宗教、技术及其他可以想见的诸多层面。[3] 很多历史学家遵循麦克尼尔的建议，探究跨越各种政治边界、空间单位及地理界限的诸多关联，凭借学术上的超然态度和对漫长历史进程的恰切理解，选取并分析那些推动人类演进的主要力量来建构历史故事。他们由此可以避免当前主流历史学所固有的一些缺陷，诸如对不同文化的尊卑之分，时间所造成的束缚，民族国家妄自尊大，也可以避免像后现代史学那样对各种宏大叙事都心存疑虑。[4]“互动”（interaction）从来都不全是良性的，甚或大多不是良性的。譬如，瘟疫、疾病和寄生物的传播，游牧民族的连番侵袭造成的破坏，征战、抢掠与帝国扩张，被迫皈依异族宗教信仰体系，外来者对土著文化、社会及群体的颠覆，所有这些都是全球“关联”史的组成部分，同样值得关注，尽管难免让人扼腕叹息。[5]

麦克尼尔的总体思路被明显地分解为多种特定的关联类型，用于研究那些孕育着社会转型的长期联系。其具体分类包括：贸易、投资、战争、宗教、移民、实用知识的扩散、植物交换以及疾病传播。河流、海洋、陆地以及近来的航空都为这些关联的发生提供了保障和便利，降低了其间的代价，因此交通方式和交流模式也得到了应有的关注。一旦与这些主要关联相关的网络得到追踪、理解，其重要性得以评估，全球史就将拓宽我们的学识。大多数学者都在向着更加深奥、更加精细的方向研究国家、民族、地区、群体或其他要素的历史，但遗憾的是，他们往往脱离了研究对象具有普遍意义和潜在启发性的脉络，而全球史能够为此提供空间和时间的维度。

简要来讲，全球史的第二种路径扩展了那些适用于开展比较史研究的地理辐射区（从地方性单位扩展到更具包容性的单位），相关研究主题有可能跨越教区、地区和国家界限，

---

3 麦克尼尔的学说见诸 William McNeill, “The Rise of the West after Twenty-five Years,” *Journal of World History*, vol. 1, no. 1, 1990, pp. 1–21，亦可参阅他最近的著述 John McNeill and William McNeill, *The Human Web. A Bird's-eye View of World History*, New York: Norton, 2004。

4 Jerry Bentley, “Myths, Wagers and Some Moral Implications of World History,” *Journal of World History*, vol. 16, no. 1, 2005, pp. 51–82.

5 Alfred Crosby, *Ecological Imperialism: the Biological Expansion of Europe*, Cambridge: Cambridge University Press, 1986, and Patrick Manning, “The Problem of Interactions in World History,” *American Historical Review*, vol. 101, no. 3, 1996, pp. 771–783.

也可能跨越多个大洲、大洋和多种互不相干的文化。尽管无论从语言能力还是学术素养方面来讲，开展此类历史研究都殊为不易，而且，给所发现的差异“赋予意义”也绝非易事，但相关研究方法与在比较史研究——此类研究在大陆、帝国、国家或区域框架的内部开展——实践中常常遇到的是比较相似的。[6] 比较史有助于超越局部细节的复杂性和主宰性，至少观照两面镜子，尽力对所研究的千差万别的问题给出令人信服的答案。历史学家惯常会专注于一些明确的研究对象，诸如文物、制度、组织、社会习俗、态度和信仰，这些研究对象具有如下特点：它们散布于不同地方；它们在具体的场景下已得到深入研究；它们显现出一些可比性，但更为重要的是，它们在不同地方呈现出不同的地理、经济、政治和社会等方面的特征。对于研究此类问题的历史学家而言，由比较方法推衍出的论断往往很有启发性。因而，如同马克・布洛赫所预见的，“比较方法能够从混乱而多样的环境中理出通常让人信服的差异性。”或者如卡伦・威根（Kären Wigen）最近所察觉的那样，“我们唯有与别处的历史学家对话，方能领会某个特定国家经历的独特性。”[7]

一些历史学者利用其时间和资源，在较为有限的时空范围内从事比较史研究，相比之下，全球史学者往往在更加广袤的空间和更大规模的群体（大洲、海洋、文化和文明）中归纳并平衡其中的可比性，以便凸显、传达它们的主要共性和差异。[8] 近年来一些摆脱国别史的空间参数和既定年表的尝试，已经催生出不少新颖且颇具启发性的视角，这些视角可用于解释地方史、区域史、国别史以及其他时空单位下的历史。[9] 在未来的数年里，比较方法似乎将要主导历史学领域，这一方面是出于教学目的考量，另一方面，为了打造具有全球视野和普遍意义的历史元叙事，比较方法也成为这项正在开展的研究构想的“基石”。比较方法已经催生出全球史方面的诸多书目，相关主题涉及经济发展、性别、家庭、青年、婚姻、饮食、住房、卫生、军事组织、政府、奴隶制度、人权、议会、民族主义、宗教、

---

6 Charles Ragin, *The Comparative Method: Moving Beyond Qualitative and Quantitative Strategies*, Berkeley: University of California Press, 1987; Charles Tilly, *Big Structures, Large Processes, Huge Comparisons*, New York: Russell Sage Foundation, 1984; R. Bin Wong, *China Transformed; Historical Change and the Limits of European Experience*, Ithaca: Cornell University Press, 1997.

7 William Sewell, “March Bloch and the Logic of Comparative History,” *History and Theory*, vol. 6, no. 2, 1967, pp. 208–218, and Kären Wigen, “Japanese Perspectives on the Time/Space of Early Modernity,” in *Proceedings of the 19th International Congress of Historical Sciences*, Oslo: University of Oslo, 2000, pp. 26–27.

8 E.g. Kenneth Pomeranz, *The Great Divergence: China, Europe, and the Making of the Modern World Economy*, Princeton: Princeton University Press, 2000.

9 “威斯康星世界历史学派”（Wisconsin School of World History）致力于全球层面的历史元叙事的系统比较，参见 Philip Curtin, “Graduate Teaching in World History,” *Journal of World History*, vol.2, no.1, 1991, pp. 81–89。

原教旨主义、革命等。[10]

随着比较史研究成果的大量出版，目前任何一个受到国别史和地方史学者青睐的主题似乎都能重新安放到更宽广的空间和更漫长的时段之中，我们很难找到反例。那些勇于探究全球不同类型的生物圈与生态圈的历史学者，很容易理解我的观点；而这种探究是当下对于世界上更为广阔区域中的政治制度、社会组织、文化、人口变动、物质文明开展任何比较史研究的基本前提。对环境的关注，促进了历史学与地理学的重新整合，其中的原因很简单：在探究西方与世界其余各地之间以及各个区域内部的生活方式和生活水平中的差异时，那些令人信服的解释往往都将生态环境的变量视为基本要素。[11] 长久以来，受学术专业化的影响，在从事与国别相关的政治史、社会史、经济史和文化史研究时，自然世界要么只是一个铺垫，要么微不足道。而今，这种趋势显得目光短浅，缺乏远见。幸运的是，人与自然交互关系的演进重新激发了人们的关注，引起了生物学家、地质学家、植物学家、气候学家、古生物学家和流行病学家对历史学的兴趣。他们对人与自然的关系有着更深层次的理解；近年来，他们采用现代模式探究二者间的重要关联性，并将相关的科学知识透彻地传授给别人，这一做法也在反馈到历史学领域。这种反馈常常呈现于考古学之中。考古学虽是一门人文学科，却长期与“硬”科学保持着密切联系。[12]科学没有界限，它始终致力于普遍意义上的理解。正因如此，把经过实证检验的科学理论和见解用于长期被忽视的人类历史与自然历史之间的关联的研究，已被广泛接受为全球层面的比较史研究，以及更具地方性的比较史研究的必要前提。[13]

比较和关联占据了出版物的主流，这标志着全球史重新回到大学和中小学人文学科和社会科学的课程体系里。以敏锐的态度来追求这两种风格应能深化对差异与多样性的理解；满足那些试图理解全球范围内日渐加速的相互依赖和一体化的趋势对视角的需求；最重要的是，使人们能够避免种族中心主义立场去欣赏更多民族、社群和文化在悠久的

---

10 Patrick Manning, *Navigating World History: Historians Create a Global Past*, New York: Palgrave, 2003。*World History Bulletin* 发表了附有简介的参考书目和评论文章。Newsletter of the World History Association, Honolulu: May and November annually。另见 Peter Stearns, ed., *World History in Brief: Major Patterns of Change and Continuity*, New York: Longmans, 2002。

11 John Richards, *The Unending Frontier: An Environmental History of the Early Modern World*, Berkeley: University of California Press, 2003.

12 Robert Denemark, ed., *World System History. The Social Science of Long Term Change*, London: Routledge, 2000.

13 David Christian, *Maps of Time. An Introduction to Big History*, Berkeley: University of California Press, 2004, and Alfred Crosby, “The Past and the Present of Environmental History,” *American Historical Review*, vol. 100, no. 4, 1999, pp. 1177–1189.

人类历史中取得的多方面成就。[14]如本文所示，在历史学家沿袭了数个世纪的欧洲中心论、中国中心论和伊斯兰中心论等史学传统之后，要实现上述抱负，他们还有不少的路要走。

欧洲的史学传统

自希罗多德（公元前495—前425年）以来，欧洲人一直在书写全球史。西塞罗推崇希罗多德的普世关怀，而修昔底德（公元前471—前400年）认为希腊人无权考察异族的神话、宗教、习俗和传统。在修昔底德看来，历史书写应当仿效他的伯罗奔尼撒战争研究——重点更突出，时间跨度更短，以经过核实的事实为基础，目的在于规范而非描述。[15]幸运的是，希罗多德笔下的历史并未像修昔底德这样“以欧洲为中心”，而是超越希腊世界，囊括了埃及、印度、巴比伦王国、阿拉伯半岛和波斯等广阔地域，以便如他所言，“通过记录我们自身及亚洲族群的非凡成就，留存关于过去的记忆”。[16]希罗多德采用的史料除了文献资料外，还包括口述证言、考古遗存。他尽力为漫长时期里发生在三大洲的诸多事件绘制年表，理清时序。他的（依然广受关注的）著述以“欧洲人必胜论”结尾，颂扬（雅典人领导下的）希腊城邦对波斯帝国取得的胜利，并将这场战争（带有几分讽刺意味地）描绘成东方与西方、自由与暴政、文明与野蛮之间的冲突。[17]全球史学家将会推崇希罗多德书写历史时的规模、视野和移情方法，称赞他对异族的优点和希腊人的缺点的反思，也将因希罗多德之后**世俗**世界历史书写的长期中断而叹惋。直至法国大革命爆发之前短短几十年的启蒙运动期间，伏尔泰及其同时代的学者才承续了这种史学传统。[18]

也许让学者们感到困惑的是，在古希腊罗马时代，除了少数历史学家，诸如狄奥多罗斯、波利比乌斯和狄奥尼修斯，和屈指可数的地理学家和人种志学者（斯特拉波、托勒密和普林尼）之外，鲜有学者书写已知世界的历史。[19]尽管古典时代的历史学家所生活的那些帝国与一系列文化（非洲、阿拉伯、波斯、印度乃至中国）都有所联系，保持着商业往

---

14 Charles Hedrick, “The Ethics of World History,” *Journal of World History*, vol. 16, no. 1, 2005, pp. 33–50.

15 Arnoldo Momigliano, *The Classical Foundations of Modern Historiography*, Berkeley: University of California Press, 2000, pp. 29–53.

16 Ernst Breisach, *Historiography. Ancient, Médiéval and Modern*, Chicago: Chicago University Press, 1994, p.18.

17 John Evans, *Herodotus: Explorer of the Past*, Princeton: Princeton University Press, 1991.

18 彭慕兰认为“我们在阅读希罗多德的著述时，可以少关注其中的欧洲必胜论（这将令他更加符合全球史之父的称谓）”。类似观点参见 François Hartog, *The Mirror of Herodotus. The Representation of the Other in the Writing of History*, Berkeley: University of California Press, 1988。

19 Nigel Sitwell, *Outside the Empire. The World the Romans Knew*, London: Paladin, 1986.

来，但他们的主要关注点都在欧洲。[20]苏埃托尼乌斯、李维和塔西佗的历史著述主要关注罗马帝国的政治和丑闻，抑或（诸如恺撒和萨卢斯特）记载发生在帝国边境的战事。[21]而在中国，即便是最有世界情怀的古代历史学家司马迁，对“异族”文化的关注程度也不如希罗多德。[22]更为普遍的情况是，与古希腊罗马时代同期的中国历史学家几乎很少关注中国之外的群体和社会，其眼界向西最远莫过印度，间或顾及巴克特里亚（大夏）。[23]

在欧洲，普世历史的起步源于基督教历史学家和犹太历史学家的推动，他们开启了一个悠久的神意叙事传统。这种叙事从上帝创世开始写起，尽力避免让希腊人和罗马人（如约瑟夫斯所言）“成为古代史的狂妄的主宰者”。[24]这也正是圣奥古斯丁的学生奥罗修斯早在公元4世纪就坚称“罗马帝国崛起于西方，但受到东方遗产的滋养”的原因所在。[25]大部分基督教的历史书写都是各个历史阶段人类演进的编年史，不再受希腊罗马世界的边界或文化的束缚。不过，许多基督教编年史学者认为，“异教徒”活动之所以值得记上一笔，只是因为它们暗示了未来更具意义的事情，如此一来，与现世因果没有关联的事件便由神意以“喻史”的形式串联起来。[26]1158年，弗赖辛的奥托主教再次提出，“人类所有的力量与才智都起源于东方”。[27]中世纪的历史著述囊括了亚洲文明和非洲文明，直至文艺复兴和宗教改革时期亦是如此，那时的天主教和新教知识分子开始搜罗有用的过去，以协助君主整合全体人民，稳固民族国家赖以形成的疆界。[28]在宗教和民族认同方面产生冲突的欧洲

20 Jerry Bentley, *Old World Encounters. Cross-cultural Contacts and Exchanges in Pre-modern Times*, New York: Oxford University Press, ch. 2. “The Era of Ancient Silk Roads” and his article “Cross-cultural Periodization in World History,” *American Historical Review*, vol. 101, no. 2, 1996, pp. 751–756.

21 Donald Kelly, ed., *Versions of History from Antiquity to the Enlightenment*, New Haven: Yale University Press, pp. 23–35 and 69–116.

22 David Morgan, “The Evolution of Two Asian Historiographical Traditions,” in Michael Bentley, ed., *Companion to Historiography*, London: Routledge, 1997, pp. 11–22.

23 这一论述得自彭慕兰。另见 Sima Qian, *Historical Records* (tr. R. Dawson), Oxford: World Classics, 1994。

24 Flavius Josephus, *The Wars of the Jews* (tr. William Whiston), London: Dent, 1906, Preface, and Jean-Pierre Genet, *L’historiographie Medievale En Europe*, Paris: Presses du CRNS, 1991.

25 Donald Kelly, ed., *Versions of History from Antiquity to the Enlightenment*, p. 152.

26 Judith Herrin, *The Formation of Christendom*, Princeton: Princeton University Press, 1986. Ernst Breisach 在 *Historiography. Ancient, Médiéval and Modern* 一书中将第七章命名为“基督教史学革命”。另见 James Taylor, *The Universal Chronicle of Ranulf of Higden*, Oxford: Oxford University Press, 1966。Erich Auerbach, *Scenes from the Drama of European Literature*, Minneapolis: University of Minnesota Press, 1984.

27 Beryl Smalley, *Studies in Medieval Thought and Learning*, London: Hambledon Press, 1981, p. 53, and Chris Given-Wilson, Chronicles. *The Writing of History in Medieval England*, London: Profile Books, 2004.

28 Eric Cochrane, *Historians and Historiography in the Italian Renaissance*, Chicago: Chicago University Press, 1981, and Geoffrey Dickens and John Tonkin, *The Reformation in Historical Thought*, Cambridge University Press, 1985.

各方尽管关注范围相对有所压缩，但他们却都像中世纪的前辈那样，不仅意识到他们各自疆域封闭、思想统一的政体边界之外的地点、群体和文化，而且开始关注远在基督教世界之外的地点、群体和文化。[29]

在18世纪之前，欧洲人偏居广袤的亚欧大陆的西部边缘，向北是一片冰天雪地，向西是茫茫的未知海域和不明大陆，向南和向东面对着充满敌意的伊斯兰势力，因而无法巩固边疆、保全宗教、确立身份。[30]伊比利亚半岛上的欧洲人用了数个世纪才将阿拉伯势力清除出去。[31]1492年，西班牙人攻取格拉纳达，但在此后的三个世纪里，伊斯兰战船不断在地中海劫掠欧洲船只。土耳其军队于1350年跨海进入巴尔干半岛，于1453年占领君士坦丁堡，并在1683年之前一直对维也纳构成威胁。[32]在罗马帝国衰亡之后近千年的时间里，基督教世界稳固防御，引进实用知识，并在历史学家的协助下塑造集体认同。在基督教世界与疆域四周强大的伊斯兰文明不断发生冲突（和遭遇）的背景之下，这些历史学家的叙事充满了意识形态色彩。[33]大量信息自东方传入西方，其中包括回忆录，旅行见闻，外交通信，与阿拉伯医学、天文学、数学相关的知识以及奥斯曼帝国辖域内各地的商业情报。这些信息中的很大部分经由热那亚、佛罗伦萨和威尼斯传入欧洲，与之相伴的还有由中东中转而来的，产自印度、东南亚和中国的香料、草本植物、糖、植物药材、珠宝、瓷器、丝绸、棉花和精美的金属制品。[34]不过，尽管关于异域的知识日益增多，但却没能推动对这些地方的历史的研究。

1492年是个标志性年份，在此前的数个世纪里，欧洲人若想获得中意的异国奢侈品需要付出高昂的代价，他们沿着陆路缓慢行进，途中屡遭通行费和保护费的盘剥。这促使他们尽力突破障碍，争取直接参与到由伊斯兰势力控制的南亚和远东的贸易中去。葡萄牙人于1415年征服休达，随后沿非洲海岸一路南下，探寻黄金和奴隶，由此开启了地理发现之旅。欧洲人终于摆脱了伊斯兰势力在政治、经济和精神方面对他们的束缚，进入存在已久的联结亚非大陆的海上商业世界，其范围跨越印度洋，远及中国海域。[35]在16世纪，随着欧洲在好望角周边确立了定期的、直接的海上贸易，传入欧洲的有关世界其他地方的信息

29 John Phillips, *The Medieval Expansion of Europe*, Oxford: Oxford University Press, 1998；相关史学研究，参见 Donald Kelly, ed., *Versions of History from Antiquity to the Enlightenment*, pp. 229–282。

30 Patrick O'Brien, ed., *Atlas of World History*, London: Phillips, 1999, pp. 88–106.

31 David Abulafia, "Islam in the History of Europe," *Itinerario*, vol. 20, no. 3, 1996, pp. 9–23.

32 Malcolm Yapp, "Europe in the Turkish Mirror," *Past and Present*, vol. 137, 1992, pp. 134–155.

33 Bernard Lewis, *Islam and the West*, Oxford: Oxford University Press, 1993, and Maxine Rodinson, *Europe and the Mystique of Islam*, Seattle: University of Washington Press, 1987.

34 Bernard Lewis, *The Muslim Discovery of Europe*, London: Weidenfeld and Nicolson, 1982, pp. 1–57.

35 Kirti Chaudhuri, *Asia Before Europe. Economy and Civilisation of the Indian Ocean from the Rise of Islam to 1750*, Cambridge: Cambridge University Press, 1994.

骤然增多，其信息源也拓宽至一块新的大陆——美洲。

然而，直至哥伦布和达·伽马的著名航行近乎两个半世纪之后，在对不断扩大的新世界展开深入思考的基础上，欧洲才浮现出一批世俗且开明的全球历史学家。伏尔泰是这批历史学家中的先行者，他笔下的历史只关注“那些值得了解的内容；以人们无法忽略的事实为基础，记录主要民族的精神、习俗、事迹”。[36] 伏尔泰及其在法国、荷兰、苏格兰、那不勒斯、德意志和欧洲其他地区的追随者，都有意识地构建那时日渐广袤的世界。他们刻意摆脱先前的基督教历史学家所操持的神意叙事，以及历史学家忠心耿耿地为君主及其顺民编写历史的做法。[37] 这些启蒙时代的思想家的志向恰逢其时。伴随着地区交往与商业活动的常规化，含有族群、地理、技术、政治、战争、习俗、礼仪、商品和工艺品等信息的涓涓细流，汇聚成一条关于欧洲之外的社会和经济的知识之河。[38] 对那些前卫的知识分子而言，中国和伊斯兰世界成为与西方的政治体系、社会组织、宗教信仰和经济政策形成鲜明对比的另一种模式。随着宣传、奉承、空想，以及宗教和王朝等观念部分地让位于学识，欧洲人眼中的世界的历史愈发广阔、精深，而且更具有反思性。[39]

在法国大革命和欧洲人殖民南亚和东南亚之前大约半个世纪的时间里，欧洲历史学家出版了许多启蒙风格的叙事作品。这些作品囊括了远古和古典时期地中海诸文明，并将视野扩及中国、印度、日本、伊斯兰世界以及新近重新发现的美洲世界，由此重新评定欧洲和基督教世界在世界历史上的地位。欧洲蒸蒸日上的世界历史“学派”的研究领域还包括自然史、宗教史，尤其是民族志，研究范围涉及越发紧密关联起来的世界的大部分地区，其事业在 19 世纪初的哥廷根大学达到巅峰。[40]

---

36 John Brumfitt, *Voltaire Historian*, Oxford: Oxford University Press, 1958, p. 61, and Karen Kupperman, *America in European Consciousness 1493–1750*, Chapel Hill: University of North Carolina Press, 1995. 彼得·伯克追溯了伏尔泰之前的历史学家对伊斯兰势力和亚洲的关注，参见 Peter Burke, “European Views of World History from Giovio to Voltaire,” *History of European Ideas*, vol. 6, no. 3, 1985, pp. 237–251。

37 Karen O’Brien, *Narratives of Enlightenment. Cosmopolitan History from Voltaire to Gibbon*, Cambridge: Cambridge University Press, 1997.

38 Donald Lach, *Asia in the Making of Europe*, 3 vols, Chicago: Chicago University Press, 1965–1993.

39 Gregory Blue, “China and Western Social Thought in the Modern Period,” in Timothy Brook and Gregory Blue, eds., *China and Historical Capitalism. Genealogies of Sinological Knowledge*, Cambridge: Cambridge University Press, 1999, pp. 57–109.

40 Michael Harbsmeier, “World Histories before Domestication. The Writing of Universal Histories, Histories of Mankind and World Histories in Late Eighteenth-century Germany,” in *Culture and History*, no. 5, 1989, pp. 93–131. 哥廷根大学的学者从一部多达 38 卷的文献中搜罗证据，这部文献名为 *An Universal History from the Earliest Account of Time*，皆由原作汇编而成，于 1736—1765 年出版于英国。参见 Benedikt Stuchtey and Peter Wende, eds., *British and German Historiography 1750–1950*, Oxford: Oxford University Press, 2000, p. 7。

欧洲哲人和重农学派对欧洲之外的政体、社会、文化和宗教的赞许，并非时人的共识，贝尼埃、孟德斯鸠、笛福、温克尔曼和休谟等人就对中华文明兴趣索然。[41] 尽管如此，那时的历史学家面对的是海量的专业知识和历史解释，其体量远甚早些时期由传教士、水手和商人传递的信息。他们所涉猎的文化、地理和时段如此宽泛，即便是现代历史学家也会艳羡不已。

在尽力将欧洲重新置于世俗的世界历史的过程中，启蒙时代的历史学家不时做出讽刺性反思和严肃争论。可叹的是，这种反思和争论在接下来两个世纪的西方必胜论面前黯然失色。在 1789—1815 年的法国大革命和拿破仑战争之后，欧洲人直接或间接地控制了亚洲、太平洋地区和非洲，从这些地方获得了大量的人口、领地和自然资源。在"帝国巅峰期"，欧洲在海军和陆军实力上都确立起相对于其他大洲各国的绝对优势。[42] 身处新世界的欧洲移民开始摆脱早期宗主国的束缚，可以自由追逐财富，按照自己制定的规则在欧洲之外开采自然资源、役使当地劳力，只有宗教因素和某些殖民政权的家长式统治能对他们造成影响。[43] 大约在同一时期，西欧明显进入了一条持续且快速的经济增长轨道，致使东方与西方、北方与南方在技术、生产力、生活水平及军事实力等多个层面的鸿沟越拉越大。[44]

在世界历史的这个关口，欧洲的大多数知识分子又回到了对罗马帝国的自省中去。在那些眼界超脱于欧洲之外的知识分子中，有的书写帝国史，有的炫耀文化上的优越性，黑格尔便是后者中的典型。他认为只有那些"组建了国家"或"在精神层面发展到一定水平的族群才拥有历史"，"世界历史的进程是自东向西的，因为欧洲是历史的绝对终点，亚洲则是起点"。[45] 在全球历史的构建中，"欧洲中心论"传统与伴随美国革命、法国革命和工业革命而来的各种社会发展理论交互影响。它们阐明了欧洲在地缘政治、技术和经济层面对世界其他地方的霸权地位，并试图解释个中原委。[46] 关于人类进步和历史阶段的目的论观念由来已久，潜藏于基督教对时间和变化的认知之中，在孟德斯鸠、莱布尼茨、孔多塞

---

41 Alan Macfarlane, *The Riddle of the Modern World: of Liberty, Wealth and Equality*, Basingstoke: Macmillan, 2000.

42 Stuart Woolf, "The Construction of a European World View in the Revolutionary and Napoleonic Wars," *Past and Present*, vol. 137, November 1992, pp. 72–101, and Christopher Bayly, *The Birth of the Modern World*, part 1, Oxford: Blackwell, 2004.

43 David Abernethy, *The Dynamics of Global Dominance. European Overseas Empires, 1415–1980*, New Haven: Yale University Press, 2000.

44 Pomeranz, *Great Divergence*, and Michael Adas, *Machines as the Measure of Men: Science, Technology and Ideologies of Western Dominance*, Ithaca: Cornell University Press, 1989.

45 Bruce Mazlish, *The Riddle of History. The Great Speculators from Vico to Freud*, New York: Harper Row, 1966, pp. 132–163.

46 Samir Amin, *Eurocentrism*, New York: Monthly Review Press, 1989.

以及黑格尔之前的众多思想家的著述中司空见惯。然而，随着历史学和社会科学在 19 世纪确立了学科地位，越来越多的著述公然强烈地认为欧洲是世界上最先进的地区、最优秀的文明。[47]

黑格尔认定，欧洲正在壮大为西方，成为现代性和进步的典型代表。大多数历史学家的作品中都出现了这一推定，他们含蓄地，往往甚或明确地将其诉诸一系列社会科学权威，其中包括马尔萨斯、黑格尔、托克维尔、圣西门、孔德、密尔、斯宾塞、马克思和韦伯。这些名家巨匠打造出的种种理论，典型地诠释了欧洲思想史中的一个传统，即认定社会进化是一个文明、国家、区域、社会或其他研究单位的自然的、内在的属性，即便这个进化过程或许会因某些公认的停滞、衰退而中断。[48] 历史会进而呈现出一些定向的、必然的趋势，从而促使某些总体预定目标的达成，这其中就包括：马尔萨斯为之焦虑的人口增长率的平衡；黑格尔信奉的普遍自由精神；被托克维尔（犹疑地）视为未来潮流的民主制度；圣西门提出的技术统治；孔德心目中的普遍的科学知识；密尔颂扬的个人自由；马克思预言的阶级社会；以及韦伯在跨文明比较中察觉到的合理性。

然而，这些大思想家对东方历史的概括都以少得可怜的信息为基础。马尔萨斯根本无从接触东方的人口普查情况。[49] 圣西门对中国技术知之甚少，一如孔德对中国科学传统的了解。而黑格尔、托克维尔和密尔对东方专制的起源和性质的一知半解，这些内容很可能从耶稣会传教士口中得知，或是出自孟德斯鸠和休谟的二手文献。[50] 马克思和恩格斯创造了“亚细亚生产方式”。[51] 斯宾塞删改了达尔文的表述，不经意间为种族主义提供了“适者生存”这个臭名昭著的伪科学标签。[52] 韦伯试图分析推动欧洲文明、印度文明和中国文明演进的“精神”（*Geist*），事实证明，这是一项远非单个学者所能完成的任务，即便博学如

---

47 Robert Nisbet, *Social Change and History. Aspects of the Western Theory of Development*, New York: Oxford University Press, 1969, pp. 163–174, 190–193; Lars Magnusson et al., eds., *The Rise of the Social Sciences and the Formation of Modernity. Conceptual Change in Context 1750–1850*, Dordrecht: Kluwer Academic Publishers, 1998. 关于基督教中相关观念的起源，参见 Vasilis Lambropolous, *The Rise of Eurocentrism: Anatomy of Interpretation*, Princeton: Princeton University Press, 1993。

48 Robert Nisbet, *The History of the Idea of Progress*, New York: Basic Books, 1981.

49 Massimo Livy-Bacci, *The Population of Europe*, Oxford: Blackwell, 1999.

50 Gregory Blue, “China and Western Social Thought in the Modern Period,” pp. 57–105.

51 Shlomo Avineri, ed., *Karl Marx on Colonialism and Modernism*, New York: Gordon City, 1968. 关于马克思思想中的具体描述，参见 Ivan Vujacic, “Marx and Engels on Development and Underdevelopment,” *History of Political Economy*, vol. 20, no. 3, 1988, pp. 471–498。

52 John Burrow, “Historicism and Social Evolution,” in Stuchtey and Wende, eds., *British and German Historiography*, pp. 251–264.

他也无法胜任。[53] 这些思想家都找到了些许理由，用以解释西方之外的渐进性变革的中断为何会退化为停滞。

多数历史学家在尽力理解造成上述变化的动因时，都很反感那些过于宽泛的解释，但他们同时又引入（有人称之为内化）了哲学、社会学、经济学和人类学的许多词汇、分类方法和理论。[54] 随着历史学发展成一个专业的教学学科和研究领域，并抱持着兰克让历史科学化的追求，一代代的历史学家都愿意稳妥地宅在国家档案和（随着时间推移）地方档案的安乐窝中。他们以不同程度的超然心态（大都较为含蓄，但也有些是正式受命）服务于民族国家。[55]19 世纪后期，欧洲学者（包括兰克、拉维斯、阿克顿和比尔）开始编写多卷本世界历史。可惜的是，阿克顿的剑桥近代史依然充斥着欧洲社会科学的假设、隐喻、分类方法和理论。[56] 欧内斯特·拉维斯（Ernest Lavisse）和阿尔弗雷德·朗博（Alfred Rambaud）编写的 12 卷《通史》(*Histoire Générale*，1893—1901）只给非西方世界留了 1/10 的篇幅。[57] 亨利·巴克尔（Henry Buckle）在三卷本的英格兰“文明”史中很直白地表达了如下观点，即文明可以“分为欧洲文明和非欧洲文明两大类”：在欧洲文明中，“人类强于自然；而在非欧洲文明中，自然强于人类”。[58]

卡尔·兰普雷希特（Karl Lamprecht）有志于写作欧洲中心论色彩较淡、更具普世性的文化史，但这让那些高度职业化的德国同行愤怒不已，一如数个世纪之前修昔底德对希罗多德的怨恨。[59] 除了兰普雷希特和韦伯这两个典型人物的努力之外，唯有屈指可数的几位

---

53 Wolfgang Schluchter, *Paradoxes of Modernity: Culture and Conduct in the Theory of Max Weber*, Stanford: Stanford University Press, 1996.

54 Arif Dirlik, “History Without a Center? Reflections on Eurocentrism,” in Eckhardt Fuchs and Benedikt Stuchtey, eds., *Across Cultural Borders. Historiography in Global Perspective*, Boston: Rowman and Littlefield, 2002, pp. 247–284.

55 Ulrich Muhlock, “Universal History and National History: Eighteenth- and Nineteenth-century German Historians and the Scholarly Community,” in Stuchtey and Wende, eds., *British and German Historiography 1750–1850*, pp. 25–48.

56 Michael Bentley, “Approaches to Modernity: Western Historiography since the Enlightenment,” in Michael Bentley, ed., *Companion to Historiography*, London: Routledge, 1997, pp. 395–508.

57 Eckhardt Fuchs, “Provincializing Europe. Historiography as A Trans-cultural Concept,” in Eckhardt Fuchs and Benedikt Stuchtey, eds., *Across Cultural Borders. Historiography in Global Perspective*, pp. 1–28, and Keith Nield, “Liberalism and History: Reflections on the Writing of World Histories,” in Michael Harbsmeier and Magens Larson, eds., *Culture and History. The Writing of World Histories*, Copenhagen: Academisk Farlay, 1989, pp. 65–92.

58 Graeme Snooks, *The Laws of History*, London: Routledge, 1998, p.109, Mazlish and Buultjens, *Global History*, and Nield, *Culture and History*, pp. 65–92.

59 Jürgen Osterhammel, “Peoples Without A History in British and German Historical Thought,” in Stuchtey and Wende, eds., *British and Germany Historiography*, pp. 266–287, and Roger Chickering, *Karl Lamprecht, A German Academic Life*, Atlantic Highlands: Humanities Press, 1993.

欧洲学者立志书写世界性的、世俗的、真正普世的历史，他们孤军奋战，而今已无人知晓。他们在书写历史时，有意回避彰显于西方科学、技术、社会科学、自由主义、殖民主义和宗教之中的傲慢自大，跳出与欧洲地缘政治霸权密切相关的民族框架和帝国框架。[60]

大多数欧洲历史学家都没有详细研究过世界多数地区的空间、人口、政体和社会，这些工作都留给了殖民地官员、传教士、语言学家、地理学家和人类学家。值得称道的是，他们留下了卷帙浩繁的有用信息。如今，这些信息正被重新置于现代全球史之中。[61]但来自各帝国大学的大量杰出的历史学家却自缚手脚，只编写、传播那些激奋人心、歌功颂德的书籍，为维护和延续西方殖民统治追根溯源、寻求辩解，并在不同程度上为其提供思想支撑。[62]他们的做法自始就招致一批激进的反欧人士的抵制，这些反对者抨击原本颇受欢迎的帝国事业以及激起殖民主义的各种思想，其中包括宗教思想、经济思想、文化思想和社会达尔文主义。[63]

在世界史和世界历史学中，1914—1918年的第一次世界大战是又一个重要的节点。在此之后，欧洲人将其设在北美、澳大利亚和拉丁美洲“白人”国家的海外殖民地融入欧洲的范畴，通过这种关系重构将欧洲必胜论存续下来。从概念上来讲，这个重构的空间是流动的、模糊的。在这个空间内，“文明”一词指代的是“西式”文明或者干脆特指“西方”。[64]“西方”是一个由多种社会、种族和文化建构而成的实体，人们视之为几个相互竞争的民族国家所构成的不断发展的族群集合。毫无疑问，在第二次世界大战之后，随着非殖民化进程的推进以及“非西方”经济的崛起，“西方”的权势已经衰落。[65]不过，从地缘政治、技术和经济层面而言，西方这个建构而成的实体在面对西方之外的世界时依然拥有强大优势。这足以让黑格尔关于西方在历史学和社会科学方面具有优越性的假定延续下来，为他所能观察到的（以及已探明的！）自古迄今世界范围内的文明、国家、文化、宗教、

---

60 关于 Cesare Cantin, Joachim Lelevel, Friederich Schlosser, Isaac Isserlin, Nickolae Ionga, Eugeni Zhukov, Bratiann Gheorghe 对普世性世界历史的书写，参见 Lucian Boia, ed., *Great Historians of the Modern Age: An International Dictionary*, New York: Greenwood, 1989。

61 Eric Wolf, *Europe and the People Without History*, Berkeley: University of California Press, 1982.

62 Benedikt Stuchtey, “World Power in World History: Writing the British Empire, 1885–1945,” in Benedikt Stuchtey and Eckhardt Fuchs, eds., *Writing World History 1800–2000*, Oxford: Oxford University Press, 2003, pp. 213–254.

63 Uday Singh Mehta, *Liberalism and Empire: A Study in Nineteenth-century British Liberal Thought*, Chicago: Chicago University Press, 1999.

64 Christopher GoGuilt, “The Changing Idea of the West from the 1880s to the 1920s,” in Sylvia Federici, ed., *Enduring Western Civilization. The Construction of the Concept of Western Civilization and Its Others*, Westport: Praeger, 1995, pp.37–63.

65 Alice Amsden, *The Rise of “the Rest”. Challenges to the West from Late-industrializing Economies*, Oxford: Oxford University Press, 2001.

社会和群体的发展状况提供自恃可靠的解释和评估。[66]

社会科学很少郑重其事地与历史学打交道，相比那些含糊不清、纷繁复杂的过去，尤其是欧美之外异域文化中令人费解的历史，它们更乐于处理理想化的事实、抽象的建构数据、概念性的范畴和简单明了的理论。[67] 而且，在 20 世纪之前，欧洲社会科学家一直缺少可用于分析全球进化过程的知识（尤其是历史证据），这很容易给批评者留下把柄，指责他们的分析信息不足，指向不明，尤其是带有欧洲中心论色彩。[68] 如今，现代（即西方）经济增长（如库兹涅茨和罗斯托所分析的那样）已经发展成经济学的一个重要分支，该研究涉及经济增长和发展方面的普遍性理论。[69] 然而，尽管库兹涅茨及其追随者展开学术研究、投入大量精力，组建了用于测算经济增长的数据库，数据库覆盖了 20 世纪中后期半个多世纪的时段，但在地理空间上几乎没有涉及西方发达地区之外（除了日本）的任何国家。[70]

在整个 20 世纪，尽管关于世界的信息之河已经汇聚成滔天巨浪，但是论及将这些知识综合运用到社会科学和已经证实的史学概念中，时人的水平很难超越伏尔泰的叙事和韦伯的历史社会学。[71] 如今，西方所鼓吹的外族统治（alien rule）已是难得一见的反常现象，但在第二次世界大战之后，在非殖民运动兴起和美国夺得世界霸权以来的很长时间里，帝国（非正式帝国，而非正式帝国）依然以各式各样的理由存续下来。[72] 有些历史学家依然相信，数个世纪以来，历史始终沿着不同的历史阶段演进，其最终方向就是以西方的发展为典型的现代性的崛起，直至共产主义在 20 世纪 80 年代崩塌之后，世界才抵达了“历史的终点”。[73]

---

66 James Blaut, *Eight Eurocentric Historians*, New York: Guilford Press, 2000; Robert Young, *White Mythologies. Writing History and the West*, London: Routledge, 1990; Philip Pomper et al., eds., *World History: Ideologies, Structures, Identities*, Oxford: Blackwell, 1998.

67 Johan Galtung, ed., *Macro History and Macro Historians*, Westport: Praeger, 1997.

68 Edward Said, *Orientalism*, New York: Random House, 1978, and James Blaut, *The Colonizer's Model of the World*, New York: Guilford Press, 1993.

69 Simon Kuznets, *Modern Economic Growth: Rate, Structure and Spread*, New Haven: Yale University Press, 1966, and Walt Rostow, *How It All Began*, London: Methuen, 1975, and Arturo Escobar, *Encountering Development: the Making and Unmaking of the Third World*, Princeton: Princeton University Press, 1994.

70 Angus Maddison, *The World Economy: A Millennial Perspective*, Paris: OECD, 2001. 另见 Robert Allen, et al., “Wages, Prices and Living Standards in China, Japan and Europe,” 未刊文，参见 http://www.iisg.nl/hpw/factormarkets.php (2005 年 6 月访问)。

71 Randall Collins, *Weberian Sociological Theory*, Cambridge: Cambridge University Press, 1986.

72 Sharon Kormans, *The Right of Conquest: The Acquisition of Territory by Force in International Law and Practice*, Oxford: Oxford University Press, 1996, and Niall Ferguson, *Empire. How Britain Made the Modern World*, London, Allen Lane, 2003.

73 Francis Fukuyama, “Reflections on the End of History, Five Years Later,” in Philip Pomper et al., eds., *World History: Ideologies, Structures, Identities*, pp. 199–217.

其他史学传统

直到最近，当很小一部分具有世界情怀的欧洲历史学家为建构全球史对欧洲中心论的范式发起初步挑战时，他们几乎没有得到来自其他文化或大洲的历史学家的支援。[74] 由于“欧洲发明了历史学家这个职业，并老练地利用了他们”，来自多元文化的援军并未如布罗代尔所料想的那样如期出现。[75] 中国、伊斯兰世界、日本和东南亚地区都拥有书写异域历史的悠久传统，其书写对象都超越了各自的疆域、种族和政治界限，涉及不同的文明、文化、宗教、王朝和帝国。然而，信仰泛灵论的撒哈拉以南非洲、大洋洲及太平洋地区、哥伦布抵达之前的美洲，以及在18世纪成为殖民地之前的南亚大部分地区，似乎缺少此类传统。其中，南亚地区的情况着实令人诧异。

尽管当今学界已认可非洲从多个方面对世界历史产生了深刻影响，但在非殖民化时代之前，非洲人所书写的历史十分有限。[76] 自希罗多德和普林尼时代以来，可供史家利用的资料主要是前往非洲的阿拉伯人和欧洲人（士兵、水手、商贾、殖民官员、传教士、旅行者）按照时间顺序记载的非洲的地理、种族、社会、政治、文化、经济及历史等方面的信息，且向来以考古遗存、各类文物以及口述资料为主。其中，口述资料最为重要，它们多是非洲人以特定方式述说给来自异域他乡的移民，这些移民常常对其满怀好奇、念念不忘，或为谋求一己之利，而将印象中那些值得铭记的、传奇的、神话般的过往记录下来。[77] 这批口述资料和文物证据内容丰富、特征显著，是了解殖民时代之前非洲史的主要根据，不过它们很少涉及非洲人如何理解他们的生活空间和精神世界之外的历史世界。[78]

---

74 Benedikt Stuchtey and Eckhardt Fuchs, “Problems of Writing World History: Western and Non-western Experiences, 1800–2000,” in Stuchtey and Fuchs, eds., *Writing World History 1800–2000*, pp. 1–44.

75 Fernand Braudel, *Civilization and Capitalism 15th–18th Century, Vol. 2: The Wheels of Commerce*, p. 134.

76 Maghan Keita, “Africans and Asians: Historiography and the Long View of Global Interaction,” *Journal of World History*, vol.16, no.1, 2005, pp. 1–32, and Joseph Inikori, *Africans and the Industrial Revolution in England*, Cambridge: Cambridge University Press, 2002.

77 David Birmingham, “History in Africa,” in Michael Bentley, *Companion to Historiography*, pp. 692–708. 尤其参考 Cheikh Anta Diop, *Civilization and Barbarism. An Authentic Anthropology*, Chicago: Chicago Review Press, 1981。

78 Andreas Eckert, “Fitting Africa into World History: A Historiographical Exploration,” in Stuchtey and Fuchs, eds., *Writing World History 1800–2000*, pp. 255–270, and Junzo Kawada, “Epic and Chronicle: Voice and Writing Historical Representations,” in Solvi Sogner, ed., *Making Sense of Global History*, Oslo: Universitetsforlaget, 2001, pp. 255–264.

不少人认为，在南亚转由英国控制之前，源于印度文明的成文历史少之又少。《印度、巴基斯坦和锡兰的历史学家》一书的序言中，编者挑选出四篇文章，“得出古代印度没有历史感的观点”。他还提醒人们，“在公元1000年之前的漫长时期里，印度的历史书写尤其稀少”。[79]不过，印度诸王国都留有详尽的记载和宗谱。而且，在莫卧儿王室的赞助下，出现了编年记载和一大批印度—伊斯兰历史作品，它们参照了阿拉伯人和波斯人的模式。[80]尽管在欧洲人侵入之前，印度位于古代亚非跨洋商业体系的中心，拥有普世宗教（佛教），但“印度人尤其是印度教徒从未对历史书写抱有浓厚兴趣，直到历史书写能用作对抗英帝国统治者的宣传手段时，他们才意识到艰难的历史（hard history）是建构过往的可靠的、合乎伦理的或合乎公道的方式”。[81]在这里，南迪（Ashis Nandy）忽略了波斯人和伊斯兰教书写次大陆历史的传统。他的论述或许［如同阿拉伯地理学家阿尔·比鲁尼（al-Biruni）早在公元1000年的观点那样］反映了印度人普遍持有的心态，认为他们无须诉诸历史（或地理志、游记）便已对其自身和亚洲世界其余地区了如指掌，足以保有过人的学识。[82]或许他们无意了解自身的起源以及他们的优秀文明经历了怎样的时代变迁。[83]不过在18世纪末莫卧儿帝国崩溃，转由英国接管之前，印度教和穆斯林的知识分子便开始记叙该帝国衰落的历史事实并解释个中原因。[84]

1888年，一位印度诗人写道，“在印度纯净的天空中，看不见历史之月的影踪”。他的描述似乎有些夸张。[85]这种观念源自供职于英属印度的历史学家和行政人员，但有意思的是，后殖民时期的知识分子也接纳了它，而今正在质疑“既然我们知道那门叫作‘历史’的必修课程既非天然存在也非古已有之，那么为何现今世界各地的儿童都必须学习它”。[86]相较于启蒙史学对过往的建构，有些人更喜欢传统印度（及其他文明）通过神话、传说、

79 Cyril Philips, *Historians of India, Pakistan and Ceylon*, London: Oxford University Press, 1961, p. 2.

80 Harbans Mukhia, “Time, Chronology and History: the Indian Case,” in Solvi Sogner, ed., *Making Sense of Global History*, pp. 247–253.

81 Christopher Bayly, “Modern Indian Historiography,” in Michael Bentley, *Companion to Historiography*, pp. 677–680; Cyril Philips, *Historians of India, Pakistan and Ceylon*，第10–12章；Sally Wriggins, *A Buddhist Pilgrim on the Silk Road*, Boulder: Westview Press, 1996。

82 Ashis Nandy, “History’s Forgotten Doubles,” in Philip Pomper et al., eds., *World History: Ideologies, Structures, Identities*, pp. 159–178. Harbans Mukia, “Time, Chronology and History, the Indian Case,” in Sogner, ed., *Making Sense of Global History*, pp. 247–251.

83 Vinay Lal, “The Perspective of Indian History,” in Stuchtey and Fuchs, eds., *Writing World History 1800–2000*, pp. 271–290.

84 Christopher Bayly, “Modern Indian Historiography,” pp. 677–680.

85 Vinay Lal, “The Perspective of Indian History,” pp. 271–290.

86 Ibid., p. 277.

民歌和民间故事探访过去的方式。而启蒙史学与现代性诸概念关联起来，“抹除某些过往，将未来均质化”。[87]

相比之下，中国和日本的历史书写传统都源远流长，迄今依然是各自文化的必要组成。[88] 在西方势力构成严峻的地缘政治威胁（1839—1853）之前，两国历史书写的目的、主题、方法和风格看上去都很相似，足以归为独树一帜的东亚传统。[89] 日本的历史编纂比中国晚数个世纪，展现出与众不同的特色，反映了这个岛国的政治变迁。尽管如此，它却源于中国模式，由汉字写就，旨在实现相类似的社会、政治目的。[90]

东亚历史方面的文献尤为丰富，它们充分体现了那些为学习西方历史的学生所熟知的主题、体裁、风格和方法。相关书籍浩如烟海，包括编年史、系年、宗谱、列传（传主包括帝王、官员、文人、武士、烈女）以及各类规章、法令、官文的汇编，另外还包括一小批学术著述，主题涉及历法、天文、地理和经济生活，它们大都仍未被翻译。[91]

尽管人们认为，历史与传记有助于做出道德与政治上的判断，但那些书写中国历史和日本历史的文人会因他们所嵌入的“政治不正确”的评判而受到统治者的惩罚。[92] 在东亚人的思想中，时间序列与年表主要凸显朝代更迭及其循环，而非对历史发展的把握。[93]7 世纪时，史学得到了中国官方的认可，位居经部之下，子部与集部之上。史家以三种途径服务于朝廷。其一，他们为帝王和幕府将军施行的政策寻找先例。其二，他们汇编历代档案和编年史，为官员提供治国理政镜鉴（即“经世”）。[94] 其三，他们为伟人、好人和坏人编写特定风格的列传，向帝王将相尤其是他们的臣民灌输德行（即“褒贬”），因而，“传统中国的历史书写带有说教目的，旨在引导民众依照儒家纲常行事”。[95]

这些要求也决定了中国和日本史家间或书写其他地域、社会和族群的历史时的风格，

---

87 Dipesh Chakrabarty, *Provincializing Europe. Postcolonial Thought and Historical Difference*, Princeton: Princeton University Press, 2000, p. 41, and Vinay Lal, “The Perspective of Indian History” , pp. 271–290.

88 王晴佳，“History, Space and Ethnicity. The Chinese World View” , *Journal of World History*, vol. 10, no. 2, 1999, pp. 285–305。

89 William Beasley and Edward Pulleyblank, eds., *Historians of China and Japan*, London: Oxford University Press, 1961, pp. 9–19 and 213–228.

90 George Robinson, “Early Japanese Chronicles: the Six National Histories,” in William Beasley and Edward Pulleyblank, eds., *Historians of China and Japan*, pp. 213–228.

91 古伟瀛，“Baobian and Jingshi, On the Rule of the Traditional Chinese Historian,” in Solvi Sogner, ed., *Making Sense of Global History*, pp. 338–349。

92 Denis Twitchett, *Writing of Official History Under the Tang*, Cambridge: Cambridge University Press, 1992.

93 王晴佳，“History, Space and Ethnicity. The Chinese World View,” pp. 285–305。

94 古伟瀛，“Baobian and Jingshi, On the Rule of the Traditional Chinese Historian,” pp. 338–349。

95 Ibid., p. 339.

无论这些书写对象处于日本列岛之外的海域，还是中华帝国——其疆域一再扩展，囊括了中亚越来越多的不同民族的人口——幅员之外的疆土。对于汉族统治者而言，如何将这些异邦族群融入中国的身份和历史，是他们面临的首要问题。尽管困难重重，但这一问题得到了解决。一方面，他们重新定义了臣服的社会，视其为中国社会。另一方面，他们申明，来自蒙古和满洲的游牧王朝实现帝国征服之后，会由此获准成为中国的统治者。倘若异邦征服者认可中国文化和行为规范在政治、社会、宗教和精神层面都优于自身，那他们便能融入天朝上国。简而言之，在数个世纪里，中国以文化层面而非种族层面的核心认同为基础，进而得以建构、扩张、延续和治理。[96]

中国知识分子探究并书写了中华帝国疆域之外其他群体和社会的地理、种族和历史，他们逐渐坚定了基本的涵化观念。[97]就中国史家对中国之外的国家和社会的看法而言，直至进入 19 世纪之后很久，他们都以中国为中心来想象世界秩序。他们总是认为，凭借中华文明的优越性，中国居于世界的中心和顶峰，中国帝王顺应天命治理帝国，中国人已知和未知的其他一切民众都要俯首称臣，进奉贡品。[98]数个世纪以来，中国人通过军事征服、商业往来和开疆拓土等途径，维系着一张规模庞大的联系网络。最初，这张网络主要涉及毗邻中华帝国边疆的民族（朝鲜人、日本人、越南人、蒙古人、满洲人、突厥人和西藏人）。不仅如此，早在 16 世纪与伊比利亚半岛的商人确立常规的商业关系之前很久，中国还与印度尼西亚、泰国、印度、缅甸，以及远至东非和西亚的社会建立了联系。[99]如同希腊、罗马、基督教世界和伊斯兰世界的同行们那样，中国的民族志学者和历史学家也将他们"中央之国"之外的人们归为"蛮夷"。然而，他们固有的帝国涵化传统也促成了一种更为妥当的政治主张，即承认有些民族比其他民族更文明，或者没有那么野蛮。可想而知，更容易获得这种承认的是那些邻近国家和民族（日本、朝鲜、越南）的内部地区，因

---

96 Alastair Johnston, *Cultural Realism, Strategic Culture and Grand Strategy in Chinese History*, Princeton: Princeton University Press, 1995。彭慕兰告诉我，这一概括已被伊沛霞（Patricia Ebrey）的近期研究成果所证实，参见 Melissa Brown, ed., *Negotiating Ethnicities in China*, Berkeley: University of California Press, 1996。另见 Hoyt Tilman, "Proto-nationalism in Twelfth Century China? The Case of Ch'en Liang", *Harvard Journal of Asiatic Studies*, vol. 39, no. 2, 1979, pp. 403–428; Peter Perdue, *China Marches West*, Cambridge, MA: Harvard University Press, 2005, pp. 476–486。

97 Julia Thomas, "High Anxiety: World History as Japanese Self Discovery," in Stuchtey and Fuchs, eds., *Writing World History 1800–2000*, pp. 309–315.

98 Ricardo Mak, "The Middle Kingdom Struggles to Survive: The Chinese Worldview in the Nineteenth Century," in Stuchtey and Fuchs, eds., *Writing World History 1800–2000*, pp. 291–293.

99 Samuel Adshead, *China in World History*, Basingstoke: Macmillan, 1995, and Samuel Adshead, *Central Asia in World History*, New York: St Martin's Press, 1993.

为这些地方书写汉字，遵从儒家中国的道德规范、文化准则以及地缘政治预期。[100] 中国史家和制图师根据它们在文化上和地理上与中国的亲疏关系，将世界划分为不同区域。[101] 如唐史学者陈炎所研究的那样，"有些人生在蛮夷之邦，但他们彬彬有礼，举止得体。那样的话，他们便拥有了一颗中国人的内心"。[102] 日本是亚洲一个深受中国文化影响的独立自主的王国，直至18世纪后期，日本的大多数文人都一直持有以中国为中心的世界观。到德川幕府时期，日本史家开始以神话建构历史，搜罗本国圣贤，以推动日本从蛮夷之邦转变为神圣之地，取代中国在亚洲国家等级秩序中的最高地位。日本于1937年入侵中国，将西方卷入一场灾难性的军事冲突，最终取得了这种地位，不过好景不长。[103]

伊斯兰史学是另一个值得探究的极为重要的史学传统。在伏尔泰生活的时代之前，没有人统计过古往今来的不同文化中共有多少文献与历史有关。不过，由穆斯林写给阿拉伯帝国、波斯帝国和奥斯曼帝国的穆斯林的，那些可称为历史文献的作品，在数量、广度和深度上很可能都远超欧洲人所见以拉丁语和其他世俗语言写就的历史作品，抑或是东亚人所见以汉语写就的历史作品。[104] 伊斯兰军队征服了广袤的疆域，统辖了数量庞大、多种多样的人口，但伊斯兰史学并未形成更加普世的传统，这乍看起来的确难免令人惊讶。一大批来自不同种族社群、社会传统和政治体制的人皈依了伊斯兰教，尊奉伊斯兰的宗教和道德法则，受到伊斯兰制度的束缚。通过商业和战争，抑或经由穆斯林统治之下的犹太人、基督徒及其他少数族裔，伊斯兰世界与其他文明维持了超过千年之久的联系。[105]

伊斯兰史学被视为一座文字记录的宝藏，源源不断地提供大量的可靠证据和时代观念。鉴于此，它似乎在形式和规模上与欧洲、中国或日本学者创作的任何作品一样令人叹为观止。譬如，它包含了所有常见的体裁风格和知识类别：编年史、宫廷纪事、战事记述、哈里发及其他统治者的传记，以及乌里玛、法学家、教师及其他群体的传记；还包括与不同省份、城市和聚居地的历史相关的文献档案资料。出于对同一普世性宗教的信仰（或尊

100 Richard Smith, *Chinese Maps: Images of All Under Heaven*, Oxford: Oxford University Press, 1996.

101 Masayuki Sato, "Imagined Peripheries. The World and Its Peoples in Japanese Cartographic Imagination," in *Diogenes*, vol. 173, no. 44, 1996, pp. 119–145.

102 转引自 Julia Thomas, "High Anxiety: World History as Japanese Self Discovery," p. 312。

103 Sebastian Conrad, "The Opened and Closed Country: Conflicting Views of Japan's Position in the World," in Stuchtey and Fuchs, eds., *Writing World History 1800–2000*, pp. 327–353, and Thomas, *World History*, p. 312.

104 Stephen Humphreys, *Islamic History. A Framework for Inquiry*, Princeton: Princeton University Press, 1991.

105 Tarif Khalidi, *Classical Arab Islam. The Culture and Heritage of the Golden Age*, Princeton: Darwin Press, 1985, and Richard Eaton, "Islamic History as Global History," in Michael Adas, ed., *Islamic and European Expansion. The Forging of a Global Order*, Philadelphia: Temple University Press, pp. 1–36.

崇），文明的范围不断扩大，这些地区也被囊括了进来。[106]

尽管伊斯兰史学也包含一些与下层民众相关的历史和少许专题性著述，但它的主要构成仍是伊斯兰古典时期的叙事，以及与伊斯兰教创立者穆罕默德及其追随者有关的言论和事件，其内容主要涉及精英阶层。这些精英通过征服和使异教徒皈依的方式，解释、宣扬、捍卫，尤其是传播神意，例如穆罕默德得到的启示以及《古兰经》所记载的内容。[107] 伊斯兰历史书写起初以部落传说和口述掌故为主要依据，此后，穆斯林历史学家以阿拉伯语（他们的宗教语言）写就的作品受到了基督徒、犹太人和波斯人的历史书写模式的影响。他们创立了一套批判方法，先是用来查明《穆罕默德言行录》（先知及其追随者的言行）的可信性，进而用于辨析历史证据的真实性，以求尽可能准确地重建更加世俗、更具政治色彩的历史。不过，这套方法始终受到他们所处的时代和地域的宗教正统、政治正统的束缚。[108]

在数个世纪里，伊斯兰史学对世界各地的书写都受到教会权威和政治当局的控制（或管理）。在伊斯兰教地区（Dar al-Islam），“历史学与历史学家只能在由法学家设计并为其服务的文化机构中生存”。[109] 宗教文本和法律判例的守护者、乌里玛（法学家）以及政治权威都偏爱一些特定时段的历史，主要集中于国家建立、帝国扩张和哈里发统治等辉煌的古典时代，他们能从中汲取治国理政的经验，也能从富有名望的哈里发、战士、教士、法学家和学者的生活中提炼道德规范（*adab*）。[110] 除了早期哈里发的短暂统治时期之外，伊斯兰既非一个地方也非一个政权，而是一个有别于世界其他地区的分布广泛的普遍共同体。伊斯兰世界的不同之处在于伊斯兰教，在于对道德规范和法律规范的信奉，以及对相似的政治、法律、社会和经济制度框架的坚守，这些规范和框架都得益于宗教经典中阐述的原则。

在穆罕默德所生活的时代至 1683 年维也纳之围大约一千年的时间里，伊斯兰世界（包括阿拉伯帝国、波斯帝国、突厥帝国及其他帝国）通过征服和使异教徒皈依的方式扩大影响，提升实力。尽管其间屡遭挫折，势力有盛有衰，影响时大时小，但它一直控制着大量领土、社会和人口，其范围包括非洲、巴尔干地区、中亚、南亚和东南亚。伊斯兰势力的影响甚至遍及中国，尽管它们在中国取得军事胜利是很早之前的事情，胜果稍纵即逝，影

---

106 Bernard Lewis, ed., *Islam from the Prophet Muhammad to the Capture of Constantinople*, 2 vols., Basingstoke: Macmillan, 1974.

107 Chase Robinson, *Islamic Historiography*, Cambridge: Cambridge University Press, 2003.

108 Tarif Khalidi, *Arabic Historical Thought in the Classical Period*, Cambridge: Cambridge University Press, 1994.

109 Bernard Lewis, “The Use by Muslim Historians of Non-Muslim Sources”, in Bernard Lewis and Peter Holt, eds., *Historians of the Middle East*, London: Oxford University Press, 1961, pp. 180–191.

110 Chase Robinson, *Islamic Historiography*, pp. 180–191.

响也微乎其微。[111] 数个世纪以来，比利牛斯山一直是伊斯兰世界与西欧世界之间名义上的边界，穆斯林所处的地理位置，以及他们与世界其他地区维系了数个世纪之久的直接联系和接触，将他们的知识分子（包括来自其他文化的皈依者）置于一个独特位置。这个位置便于他们获取已知世界其余地区的地理、种族、文化、政治、技术和经济等方面的知识，也便于他们构建普世史，而那时，基督徒的发现之旅和帝国扩张还远未开启。[112]

然而到头来，那些由理应列入任何全球史史学概览的穆斯林学者写就的书籍却少之又少。[113] 这份书单可以从一位波斯历史学家开始列起，他就是塔巴里（Tabari，839—923）。塔巴里著有《历代先知和帝王史》（*History of Prophets and Kings*），该书以 13 卷的篇幅记录了从亚当至先知时代的编年史，涉及多个古代文明。[114] 与塔巴里同时代的叶耳孤比（Ya'qubi，一位供职于伊朗宫廷的亚美尼亚官员）对世界历史的书写起始于“伊拉克，因为它是世界之中央，地球之核心”。[115] 叶耳孤比博学多才，他结合地理与种族方面的具体情况，梳理了伊斯兰文明之前的几大文明（中国、印度、黑非洲、柏柏尔人、拜占庭和波斯），意识到神统辖的子民和地域的多样性，它们自圣经时代起便彼此互动，都为文明做出了独特贡献，进而推动了阿拔斯王朝的诞生，这也是他所书写的历史的终点。[116]

60 年之后，马苏第——更为人所熟知的伊本·赫勒敦的前辈——写成了《黄金草原》（*Meadows of Gold*）及其他几本“全景扫描式”的著作，体现出“对哲学、神学、地理学、医学、天文学、气象学和动物学的浓厚兴趣”。作为“（他所主张的超前的、鼓舞人心的世界性）历史研究的先锋”，马苏第是“首位运用科学方法和哲学推理来研究历史的阿拉伯穆斯林历史学家”。他高度重视伊斯兰文明之前的诸多文明，甚至认识到法兰克人和斯拉夫人的优点。他认为，很多王国、民族和文化之所以衰落，是因为它们盲目模仿，疏于钻研，政治分裂，一再误入歧途，固守愚民政策。他深恐这种蒙昧状况会降临到他自身的宗教和文化上。[117]

111 Marshall Hodgson, *The Venture of Islam: Conscience and History in a World Civilization*, 3 vols., Chicago: Chicago University Press, 1974.

112 Richard Eaton, “Islamic History as Global History,” pp. 1–36.

113 David Morgan, “The Evolution of Two Asian Historiographical Traditions,” in Michael Bentley, *Companion to Historiography*, pp. 11–17.

114 Tarif Khalidi, *Arabic Historical Thought in the Classical Period*, pp. 76–78.

115 Tarif Khalidi, *Arabic Historical Thought in the Classical Period*, p. 116.

116 David Morgan, “The Evolution of Two Asian Historiographical Traditions,” p. 14, and Robinson, *Islamic Historiography*, p. 136.

117 Tarif Khalidi, *Arabic Historical Thought in the Classical Period*, pp. 131–137.

马苏第并未开创世界历史的智识传统，但另外两位伟大的穆斯林历史学家却坚定地追随了他的愿望，他们就是拉施特（Rashid ad Din，1247—1318）和伊本·赫勒敦（Ibn Khaldun，1332—1406）。拉施特是一位皈依了伊斯兰教的犹太人，他为那些被蒙古人征服，以及与之保持往来的民族撰写了一部史书（献给当时统治波斯的蒙古帝王）。他向中国学者问询中华帝国的情况，向来自克什米尔的佛教隐士打听印度的消息，向意大利的教皇使节了解西欧的“蛮族人”。他还充分利用了波斯语和阿拉伯语的传世文献。相比书中有关伊斯兰世界、印度和中国的内容，人们认为他对西方的描述在视野和方法上显得“论据不足，研究肤浅”。尽管如此，这本写给蒙古、波斯和阿拉伯读者的著作仍然值得关注，其重要性不亚于伊本·赫勒敦的《历史绪论》(*Muqaddima*)。《历史绪论》分析了造成社会变化的长期原因，已成为历史社会学领域的经典作品。[118] 伊本·赫勒敦纵览了西欧的地理状况，认识到上帝不仅任由法兰克人徒劳地发动了针对伊斯兰世界的十字军东征，也容许他们从事科学研究，增长学识。他笔下的历史并未远及西班牙北部和波斯东部，但分析了几个古代文明（巴比伦、埃及、以色列、希腊、罗马和波斯）的遗产。如同所有穆斯林历史书写那样，赫勒敦的作品也以对伊斯兰世界的描述为重心。[119]

穆斯林历史学家的作品都带有明显的目的论色彩。尽管少数较为开明的历史学家并非从先知，或是伊斯兰古典时期的征服和扩张开始写起，但他们认定，来自古代诸文明中的人们不仅促成了伊斯兰文化不言自明的优越性，同时也彰显了伊斯兰教所蕴含的真理，这种真理激励着穆斯林去追求普世帝国。[120] 这一抱负的实现几经波折，先后历经阿拉伯帝国的缔造与瓦解，后继的蒙古政权的兴衰，以及奥斯曼帝国、萨非帝国和莫卧儿帝国看似势不可当的扩张。虽然与基督教相互对立，但是穆斯林史学家却与基督教史学家的做法大致相仿，他们也主要为伊斯兰“乌玛”（*umma*，共同体），尤其是为伊斯兰世界的统治精英建构历史。至于伊斯兰世界之外，他们所关注的那些地区和族群（战争之地的异教徒），对他们、他们的庇护者与信徒而言，在很大程度上则是为征服和使异教徒皈依设置的背景。[121] “在叙事层面，伊斯兰之前的历史被用伊斯兰的说法重新诠释，伊斯兰的历史则被塑造成一神论的历史。发生在阿拉伯帝国（进而引申为整个伊斯兰世界）之外的事或许会

---

118 Bernard Lewis, *The Muslim Discovery of Europe*, London: Phoenix Press, 1982, pp. 150–152, and David Morgan, “The Evolution of Two Asian Historiographical Traditions,” p. 15.

119 Franz Rosenthal, “Ibn Khaldun and Muslim Historiography,” *International Journal of Middle Eastern Studies*, vol. 23, no. 3, 1997, pp. 66–78 and Bernard Lewis, *The Muslim Discovery of Europe*, pp. 149–150.

120 Bernard Lewis and Peter Holt, eds., *Historians of the Middle East*.

121 Bernard Lewis, ed., *Islam from the Prophet Muhammad to the Capture of Constantinople*, 2 vols.

引发一些人的兴趣，但与之相关的信息却总是少之又少。再者说，倘若真主并未通过派兵征服的方式将某地列入他的秩序，那这个地方为何又要出现在历史记载中呢？”[122]

我们很难说穆斯林历史学家对伊斯兰世界之外的世界完全缺乏好奇或轻蔑。在数个世纪里，尽管伊斯兰世界与他们的天主教敌人发生过广泛且密切的联系，但穆斯林知识分子对中国、印度、波斯和拜占庭的兴趣似乎理所当然地大于对西欧的兴趣。对欧洲语言掌握不足，这成为他们理解西欧的一道障碍。他们主要仰赖少数本地人、背教者和皈依伊斯兰教的奴隶充当商业往来和外交活动的中介。这些人还翻译了一些重要的军事、技术和科学方面的知识，为编写历史神话和贬损基督教神学提供了素材。在伊斯兰世界与基督教世界这两个满怀恶意、相互敌视的阵营里，这些神话和曲解往往成为诽谤对方的工具。[123]

君士坦丁堡陷落之后，伊斯兰世界与基督教世界之间在地理、种族、商业、政治和历史知识方面的交流有所增强，这有助于奥斯曼帝国在欧洲边境巩固势力。伯纳德·刘易斯（Bernard Lewis）对双方的文献资料进行了回顾。在他看来，对于那些起初对伊斯兰世界忧心忡忡，到 17 世纪末已变得更加好战而自私的欧洲人来说，有机会获取和利用的穆斯林文化中的一般性知识，尤其是奥斯曼帝国相关的知识（包括历史知识），显然多于可供他们的阿拉伯和土耳其对手用于谋求宗教、经济和地缘政治霸权的知识。刘易斯发现，“值得注意的是，尽管从地中海的西班牙到西西里再到黎凡特，伊斯兰世界和基督教世界长期对立，但穆斯林学者一直对穆斯林疆界之外的欧洲发生的事情漠不关心。”随着奥斯曼人向欧洲的进发，某种程度上更是缘于 18 世纪时欧洲的海上实力业已威胁到奥斯曼帝国，这种情况才略微有些改变。不过，只有待到伊斯兰世界对“欧洲世俗主义（secularism）——一种全然不同的事态，其层面、势力、范围都远甚以往，它来自征服者的世界而非被征服者的世界——构成的新挑战”做出回应时，这种情况才彻底改变。[124]

西方的兴起与普世史的出现

由我对上述史学传统的概述可知，在进入帝国巅峰期之前，欧洲历史学家并未对其他文化及其历史表现出明显的漠视或轻蔑。相反，我们还可以从西方启蒙运动时期举出例证，表明这一时期西方史学的“中心论”色彩或许不如伊斯兰史学或中国史学（其中心论不足

122 Chase Robinson, *Islamic Historiography*, p. 138.

123 Bernard Lewis, *Islam and the West*, Oxford: Oxford University Press, 1993.

124 Bernard Lewis, *The Muslim Discovery of Europe*, pp. 142 and 184.

为奇）等史学传统那么强烈。

1783—1825 年是世界历史上意义深远的关头，直到此后，世界各地的史学才以判然不同的方式和程度专注于西方在地缘政治、技术和政治等层面的崛起，它们有时还开展比较研究，以探求如何摆脱这个主题无处不在的影响。[125] 这种局面的突然形成，对千百年来一直存在的财富、政治权力和所谓的文化优势的多极平衡造成了巨大的破坏。它的日渐加剧，不仅影响了日渐全球化的世界各地从事历史书写的学者的研究主题和问题意识，还限定了他们的研究方法和认识论预设。[126]

矛盾的是，一方面，那些痴迷于现代性、进步和西方的优越性的西欧历史学家的见识越发广博，但另一方面，他们也变得更加狭隘，甚至当奥斯曼军队威胁到基督教世界的完整性时，抑或是欧洲商人在其主导的中东、非洲、印度、东南亚、中国和日本等地开展商业往来，却无力凭借制海权和竞争优势从中谋利时，他们面对其他文化和传统也不似此时那样兴致索然。[127] 当然，鲜有历史学家能将他们的作品脱离自身所处时代的知识体系。如果说有什么变化的话，那便是处于进步时代的欧洲的地位愈发稳固。在这个时代下，科学、技术、哲学、治理模式、制度、社会科学、法律、艺术、建筑等方面都取得了诸多成就，那些赫赫有名的知识分子对这些成就得以实现的背景所做出的颇具影响力的思考，甚至用于交流和阐释的语言，都越来越典型地西化了。多数作品很少提及西欧之外的人们在先前做出的贡献，而那时的西欧不过是亚欧大陆边缘一个不起眼的海角。

对于非历史的（甚至是反历史的）自然科学和社会科学的很多研究领域而言，采用狭隘的、短视的方法来探究自然与社会是可以理解的。但对于那些把提供更宽广、更长远的视角视为独特使命的历史学家而言，此类缺乏远见的做法就会沦为欧洲中心论。[128] 即便如此，仍有一代又一代的饱学之士未能在知识层面反思他们所处时代的文化预设，一心考查他们自身“建构而成”的文明的起源，认为它是独特的、单一的文明。经由殖民、外交、商业和学术等途径，关于欧洲之外的其他地区的信息与证据（主要是民族志、人类学和考古学方面的资料）大量涌现。尽管如此，对联系网络开展历史研究的空间参数，以及用于阐释跨文化比较、国际比较与世界历史的空间参数，依然限定在欧洲诸国所组成的“超级联盟”的疆界之内。后来，在美国的霸权和实力的庇护下，这一范围逐渐扩

125 Christopher Bayly, *The Birth of the Modern World*, Oxford: Blackwell, 2004.

126 Eckhardt Fuchs and Benedikt Stuchtey, eds., *Across Cultural Borders. Historiography in Global Perspective.*

127 Jürgen Osterhammel, “Peoples Without A History in British and German Historical Thought,” and Kirti Chaudhuri, *Asia before Europe. Economy and Civilisation of the Indian Ocean from the Rise of Islam to 1750.*

128 Samir Amin, *Eurocentrism*, and James Blaut, *Colonizer's Model of the World.*

及西方世界。[129]

诚然，少数研究欧洲扩张、海外帝国以及从事区域研究的历史学家难免要拓宽空间视野，延伸时间跨度，涉足于伊斯兰世界、南亚和东南亚，最终也把非洲纳入研究范围。[130] 那些书写印度、中国、阿拉伯世界、奥斯曼帝国、日本和非洲的“科学”历史的西方史学家和帝国史学家，在很大程度上是以适用于欧洲社会科学的理论、方法、分类标准、词汇（甚至方言和数学语言）提出问题，查询资料，做出解释。[131]

这些历史学家曾教授来自海外（其中一些来自欧洲的殖民地）的学生如何研究、书写那些“没有历史的人”的历史。[132] 他们的教育对很多认知历史的本土方式避而不谈，并且总是将虚构的欧洲自身的发展历程设定为唯一的参考标准，这一历程具体而言就是欧洲大陆源于古代希腊，经古罗马时期发展成西方基督教世界，而后经文艺复兴、宗教改革和启蒙运动进入 19 世纪。到那时，欧洲已显然具备了世界各地城市地区所展现出的现代性，这种现代性涵盖广泛，涉及军事、政治、组织、科学、技术、商业、经济以及（所谓的）精神和文化等诸多层面。[133]

数个世纪以来，基督教徒一直标榜他们在精神上优于伊斯兰教、印度教、佛教、儒学及其他思想体系。然而不能忽视的是，它是一个与先进技术和强大权力相结合的、世俗化的基督教。西方世界通过交流、联系和殖民，深刻影响了其他文化的自主性，渗透于它们的历史书写中。因此，非西方世界的历史在很大程度上表现为对西方成就的回应、拒斥、颂扬或含蓄地吸收。这种情况甚至发生在信奉万物有灵论的非洲和印度社会，它们将历史书写用作对抗殖民统治的思想武器。[134] 马歇尔·霍奇森（Marshall Hodgson）意识到，“一旦西方开始蜕变，那么世界各地就不会各自平行发展，也不会全盘接受西方的经验”。[135] 因而，伊斯兰史、中国史、印度史、非洲史乃至日本史的书写，继续明显反映出各自不同的传统与倡导独立自主的现代性普世愿景之间的紧张态势。而且，在西方之外的世界中，人

---

129 Michael Bentley, “Approaches to Modernity: Western Historiography since the Enlightenment,” in Michael Bentley, ed., *Companion to Historiography*, pp. 395–508.

130 多谢同事加雷斯·奥斯汀提醒我关注 John Phillips, *Writing African History*, Rochester: Rochester University Press, 2005。

131 Stuchtey and Fuchs, eds., *Writing World History 1800–2000*.

132 Eric Wolf, *Europe and the People Without History*, Berkeley: University of California Press, 1997.

133 Sylvia Federici, “The God That Never Failed: The Origins and Crises of Western Civilization,” in Sylvia Federici, ed., *Enduring Western Civilization. The Construction of the Concept of Western Civilization and Its Others*, pp. 63–91, and Linda Smith, *Decolonizing Methodologies*, London: Zed Books, 1999.

134 Cyril Philips, *Historians of India, Pakistan and Ceylon*.

135 Marshall Hodgson, *Rethinking World History*, p. 215.

们更容易将社会变化视为本土势在必行的事情，是传统与进步的巧妙契合，因而这种紧张关系只会变得更加尖锐。

随着时代的变迁，源于非西方文化（包括近期源于非洲和信仰印度教的印度的那些文化）的历史书写同时现出多样性。不过就此问题，我们可以在史学范畴中对其进行简要阐释，即对于欧洲的范例和方法，它们要么接受，要么拒斥，要么试图以不同的方式将其涵盖、吸纳。[136]

因重建历史引发的紧张关系，或许它在任何地方都不如在伊斯兰世界表现得那么尖锐。少数学者研究伊斯兰教出现之前的传统，尤其是埃及、波斯和土耳其的传统，并借此服务于国家构建、民族认同和独立。[137] 面对西方人洋洋自得的傲慢姿态，大多数穆斯林知识分子都拒绝接受西方所宣称的在道义、文化和精神方面所具有的优越性。[138] 极端保守的历史学家在阐释历史时，仰仗伊斯兰世界尤其是穆斯林精英阶层对《古兰经》中蕴含的关乎个人生活、社会生活和政治生活各方面的永恒信念的恪守，不断捍卫与失落的伊斯兰文明黄金时代相关的神话。[139] 改革派则试图将西方的现代性尤其是科学、技术和经济组织以及对历史的重建，融入伊斯兰的价值观念和传统。不过，在穆斯林历史学家改写阿拉伯帝国、莫卧儿帝国、萨非帝国和奥斯曼帝国纷繁复杂的历史的过程中，也与诸多研究构想严重对立。后者试图以其他方式编写伊斯兰世界的历史，旨在维持宗教经典的权威性。[140] 此类历史书写间接地贬低了穆斯林对世俗知识积累所做出的贡献，而这些知识正是现代全球史大力颂扬的对象。[141]

中国知识分子不必应对基于宗教经典的传统。在两个多世纪的时间里，他们也在努力应付器物与知识的困境，这一方面源于与西方和日本的商业往来和地缘政治冲突，另一方面也源于中国自身的制度和文化。[142] 罗兹曼（Gilbert Rozman）认为，“在这个具有这般复杂性和发展程度的社会中，或许唯有中国凭借单一的知识框架确立了一套无所不包的对社会行为

136 Eckhardt Fuchs and Benedikt Stuchtey, eds., *Across Cultural Borders. Historiography in Global Perspective*.

137 Gamal Din El Shayal, “Historiography of Egypt in the Nineteenth Century,” Firuz Kazemzadeh, “Iranian Historiography,” and Ercument Kuran, “Ottoman Historiography,” in Lewis and Holt, eds., *Historians of the Middle East*, pp. 405–437, and Brian Turner, *Orientialism, Postmodernism and Globalism*, London: Routledge, 1994.

138 Albert Hourani, *Arabic Thought in the Liberal Age 1798–1939*, Cambridge: Cambridge University Press, 1993.

139 Pervez Hoodbhoy, *Islam and Science: Religious Orthodoxy and the Battle for Rationality*, London: Zed Books, 1990.

140 Ira Lapidus, “Islamic Revivals and Modernity: The Contemporary Movements and Historical Paradigms,” *Journal of the Economic and Social History of the Orient*, vol. 40, no. 4, 1997, pp. 444–456, and Bernard Lewis, *Islam and the West*.

141 Albert Hourani, *A History of the Arab Peoples*, Cambridge, MA: Harvard University Press, 1991.

142 John Gregory, *The West and China since 1500*, Basingstoke: Palgrave, 2003.

思想的控制。”[143] 然而儒家文化从未像伊斯兰文化或基督教文化那么僵化、教条，儒家思想依然是一个充满活力的智识传统。即便如此，中国学者仍然花费数十年时间来扩充、修改、重新书写中国历史。这些学者认为，这有助于清王朝和共和政权应对一系列严峻的挑战，防范外部安全方面和帝国内部秩序方面的危险，避免帝国越发脆弱，走向瓦解和重组。[144]

譬如，对于在 1839—1842 年的第一次鸦片战争中被英国耻辱性地打败一事，中国做出的一个直接（无疑也是务实的）回应，便是调查英国皇家海军的技术、规模、优势及劣势，以及它的历史以遏制、抵御其海上力量进一步渗透到帝国内部。中国人很快便意识到，西方逐渐积累了大量实用性知识，中国能够而且理应引进这些知识，以加强自身的防御。然而，不到迫不得已之时，很少有知识分子考虑过清帝国的知识根基（包括国家及其制度赖以维系的、对历史的既定看法）也需要彻底改革。相反，历史学家们编撰了清军取得军事胜利的历史，借以宽慰人心，抑或可提供借鉴。[145] 在 19 世纪末之前，他们几乎根本无法撼动朝代史的统治地位。这种史学体裁隐含着一种洋洋自得的观念，认为千年以来的帝国统治都沿着治乱规律演进（偶有政权变更），在混乱和动荡周期之后，会经历艰难的“恢复”期，而后迟早会再现优秀的中华文明长治久安的局面。[146]

不过，艾尔曼（Benjamin Elman）的提醒很中肯，他认为“低估中国人根据自身情况学习西学的种种努力，将是一个史学错误”。[147] 现代历史学家曾试图总结、理解中国历史学家（及其他知识分子）撰写的卷帙浩繁的文献，其内容涉及中国国力明显下降，传统价值观崩解，自尊心备受打击等现象。[148] 他们满怀同情，揭示出一批著名历史学家值得称道的作为：那时的中国危机重重，政治影响与经济实力都在明显下降。这些历史学家力图效法欧洲所谓“科学”的历史书写模式，以此重建中国历史，服务于当下。[149]

经历了英、法、俄、德，尤其是最令人耻辱的日本对中华帝国的冲击，以及一次次革

143 Gil Rozman, *The East Asian Region. Confucian Heritage and Its Modern Adaptations*, Princeton: Princeton University Press, 1991, p. 162.

144 John Henderson, *Scripture, Canon and Commentary*, Princeton: Princeton University Press, 1991.

145 Ricardo Mak, “The Middle Kingdom Struggles to Survive: The Chinese Worldview in the Nineteenth Century,” pp. 291–308.

146 Mary Wright, *The Last Stand of Chinese Conservatism 1862–1874*, Stanford: Stanford University Press, 1962.

147 Benjamin Elman, “Jesuit Scientia and Natural Studies in Late Imperial China, 1600–1800,” *Journal of Early Modern History*, vol. 6, no. 3, 2002, pp. 16–31.

148 Jack Gray, “Historical Writing in Twentieth-century China,” in William Beasley and Edward Pulleyblank, eds., *Historians of China and Japan*, pp. 186–212.

149 Ricardo Mak, “The Middle Kingdom Struggles to Survive: The Chinese Worldview in the Nineteenth Century,” pp. 291–308.

命或起义——以 1911 年推翻清朝统治的辛亥革命为高潮——造成的巨大破坏，中国历史学家一直抱持着一个崇高的梦想，那就是从历史研究中发现时代指南。[150] 可想而知，保守的大多数人仍旧从中国自己的史学传统的既定年表和认识习惯的主题框架之内，找寻供危机时代参考的教训和例证。支持“返本”（back to basics）”政策的人不在少数，而且经历了太平天国运动之后，这一政策也被政府所采纳。如同芮玛丽（Mary Wright）在《中国保守主义的最后抵抗》中描述的那样，人们重新对中国的伟大传统充满了信心。[151] 不过，这种态势在 1870 年之后发生了变化。

保守主义者的反对者们倡导现代化，这种现代化最终遇到了苏联化的马克思主义。与此同时，他们还探索了西方的历史书写方式，研究了邻邦日本在明治维新时期树立的榜样，力图通过将传统与现代相融合的方式重构中国的遗产。[152] 这些学者的具体做法是严厉批判儒家经典，重新发掘被忽略的资料，尤其是从中华帝国复杂且多元的漫长传统中遴选历史范例并凸显其价值，以便重新阐释中国历史。这种阐释不应被视为对中国历史或国家认同完整性的攻击。[153] 他们解构了关于过去的多种观点，将它们历史化，其研究方法和认识论也变得具有跨国色彩。此外，他们还调和了传统与现实需求之间的关系，旨在在国家和政体之中恢复荣光，重振爱国之心——在 20 世纪的动荡之际，这种国家情愫几乎随着奥斯曼帝国、罗曼诺夫帝国和哈布斯堡帝国一同销声匿迹了。[154] 他们还建构了多种历史叙事，使得清朝对帝国遥远西部地区的征服“变得顺理成章”。

遗憾的是，如保罗·利科（Paul Ricœur）所言，“历史的连贯性先于文本的连贯性”。日本侵华和国共内战造成的动乱，成为诸多历史事件的背景，其中包括中华人民共和国的成立，与外部世界长达 25 年的隔绝，以及无处不在的苏联化的马克思主义意识形态。[155] 1949 年之前，几代中国历史学家在几十年的时间里殚精竭虑，尽力重构中国历史。在某种意义上，他们的工作为中国接纳马克思主义史观铺平了道路。这种史观阐释了西方资本主义和帝国主义的兴衰，并预言共产主义中国将在科学、技术和其他世俗层面实现更高水平

---

150 王晴佳，*Inventing China Through History*, Albany: State University of New York, 2001.

151 Mary Wright, *The Last Stand of Chinese Conservatism 1862–1874*.

152 Pamela Crossley, *A Translucent Mirror: History and Identity in Qing Imperial Ideology*, Berkeley: University of California Press, 1999.

153 Paul Cohen, *Between Tradition and Modernity: Wang Tao and Reforms in Late Ching China*, Cambridge, MA: Harvard University Press, 1974.

154 王晴佳，*Inventing China Through History*。感谢彭慕兰对清朝的征服活动做出的评论。

155 Tim Brook, “Capitalism and the Writing of Modern History in China,” in Blue and Brook, eds., *China and Historical Capitalism*, pp. 110–158.

的现代性。[156]

然而，即便是中国的马克思主义者（坚信历史只不过是服务于人民的意识形态）也很快不再满足于依照西方或苏联的叙事模式书写中国历史，而是强调中国自身的，也可能是更优越的发展轨迹。他们摒弃了亚细亚生产方式导致社会发展停滞的正统观念，也拒绝承认斯大林主义者所宣扬的农民下层结构与中华帝国的东方专制上层建筑之间的线性联系。相比之下，他们更加关注亚洲农民群众的革命潜能，以及抵抗西方帝国主义的斗争。[157]马克思主义还促使中国的历史学家转向普遍化的方向。早在毛泽东去世及20世纪80年代向西方开放之前，这批历史学家便开始发掘中国历史上的“资本主义萌芽”及中国自发通往现代性的道路，在时间上最远将其推溯至宋朝。[158]而促成这种变化的很多动力来自日本的汉学家，他们中的很多人都是马克思主义者。

根据我所阅读的史学综述可知，在过去30多年的时间里，中国的历史学家又返回老路，（1949—1976年因强大的意识形态学说而中断），将中国的传统，与国家经由独特方式顺利转向工业化市场经济所产生的变化融合起来。对于近年来的这项史学重构来说，源自马克思的原始积累理论几乎无法做出解释，斯大林的学说更是没有用武之地，罗斯托或布莱克的现代化理论也难以置喙。史学家们尤为关注中国在历史上对科学、技术、城市化、商业化以及市场形成等方面所做的努力。比如，当下的历史学家对关于中国人的“企业家精神”（entrepreneurship）的历史事例大加赞美。[159]他们在孙中山的著述中发现他支持国家与私人企业合作，鼓励外国资本、技术和企业进入中国。[160]王晴佳认为，“每个伟大的文化都有其永恒的价值，但这种价值之所以可贵，并非因为它已成为一种传统，而在于人们能对它加以再思考、再发现、再创造”。[161]从认识论层面来说，中国的历史学已经具有跨国色彩，但只是体现为研究范围和视野上的全球性。不过，中国的历史学家曾在长达一个世纪的时间里专注于自身传统与西方现代性之间的融合。相比任何微观史学、传记

156 Dorothea Martin, “The Making of A Sino-Marxist World View: Perceptions and Interpretations of World History,” in *The People's Republic of China*, Armonk: M.E. Sharpe, 1991.

157 Lawrence Sullivan, “The Controversy over Feudal Despotism,” in Jonathan Unger, *Using the Past to Serve the Present. Historiography and Politics in Contemporary China*, Armonk: M.E. Sharpe, 1993, pp. 174–204.

158 Tim Wright, “The Spiritual Heritage of Chinese Capitalism,” in Jonathan Unger, *Using the Past to Serve the Present. Historiography and Politics in Contemporary China*, pp. 205–238.

159 Tim Brook, “Capitalism and the Writing of Modern History in China” .

160 Michael Godley, “Socialism with Chinese Characteristics,” Jonathan Unger, *Using the Past to Serve the Present. Historiography and Politics in Contemporary China*, pp. 239–259.

161 王晴佳，*Inventing China Through History*, p. 206.

研究，以及其他后现代修辞对世界历史元叙事的建构，这种研究传统或许更有助于将西方“地方化”。而且，中国的历史学家已重新启动了这种研究计划，其标志性事件便是周谷城的《世界通史》于1949年的出版。最近，他们又出版了六卷本的《世界史》，并创办了一份学术杂志。[162]

日本的政治精英与知识精英在吸收西方知识时并未像他们的中国同行那般困难重重，至于其原因人们从未给出令人满意的解释。[163]佛教、神道教（在较小的程度上），以及荻生徂徕等17世纪以来的其他思想家（在更加深刻的程度上）削弱了儒家学说对日本人的影响，这些思想家强调富有创造性的政治家可能会创造新的传统。在德川幕府时期，日本的圣贤和学者对历史文本做出了历史化阐释，这些文本相应地将日本与中国传统分离开来，也让幕府将军的统治合法化了，使其得以借日本神话时代以来类似神一样的天皇的名义继承统治地位。[164]

德川幕府未能阻止帝国主义势力对日本的侵犯乃至有可能发生的占领。当明治维新推翻幕府统治之后，国门大开，西方商品、科学技术知识乃至传教活动涌入，新政权所施行的抵制措施尚且不如在中国行之有效。[165]与德川时期的统治者相同，新生的贵族政权立即指示历史学家通过文本考据证实其统治地位的正当性，并为恢复关乎天皇与顺民之间关系的传统习俗和观念出谋划策。[166]相关诏令值得转述于此，“史学始终是一项长盛不衰的国家仪式。而今，暴政之恶……已除，天皇统治恢复……惟望设立史官一职，赓续先祖优良习惯，知识、教育广布全国。……惟望确立天皇与子民正确之关系，清晰区分内外之别，遍布美德于吾国。”如玛格丽特·梅尔（Margaret Mehl）所言：“上述措辞……意味着对先前秩序的重置和强化，这种秩序确立了每个人在国家中的位置，也确立了日本在世界上的位置。”[167]“历史学家对此作出响应，他们参考了具有两千余年历史的历代皇室的档案和编年史，尤其是奈良时代和平安时代的天皇统治模式，着力将明治政权合法化，将天皇统治提

162 感谢同事邓刚推荐如下中文书目：周谷城：《世界通史》，上海：商务印书馆，1949年；吴于廑、齐世荣主编：《世界史》，北京：高等教育出版社，1994年。《世界历史》杂志由中国社会科学院世界历史研究所主办。

163 S. Eisenstadt, *Japanese Civilization: A Comparative View*, Chicago: University of Chicago Press, 1996.

164 William Beasley and Edward Pulleyblank, eds., *Historians of China and Japan*, pp. 9–23.

165 Tessa Morris-Suzuki, *The Technological Transformation of Japan: From the Seventeenth to the Twenty-first Century*, Cambridge: Cambridge University Press, 1994.

166 William Beasley and Carmen Blacker, “Japanese Historical Writing in the Tokugawa Period 1603–1868,” in William Beasley and Edward Pulleyblank, eds., *Historians of China and Japan*, pp. 245–263.

167 Margaret Mehl, *History and the State in Nineteenth-century Japan*, Basingstoke: Macmillan, 1998, pp. 1–2，另见pp. 3–15。

升至近乎天照大神的地位，详细说明了民众理当尽到的义务和忠诚。”[168]

在竭力恢复、重塑传统的过程中，日本历史学家毫不费力地欣然接受了文献学方法，核实资料来源，为解释提供确证，做到了由西方传入的兰克史学认识论所追求的超然和公正。调适之后的科学方法，强化了日本的传统，并逐渐发展成一套经久不衰的学术史典范。[169]福泽谕吉、田口卯吉、山路爱山等人受到西方社会科学和进步叙事的影响，在他们撰写的通俗历史中，尽管追求精确性的“热情”远不如分析、说明和阐释民族过往的冲动那么强烈，但它们仍旧满足了民众对于将日本置于世界之中的通俗历史的渴求。[170]

在明治维新的25年里，日本成功地发展成一个海上强国和帝国，它在世界大国等级秩序中所处的地位开始出现于知识分子笔下。他们已对西方（包括马克思主义）关于社会阶段的目的论表述失去耐心，转而借用取自社会达尔文主义的词汇。[171]此外，他们还宣称，日本必须统领其他亚洲强国（包括中国）来对抗西方帝国主义。对于这些言论，学院的历史学家几乎没有做出任何抵制，他们沉浸在科学研究的细节之中，他们的学术著述有助于将民众对天皇制度的顺从和效忠凝练成日本民族认同的标志。[172]

日本在太平洋战争中的落败及惨重损失，粉碎了这个拥有天皇的神之国度的特殊使命。在美国占领期间，日本知识分子在一条由来自现代化理论[173]或马克思主义的西方社会科学铺就的普世轨道中，重新为自身历史找到了一个位置。20世纪20至30年代，尽管日本的马克思主义者被迫逐渐转为地下活动，但马克思主义在日本历史学家当中依然是一股强大的思潮。当日本经济向西方那种高标准的物质福利快速靠拢时，大多数历史学家都被动地接受了日本作为一个地处亚洲沿海的欧洲现代化岛屿所取得的成就。近来，更加年轻（但并不盲目爱国）的一代日本人开始将日本的发展轨迹重新置于另一种多元现代性之中，这种现代性受到了日本自身传统的推进。此外，他们还认识到亚洲在全球发展中所扮演的角色，并在这个背景中重新定位了日本的发展轨迹。在建构全球史元叙事的过程中，后者的

---

168 Jiro Numatu, “Shigeno Yasutsugu and the Modern Tokyo Tradition of Historical Writing,” in William Beasley and Edward Pulleyblank, eds., *Historians of China and Japan*, pp. 264–287.

169 Julia Thomas, “High Anxiety: World History as Japanese Self Discovery,” pp. 309–326.

170 Stefan Tanaka, “Alternative National Histories in Japan: Yamaji Aizan and Academic Historiography,” in Eckhardt Fuchs and Benedikt Stuchtey, eds., *Across Cultural Borders. Historiography in Global Perspective*, pp. 119–140.

171 Julia Thomas, “High Anxiety: World History as Japanese Self Discovery,” pp. 309–326.

172 Stefan Tanaka, “Alternative National Histories in Japan: Yamaji Aizan and Academic Historiography” , pp.119–140.

173 Sebastian Conrad, “The Opened and Closed Country: Conflicting Views of Japan’s Position in the World,” in Stuchtey and Fuchs, eds., *Writing World History 1800–2000*, pp. 327–352.

意义更为重大。[174]

印度的历史书写在本土史学传统、知识论风格和制度化框架等方面都存在缺陷。从某种意义上而言，正是这些缺陷让印度（尤其是印度教徒）知识分子卸下包袱，建构历史，一边为现代民族国家的构建提供支撑，一边还原南亚各民族对世界历史的深远影响。[175]前一项任务尤其值得关注，这是因为在长达两个多世纪的时间里，印度历史学家（印度教徒和穆斯林均是如此）一直在殖民统治和后殖民统治的情境里研究历史、书写历史、讲授历史。[176]自1765年始，先是东印度公司的经营，而后是英国的统治，推动了各种历史叙事的散播。这些历史叙事为它们接管印度提供了意识形态依据，也为它们依照宗主国的意图重建印度的政治、经济和社会制度提供了支撑。为此，英国当局从印度的中产阶层中网罗了一些甘愿协作的人士，让他们将西方的技术、教育、产权及其他体制带到印度次大陆。虽然印度人意识到以"科学方式"书写历史的文化目的和政治目的，但是，拉纳吉特·古哈（Ranajit Guha）宣称，有"一场英国从未赢得的印度之战。这是一场争夺印度历史的斗争"。[177]在东印度公司接管孟加拉的数十年间，在帝国势力创办的中小学校和高等院校里，印度人开始参照欧洲的模式，以英语、印地语、孟加拉语、马拉地语和乌尔都语等语言书写历史。[178]他们的历史书写在广度和深度上都日趋成熟，足以驳斥外国人对"他们的"历史的种种歪曲，为争取自治、独立和统一的民族主义运动提供了颇有价值的思想支撑。这些史学作品宣称古代印度文明在世界历史上占有独特且显赫的地位，并与英国人就欧洲殖民史中的一些重大事件的阐释展开争论，其中包括莫卧儿帝国的暴政与衰落、英国人对孟加拉的征服、高度敏感的1857年"兵变"、1919年的阿姆利则惨案。[179]

印度人反抗英国占领的斗争漫长且持久，这种抗争在双方学界都催生出一大批成熟的学术作品。就印度的史学而言，有数不胜数的史学作品是在回应和抨击殖民统治的背景下产生的。从现代全球史的角度来看，由于学界过于关注近三个世纪的历史时段和与公共领

174 Yoshino Kosaku, *Cultural Nationalism in Contemporary Japan*, London: Routledge, 1992, and Kaoru Sugihara, "The East Asian Path of Economic Development: A Long-term Perspective," in Arrighi et al., eds., *The Resurgence of East Asia*, London: Routledge, 2003, pp. 78–123.

175 Michael Gottlieb, "India's Connection to History: the Discipline and the Relation Between Center and Periphery," in Eckhardt Fuchs and Benedikt Stuchtey, eds., *Across Cultural Borders. Historiography in Global Perspective*, pp. 75–98.

176 Ranajit Guha, *An Indian Historiography of India*, Calcutta: K.P. Bagchi and Co., 1988.

177 Ranajit Guha, *Dominance without Hegemony: History and Power in Colonial India*, Cambridge, MA: Harvard University Press, 1997, p. 1.

178 Cyril Philips, *Historians of India, Pakistan and Ceylon*.

179 Partha Chatterjee, *Nationalist Thought and the Colonial World: A Derivative Discourse*, London: Zed Books, 1986, and Ranjit Majumda, "Nationalist historians," in Cyril Philips, *Historians of India, Pakistan and Ceylon*, pp. 417–426.

域相关的研究主题，罔顾其他研究对象，南亚史看上去很不均衡。[180] 不过，在印度独立之后，学界已不再只专注于与政治和国家构建相关的问题，大批学者恢复了对其他重要历史领域的研究，并取得丰富的学术成果。待到这些研究臻于成熟之时，我们便能恰切地将印度的许多问题历史化，把它们重新置于全球的脉络和关注之中（目前，中国和西方比印度和非洲更加引人瞩目）。这些问题包括印度私人生活和公共生活的独特性、经济的长期增长、文化建设、性别、种姓、农民、印度教徒与穆斯林之间复杂的关系史等。[181]

综上可知，欧洲势力在地缘政治、经济、技术等层面的崛起，引发了其他地区的颂扬、抨击和回应，这为囊括亚非欧世界各个区域和社会的普世史的兴起提供了条件。伊斯兰世界与入侵的西方世界发生了诸多联系、商业往来和武力冲突，借此吸收了一系列现代性因素。但与日本不同，伊斯兰世界在重组自身文化（包括重建历史）时似乎困难重重。英国接管孟加拉之后，英国当局及政府顾问试图剥离被忽视的南亚史，以确保民众服从殖民统治。南亚知识分子别无选择，只得接受这一挑战。因而，南亚史被精简为一部抵抗史，失去了广度和深度，成为一个强大的思想武器，促进了印度教徒、穆斯林及世俗民族主义意识的形成，这种民族主义意识支撑了印度和巴基斯坦争取独立的长期斗争。[182] 最后，事实证明，在建构中国历史时，中国儒家的宇宙观和认识论传统具有很强的可塑性，足以帮助古老的中华帝国经历复杂的内忧外患而保持完整，也足以重组中华文化，进而将传统与现代性融合起来。

全球史复兴的必要性及前景

近三个世纪以来，亚非文明之间的联系持续不断，近来更是越发密切。作为这种联系的产物，各类信息（包括对现代世界各个角落所开展的史学研究）以前所未有的规模累积、传播。如今，历史也经过筛选和分类，被注入各种关于经济、社会和文化变迁的理论。相比从孟德斯鸠到韦伯的社会科学中的经典理论，这些理论要更适用和更普遍。宗教和民族认同曾引发了数个世纪之久的冲突和争论，这种情况限制了宗教改革以来的历史书写。

---

180 Vinay Lal, “Subaltern Studies and Its Critics. Debates over Indian History,” *History and Theory*, vol. 40, no. 10, 2001, pp. 1325–1348.

181 Partha Chatterjee, *The Nation and Its Fragments: Colonial and Post-colonial Histories*, Princeton: Princeton University Press, 1993, and Maghan Keita, “Africans and Asians: Historiography and the Long View of Global Interaction,” *Journal of World History*, vol. 16, no. 1, 2005, pp. 1–33.

182 Dipesh Chakrabarty, *Provincializing Europe. Postcolonial Thought and Historical Difference*, pp. 29–44, and Ranajit Guha, *Dominance without Hegemony: History and Power in Colonial India*, pp. 36–41 and 95–97.

而今，在全球史中建构世界性元叙事（学界普遍认为，这种元叙事符合学科规范，广为世界各地接受，且对学术争论有所启发）的前景，看起来比伏尔泰以来的任何时代都要光明。

只要不再退回原教旨主义，那么21世纪的元叙事就有望摆脱延续了两千多年的历史书写模式，后者往往致力于表明和验证埃及文明、希腊文明、基督教文明、拜占庭文明、伊斯兰文明、儒家文明、印度文明、非洲文明及其他文明在精神、道德和文化等层面的优越性。[183] 可是，摆脱这种模式绝非易事。当下的叙事传统在时间选取上较为精简，在空间覆盖上较为局限，专注于赞美、迎合（或诋毁）西方在科学、技术、经济组织和战争等方面取得的成就。这些成就渗透到近两个世纪以来世界各地的历史书写中，而且这种影响还将持续下去。我们需要倾注更多的时间，展开更多的学术争论，才能走出对这种叙事传统的颂扬或批判，继续向前进发。[184]

与此同时，当下史学界出现了两类关于全球史的未来的争论，它们似乎受到知识收益递减的影响。我很欣赏最近这股雄辩有力的学术潮流，这批学者竭力“解构”“地方化”“碎片化”“增生”“动摇”“以怀疑的态度对待”任何号称“全球性”的元叙事，他们的理由是，这些元叙事要么将会受到以欧洲为中心的排外主义的玷污，要么将以源自西方社会科学的历史表现方式为基础。[185]

但是，此类陈词滥调却使整整一代历史学家如今都接受了所谓的后现代观点，认为所有历史都不可避免地（在某种可界定的程度上）“被建构”。[186]大多数历史学家还敏锐地意识到，这些历史书写可以置于书写西方（和非西方）历史的传统中。这些传统具有如下特征：目光短浅，具有以欧洲为中心的排他属性；其分析假设、模式和范畴都极具选择性；某种程度上有东方主义之嫌，甚至在数十年的时间里堕落为种族主义的帮凶。[187] 而且，历史学家单凭揭露其本质，无法清除那种业已衰微的传统的残余。他们需要精心设计出新颖的、更包容、更具说服力的总体叙事，无需借助欧洲中心论这一可疑的黏合剂便可自成一体。

---

183 Jerry Bentley, “Myths, Wagers and Some Moral Implications of World History,” pp. 51–82.

184 Peter Gran, *Beyond Eurocentrism: A New View of Modern History*, Syracuse: Syracuse University Press, 1996.

185 Philip Pomper et al., eds., *World History: Ideologies, Structures, Identities*; Vinay Lal, “Provincializing the West: World History from the Perspective of Indian History,” in Benedikt Stuchtey and Eckhardt Fuchs, eds., *Writing World History 1800–2000*, pp. 271–291; and Arif Dirlik, “Confounding Metaphors, Inventions of the World: What is World History For?” in Benedikt Stuchtey and Eckhardt Fuchs, eds., *Writing World History 1800–2000*, pp. 91–135.

186 Patrick O’Brien, “An Engagement with Postmodern Foes, Literary Theorists and Friends on the Borders with History,” *Reviews in History*, Fall, 2000, pp. 1–32.

187 Michael Hawkins, *Social Darwinism in European and American Thought 1860–1945*, New York: Cambridge University Press, 1997, and Ashish Nandy and William Davies, *Barbaric Others: A Manifesto of Western Racism*, London: Pluto Books, 1993.

自宗教改革时代以来，英国、法国、西班牙、德国和其他“中心论”历史开始长期占据欧洲各国史学的主流。[188] 自称在文化、道德、精神乃至种族等层面高人一等，似乎是各种民族主义的通病，并非西方的专属。在 1789 年之后，又有多少知识分子宣称掌握了科学、技术、经济和军事知识便拥有了道德力量？[189] 毕竟，伏尔泰及其同时代人所创建的启蒙叙事，至少力图突破旧制度之下的宇宙论束缚、民族主义意识形态和重商主义假设。[190] 一个多世纪之后，1914—1918 年的欧洲大内战造成了惨重破坏。在自由共识崩塌的悲观主义氛围中，另外一小群博学之士（斯宾格勒、汤因比、索罗金、芒福德、韦尔斯、道森）书写了人类普世史，以帮助我们理解“西方的没落”。[191] 他们著书立说，渴望解释（尼采曾预言的）基督教精神和理性的消亡，成就令人鼓舞。然而，他们所探究的是位于那些形态不一、变化不定的，所谓“文明”的实体内核中的文化本质和精神价值，这些研究从未发展成用于重构全球史元叙事或课程体系的理想范式或框架。[192]

尽管大多数历史学家都偏爱在国家或地方的档案馆中做研究，认为这样安全稳妥、前景光明，但仍然有几座孤零零的堡垒守护着伏尔泰的使命，其中尤以芝加哥的两所大学最为引人注目。[193] 终于，历经第二次世界大战，到了冷战和非殖民化时期的最后几十年间，北美、欧洲和日本的高等教育体系里涌现出许多由国家资助的研究项目，如与区域研究相关的科研和教学项目、对没落帝国历史的研究、对跨越民族国家边界的商业和联系的分析，以及以西方文明为中心的概论性课程。[194] 此类研究与教学旨在丰富、补充和完善大学和中小学的国家和地方历史教育，为满足更具全球形式的历史的需求提供了所需的学术研究和学者。伴随着那个复杂的、不断演变但又完全古老的，如今正在“全球化”的标签下进行的历史进程的加速，这种对全球形式的历史的需求在 20 世纪的最后 25 年也变得更加强烈。[195]

188 Beverly Southgate, *History: What and Why? Ancient, Modern and Postmodern Perspectives*, London: Routledge, 2001, pp. 28–54.

189 Arif Dirlik, “History Without a Center? Reflections on Eurocentrism,” pp. 247–285.

190 Jyoti Mohan, “Voltaire’s Images of India,” *Journal of World History*, vol. 16, no. 2, 2005, pp. 173–186.

191 Paul Costello, *World Historians and Their Goals. Twentieth-century Answers to Modernism*, DeKalb: Northern Illinois University Press, 1993.

192 Edmund Burke III, “Marshall G.S. Hodgson and the Hemispheric Approach to World History,” *Journal of World History*, vol. 6, no. 2, 1995, pp. 237–250.

193 Gilbert Allardyce, “Towards World History. American Historians and the Coming of the World History Course,” *Journal of World History*, vol. 1, no. 1, 1990, pp. 26–40.

194 Jerry Bentley, “Shapes of World History in Twentieth Century Scholarship,” in Michael Adas, ed., *Essays on Global and Comparative History*, Washington: American Historical Association, 1996, pp. 1–33.

195 David Held et al., eds., *Global Transformations. Politics, Economics and Culture*, Oxford: Blackwell, 1999.

毫不奇怪，这种无处不在的全球化现象对那些至今依然相互隔离的社会、界限森严的空间、未完全联通的地方经济、有名无实的主权国家以及互不关联的文化所带来的影响，依然是自然科学家和社会科学家密切关注的问题。[196] 技术、经济和文化力量正在重塑着现代世界，人们难免会要求历史学家就这些因素所导致的新奇且深刻的断裂趋势给出看法。[197] 各国政府也不安地意识到，这些因素会侵蚀它们“至高无上的”权力，影响对名义上处于政府支配之下的人口、资产和意识形态的管控。它们的不安是正常的，因为广告、时尚、流行艺术，尤其是流行音乐正在愈加明显地重塑着文化；现代交通工具和通信媒介（对大众来说，现在更低廉，也更便捷）使得各种话语（通常以英文表述）越来越开放，重塑着世界各地群体尤其是更年轻的几代人的民族认同和个人行为。[198] 不仅如此，几个亚洲国家在技术和经济上的成就加剧了西方国家的焦虑（“官方”知识分子会夸大其词），最早是日本和“亚洲四小龙”，后来是中国和印度。[199] 随着这些千百年历史记载中的落伍者，不断向领跑者逼近，那些以成王败寇的思维来想象世界的现代“重商主义者”，不免担心该如何才能最好地应对欧美霸权的逐渐衰落。[200] 建构、书写、讲授那些或许较为关乎当下时代的历史会面临诸多压力，而这已然促使历史学这个保守的学科尽力在智识、政治、空间、时间等层面摆脱束缚。这种趋势看上去很可能要延续下去，而且理当受到欢迎。一方面，这是对前辈学者所坚守的使命的回应，这些学者包括希罗多德、司马迁、马苏第、伊本·赫勒敦、维柯、伏尔泰、莱布尼茨、兰普雷希特、韦伯、汤因比、斯宾格勒、韦尔斯、尼赫鲁、杜波依斯等人。另一方面，这也是对来自美国中西部的现代教父们的谆谆吁求的呼应，他们是斯塔夫里阿诺斯、麦克尼尔和霍奇森。[201]

自从马歇尔·霍奇森在 20 世纪 50 年代至 60 年代发表了他的开创性论文以来，将地方和国家的历史重新置于可能应对新千年诸多问题的概念框架中的古老和当代论点，已经

---

196 Paul Hirst and Grahame Thompson, *Globalization in Question*, Cambridge: Polity Press, 1996.

197 Jürgen Osterhammel and Niels Petersson, *Globalization: A Short History*, Princeton: Princeton University Press, 2005，该书对此给出了精彩答复。佩尔·弗里斯（Peer Vries）坚称，19 世纪也出现了与过去的断裂现象，其强度大于 1950 年以来的断裂现象。

198 Martin Albrow, *The Global Age*, Cambridge: Polity Press, 1996.

199 Alice Amsden, *The Rise of "the Rest": Challenges to the West from Late-industrializing Economies*.

200 Samuel Huntington, *The Clash of Civilizations and the Remaking of the World Order*, New York: Simon and Schuster, 1996. David Northrup, "Globalization and the Great Convergence: Rethinking World History in the Long Term," *Journal of World History*, vol. 16, no. 3, 2005, pp. 249–268，该文从合流角度有力地分析了过去一千年的历史进程。

201 William McNeill, "The Rise of the West After Twenty Five Years," *Journal of World History*, vol.1, no.1, 1990, pp. 1–20.

得到了全球史倡导者们令人信服的重申和详细阐释。[202] 然而，近年来涌现出的一些最优秀最具挑战性的史学作品却似乎是下列因素推动的结果：一方面，有些学者拒不接受与全球史相关的整个构想；另一方面，不少人建议历史学家应当专注于差异性、多样性、地方性、人物传记等微观历史研究，以认识论层面的谦卑之心来审视那些未知的、迄今仍被排除在外的“他者”的复杂历史。[203]

印度杰出的哲学家阿希什·南迪（Ashish Nandy）呼吁“抛弃历史”，因为历史“或许是遗留给我们的唯一的异端邪说”。而维奈·拉尔（Vinay Lal）则雄辩地阐释了复原被遗忘已久的历史时所面对的风险。[204] 拉尔反对以启蒙运动和西方社会科学的认识论范畴和概念为基础来书写世俗历史，他的这种立场得到了许多后现代历史学家的重视。[205] 阿里夫·德里克（Arif Dirlik）提醒我们，“欧洲人和美国人征服了世界，更改了地名，重组了经济、社会、政体，将前现代认知时间、空间及诸多其他事物的方式抹去，或是将它们逼迫到边缘位置”。[206] 琳达·史密斯（Linda Smith）同样反对欧洲人认知过去、表述过去的方式，因为“殖民主义不仅意味着西方权威对殖民地的疆域、生产方式、法律和政府的压制，还意味着对殖民地本土知识、语言和文化的全面压制”。[207] 受福柯影响的“语言学转向”派学者坚称，“真正的权力掌握在那些设计工具的人手里”。他们认为，要想摆脱西方文化的恶劣影响，就要推翻其基本范畴，从智识层面自觉地恢复理解过去、表述过去的本土方式。[208]

不过，这里还存在一个消失点（vanishing point）。的确，欧洲人长久以来一直宣称，他们对理解世界（包括其历史）的多种方式拥有专属权。欧洲人提出问题，规定从事“科学”研究实践的守则，制定验证与讨论的规则，使用源自西方社会科学的理论、分类标准

---

202 Marshall Hodgson, *Rethinking History*; Philip Pomper et al., eds., *World History: Ideologies, Structures, Identities*, 并另参见 Patrick Manning 的 *Navigating World History: Historians Create A Global Past* 参考文献中提及的 Allardyce, Brooks, Christian, Curtin, Frank 和 Green 发表在 *Journal of World History* 上的论文。

203 Eckhardt Fuchs and Benedikt Stuchtey, eds., *Across Cultural Borders: Historiography in Global Perspective* and Stuchtey and Fuchs, eds., *Writing World History 1800–2000* 两本文集收录的 Arif Dirlik 和 Vinay Lal 的文章，引用了大量拒斥全球史的研究例证。

204 Ashish Nandy, “History’s Forgotten Doubles,” *History and Theory*: vol. 34, no. 2, 1995, p. 46, and Vinay Lal, *The History of History: Politics and Scholarship in Modern India*, New Delhi: Oxford University Press, 2005.

205 Amartya Sen, “The Threats to Secular India,” *New York Review of Books*, 8 April 1993.

206 Arif Dirlik, “History Without a Center? Reflections on Eurocentrism,” p. 260.

207 Linda Smith, *Decolonizing Methodologies*, p. 64.

208 Gyan Prakash, “Writing Post-orientalist Histories of the Third World: Perspectives from Indian Historiography,” *Comparative Studies in Society and History*, vol. 32, no. 2, 1990, pp. 383–408, and Linda Smith, *Decolonizing Methodologies*, p. 38.

和范畴，以此协助历史证据的遴选、编排和推理链的构建。[209] 在殖民或新殖民的情境中，为寻求记载和利用一个更具包容性的历史而采取的其他方法，遭到了欧洲人的排斥、讥讽和压制。这种情境中写就的历史可能变得颇为专制，从而起到了巩固帝国的领地和统治的作用。[210] 同样，正如任意一份有关印度、中国、日本、南亚和伊斯兰世界的史学综述所揭示的那样，历史书写还可以用于保存本土传统，避免遭到同化。[211] 而且，我们的诸位同人尚未明晰，对于伊斯兰、印度、基督、儒家、美洲印第安人、非洲或任何群体而言，他们认知历史和表述历史的传统方式该如何进行改造，才能超越现代历史所标榜的方法和路径，以服务于当下的需求。[212] 他们的方案或许就是回归各种令人悲叹的神话，为盲目的爱国主义和古老的“中心主义”提供支撑。[213]

对全球史复兴这一计划的焦虑依旧存在，而且学者们也有理由担心，这一流派无论怎样复兴都将是对西方胜利的持续赞扬。不幸的是，这些担忧并非荒诞不经。这从近期关于世界历史概览的出版物可知一二，它们主要出自新闻工作者之手，但也不乏专业历史学家的作品。这些出版物大都具有如下特点：时间跨度短暂，空间范围局限，没有涉及环境因素，将某些区域的人类活动视为世界各地的普遍成就。[214]

作为严肃的人文学术领域，全球史志在重获新生，摈弃罗马帝国的傲慢自大，阿拉伯帝国的普世雄心，儒家学说的自命不凡，印度教、佛教和基督教宣称的精神优越性，以及西方科学技术必胜论。[215] 毕竟，现今的历史学是一个极具包容性的学科。某些议题能否被纳入世界历史，不再是个问题。该学科明确将各式各样迄今尚且无人关注的议题作为研究对象，把得到验证的历史知识重新置于相关的地理空间和多个时间序列之中，并借鉴自然科学和社会科学的一系列理论加以阐释。此类全球史的研究对象包括：商品（糖、茶叶、

209 Robert Young, *White Mythologies: Writing History and the West.*

210 Ranajit Guha, *Dominance without Hegemony: History and Power in Colonial India.*

211 相关的生动例证，参见 David Kopf, “A Look at Nehru’s World History from the Dark Side of Modernity,” *Journal of World History*, vol. 2, no. 1, 1991, pp. 47–63, and Philip Curtin, *The World and the West. The European Challenge and the Overseas Response in the Age of Empire*, Cambridge: Cambridge University Press, 2000.

212 Rosalind O’Hanlon and David Washbrook, “After Orientalism: Culture, Criticism and Politics in the Third World,” *Comparative Studies in Society and History*, vol. 34, no. 1, 1992, pp. 141–167.

213 Vinay Lal, “The Globalization of Modern Knowledge Systems: Governance, Ecology and Future Epistemology,” *Emergencies*, vol. 9, no. 1, 1999, pp. 79–103. 那些致力于颠覆西方知识体系的作品或许没有对这篇文章给予充分关注。

214 对近期此类颂扬西方成就的出版物的驳斥，参见 John Hobson, *The Eastern Origins of Western Civilisation*, Cambridge: Cambridge University Press, 2004，此书雄辩有力，但又容易在修辞方式上引发争论。

215 Solvi Sogner, ed., *Making Sense of Global History.*

咖啡、白银、鸦片、棉花、丝绸等）；经济活动（诸如银行业、采矿业和交通运输业）；社会层面的性别关系和人际关系；以及人们普遍关注的主题，比如政治、战争和科学。任何事物都有历史，同样，几乎任何事物都有全球史。[216]然而，研究亚洲、非洲、拉丁美洲和中东地区的历史学家，很可能会遇到对其所研究的世界某一地区不甚了解的情况，他们定会为自身的正当研究争取更多的空间。不过，当他们尽力将自身的学术研究定位到重构的全球史叙事中时，将会很少遇到阻力。相对而言，由中国、日本、印度、非洲和中东的历史学家撰写的宏大叙事作品迟迟未能问世。人们认为西方学界过多地书写了这些地区的历史，而这些地区的历史学家的作品将是有益的补充。

此外，论及西方的范畴、分类标准、概念、理论以及其他理解历史和书写历史的方法，它们的地位远没有那么牢固。西方之外的现代社会科学往往采用有别于西方的划分历史、认知历史的知识论传统。如今，可供历史学家选用的相互竞争的研究方法和模式不胜枚举。在此情况下，若仍劝诫人们拒绝承认西方基本范畴的压制性作用，那便是难以理解的了。在某种程度上，我们依然需要铭记福柯的洞见。从斯密到马克思再到韦伯的经典社会科学的确创造了表象，赋予某些词汇以特权，将统计数据具化，灌输关于过去的目的论观点，而这些做法会让那些抵抗西方政治、经济和思想势力的人倍感压力。[217]然而，印度、中国、日本、非洲和穆斯林的许多知识分子面对这种挑战时，他们很快便会意识到，西方知识也可以灵活多变，应用于本土研究。如今，社会科学所提供的一系列范畴、概念、方法和理论都是非正统的，是多种文化的财产，此时如果再假称通过回归微观历史、地方性词汇、将西方地方化、解构当下可用于书写历史元叙事的各种理论和范畴，便可实现启蒙和解放，似乎就是在推卸智识的责任。对于任何迫切希望将自身传统融入复杂多变的现代性，以及将地方性愿景、国家愿景与真正全球性的愿景（比如环境退化、营养不良、人权及其他举世关心的问题的治理）融合起来的社会来说，后面那些做法可能会有所帮助。[218]

当然，冒险书写全球史的历史学家应当知晓用于重构历史的范畴和理论的起源、出处和意义，并勇于应对挑战，发明新颖的词汇、范畴和理论，以便吸纳与历史相关的新鲜证据和不同视角。[219]不过，对于历史学家而言，他们在研究和讲授历史时必定有更为宏伟的志向，而不仅仅是迪佩什·查克拉巴蒂（Dipesh Chakrabarty）所呼吁的“在探究各式各样

216 O'Brien, "An Engagement with Post-modern Foes," pp. 1–32，这一精彩语句乃佩尔·弗里斯所创。

217 Vinay Lal, "Subaltern Studies and Its Critics," *History and Theory*, vol.40, no.1, 2001, pp. 135–148.

218 Vinay Lal, *The History of History: Politics and Scholarship in Modern India*.

219 Patrick Manning, *Navigating World History: Historians Create A Global Past*, Part IV.

的人类生活世界时，忠实地把握其中的细节”。[220]

有些研究者清心寡欲，通过钻研私人生活、底层群体和其他微观历史的传记文献来还原个体意义，他们自命不凡，认为自身的研究在人文学科中地位出众。只有为此类研究提供应有的存在空间，历史学专业方能因为它们的加入而变得丰富。比如，一名非洲奴隶或一个中国小妾的传记的确能够补充奴隶制的全球史和性剥削的全球史。然而，如果没有范畴、概念、理论、汇总和量化，研究者便很难改变现状，且很可能按照“中心论”的思路建构世界史（以及国别史）的元叙事。而这些元叙事将由那些便于接触大众传播媒介的爱国人士传达给世界各地的受众和读者，继续服务于富人、强者和“西方”的利益。

如今，人们生活在一个日益互联的世界，越来越多的人比以往任何时候都需要接受历史学和社会科学方面的教育，以便理解所处时代在环境、人类和文化方面的多样性。这种教育或许能教会我们，在日渐频繁地与来自其他传统和地方的人们进行交流时，如何避免盲目的爱国主义、单一的同化吸收以及浪漫化的认知。[221]

作为记忆的历史始终是我们个人身份的重要组成部分，并且依然以叙事的形式成为每个人的地方意识和民族意识的强大要素。如何最好地建构这些叙事，一直是修昔底德以来的历史学家不断争议的问题。[222]如同后现代主义者坚称的那样，历史学专业持续专注的目标并非对真理的追求，而是对客观性的渴望，以及从手头芜杂的证据中找寻一种反讽性的超然态度。不过，多数人仍同意尼采所言，辛苦所得的“关于过去的知识，是为了服务于未来和当下”。[223]

根据我的理解，现代全球史的任务和目标并非假惺惺地声称科学客观性和个人公正性，而是出于道义目的，满足日益全球化的世界的需求。这需要对各种文化既有的经典史学进行重组，以便为那些试图摆脱民族传统、区域传统、种族传统和宗教传统的历史书写腾出空间。此类历史将涉及新的元叙事的构建，这种元叙事或许能在深化我们对多样性的理解的同时，提升我们对人类境况的认识。千年以来，人类的境况既受到全球性因素的影响，

220 Dipesh Chakrabarty, *Provincializing Europe: Postcolonial Thought and Historical Difference*, p. 18. 参见 Roxann Prazniak, *Sketches in World History from the Chinese and European Experiences*, Boulder: Westview Press, 1996，该书富有诗意地呈现了这种历史学方法。

221 Martha Nussbaum, *Cultivating Humanity. A Classical Defence of Reform in Liberal Education*, Cambridge, MA: Harvard University Press, 1997.

222 Beverley Southgate, *History: What and Why? Ancient, Modern and Postmodern Perspectives*, London: Routledge, 2001.

223 转引自 Beverley Southgate, *Why Bother with History?* London: Longman, 2000, p. 59。

在每个基本维度上也与地方性因素密不可分。[224]

如果这一进程得以成功推进，全球史很可能大有用武之地。通过全面识别、遴选、阐释令人瞩目的大规模历史事件，全球史或许能从整体上提升人们对人类的生活、成就和苦难的认识。历史学家是历史的守护者，在公众的资助下，完全有条件为我们的世界遗产建构符合学科规范的、具有世界性的、值得信赖的叙事。以跨越民族主义、宗教和文化等古老界线的鸟瞰视角（Synoptic views）来回顾历史并非一件易事。不过，史学家们之所以将会受到认可，是因为他们提出的一连串相互关联的问题，而不是因为先前迫不得已参考的临时证据或局促有限的时空参数。他们还将因采用多样化的理论和范畴而为人所知，这些理论和范畴将继续约束所有历史叙事的形式和结构，以此遴选、编排、呈现过往。

《全球史杂志》的发行尤为及时，也将大获成功。在未来的时间里，经过精挑细选发表其上的文章，将会帮助那些承担着认识论风险和职业风险的历史学家，去书写、探索全球史元叙事，从而打造更加适用的基本范畴和理论，挑选值得信赖的学术成果，推动能够造福人类未来的跨文化对话并以此呈现过往。唯有做出此般贡献，一项使命才不会沦落为愚行。而“愚行”，正如博林布鲁克在启蒙时代所预言的那样，将“通过历史研究得以补救，因为它能够清除民族偏袒和歧视之心。因为明智之人终究会将自己视为世界公民”。[225]

【原文出处】Patrick O’Brien. “Historiographical Traditions and Modern Imperatives for the Restoration of Global History,” *Journal of Global History* (2006) 1, pp.3–39.

---

224 Marshall Hodgson, *Rethinking World History*, p. 275，并参见 Martin Lewis and Kären Wigen, *The Myth of Continents: A Critique of Metageography*, Berkeley: University of California Press, 1997。

225 Beverley Southgate, *Why Bother with History?* p. 163，此番道理另见书中多处。

理查德·德雷顿、大卫·莫塔德尔　著
杜宪兵　译

全球史的未来

【导读】

理查德·德雷顿（Richard Drayton，1964—　），出生于圭亚那，成长于巴巴多斯，1993年在耶鲁大学获得博士学位。曾先后任教于剑桥大学、牛津大学、弗吉尼亚大学、哈佛大学。自2009年起担任伦敦国王学院罗德帝国史教授。主要研究领域为英帝国史、环境史，代表性著作是《自然的治理：科学、英帝国与世界的“改良”》（2000）。参与编辑“剑桥帝国与后殖民研究”丛书，担任《英帝国与英联邦史杂志》及中国社会科学院主办的英文杂志《世界史研究》等刊物编委。

大卫·莫塔德尔（David Motadel，1981—　），英国历史学者，2010年获剑桥大学博士学位，先后在爱丁堡大学、哈佛大学、耶鲁大学、牛津大学从事研究工作。现任伦敦政治经济学院国际史系副教授，研究方向为现代欧洲史，著有《伊斯兰力量与纳粹德国的战争》（2014）。与理查德·德雷顿共同担任伦敦大学历史研究所帝国史与世界史研讨会的召集人。

本文以近来学界对全球史的批评为契机，简要回顾了该领域的学术史，列举了全球史当前面临的挑战并展望未来。作者认为，比较和关联是全球史研究的主要方法，一直以来都受到世界各地史家的青睐。进入21世纪，全球史遭遇多种批评：诸如忽视民族国家及“小地方”的历史；只关注流动与整合而轻视静态和断裂；只考察精英群体和全球性现象而忽略边缘阶层和地方性问题；以及非英语学界未能有效发声；等等。文章结合个案研究，针对性地反驳了这些批评。作者表明，全球史与多种历史相互交织，其关注对象也包括民族国家、局部地区、个体、外来者、底层民众以及与世隔绝的小地方。近几年来民粹主义和逆全球化的突然升级对全球史提出了挑战，也使其重要性更加提升。与居于绝对主导地位的民族国家史学相比，全球史在历史学界的影响依然薄弱，因此必须加强该领域的研究，其发展有助于破解帝国和民族史学的种种迷思及以此为基础的民粹主义。只要学者们相互协作，就能找到新的阐释路径，补充甚至替换欧洲的解释标准，从而改变英语世界的历史学家独占鳌头的局面。

2018 年初,《全球史杂志》围绕“全球史的未来”组织了一次主题讨论，并刊登了各方观点。本文乃其中的核心部分，两位作者主要针对杰里米·阿德尔曼和大卫·贝尔的批评，从学术史和现实角度给予回应。而后，贝尔和阿德尔曼分别阐释了自身观点，表达出对全球史未来走向的忧虑。其后，德雷顿和莫塔德尔简要补充了他们的观点。此次讨论是当前史学界最热门的话题之一，其影响仍在继续发酵。它在很大程度上展现出全球史研究的当下处境，并深化了学界对该领域的理解和思考。

“如果你自认为是世界公民，那你哪里的公民都不是”，特蕾莎·梅在2016年秋天的保守党会议上，这样驳斥那些一再质疑英国脱欧的爱国人士。此后不到一个月，“让美国再次伟大”的口号在美国大选中大获成功。从埃尔多安治下的土耳其到普京治下的俄罗斯，再到莫迪治下的印度，一股反全球化的民族主义浪潮正在涌动。

这一阵暴雨云来得的确猛烈，甚至似乎也给历史学界蒙上了阴影。普林斯顿大学的拉美史学家杰里米·阿德尔曼（Jeremy Adelman）就受此影响，不禁对全球史这一学术领域发出一声哀叹。[1] 在阿德尔曼看来，全球史的勃兴似乎源于“全球化”以及近期对全球化的辉格式鼓吹，因此，“在当下‘某国优先’（Nation-X First）的言论甚嚣尘上，族裔民族主义（ethno-nationalism）卷土重来的情况下，再现那些全球性的过往还有什么意义？”他对全球史及其无所归属的世界主义践行者的指责，含有这样一种观念，即全球史试图“销蚀”民族国家的研究框架。这并非普林斯顿大学历史系的学者们首次向全球史发难。2013年下半年，以法国史研究而闻名的历史学家大卫·贝尔（David Bell）在《新共和》杂志（*New Republic*）上发表了一篇臭名昭著的书评。书评对全球史很是不屑，认为“就其所有洞见和方法而言，‘全球转向’已经到达了收益递减点”。[2] 他暗自思忖，“或许是时候回归小地方了”。

阿德尔曼和贝尔的确指出了一些严肃的问题，他们的文章尽管有些虚张声势，但也为反思全球史的现状提供了有益的根据。不过，他们所持的观点，即“族裔民族主义的卷土重来”在某种程度上冲击了全球史的根基，显得有些可笑。因为全球史学者一直认为，不同族裔和民族国家对全球化各种形式的抵制本身，就是对诸多新型全球联系的反应。一个显而易见的例证是，最近一百年里爆发的所有原教旨主义者的动乱和圣战，皆因与日俱增的联系而产生。[3] 不管怎么说，贯穿于19世纪和20世纪、发生在欧洲内部和外部的现代民族主义，都是在跨国联系和跨帝国联系之中孕育而成的。[4] 这并非什么新鲜事。譬如，近代

---

1 Jeremy Adelman, “What is Global History Now?” *Aeon*, 2 March 2017.

2 David Bell, “This is What Happens When Hstorians Overuse the Idea of the Network,” *New Republic*, 26 October 2013.

3 Nikki R. Keddie, “The Revolt of Islam, 1700 to 1993: Comparative Considerations and Relations to Imperialism,” *Comparative Studies in Society and History*, vol. 36, no. 3, 1994, pp. 463–487；更为详细的阐释，参见 David Motadel, ed., *Islam and the European Empires*, Oxford: Oxford University Press, 2014。对这种辩证法更加精彩的概述，参见 Cemil Aydin, *The Politics of Anti-Westernism in Asia: Visions of World Order in Pan-Islamic and Pan-Asian Thought*, New York: Columbia University Press, 2007。

4 Rebecca Karl, *Staging the World: Chinese Nationalism at the Turn of the Twentieth Century*, Durham, NC: Duke University Press, 2002; James Belich, *Replenishing the Earth: The Settler Revolution and the Rise of the Anglo-world, 1783–1939*, Oxford: Oxford University Press, 2009; Sebastian Conrad, *Globalisation and the Nation in Imperial*

早期欧洲国家的重商主义，以及随后对路易十四和辉格党英格兰的制造，都是为了应对波托西的白银以及加勒比和非洲的黄金所推动的欧洲和全球贸易的新一轮的加速。[5]反全球化本身也是一种全球化现象，它通常力图重新树立民族国家在世界中的地位，而非使民族国家隐退为互不关联的自治体。特朗普的"美国优先"及其国际性的类似举措，只是这种逆向辩证逻辑的新近典型。

更令人诧异的是这样一种观念，即全球史意味着对较小范围历史经历尤其是民族国家历史的拒斥。除了阿德尔曼和贝尔之外，还有不少人持有这种观念。事实上，全球史学者往往扎根于国别史研究，最近出版的一些富有新意的学术成果也大都从微观史的层面展开，特别是透过某些小地方或特定个体的历史来追踪全球过往。更为关键的是，国别史自发端伊始便一直就人们如何理解世界性问题参与对话。我们或许能够再次发现，在人类开始研究过往之时，地方、"国家"、区域和全球等不同层面的历史是如何相互牵连在一起的。这种探究或许有助于我们跳出各种浮泛的论争，更好地理解我们现在身居何处，以及全球史的未来将是怎样的光景。

全球史（以及国别史）的过去

全球史是一种探究过去的取径，它有两种重要方法。第一种是比较方法（comparative

（接上页）*Germany*, Cambridge: Cambridge University Press, 2010. 这几本书为理解全球联系导致的民族意识（和民族主义）的萌生提供了生动的研究例证。同样，学者们也强调跨国联系和跨帝国联系在反帝民族主义历史中的重要性，相关例证参见：Jonathan Schneer, "Anti-imperial London: the Pan-African Conference of 1900," in Felix Driver, ed., *Imperial Cities: Landscape, Display and Identity*, Manchester: Manchester University Press, 1999, pp. 254–267; Benedict Anderson, *Under Three Flags: Anarchism and the Anti-colonial Imagination*, London: Verso, 2005; Erez Manela, *The Wilsonian Moment: Self-determination and the International Origins of Anticolonial Nationalism*, Oxford: Oxford University Press, 2007; Sugata Bose, *A Hundred Horizons: the Indian Ocean in the Age of Global Empire*, Cambridge: Cambridge University Press, 2009; Leslie James, *George Padmore and Decolonization from Below*, New York: Palgrave Macmillan, 2015; Michael Goebel, *Anti-colonial Metropolis: Interwar Paris and the Seeds of Third World Nationalism*, Cambridge: Cambridge University Press, 2015.。Matthias Middell and Katja Naumann, "Global History and the Spatial Turn: From the Impact of Area Studies to the Study of Critical Junctures of Globalization," *Journal of Global History*, vol. 5, no. 1, 2010, pp. 149–170，此文更为宽泛地讨论了这一现象。

5 Richard Drayton, "Of Empire and Political Economy," in Sophus Reinert and Pernille Røge, eds., *The Political Economy of Empire in the Early Modern World*, New York: Palgrave Macmillan, 2008, pp. vii–xi; Pierre Vilar, *A History of Gold and Money, 1450–1920*, New York: Verso, 1991; and Marjorie Grice-Hutchinson, *Early Economic Thought in Spain, 1177–1740*, London: Allen and Unwin, 1978.

approach），该方法通过比较发生在此地与彼地的事件之间的异同，增进对这些事件的理解。[6] 与比较方法相对应，或是相结合的是关联方法（connective approach），该方法阐释了在空间上（或时间上）相互分离的历史社群之间的互动如何推动了历史进程。[7] 这两种方法都很古老，只是 20 世纪后期的世界历史书写中的关联性术语和平等主义措辞赋予了它们全新的意义。

出生于公元前 2 世纪的司马迁被视为中国古代最早也是最伟大的历史学家，他的《史记》共计 130 篇，将对战争、经济和社会的研究与对各种人物的塔西佗式的简洁刻画结合起来。他笔下的人物除了常见的帝王将相外，还有工匠、刺客、艺人，甚至女性。[8] 尽管《史记》以中国为中心，但司马迁也关注中国之外的世界，吸收了汉朝疆域各处的旅行者和官员的所见所闻。他通过对比域外人的方法来凸显中国人的优越。不过，他一直认为域外人与中国人并无太大差别，他们完全有可能像中国人那样优秀。

其实，全球史根本就不是什么新体裁。在我们看来，普遍史（Universal history）就是一部讲述所有人类过往的历史，包括其起源甚或命运。普遍史实质上是最古老的历史书写

6 Patrick O'Brien, "Historiographical Traditions and Modern Imperatives for the Restoration of Global History," *Journal of Global History*, vol. 1, no. 1, 2006, pp. 3–39，文章讨论了全球史过于倚重比较方法的问题。近期出版的最为恢宏的比较史著作，参见 Victor Lieberman, *Strange Parallels*, vol. 1 (*Integration on the Mainland: Southeast Asia in Global Context, c.800–1830*) and vol. 2 (*Mainland Mirrors: Europe, Japan, China, South Asia, and the Islands: Southeast Asia in Global Context, c.800–1830*), Cambridge: Cambridge University Press, 2003 and 2010。关于比较史向全球史的转换，参见 Valéria Guimarães, "Da História Comparada à História Global: Imprensa Transnacional e o Exemplo do le *Messager* de São Paulo (From Comparative History to Global History: the Transnational Press and the Example of the São Paolo *Messager*)," *Revista Instituto Histórico e Geográfico Brasileiro*, vol. 466, 2015, pp. 87–120。

7 Sanjay Subrahmanyam, "Connected Histories: Notes Towards a Reconfiguration of Early Modern Eurasia," *Modern Asian Studies*, vol. 31, no. 3, 1997, pp. 735–762; Serge Gruzinski, "Les Mondes Mêlés de la Monarchie Catholique et Autres Connected Histories," *Annales: Histoire, Sciences Sociales*, vol. 56, no. 1, 2001, pp. 85–117; Caroline Douki and Philippe Minard, "Histoire Globale, Histoires Connectées: un Changement D'échelle Historiographique?", *Revue d'histoire Moderne et Contemporaine*, vol. 54–4bis, no. 5, 2007, pp. 7–21; Michael Werner and Bénédicte Zimmermann, "Vergleich, Transfer, Verflechtung: der Ansatz der Histoire Croisée und die Herausforderung des Transnationalen," *Geschichte und Gesellschaft*, vol. 28, no. 4, 2002, pp. 607–636; Michael Werner and Bénédicte Zimmermann, "Beyond Comparison: Histoire Croisée and the Challenge of Reflexivity," *History and Theory*, vol. 45, no. 1, 2006, pp. 30–50. 相关例证，或可参见 Jeremy Adelman, *Sovereignty and Revolution in the Iberian Atlantic*, Princeton, NJ: Princeton University Press, 2006，这是一本以拉美视角写就的探讨关联性的全球史经典著作。

8 William J. Nienhauser, ed., *The Grand Scribe's Records*, 9 vols. (to date), Bloomington, IN: Indiana University Press, 1994–. 关于司马迁，参见：Siep Stuurman, "Herodotus and Sima Qian: History and the Anthropological Turn in Ancient Greece and Han China," *Journal of World History*, vol. 19, no. 1, 2008, pp. 1–40; Craig Benjamin, "'But from This Time Forth History Becomes a Connected Whole': State Expansion and the Origins of Universal History," *Journal of Global History*, vol. 9, no. 3, 2014, pp. 357–378。

形式之一，往往涉及每种文化对自身特定历史的理解。自希罗多德以来的古希腊历史学家在描述雅典的荣光时，他们的文字就与普遍史息息相关。他们以“异邦人”（*xenoi*，与本邦毗邻的陌生朋友）和“蛮族人”（*barbaroi*，被认为与自身迥然不同的群体）来理解种族—民族共同体。在波利比乌斯和尤西比乌斯笔下，罗马人和基督教徒的内在历史与外部世界的历史并置起来，这一传统为千年之后现代欧洲的历史学科设定了框架。不过，普遍史的书写不只是出现于那个亚洲西部半岛。由此往东，在中世纪时期的阿拉伯世界，马苏第、塔巴里、伊本·赫勒敦也书写了世界的历史。在 14 世纪的波斯，拉施特召集亚欧大陆（包括出生在中国和欧洲）的学者书写了一部蒙古人视角下的世界历史。[9]

国别史是 19 世纪欧洲的典型史学模式，它同样与某种全球史密切相关。如果将兰克视为以民族国家为中心的史学的标志的话，那我们就必须谨记他和他的欧洲信徒，诸如英国的阿克顿和法国的莫诺，都明白从国家层面细心钻研档案只是未来从事普遍历史研究的初始阶段。兰克《论列强》（“Die Größen Mächte”）一文充分彰显了他的这种大胆尝试。[10]他的《拉丁与日耳曼民族史》（*Geschichten der romanischen und germanischen Völker*）一书，试图探究历史事件的［“原本的”（eigentlich），通常被过分简化为“实际的”（actually）］地方独特性及其普遍特征。[11]该书在第一章便阐明，欧洲共同历史的核心是三种“外部力量”，即民族大迁徙、十字军东征、对外国的殖民。

在兰克所描述的普遍史中，其核心是基督教世界共有的历史，现代世界文明由此向外传播。这种观点与 1815 年之后的世界秩序不谋而合，这一时期的欧洲在军事、技术和经济方面都遥遥领先。这种观点的影响一直延续至 20 世纪后期，它使欧洲外部史（extra-European history）要么表现为欧洲国家的帝国史，要么表现为异国情调的舞台，与普遍史中的主要力量和事件关系不大。许多学术作品对带有传播论色彩的普遍史提出质疑，诸

---

9 *El-Mas'udi's Historical Encyclopedia, Entitled "Meadows of Gold and Mines of Gems"*, 8 vols., London: Oriental Translation Fund of Great Britain and Ireland, 1841; *The History of al-Tabari: An Annotated Translation*, 40 vols., New York: State University of New York Press, 1985–1998; Ibn Khaldūn, *The Muqaddimah: An Introduction to History*, trans. Frank Rosenthal, Princeton, NJ: Princeton University Press, 1958; and W. M. Thackston (trans. and ed.), *Rashiduddin Fazlullah's Jami'u't Tawarikh: Compendium of Chronicles*, 3 vols., Cambridge, MA: Harvard University Department of Near Eastern Languages and Civilizations, 1998–1999.

10 Leopold Ranke, “Die Größen Mächte,” *Historisch-Politische Zeitschrift*, 2, 1833, pp. 1–51.

11 兰克的“原本的”（eigentlich）不只是一种实证主义的吁求，它还是一种亚里士多德式的主张，即实际存在的事物是普遍性或一般性的具体表现。参见 Leopold Ranke, *Geschichten der romanischen und germanischen Völker von 1494 bis 1535*, Leipzig and Berlin: Reimer, 1824。收入 Wolfgang J. Mommsen, ed., *Leopold von Ranke und die Moderne Geschichtswissenschaft*, Stuttgart: KlettCotta, 1988 一书中的文章提供了一些进一步的见解。

如埃里克·威廉姆斯（Eric Williams）的《资本主义与奴隶制度》（*Capitalism and Slavery*, 1944），但这些质疑之声要么遭到敌视，要么被刻意忽视。[12] 休·特雷弗-罗珀（Hugh Trevor-Roper）于 1965 年将非洲史描述为“野蛮部落在风景如画但无足轻重的地球一隅毫无意义的波动”，这句臭名昭著的比喻或许成为此类观点的绝唱，它们往往将普遍史从属于每个欧洲国家的辉格式自我建构和一种集体的欧洲中心论。[13]

如我们所知，全球史的出现源于 1950 年之后的两个革命性变化。第一个显而易见也常被提及的变化是，欧洲帝国的崩溃以及后殖民国家寻找“自身”历史、分享世界故事的要求。非殖民化运动冲击了盘桓西方人文学科两个世纪之久的白人至上论。大约在 1960 年之后，欧美大学对此做出回应，着手开展“区域研究”。不过，国别史和欧洲史依然在历史系占据主流，从事亚洲、非洲和中东研究的新生力量通常还处于边缘地位。但是，随着西方大学逐渐向有色人种和非西方学者开放，这些边缘群体的实力和地位都得到了提升。

第二个革命性变化相当复杂也鲜有人意识到，它便是“来自底层的历史”所造成的影响。1960 年之后的历史研究不再将西方国家档案里拥有特权的白人男性的观点视为权威。一旦我们开始关注国家层面之下的历史行为主体，眼界便豁然开朗。比如，E. P. 汤普森（E. P. Thompson）在 1967 年发表的关于英国的时间与工作纪律的经典文章一再涉及跨国比较。[14] 而今，人们力图从底层群体的视角，借助底层群体的作用，来理解历史进程。女性、穷人和非白人成为历史行为主体，与 20 世纪后期人们开始关注“全球南方”（Global South）或来自“全球南方”的历史行为主体，在认识论上具有直接关联。人们开始重新理解“西方”科学和哲学，将它们视为帝国扩张和欧洲以外的因素造就的结果。[15] 从这个意义上讲，我们绝不会从 21 世纪的“全球转向”中回头，正如我们不会回归无视女性和穷人的历史。

1982 年，世界历史学会在美国成立。这反映出在美国的中小学校和高等院校中，曾经占据主导地位的“西方文明”课程正逐渐让位于对欧洲之外历史和国际互动的新关注。推

---

12 Eric Williams, *Capitalism and Slavery*, Chapel Hill, NC: University of North Carolina Press, 1944. 关于对威廉姆斯及其他 19 世纪至 20 世纪早期加勒比、拉美地区致力于全球史研究的先驱的探讨，参见 Rafael Marquese and João Paulo Pimenta, “Tradições de História Global na América Latina e no Caribe（拉丁美洲和加勒比地区的全球史传统），” *História da Historiografia*, 17, 2015, pp. 30–49。

13 Hugh Trevor-Roper, “The Rise of Christian Europe,” *The Listener*, vol. 70, 1963, p. 871.

14 E. P. Thompson, “Time, Work-discipline, and Industrial Capitalism,” *Past & Present*, vol. 38, no. 1, 1967, pp. 56–97.

15 Richard Drayton, *Nature's Government: Science, Imperial Britain and the “Improvement” of the World*, New Haven, CT: Yale University Press, 2000; and Susan Buck Morss, “Hegel and Haiti,” *Critical Inquiry*, vol. 26, no. 4, 2000, pp. 821–865.

动这一现象的是一批新颖且大胆的跨国史研究成果，它们受“区域研究”史的影响，对普遍史加以反思，其中尤以威廉·麦克尼尔、马歇尔·霍奇森、菲利普·柯廷和西敏司的著作最为典型。[16]1990 年，世界历史学会创办了《世界历史杂志》，至今已经出版 28 卷。主编杰里·本特利宣称刊物将会推动人们“从全球共同体的角度，而非从民族国家的视角分析历史”。[17]曾任伦敦历史研究所主任的帕特里克·奥布赖恩于1996年开始组织一系列关于“长时段全球史”的研讨班，牛津大学旋即做出响应，由约翰·达尔文（John Darwin）、彼得·凯里（Peter Carey）和本文作者之一理查德·德雷顿组织了“世界史研讨班”。不过，客观地讲，绝大多数历史学家很少关注这些活动，尤其是英国的活动。

然而，随着 2000 年前后“全球化”在现实和观念层面上都臻于顶峰，“全球史”获得了新的发展动力、关注度和集体使命感。2000 年夏，剑桥大学举办了一场关于“全球化的历史”的研讨会，会议成果收入 A. G. 霍普金斯（A. G. Hopkins）主编的《世界历史上的全球化》（*Globalization in World History*）一书中。这既是全球史这股新潮流形成的标志，又是其进一步发展的动力。[18]有两本论著尤其能标志这个新阶段的到来，它们便是彭慕兰的《大分流》（*The Great Divergence*，2000）和克里斯托弗·贝利（Christopher Bayly）的《现代世界的诞生》（*The Birth of the Modern World*）。前者或许是 21 世纪迄今最具影响的史学著作；后者出版于 2004 年，恰逢海地革命 200 周年，其封面上“黑色雅各宾党人”贝莱（Black Jacobin Citoyen Belley）的形象令人印象深刻。[19]在 20 世纪 90 年代亚洲的崛

16 William P. McNeill, *The Rise of the West: A History of the Human Community*, Chicago, IL: Chicago University Press, 1963; William P. McNeill, *Plagues and Peoples*, New York: Garden Press, 1976；马歇尔·霍奇森于 20 世纪 60 年代发表了一系列精彩文章，这些文章在他去世之后收入 Marshall G. S. Hodgson, *Rethinking World History: Essays on Europe, Islam, and World History*, ed. Edmund G. Burke III, Cambridge: Cambridge University Press, 1993; Marshall G. S. Hodgson, *The Venture of Islam: Conscience and History in A World Civilization*, 3 vols., Chicago, IL: Chicago University Press, 1974; Philip Curtin, *Cross-cultural Trade in World History*, Cambridge: Cambridge University Press, 1984; Sidney Mintz, *Sweetness and Power: the Place of Sugar in Modern History*, London: Allen Lane, 1985。

17 Jerry H. Bentley, “A New Forum for Global History,” *Journal of World History*, 1990, vol. 1, no. 1, pp. iii–v.

18 A. G. Hopkins, ed., *Globalization in World History*, London: Pimlico, 2002；另见 A. G. Hopkins, “The Historiography of Globalization and the Globalization of Regionalism,” *Journal of the Economic and Social History of the Orient*, vol. 53, no. 1/2, 2010, pp. 19–36; A. G. Hopkins, *American Empire: A Global History*, Princeton, NJ: Princeton University Press, 2018。

19 Kenneth Pomeranz, *The Great Divergence*, Princeton, NJ: Princeton University Press, 2000; and Christopher Bayly, *The Birth of the Modern World*, London: Wiley-Blackwell, 2004. 值得注意的是，贝莱的形象也出现于大约同一时间段出版的另一本书的封面之上：Jürgen Osterhammel, *Sklaverei und die Zivilisation des Westens*, Munich: Carl Friedrich von Siemens Stiftung, 2000。

起的刺激下，全球经济史学家开展了一场声势浩大的学术工程，以评定为何是欧洲而非中国或印度在 18 世纪中期率先实现了工业化和“现代性”的飞跃。[20] 受研究奴隶制度史的历史学家的推动，美国历史学家逐渐接受了大西洋史这个研究构想。[21] 紧随着大西洋史研究之后，印度洋史和其他海洋史研究也迅速兴起。[22] 移民和离散群体成为与海洋史研究相关的重要主题。[23]

2003 年，受大额经费的资助，全球经济史网络（Global Economic History Network）得以启动，该网络整合了世界各地多所大学的 49 位历史学家。《全球史杂志》便是这一研究计划的产物。该刊物明确定位于全球化历史的研究，试图借此表明“全球史和世界史这两个密切相关的领域之间的细微差别”。[24] 不过，无论是在当时还是之后，对于如何区别使用“世界”史和“全球”史，学界一直未能达成一致。而在研究实践中，这些名号遮蔽了非常相似的本意。去殖民化的英帝国史打着“世界史”的名号从事全球史研究，或许因为这能

---

20 彭慕兰只是该领域最著名的历史学家。另见：R. Bin Wong, *China Transformed: Historical Change and the Limits of European Experience*, Ithaca, NY: Cornell University Press, 2000; Joseph Inikori, *Africans and the Industrial Revolution in England: A Study in International Trade and Economic Development*, Cambridge: Cambridge University Press, 2002; Prasannan Parthasarathi, *Why Europe Became Rich and Asia Did Not: Global Economic Divergence, 1600–1850*, Cambridge: Cambridge University Press, 2011。

21 Marcus Rediker and Peter Linebaugh, *The Many-headed Hydra: Sailors, Slaves, Commoners, and the Hidden History of the Revolutionary Atlantic*, London: Verso, 2000; and Bernard Bailyn, *Atlantic History: Concept and Contours*, Cambridge, MA: Harvard University Press, 2005.

22 Kären Wigen, “Introduction: Oceans of History Forum,” *American Historical Review*, vol. 111, no. 3, 2006, pp. 717–721; Markus P. M. Vink, “Indian Ocean Studies and the ‘New Thalassology’,” *Journal of Global History*, vol. 2, no. 1, 2007, pp. 41–62; Isabel Hofmeyr, “The Black Atlantic Meets the Indian Ocean: Forging New Paradigms of Transnationalism for the Global South: Literary and Cultural Perspectives,” *Social Dynamics*, vol. 33, no. 2, 2007, pp. 3–32; Matt K. Matsuda, *Pacific Worlds: A History of Seas, Peoples, and Cultures*, Cambridge: Cambridge University Press, 2012; Donna R. Gabaccia and Dirk Hoerder, eds., *Connecting Seas and Connected Ocean Rims: Indian, Atlantic, and Pacific Oceans and China Seas Migrations from the 1830s to the 1930s*, Leiden: Brill, 2011.

23 在众多成果中，尤其参见：Robin Cohen, *Global Diasporas: An Introduction*, London: University College London Press, 1997; Ulrike Freitag and W. G. Clarence-Smith, eds., *Hadrami Statesmen, Scholars and Statesmen in the Indian Ocean, 1750s to 1960s*, Leiden: Brill, 1997 中的文章；John Thornton, *Africa and the Africans in the Making of the Atlantic World, 1400–1800*, Cambridge: Cambridge University Press, 1998; Adam McKeown, *Melancholy Order: Asian Migration and the Globalization of Borders*, New York: Columbia University Press, 2008; Andrew Arsan, *Interlopers of Empire: the Lebanese Diaspora in Colonial French West Africa*, London: Hurst, 2014。

24 William Gervase Clarence-Smith, Kenneth Pomeranz, and Peer Vries, “Editorial”, *Journal of Global History*, vol. 1, no. 1, 2006, pp. 1–2.

更好地表现它与“区域研究”史之间的结盟关系。[25]比如，剑桥大学历史系的“欧洲外部史研究小组”（Extra-European History Group）在2006年更名为“世界史研究小组”，其研讨会也从“英联邦与海外史研讨会”（Commonwealth and Overseas History Seminar）更名为“世界史研讨会”。[26]同样，在伦敦大学延续了80年的“帝国史研讨会”也于2009年更名为“帝国史与世界史研讨会”（Imperial and World History Seminar）。在其他地方，至少在那些研究1750年之后的历史时段的学术机构里，“跨国史”的旗帜已经成功地占领了全球史的部分甚或全部领域。

来自后殖民国家，尤其是印度的历史学家入职西方名校历史系，将来自边缘群体的观点推向中央舞台。从事“区域研究”的历史学家开始以全球史学家的身份书写历史，或者更确切地说，他们开始被视为全球史学家。从事欧洲史研究的历史学家开始（缓慢地）拆除国别史和殖民史之间的防火墙。在美国从事英国史研究的历史学家率先迈出了这一步，巧妙地守住了他们的研究领域。从事法国史研究的历史学家旋即跟进，重新发掘出C. L. R. 詹姆斯（C. L. R. James）长期被人忽略的观点，即法国大革命与海地革命相互影响，密切关联。[27]与此同时，随着旅行费用的大幅下降，学生们有机会借助多国档案开展博士论文研究。全球史的理论和实践变得越来越有吸引力。[28]

全球史面临的挑战

不过，这波全球史浪潮遭遇了一些阻力。阿德尔曼和贝尔在某种程度上代表了很多人的声音，而且他们的某些批评完全公允。譬如，学界显然对“全球”“跨国”和“跨文

25　关于英帝国史的全球转向，参见：John Darwin, *The Empire Project: the Rise and Fall of the British World-system*, Cambridge: Cambridge University Press, 2009; John Darwin, “Empire and Globe,” in Maxine Berg, ed., *Writing the History of the Global: Challenges for the 21st Century*, Oxford: Oxford University Press, 2013, pp. 197–199。关于帝国史和全球史二者关系的政治蕴涵的讨论，参见Richard Drayton, “Where Does the World Historian Write from? Objectivity, Moral Conscience and the Past and Present of Imperialism,” *Journal of Contemporary History*, vol. 46, no. 3, 2011, pp. 671–685。

26　早在2003年，理查德·德雷顿便更新了历史系网页，称“欧洲外部史”是“剑桥大学出于两个方面的考虑给出的名称，一是指涉亚洲、非洲、拉丁美洲和太平洋地区的历史，二是凸显世界历史中的比较方法，这种方法经常用于欧洲史和美国史研究”。

27　C. L. R. James, *The Black Jacobins: Toussaint L'Ouverture and the San Domingo Revolution*, London: Secker and Warburg, 1938.

28　全球史领域日新月异，相关进展参见：Merry E. Wiesner-Hanks, ed., *The Cambridge World History*, 7 vols. in 9 books, Cambridge: Cambridge University Press, 2015; Akira Iriye and Jürgen Osterhammel, eds., *A History of the World*, Cambridge, MA: Harvard University Press, 2012–，该丛书计划出版六卷，截至2019年已出版四卷。

化”等词汇有滥用之嫌。如马修·康纳利（Matthew Connelly）指出的那样，这些词汇如今往往成为历史学家兜售“老套研究议题”的幌子。[29] 另外，全球史领域依然暗中优先考虑西方因素。拿大分流争论和法国大革命的全球史这两个典型事例来说，人们往往由非西方路径带领我们回归到先前“西方兴起”的史学范式中。从事此类研究的史学大家，如贝利和奥斯特哈默（Jürgen Osterhammel），正是根据源自欧洲史的时间界标来编排他们的全球图景（尽管奥斯特哈默在其著作标题中并未确定时间节点）。一般来说，英语世界的历史学家主导了全球史领域，他们似乎不能或不愿阅读以其他语言写就的历史。[30] 有多少发达国家的顶级大学之外的历史学家在参与“全球史”这个游戏时，能够便捷地阅读相关书籍，轻易地搜罗国外档案，参加国际会议呢？正如塞内加尔的资深历史学家布巴卡尔·巴里（Boubacar Barry）在 2014 年巴黎召开的“欧洲普世史和全球史网络”（European Network in Universal and Global History）会议开幕大会上的质问那样，当像他那样的非洲人几乎难以获得申根签证时，“全球史”究竟意味着什么？阿德尔曼也为此叹息，“人们对关于西方人与非西方人的‘相遇’的世界主义叙事寄予厚望，结果却导致一些关于全球形态的完全单向的交流”。有些风险是全球史取径所固有的，比如在认识到——有时是强行发掘——相似性和趋同性时，往往忽略了差异性和断裂性。[31]

即便如此，贝尔和阿德尔曼对这个新生领域的一些批评显得有些夸张和荒诞。在最近十年里，的确有一大批从事非西方史和全球史研究的新生力量入职高等院校，尤其是美国和英国的大学。但贝尔和阿德尔曼认为“全球”研究已取代其他领域，占据了支配地位，这种结论未免太不靠谱。大卫·贝尔写道：“最近数年里，历史学家们一直热衷于发掘历史上的全球关联。”事实并非如此，鲜有历史学家专门采用比较方法和联系方法开展研究，而这两种方法都是全球史流派的典型方法。在我们的研讨会和学术会议上，国别史始终是历史研究的主要形式。放眼世界，绝大多数的大学教授和学术期刊仍旧专注于国别史。国

---

29 C. A. Bayly, Sven Beckert, Matthew Connelly, Isabel Hofmeyr, Wendy Kozol, and Patricia Seed, “AHR Conversation: on Transnational History,” *American Historical Review*, vol. 111, no. 5, 2006, p. 1447.

30 尤其令人吃惊的是，英语世界的历史学家居然很少援引《比较：全球史与比较社会研究杂志》（*Comparativ: Zeitschrift für Globalgeschichte und Vergleichende Gesellschaftsforschung*）这份刊物。该刊物创立于 1990 年，其历史几乎与《世界历史杂志》一样悠久，目前已经出版超过 28 卷，涉及世界各国全球史的发展状况。而 J. Belich, John Darwin, and Margret Frenz, eds., *The Prospect of Global History*, Oxford: Oxford University Press, 2016 一书似乎只有两章认真地讨论了非英语学界的历史著述。

31 对这一现象提出质疑的研究有：Frederick Cooper, “What is the concept of globalization good for? An African historian’s perspective”, *African Affairs*, vol. 100, 2001, pp. 189–213, 针对的是非洲史的情况；Samuel Moyn, “On the nonglobalization of ideas”, in Samuel Moyn and Andrew Sartori, eds., *Global Intellectual History*, New York: Columbia University Press, 2013, pp. 187–204, 针对的是思想史的情况。

别史作品仍然位于图书畅销榜榜首，譬如英国脱欧行动的吹鼓手罗伯特·图姆斯（Robert Tombs）所著关于英国这个小岛的往事的《英国人及其历史》（*The English and Their History*，2015）。[32]皮埃尔·诺拉（Pierre Nora）对《法兰西世界史》（*Histoire Mondiale de la France*，2017）的恶意指责，代表了一大批重要的法国知识分子对于该书将法国历史视作全球进程的一个维度这种做法的拒斥。[33]而且，并非所有从事"区域研究"的历史学家都对全球史的侵入持欢迎态度，那些受命研究南亚史、中国史和中东史的历史学家往往如同大多数研究欧洲史的历史学家那样，忠实地死守着民族国家范式。国别史仍然是对"世界史"或"国际史"发展贡献最多的研究模式。因此，贝尔担忧"收益递减"显得为时过早。

尽管全球史是一个充满吸引力的领域，但它还很弱小。若使西方学界克服历史学科根深蒂固的欧洲中心性（Eurocentricity），还需要两到三代人的努力。而且，我们不应夸大我们的历史系已变得多么具有代表性。寥寥几个从事非洲史和中东史的历史学家被要求呈现整个地区数千年的历史。在英国，如阿德尔曼所承认的那样，如今与拉丁美洲史研究相关的岗位数量少于 1980 年时的数量。人类历史中的大片地域尚无人问津。举一个令人吃惊的事例，在荷兰、澳大利亚和印度尼西亚之外，只有大约十来个从事印度尼西亚史研究的专家，而印度尼西亚有着与欧洲相仿的人口数量。

全球史学家确实很重视关联（connection）。但是否如阿德尔曼所说，他们只关注"整合与和谐，无视解体与纷争"？事实与此相反，他们把相当多的注意力放在了那些不流动的事物以及全球化过程中出现的抵制全球化现象。塞尔日·格鲁金斯基（Serge Gruzinski）在《梅斯蒂索人的心灵》（*La Pensée Métisse*，1999）和《世界的四个部分》（*Les Quatres Parties du Monde*，2004）中描述了所谓的"欧洲标准化"（即对异域影响的某种文化抗拒）是如何伴随着哈布斯堡王朝的扩张进入近代早期世界的。[34]马戈·芬恩（Margot Finn）同样探析了帝国历史中的"摩擦"，即对流动和交流现象的抵制与抗拒。[35]研究商品的历史学家则分析了全球交换过程中出现的"反商品"（anti-commodity）现象。[36]全球史学家一直对断

32 Robert Tombs, *The English and Their History*, London: Penguin, 2015.

33 Patrick Boucheron, ed., *Histoire Mondiale de la France*, Paris: Seuil, 2017；相关评论，参见 Pierre Nora, "Histoire Mondiale de la France," *L'Obs*, 2734, 30 March 2017, pp. 68–69。一篇相关的英文书评，参见 Robert Darnton, "A Buffet of French History," *New York Review of Books*, 64, 8, 11 May 2017。

34 Serge Gruzinski, *La Pensée Métisse*, Paris: Fayard, 1999; and Serge Gruzinski, *Les Quatres Parties du Monde: Histoire d'une Mondialisation*, Paris: La Martinière, 2004.

35 Margot Finn, "Frictions of Empire: Colonial Bombay's Probate and Property Networks in the 1780s," *Annales: Histoire, Sciences Sociales*, vol. 65, no. 5, 2010, pp. 1175–1204.

36 Sandip Hazareesingh and Harro Maat, eds., *Local Subversions of Colonial Cultures: Commodities and Anti-commodities in Global History*, New York: Palgrave Macmillan, 2016 中收录的文章提供了一个很好的概述。

裂、逆转和去全球化过程感兴趣。历史学家的研究一再证明，全球整合的周期会告一段落。诸如贝利的《现代世界的诞生》和于尔根·奥斯特哈默的《世界的演变》(*Verwandlung der Welt*，2009；该书英文版为 *Transformation of the World*, 2014）等重要著作——其实也包括马歇尔·霍奇森和迈克尔·曼等史学先驱——都探究了全球关联的脆弱性和导致瓦解的动因。[37] 大量著作都曾论述过近代早期伊斯兰帝国世界中关联现象的瓦解。针对“大分流之争”，从彭慕兰到普拉桑南·帕沙萨拉蒂（Prasannan Parthasarathi）的《为何欧洲变富了，而亚洲没有》(*Why Europe Grew Rich and Asia Did Not*，2011）在探讨关联的同时，也都论及贸易关系的破裂。[38] 哈罗德·詹姆斯在富有创见的《价值的创造与毁灭》(*Creation and Destruction of Value*，2009）一书中表明，全球化的崩塌就像全球整合那样，也是世界经济活动的重要组成。[39] 瓦妮莎·奥格尔（Vanessa Ogle）的《时间的全球转型》(*Global Transformation of Time*，2015）既研究了全球化进程中完全天衣无缝和连贯一致的融合，也分析了出现在某些地方和国家的断裂。[40] 皮埃尔·辛加拉维鲁（Pierre Singaravélou）的《万国天津》(*Tianjin Cosmopolis*，2017）晓畅地揭示了在单一框架中全球化及其危机的重叠。[41] 可见，断裂研究与关联研究并非相互排斥。

有人批评全球史的研究对象集中于精英阶层，这也是不公平的。全球史激发人们关注外来者，诸如奴隶、殖民地民众以及长期被西方史学忽视的其他边缘群体。詹姆斯的《黑色雅各宾党人》(*Black Jacobins*，1938）一书只是较早的一个研究范例，而那些培养了贝尔的整整一代法国史学家却忽略了它的价值。马塞尔·范德林登（Marcel van der Linden）的《世界工人》(*Workers of the World*）是全球劳工史领域的开拓性著作，该书着眼于普通工人、农民和佃农，而非全球化的受益者。[42] L. L. 罗布森（L. L. Robson）、罗杰·埃克里

---

37 Christopher Bayly, *Birth of the Modern World*; Jürgen Osterhammel, *Die Verwandlung der Welt: eine Geschichte des 19. Jahrhunderts*, Munich: C. H. Beck, 2009. 更早出版的著作，参见：Mashall Hodgson, *Rethinking World History*; Michael Mann, *The Sources of Social Power*, 4 vols., Cambridge: Cambridge University Press, 1986–2013。

38 Prasannan Parthasarathi, *Why Europe Became Rich and Asia Did Not: Global Economic Divergence, 1600–1850*.

39 Harold James, *The Creation and Destruction of Value: the Globalization Cycle*, Cambridge, MA: Harvard University Press, 2009.

40 Vanessa Ogle, *The Global Transformation of Time: 1870–1950*, Cambridge, MA: Harvard University Press, 2015。关于全球化中的时间碎片化及与之相对的对“具有不同节奏的多重时间”的整合潮流，另见 Hugo Fazio, “La Historia Global: ¿ Encrucijada de la Contemporaneidad?,” *Revista de Estudios Sociales*, vol. 23, 2006, pp. 59–72。

41 Pierre Singaravélou, *Tianjin Cosmopolis: Une autre Histoire de la Mondialisation*, Paris: Seuil, 2017.

42 Marcel van der Linden, *Workers of the World: Essay Toward A Global Labor History*, Leiden: Brill, 2008；以及，一部精彩的个案研究，Minu Haschemi Yekani, *Koloniale Arbeit: Rassismus, Migration und Herrschaft in Tansania (1885–1914)*, Cologne: Campus, 2018。

奇（Roger Ekrich）和克莱尔·安德森（Clare Anderson）等人则追溯了罪犯被流放到殖民地的经历。[43] 范迪门斯地（Van Diemen's Land）和恶魔岛（Devil's Island）上的卑微之徒很难算得上什么世界精英。迈伦·埃兴伯格（Myron Echenberg）、蒂莫西·帕森斯（Timothy Parsons）、格雷戈里·曼（Gregory Mann）、大卫·基林格雷（David Killingray）和塔拉克·巴尔卡维（Tarak Barkawi）等历史学家还原了数十万殖民地底层群体在世界战争中的经历。[44]新的跨帝国史和跨国史研究论述了普通信众的全球宗教生活，涉及传教士、虔诚的奴隶以及麦加朝圣者等。[45]全球史学家始终关注着全球整合进程中的失落群体，留意那些窝在下等舱的渡客而非漫步于甲板上的旅人。[46]

而且，全球史从来不只关注环球旅行者。阿德尔曼对“全球主义者”和“无法迁移者”的二分并不合理。历史学家的研究一再表明，全球整合进程也容纳了那些原本看似与世隔绝的群体。例如，糖、白银、钻石、茶叶、瓷器、鸦片等商品的流动改变了一大批人的生活，无论他们的流动性如何。[47] 正如费尔南·布罗代尔在首期《年鉴》（*Annales*）上所提醒

43 L. L. Robson, *The Convict Settlers of Australia: An Enquiry into the Origin and Character of the Convicts Transported to New South Wales and Van Diemen's Land 1787–1852*, Melbourne: Melbourne University Press, 1976; A. Roger Ekrich, *Bound for America: the Transportation of British Convicts to the Colonies, 1718–1775*, Oxford: Clarendon Press, 1990; Clare Anderson, *Legible Bodies: Race, Criminality and Colonialism in South Asia*, London: Bloomsbury, 2004; and Clare Anderson, *Subaltern Lives: Biographies of Colonialism in the Indian Ocean World, 1790–1920*, Cambridge: Cambridge University Press, 2012.

44 Myron J. Echenberg, *Colonial Conscripts: the Tirailleurs Sénégalais in French West Africa 1857–1960*, London: James Currey, 1991; Timothy H. Parsons, *The African Rank-and-file: Social Implications of Colonial Military Service in the King's African Rifles, 1902–1964*, London: James Currey, 1999; Gregory Mann, *Nativesons: West African Veterans and France in the Twentieth Century*, Durham, NC: Duke University Press, 2006; David Killingray, *Fighting for Britain: African Soldiers in the Second World War*, Woodbridge: Boydell and Brewer, 2012; and Tarak Barkawi, *Soldiers of Empire: Indian and British Armies in World War II*, Cambridge: Cambridge University Press, 2017.

45 Barbara Watson Andaya, "Between Empires and Emporia: the Economics of Christianization in Early Modern Southeast Asia," *Journal of the Economic and Social History of the Orient*, vol. 52, no. 4–5, 2009, pp. 963–997; William Gervase Clarence-Smith, *Islam and the Abolition of Slavery*, Oxford: Oxford University Press, 2006; John P. Slight, *The British Empire and the Hajj, 1865–1956*, Cambridge, MA: Harvard University Press, 2015；以及 Umar Ryad, ed., *The Hajj and Europe in the Age of Empire*, Leiden: Brill, 2016 中的一些文章。Abigail Green and Vincent Viaene, eds., *Religious Internationals in the Modern World: Globalization and Faith Communities since 1750*, New York, 2012 中的一些篇章进一步考察了现代史中信仰共同体的全球化世界。

46 Adam McKeown, *Melancholy Order: Asian Migration and the Globalization of Borders*; Sunil Amrith, *Crossing the Bay of Bengal: the Furies of Nature and the Fortunes of Migrants*, Cambridge, MA: Harvard University Press, 2013.

47 华威大学有一批从事全球经济史研究的学者，我们或可称之为华威学派。他们重点研究的问题是，奢侈品如何开启并增进了亚欧大陆之间的联系，而且这种联系一直深入到内陆贸易区。相关研究参见：Maxine Berg,

的那样，由加勒比地区运到西班牙的黄金甚至影响了非洲内陆的跨撒哈拉商队贸易。[48] 在此后西欧贸易城市和大西洋奴隶种植园兴起的同时，许多地区出现了“再版农奴制”，其范围向东直至汉堡到威尼斯一线。在这些地区，农民再次受到严苛的束缚，从而确保了小麦流向但泽、里加、什切青和维斯马等地，而东印度和西印度的产品则流向了它们的宗主国。[49] 马西·诺顿（Marcy Norton）的《神圣的礼物，世俗的欢娱》（*Sacred Gifts, Profane Pleasures*, 2008）追踪了烟草和巧克力在大西洋世界的流通，生动地展示出来自美洲的海员和殖民者如何将这些物品带往欧洲，并从那里传至中东、亚洲和非洲。[50] 随着烟草和巧克力越来越容易获取，偏居世界角落的消费者也喜欢上了它们。他们或许没有走向世界，但世界却向他们走来。相似的是，从事法国研究的学者表明，全球贸易甚至影响了 18 世纪法国内地那些几乎与世隔绝的地方的经济和社会。[51] 即便是最底层的民众也能喝上咖啡，抽上雪茄，或者在当地商店售卖棉质衬衫。即便是最为离群索居的隐士也无法（也不可能）摆脱全球影响。恰如大卫·阿米蒂奇（David Armitage）主张研究“与大西洋相关的历史”（cis-Atlantic history），即在大西洋互动所产生的远距离效应影响之下的区域历史，我们也要强调“与全球相关的历史”（cis-global history），研究那些远离全球进程或流通热区的群体的历史。[52]

（接上页）“Asian Luxuries and the Making of the European Consumer Revolution,” in Maxine Berg and Elizabeth Eger, eds., *Luxury in the Eighteenth Century: Debates, Desires and Delectable Goods*, New York: Palgrave Macmillan, 2002, pp. 228–244; Giorgio Riello, *Cotton: the Fabric That Made the Modern World*, Cambridge: Cambridge University Press, 2013; Maxine Berg, Felicia Gottmann, Hanna Hodacs, and Chris Nierstrasz, eds., *Goods from the East, 1600–1800: Trading Eurasia*, New York: Palgrave Macmillan, 2015; Peter McNeil and Giorgio Riello, *Luxury: A Rich History*, Oxford: Oxford University Press, 2016。

48 Fernand Braudel, “Monnaies et Civilisations: de l’or du Soudan à l’argent d’Amérique, ” *Annales: Économies, Sociétés, Civilisations*, vol. 1, no. 1, 1946, pp. 9–22. 新近发表的覆盖范围更广的相关研究，参见：Toby Green, “Africa and the Price Revolution: Currency Imports and Socio-economic Change in West and West-Central Africa during the Seventeenth Century,” *Journal of African History*, vol. 57, no. 1, 2016, pp. 1–24; Toby Green, *A Fistful of Shells: West Africa from the Rise of the Slave Trade to the Age of Revolution*, London: Allen Lane, 2019。

49 Fernand Braudel, *Civilisation matérielle, Economie et Capitalisme*, vol. 2 (*Les jeux de l’échange*), Paris: Armand Colin, 1979, pp. 310–317; Richard Drayton, “The Collaboration of Labour, ” in Hopkins, *Globalization in World History*, p. 102. 关于输往波罗的海内陆地区的汉萨同盟城市的糖和咖啡等商品与法国殖民地经济之间的重要关联的研究，参见 Richard Drayton, “The Globalisation of France: Provincial Cities and French Expansion, 1500–1800, ” *History of European Ideas*, vol. 34, no. 4, 2008, pp. 424–430。

50 Marcy Norton, *Sacred Gifts, Profane Pleasures: A History of Tobacco and Chocolate in the Atlantic World*, Ithaca, NY: Cornell University Press, 2008.

51 Emma Rothschild, “Isolation and Economic Life in Eighteenth-century France,” *American Historical Review*, vol. 119, no. 4, 2014, pp. 1055–1082.

52 David Armitage, “Three Concepts of Atlantic History,” in David Armitage and M. Braddick, eds., *The British Atlantic World, 1500–1800*, New York: Palgrave Macmillan, 2002, pp. 11–27.

贝尔还批评全球史忽视个体，全球史学家更无须因此而内疚。其实，全球微观史是当下正在成长中的一个研究领域。它以个体和家庭为研究对象，借此揭示重大历史现象。我们不该轻易抹杀它们的重要性。[53] 娜塔莉·泽蒙-戴维斯（Natalie Zemon-Davis）（连同其他学者）探究了柏柏尔地理学家利奥·阿非利加努斯（Leo Africanus）的冒险历程。[54] 约翰-保罗·贾布里亚尔（John-Paul Ghobrial）追溯了 17 世纪的奥斯曼教士巴比伦的伊利亚斯（Ilias of Babylon）从欧洲到南美的全球历险。[55] 贝尔提及的琳达·科利（Linda Colley）描述了伊丽莎白·马什（Elizabeth Marsh）的全球行迹，艾玛·罗思柴尔德（Emma Rothschild）则透过苏格兰约翰斯通家族的全球生活窥见英国所构建的全球帝国的内在生命。[56] 加甘·苏德（Gagan Sood）借助一批稀有文献，阐释了家族、宗教和亲属关系对 18 世纪中期西亚地区伊斯兰化的经济生活和文化生活的塑造。[57] 让·埃布拉尔（Jean Hébrard）和丽贝卡·斯科特（Rebecca Scott）追寻了革命时代来自塞内冈比亚的奴隶罗莎莉的行踪。[58] 本文作者之一大卫·莫塔德尔讲述了两个波斯国王环球旅行，游走于 19 世纪末（*fin de siècle*）的贵族世界的故事，他们从奥斯曼帝国边陲游历到苏格兰海滨，借此重新诠释了欧洲霸权时代世界各地君主之间的关系。[59]

诚然，很多全球史学家，尤其是那些从事宏观综合研究的全球史学家，往往优先研究结构而非个体，但这种偏爱无疑也是国别史所具有的特点。例如罗伯特·艾伦（Robert Allen）和斯文·贝克特（Sven Beckert）从截然不同的角度阐释了近代早期那些推动了 19 世纪工业生产的全球背景，他们的研究很好地回应了贝尔完全相反的说法，即全球史疏于

---

53 对于该问题的探讨，参见 Francesca Trivellato, “Microstoria, Storia del Mundo e Storia Globale,” in Paola Lanaro, ed., *Microstoria: A Venticinque Anni da l’eredità Immateriale*, Milan: Franco Angeli, 2011, pp. 119–132。德·维托和格里森提出了一种“微空间”全球史（“micro-spatial” global history）的研究框架，参见 Christian G. De Vito and Anne Gerritsen, eds., *Micro-spatial Histories of Global Labour*, New York: Palgrave Macmillan, 2017。

54 Natalie Zemon-Davis, *Trickster Travels: A Sixteenth-century Muslim between Worlds*, London: Faber and Faber, 2006.

55 John-Paul Ghobrial, “The Secret Life of Elias of Babylon and the Uses of Global Microhistory,” *Past & Present*, vol. 222, no. 1, 2014, pp. 51–93.

56 Linda Colley, *The Ordeal of Elizabeth Marsh: A Woman in World History*, New York: Pantheon, 2007; and Emma Rothschild, *The Inner Life of Empires: An Eighteenth-century History*, Princeton, NJ: Princeton University Press, 2011.

57 Gagan Sood, *India and the Islamic Heartlands: An Eighteenth-century World of Circulation and Exchange*, Cambridge: Cambridge University Press, 2016.

58 Rebecca Scott and Jean M. Hébrard, *Freedom Papers: An Atlantic Odyssey in the Age of Emancipation*, Cambridge, MA: Harvard University Press, 2011.

59 David Motadel, “Qajar Shahs in Imperial Germany,” *Past & Present*, vol. 213, no. 1, 2010, pp. 191–235，提出了一些初步的见解。

提供更为宽泛的论点和更加包容的叙事。[60]尽管有些全球史学家对大卫·克里斯蒂安（David Christian）的“大历史”感兴趣，但绝大多数全球史学家并不愿将其所采用的研究方法受制于自然科学悬而未决的猜想，而是继续探索那些与较小空间、近期时段、人类主体和人类经历相关的资料和问题。[61]

同样需要抵制的还有一种观点，即全球史是或者必定是少数精英从事的奢侈行业。如阿德尔曼所质疑的那样，的确有些全球史的研究者是“接受过高等教育的上层人士，他们致力于过上全球公民的田园生活”。虽然从整体上而言，历史学科由欧美中上层白人的后代所主导，但比起其他诸多领域，全球史领域更有可能出现例外。

不管怎样，阿德尔曼的下述警告很容易引发共鸣，即“很难否认全球史是英语圈的另一项发明，通过我们的措辞和语言，将他者整合到世界性叙事之中”。如前所述，在历史学家研究全球各地的历史观念时，的确存在真正的不平等现象：很少有人能用欧洲其他语言进行阅读，更不用说写作了，更难得有人能用阿拉伯语、汉语或印地语进行阅读。尽管如此，我们或可强调这并非全球史特有的问题。从事法国史研究的美国历史学家也会因很少引用非英文文献而日渐声名狼藉。与之形成鲜明对比的是，凭借着迪佩什·查克拉巴蒂（Dipesh Chakrabarty）、阿里夫·德里克（Arif Dirlik）等人的全球史研究，由亚洲、非洲和加勒比地区的知识氛围和语言环境塑造的历史视角已悄无声息地渗透到西方主流学界。[62]

走向新全球史（和国别史）

全球史从未要求历史学家只关注“宏大的”跨国现象。其更加重要的意义在于为历史的解释项带来了变化，对处于国家或区域层面之上和之下的历史主体、历史力量和历史要素产生了新的感知。如克里斯托弗·夏尔（Christophe Charle）在2013年的一篇精

---

60 Robert C. Allen, *The British Industrial Revolution in Global Perspective*, Cambridge: Cambridge University Press, 2009; Sven Beckert, *Empire of Cotton: A Global History*, New York: Knopf, 2014. 关于全球微观史方法在经济史中的应用，参见 Christof Dejung, *Die Fäden des Globalen Marktes: Eine Sozialund Kulturgeschichte des Welthandels am Beispiel der Handelsfirma Gebrüder Volkart 1851–1999*, Cologne, 2013。

61 David Christian, *Maps of Time: An Introduction to "Big History"*, Berkeley, CA: University of California Press, 2004; David Christian, "The Return of Universal History," *History and Theory*, vol. 49, no. 4, 2010, pp. 5–26. 与之类似，从史前史和神经科学跨到对欧洲现代性起源的解释，参见 Daniel Lord Smail, *On Deep History and the Brain*, Berkeley, CA: University of California Press, 2008。

62 Dipesh Chakrabarty, *Provincializing Europe: Postcolonial Thought and Historical Difference*, Princeton, NJ: Princeton University Press, 2000.

彩文章中所言：

> 全球路径和国别路径既非绝然互不相容的两个领域，也不像俄罗斯套娃一般，一个能将另一个轻易地嵌套进去。因为二者都能迫使对方重新思考它所仰赖的隐含预设，借此破坏其稳定性。因此，［综合两种路径］我们可以不断反思许多问题，诸如历史经历的不同尺度的契合问题，以及必须应对的研究主题的多样性问题，无论其是最为特殊的，还是最为普遍的。[63]

对兰克及其继承者而言，在创造国别史时，一个毋庸置疑的全球框架是至关重要的。因而同样，当下从完全相反的方向来看，一项自觉的全球史研究既不会忽视“小地方”，也不会规避那些支离破碎的历史经历的具体性和独特性。取而代之的是，历史学家应当自觉地意识到我们用于探究与解释过往的*jeux d'échelles*，即时空尺度的相互依赖性：从空间层面而言，其中的尺度包括村庄、省份、国家、区域和世界；从时间层面而言，其中的尺度包括几天、几十年、几百年。一种全新的国别史研究流派正在兴起，它慎重并自觉地与全球层面的研究结合起来。[64]我们不再仅从兰开夏的历史中找寻工业革命的动力，仅从巴黎与凡尔赛的政治对立中发掘法国大革命的起因。[65]全球史的影响已然见诸一些历史学家的跨国史研究实践之中，比如理查德·J. 埃文斯（Richard J. Evans）和克里斯托弗·克拉克（Christopher Clark）的欧洲史研究或亚当·图兹（Adam Tooze）对相互牵连的欧洲史和美国史的开创性研究，而他们并不认为自己是全球史学者。[66]跟随大卫·贝尔的路径，我们甚至无法回到国别史视角下的法国史，完全从法国内部找寻最初或最终的原因。这并不是说全球参照系始终是最适合的参照系：那些发生在较小尺度中的事件往往展现出自身的局部逻辑，而且我们应当从这种逻辑理解它们。要成为全球史学家，往往要研究非常具体的地

63 Christophe Charle, “Histoire Globale, Histoire Nationale? Comment Réconcilier Recherche et Pédagogie,” *Le Débat*, vol. 175, no. 3, 2013, pp. 60–68.

64 Patrick Boucheron, ed., *Histoire Mondiale de la France*; and Andrea Giardina, ed., *Storia Mondiale dell'Italia*, Rome: Laterza, 2017.

65 Suzanne Desan, Lynn Hunt, and William Max Nelson, eds., *The French Revolution in Global Perspective*, Ithaca, NY: Cornell University Press, 2013，书中各章对法国大革命的全球史提供了洞见。

66 Richard J. Evans, *The Pursuit of Power: Europe, 1815–1914*, London: Penguin, 2016; C. M. Clark, “Power,” in Ulinka Rublack, ed., *A Concise Companion to History*, Oxford: Oxford University Press, 2011, pp. 131–156; C. M. Clark, *The Sleepwalkers*, London: Penguin, 2013; and Adam Tooze, *The Deluge: the Great War and the Remaking of Global Order, 1916–1931*, London: Penguin, 2014.

点、制度和群体，而不要妄图提出什么普遍性或概括性的主张。[67]

旧时书写普遍历史的历史学家，譬如中国的、阿拉伯的或欧洲的历史学家，试图以其他人类社群的故事为框架来讲述自身族群的历史。作为21世纪的全球史学家，我们与之不同的地方在于，我们力图将人类视为一个整体并由此描绘人类过往，进而推动人们将人类视为一个整体。这一事业刚刚起步，还很脆弱。很多针对全球史的批评并非完全错误，诸如它很可能成为帝国史的新面具，它受到全球精英的劫持，或是它建构出新式的中心与边缘图景。譬如，很多从事非洲史研究的历史学家有充分的理由对大西洋史研究心存一定程度的敌意，因为这一研究过分关注那些与欧美海外历史最相关的非洲人。[68]更笼统地讲，欧美史，尤其是英语世界的各类历史，显然拖累了基于国家维度、比较维度或关联维度的欧洲外部史研究。

同样，这些问题也不是凭空出现的。我们在亚洲史、非洲史和拉丁美洲史中所使用的度量衡，其标准在很大程度上源自西北欧的历史。[69]相比而言，全球史学家对西方的了解要多很多，这便使得相互间的比较产生扭曲。[70]大约在1600年之后，世界各地对欧洲的帝国势力和文化影响给予回应并在这个过程中整合起来。这种整合方式留下的遗产，便是内嵌于我们的研究方法之中的“认知上的欧洲中心论”（cognitive Eurocentrism）。举两个例子，马歇尔·霍奇森关于中国宋朝“工业革命”的提法和印度史学划分出来的“中世纪时期”都仰赖外来的参照对象，这些参照对象从本质上给测量工作造成了讹误，最终将所有现象都换算成欧洲标准。在我们以“革命”、“阶级”、“进步”甚至“帝国”等概念为透镜观察历史的同时，这些透镜也歪曲了我们的看法。21世纪的全球史学家面对的挑战，便是在亚欧大陆、非洲大陆和美洲大陆共同的历史经历和历史自觉意识中找到新的标准，用自然科

---

67 Angelika Epple, “Lokalität und die Dimensionen des Globalen: eine Frage der Relationen,” *Historische Anthropologie*, vol. 21, no. 1, 2013, pp. 4–25，对地方性和全球性有所思考。Birgit Schäbler, ed., *Area Studies und die Welt: Weltregionen und neue Globalgeschichte*, Vienna: Mandelbaum, 2007，探讨了区域研究与全球史的融合。

68 Megan Vaughan, “Africa and Global History,” in Maxine Berg, *Writing the History of the Global*, p. 200.

69 Dipesh Chakrabarty, *Provincializing Europe: Postcolonial Thought and Historical Difference.* 豪尔斯·卡妮萨雷斯–埃斯格拉（Jorge Cañizares-Esguerra）一再强调，这一问题不仅仅体现了欧洲中心论，还关乎北大西洋英语语系对全球史的曲解。相关研究可参见：Jorge Cañizares-Esguerra, “On Ignored Global ‘Scientific Revolutions’”, *Journal of Early Modern History*, vol. 21, 2017, pp. 420–432; Jorge Cañizares-Esguerra and Adrian Masters, *The Radical Spanish Empire: Petitions and the Creation of the New World*, Cambridge, MA: Harvard University Press, 2018。

70 一个巧妙的研究个案，参见 Gareth Austin, “Reciprocal Comparison and African History: Tackling Conceptual Eurocentrism in the Study of Africa’s Economic Past,” *African Studies*, vol. 50, no. 3, 2007, pp. 1–28。

学的话来说就是新的方法、价值判断和概念，其中概念是最重要的。[71]我们甚至可能找到某种讲述过往故事的方式，这种讲述方式不会假定历史研究是基于或服务于某个给定的地理中心或概念中心。

全球史的未来有多种可能。它需要（不断）突破20世纪的收集国别史的研究模式，那种模式有时将全球史变成了孩子们玩的一种名为“捉对儿”（Snap！）的纸牌游戏。全球史不是国别史和区域研究史的联合，它与国别史和区域史这些分析层面同样重要。它是对全球性问题加以研究的产物，以富有创见的比较思考和关联思考为基础，不只是对不同区域研究事例的堆砌。然而，全球史领域的进一步发展，既需要智识层面的支撑，也需要实践层面的推动。看似显而易见的是，这个全球性的事业有赖多方力量的合作。汇编的文集和翻译的论著，都是全球史的天然媒介。有人认为，历史著作可以或者理当以英文为通用语言，或者只有那些已译成英文或能译成英文的论著才值得关注。如果我们不积极地抵制此类观念，那么这些文集和论著就将如同许多学术会议那样，成为聋子之间的对话。如果我们严肃地对待全球史研究的话，那么当务之急就是多接受一些语言训练，尤其是非西方语言的训练。与此同时，资料的数字化也应加速推进。我们应当借助网络，首先将先前殖民列强持有的与拉丁美洲、非洲和亚洲相关的历史档案还原到相应地区，此外，还要将欧洲和北美以外的档案数字化。[72]

全球史比以往任何时候都更加重要。从学术方面来讲，它依然是历史研究中最具有活力、最令人兴奋的一个领域。从政治方面来讲，它也尤为重要。面对民粹民族主义的复兴，远离全球史似乎是最令人费解的回应。民族民粹主义兴起的原因之一，就是民族国家叙事在大众历史想象中占据主导地位。当此类叙事将当下的不满情绪与对昔日民族荣光的错误记忆关联起来时，它们便已不自觉地为全球史提供了论据。新兴的、相互牵连的国别史与全球史研究任重道远，尤其是它们面向大众发出声音之时。它们甚至可能会为我们呈现出一种共有的全球人文精神。林·亨特（Lynn Hunt）非常适时地提出如下观点，即一部“更具全球导向的历史”将“激发一种国际公民观念，让人意识到他们归属于世界，而不只是自己的国家”，最终“培养出宽容的、国际性的全球公民”。[73]显而易见的是，我们的学

---

71 关于将亚洲、非洲、拉丁美洲和欧洲的全球史新方案纳入对话的一次重要尝试，参见 Sven Beckert and Dominic Sachsenmaier, eds., *Global History, Globally: Research and Practice Around the world*, London: Bloomsbury, 2018。

72 “全球劳工史网络”（Global Labour History Network）为此类资料共享和研究协作提供了榜样。关于全球研究项目的协作模式的探讨，参见 Elise van Nederveen Meerkerk, “Covering the World: Textile Workers and Globalization, 1650–2000: Experiences and Results of A Collective Research Project,” in Marcel van der Linden, ed., *Labour History beyond Borders: Concepts and Explorations*, Linz: ITH, 2010, pp. 111–138。

73 Lynn Hunt, *Writing History in the Global Era*, New York: W.W. Norton, 2014.

生和同胞已经深刻地意识到，当下很多问题具有全球属性，诸如全球变暖、难民危机、流行病、战争和恐怖活动、失业问题以及资本的去领土化。如今，我们面临的最紧迫的问题（包括正在复兴的民族沙文主义和反全球现象本身）超越了民族国家的界限。全球史的幽灵将继续徘徊在世界各地象牙塔的廊道里，激励着一些人，它或许会让他们看到过往和未来的新世界。

【原文出处】Richard Drayton and David Motadel. “Discussion: the Futures of Global History,” *Journal of Global History* (2018) 13, pp.1–21.

全球史的分析方法与实践

互动

刘欣如　著

张捷　译

丝绸之路的遗产：佛教与伊斯兰教的传播*

【导读】

刘欣如（1951—　），美国新泽西学院历史学副教授。1985年获宾夕法尼亚大学古代印度与中国历史专业博士学位。1978—1998年曾先后任职于中国社会科学院世界史研究所、北京大学、美国新泽西学院、得克萨斯州立大学历史系和宾夕法尼亚大学亚洲与中东学系等。主要从事中国古代史、古代印度史、丝绸之路史以及全球史的研究与教学工作。代表作有《世界历史上的丝绸之路》（2010）、《亚欧大陆的交通：丝绸之路上的交通、通讯和文化交流》（2007，合著）、《古印度与古中国：商贸与文化交流（公元1—600年）》（1988）等。

丝绸之路的兴起源于东西方民族对奇珍异宝的追求和对未知世界的探索。这一漫长历史发展过程一方面引发了激烈的军事对抗和文化冲突，另一方面也推动了多元文明的相互融合。作为丝绸之路上联结东西方的纽带，中亚地区一直都是沟通亚欧大陆诸文明的主要桥梁，也是世界历史上许多重大进程的发源地。本文探讨了这一地区伊斯兰化前后的宗教和社会生活。早在伊斯兰教传至吐火罗与河中地区之前，中亚就存在着多元的宗教信仰，其中以佛教最为昌盛。这一格局逐渐被阿拉伯人打破，他们对中亚地区的军事征服和对丝绸之路的控制促使当地学者、商人和平民融入伊斯兰文化。中亚地区的枢纽地位随着伊斯兰王朝的不断更迭以及蒙古人的征服进一步得到加强。它不仅把更多元的文化传统联系起来，也将丰富多彩的宗教信仰及先进技术传播到其他地区。

宗教信仰的传播交流是人类文明发展的重要动力和内容，也是全球史研究的主要课题之一。本文主要结合阿拉伯文、波斯文和中文的档案材料，以及当代艺术史和考古学等学科的研究成果，重新审视了中亚地区从佛教世界向伊斯兰教世界转变的历史过程，在学术

---

* 本文最初曾在2009年的沼田会议（Numata Conference）上宣读，会议于2009年5月29—30日在加拿大蒙特利尔市的麦吉尔大学举办，主题为“佛教与伊斯兰教”。林达·谢弗（Lynda Shaffer）教授也参与了本文的编辑和修改。在过去的十年中，她一直是我的合著者，也是我的作品的第一读者。

发展史上将产生重要影响。它从亚欧大陆的宏大视角出发，关注于长时段的整体运动，展现了这一漫长时期中亚地区特有文化传统的形成与传播，以及当地人如何面对危机并在不断变化的环境中生存发展。该文不仅有助于理解丝绸之路的世界影响，也对探索宗教信仰的地方性和全球性及其相互作用颇有裨益。

自安德烈·贡德·弗兰克于1992年出版《中亚的中心性》[1]一书以来，世界史学家越发关注中亚地区在过去几千年里迸发出的活力。然而，该地区在种族、宗教和政治等方面极为多变的特征，令众多学者一筹莫展，他们对任一特定时期的历史进程进行研究都好似一项举步维艰的任务。研究中亚地区佛教文化的学者，不愿意涉足发生于7世纪末至8世纪初的伊斯兰征服之后的地区史。那些研究后伊斯兰征服时期历史的学者，则对该地区长久存在的前伊斯兰时期的语言与文化特征困惑不已。同样，深谙与中亚地区相关的中文历史文献的学者，往往不会贸然扎进浩瀚的波斯文和阿拉伯文文献。此外，在过去的二十年里，人们在曾经的巴克特里亚地区还发现了多个版本的希腊文文献，这更使得经由文字资料爬梳该地区历史的任务越发艰巨。尽管如此，本文还是迎难而上，主要借助阿拉伯文、波斯文和中文档案材料，以及当代艺术史和考古学的学术成果，探究伊斯兰化前后中亚人的宗教生活和社会生活。鉴于笔者只掌握相对有限的梵语和古汉语，故而面对阿拉伯文和波斯文文献时，不得不严重依赖其英译本。幸运的是，近几十年来，一些博学多才的方家翻译、编辑了大量以这两种重要的西亚语言撰写的历史著作，这使得从世界史角度开展中亚研究成为可能。

背　景

早在伊斯兰教传至中亚并散布开来之前，佛教就已在中亚的吐火罗地区（今阿富汗北部）与河中地区（呼罗珊和粟特，即阿姆河和锡尔河向西汇入咸海的地区，今乌兹别克斯坦和哈萨克斯坦）生根发芽。吐火罗地区和粟特地区分布着中国丝绸西销印度的商路上的最重要的驿站，同时也是中亚佛教徒的故乡，一些佛教徒在佛教由南亚传向中国的过程中发挥着重要的作用。

公元1世纪时，吐火罗和粟特（即河中地区的南部）业已成为沟通中西、跨越南北的路线之上的重要节点，同时也是中国、地中海、伊朗等地区商品的主要贸易中心。此外，一些来自印度的佛教徒——其中有些人计划前往中国——进入此地，投身于商业活动之中。公元3世纪时，工匠们开始在吐火罗地区巴米扬山谷（位于喀布尔以西约一百英里）的砂岩石壁上雕刻佛像。这些佛像的艺术风格与犍陀罗（位于印度西北部）雕塑艺术高度相仿，再现了高超的犍陀罗艺术与印度、伊朗和希腊美学传统的完美融合。公元4世纪时，马其顿的亚历山大大军及其后裔曾攻至阿富汗和印度东北部地区，这也就解释了该地区何

1　Andre Gunder Frank, *The Centrality of Central Asia*, Amsterdam: VU University Press, 1992.

以出现希腊化的艺术风格。大约5世纪时，一股游牧势力——嚈哒人（希腊史料中称之为Hephthalites，印度史料称为Huna）占领此地，进而侵入印度。这一时期，两尊巨佛（一尊高165英尺，另一尊高119英尺）在巴米扬山谷的砂岩石壁上落成。它们屹今屹立了1500余年，是为此地佛教传统的真实写照。虽然巨佛在2001年被塔利班彻底摧毁，其残迹依旧是这条连接印度与中国之路上悠久的佛教传统的见证者。6世纪前后，来自中国北方东部草原的突厥游牧民族自北向南入侵此地，该区域的世界化程度与日俱增。在这些突厥人中，有的定居于此，有的甚至南迁至印度。

该地区波谲云诡的政治局势，迫使这里的居民严重仰赖非官方机构来维护社会稳定和地方安全。琐罗亚斯德教、佛教教派以及其他机构和文化习俗，为这一地区赋予了宗教和社会凝聚力。学者、商人和军官等精英阶层在政治效忠的问题上变化无常，常常因经济利益和社会利益改奉新主。与此同时，印度、中国、波斯和希腊等文化元素不断涌入，蓬勃发展，从而孕育出独一无二、生机勃勃的中亚文化。

在很大程度上而言，或许正是兼收并蓄的文化底蕴，促使中亚地区在公元700到1100年，即从佛教圈转变为伊斯兰教圈这一过渡时期，涌现出诸多杰出政治家、宗教领袖和科学家。虽然他们当中的许多人如今在世界史的文献和文本中有所提及，但几乎总被视为“伊斯兰学者”，或被看作波斯伊斯兰文化的产物，而与中亚地区的渊源却鲜有提及。即使在该地区改宗伊斯兰教之后，其本土文化中仍然保留了先前多元的文化传统元素，其中还包括在亚历山大征服期间及之后扎根于此的希腊化文化。这尤其彰显于各式各样的艺术和建筑，以及包罗音乐、舞蹈和酒饮的“葡萄酒神文化”（Dionysian viniculture）之中。

阿拉伯人征服之前中亚的佛教

自贵霜帝国时期（约公元前2世纪—公元3世纪）始，佛教信仰已经在吐火罗地区根深蒂固。不过据中文文献记载，吐火罗人的北方邻族粟特人是最早将佛教传到中国的旅行者中的一批人。他们居住在河中地区南部，多以商人和宗教教师为业。我们还不清楚他们究竟如何成为出类拔萃的佛教和梵语教师。粟特地区和印度次大陆的文献均未记载过粟特佛教徒在印度学习的情况。然而，这并不一定意味着从未有粟特人在印度许身修习佛教。可惜的是，从历史学家的角度来看，在这几个世纪里，印度政府未曾汇编其疆域内异邦游客或居民的活动情况，故而在次大陆的资料中几乎看不到他们的身影。

虽然印度史料鲜有线索，但源自其他国家，特别是中国的史料清楚地表明，在公元2到4世纪，中国境内的众多粟特商人确为佛教徒。据中文文献记载，佛教徒最早于汉朝抵达中国。在这一时期，其中一些僧人并非来自佛教的发源地印度，而是来自粟特地区。同期的贵霜帝国控制着印度北部和中亚地带。大约公元 1 到 2 世纪，贵霜帝国如日中天，时任君主迦腻色伽是中国佛教典籍中广为称颂的庇护者。粟特人充当着贵霜帝国的贸易商，也是最早向汉人传播佛教的一群人，在此后一段时间里为中国的佛学研究做出了重要贡献。例如，康巨、康孟祥这两位取了汉名的粟特人曾在中国生活了二十余年（约 168—189）。此间，在他们的协助下，用梵语写就的佛教文本被译成汉语。当时唯一可以学习梵语和佛经的地方就是印度。因此，鉴于中国的这些粟特佛教学者出现的时间如此之早，我们可以断言，至少有些粟特商人必先在印度习得佛学，然后前往中国修习和宣扬。

在粟特地区，尽管佛教的重要性与日俱增，但这里从未成为纯佛教国家。从政治体制上来看，众多的城邦从未统一为一个单一的政体，地区争霸时有发生。总体而言，每座城市的城市精英、武士和富商王公组成了寡头集团，负责战争与外交方面的决策。即使某个城邦建立起地方性的君主国，其实力乃至管控臣民的权力，往往也是脆弱不堪。因此，粟特地区的城邦从未确立过一个官方宗教，他们向各种宗教信仰敞开了怀抱。各城邦都热衷于赚取商业利润，要么参与丝绸之路上的长途贸易，要么经营本地的食品交易和服装贸易。很多证据表明，久居国外的粟特商人除修习佛教外，还在聚居区修习摩尼教和琐罗亚斯德教。例如，最近在中国西部出土的一座粟特商人墓葬表明，那些为自己修建华美陵墓的粟特富人严格遵循了祆教的葬制。[2] 无论这些粟特商人曾在更大的商帮组织里标榜过何种宗教信仰，可能内心里还是祆教徒。

然而需要说明的是，在祆教的修习方面，撒马尔罕和粟特其他城市里的方法，与其发源地伊朗地区完全不同。如同粟特地区从未形成过君主强权，阿胡拉·马兹达（Mazda Ahura）也从不是此地唯一的守护神。粟特当地人信奉多种宗教，城市里的每个家庭都可以自主选择其最高守护神和一众小神。因此，一个家庭的“万神殿”经常既有外来神灵，也有本土神灵。[3] 公元 630 年前后，中国的佛教僧人玄奘途经粟特地区时发现，在撒马尔罕这座美丽的大城市里，许多人并不敬拜释迦牟尼，而是敬拜祆教习俗中的圣火。他还讲到，当地居民曾使用火把将礼佛之人赶出寺院。据其弟子记载，玄奘随后当面劝服国王，遏止了此类行径。[4]

这段描述颇有夸大玄奘或其弟子作为传教徒的权力之嫌。如果这座城市的确对佛教毫

2 荣新江、张志清：《从撒马尔干到长安：粟特人在中国的文化遗迹》，北京：北京图书馆出版社，2004 年。

3 Boris Marshak, *Legends, Tales, and Fables in the Art of Sogdiana*, New York: Bibliotheca Persica Press, 2002, p. 19.

4 慧立、彦悰：《大慈恩寺三藏法师传》，北京：中华书局，1983 年，第 30 页。

不宽容，就根本不可能出现两座佛教寺院。此外，对于这座城市而言，商业利益的繁荣无疑是最受关注的事业和至高无上的信条，而且诸多信仰佛教的商人活跃在丝绸之路的这一路段之上，也盼着能在寺院的客房里歇歇脚。有鉴于此，保护这些佛教寺院对于城邦自身利益而言也是至关重要的。挥舞火把很可能只是一项当地祆教传统中的圣火仪式，但撒马尔罕人以此来敬拜佛祖。这样一来，此地对火把的使用就不仅仅是祆教的习俗了，它也被融入佛教崇拜之中。早在贵霜帝国时期，贵霜君主就曾同时庇护着佛教与祆教，佛教仪式与祆教的圣火崇拜融合起来。

粟特地区的娱乐活动丰富多彩。许多城市家庭的墙上都画有描绘幸福场景的壁画。他们还举办宴会，畅饮美酒，尽享欢娱，参与者包括乐师、舞者、杂技艺人，很可能还有说书艺人。久居中国的粟特富商甚至将宴会场景以及艺术家的各式表演雕刻在他们的墓碑上。迟至 6 世纪下半叶，来自中亚地区的乐师、舞者乘马匹或骆驼前往中国，撒马尔罕的音乐与舞蹈旋即在中国闻名遐迩。唐代史书中就有关于舞者的描述："工人皂丝布头巾，绯丝布袍，锦领。舞二人，绯袄，锦领袖，绿绫浑裆裤，赤皮靴，白裤帑。舞急转如风，俗谓之胡旋。乐用笛二，正鼓一，和鼓一，铜钹一。"[5] 唐朝时期（618—907）来到中国的粟特人数不胜数，引得万众瞩目，中国工匠开始大批制作粟特人的造像。如今，我们可以在世界各地的博物馆中欣赏到与此相关的唐三彩。

粟特地区的南部便是吐火罗地区（今阿富汗北半部），此地的佛教信仰甚至更为悠久，早在贵霜帝国时期便已根深蒂固。吐火罗与粟特两地十分类似，都是城邦林立。不过到公元 7 世纪玄奘西行途经此地之时，这里已被突厥人所统治。突厥游牧民族发祥于蒙古地区，但此时的他们已经西迁多年。巴尔赫（Balkh）是吐火罗地区最为重要的城市，曾是希腊化时代巴克特里亚王国的首都，那时被称为巴克特拉（Bactra）。公元前 4 世纪，马其顿国王亚历山大（卒于公元前 323 年）率领大军入主中亚。此后，希腊文化的特征在此尤为显著。

中国僧人玄奘确已清楚地写明，在公元 7 世纪时的吐火罗地区，仍然有人使用希腊语，至少将其作为一种书面语言。他还发现，此地所使用的书面语言，与他在途经的其他地区所接触到的所有语言都不相同。特别是这里使用二十五个"符号"，也就是字母，人们用它们组成不同的单词。他还指出，印度的文字佉卢文（Kharoshthi）是从右向左阅读，而这里的语句则是从左向右阅读。它与传统汉字的差别就更大了，因为汉字是在纸上自上而下竖直书写的。总之，吐火罗的文化传统给玄奘留下了深刻的印象，他甚至认为吐火罗人

---

5 刘昫：《旧唐书》，北京：中华书局，1975 年，第 29、1071 页。

的文化水平已经超越了粟特人。[6]后世发现了公元2世纪到6世纪中期的150余份文书，它们由希腊字母拼写而成，体现了巴克特里亚当地的语言，这些文书也证实了玄奘的发现确凿可信。[7]

然而在玄奘眼中，巴尔赫城更值得注意的是一座宏伟的佛寺——“新寺”（即纳缚僧伽蓝）。这里是巴尔赫城宗教活动的中心，供奉着珍贵的佛舍利。凭借着远近闻名的佛寺和舍利，巴尔赫被当地居民和突厥统治者誉为“小王舍城”。[8]王舍城是一座坐落于恒河流域东部的城市，释迦牟尼曾频繁居住于此。直至玄奘生活的年代，王舍城一直因其为佛门朝拜圣地而闻名。“小王舍城”的称号意味着对于佛教徒而言，巴尔赫的重要性仅次于王舍城。玄奘驻留此地时参观了诸多佛门圣物，毋庸置疑，他颇为欣喜。他讲到，纳缚僧伽蓝是巴尔赫最负盛名、最为富饶的佛教中心。寺院大厅、佛像之上都装饰着珍贵的珠宝，引得那些垂涎三尺的贵族和国王干起了明抢暗偷的勾当。不过，幸得佛教中北方天王——毗沙门天的庇佑，寺院在多次劫掠图谋中幸存下来。例如玄奘曾听闻，不久前一位势力强大的突厥可汗之子为抢夺寺院而在其周围驻扎了部队。一日，王子梦到守卫寺院的神灵将一支长戟刺进他的胸膛，噩梦初醒后，心脏病突然发作，故而这次抢劫不了了之。[9]这个故事是为告诉我们，即便是当时统治着该地区的突厥势力，也没能成功地夺去寺院的宝藏。而操持巴尔赫城这座举世闻名的寺院的巴尔马克（Barmaki）家族历经多次入侵，设法确保了家族自身与寺院财产的完好无损。

玄奘从巴尔赫城向东南方向前行，来到兴都库什山脉的巴米扬山谷，两尊巨大的佛像令他激动不已。这一标志性建筑始建于贵霜帝国瓦解后不久，这一时期，嚈哒人和突厥人等游牧民族先后统治着吐火罗，即从巴尔赫到巴米扬山谷一带。游牧统治者对这里的佛教文化态度友好并大加赞助。正是位于巴尔赫以东山谷中的活国（今阿富汗昆都士）的突厥统治者劝服玄奘向西绕行前往巴尔赫，从而延迟了他远赴印度的行程。

7世纪时，突厥人的势力范围从中国西北部一直蔓延到印度边境。突厥统治者不仅是粟特人的贸易伙伴，也是他们治下农耕民族各种宗教的庇护者。草原上的西突厥统治者叶护汗（Yabgu Khan）曾参观过粟特人的袄教仪式；吐火罗地区的活国统治者也曾赞助佛教。

---

6 玄奘：《大唐西域记》，季羡林校注，北京：中华书局，1985年，第100页。

7 Nicholas Sims-Williams, *Bactrian Documents from Northern Afghanistan, 1: Legal and Economic Documents*, Oxford: Oxford University Press, 2000；另见 Nicholas Sims-Williams, “Linguistic Evidence from the Bactrian Documents and Inscriptions,” in Nicholas Sims-Williams eds., *Indo-Iranian Languages and People*, Oxford: Oxford University Press, 2002, pp. 225–242。

8 慧立、彦悰：《大慈恩寺三藏法师传》，第31—32页。

9 玄奘：《大唐西域记》，第117页。

不仅如此，这些突厥人也参与到农耕民族的大部分文化生活中来，他们尤其热爱美酒和音乐。玄奘曾描述过叶护汗举办宴会的盛况：

> 可汗共诸臣使人饮，别索葡萄浆奉法师。于是恣相酬劝，窣浑钟椀之器交错递倾，僸侏兜离之音铿锵互举，虽蕃俗之曲，亦甚娱耳目、乐心意也。少时，更有食至，皆烹鲜羔犊之质，盈积于前。别营净食进法师，具有饼饭、酥乳、石蜜、刺蜜、葡萄等。食讫，更行葡萄浆，仍请说法。[10]

鉴于草原上的突厥人都是游牧民族，葡萄、葡萄酒和石蜜这类食品必然是从农耕民族，即粟特人和吐火罗人处得来。为了在通行丝绸之路时求得庇护，商人们甘愿以美酒和音乐取悦突厥人。中国仍然留存着描绘此类关系的图像资料。例如曾有一位名为安伽的粟特贵族，他来自布哈拉，于579年在中国去世。他的墓碑上刻有两个场景：一是这位粟特贵族和一位突厥贵族骑马相向而行；一是他们坐着参加宴会。[11] 总而言之，在公元6世纪到7世纪，粟特人、吐火罗人和突厥人信仰着不同的宗教，其中最为典型的是佛教和琐罗亚斯德教。这些宗教信仰也嵌入当地的风土习俗和价值观之中。此地到处都具有浓烈的商业文化氛围和深厚的文化研习传统。同样重要的是，他们共享着一种文化，这种文化由本土传统、希腊传统和游牧民传统演化而来，以酒饮、音乐与舞蹈为乐。

阿拉伯人对中亚的征服

阿拉伯人对中亚的占领绝不是一场伴随着强制性宗教皈依的横扫一切的军事征服。不过，本文的目的既非分析阿拉伯大军的复杂活动，也非探究中亚地区皈依伊斯兰教的历程。从伊斯兰帝国的视角出发，阿拉伯人对中亚地区的征服是萨珊帝国征服过程的外延，由此将河中地区和吐火罗地区纳入伊朗的呼罗珊省。但从中亚的视角出发，8世纪早期的伊斯兰历史就变得更加有趣了。这段历史虽是阿拉伯人占领中亚尤其是河中地区和吐火罗地区的历史，却突然间将大批中亚人推向伊斯兰帝国舞台的重要位置。

近期一项有关萨珊帝国衰亡史的研究表明，阿拉伯人对伊朗高原的征服是为了控制中亚地带，而中亚正是丝绸之路贸易的关键枢纽。相比而言，只有少部分阿拉伯人在伊朗高原落脚，大多数继续向东进发，定居于吐火罗地区和河中地区，这里由此被称为“外呼罗

10　慧立、彦悰：《大慈恩寺三藏法师传》，第27—28页。

11　荣新江、张志清：《从撒马尔干到长安》，第70页。

珊”（Outer Khurasan）。[12] 由伊斯兰帝国商贸活动的规模以及与东地中海地区丝绸之路贸易相关的大量信息可知，中亚地区很可能比伊朗高原有着更为丰厚的回报。阿拉伯历史学家塔巴里（al-Tabari）对阿拉伯人征服中亚的历史进行了详细的记载，笔者从其著作的英译本中发现了一些细节。例如泰伯里写到，由于粟特人曾经协助突厥人进行过反抗斗争，阿拉伯人也对其兴师问罪，但指挥官萨义德·胡达伊纳（Sa'id Khudhaynah）却禁止他的士兵们继续追捕那些逃亡的粟特人，“因为粟特（al-Sughd）[如今]已是宗教领袖的花园”。[13] 也就是说，粟特人及其城市不应被消灭殆尽，而应尽量为哈里发所用。其实，倭马亚王朝哈里发的长远目标是征服中国，那里才是东方丝绸与财富的源头。哈里发马利克（Malik）的部下哈查只（Hajjaj）曾向呼罗珊总督古太白（Qutayba）和 711 年征服信德的穆罕默德·卡西木（Muhammad Qasim）二位承诺，谁先踏入中国，谁就拥有中国的统治权。[14] 当然这一野心从未实现过。然而究其原因，并非阿拉伯人军事力量捉襟见肘，而是伊斯兰帝国一旦占有了中亚，就失掉了征服中国的意愿。

古太白极尽残忍手段与阴谋诡计，一举征服了中亚地区。他采取了将各城邦逐个击破的策略。712 年，古太白协助花剌子模国王制服了他谋反的弟弟，又联合呼罗珊人和布哈拉人袭击了撒马尔罕。[15] 古太白还下令在占领的城市中建造清真寺，然后强迫当地居民搬离故土，以便让阿拉伯人移居于此。据记载，他曾三次迫使布哈拉居民皈依伊斯兰教，但均告失败。到第四次时，他修筑了一座宏伟的清真寺，并强令居民参加星期五的礼拜，借此成功地迫使布哈拉人成为穆斯林。[16] 他所施行的苛政不可避免地助长了反叛势力，威逼之下的阿拉伯人不得不暂时逃离这些城市。哈里发苏莱曼即位后，古太白谋反未果，于 715 年被杀。[17] 总而言之，倭马亚王朝的政治似乎对中亚的征服活动产生了直接影响。

几个世纪以来，中亚诸城邦一直是各方入侵者的目标，因此他们制定了各种各样

---

12 Parvaneh Pourshariati, *Decline and Fall of the Sasanian Empire, the Sasanian-Parthian Confederacy and the Arab Conquest of Iran*, London: I. B. Tauris, 2008, p. 464.

13 Tabari, *The History of al-Tabari*, vol. 24, *The Empire in Transition*, p. 1428, trans. David Stephan Powers, Albany: State University of New York Press, 1985, p. 159.

14 Ya'qubi, Hist., ii.346, quoted in W. Barthold, *Turkistan down to the Mongol Invasion*, 4th English ed., 1977; repr., Cambridge: Cambridge University Press, 2007, p. 185.

15 Tabari, *The History of al-Tabari*, vol. 23, *The Zenith of the Marwanid House, AD 700–715 (AH 81–90)*, 1237–1239, trans. Martin Hinds, Albany: State University of New York Press, 1990, p. 1244; Barthold, *Turkistan down to the Mongol Invasion*, p. 185.

16 Al-Narshakhi, *The History of Bukhara*, trans. Narshakhi from Persian abridgement of the Arabic original, trans. Richard N. Frye into English, Princeton, N.J.: Markus Wiener Publishers, 2007, pp. xx, 65–66.

17 Barthold, *Turkistan down to the Mongol Invasion*, p. 186.

的生存对策。有时他们会奋起反抗；有时只要入侵者肯为其留出一条活路，他们会委曲求全；有时他们甚至会贿赂入侵者协同他们攻击邻近城邦；如果来者咄咄逼人，他们则会号召远近盟友协力抵抗。灾难一旦降临，他们便竭尽所能，以求生存。例如，沛肯特（Paykand）是位于布哈拉绿洲的著名商业城镇，这里的居民起而反抗阿拉伯人。古太白再次发兵占领该城，屠杀了捕获的所有男子，将妇女和儿童变成奴隶，将大片城市夷为平地。然而，有个独眼男人试图为自己赎身，声称如果阿拉伯人放他一条生路，他愿意拿出“价值一百万迪拉姆（dirhams）的五千件中国丝绸”作为补偿。这笔交易令人垂涎，引得众议汹汹，但古太白坚称该男子死罪难逃。他认为这名男子一直在怂恿突厥人攻击穆斯林，而且这笔赎金很可能只是无稽之谈，随后该男子和其他被捕的人一同被杀害。[18]后来人们才发现，沛肯特陷落期间，许多男人并不在此地，而是身处沛肯特以东的商镇，最远可能已达中国。这些商人与古太白达成交易，愿以巨额赎金赎回家眷。待回到沛肯特后，他们便着手重建这座城市。[19]

在遭到阿拉伯人征服之后，粟特人有意放弃先前的宗教信仰，改宗伊斯兰教，只求阿拉伯统治者能适当地照顾他们的利益。起初，阿拉伯总督阿什拉斯（Ashras，727—729）曾在粟特地区发动过一场传教活动，此间他承诺，接受割礼、阅读一章（sura）《古兰经》的皈依者将免于缴税。据记载，所有粟特人都皈依了伊斯兰教，并着手建造清真寺。然而，为了增加国家收入，阿什拉斯调整了他的政策，又向所有人口征税。结果城内叛乱四起，人们甚至召来突厥大军以求援助。[20]

粟特人遍布各地的贸易网与他们的商业精神有时也成了救急良药。久居此地的突厥贵族常常雇用粟特商人转卖突厥人从中国带来的丝绸，并以协助其攻打阿拉伯人作为回报。但是，在中亚的诸多地区，当阿拉伯军队的军事实力正盛之时，突厥人的势力也难以为继。他们失去了对吐火罗地区的控制，巴尔赫随后也成为阿拉伯军队设在“大呼罗珊省”的大本营。不仅如此，突厥各部落间也战事频仍，且不得不与唐帝国角力。但据唐代史料记载，即便先前由突厥统治的大片中亚地区落入阿拉伯人之手，中亚的突厥使团仍络绎不绝地前往中国。当他们抵达中国时，仍然声称是由之前的突厥统治者派遣而来。尤其是从718年到748年，吐火罗的叶护汗曾向中国朝廷派遣了一大批携带着礼物或商品的使节。[21]因此，

18 Tabari, *History of al-Tabari*, 23: 1188.

19 Al-Narshakhi, *The History of Bukhara*, xix, 62, mentioned by Marshall G. S. Hodgson, *The Venture of Islam, Conscience and History in a World Civilization*, Chicago: University of Chicago Press, 1977, 1:227.

20 Tabari, *History of al-Tabari*, vol. 25, *The End of Expansion*, trans. Khalid Yahya Blankinship, Albany: State University of New York Press, 1989, pp. 1507–1509 (46–47); Barthold, *Turkistan down to the Mongol Invasion*, p. 190.

21 《册府元龟》；该内容也收录在张星烺：《中西交通史料汇编》，北京：中华书局，2003年，第1435—1440页。

即使突厥贵族业已丧失了政治统治权，但似乎仍有一些贵族设法在阿拉伯人统治下的中亚地区维持着重要的，即便是非正式的活动。

在这几十年中，粟特诸城也曾派遣使团、携带礼物前往唐朝朝廷，请求中国人施以援手，共同抗击阿拉伯人。719 年，撒马尔罕国王曾给唐朝皇帝寄去一封信件，信中描述了六年前古太白占领该城的情形，称阿拉伯人曾“以三百抛车（投石机），傍城处三穿大坑”。他还向唐朝朝廷写明，他赠送的礼物包括一匹良马、一头巴克特里亚骆驼和两头驴，希望唐朝皇帝派兵，援助粟特人抗击阿拉伯人。撒马尔罕的国王还告知中国皇帝，唐朝至少也应回赐一些礼品。[22] 与此同时，只要战事稍有平息，粟特人便前赴后继地投身于城市重建。在阿拉伯人征服粟特诸城之后的几年时间里，粟特商人依旧多次派遣团队前往唐朝朝廷，继续向中国推销他们的特产，如胡旋舞伎、猎豹、葡萄酒、狮子和马匹。[23] 此外，尽管粟特人出于经济利益和政治因素而在公共场合逐渐接受了伊斯兰教，但他们仍然成功地在他们自己的家庭内保留了许多他们的宗教传统和文化传统。

8 世纪上半叶，远离倭马亚王朝中心叙利亚大马士革的呼罗珊成为来自不同背景的穆斯林异见分子的聚集地。伊斯兰运动遭遇了诸多抵制，其中的阿拔斯革命尤其改变了伊斯兰教势力扩张的方向。尽管阿拔斯王朝推翻了倭马亚王朝，并声称要恢复先知家族的权力，但若追溯阿拔斯权力的真正源头，其中一支便是来自呼罗珊地区，更准确地讲是外呼罗珊，即他们新近征服的中亚地区。在阿拔斯从倭马亚王朝手中夺取政权的过程中，阿布・穆斯林厥功至伟，而他恰恰是从中亚河中地区发家的。[24] 不过，阿布・穆斯林却遭到阿拔斯王朝第二任哈里发曼苏尔的猜忌。754 年，哈里发诱骗他西行返京，并将其杀害。然而即便抛开阿布・穆斯林不谈，阿拔斯王朝仍然代表了一种与倭马亚王朝完全不同的文化。中亚人凭借着他们的文化和财富，旋即在伊拉克的巴格达这一新兴政治中心站稳了脚跟。

751 年，当倭马亚王朝的势力从呼罗珊和中亚地区撤出后不久，伊斯兰帝国与唐帝国之间第一次也是唯一一次的军事冲突，在今天吉尔吉斯斯坦和哈萨克斯坦交界处的怛罗斯附近爆发。事件起因是塔什干的统治者遭到唐朝将军高仙芝的不公正的对待。高仙芝实际上是一位朝鲜族人，在加入唐朝军队之后屡获升迁。高仙芝与塔什干统治者达成协议后不久，便背信弃义将其杀害。此后，中亚国家与驻扎于此的阿拉伯军队结盟，大举进攻唐军。很大程度上而言，这场战争并未在军事或政治方面对唐王朝与新兴的阿拔斯王朝之间的关系产生重大影响，但它却蕴含着非常深远的文化意义。阿拔斯王朝及其盟军俘获了两万名

---

22 《册府元龟》，第 999 卷；张星烺：《中西交通史料汇编》，第 732 页。

23 《册府元龟》；张星烺：《中西交通史料汇编》，第 1382—1390 页。

24 Parvaneh Pourshariati, *Decline and Fall of the Sasanian Empire*, pp. 426, 435.

来自中国和中亚地区的俘虏，其中许多人都被带往西方，受雇于新兴的哈里发国家，对这个新的伊斯兰势力中心的文化事业做出了突出贡献。

伊斯兰世界里的中亚人

阿拔斯革命改变了吐火罗、河中地区的命运，这其中就包括呼罗珊与粟特。阿拔斯帝国的统治者鼓励被征服的民众皈依伊斯兰教，而中亚人也渴望在知识和经济层面成为阿拔斯帝国里的精英。著名的巴尔马克（Barmakid）家族来自巴尔赫城，即希腊化时代的巴克特拉城。该家族在巴格达辅佐了阿拔斯王朝的几代君主。阿拔斯王朝的历史学家马苏第写到，老巴尔马克在皈依伊斯兰教之前，掌管着巴尔赫的“Nawbahar”。[25] 马苏第所谓的“Nawbahar”很有可能就是梵文中的“*navavihara*”，即玄奘访问过的新寺。玄奘称它为纳缚僧伽蓝，即梵语中“*nava sangharama*”的音译。

关于巴尔马克家族如何在此前阿拉伯人对中亚的军事袭击中幸存下来，史料中并未记载。我们所知道的是，巴尔赫城和纳缚僧伽蓝都曾在阿拉伯征服期间惨遭蹂躏，并于725年前后得以重建。老巴尔马克之子哈立德·巴尔马克（Khalid al Barmak）前往巴格达任职，并在朝中功成名就。这也许是整个家族的长远计划的一部分，借此维护他们在巴格达以及吐火罗的利益。与此同时，呼罗珊地区的阿拉伯指挥官阿萨德·B. 阿卜杜拉（Asad B. Abdullah）也委托老巴尔马克负责巴尔赫城和纳缚僧伽蓝的重建工作。鉴于阿拉伯政府税收充裕，巴尔马克家族在招募本地工匠时应当畅行无阻。[26]此后很长一段时间里，纳缚僧伽蓝一直是巴尔赫城中一个重要的宗教机构。尽管该地区已然蜕变成伊斯兰世界的一部分，这里的佛教传统还是保存了下来。13 世纪时，蒙古人征服了中亚。直到那时，人们依然清晰地记得巴尔赫城曾是一个宗教圣地。成吉思汗时期的历史学家阿塔蔑力克·志费尼（1226—1283）曾引用菲尔多西（940—1020）的《列王纪》中这样一句话：“他离开了美丽的巴尔赫，去朝觐那座纳缚僧伽蓝（*nau-bahar*）。而当时，主之信徒对其的崇敬之情，犹如今日阿拉伯人崇敬麦加。”[27]

巴尔马克家族迁往巴格达后虽已权倾朝野，却仍与家乡保持着频繁的联系。我们无法确知巴尔马克家族究竟在何时以何种方式皈依了伊斯兰教。不过，当法德利·伊本·叶海

---

25 Mas'udi, *The Meadow of Gold*, trans. and ed. Paul Lunde and Carolyn Stone, London: Kegan Paul International, 1989, p. 131.

26 Tabari, *History of al-Tabari*, 25:1490 (27); Barthold, *Turkistan down to the Mongol Invasion*, p. 77.

27 Ata-Malik Juvaini, *Genghis Khan, the History of the World Conqueror*, trans, and ed. J. A. Boyle, Seattle: University of Washington Press, 1997, p. 130.

亚·伊本哈立德·巴尔马克（Fadl ibn Yahya ibn Khalid Barmaki）就任呼罗珊地区总督时，他已对大清真寺的建设工作满怀热忱。[28]巴尔马克家族对阿拔斯王朝的国家机构和文化事业所做出的贡献是人所共知的。马苏第以大量笔墨详细地介绍了巴尔马克家族几代人对哈里发国家付出的辛劳。例如，中国人是纸张的发明者，掌握着造纸工艺。随着佛教在吐火罗地区的蓬勃发展，造纸术也传播到了此地。中亚地区的纸张生产往往与佛教信仰有着密不可分的联系。当巴尔马克家族的某位成员正在为阿拔斯王朝组建官僚机构时，造纸术恰好传到阿拔斯帝国。我们据此可以认为，很可能是巴尔马克家族将造纸术引入哈里发国家。不仅如此，他们还可能将造纸术从中亚地区传播到巴格达。[29]

在担任哈里发的维齐尔时，巴尔马克家族赞助了诸多文化活动，其中就包括将波斯语、希腊语和梵语的文献整理、翻译为阿拉伯语。我们无从知晓他们对希腊文献的了解程度，但他们至少已经意识到希腊文献的重要意义，并竭力收集和翻译。必须补充的一点是，来自中亚各地的众多学者都步巴尔马克家族的后尘，前往巴格达谋求出路。

尽管早期有许多中亚人为了谋生而皈依伊斯兰教，但他们中的一些人最终确实蜕变为虔诚而博学的穆斯林。明显来自布哈拉城的布哈里（Al-Bukhari）是最受尊敬的研究圣训（*Hadith*，先知教义集汇编）的权威之一。他承袭了中亚地区严谨的治学传统，人们对他编纂的先知箴言录非常信赖。花拉子密（Al-Khwarizmi，约780—850）来自河中地区北部的呼罗珊，他把印度数字改造为阿拉伯数字，并发明了算数和代数。花拉子密任职于巴格达的智慧馆，该馆是一所致力于将希腊语、波斯语和梵语作品转译为阿拉伯语的学术中心。对于渴望在此工作的学者而言，掌握这些语言知识必然是先决条件。例如花拉子密就十分熟悉托勒密的地理学，并订正了作者的许多错误。[30]据推测，花拉子密在前往巴格达之前，就已在河中地区掌握了这些语言技能。

在巴格达众多的知名哲学家中，法拉比（Al-Farabi，卒于950年）来自河中地区的一个突厥军人家庭。他在巴格达研习了希腊化时期的基督教传统教义，即亚历山大学派。尽管他也自认为是一名穆斯林，但他确信宗教只针对普通人，旨在敦促他们为了社会的福祉而遵守宗教的规则。一神教信仰将有利于创造一个像柏拉图所描述的那种政治上的理想社会。[31]除了柏拉图的作品之外，他还翻译和研究了许多希腊哲学和文学著作。10世纪上半

---

28 Al-Narshakhi, *The History of Bukhara*, pp. xxi, 68.

29 Jonathan Bloom, *Paper before Print: The History and Impact of Paper in the Islamic World*, New Haven, Conn.: Yale University Press, 2001, p. 49.

30 Jonathan Bloom, *Paper before Print*, p. 145.

31 Marshall Hodgson, *The Venture of Islam*, pp. 433–437.

叶，正值法拉比活跃在巴格达的时期，他目睹了突厥马穆鲁克人（这支部队有时被称为奴隶军，但这一术语具有误导性）兵临城下，权势日增。这支突厥新军兴起于亚欧大草原，凭借武力一举进入伊斯兰帝国的中心。另一方面，法拉比代表了中亚突厥文化的另一面，尽管屡遭来自亚欧大草原的侵扰，这一文化仍在河中地区保存了下来。

到 11 世纪时，阿拔斯王朝的中央权力已然四分五裂，河中地区的许多学者便不再远赴巴格达谋职，而是寻求当地苏丹和埃米尔（军事统帅）的资助。热心于希腊研究的学者们虽然无法前往拜占庭，失去了接触大量希腊文献的唯一渠道，但他们仍然对古典希腊科学了然于胸。其中一例便是比鲁尼（Al-Biruni，973—约 1050），他与法拉比相仿，也来自呼罗珊地区。比鲁尼曾被阿富汗加兹尼的马哈茂德（Mahmud of Ghazni）俘虏，然后被派往印度学习天文学等其他科学。在其所著关于印度的书籍中，他逐条比较了印度科学与古典希腊科学中的相关理论。“在基督教兴起之前，希腊异教徒与印度教徒的观念大致相当；两地有识之士的观念大致相当；两地普通民众的观念也大致相当。因此我在分析一个民族与另一个民族的理论观点时，倾向于考量二者之间的密切联系，而不是要去纠正它们。”[32]

比鲁尼在其著作开篇处写下了这段话。显而易见，他认为把那些由深奥的梵语写就的复杂观念解释给与他共事的穆斯林学者实属不易，相较之下，穆斯林学术的受众熟悉所有重要的希腊著作和作者，因而将印度学术与希腊哲学和科学思想进行比较进而加以阐释要容易得多。

伊本·西那（Ibn-Sina 980—1037，在西方人的作品中被称为阿维森纳［Avicenna］）与比鲁尼生活在同一时代，也同样未曾到过巴格达。他的生平恰恰展现了 11 世纪时中亚地区的学者的教育情况。伊本·西那的父亲生于巴尔赫，之后搬到了布哈拉，伊本·西那出生于此。他的父亲曾聘请家庭教师教他古兰经和艾达卜（*adab*，即阿拉伯世俗文学）。后来，他还在众多教师的指导下学习了哲学、几何学和印度数学。伊本·西那很快掌握了欧几里得的几何学，却很难学会亚里士多德的形而上学。他把这本书反复读了四十遍，每个字都烂熟于心，却仍然难以吃透。后来，他从当地市场买了一本由法拉比撰写的介绍亚里士多德的书籍，读罢此书才茅塞顿开。[33]伊本·西那最重要的著作《医典》很快成为中东和欧洲地区最常用的医学书籍，并在此后几个世纪里经久不衰。显然，良好的教育，受学界的耳濡目染，河中地区蕴藏的大量古典传统书籍，都为伊本·西那的成就铺平了道路，也使其对亚欧大陆大部分地区的后世学者产生了深远的影响。

---

32 Edward Sachau, *Alberuni's India: An Account of the Religion, Philosophy, Literature, Geography, Chronology, Astronomy, Custom, Laws and Astrology of India about AD 1030*, London: Kegan Paul, 1910, p. 24.

33 William E. Gohlman, *The Life of Ibn Sina, A Critical Edition and Annotated Translation*, Albany: State University of New York Press, 1974, 22ff., pp. 33–35.

中亚地区伊斯兰教的传播

中亚地区逐渐发展成一个真正的伊斯兰教地区，河中地区也已成为伊斯兰教的东方中心。然而，宗教信仰的转变并不意味着人们已全然抛弃了先于伊斯兰教的习俗。不仅如此，改奉伊斯兰教还使中亚地区转变成一个更大的交流中心，将更为广阔的地理区域联系到一起，从而将更为多元的文化传统融合起来。中亚地区的宗教和文化状况，直到蒙古征服之后才发生又一次重大的转变。这一次，征服者并非从西南方而来，而是来自最东端的大草原。13世纪初，一支从大草原上刚刚兴起的游牧势力席卷中亚，彻底摧毁了河中和吐火罗地区的城市结构和经济秩序。然而相对于中亚各民族而言，那些被蒙古人征服的其他地区获得了一线生机。因为此时的蒙古大军对于如何管理农业地区或城市地区知之甚少，需要学识渊博的管理者协助他们管理这些地区。于是，蒙古人推行了一项政策，挑选那些受过良好教育、怀有一技之长的中亚穆斯林，强行迁往其他那些需要他们服务的被征服地区。这些人在辅佐蒙古政权的同时，无意中将中亚地区丰富的知识和先进的技术传播到其他地区。

事实上，为蒙古人所用的有识之士并非全部来自中亚。早在成吉思汗于1218—1219年征服河中地区之前，他已经意识到学者们的用武之地。一位跟随可汗大军前往中亚的谋士——耶律楚材（1190—1244）就不是蒙古人。耶律楚材原为契丹人，祖籍在今天中国的东北部。虽然契丹人也是半游牧民族，但在中国北方建立起辽朝（916—1125）的契丹统治精英竭力学习中国文化，作为契丹贵族的耶律楚材也对中国典籍深有研究。在蒙古人征服中国北方之前，另一支来自中国东北部的半游牧民族——女真人建立的金朝（1115—1234）已推翻辽朝，定都于今天的北京。耶律楚材曾长年在金朝都城中辅佐朝政。金朝落入蒙古人之手后，耶律楚材又成为成吉思汗的谋士。这位契丹学者所撰写的回忆录详细地记载了撒马尔罕被蒙古人占领后的情形，这对历史学家而言实为幸事。

据耶律楚材所言，撒马尔罕城所处之地土地肥沃，园林环绕。每家每户都造有花园，“飞渠走泉，方池圆沼，柏柳相接，桃李连延”。在中亚地区干燥的盛夏，人们引来河水用于灌溉。不消说，在耶律楚材心中，当地酿造的葡萄酒实乃美味。的确，他对这座美丽的城市久久难忘，甚至写了几首诗来赞美它。[34]给他留下更为深刻印象的是当地先进的技术，特别是用风车将小麦磨成面粉的技术。[35]在一首作于撒马尔罕的诗中，耶律楚材表达了对当

34 耶律楚材：《西游录》，向达编，北京：中华书局，2000年，第3页。

35 耶律楚材：《河中府记事诗》，张星烺编：《中西交通史料汇编》，北京：中华书局，2003年，第1668页。（原句为“冲风磨旧麦，悬碓杵新粳”。——译者）

地人坚韧性格的钦佩之情:“寂寞河中府,生民屡有灾。避兵开邃穴,防水筑高台。”[36]他还十分喜欢当地的甜瓜等各类水果,无论是鲜果还是干果,不过最受欢迎的农产品无疑是葡萄和葡萄酒了。

作为成吉思汗的谋士之一,耶律楚材非常清楚,蒙古人并未向该地区生产的葡萄酒和粮食作物征税。[37]蒙古人的确沉迷于当地生产的食品和饮料,他们畅饮葡萄酒,但从未试图对其征税。比起收取农业税,他们更感兴趣的是如何有效利用中亚穆斯林的贸易技能。幸运的是,这项政策也为当地人留下了一线希望,帮助他们从战乱中恢复过来。

蒙古人征服中亚后不久,道教宗师丘处机受成吉思汗之命到访该地区。虽然丘处机与耶律楚材相识已久,但他们是敌非友,他们在宗教事务上的争论是人所共知的。然而,在对中亚地区的描述中,他们对包括撒马尔罕在内的所有城市都留下了相同的印象。丘处机每到一地,便饮葡萄酒作乐。甚至当他抱病于撒马尔罕时,蒙古总督还为他奉上新酿的葡萄酒以作治疗。[38]据他记述,在蒙古人征服之前,撒马尔罕的人口已达万人甚至更多,但他到来之时那里只剩下四分之一的人口。[39]可见,尽管战争和强制性移民造成了人口数量的锐减,但在蒙古人占领期间,河中地区的葡萄种植业和酿酒业似乎得以幸存,繁荣依旧。

需要注意的是,耶律楚材和丘处机笔下魅力十足的撒马尔罕城,实为饱受战争摧残的废墟。撒马尔罕和布哈拉等中亚地区,都遭到了蒙古铁骑的践踏。耶律楚材对军事行动造成的严重破坏心知肚明,但出于与成吉思汗的关系,他无法秉笔直书。我们只有在他的一些诗句中,才能一窥他对这场灾难的真实想法。

然而,即使是满目疮痍,撒马尔罕依旧魅力不减。在蒙古征服后的一百多年,也就是14世纪30年代的某个时候,著名的摩洛哥旅行家伊本·白图泰在前往印度的途中驻足参观了这座城市。这位来自东半球最西边的学者,似乎和耶律楚材一样被这座城市深深触动。他将撒马尔罕描述为“世界上最大、最完美的城市之一”[40],还对那些沿河而建,用以浇灌花园的水车赞叹不已。[41]不过,他也注意到,先前宏伟的宫殿仍是一片废墟,城墙和大门已不知去向。

当伊本·白图泰到达此地时,许多生活在察合台汗国(其中包括粟特地区)的蒙古人

36 耶律楚材:《河中府记事诗》,张星烺编:《中西交通史料汇编》,第1668页。

37 同上。(原句为“酿春无输课,耕田不纳租”。——译者)

38 丘处机:《长春真人西游录》,张星烺编:《中西交通史料汇编》,第1712页。

39 同上,第1710页。

40 H. A. R. Gibb, trans., *The Travel of Ibn Battuta*, 1929; New Delhi: Goodword Books, 2001, p. 175.

41 伊本·白图泰,《伊本·白图泰游记》,马金鹏译,银川:宁夏人民出版社,1984年,第308页。

已经皈依了伊斯兰教。但他注意到，统治者仍容许城中居民为一位曾经誓死抵抗蒙古人，为保卫城市而牺牲的穆斯林游坟。他还指出，即使是那些已经皈依伊斯兰教的蒙古人，也可以参与游坟，进奉贡品，祭品包括大量的牛、羊，以及钱财。[42]

蒙古人带来的灾难还导致许多人背井离乡，其中就包括当时文化界和宗教界的诸多知名领袖。贾拉鲁丁·穆罕默德·鲁米（Jalal ad-din Muhammad Din ar-Rumi，1207—1273）的祖辈就是一位逃亡者。他从巴尔赫逃到塞尔柱安纳托利亚的科尼亚（Konia），鲁米出生于此并成长为苏非派的精神领袖。13 世纪的历史学家术兹札尼（Juzjani）来自位于吐火罗地区巴尔赫城西南部的朱兹詹（Juzjan，又写作 Ghuzgan），他逃往德里苏丹国，辅佐朝政。他在著作中曾写道，德里苏丹国热情地接待了中亚地区的逃亡者。德里苏丹国宫中最著名的诗人当属阿米尔·库斯劳（Amir Khusrau，约 1253—1324），他的父亲也是一位突厥逃亡者，从河中地区逃到了印度。尼拉穆丁·欧里亚（Nizam Ad-din Awliya，约 1243—1325）是德里城外的契斯提苏菲教团（Chishti Sufi）的教长，他的祖辈是也从布哈拉逃到印度的。我们只能从诸多知名人士中略举一二，这些人别无选择，被迫逃离位于最东端的伊斯兰文化中心。因此，我们可以说，蒙古人的大举入侵，摧毁了撒马尔罕、布哈拉和巴尔赫，促使大批人逃往印度，尤其是伊斯兰化的印度苏丹国的第一个首都德里。对于伊斯兰世界最东端的文化中心从撒马尔罕和布哈拉转往印度苏丹国，蒙古人当负主要责任。

德里最早的苏丹都是“古拉姆”（ghulams），即在突厥伊斯兰军队中服役的奴隶。尽管这些奴隶地位低下，但因他们所服侍的是军事精英阶层，许多人便凭借战功攀升到指挥官的位置，甚至成为苏丹。一旦跃升为印度的统治者后，他们便渴望得到西亚和埃及伊斯兰政权的承认，以将在新征服土地上建立的政权合法化。苏丹伊勒图特米什（Iltutmish）曾派遣使节前往巴格达，请求哈里发穆斯坦绥尔（al-Mistansir）颁给授权文书，并于 1229 年正式收到。甚至在蒙古人攻陷巴格达之后，苏丹穆罕默德·伊本·图格鲁克（Muhammad Ibn Tughluq）仍在不遗余力地获取授权凭证，并最终联系上在 1343 年被俘于开罗的“哈里发”。[43] 然而苏丹也明白，这些哈里发之于伊斯兰教义已经没有任何真正的权威。故而他们不得不将目光转向故土中亚地区，来寻找他们觉得可资利用的任意一支宗教派别。涌入印度的大批乌里玛都来自撒马尔罕和布哈拉等地，因此，印度苏丹国的伊斯兰教法书都以河中地区的学术知识为解释框架。[44]

德里的苏丹们十分迷恋撒马尔罕的文化。他们怀念那里的花园、瓜果、音乐、诗歌、

42 H. A. R. Gibb, *The Travel of Ibn Battuta*, p. 175.

43 Carl W. Ernst, *Eternal Garden*, Albany: State University of New York Press, 1992, pp. 55–56.

44 Carl W. Ernst, *Eternal Garden*, p. 27.

舞蹈，还有人惦念那里的葡萄酒。他们常常放眼河中地区，梦想着重新夺回陷于蒙古人之手的土地。虽然这个梦想从未实现，但他们确实在按照撒马尔罕的形象重塑德里。才华横溢的诗人阿米尔・库斯劳凭借这个灵感出人头地。他的语言天赋并不仅限于创作波斯语诗歌，他还通晓印度斯坦语、波斯语、阿拉伯语，熟知多种印度方言。虽然库斯劳作为词典创作者的身份有待商榷，但他无疑是使用印度斯坦语写作，用波斯和中亚词汇和文学隐喻手法润色文章的先驱。当然，他还连同他人将乌尔都语转变为标准语言。

不过，尽管库斯劳身在朝中，却并不总是乐于为苏丹们歌功颂德。失意之时，他曾向身居德里城外的契斯提苏非派圣徒尼拉穆丁・欧里亚寻求精神开导。据记载，库斯劳曾多次拜谒这位苏非派长老，倾诉他身为诗人却不得不赞美暴君的苦楚。不过，长老只是让他耐心等待，静候主的介入。[45]尼拉穆丁・欧里亚与朝廷并无往来，但他却比大多数辅佐苏丹的乌里玛更具影响力。库斯劳拜谒这位长老时，不只是倾诉宫中的工作，他还为长老创作用于萨玛（*sama'*）仪式的音乐。萨玛是一种舞乐仪式，苏非教徒通过该仪式与真主合为一体。它纯粹是波斯-伊斯兰风格的音乐。[46]谈及萨玛仪式，库斯劳和苏非派长老志趣相投。这种文化品味深深地根植于撒马尔罕和布哈拉的历史之中。

在萨玛仪式上，苏非派教士一起聆听音乐，并跟着音乐节拍跳起旋转舞。尼拉穆丁・欧里亚曾写道："道路的主人已经宣布，神明的怜悯会降临三次，一是音乐集会时（即萨玛），二是遵守神灵的意愿（为保持健康而）进食时，三是苦修士坦言（彼此的内心思想）时"。[47]显然，尼拉穆丁・欧里亚认为萨玛即便不是教士与真主合而为一的最重要途径，也是重要途径之一。但并非所有苏非派教徒都认可这一仪式，一位名叫毛拉・鲁昆丁・撒马尔罕迪（Maulana Rukn ad-din Samarkandi，可能拥有撒马尔罕的血统）的长老就强烈反对萨玛，并且抵制任何形式的萨玛仪式。[48]尽管如此，萨玛仍然在印度流传下来，它在契斯提教士的教法中尤其明显。德干地区的苏非派长老布尔汉丁・加里卜（Burhan al-din Gharib）便继承了尼拉穆丁・欧里亚一脉，因其对萨玛仪式的着迷而闻名。[49]

萨玛仪式与宗教舞蹈并非印度独有的现象。其根源实际上可追溯到河中和吐火罗地区，直至撒马尔罕、布哈拉和巴尔赫城。学者们普遍认为，贾拉鲁丁・鲁米是苦修士舞蹈教派——苏非教梅夫拉维派（Mevlevi Sufi）的创始人。他名字中的"鲁米"表示他来自土耳

45 Carl W. Ernst, *Eternal Garden*, p. 197.

46 Stephen Dale, *The Garden of Eight Paradises*, Leiden: Brill, 2004, pp. 393, 401.

47 Bruce B. Lawrence, trans., *Nizam Ad-din Awliya, Morals for the Heart, Conversations of Shaykh Nizam ad-din Awliya recorded by Amir Hasan Sijzi*, New York: Paulist Press, 1992, pp. 179–180.

48 Bruce B. Lawrence, trans., *Nizam Ad-din Awliya, Morals for the Heart*, p. 348.

49 Carl W. Ernst, *Eternal Garden*, p. 120.

其地区，其教令源于科尼亚。然而如前文所述，他的家人实则来自巴尔赫城，为逃离蒙古人的征服而远赴土耳其。相传，在离开心爱的朋友和师长之后，鲁米悲伤不已，为此创造出这种新颖的舞蹈风格。不过，他本人的讲述略有不同。在他撰写的《玛斯纳维》（*Mathnawi*）这部道德说教的叙事文集中，他描绘了一群落魄教士如痴如醉地在一处收容所整夜表演音乐和舞蹈的场景。[50]鲁米本人似乎并不认为教士们表演的这种音乐和舞蹈是由他创作的。这种仪式很可能从流浪教士的某种常见习俗中演化而来。在笃信萨玛仪式的一些教派中，教士们会抓住每个机会载歌载舞，当聚集在接纳苏菲派教士的收容所时更是如此。

人们可能会好奇，鲁米笔下在土耳其表演舞蹈的教士，是否在某种程度上与印度的苏菲派长老有所关联。在蒙古人占领了河中地区之后，无论在土耳其的科尼亚还是在印度的德里，人们都发现了这种通过音乐和舞蹈来接近安拉的仪式。这两个地区也都曾接收过来自河中和吐火罗地区的逃亡者，这意味着这种特殊的敬拜仪式有着共同的源头，即撒马尔罕、布哈拉和巴尔赫等城市。再考虑到苏菲穆斯林团体的流动性很高，这种猜测也就不足为奇了。长久以来，教士们常常只携带几件简朴的衣物和餐具，在伊斯兰世界云游。伊本·白图泰就曾在西班牙的格拉纳达偶遇一群“波斯教士”。经与这个特殊的群体攀谈，他得知其中一人来自撒马尔罕，一人来自大不里士，一人来自科尼亚，一人来自呼罗珊，另有两人来自印度。[51]

蒙古人攻陷了这些城市之后，有意给商人、工匠和一些学者留条生路。他们往往直接雇用当地的穆斯林商人。彼时，蒙古人正在草原上兴建新的“帐篷城”。除了在其他事项中雇用穆斯林外，他们还利用当地商人作为承包者，命其供应建造、装饰大型帐篷宫殿所需的一切设施，此类承包商在蒙语中被称为“斡脱”（ortoγ）。蒙古人的各个宫廷都为斡脱开具保护函。不出所料，这些穆斯林承包商中的许多人正是来自河中和吐火罗地区，因为那里长期以来一直参与了中国与印度之间的贸易。丘处机在撒马尔罕时，就曾遇到过从印度运来的孔雀和大象。[52]于是不久之后，蒙古人就沿着已有数百年历史的贸易路线进犯印度西部，拉合尔城就是他们战利品之一。据术兹札尼所言，拉合尔城的统治者们未能团结起来抵抗蒙古人，部分原因在于，生活于此的许多商人长期以来都深入蒙古控制下的中亚地区展开贸易，因此他们无不拥有入侵者所颁发的保护函。[53]不过此后不久，印度的穆斯林苏丹

---

50 A. J. Arberry, *Aspects of Islamic Civilization as Depicted in the Original Texts*, Ann Arbor: University of Michigan Press, 1967, pp. 327–329.

51 H. A. R. Gibb, *Travel of Ibn Battuta*, p. 316.

52 丘处机：《长春真人西游录》，张星烺编：《中西交通史料汇编》，第 1712 页。

53 Tabakat-i-Nasiri, *A General History of the Muhammadan Dynasties of Asia Including Hindustan*, trans. from the Persian by H. G. Raverty, London, 1881; repr., Osnabrück: Biblio Verlag, 1991, p. 1133.

还是设法将蒙古人逐出了印度。

同一时期，在蒙古控制下的中国，来自中亚的穆斯林文人担任了许多管理职务。比起蒙古统治者，他们掌握着更为高超的管理技能，向中国农民和商人征税时得心应手，故而他们中的一些人在朝廷中谋得要职。托马斯·爱尔森的两本专著《蒙古帝国的商品和交流：伊斯兰纺织品文化史》和《蒙古亚欧大陆的文化与征服》已详尽梳理了蒙古治下区域里这些中亚穆斯林工匠和学者所做的贡献。[54]本文只关注一个布哈拉人，他在蒙古人任命的行政官员里可谓出类拔萃。

赛义德·欧麦尔·赡思丁（Sayyid Ajall Omer Shams Al-Din，中文名为赛典赤）曾是布哈拉的贵族。当成吉思汗向他的国家进军时，赛典赤出门相迎。一经会面，他便愿意服侍成吉思汗左右，并将他的手下一千骑兵交给蒙古人。成吉思汗接受了赛典赤的投降，不久后便让他担任极具战略意义的职务，如燕京路（今北京）达鲁花赤（蒙古语 *darughachi*，可译为总督）。赛典赤既是一名出色的军事统帅，又是一位深谙韬略的统治者。他曾多次率军抗击汉人，其中包括与宋朝的最后一次重大战役——襄樊之战（襄樊是汉江的最后一个要塞，紧靠长江）。赛典赤设法恢复了他的辖区和几个行省的社会秩序，尽力增加税入。他在政治上精明强干，使其免遭蒙古同僚的嫉妒与迫害，而这种迫害是蒙古政权中的非蒙古官员所面临的主要风险。不过，他最值得铭记的成就，应属他对中国西南一隅的云南行省的治理。征服云南的是忽必烈，他是首位成为汉人皇帝的蒙古可汗，并建立了自己的王朝——元朝。在忽必烈征服之前，云南很少受中原影响。这里重峦叠嶂，民族众多，给蒙古-中国政府的治理构成严峻挑战。即便如此，赛典赤还是竭力将灌溉农业和儒学体系引入云南，且从未引发地方叛乱。[55]因此，他施行的仁政时至今日仍被云南百姓铭记。[56]

蒙古帝国时期，来自中亚地区的穆斯林学者、商人、将领和官员曾在印度、中国、土耳其和伊朗等地逗留，甚至定居。有关其生活的大量资料，也为我们了解中亚的伊斯兰教提供了丰富的信息。不仅如此，他们在中亚之外地区的经历，也有助于我们了解其故乡的伊斯兰教情况。来自河中地区和吐火罗地区的大多数穆斯林，都致力于《古兰经》以及许多世俗问题的研究，他们试图遵循穆斯林的所有教条。与此同时，他们也是机智的商人、

---

54 Thomas Allsen, *Commodity and Exchange in the Mongol Empire: A Cultural History of Islamic Textiles*, New York: Cambridge University Press, 1997; *Culture and Conquest in Mongol Eurasia*, New York: Cambridge University Press, 2001.——译者

55 宋濂撰：《元史》，北京：中华书局，1976 年，第 3063—3070 页。

56 有关赛典赤采取特殊政策平息蒙古贵族叛乱，对云南诸多少数民族群体施行仁政等内容，参见 Bin Yang, *Between Wind and Clouds: The Making of Yunnan (Second Century BCE to Twentieth Century CE)*, New York: Columbia University Press, 2008, pp. 112-116。

精明的政客和葡萄种植者，其中一些人还爱喝葡萄酒。尽管故土的政治局势波谲云诡，但他们中的大多数人都设法生存下来，甚至功成名就。那些在苏菲教俗中践行萨玛仪式的人，同时也是优秀的音乐家和旋舞舞者，他们将文化的精髓传至亚欧大陆各地。中亚人历经无数磨难，在不断变幻的环境里蓬勃发展。他们在中亚地区从佛教区转变为伊斯兰国家过程中的表现，使我们有理由相信，他们将一如既往地向前发展。

【原文出处】Xinru Liu. “A Silk Road Legacy: The Spread of Buddhism and Islam,” *Journal of World History* , Vol. 22, No. 1 (2011), pp. 55−81.

安妮·E. C. 麦坎茨　著
姚欣宏　译

外来商品、大众消费与生活水平：对近代早期全球化的思考*

【导读】

安妮·E. C. 麦坎茨（Anne E. C. McCants，1962—　），美国经济史学家，加州大学伯克利分校博士，麻省理工学院历史系教授。现担任国际经济史学会主席和《社会科学史杂志》（*Social Science History*）与《跨学科历史杂志》（*The Journal of Interdisciplinary History*）联合主编。其主要研究和教学领域为中世纪和近代早期欧洲的经济社会史，以及社会科学研究方法的跨学科应用。著有《黄金时代的公民慈善：近代早期阿姆斯特丹的孤儿照护》（1997），并撰写了大量关于人口、物质文化、贸易消费以及经济增长与生活水平的文章。

本文对近代早期的外来商品、大众消费与生活水平进行了细致的考察。作者认为洲际之间的商品贸易是工业革命的必要条件，以消费（而非生产）为主导的经济史研究对于重新评估全球一体化进程至关重要。随着学界对近代早期欧洲家庭的物品清单及其消费需求（包括进口产品和本地仿制品）研究的深入，这一重估的时机已经成熟。作者发现，从17世纪末开始，西欧对茶、咖啡、糖、烟草、瓷器和纺织品的消费不仅在数量上迅猛增加，在空间上（地理和社会阶层分布）也得到了极大的扩展。这一消费繁荣不仅受富人“剩余收入”增长的推动，还受到众多城市中下层阶级和农村地区需求的拉动。此外，由于消费习惯的形成，人们对来自海外的进口商品逐渐产生了较强的依赖，最终促使了商品贸易在

* 本文初稿曾提呈耶鲁大学经济史工作坊，现有版本从那次热烈的讨论中受益良多。在此一并感谢奥斯卡·海尔德布卢姆（Oscar Gelderblom）、桑提·赫吉布（Santhi Hejeebu）、保罗·霍恩伯格（Paul Hohenberg）以及濮德培（Peter Perdue），他们阅读并评论了我之前关于殖民地杂货消费的研究。特别感谢“乌得勒支大学经济史工作坊”研讨会的与会人员，他们关于货物清单和消费数据的建议颇有价值。麻省理工学院的劳拉·莫尔顿（Laura Moulton）、利亚·谢梅尔泽（Leah Schemelzer）、金妮·科利斯（Ginny Corliss）、凯特·克劳福德（Kate Crawford）和曼迪·霍姆斯（Mandie Holmes）全力协助研究，对创建本文大多内容所仰赖的货物数据至关重要。

全球的发展。

全球史研究的一个主要目标是考察各种各样的互联互通方式，其中商品交换是最为重要也最有效的途径之一。由此产生的新消费模式及其对经济生产和生活水平的影响都与全球化进程息息相关。本文可以为物质文化交流及其历史影响的研究提供重要借鉴。

近年来，在“世界史”这一相对年轻的分支学科中形成了一个共识，即我们公认为是当代世界的基本特征的“商品、金钱、思想和品味的远程交换”，实则早已有之。当初世界史学科的兴起很可能正是基于这种共识。史学界涌现出一大批先行者，他们研究的地理范围多为欧洲和北美以外的地区，关注的时段多是如今众所周知（尽管不无问题）的“近代早期”。[1]因此，他们的研究主题和时间序列并未受到19世纪工业革命这一事件的影响。现代西方的大多数历史学家往往主要围绕工业化问题（何时、为何、何地、如何以及有何影响）构思关键议题，而这批“世界史”先行者对重要历史关头的认定与他们迥然不同。世界史学家并不仅仅满足于将全球化的震中重新放置于欧洲以外的地方或更早的时期，他们的真正意图在于“重新定位”（re-orient，该词借自一本重要的世界史著作的书名）那些被提出的问题，以及那些被认为适于或值得进行历史比较分析的各类数据。[2]

至少自1803年让-巴蒂斯特·萨伊（Jean Baptiste Say）的《政治经济学概论》（*Treatise on Political Economy*）发表以来，除极少数西方经济学家注重研究消费过程外［其中最著名的是约翰·梅纳德·凯恩斯（John Maynard Keynes）］，大多数学者都更侧重于研究生产过程。也即是说，甚至在工业革命在历史上充分展现出它的影响之前，学术界就开始认为：工业革命主要是由于投入的强化、对投入的高效管理，以及尤其是与以燃烧化石燃料的引擎来驱动的各式机器相关的新技术的出现，促成了产出的扩大。于是便出现了T. S. 阿什顿（T. S. Ashton）笔下如今已很著名的英国学童将工业革命的特征描述为“小玩意的浪潮”（wave of gadgets）。[3]他所说的这些小玩意本质上并不是指用来改善生活的科技，而是指能够让英国以比其他任何地方都要快速、廉价的方式生产出更多的商品的新奇玩意。无论如何，这些东西将最终转化为大众的更高的生活水平。然而，人们并未将大众生活的高水平视作评估各国经济发展相对实力的主要指标。正如许多世界史学家所指出的那样，关注其他指标也许会得出迥然不同的比较史学。例如，苏珊·汉利（Susan Hanley）对日本德川时代的研究，以及彭慕兰（Kenneth Pomeranz）对中国清朝的研究，有力地证实了这两个国家在近代早期具有相对较高的生活水平，然而，它们均完全未经历过工业革命；[4]有学者提出

1 Jack Goldstone, "The Problem of the 'Early Modern' World," *Journal of the Economic and Social History of the Orient*, vol. 41, 1998, pp.249–284; and Randolph Starn, "The Early Modern Muddle," *Journal of Early Modern History*, vol.6, 2002, pp.296–307.

2 Andre Gunder Frank, *ReOrient: Global Economy in the Asian Age*, Berkeley: University of California Press, 1998.

3 T. S. Ashton, *The Industrial Revolution, 1760–1830*, Oxford: Oxford University Press, 1948, p. 48.

4 Susan B. Hanley, *Everyday Things in Premodern Japan: The Hidden Legacy of Material Culture*, Berkeley: University of California Press, 1997; and Kenneth Pomeranz, *The Great Divergence: Europe, China, and the Making of the Modern World Economy*, Princeton, N.J.: Princeton University Press, 2000.

了类似的主张，他们认为，有一种文化指标以类似的方式支撑了 12—13 世纪伊斯兰文化的大繁荣、大扩张。上述这些案例的比较历史表明，用新的方式来阐释眼下的问题将收获颇丰。明确地讲，史学家需要：（1）构建新的全球化年表；（2）认识到不同时期存在多个经济繁荣的地理中心，即杰克・戈德斯通（Jack Goldstone）笔下的"勃兴"（efflorescences）现象；[5]（3）制定并使用其他可供选择的经济成功的衡量标准，以取代（或至少列入参考范畴内）国内生产总值（GDP）衡量法（该方法尽管应用广泛，但理论上并不令人满意）。

消费过程优于生产过程的证据，对于诸如重新评估全球一体化和欧洲经济增长的传统史学编纂等此类问题至关重要。近代早期家庭物品清单研究的文献材料的不断增多，以及学界近来对欧洲进口商品和本地仿制品的需求概况研究的深入，表明重新评估这些问题的时机已经成熟。事实上，新的证据（包括通常因过于匮乏而鲜能留下记录的人口阶层证据）表明，促成欧洲经济变革的实际上是近代早期的洲际奢侈品贸易，这与经济史领域之前所广泛流传的观点恰恰相反。[6] 回顾该问题的相关文献，我们将会发现一些隐含的假设，这些假设导致了一些迄今为止还被人们广为接受的错误的但内在可预测的立场。新证据将表明，在 18 世纪最初的几十年，人们实际上已广泛使用那些长期以来仅被视作外来商品的全球性杂货；同样地，从亚洲进口的制成品，特别是瓷器、丝绸和棉纺织品也拥有了更加广泛的消费者群体，且这个时间甚至比人们以往可能认为的还要早很多。最终，亚洲产品取代了质量较次、有时甚至是完全不同的欧洲制品，这便对"近代早期的奢侈品贸易是非竞争性的"这一标准论断的正确性打上了问号。相反，欧洲传统生产工艺似乎确实面临着来自新近可购得商品的直接竞争，且毫不奇怪会被迫适应这种竞争。代尔夫特陶器（以及随后的英国陶瓷）的出现也许是这一过程的最好例证（但并不是只有这一个）。反过来，亚洲的生产过程随欧洲的需求而改变，这更加说明东西方生产联系之密切。自 17 世纪中叶始，从亚洲的纺织品到漆器，再到陶瓷等所有产品的中国风的设计，都特地迎合了欧洲时尚潮流

---

5 Jack Goldstone, "Efflorescences and Economic Growth in World History: Rethinking the 'Rise of the West' and the Industrial Revolution," *Journal of World History* 13, 2002, pp.323–389.

6 越来越多的证据和推理表明，近代早期洲际奢侈品贸易也同样改变了亚洲经济，这将由专门研究亚洲不同出口贸易点及其工农业腹地的历史学家来完整阐释。例如，参见 Shelagh Vainker, "Luxuries or Not? Consumption of Silk and Porcelain in Eighteenth-Century China," in *Luxury in the Eighteenth Century: Debates, Desires and Delectable Goods*, ed. Maxine Berg and Elizabeth Eger, New York: Palgrave Macmillan, 2003, pp. 207–218; S. A. M. Adshead, *Material Culture in Europe and China, 1400–1800*, New York: St. Martin's Press, 1997；还有尤其是 Sucheta Mazumdar, *Sugar and Society in China: Peasants, Technology, and the World Market*, Cambridge, Mass.: Harvard University Press, 1998。

的需求。[7]综上所述，这些关于消费者消费可及的范围，以及欧洲和亚洲生产过程的相应反应的发现，对于经济全球化的起源和意义这些更大的争论有着重要影响。

观点需要修正

在上面所陈目标中，修正全球化年表也许是最为直接的。鉴于工业革命所取得的技术成就，19世纪也即成为人们寻找现代全球互联市场体系起源的显而易见的时期，经济学家长期以来一直将这种观点视作一种信仰。然而，世界史学家们并不苟同这一观点，在他们看来，工业革命并非洲际商品交换的必要条件。尽管他们当中有少数人倾向于认为全球化起源于古代，且有略微更多的人认为全球化始于中世纪（尤其是考虑到公元1300年前伊斯兰教的扩张），但最常见的观点是，显著的全球性连通始于达·伽马、哥伦布以及他们的追随者的航海之旅。最近，丹尼斯·弗林（Dennis Flynn）和阿图罗·希拉尔德斯（Arturo Giraldez）已经精确地确定了全球化的诞生时刻：通过马尼拉中转港，“1571年，美洲与东亚建立了直接的、永久性的联系”。[8]

此外，尽管该日期的选择最终还是源自首先发生在欧洲大西洋上的历史事件，但在世界史学家的故事中，太平洋和印度洋要比英美话语中的“小池塘”（pond，喻指大西洋——译者）显得更为重要。正如他们所反复论证的那样，西欧并非唯一出现全球化动力的地方，大西洋也并非（或者说不是）一直以来都是最重要的、可进行有利贸易交往的唯一海域。例如，在珍妮特·阿布-卢格霍德（Janet Abu-Lughod）的世界体系分析中，中世纪伊斯兰文化的影响范围占有重要地位，它以地中海沿岸为中心，横跨印度洋和印度次大陆，并延伸至东南亚。[9]实际上，她乐于将有关重新定位全球化过程的论证推至其逻辑极限。她认为：“‘东方的衰落’先于‘西方的兴起’，从而打开了一扇机会之窗；如果事情发展并非如此，则不存在这样的机会。”[10]关于中国，也有类似的论述，特别是在：（1）蒙古人统治时期（约1240—1340年），当时，中亚成了东西方的大陆桥；（2）之后的明初海外探索的伟大时代（1405—

---

7 John Styles, “Product Innovation in Early Modern London,” *Past and Present* 168, 2000, pp. 124–169, esp. 133–136.

8 Dennis O. Flynn and Arturo Giraldez, “Path Dependence, Time Lags and the Birth of Globalisation: A Critique of O’Rourke and Williamson,” *European Review of Economic History* 8, 2004, pp. 81–108, quotation from p. 99.

9 Janet L. Abu-Lughod, *Before European Hegemony: The World System A.D. 1250–1350*, New York: Oxford University Press, 1989.

10 Janet L. Abu-Lughod, “The World System in the Thirteenth Century: Dead-End or Precursor?” in *Islamic and European Expansion: the Forging of a Global Order*, ed. Michael Adas, Philadelphia: Temple University Press, 1993, pp. 75–102, quotation from p. 90.

1433年）。这两个时期有许多洲际交流加强的事件，然而其动力均源自西欧之外。

这种关于全球化进程的多面观点（时间上和空间上），与许多从事欧洲社会与文化研究的历史学家们长期以来所感兴趣的各类工作极为契合（即使并不总是如此明确）。“东方”的文化属性，无论是土耳其的、波斯的、印度的还是最为突出的中国的，对欧洲文学与物质文化的发展都产生了显著影响。事实上，有关消费道德的公开辩论（至少可以追溯至古罗马时期）之所以一再被强化，正是由于奢侈品消费、高雅和财富与东方特性之间的紧密关联，（尽管西方在论及东方时，同时还存在着有关那些地方的“野蛮”居民的论述；到了近代早期，这种论述尤为丰富）。例如，有关18世纪甚至更早时期的“消费文化兴起”的历史文献，很难与记录东方贸易商品使用与需求的增长的文献区分开来。[11]香料、茶叶、咖啡以及糖等货物，还有诸如丝绸、印花棉布、瓷器和漆器等制品都在其中占据重要地位。我们甚至可能会倾向于认为，如果没有“奢侈品”这一刺激因素开始如涓涓细流后来如潮水般从广义上的亚洲流入欧洲，消费革命本身将是不可想象的。另外，美洲地区也不该被排除在这一图景之外，因为那里不仅有巧克力和烟草，更重要的是有着数量惊人的金属商品——白银；白银是推动整个全球贸易大厦运转的润滑剂。

一些历史学家记录了欧洲工业化前的消费革命，一些世界史学家记录了蒸汽船和铁路时代之前的世界贸易的连通性，尽管这些令人喜悦，然而并非所有人都相信这些联系的力量。无论是与“世界体系”理论流派观点相似的新马克思主义者，还是新古典经济史学家，均对近代早期贸易的经济意义不屑一顾。30多年前，伊曼纽尔·沃勒斯坦（Immanuel Wallerstein）开创性地运用马克思主义来阐明欧洲资本主义经济的崛起，但他严重低估了16世纪的欧亚贸易在决定亚洲或欧洲经济的多样生产结构方面的重要性。

> 这一时期，亚洲为欧洲提供奢侈品。此时，奢侈品是重要的和不受鄙视的，但与食物（谷物、牛、鱼和糖）和生产它们所需要的人力相比，奢侈品是第二位的；与金

---

11 记录这些联系的文献非常之多，所涵盖的时间范围之广、主题之多也非常惊人。关于文艺复兴时期艺术的历史表现的一个特别丰富的案例可以参见 Lisa Jardine, *Worldly Goods: A New History of the Renaissance*, New York: Doubleday, 1996，以及不久之后她与 Jerry Brotton 合著的 *Global Interests: Renaissance Art between East and West*, Ithaca, N.Y.: Cornell University Press, 2000，以及其后的 Jerry Brotton, *The Renaissance Bazaar: From the Silk Road to Michelangelo*, Oxford: Oxford University Press, 2003。此外，还有许多优秀的文章收入在 John Brewer and Roy Porter, eds., *Consumption and the World of Goods*, New York: Routledge, 1993；Maxine Berg and Helen Clifford, eds., *Consumers and Luxury: Consumer Culture in Europe 1650–1850*, Manchester: Manchester University Press, 1999；以及 Maxine Berg and Elizabeth Eger, eds., *Luxury in the Eighteenth Century: Debates, Desires and Delectable Goods*, New York: Palgrave Macmillan, 2003。最近一篇关于广义上的欧洲近代早期消费道德观念变化的长篇论文，参见 Woodruff D. Smith, *Consumption and the Making of Respectability: 1600–1800*, New York: Routledge, 2002。

> 块，不是贮藏的金块，而是作为货币的金块相比，奢侈品也是第二位的……与食物甚至金块相比，世界经济体能够相对容易地根据奢侈品供应的转变进行调整。[12]

当然，这并不是说欧洲各类从业者与亚洲进行贸易是无利可图的。相反，他们所获利润极为丰厚，即便从1500年至1795年，有100多万人在海上或热带地区丧生、难以想象数量的金银从欧洲流出也都是值得的，更不用说因贸易而引发的几轮暴力事件了。[13]但对沃勒斯坦来说，这只会产生"掠夺的利润"，而"掠夺会随着时间的推移产生适得其反的后果"。[14]剥削要想在"单一世界经济框架"内成为"自我强化"的手段必须等下一个时期了。[15]

最近，凯文·奥罗克（Kevin O'Rourke）和杰弗里·威廉姆森（Jeffrey Williamson）研究了近代早期的贸易繁荣现象。他们从定量的新古典经济学的完全不同的角度出发，运用了截然不同的评估标准，却得出了极为相似的结论。世界史学家认为，"全球化始于1571年或近代早期的某一时刻"，奥罗克和威廉姆森在探讨经济全球化起源的一系列文章中审视并驳斥了这一观点，他们得出结论：只有19世纪早期的技术革命才是全球化经济真正诞生的标志，技术革命"大大降低了大宗商品在洲际间的运输成本，以至于国内商品的价格与国内资源的配置均受到国际贸易的显著影响"。[16]依照这一说法，正是19世纪的运输革命导致了"国际商品价格离散度的下降"，他们认为这一点是"全球化正在发生的唯一的不可辩驳的依据"。[17]尽管与沃勒斯坦将"亚洲初级生产"视作"欧洲劳动分工"的组成部分相比，他们的关键性基准可能是商品价格趋同，但双方对全球化年表的最终评估相差无几。[18]这两种观点都是基于对近代早期洲际贸易局限性的一些共同的关键性假设，即近代洲际贸易是由奢侈品贸易主导，无论在亚洲还是欧洲，奢侈品贸易都改变不了经济生产结构。奥罗克和威廉姆森由此声称，香料、丝绸、糖和黄金是欧洲进口的主要物品，白银、少量亚麻布

---

12 Immanuel Wallerstein, *The Modem World-System I: Capitalist Agriculture and the Origins of the European World-Economy in the Sixteenth Century*, New York: Academic Press, 1974, p. 333.

13 Jan de Vries, "Connecting Europe and Asia: A Quantitative Analysis of the Cape Route Trade, 1497–1795," in *Global Connections and Monetary History, 1470–1800*, ed. Dennis O. Flynn, Arturo Giraldez, and Richard von Glahn, pp. 35–106, Aldershot: Ashgate Publishing, 2003, pp. 72 and 82.

14 Immanuel Wallerstein, *Modern World-System I*, p. 335.

15 Ibid.

16 Kevin O'Rourke and Jeffrey Williamson, "When did Globalisation Begin?" *European Review of Economic History* 6, 2002, pp. 23–50, quotation from p. 45.

17 Kevin O'Rourke and Jeffrey Williamson, "When did Globalisation Begin?" quotation from p. 26. 原文为斜体。

18 Immanuel Wallerstein, *Modern World-System I,* p. 332.

和羊毛制品则作为交换流入了亚洲：

> 就其本身而言，在进口市场上，这些非竞争性商品属于极为昂贵的奢侈品，因此可承担其从原产地（很便宜）运至欧洲的颇为高昂的运输成本。同样就其本身而言，无论欧洲是否有这些商品，都对欧洲生产无太大影响，因为它们大多是非竞争性的。同样就其本身而言，欧洲是否有这些商品只会关乎富人群体的生活水平，因为只有富人能购买得起这些昂贵奢侈品。[19]

奥罗克和威廉姆森在构建进口供需的量化模型来评估 19 世纪前促进贸易繁荣的各种因素的相对强度时，仅根据欧洲的“盈余收入”（在这一案例中，是根据英国土地租金的增长）来衡量欧洲进口需求的增长，这一点毫不奇怪。[20]也即是说，他们在考察欧洲进口需求增加的潜在刺激时，只考虑富人群体收入的增长，先验地排除了广义上的品位变化或其他人群收入增加可能具有的重要性。由此，他们得出了一个显而易见的结论：无论工人还是其他所有未计入在内的土地所有者或为其供货的城市商人的生活水平发生何种变化，“将只对欧洲进口需求产生轻微影响”。[21] 基于这些理由，一般收入增长和（或）非精英群体需求的收入弹性便可以不作为他们研究框架中的潜在变量。

事实上，这个假设合理吗？具有讽刺意味的是，乔尔·莫基尔（Joel Mokyr）在一篇探讨工业革命遗产的另一个老话题——所谓的生活水平争论——的重要论文中，就其笔下的“小型奢侈品”（茶叶、糖、咖啡和烟草）贸易问题提出了与凯文·奥罗克和杰弗里·威廉姆森相反的观点。他认为这些商品的贸易 / 消费数据是有用的，因为恰恰是“这些数据才可以反映出英国人民的整体生活水平”。[22]的确，这些数据尤其能反映“大众的经济福利，因为高收入人群经济状况的变化对消费的影响微乎其微”。[23] 诚然，莫基尔在进行这一分析时运用的主要是 19 世纪早期的数据，但他对这些问题的讨论也上溯到了 18 世纪。那么，谁的说法才是正确的？亚洲贸易所包含的是否只是超级富豪们一时冲动和心血来潮而购买

19 Kevin O’Rourke and Jeffrey Williamson, “When did Globalisation Begin?” quotation from p. 27.

20 Kevin O’Rourke and Jeffrey Williamson, “After Columbus: Explaining Europe’s Overseas Trade Boom, 1500–1800,” *Journal of Economic History* 62, 2002, pp. 417–456, quotation from p. 434.

21 Ibid.

22 Joel Mokyr, “Is There Still Life in the Pessimist Case? Consumption during the Industrial Revolution, 1790–1850,” *The Journal of Economic History* 48, 1988, pp. 69–92, quotation from p. 73.

23 Ibid. 着重强调部分系笔者标注。

的商品？还是说亚洲贸易真的是基于“小型奢侈品”，虽然交易量较小，但涉及广泛的群体？此外，我们关于此问题的答案是否与我们对19世纪前较强的全球化动力的认识有关？简言之，所谓的奢侈品贸易是否也可以是一种致使经济发生巨大变化的贸易？

关于奥罗克和威廉姆森将全球化严格地定义为商品价格趋同而非其他，已有学者提出了异议。[24]本文并非就该争论进一步发表看法，而是重点探究他们关于亚洲（以及在较小程度上的新大陆）“奢侈品”贸易需求特征的假设所具有的说服力。当然，正如奥罗克和威廉姆森正确指出的，这些需求特征很难进行具体量化。鉴于相关数据的缺失，他们不愿对他们的价格数据中的各种商品的相对重要性做出判断，这一点我们很容易理解。尽管如此，历史学家确实掌握了比他们的简易模型所利用的更多的信息。我们只需考察最显著的例子——1450—1500年胡椒和生姜的早期价格数据——即可阐明这一点。正如他们现在所认为的，在测定15世纪后半叶亚洲商品的相对价格趋势时，胡椒和生姜的权重比例相等。[25]然而，在悠久的饮食与贸易的社会史面前，我们可以毫不犹豫地说，胡椒是一种比生姜重要得多的贸易商品，而且在中世纪晚期的大部分时间里（1350—1500年），胡椒的价格相对都在上涨，这几乎肯定是因为中世纪中期以地中海为中心的伊斯兰贸易网络的崩溃，导致广大欧洲民众在胡椒供应紧张的局势下仍对胡椒有着持续强劲的需求。因此，尽管我们无法将这两种香料的需求完全进行量化，但我们仍应利用好现有证据，即在欧洲人的消费中，胡椒是一种比生姜更为重要的贸易商品。同样，在进行任何数值计算时，胡椒被给予的价格权重应比生姜的要大。正如阿玛蒂亚·森（Amartya Sen）在其他语境中所做出的有力论证那样，当面对同等困难的测量问题时，“大体的正确”肯定好于“精确的错误”。[26]

若要考察近代早期的贸易繁荣对处于收入分配顶端以外的欧洲人的生活水平的影响，即便是在一般情况下，也必须要了解欧洲对亚洲和新大陆各种商品的需求强度与构成。我们需要在商品（茶叶、咖啡、糖、烟草等）和制成品（丝绸、轧光印花棉布、其他印花棉和瓷器等）的消费广度和量化深度证据的语境中，评估从文献和视觉资料中以及正快速发展的物质文化历史领域中（通常关注精英人群，但对非精英人群日常生活的关注度亦逐渐增加）了解到的信息。研究消费革命的历史学家认为，“17、18世纪是推动19世纪实现运输革命的关键

24 Dennis O. Flynn and Arturo Giraldez, “Cycles of Silver: Global Economic Unity through the Mid-Eighteenth Century,” *Journal of World History* 13, 2002, pp. 391–427; and Flynn and Giraldez, “Path Depe Time Lags and the Birth of Globalisation. ”

25 Kevin O’Rourke and Jeffrey Williamson, “After Columbus: Explaining Europe’s Overseas Trade Boom, 1500–1800,” quotation from p. 431, n. 37.

26 Amartya Sen, *The Standard of Living*, Cambridge: Cambridge University Press, 1987, p.34.

时期”这一广泛的主张有具体的分配证据支持吗？我们可以从消费者需求对其收入或商品价格变化所做出的反应中获得什么信息？这些反应在不同收入人群中是如何变化的？最后，我们从欧洲生产对这些贸易的反应中了解到了什么？是否如奥罗克和威廉姆森所认为的那样，所有的亚洲商品都具有非竞争性？抑或实际上欧洲人用亚洲商品代替了本土生产的商品？

殖民地的食品杂货：茶叶、咖啡、糖和烟草

近代早期，几乎所有运往欧洲的食品杂货都明显变得越来越重要，无论是对家用消费模式还是对国家贸易统计数据（更不用说对以国内消费税的征课为基础的公共财政合理化，其中大部分的征课都落在这些食品杂货上）来说都是如此，这已不算是什么新闻。早在 1731 年，丹尼尔·笛福（Daniel Defoe）就不再以“几百、几千或几十万，而是以几百万”来统计英国进口奢侈品的消费者。[27] 虽然普通商人和劳动者可能无法享用质量上乘的奢侈品，但他们却成为各种质量较次的奢侈品的主要目标消费人群。正是这些品质相对较差的奢侈品构成了整个奢侈品贸易的主体。卡萝尔·沙马斯（Carole Shammas）发现，食品杂货对英格兰和威尔士地区所有进口商品总价值的贡献率从 1700 年的 16.9% 上升到 1800 年的 34.9%，在这一个世纪里，各种商品的进口量相继急剧增加，给大多数食品杂货的进口价格造成了巨大的下行压力。[28] 自 18 世纪 30 年代起，茶叶便成了英国殖民地最重要的食品杂货之一，它与烟草、糖一起，成了“大众消费”物品。[29] 而且，最便宜的红茶类品种——武夷茶（*bohea*）——约占本世纪中叶茶叶消费总量的三分之二。[30] 该类茶也是最有可能走私进入英国的茶叶品种，因此它得以避免被计入前文提及的官方贸易统计数据中，并规避过高的消费税。[31] 在 18 世纪的英格兰，茶叶走私成为名副其实的增长性行业，其利润丰厚，并促进了新组织结构的发展和科技的进步，尤其是在征税额很高时，茶叶走私的量是合法贸易量的三倍之多。[32] 本质上讲，走私是一种利用偏远且未受监视的海岸线

27 转引自 Maxine Berg and Helen Clifford, eds., *Consumers and Luxury*, p. 6.

28 Carole Shammas, *The Pre-Industrial Consumer in England and America*, Oxford: Oxford University Press, 1990, p. 77.

29 Carole Shammas, *The Pre-Industrial Consumer in England and America*, p. 85.

30 S. D. Smith, “Accounting for Taste: British Coffee Consumption in Historical Perspective,” *Journal of Interdisciplinary History* 27, 1996, pp. 183–214, esp. 192.

31 Hoh-Cheung Mui and Lorna Mui, “Smuggling and the British Tea Trade before 1784,” *The American Historical Review* 74, 1968, pp. 44–73, esp. 52.

32 William J. Ashworth, *Customs and Excise: Trade, Production, and Consumption in England, 1640–1845*, Oxford: Oxford University Press, 2003, pp. 176–178.

所开展的一种规模相对较小的运作，同时也方便了那些距离伦敦主要物流集散港过远（社会或地理位置上）的消费者，让他们易于购买到这种以前没有的全新商品，并养成喝茶的习惯。

荷兰共和国的情况也与此类似，尽管我们更少强调走私者所做的贡献。荷兰是参与 18 世纪殖民地食品杂货贸易的另一个主要的欧洲国家。17 世纪 20 年代，荷兰水手首次将茶叶和咖啡引入西欧，然而，这两者都没能像酒水饮料一样迅速受到追捧，反倒被摆到药剂师的货架上当作药品出售。因此，荷兰阿姆斯特丹的东印度公司（Vereenigde Oostindische Compagnie, VOC）直到 1661 年或 1662 年才首次对咖啡进行公开竞卖，且竞卖数量也受到限制。只是到 17 世纪 90 年代，咖啡销售才真正成为一种常态。茶叶的公开售卖被大众接受要更快一些，但到 17 世纪 60 年代末，即使把咖啡和茶叶的销售额合起来，它们在阿姆斯特丹的东印度公司总销售额中也只占少得可怜的 0.03%，即便到 17 世纪末也仅仅占 4.1%。[33] 然而，到 18 世纪 30 年代末，茶叶和咖啡的销售额占阿姆斯特丹东印度公司总销售额的近四分之一（24.92%），仅次于丝绸和棉纺织品的销售总额（28.27%）；[34] 当我们认识到阿姆斯特丹东印度公司总销售额在同一时期增长了 158% 时，茶叶和咖啡的销售额的这一增长就更是亮眼。因此，阿姆斯特丹 1740 年的殖民地饮品销售实际收入比 1669 年增加了 1,300 多倍。鉴于约 17 世纪末到 18 世纪中叶茶叶和咖啡豆的单价同期（或多或少一致性地）呈现下降趋势，实际进口到荷兰共和国用于制作含咖啡因的热饮的原料数量必定以惊人的比例增长。

另外，尽管英国和荷兰共和国显然是涉足该类贸易的最重要的欧洲国家，但欧洲从事该贸易的绝不是仅此二者。葡萄牙曾是最早进入亚洲水域的欧洲国家。16 世纪，葡萄牙在东南亚群岛的胡椒和香料贸易中占据主导地位，这一地位一直保持到约 1600 年被荷兰人超越之前。尽管到那时，葡萄牙的航行次数日渐减少，但其仍持续进口亚洲殖民地产品。17 世纪中叶，法国也真正加入了这场争夺，到法国大革命之前这一实力一直在壮大。丹麦、瑞典和奥斯坦德公司（Oostende Company）也在亚洲水域从事有限的活动，尤其是在 18 世纪中叶。事实上，这些小型的欧洲公司是英国沿海非法茶叶贸易的关键供应商，尽管他们本国人更喜欢咖啡。我们首先来探讨茶叶的情况。由于所有茶叶都只能从广东这一单一货源地购买，因而茶叶的贸易额计算相较于咖啡会更容易。1719—1725、1749—1755 年，一些老牌欧洲公司每年的茶叶进口量增加 6.65%，一直到 18 世纪 80 年代，其进口量的年增

---

33 Kristof Glamann, *Dutch-Asiatic Trade: 1620–1740*, den Hage: Martinus Nijhoff, 1958, p. 13.

34 Kristof Glamann, *Dutch-Asiatic Trade: 1620–1740*, p. 14.

长率都维持在 1.92%，当时，欧洲茶叶的进口量达到了惊人的 940 万公斤。[35] 咖啡并没有像茶叶一样“遭到”（suffer，如果这个词算是表达贸易成功增长的正确说法？）货源地单一的问题的困扰。相反，在 18 世纪的头十年里，荷兰成功将咖啡树移植到了爪哇岛，此后咖啡生产便从阿拉伯的原始源头迅速扩散。在接下来的二十年里，咖啡开始在整个热带地区广泛种植，西印度群岛甚至中美洲也开始大量（且完全在欧洲人控制之下）出现咖啡。虽然欧洲进口的咖啡总量比茶叶难估算，但咖啡在 18 世纪的进口比例中也增长到了惊人水平。

是谁喝掉了这么多的茶叶和咖啡？当然不单单是富有的精英群体。这两种产品的销量如此之高，因此，“消费咖啡热饮的人群可能是有限的”这一说法是我们不能接受的。部分进口量因再出口而“丢失”，当然，最终享用到这些再出口商品的消费者自然是其他欧洲人（或他们的殖民地居民）。18 世纪，各国的评论通常会以抱怨的态度毫不犹豫地将这些含咖啡因的奢侈品的消费归咎于大量的社会底层群体。在过去的几十年中，有关此类消费的手工制品在社会上扩散的遗嘱物品清单证据越来越多，这表明此类消费确实广泛存在于整个社会生活中。

沙马斯认为，18 世纪 30 年代和 40 年代这二十年是英国茶叶大规模消费的关键时期，荷兰物品清单研究中关于茶叶传播的时间与沙马斯认定的时间大体一致。汉斯・凡・库尔伯根（Hans van Koolbergen）通过研究韦斯普（位于阿姆斯特丹西北 15 公里，约有 2500 名居民，主要从事啤酒酿造、杜松子酒蒸馏、亚麻纺织，以及附近腹地的农业种植）这一小型工业城市，发现该地在 1700 年之前并不存在茶或咖啡器具，然而到了 18 世纪 30 年代末，近乎每张物品清单中都至少列有一个与茶或咖啡的制备或消费相关的物品。[36] 海丝特・迪比茨（Hester Dibbits）对荷兰南荷兰省的马斯勒伊斯（Maassluis）的沿海渔村以及荷兰内陆的汉萨同盟的要塞城镇杜斯堡（Doesburg）的物质文化进行了比较研究，也发现类似情况。杜斯堡处在老艾瑟尔河（Oude IJssel River）和艾瑟尔河（Ijssel River）的交汇处，位于荷兰海尔德兰省（Gelderland）的一个被称为阿赫特霍克（Achterhoek）的地区。就历史学家们所描绘的荷兰黄金时代（Dutch Golden Age）的海上经济活力而言，显然像马斯勒伊斯这样的地方与之比较契合，然而从另一方面来讲，杜斯堡在中世纪便已达到其商业顶峰。近代早期，杜斯堡主要是作为边境要塞城镇，以及专业工匠和零售商的地方供应中心而存在，它一方面依赖于西边荷兰港口极度活跃的贸易活动，另一方面至少在同等程度上依赖

35　Jan de Vries, “Connecting Europe and Asia: A Quantitative Analysis of the Cape Route Trade, 1497–1795,” p. 66.

36　H. van Koolbergen, “De Materiele Cultuur van Weesp en Weesperkarspel in de Zeventiende en Achttiende Eeuw,” in *Aards Geluk: de Nederlanders en hun Spullen van 1550 tot 1850*, ed. A. Schuurman, J. de Vries, and A. van der Woude, pp. 121–159, Amsterdam: Balans, 1997, p. 145.

于东边的欧洲大陆。然而，迪比茨发现，马斯勒伊斯和杜斯堡对于咖啡和茶叶消费的用具的接受速度并无特别差异。她总结说，这两个地方“1750 年时，咖啡器皿和茶具都已司空见惯”。[37] 同样地，如今特拉·维伊森贝克-奥尔特赫伊斯（Thera Wijsenbeek-Olthuis）对 18 世纪代尔夫特的经典研究说明：尽管那里呈现出人口剧烈减少和产业急剧衰退的负面趋势，但证据表明在 18 世纪前 25 年，甚至前 50 年间，那里的茶叶和咖啡的消费量显著增加。[38] 最后，布鲁诺·布隆德（Bruno Blonde）和伊尔亚·凡·达默（Ilja van Damme）在研究比利时安特卫普（另一个在 18 世纪相当衰落的城市）时，也发现了与上述一样的情形。17 世纪以来，无论是哪一个社会阶层，其物品清单上都未提及有关茶叶或咖啡的制备用具，但到 1730 年，相关记录发生了根本性变化。即使是普通的只有一个房间的家庭，也有近 60% 的人在家里饮茶；而拥有宽敞住所（拥有 10 个或更多房间）的家庭，饮茶比例则上升至 100%。到 1730 年，咖啡器具的普及速度并不是那么引人注目，但到 1780 年，茶具和咖啡器具已然十分普遍了。[39] 意料之中的是，他们的研究还证实了在 18 世纪 40 年代，茶叶、咖啡和巧克力的新的供应商也在不断增多，随后，新企业的数量也逐渐增加。整个 18 世纪，茶叶和咖啡零售商占安特卫普商人行会所有新入会者的 5% 到 10%。[40]

笔者对阿姆斯特丹市政孤儿院（Amsterdam Municipal Orphanage）所收集到的 900 多份 18 世纪的遗嘱中的物品清单进行了研究，证实了前述研究提出的社会扩散的广泛程度，因为与那些根据公证记录形成清单研究中的最贫困的人相比，孤儿院附属的家庭确实更穷困。居住在孤儿院里的人多数家境贫穷，其收入主要集中在阿姆斯特丹市民财富分配谱中倒数 30% 的人群，他们中的绝大多数人只住一个房间或一个地下室。[41] 然而，正如笔者在表 1 中的数据所显示的，到 18 世纪中叶，有 60% 的物品清单能够表明咖啡和 / 或茶叶存在居家消费。该百分比到 18 世纪第三个 25 年间（概估）略有下降，这一发现正好可以由另一证据佐证，即随着时间的发展，孤儿院的附属群体也变得越来越贫困。

---

37 H. Dibbits, *Vertrouwd Bezit: Materiele Cultuur in Doesburg en Maassluis, 1650–1800*, Nijmegen: SUN, 2001, pp. 160 and 321–326.

38 T. Wijsenbeek-Olthuis, *Achter de Gevels van Delft*, Hilversum: Verloren, 1987, pp. 453–454.

39 Bruno Blonde and Ilja van Damme, “Consumer and Retail ‘Revolutions’: Perspectives from a Declining Urban Economy, Antwerp, 17th and 18th Centuries” (unpublished manuscript), 2005, p. 12.

40 Bruno Blonde and Ilja van Damme, “Consumer and Retail ‘Revolutions’: Perspectives from a Declining Urban Economy, Antwerp, 17th and 18th Centuries”, pp. 5 and 12.

41 Anne McCants, “Inequality among the Poor of Eighteenth Century Amsterdam,” *Explorations in Economic History* 44, 2007, pp. 1–21; and Anne McCants, “After-Death Inventories as a Source for the Study of Material Culture, Economic Well-Being, and Household Formation among the Poor of 18th c. Amsterdam,” *Historical Methods* 39, 2006, pp. 10–23.

表 1　两个时间段内殖民地饮料类用品的拥有率和数量

阿姆斯特丹—BWH 物品清单						
1740—1759 年						
	物品清单中的		每份物品清单中的用品			清单之外所列用品的百分比
	数量	%	平均值	中位数	最大值	
咖啡器皿	263	53.9	6.4	2	199	61.2
茶具	204	41.8	3.5	2	36	47.4
茶壶 / 冲茶器	245	50.2	3.2	2	23	57.0
咖啡和茶叶（合计）	296	60.7	8.1	3	206	68.8
糖罐等	35	7.2	2.5	1	10	8.1
巧克力器皿	12	2.5	6.3	4	33	2.8
代尔夫特陶器	274	56.1	2.8	2	45	63.7
瓷器	190	38.9	32.2	12	350	44.2
1760—1782 年						
	物品清单中的		每份物品清单中的用品			清单之外所列用品的百分比
	数量	%	平均值	中位数	最大值	
咖啡器皿	219	51.6	8.6	3	87	62.7
茶具	156	36.8	5.8	2	94	44.7
茶壶 / 冲茶器	176	41.5	2.7	2	22	50.4
咖啡和茶叶（合计）	232	54.7	12.0	4	120	66.5
糖罐等	38	9.0	2.7	2	10	10.9
巧克力器皿	13	3.1	5.2	5	12	3.7
代尔夫特陶器	218	51.4	5.8	2	73	62.5
瓷器	149	35.1	25.4	11	412	42.7

当然，我们不知道的是，那些负担不起用于制备或盛放含咖啡因饮料的设备的家庭，是否找到了能为他们提供现成饮料的小型零售商。我们所知道的是，二手茶叶和咖啡渣的交易十分活跃，这表明即便是市场最底端的人群也能得到茶叶和咖啡的供给。此外，荷兰东印度公司因向欧洲出售劣质茶叶（武夷茶）而“声名狼藉”，这类茶只适合“在阿姆斯特丹的街道上用手推车进行叫卖兜售”。[42]18 世纪上半叶（1729 年至 1734 年除外）的大多数时间里，荷兰并非直接与中国进行贸易，而是通过巴达维亚（Batavia）来间接进行，这导致运至欧洲的茶叶质量进一步打了折扣。中国帆船将茶叶和其他商品运至爪哇岛，货物在那里转船并运回欧洲，而人们普遍认为这些附加的搬运时间对茶叶本身不利。18 世纪 30 年代前四年的价格数据可直观体现茶叶质量的差异。当时，武夷茶是沿着两条路线同时运输，

42　C. J. A. Jörg, *Porcelain and the Dutch China Trade, 1729–94*, den Hage: Martinus Nijhoff, 1982.

直接从广东运来的茶叶的售价比经由巴达维亚转运的价格要高出 15% 到 25%。[43] 无论如何，几乎可以肯定的是，低等级产品的广泛供应极大推动了饮茶这一习惯在阿姆斯特丹社会底层人群中的传播。

据说糖是这些热饮的主要辅料，但在这些清单数据中，糖并非那么显眼。数据表明只有 8% 的家庭有专门用来储存或盛放糖的碗或罐（参见表 2，除了包含用于进行比较的餐具信息之外，还有各类用品的信息）。但是我们要注意，不能仅凭这些依据就得出实际上使用糖的人很少这样的结论，至少有时是这样。储存盐和胡椒的物品的相关数据可在此提供一些参照。似乎可以肯定的是，盐的使用很普遍，胡椒也必然紧随其后，因为它们不再像在中世纪那样必须依靠进口才能获得了。然而，只有 1/5 到 1/4 的物品清单显示有特定的物品用于储存或使用这些调味品。据推测，各种各样的更为常用的碟子、盒子或罐子都可以用来储存盐和胡椒，而且事实必定如此。就糖而言，这一推测似乎也是适用的，对于那些一次只使用极少的糖的家庭来说更是如此。另外，还值得注意的是，理应常用到的餐叉，在清单中出现的次数甚至更少，只有 5.3% 的家庭拥有这种起源于欧洲文艺复兴时期的餐具。尽管我们的当下主义（presentist）倾向习惯于把殖民地的食品杂货（及盛放它们的物品）视为 18 世纪的奢侈品，但叉子并不在此之列，表 3 中关于家庭资产中位数的排序（依照是否有具体物件对家庭进行分组）表明，叉子实际上是孤儿院附属家庭中发现的最为“奢华”的物品之一。

餐具与糖的使用的联系，不如餐具与含咖啡因热饮的制备的关联具体，考虑到这一点，我们的确需要参考其他参数，如：有多少糖可供消费？家庭预算（特别是食物预算）中用于购买糖的部分有多少？如果有证据能够帮助我们估算出与对糖的需求相联系的糖的价格及其收入弹性，那将再好不过。幸运的是，我们的确有这样的信息，尽管这些信息没有我们所希望的那样全面。

西敏司（Sidney Mintz）已巧妙得宜地阐述了一段丰富的社会史，即从中世纪晚期直至当下，欧洲的糖消费量大幅上升。然而，他的论述对数据量化的作用很有限。[44] 另一方面，沙马斯从量化角度设计了一个评估糖被认可成为大众消费品的时刻的方案。达到沙马斯所设定的标准的前提是：进口足够量的糖（本例中是进口至英国），以使约 1/4 的人能够定期从食物或饮料中摄入糖分；据她估测，这需要消费者人均每年消费约 24 磅的糖量。[45]17 世纪末，当英国的年进口糖量达到人均约 4 磅时，起初无法均衡分配的糖量，

43 Kristof Glamann, *Dutch-Asiatic Trade: 1620–1740*, pp. 228–229.

44 Sidney Mintz, *Sweetness and Power: The Place of Sugar in Modern History*, New York: Penguin Books, 1985.

45 Carole Shammas, *The Pre-Industrial Consumer in England and America*, p. 81.

表 2　阿姆斯特丹孤儿院所选用品的拥有率和数量及选定的对比数据

	阿姆斯特丹—BWH 物品清单 1740—1782 年					英国，（1725）	阿姆斯特丹（1701—1710）
	物品清单中的		每份物品清单中的用品			%	%
	数量	%	平均值	中位数	最大值		
总清单条目	805	88.2	61.2	52	293		
个人物品合计			218.5	134	8,129		
床（各式）	652	71.5	1.8	1	14		
橱柜 / 衣柜	575	60.3	1.7	1	10		
箱子	273	29.9	1.4	1	5		
斗柜	97	10.6	1.1	1	2		
橱柜	68	7.5	1.0	1	2		
悬挂式橱柜	144	15.8	1.1	1	3		
篮子 / 带盖提篮	191	20.9	3.2	1	206		
胡桃木家具（所有）	79	8.6	1.3	1	12		
椅子	622	68.2	7.6	6	94		
桌子	577	63.3	2.2	2	15	91	
茶几	66	7.2	1.2	1	2		
勺子	452	49.6	6.8	6	40		
叉子	48	5.3	4.6	4	15	10	
代尔夫特陶器	492	53.9	4.1	2	73	57[a]	
白镴制品（所有）	475	52.1	15.1	12	82	91	
焊锡盘子	132	14.5	6.8	6	26	55	
瓷器（中国）	341	37.4	29.0	11	412	9	84.7
日本瓷器	15	1.6	10.5	5	56		
咖啡器皿	482	52.8	7.4	2	199		
茶具	360	39.5	4.5	2	94		
茶壶 / 冲茶器	422	46.3	3.0	2	23		
咖啡和茶叶（合计）[b]	533	58.4	9.8	3	206	15[c]	
糖罐等	74	8.1	2.6	2	10		
巧克力器皿	25	2.7	5.7	5	33		
胡椒器皿	189	20.8	1.1	1	7		
盐瓶 / 盐皿	215	23.6	1.9	2	11		
芥末罐等	68	7.5	1.1	1	3		
烟草器皿	317	34.8	2.0	1	17		

（接下页）

表 2（续表）

	阿姆斯特丹—BWH 物品清单 1740—1782 年					英国，（1725）	阿姆斯特丹（1701—1710）
	物品清单中的		每份物品清单中的用品			%	%
	数量	%	平均值	中位数	最大值		
圣经	181	19.8	1.4	1	6		
其他书籍	197	21.6	4.1	2	60	22	85.7
绘画作品	224	24.6	3.8	2	61	21[d]	96.1
版画作品	261	28.6	4.1	3	29		
镜子	529	58.0	1.5	1	10	40	
茶托[e]	344	37.7	3.0	3	18		
科学仪器	30	3.3	1.2	1	3		
钟表	171	18.8	1.1	1	3	34	
黄金（所有制品）	133	14.6	2.8	2	9	21[f]	
银（所有制品）	258	28.3	8.7	3	118		77.3[g]
日本布料制品	120	13.1	1.9	1	8		
印花棉布用品	133	14.6	2.5	2	9		
丝绸用品	206	22.6	2.5	2	10		

资料来源：英国的数据参考了 1725 年起草的 390 份遗嘱中的物品清单，以及 Lorna Weatherill 的 *Consumer Behaviour and Material Culture in Britain, 1660–1760*（Oxford: Routledge, 1996）第 26 页中的分析。1701 年至 1710 年阿姆斯特丹的数据参考了 J. A. Faber 从城市公证档案中抽样的 203 位被归入缴纳最低档丧葬税的人的遗嘱中的物品清单。详见 J. A. Faber, "Inhabitants of Amsterdam and Their Possessions", in *Probate Inventories: A New Source for the Historical Study of Wealth, Material Culture and Agricultural Development*, ed. Ad van der Woude and Anton Schuurman, Utrecht: Hes Publishers, 1980, p.153。

注：无法准确计算出代尔夫特陶器的数量，因为多数物品清单中在列举该物品时只是用"少量"或"一些"来形容。与代尔夫特陶器的情况一样，尽管没有那么普遍，但物品清单中记载的书籍数量也无法精确计算。在此，为了便于计算，我们将数量不准确的条目标为 2。

a 包括所有陶器，不仅仅是代尔夫特陶器。

b 许多用来盛放的物品可以互换使用，这已被 55 例咖啡器皿和 3 例茶具所证实。它们被特别标注为可同时用于咖啡和茶叶。茶壶不包括在内。

c 用于制作所有热饮的用品合并计算。

d 绘画作品和版画作品已合并计算。

e 这些似乎是我们所认为的制备托盘和墙壁装饰物。

f 金、银制品合并计算。

g 这里只指银器。加上某些类型的珠宝占总物品的 84.2%。

表 3　以荷兰盾为单位的家庭资产四分位数分布
（根据所选商品的拥有量按照家庭资产中位数递增排序）

按所拥有具体物品进行分组的家庭	数量	以荷兰盾为单位的家庭资产 较小四分位数	中位数	较大四分位数
没有床	260	0.0	0.5	29.3
至少有以下其中一项：				
床	650	31.5	81.3	248.3
橱柜 / 衣柜	571	35.0	87.0	255.0
代尔夫特陶器	492	42.8	98.9	257.7
（受损了的）	(13)	(10.0)	(31.3)	(82.6)
镜子	527	44.0	103.6	276.6
咖啡器皿 / 茶具（所有）	533	50.9	114.0	319.6
（受损了的）	(15)	(30.5)	(87.0)	(329.5)
白镴制品	476	55.0	119.8	307.0
茶壶	421	58.5	138.8	318.6
瓷器	341	62.5	147.0	345.1
（受损了的）	(61)	(38.5)	(70.7)	(352.2)
绘画作品	225	53.3	150.0	335.2
吊柜	142	62.0	170.0	362.1
书籍（所有类型）	196	79.1	174.1	364.1
圣经	180	99.5	186.0	437.0
斗柜	97	75.0	194.0	451.4
烟草器皿	222	91.2	194.0	399.1
柜橱	66	67.0	203.4	388.0
书桌	103	89.0	222.5	591.5
银制品	226	110.5	223.5	528.8
茶几	64	63.5	230.8	520.6
钟表	170	101.0	236.5	565.1
丝绸用品	206	110.5	246.5	481.9
地板垫 / 地毯	61	131.2	247.2	470.7
糖罐	74	140.0	268.5	651.1
叉子	48	140.5	272.0	508.6
印花棉布用品	134	130.1	272.4	601.3
黄金制品	112	163.0	283.5	533.7
巧克力器皿	25	150.0	297.6	591.5
日本瓷器	15	245.2	297.6	625.4
科学仪器	30	173.5	329.7	807.0
墨水池	44	239.7	359.1	953.6

所有家庭的资产结构	数量	10%	较小四分位数	中位数	较大四分位数	90%	95%	最大值
	910	0.0	13.0	52.8	183.3	494.7	863.5	8,127.3

这时已让约 1/4 的英国消费者摄糖量达到了她计算的阈值。18 世纪末，英国进口了充足的糖，以使每个居民都能在日常饮食中定期添加甜食。[46] 我们通过 18 世纪济贫院和医院中获得的饮食证据证实了确有大量的糖广泛分布。到目前为止，英国贫困救济机构收集的 1700 年之后的所有的机构预算数据都提及了糖的购买，即便这些购买量因太小而未有具体的财务记录。在 17 世纪的类似的济贫院预算数据中，糖完全无迹可寻；但在 18 世纪的大多数案例中，糖类的支出被准确记录下来，一座典型的英国济贫院总饮食支出中，有 2% 到 3% 的经费用于糖。[47]

笔者通过研究阿姆斯特丹市政孤儿院为收容的孤儿提供的饮食，得出了更有力的依据来证实了这一模式。该机构 1639 年至 1812 年的财务记录几乎被完整保存下来，里面含有各类食物的逐项支出。这些财务账目几乎一直记录着在当地购买的特定食物的数量和价格。尽管孩子们似乎只是非常偶尔地才能食用精制糖，但糖蜜（一种浆状红糖）在其日常饮食中却愈加常见。标准菜谱随时间产生的变化以及实际购买的商品，都表明了这一点。17 世纪中间的几十年间（1639—1679 年），人们的热量摄入不足（人均每日热量供给平均在 2,100 ～ 2,300 千卡之间），且糖对热量的总贡献率极低（平均值在全部热量的 0.5% 到 0.6% 之间）。到了 18 世纪以后，平均热量的供给大幅增加，达到平均每天 2,600 ～ 3,000 千卡。这一数字在 1790 年后有所下降，当时孤儿院面临着食物价格飙升和收入锐减的问题，尽管如此，当时热量供应的水平仍略高于 17 世纪的正常水平。更重要的是，就当前论点而言，糖对增加热量的贡献有了持续明显的增长，17 世纪末达到总热量的 0.9%，1720—1739 年、1740—1759 年、1760—1779 年和 1780—1789 年期间，分别达到总热量的 2.1%、3.4%、3.9% 和 4.3%。与总热量一样，糖的贡献率在 1790 年后下降到 2.7%，但与 17 世纪相比，其水平仍然高出许多。[48] 即使荷兰共和国在 18 世纪晚期经历了严重的财政困难，糖也似乎成了日常饮食中必不可少的一部分，即便是拮据贫困的孤儿也可以继续要求政府承担其对糖的开支。

糖的购买量的急剧上升以及持续坚挺的购买热度甚至更加别有含义，因为这并不仅仅是糖的价格的下跌所致。事实上，在 18 世纪下半叶，平均糖价（参照粮食价格来衡量）略有上涨，尽管可以说证据有些混杂。[49] 然而，在孤儿院开销的这一案例中，我们不能只是参照总体价格趋势。因为我们不仅掌握了有关饮食总支出的信息，还掌握了其中各项

46 Carole Shammas, *The Pre-Industrial Consumer in England and America*, p. 82.

47 Ibid., pp. 142–143.

48 前述讨论均基于 Anne McCants, “Monotonous but not Meager: the Diet of Burgher Orphans in Early Modern Amsterdam,” *Research in Economic History* 14, 1992, pp. 69–116，尤见其中的表 3 和表 5。

49 Kevin O’Rourke and Jeffrey Williamson, “After Columbus: Explaining Europe’s Overseas Trade Boom, 1500–1800,” pp. 449–450.

食物的单价的完整信息，因此，我们可以直接估算出主要商品的收入和价格弹性。（该计算采用了鹿特丹模式中运用的同步需求方程体系。数据以及需求体系将在其他地方另做详细说明。）[50]然而，由于外来的口味变化导致对糖的需求量急剧增加，从而破坏了需求系统的稳定性，以至于事实上无法确定对糖的需求量在多大程度上是对价格和收入变化的反应。17 世纪，当糖的单价相较于食物中的其他商品有所上涨时，糖的购买量也会显著增长，这构成了一个从表面上来看十分违反常理但却为正值的总体价格弹性。值得注意的是，这是孤儿院为孤儿所购买的所有食物中唯一价格弹性估值为正的食品。1700 年以后，糖的系数恢复到一个较为正常的负值，但无论如何，糖的价格相对而言从那时起开始下跌。在 18 世纪的数据中，特别引人注意的一点是收入效应系数，它在 1704—1758 年和 1761—1812 年间始终为负值。即使可用于食品消费的可支配收入受到限制（特别是在 18 世纪中叶以后），但糖的购买量仍在不断增加。然而，随着人们对甜味剂的需求日渐增多这一长期趋势的形成，糖类购买在面对首先是价格上涨、其次是人们收入下降时所显示出的敏感性完全被“吞噬”。这只能说明近代早期荷兰中产阶级和工人阶级越来越重视糖的消费。此外，这种文化的迫切要求也给人们的行为带来了可量化的变化。

如果糖是在 18 世纪成了大众消费品，那么烟草则更早。沙马斯参照合法进口数据以及走私烟草数量，估值得出：英国的烟草消费量在 17 世纪中叶达到了阈值。到 1670 年，从切萨皮克（Chesapeake）进口的烟草（更不用说 17 世纪末之前英国的非法种植烟草）数量可供英国一半人口每天分配一斗烟。尽管以她的估算，全国普通吸烟者不足人口的半数，但“1670 年前后，市场上的烟草数量过多，精英群体都吸不完”。[51]荷兰也是一个经常性吸烟者众多的国家，只要大致浏览 17 世纪的风俗画，就可以直观地看出这一点。18 世纪，大约有 1/3 的孤儿院附属家庭的物品清单记录着烟草使用的证据；倘若我们只考虑那些以已婚男性为户主的家庭，这个比例会大幅上升至将近一半。（这并不意味着荷兰女性不吸烟，因为她们是出了名的爱吸烟。但女性对烟草的消费量仍远低于男性。）

进口产品：餐具和纺织品

有关欧洲大量消费进口产品的证据肯定不如消费殖民地杂货的证据来得直接，但这

50 Anne McCants, “Consumer Behavior in an Early Modern Dutch Orphanage: A Wealth of Choice,” *Journal of European Economic History* 22, 1993, pp. 121–142; and Anne McCants, “Meeting Needs and Suppressing Desires: Consumer Choice Models and Historical Date,” *Journal of Interdisciplinary History* 26, 1995, pp. 191–207.

51 Carole Shammas, *The Pre-Industrial Consumer in England and America*, p. 79.

并非因为进口产品对近代早期欧洲经济发展的意义没有那么大。实际上，人们对于有关瓷器和丝绸消费的极端化社会分层的普遍看法，与研究18世纪消费文化的历史学家得出的结论并不一致，这种不一致性与食物的案例相比可能更为明显。相较于分批购买较大量且较为耐用的家用物品（如餐具和纺织品），历史学家更容易相信工人阶级购买的是少量且/或非经常性使用的杂货。因此，那些表明外来耐用品也通过各种途径进入了穷人家中的证据，比穷人消费烟草、糖和含咖啡因的饮料更让我们吃惊。尽管如此，亚洲耐用消费品在社会上广为扩散的证据，也随着越来越多由物品清单研究而兴起的专业研究得以迅速发掘。

阿姆斯特丹市政孤儿院所收集的人们在死后遗留下来的物品清单，对相关研究具有极其重要的指导意义。在这些被记录下来的家庭中，约1/3的家庭至少拥有一件中国瓷器，而这些家庭中的中等资产收入家庭则拥有11件不同的中国瓷制品。超过半数的家庭拥有高仿的代尔夫特陶器。[52] 此外，如果我们参考表3便会惊讶地发现，这些拥有代尔夫特陶器和中国陶器的家庭的排序实际上非常靠后。也就是说，与那些看起来不像是外来物的众多其他产品生成的资产中位数相比，这两组家庭的资产中位数较低。例如，拥有中国陶器的家庭看上去与那些拥有（未签名且未署名）绘画作品（荷兰经典装饰品）的家庭的资产中位数非常接近。[53] 同样，拥有代尔夫特陶器的家庭也排在拥有镜子的家庭后面（镜子是荷兰物质环境中广泛分布的另一类物品）。

鉴于陶瓷餐具十分易碎，因而其在这一基数不大的人群中的相对较高的持有量更为让人惊讶。不同于白镴或银制这类品质优于陶瓷的高级餐具，瓷器和代尔夫特陶器餐具几乎无法完整地代代相传。事实上，物品清单显示，尽管有部分餐具被描述为破碎或缺损，但仍被保留下来继续使用。在拥有瓷器的家庭中，近18%的家庭至少拥有一件这样的瓷器，且这些家庭所拥有的瓷器超过70%都是破碎或缺损的。12个拥有瓷器的特困家庭（总资产不到15盾）中，有近一半的家庭拥有破损的盘子，实际上，他们的每个盘子都受到一定程度的损坏。在该样本中，相对富裕的家庭拥有多得多的陶瓷餐具，他们理应承受更高的物品损坏风险，然而，在他们的物品清单中，出现即便是一个这样的破损餐具的概率都很小。按理来说，他们的盘子应该和那些贫困家庭的盘子一样经常出现破裂和碎裂，但显然那些破损的盘子被丢弃了。对于特困家庭来说，他们只能继续使用破损的物品，或者购买那些未能在远洋航行中完好保存下来的货物，再或者使用富裕家庭的遗弃品。尽管如

52 另外2%的家庭拥有日本瓷器，其出众之处在于拥有更多不同的配色方案。

53 根据代尔夫特陶器的分类标准，在物品清单记录中要专门列出“代尔夫特”。此处不包括仅描述为陶瓷或陶器的餐具。

此，这为特困人群接触到18世纪消费文化中日益重要的物质对象提供了有效可行的途径。显然，提升家庭本身幸福感不一定必须拥有大量或崭新的瓷器和/或代尔夫特瓷器。此外，对于那些甚至连受损商品都买不起的家庭，代尔夫特瓷器成为一种合理且可广泛获得的替代品。

同样地，倘若我们只关注丝绸和印花棉布，就会发现：消费亚洲纺织品的人群要比它表面看上去的更加广泛。事实上，这两种纺织品都极为奢华，这从它们在表3中的家庭排名中就可以快速看出。表4呈现的是相似结构的家庭资产中位数的排序，该排序是以每个家庭所拥有的各类纺织品为基准。该表还标示出了哪些纺织品是欧洲原产，哪些是进口。

表4　以荷兰盾为单位的家庭资产四分位数分布
（根据所选纺织品的拥有量按照家庭资产中位数递增排序）

按所拥有纺织品进行分组的家庭	数量	以荷兰盾计算的家庭资产		
		较小四分位数	中位数	较大四分位数
拉肯斯（*Lakens*）—荷兰羊毛	488	53.5	117.0	323.5
棉布—亚洲的	213	62.0	142.0	332.6
巴伊（*Baai*）—羊毛法兰绒	52	72.8	150.0	461.0
邦特（*Bont*）—亚洲印花棉布	127	66.7	162.8	345.1
邦巴辛（*Bombazijn*）—亚洲的	10	50.6	176.9	849.1
格里吉（*Grij*）—骆驼毛混纺羊毛	71	71.5	181.0	455.5
锦缎—欧洲纺织品	114	94.4	194.0	383.6
丝绸—亚洲的	206	110.5	246.5	481.9
天鹅绒—欧洲纺织品	64	95.0	247.4	548.3
轧光印花棉布—亚洲的	134	130.1	272.4	601.3

虽然有可能一些所谓的亚洲纺织品实际上是欧洲制造的仿制品，且其名字具有误导性，但这些名称的含义并未改变对自身生活水平的认知。排序中最引人注目的是欧洲纺织品与亚洲纺织品在整个列表中的混排。这两个地区生产各式各样的纺织品，从廉价的到贵得离谱的都有，一些贫穷的欧洲人因此被排除在某些消费之外，但被排除在外的纺织品并不完全取决于其地理上来自哪里。传统的荷兰羊毛——拉肯斯（*lakens*）——是这些物品清单中数量最多的纺织品，而对于一个家庭来说，其无须在家庭资产中位数的排序中大幅跃升便可拥有至少一种较为便宜的棉布。同样，排序的顶端位置，由诸如天鹅绒和锦缎等传统欧洲奢侈纺织品，以及一些最新的进口产品（最重要的是印花棉布）平分秋色。事实上，丝绸自古罗马时代就已进口到欧洲；随后，意大利人学会了如何生产丝绸，到中世纪中期，他们的丝绸生产能力已获得进一步提高。尽管如此，直至近代早期欧洲与中国的直接贸易扩大了，丝绸才更加普及。

我们不会对纺织品的差价之大、质地好坏区别之大（无论是欧洲本土的还是其亚洲竞争者的）感到十分惊讶。长期以来，有关荷兰东印度公司在亚洲区域内贸易的研究表明，有各种不同质量的纺织品在整个贸易网络中流通。几内亚斯（*guineas*）即是一个典型的例子。它是一种主要用于奴隶衣物的极为轻薄的棉布，然而，更多的以该棉布为原料的普通廉价品也被广泛生产和销售。例如，维尔·戴克（Wil Dijk）在荷兰东印度公司在缅甸的档案中发现了有关纺织品客户的证据，这些客户“从国王到奴隶，来自各行各业”。[54] 她的研究确实表明，卖给缅甸的商品大部分是供普通人日常穿着的简单衣物。[55] 鉴于普通商品的市场规模要远远大于奢侈品市场，因此，不难相信像荷兰人这样精明的商人一定会找到一种开拓普通市场的方法，也不难相信荷兰东印度公司同样会明白欧洲商品更适合在类似的普通商品的大市场上出售。尽管于较便宜的商品而言，其单位利润可能会减少，但这可以通过扩大的交易量来弥补。孤儿院附属家庭身穿的衣物几乎都是相对便宜的棉织品，这无疑是该营销战略发挥作用的证明。

学界关于 17、18 世纪工业生产过程和创新模式的最新研究，进一步证实了一种说法，即亚洲在近代早期通过贸易对欧洲消费模式产生了巨大影响，到 17、18 世纪则通过欧洲所仿制的亚洲产品来继续对欧洲消费模式产生影响。代尔夫特陶器必然是该现象中最早被广泛认可的案例。17 世纪初，代尔夫特陶器厂生产出的产品开始具有两个新的特点，这两个特点极为鲜明，直至今日仍是代尔夫特陶器的独特标志。首先，在对需求量巨大但制作技艺令人难以捉摸的高质量中国瓷器进行直接仿制时，代尔夫特陶工采用了与进口瓷器相仿的上釉青花瓷配色方案。但出乎意料的是，这一配色方案本身并非源自中国本土，而是中世纪中期穆斯林商人在中东和中国之间进行的更早的远距离贸易扩展的结果。[56] 尽管北宋（960—1127 年）的无装饰、单色瓷是当时世界上技术含量最高的瓷器，但并未获得中东消费者的青睐，因为他们更喜欢色泽高度艳丽的陶瓷。只有当 12 世纪以后，中国引进了波斯的氧化钴，景德镇的陶工们才开始制作出独具特色的青花陶器。青花瓷愈渐闻名，随后荷兰人开始仿制。其次，由于瓷器远远优于欧洲生产的釉面陶器、价格也不比欧洲生产的瓷器多多少，加上消费者们货比三家，使得代尔夫特陶器很难卖出去。所以，荷兰的

54 Wil O. Dijk, “The VOC’s Trade in Indian Textiles with Burma, 1634–80,” *Journal of Southeast Asian Studies* 33, 2002, pp. 495–515.

55 Wil O. Dijk, “The VOC’s Trade in Indian Textiles with Burma, 1634–80,” p. 502.

56 Robert Finlay, “The Pilgrim Art: The Culture of Porcelain in World History,” *Journal of World History* 9, 1998, pp. 141–188, 147–149.

工厂最初是专门生产瓷砖的，而中国人是根本不会设厂专门生产这些物品的。[57] 直到17世纪40年代之后，由于中国内部的明朝和满族人之间发生战乱，中国瓷器的供应大大减少，代尔夫特的工匠们才逐渐转变方向，开始直接仿制中国制造的独特餐具。[58]

就陶器制作而言，陶器的风格、技术的全球性交换非常之明显，因此人们把陶器艺术称作“漫游艺术”（the pilgrim art）。同样，在纺织品生产中，全球性交换也极为重要。我们不要忘了，英国最具代表性的经济现象——所谓的“第一次工业革命”（First Industrial Revolution）——完全是由棉纺织业推动的，而非英国的本土产业。然而，我们无需等到19世纪便可看到全球性仿制对纺织品生产发挥的强有力的作用。玛克辛·伯格（Maxine Berg）和约翰·斯泰尔斯（John Styles）等学者也都详尽阐明：早在17世纪末，该行业便对进口商品引起的品位变化尤其敏感。正如伯格指出的那样，“18世纪发明的重心偏向于这种仿制过程”。[59] 此外，与陶瓷一样，纺织品生产所带来的影响不只是单向的。中国的瓷器和印度的纱棉都开始运用图案进行装饰，而这些图案本身就是模仿在欧洲被称为“中国风”（chinoiserie）的模仿风格。[60] 最后，值得注意的是：进口产品塑造的新品味的刺激效应并非总是受到欢迎。印度的印花棉布在英国的销售取得了极大成功，以致于英国各类纺织商向议会请愿以求保护。英国政府于1701年颁布了禁止使用进口印花布的法令，但以失败告终；1721年，英国政府为遏制非法进口，又颁发了一项更为普遍的禁令禁止使用任何印花织物；直到1721年的禁令于1774年被彻底取消时，人们被抑制的对印花织物的大量需求才得到了满足。这无疑与本文所论述的内容一致，即进口纺织品对提升人们的幸福感做出了关键性的贡献，这不仅体现在小范围的精英群体中，还广泛体现在各社会阶层之中。

结　论

早在17世纪的最后几十年，西欧对茶叶、咖啡、糖、烟草、瓷器、丝绸和棉纺织品的消费量就急剧增加，且在18世纪的大多数时间里进一步上升。法国大革命和（尤其是由拿破仑封锁引起的）大陆战争带来的消费倒退，真正应被视为严重打断了原本增长的趋

57 T. Wijsenbeek'Olthuis, “Invloed van de VOC op het dagelijksleven in Delft,” in *Delft en de Oostindische Compagnie*, ed. H. L. Houtzager, pp. 99–117, Amsterdam: Rodopi, 1987, p. 109.

58 Robert Finlay, “The Pilgrim Art: The Culture of Porcelain in World History,” p. 148.

59 Maxine Berg and Helen Clifford, eds., *Consumers and Luxury*, p. 77.

60 John Styles, “Product Innovation in Early Modern London,” pp. 133–134.

势，否则，该趋势将完成近代早期贸易体系至19世纪的“运输革命”间的无缝衔接。该贸易使得新商品的使用在地理空间和社会空间内迅速扩散。城市沿海地区自然是我们发现这些新商品的最早的也是最多的地方，因为那里交通便利；不过，它们向农村和内陆地区的扩散通常也十分迅速。更令人惊讶的是，18世纪中叶的低收入人群中也出现了许多这些所谓的“奢侈品”的完备记录。可以毫无疑问地说，欧洲对这些物品的需求不仅受到富人不断增长的“盈余收入”推动，还受到欧洲众多城市中心中的为数更多的中下层，以及农村地区人们的需求的推动。此外，关于价格和收入的需求弹性的数据有力地表明：欧洲进口需求并非只在固定的需求函数内随收入增长和/或价格下降发生变化。很明显，人们的品味发生了显著转变，他们不再购买本地工农业产品，而是购买从海外进口的产品。更重要的是，购买这些进口产品会令人“上瘾”，从而使得即使本地产品的相对差价对他们自身有利，他们也难以对它们提起兴趣。此外，对于像茶叶和咖啡这样的产品，它们本身在作为生理兴奋剂时所含的热量很低（来源于佐餐糖），且其需求增长的潜在空间并没有像大多数其他食品那样因餍足而被迅速限制。最后，欧洲的生产过程确实就这些需求的变化做出了应对。他们努力建设进口替代产业，如甜菜糖加工、棉纺织品生产与装饰等；其中最显著的是尝试仿制亚洲陶瓷，代尔夫特最先开始尝试，随后英国和欧洲大陆的其他地方也加入进来。

那么，关于全球化的速度与时间，人们更大的争议是什么？如果奥罗克和威廉姆森“设定的前提是——除富人以外，其他人均负担不起从亚洲和美洲进口的绝大多数‘外来’物”，那他们几乎肯定是错误的。[61] 殖民地贸易中的许多商品，特别是仅在价格计算中的初级商品，确实有着广泛的消费者。毫无疑问，英国和荷兰共和国即是这样的情况，因此它们必然能为奥罗克和威廉姆森所需的价格数据提供两份最重要的资料。实际上，这两个地方对殖民地商品的需求尤其强劲，尽管到达主要港口城市的进口总量在惊人地增长，但却足以将商品售价（在大部分时间）维持在一个能够抵补高昂转运费的水平上。如果需求一如众多经济史学家们所认为的那样有限，且鉴于我们了解到信息说运输成本在19世纪之前没有大幅下降，那么这种贸易将不会维持很长时间。它必定不会持续三个多世纪，也不值得许多人那样为之牺牲（因为确实有很多人是这样）。

基于我们目前了解到的事实，一个更为可能的设想是：工人生活水平的改变确实不是“对欧洲的进口需求产生了微不足道的影响”。[62] 如果是这样，奥罗克和威廉姆森对后哥伦布

61 Kevin O'Rourke and Jeffrey Williamson, “After Columbus: Explaining Europe's Overseas Trade Boom, 1500–1800,” p.434.

62 Ibid.

时期洲际贸易繁荣原因的阐释就有些欠妥，尤其是低估了欧洲需求在其中所起的作用。尽管原始材料的缺乏将继续使得历史学家难以精确量化近代早期时关于殖民地杂货、亚洲制造品的需求的规模与范围，但如果我们不能认识到这种需求对彻底改变欧洲消费模式及其生产过程的力量，我们将会曲解全球化进程中的一个关键时刻。

【原文出处】Anne E. C. McCants. “Exotic Goods, Popular Consumption, and the Standard of Living: Thinking about Globalization in the Early Modern World,” *Journal of World History*, Vol. 18, No.4 (2007), pp. 433–462.

亚当·麦基翁　著
武海燕　译

全球移民（1846—1940 年）*

【导读】

亚当·麦基翁（Adam Mckeown，1965—2017），美国哥伦比亚大学历史系教授。1997 年于芝加哥大学获得博士学位，之后曾在东北大学与哥伦比亚大学任教，并参与创办哥伦比亚大学国际史与全球史研究项目。主要研究领域为跨国移民史，尤其是华人移民史及其对全球史的影响。代表作为《华人移民网络与文化变迁：秘鲁、芝加哥、夏威夷，1900—1936》（2001）与《忧郁的秩序：亚洲移民与边境管控全球化》（2008），后者荣获 2009 年世界历史学会最佳图书奖。

有学者用简单一句话来定义世界史，那就是"人口在移动，不管他们愿不愿意"。这一说法虽然失之偏颇，但不可否认，人口流动是人类历史的常态也是其发展变迁的重要动力。如果把人类历史看作一部移民史，那毫无疑问现代史就是其中最具全球性的一章。本文考察从 19 世纪中叶到 20 世纪中叶全球移民的规模、流向与模式，探讨移民活动的形成机制及其与社会环境和政治因素的互动关系。作者通过分析大量来自中国、印度、西伯利亚、东南亚、中亚和日本等国家和地区的统计数据，证明这一时期的亚洲移民与欧洲跨洋移民在周期、规模和组织上都具有相似性。

长期以来，移民史研究都以欧洲和大西洋为中心，并将到达美洲和澳大利亚的西方移民看作自由进步的拓荒者。相比之下，迁往北亚与东南亚的移民则被视为落后被动的求生者并因此受到忽视。麦基翁认为这一传统偏见和思维定式严重低估了华人与亚洲移民的复

---

* 杰里·本特利（Jerry Bentley）、杰弗里·伯兹（Jeffrey Burds）、亚当·科斯托（Adam Kosto）、格雷格·曼恩（Greg Mann）、帕特里克·曼宁（Patrick Manning）、大卫·诺思拉普（David Northrup）、巴勃罗·皮卡托（Pablo Piccato）、丘立本（Qiu Liben）、萨姆·罗伯茨（Sam Roberts）、伊丽莎白·辛恩（Elizabeth Sinn）、杨雅南（Anand Yang）、杨斌（Bin Yang）与《世界历史杂志》的一位匿名审稿人，以及 2002 年 6 月在东北大学世界历史中心、2002 年 7 月在新西兰基督城的坎特伯雷大学历史系和 2002 年 8 月在韩国首尔举行的世界史学会会议的听众，均对本文提供了建议和帮助，在此一并表示感谢。文中所有遗留的错谬与构思缺陷，均系本人固执所致。

杂性、主观能动性及其对全球化的积极作用。各地的跨国移民潮都是全球经济政治文化发展的重要动力，同时又深受其影响，因此它们存在诸多可比性。可是传统的移民史研究以个案为主，着重突出特定人群流动的特点，并将其纳入按地区、时段和社会情境划分出的不同移民体系中，这一方法显然不利于认知现代移民的全球关联性。唯有突破民族国家的框架与欧洲中心论的束缚，在全球视野下公允地审视不同地区的移民活动及其互动过程，方能将被区隔的移民史研究统一起来，并将其置于全球史研究的中心位置。这也是深入分析全球移民的关键。本文的研究有助于推动移民史研究真正摆脱以欧洲和大西洋为中心的方法论和概念窠臼。

大规模的远距离移民已然是现代世界历史的重要组成部分，但历史学家迟迟不愿承认移民活动的全球性。学界将跨大西洋移民视为工业化和美国边疆扩张的重要内容，却几乎忽视了发生在北亚与东南亚的移民活动，后者在人口体量与经济影响方面均与跨大西洋移民类似。即便有人提及亚洲移民与非洲移民，他们通常只是将其看作满足欧洲人之需的契约移民，或者为了逃离人口过剩压力的农民，认为这些移民与改变大西洋世界的自由移民截然不同。然而，全球范围内的移民在规模与时间上是大致相当的。这些相似之处并非巧合。满洲的边远地区、东南亚的稻田和橡胶种植园与曼彻斯特的工厂和北美的麦田一样，都是改变世界工业进程的组成部分。虽然权力与资本集中在北大西洋地区，但大规模的移民潮往往并非源于欧洲的直接影响。

人们通常认为大规模移民的时代终结于 1914 年，但从全球的视角来看，这样的时代划分并不恰当。世界移民在 20 世纪 20 年代达到了新的高峰，与之伴生的是同期的诸多移民限制措施。这些措施连同其他法规、边境管控与民族主义，成为与 19 世纪中叶以来的移民活动相关的长期趋势的一部分。事实上，将全球移民划分为不同体系的做法，致使人们只关注跨大西洋移民，忽略世界其他地区的移民。这种划分方法一方面源于政治因素对移民活动的干预，另一方面乃经济进程所致。因此，从全球视角审视移民问题，不仅可以洞察日渐扩张的工业经济的全球影响，还可以揭示这种工业经济如何实现与政治势力和文化力量的同步发展。相比之下，全球经济逐渐一体化，而政治势力与文化力量则倾向于将世界划分为不同的国家、种族和文化区域。

世界移民概况

表 1 概括了 1846—1940 年远距离移民的三条主要路线。该表内容基于世界各地的出、入境移民数据与海关统计数据（附录包含详细的资料综述）。这些数据主要涉及如下群体：乘坐三等船舱或下等统舱的乘客；被归入官方定义的“出境移民”或“劳工”，诸如印度移民；或者官方殖民计划所登记的移民，比如由俄罗斯迁往西伯利亚与中亚的那些移民。可资利用的大多数统计数据可以根据三个主要目的地进行分类：美洲、从俄罗斯大草原至西伯利亚与满洲的广袤的北亚地区，以及以东南亚为中心并延伸至印度洋与南太平洋边缘的地区。尽管“其他来源”一栏中包含来自其他地方的移民，但每个目的地的移民大都来自同类地区。

表 1　1846—1940 年主要的远距离移民潮

目的地	来源地	数量（百万）	其他来源地
美洲	欧洲	55—58	250 万来自印度、中国、日本与非洲
东南亚、印度洋沿岸、南太平洋	印度、中国南方	48—52	400 万来自非洲、欧洲、东北亚与中东
满洲地区、西伯利亚、中亚、日本	东北亚、俄罗斯	46—51	

资料来源：见本文附录。

这些分类旨在表明全球远距离移民的大趋势与广义上的可比性。尽管如此，该统计表仍然具有很强的选择性。它并未透露通过非洲、西亚进行的移民信息，也没有体现出每个输出地与接收地内部的移民信息。而这些移民大部分是短距离移民或经由陆路迁移的移民，与之相关的统计数据并不总是现成的（尽管有些移民信息尤为翔实，例如从欧洲迁往北非的移民），这个问题将在下一节讨论。

迁往美洲的跨大西洋移民是其中最著名的移民。超过 65% 的移民去了美国，其余大部分迁往加拿大、阿根廷（国外出生的居民所占比例最大）与巴西，还有少部分去往古巴。19 世纪 70 年代以前，超过半数的移民来自不列颠群岛，其余大部分来自西北欧。在 19 世纪 80 年代，随着新的交通技术的发展，移民人数不断增加，移民输出量较多的地区，向南部和东部扩展至葡萄牙、俄罗斯与叙利亚。多达 250 万来自南亚与东亚的移民也迁往美洲，其中大多去往北美西部的边疆地区，或加勒比海、秘鲁与巴西的种植园，其中半数移民活动发生在 1885 年之前。此后，随着契约劳工招募量的缩减与反亚洲移民法的出台，移民数量逐渐减少。

迁往东南亚与印度洋和南太平洋附近地区的移民当中，包括 2900 多万印度人与 1900 多万华人。大多数印度移民迁往大英帝国的各处殖民地。这些移民当中，只有不到 10% 的人签订过契约，而且许多人是在殖民当局的协助下签订的，或是在某种被称为康加尼（*kangani*）的抵债包工制下签订的。[1] 另有 200 多万印度移民的目的是经商或旅行，而非务工。[2]

1　David Northrup, *Indentured Labor in the Age of Imperialism, 1834–1922,* Cambridge, U.K.: Cambridge University Press, 1995, p. 65.

2　Claude Markovits, "Indian Merchant Networks Outside India in the Nineteenth and Twentieth Centuries: A Preliminary Survey," *Modern Asian Studies,* no. 33, 1999, p. 895，作者估计有 150 万商业移民，但这一数字并不包括所有可能被归入"非劳工"等入境移民类型的印度人。另请参阅：Markovits, *The Global World of Indian Merchants, 1750–1947*, Cambridge, U.K.: Cambridge University Press, 2000, p. 17; Kernial Singh Sandhu, *Indians in Malaya: Some Aspects of Their Immigration and Settlement (1786–1957)*, Cambridge, U.K.: Cambridge University Press, 1969, pp. 373–380。

随着 1908 年以后对契约合同的限制日益严格，以及契约劳工制度在 1920 年的废除，移民人数有所增加。印度移民中有近 400 万人前往马来西亚，800 多万人前往锡兰，1500 多万人前往缅甸，还有大约 100 万人前往非洲、东南亚的其他地区，以及印度洋与太平洋的各处岛屿。

绝大多数华人移民来自中国南部的广东省与福建省。有不到 75 万的华人移民与欧洲雇主签订了契约合同，其中包括 1874 年以前前往拉丁美洲与加勒比地区的 25 万人，19 世纪 80 年代至 20 世纪 10 年代前往苏门答腊岛的 25 万人，以及分散在太平洋与印度洋地区的矿山、种植园和岛屿的一少部分人（1904—1908 年前往南非以及"一战"期间前往欧洲的契约劳工大多来自中国北方）。更多的华人通过契约关系、债务关系、雇佣关系与利润分成等形式，为华人雇主工作。多达 1100 万华人从中国迁往海峡殖民地，尽管其中超过三分之一的人被转运至荷属印度群岛、婆罗洲、缅甸以及更西边的地区。近 400 万人从中国直接到达泰国，200 万～ 300 万人迁往法属印度支那，100 多万人迁往荷属印度群岛（如果将从新加坡转运的移民包括在内的话，总数超过 400 万人），还有不到 100 万人迁往菲律宾，50 多万人迁往澳大利亚、新西兰、夏威夷，以及太平洋和印度洋的其他岛屿。

在对这些移民体系的研究中，北亚这片广阔的区域受到的关注最少。数百年来，少量移民零零星星地进入中亚、西伯利亚与满洲地区。1860 年之后，清政府逐渐允许移民进入满洲。1861 年，俄国农奴得到解放。这都为更大规模的移民创造了条件。19 世纪 80 年代，两国政府都积极采用宅地政策鼓励殖民，在某种程度上均是为了防止对方侵占领土。19 世纪 90 年代的铁路建设，进一步推动了移民人数的增加。[3]有 2800 万～ 3300 万华人移民到满洲与西伯利亚（他们中的大多数人从山东出发，经短途海路到达辽东半岛），另外还有将近 200 万朝鲜人和 50 多万日本人移民到那里。有 250 万朝鲜人移民到了日本，尤其集中在 20 世纪 30 年代。在此期间，至少有 1300 万俄国人迁入中亚与西伯利亚。此外，多达 100 万中国北方人、朝鲜人与日本人迁移到不同的目的地，包括美洲大部分地区、夏威夷、东南亚、南非与欧洲。

全球移民导致了世界人口分布的重大变化。三个主要目的地都经历了人口数量的大规模增长，从 1850 年至 1950 年，其增长幅度达 4 ～ 5.5 倍（见表 2）。这些地区的人口增长率是整个世界人口增长率的两倍多，比净入境移民人数较少的非洲地区高出约 60%。相比

3 Robert H.G. Lee, *The Manchurian Frontier in Ch'ing History,* Cambridge, Mass.: Harvard University Press, 1970; Donald Treadgold, *The Great Siberian Migration: Government and Peasant in Resettlement from Emancipation to the First World War*, Princeton, N.J.: Princeton University Press, 1957.

之下，输出地区的人口增长率则低于世界人口增长率，不到移民目的地人口增长率的一半。1850 年，三个主要目的地的总人口占世界人口的 10%，1950 年时这一比例达到 24%。相比其他两个目的地，东南亚地区的人口增长速度较为缓慢。不过，那里的人口增长主要发生在相对有限的地区，而且以原住民为主。从 1870 年至 1930 年，大约有 3500 万移民进入 408 万平方公里的东南亚，与此形成对比的是，约有 3900 万人进入 980 万平方公里的美国。

表 2　1850—1950 年世界不同地区的人口增长

	1850 年人口数量（百万）	1950 年人口数量（百万）	年均增长率（%）
接收地			
美洲	59	325	1.72
北亚	22	104	1.57
东南亚	42	177	1.45
输出地			
欧洲	265	515	0.67
南亚	230	445	0.66
中国	420	520	0.21
非洲	81	205	0.93
世界	1200	2500	0.74

资料来源：科林·麦克弗迪（Colin McEvedy），理查德·琼斯（Richard Jones）：《世界人口历史地图集》（*Atlas of World Population History*），伦敦：企鹅出版社，1978 年。

某些地区的移民率参差不齐，有些村庄或地区迁出了大量移民，有些则几乎从未迁出。尽管如此，不同输出地区的平均出境移民率大致相当。乍看上去，与来自中国的 1900 万海外移民或来自印度的 2900 万海外移民相比，来自较小国家，诸如意大利、挪威、爱尔兰和英格兰等地的数百万移民似乎只是很小一部分。但如果我们看一下面积相当的地区，就会发现这个比率是非常相近的。据在案登记的最高出境移民率来看，在 1845—1855 年大饥荒期间，爱尔兰平均每年每千人中有 22 人移居国外；19 世纪 80 年代，冰岛每年每千人中有 18 人移居国外。[4] 南太平洋与加勒比海的一些岛屿可能存有类似比率。在 20 世纪最初的十年里，海外移民高峰期更具代表性的比率是，意大利每千人中有 10.8 人，挪威每千人中有 8.3 人，爱尔兰每千人中有 7 人。[5] 相比之下，在 20 世纪 20 年代的高峰时期，比意大利

4　William Smyth, “Irish Emigration, 1700–1920,” in *European Expansion and Migration: Essays on the Intercontinental Migration from Africa, Asia, and Europe*, ed. Pieter Emmer and Magnus Mörner, New York: Berg, 1992, pp. 51–52; Helgi Skúli Kjartansson, “Icelandic Emigration,” in *European Expansion*, pp. 105–106.

5　Walter Nugent, *Crossings: The Great Transatlantic Migrations, 1870–1914,* Bloomington: Indiana University Press, 1992, p. 43.

面积略大而人口略少的中国广东省，平均每年每千人中至少有 9.6 人移民海外。同一时期，河北与山东两省（中国东北地区的移民来源地）的移民率为千分之十。[6]

其他移民潮

跨洋移民只占全球移民的一部分，还有许多移民是暂时性地或永久性地迁往附近的城市、乡镇、工厂、矿山与种植园。在主要的远距离移民活动之外，一些迁移发生在主要输出地与目的地内部，还有一些则经由非洲和中东等地区与主流移民体系密切相关，而且表 1 中呈现的三个体系很快就相互混杂了。

1000 多万迁往北美洲西部边疆的移民也可算入跨大西洋移民之列，他们大多在穿越美国后最终进入加拿大西部平原。20 世纪初，这一进程促使大量美洲原住民迁往他处，也使得 250 多万墨西哥人移居美国西南部的农业区。同期，美国东北部的工业中心也吸引了 250 多万加拿大人、100 多万非裔美国人与墨西哥人。[7] 在美洲其他地区，大量安第斯人迁移至沿海的种植园与城市，30 多万加勒比人移居中美洲与古巴的种植园以及巴拿马运河区和美国。[8]

远距离移民的主要输出地也发生了大规模内部移民。在欧洲，来自爱尔兰的移民前往英格兰工作，来自东欧与南欧的移民前往北欧工业区，特别是法国与德国的工业区。在俄国，移民涌入发展中的城市与南部农业区。[9] 在印度境内，移民迁往南部与东北部的茶叶种植园与

6 中国的人口数据来自 Thomas Gottschang and Dana Lary, *Swallows and Settlers: The Great Migration from North China to Manchuria*, Ann Arbor: University of Michigan, Center for Chinese Studies, 2000, pp. 172–173; Robert Marks, *Tigers, Rice, Silk, and Silt: Environment and Economy in Late Imperial South China*, Cambridge, U.K.: Cambridge University Press, 1998, p. 280。

7 Dirk Hoerder, *Cultures in Contact: World Migrations in the Second Millennium*, Durham, N.C.: Duke University Press, 2002, pp. 217, 355–356; Daniel Johnson and Rex Campbell, *Black Migration in America: A Social Demography*, Durham, N.C.: Duke University Press, 1981; Jean Meyer, “Les migrations mexicaines vers les Etats-Unis au Xxéme siécle,” in *Les Migrations Internationales: De la fin du XVIIIème siècle à nos jours,* ed. CIDMSS, Paris: Editions du CNS, 1980, pp. 681–696; Bruno Ramirez, *Crossing the 49th Parallel: Migration from Canada to the United States, 1900–1930*, Ithaca, N.Y.: Cornell University Press, 2001.

8 Orlando Patterson, “Migration in Caribbean Societies: Socioeconomic and Symbolic Resource,” in *Human Migration: Patterns and Policies,* pp. 106–145.

9 Jeffrey Burds, *Peasant Dreams and Market Politics: Labor Migration and the Russian Village, 1861–1905,* Pittsburgh: University of Pittsburgh Press, 1998; David Moon, “Peasant Migration, the Abolition of Serfdom, and the Internal Passport System in the Russian Empire, c. 1800–1914,” in *Coerced and Free Migration: Global Perspectives*, ed. David Eltis, Stanford, Calif.: Stanford University Press, 2002, pp. 324–360.

孟加拉的矿区和纺织品生产区，以及整个次大陆的新灌溉地区与城市。[10]在中国，移民迁往日渐繁荣的沿海城市和人口数量因太平天国运动而下降的长江流域，以及西北与西南边远地区，另有一些移民经陆路迁往缅甸。[11]在这些移民潮中，每一股都至少涉及2000万次行程。东南亚与南太平洋地区也属于移民区，其中多达50万爪哇人迁往苏门答腊岛与东南亚大陆的种植园，40多万美拉尼西亚人与密克罗尼西亚人遍布该地区，在种植园里做工或充当海员。[12]

非洲经历过纯粹的跨洋入境迁移，但人数比其他主要目的地少得多，移民来源也更为广泛。这些移民包括300多万进入北非的法国人与意大利人，以及遍布非洲大陆的100多万其他欧洲人、叙利亚人、黎巴嫩人、阿拉伯人、印度人与华人。[13]19世纪后期，跨大西洋奴隶贸易的终结，导致越来越多的奴隶流入苏丹西部地区、中东与印度洋沿岸地区。19世纪末与20世纪，迁往非洲南部与中部种植园和矿区的劳工移民，以及迁往非洲西部与东部农业区和沿海城市的劳工移民均有所增加。数百万人参与了这些迁移运动，其中一些人是被迫的，很多人为欧洲企业工作，但其中也有许多人找到了独立的职业。[14]

中东地区与前奥斯曼帝国所属地区，也是上述主要远距离移民潮的空隙区。该地区的大部分移民都是劳工移民，这也是世界移民的主要类型。苏伊士运河等工程与埃及棉花种植基础设施的开发，吸引了大量的当地移民，在此期间，黎巴嫩与叙利亚的海外移民率达到了世界最高水平。[15]从1879年至1938年，还有300多万人前往麦加朝圣。[16]战争与政治也是该地

10 Kingsley Davis, *The Population of India and Pakistan*, New York: Russell and Russell, 1951, pp. 107–123; Arjan de Haan, "Migration on the Border of Free and Unfree Labour: Workers in Calcutta's Jute Industry, 1900–1990," in *Migration, Migration History, History: Old Paradigms and New Perspectives*, ed. Jan and Leo Lucassen, Bern: Peter Lang, 1999, pp. 197–222; Hoerder, *Cultures in Contact*, pp. 380–383.

11 葛剑雄、曹树基、吴松弟：《简明中国移民史》，福州：福建人民出版社，1993年，第460—492页。

12 Lydia Potts, *The World Labour Market: A History of Migration*, London: Zed Books, 1990, p. 71.

13 Imre Ferenczi and Walter Willcox, eds., *International Migrations*, vol.1, *Statistics*, New York: National Bureau of Economic Research, 1929, p. 1028.

14 Dennis Cordell, Joel Gregory, and Victor Piché, *Hoe and Wage: A Social History of a Circular Migration System in West Africa*, Boulder, Colo.: Westview, 1996; Philip Curtin, *Why People Move: Migration in African History*, Baylor, Texas: Markham Press Fund, Baylor University Press, pp. 33–39; Patrick Harries, *Work, Culture, and Identity: Migrant Laborers in Mozambique and South Africa, c. 1860–1910*, Portsmouth, N.H.: Heinemann, 1994; François Manchuelle, *Willing Migrants: Soninke Labor Diasporas, 1848–1960*, Athens: Ohio University Press, 1997; Pat Manning, *Slavery and African Life: Occidental, Oriental, and African Slave Trades*, Cambridge, U.K.: Cambridge University Press, 1990, pp. 171–178.

15 Akram Fouad Khater, *Inventing Home: Emigration, Gender, and the Middle Class in Lebanon, 1870–1920,* Berkeley: University of California Press, 2001.

16 有近70万朝圣者来自荷属印度群岛。Centraal Kantoor voor de Statistiek in Nederlandsch Indie, *Statistisch Jaaroverzicht van Nederlandsch Indie 1938*, Batavia, p. 140.

区出现大规模移民的重要原因，此类移民在20世纪日渐成为占主流的移民类型。奥斯曼帝国的解体及其与俄国的战争，导致了400万到600万人的流动，穆斯林从巴尔干半岛、希腊与俄国向南进入土耳其，基督徒则向相反的方向迁移。20世纪初，大约有100万亚美尼亚人被迫从土耳其流散到世界各地，近40万犹太人迁移至巴勒斯坦。[17]第一次世界大战和俄国革命之后，大量难民流入欧洲其他地区，其中包括来自苏联的300万俄国人、波兰人和德国人。[18]

除了侨民与劳工的迁移之外，一些传统的侨商群体依旧活跃在世界各地。在19世纪之前的几个世纪里，这些族群网络一直是远距离移民当中最具代表性的。工业化推动了经济模式的转型与新的劳动力迁移方式的出现，受此影响，商人群体的重要性日益弱化，但许多新、老流散群体仍旧在日益繁盛的全球经济体中发挥着重要作用。犹太商人网络被纳入欧洲资本的运营中，而亚美尼亚商人网络则被种族灭绝造成的创伤所摧毁。不过，其他侨民在数量与空间范围上都有所增加，同时保持并适应了传统的商业组织。华人商人网络将华工输送到整个东南亚，随后又在远至亚马孙橡胶林、南太平洋环礁与上婆罗洲建立起密集的销售网络与服务网络，更不用说服务于世界各地种植园与城镇中其他移民的餐馆、街角商店和洗衣店了。印度商人也将贸易网络扩展至中亚、非洲与东南亚。来自印度南方地区的放债人随着英国的扩张进入缅甸，帕尔西人则用他们赚来的钱在印度建立纺织厂，促进了印中贸易。特别令人感兴趣的是来自海德拉巴（属于今巴基斯坦）的信德商（Sindworkie）。19世纪60年代以后，他们从日本扩散至巴拿马运河与火地群岛，建立起销售世界各地“古玩”的高档旅游商店，并成为日本在荷属印度群岛的著名贸易中间商。其他散居海外的商人群体，如哈德拉米人（Hadhramis，来自也门）、豪萨人（Hausa）与黎巴嫩基督徒，也加入华人与印度人的行列，穿梭于世界各地日渐膨胀的工业企业与个体生产者和消费者之间。[19]

---

17 Calvin Goldscheider, “Israel,” in *Handbook on International Migration*, ed. William Serow, Charles Nam, David Sly, and Robert Weller, New York: Greenwood Press, 1990, p. 132–135; Gülten Kazgan, “Migratory Movements in the Ottoman Empire and the Turkish Republic from the End of the 18th Century to the Present Day,” in *Les Migrations Internationales*, pp. 212–213; Justin McCarthy, *Death and Exile: The Ethnic Cleansing of Ottoman Muslims 1821–1922*, Princeton, N.J.: Darwin Press, 1995.

18 Aaron Segal, *An Atlas of International Migration*, London: Hans Zell, 1993, p. 56.

19 Linda Boxberger, *On the Edge of Empire: Hadhramawt, Emigration, and the Indian Ocean, 1880s–1930s*, Albany: State University of New York Press, 2002; Philip Curtin, *Cross-Cultural Trade in World History*, Cambridge, U.K.: Cambridge University Press, 1984; Christine Dobbin, *Asian Entrepreneurial Minorities: Conjoint Communities in the Making of the World-Economy 1570–1940*, Richmond: Curzon, 1996; Markovits, *The Global World of Indian Merchants*; Adam McKeown, “From Opium Farmer to Astronaut: A Global History of Diasporic Chinese Business,” *Diaspora*, no.9, 2000, pp. 317–360.

历史趋势

全球远距离移民的大致历史趋势，可参见图1与图2。图表多少有些武断地将全球移民史的起点设定为1846年，这是因为从这一年开始可以获得来自欧洲、印度与中国香港的系统的移民统计数据。19世纪70年代末的西伯利亚和中国南部除香港以外的其他港口，以及于1891年迁入满洲的华人移民，也开始具备相对完整的统计资料。至少从19世纪20年代以来，世界各地的远距离移民与跨洋移民一直在逐年增加。[20] 在19世纪之前，远距离移民主要是流向世界各地边远地区的商人、非洲奴隶与相对较少的侨民、农民和矿工。许多移民迁往附近的山地、森林和沼泽等。定居点里的许多移民是独立的侨民，但也有些是受暴力和危机所迫而来的移民，或由政府与私人公司赞助的大规模移民，诸如明清之际中国西部四川省的人口重组、迁往东欧与乌克兰的移民以及奥斯曼政府发起的大规模移民。[21] 此外，商人、工匠、劳工与运输工人遍布亚洲、欧洲、非洲的大部分市场与城镇，他们的足迹甚至出现在农奴制束缚下的俄国。整个村庄的人都掌握某项技能，如银行信贷、石雕、代写书信，或专门从事某种特定产品的贸易等，并派遣移民到整个地区从事这些行业。[22]

以欧洲、北美与日本等地的工业化为核心的全球经济的崛起，致使侨民与工人的远距离移民越来越多。或远或近的边缘地区为不断发展的工业中心提供了食物与资源保障，经济转型则打破了旧有的移民模式。迁往东南亚的华人移民与印度移民数量，与跨大西洋移民的数量一同增加。19世纪60年代以后，他们利用汽船航线提供的便利，在东南亚丛林中开采矿产，开垦农田。19世纪20年代以来跨大西洋奴隶贸易的衰落，导致了19世纪

20 Leslie Page Moch, "Dividing Time: An Analytical Framework for Migration History Periodization," in *Migration, Migration History, History*, pp. 41–56, and "The European Perspective: Changing Conditions and Multiple Migrations, 1750–1914," in *European Migrants: Global and Local Perspectives*, ed. Dirk Hoerder and Leslie Page Moch, Boston: Northeastern University Press, 1996, pp. 115–140.

21 葛剑雄：《简明中国移民史》，第457—458页；Richard Hellie, "Migration in Early Modern Russia, 1480s–1780s," in *Coerced and Free Migration*, pp. 292–323; Hoerder, *Cultures in Contact*, pp. 110–114, 281–287; Leong Sow-Theng（梁肇庭），*Migration and Ethnicity in Chinese History: Hakkas, Pengmin, and Their Neighbors*, ed. Tim Wright, Stanford, Calif.: Stanford University Press, 1997。

22 Hoerder, *Cultures in Contact*, pp. 288–300; James H. Jackson and Leslie Page Moch, "Migration and the Social History of Modern Europe," *Historical Methods*, no. 22,1989, pp. 27–36; Leslie Page Moch, *Moving Europeans: Migration in Western Europe since 1650*, Bloomington: Indiana University Press, 1992, pp. 25–89; G. William Skinner, "Mobility Strategies in Late Imperial China: A Regional Systems Analysis," in *Regional Analysis*, vol. 1, *Economic Systems*, ed. Carol A. Smith, New York: Academic Press, 1976, pp. 327–364.

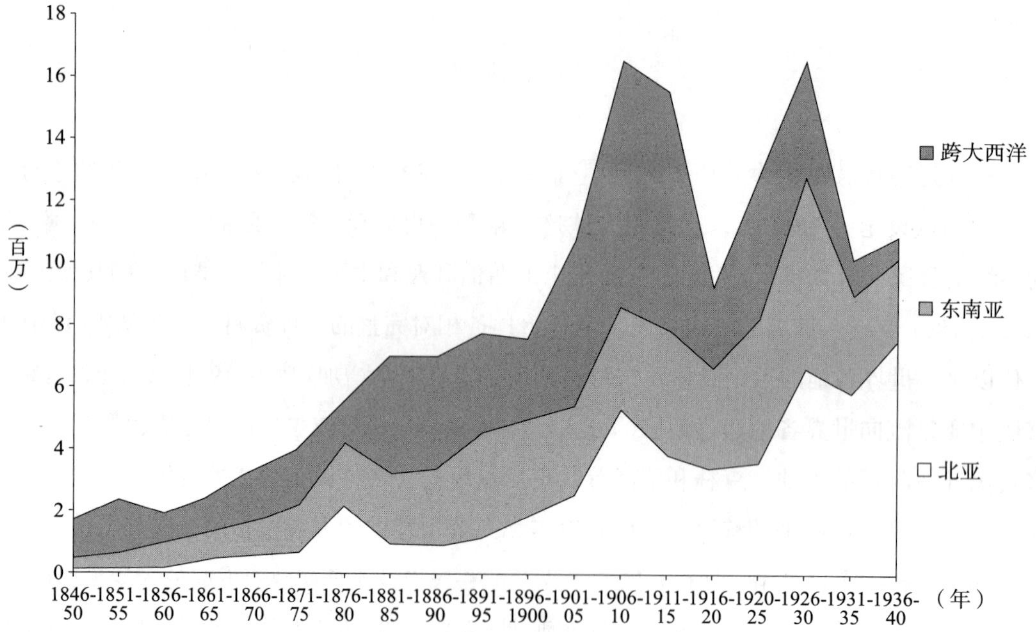

图 1　全球移民总量（五年总计）

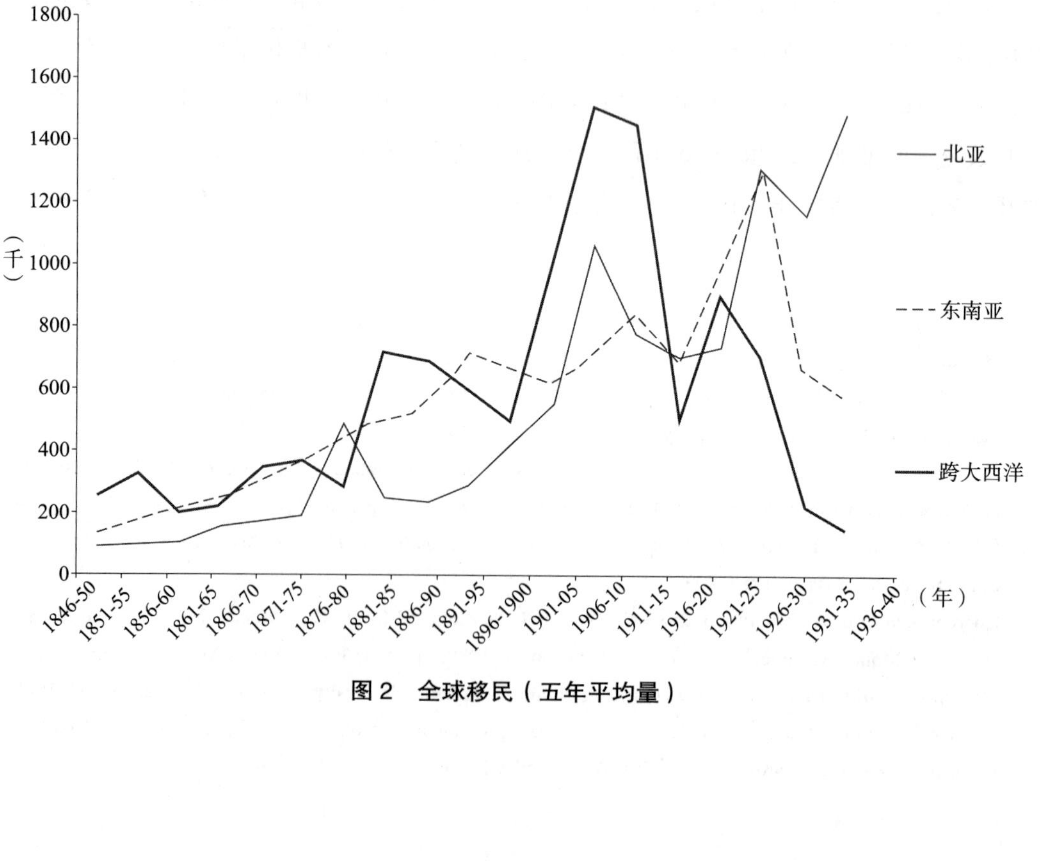

图 2　全球移民（五年平均量）

40 年代亚洲契约移民的出现。这类移民数量在 19 世纪 80 年代达到顶峰，并在亚洲移民激增之时逐渐下降。同样，西伯利亚移民数量在 19 世纪 80 年代开始增加之时，迁往西伯利亚的流放人员与囚犯人数开始减少（从 19 世纪 70 年代占移民人数的 75%，到 19 世纪 90 年代下降到几乎为零）。[23]

19 世纪最后 25 年，世界各地的移民率急剧上涨。在 19 世纪 70 年代初的经济萧条之后，跨大西洋移民数量迅速攀升，并在 19 世纪 70 年代末首次明显超过了亚洲的移民规模（尽管迁往东南亚的移民在 19 世纪 80 年代很快就恢复了）。19 世纪 90 年代，迁往北亚的移民也随之大幅增长。这些地区的汽船与铁路等运输技术的发展，都促进了移民数量的增长。反过来，移民的增加又促进了更大程度的工业扩张，进而带动了更多的移民活动。随着移民人数的增加，更多迁往美洲的移民进入工业行业与城镇，而不是到边疆地区安家落户，北亚大约在 15 至 20 年之后才出现这种模式。在东南亚，农村人口的增长速度仍旧快于城市，但该地区的种植园、矿山和水稻种植区，与北美的工厂和牧场一样，都是全球经济的组成部分。[24]

各个地区的移民人数都随着商业周期的起伏而消长，并在第一次世界大战之前的几年里达到顶峰。跨大西洋移民在 1913 年达到 210 多万人的惊人峰值，从 1911 年至 1913 年，迁往东南亚与北亚的移民也达到了每年近 110 万人的空前高峰。第一次世界大战对跨大西洋移民的打击最为沉重，但移民人数在 1924 年又恢复到 120 万，此后美国的移民限令严重阻碍了来自南欧与东欧的移民。亚洲移民在 20 世纪 20 年代也达到新高峰，1927 年有 125 万移民迁往东南亚，1929 年有 150 万移民迁往北亚。经济大萧条阻止了大批的移民，但日本与苏联的计划经济显然属于例外。到 20 世纪 30 年代末期，高压政治、政府推动和相对强劲的经济发展，促使这两个国家每年向北亚输送高达 180 万移民。

移民数量的增长速度超过了世界人口的增长速度。19 世纪 50 年代，跨洋（和西伯利亚）的移民占世界人口的 0.36%。在 19 世纪 80 年代与 20 世纪前 10 年，这一比例分别为 0.96% 和 1.67%，到 20 世纪 20 年代，这一比例又下降至 1.58%。世界各地的同步增长并非巧合，而是通过日益一体化的全球经济联系在一起的。这是一个流动的世界，人们流入遍布全球的工厂、建设工程、矿山、种植园、农业地区与商业网络。胁迫与暴力在这类移民中发挥了作用，特别是在 19 世纪中期与 20 世纪 30 年代。但大部分移民活动是通过由朋友、家人与村民构成的独立网络进行的。从根本上来看，欧洲、北美与日本的工业化、资本和

23 Hoerder, *Cultures in Contact*, p. 322.

24 Anthony Reid, “South-East Asian Population History and the Colonial Impact,” in *Asian Population History*, ed. Ts’ui-jung Liu, Oxford, U.K.: Oxford University Press, 2001, pp. 45–62.

军事力量，在很大程度上促成并主导了这类移民活动。然而，世界各地的移民并不仅仅是欧洲人带来的，他们体现了全球政治经济的不断扩张。

超越大西洋

鲁道夫·维科利（Rudolph Vecoli）在他主编的《欧洲移民的一个世纪：1830—1930年》导论中指出："我们需要超越大西洋移民的框架……它使我们忽视了移民活动的全球性。"[25]但他只是阐明了这一当务之急，却没有表明，如果没有这种框架的局限，移民活动将会有何不同。最显而易见的是，对全球移民问题的关注将更加有助于开展某些微观层面和宏观层面的比较研究，包括移民网络的运作、移民的原因、移民与经济变迁和人口变化的关系、性别的影响，以及与当地社会的融合等。但是，只有在明确全球移民在广义上具有可比性的前提下，此类研究才会真正开展，而这一前提在移民史领域尚未完全成立。即使那些了解大西洋以外地区移民情况的学者，也往往认为那些移民直接受制于欧洲扩张，而非产生于形成跨大西洋移民的类似动因。

与移民史相关的现有研究成果已是卷帙浩繁，人们很容易从中援引大量事例，证明跨大西洋移民体系的独特性。其中许多论断只是对数量的描述，诸如弗吉尼亚·扬斯-麦克劳克林（Virginia Yans-McLaughlin）所言，"无论是出于偶然还是主动选择，这些世界旅行者（世界移民）几乎半数都移居美国"。[26]还有一些论述进一步声称跨大西洋移民在特性上与众不同，例如艾拉·格莱齐尔（Ira Glazier）与路易吉·德罗萨（Luigi De Rosa）声称，"正是19世纪与20世纪的南美洲与北美洲为移民活动提供了巨大的舞台，那里的移民活动呈现出迥然不同的特点。对于其他大陆来说，移民活动是一种缓解人口压力的手段，将过剩人口转移至人口密度较低的地区。而在北美与南美，移民的目的则是为大片待垦地区提供劳力"。[27]道格拉斯·马西（Douglas Massey）则断言欧洲移民在历史上占据主导地位，并据此强调他所认为的当代移民日益全球化的特点，"尽管国际移民不仅仅只有欧洲人，但绝大多数来自欧洲大陆……。在1925年以前，85%的国际移民来自欧洲，但自1960年以来，

---

25 Rudolph Vecoli, "Introduction," in *A Century of European Migrations, 1830–1930*, ed. Rudolph Vecoli and Suzanne Sinke, Urbana: University of Illinois Press, 1992, p. 13.

26 Virginia Yans-McLaughlin, "Introduction," in *Immigration Reconsidered: History, Sociology, and Politics*, ed. Virginia Yans-McLaughlin, New York: Oxford University Press, 1990, p. 3.

27 Ira Glazier and Luigi De Rosa, "Introduction," in *Migrations across Time and Nations: Population Mobility in Historical Context*, ed. Ira Glazier and Luigi De Rosa, New York: Holmes and Meier, 1986, p. 5.

欧洲移民在世界移民潮中所占比例逐渐下降”。[28]

这些著作大都不直接涉及非大西洋移民，此类论断有可能会因缺乏直接知识而遭摒弃。但是，人们关于非大西洋地区的假设，依然塑造着这种无视世界其他地方的做法。这清晰地体现于彼得·埃默（Pieter Emmer）的比较研究之中。埃默将远距离移民划分为洲际移民与非洲际移民。据此，他的洲际移民研究对象包括穿越乌拉尔山脉的俄国人与迁往阿尔及利亚的法国人，但不包括迁往新加坡的华人。埃默统计了 1800—1960 年的 500 万～ 600 万跨越大洲的非洲移民与亚洲移民，进而总结道：“移民活动是欧洲扩张与收缩进程的组成部分，对移民的研究清楚地表明，欧洲人比非洲人和亚洲人更广泛地参与了洲际迁移。”[29]这种区分由此成为定性判断的基础。在《移民是否有益？》一文中，埃默将全球移民划分为温带种植园体系与热带种植园体系。热带种植园体系几乎完全由亚洲与非洲的洲际移民组成，他们迁往具有契约性质的种植园和充满反亚裔情绪的白人移民国家，这很容易推导出如下结论，即亚洲人从移民中得到的好处远远少于欧洲人。他甚至认为，“考虑到（亚洲）对内与对外移民数量均相对较少”，追问亚洲移民是否有益是没有多大意义的。[30]

埃默的区分看似很草率，但此类著述中充斥着一种普遍推定，即亚洲移民几乎全是欧洲人控制的契约劳工。鉴于印度移民在大英帝国内部的组织相对紧密，以及迁往欧洲人所属种植园的移民具有较高程度的援助性，这种推定对于印度移民来说尚可理解。但更令人费解的是，西方学术界将华人移民都定性为契约劳工，并始终低估华人移民的数量——从 200 万到 800 万不等。[31]费伦齐（Ferenczi）与威尔科克斯（Willcox）的《国际移民》是引用率最高的移民统计资料，尽管其中提供的数据不够完整，但它仍能表明华人移民已近 800

---

28 Douglas Massey, “Why Does Immigration Occur? A Theoretical Synthesis,” in Charles Hirschman, Philip Kasinitz, and Josh De Wind, eds., *The Handbook of International Migration: The American Experience*, New York: Russell Sage Foundation, 1999, p. 35.

29 P. C. Emmer, “European Expansion and Migration: The European Colonial Past and Intercontinental Migration; An Overview,” in *European Expansion*, pp. 3, 10–11.

30 Pieter Emmer, “Was Migration Beneficial?” in *Migration, Migration History, History*, p. 113.

31 Lynn Pann, *Encyclopedia of Chinese Overseas*, Cambridge, Mass.: Harvard University Press, 1999, p.62; Potts, *World Labour Market*, p. 70; and Walton Look Lai, “Asian Contract and Free Migrations to the Americas,” in *Coerced and Free Migration*, p. 230. Hoerder, *Cultures in Contact*, pp. 366–367, 377 and 389，其中的数据并不一致，但书中 Donna Gabaccia 的研究堪称典范，她在比较分析迁往美洲的移民时将亚洲人也包括在内。“The ‘Yellow Peril’ and the ‘Chinese of Europe’: Global Perspectives on Race and Labor,” in *Migration, Migration History, History*, p. 180，在该文中，她确实查看过费伦齐与威尔科克斯的统计数据，做出了 200 万～ 1000 万人的估计，并指出他们当中只有不到三分之一是苦力。当代中文学界广泛采用的则是 2000 万移民这一数字。

万。[32]然而，人们往往引用其他二手著作的数据，最终形成了陈达（Chen Ta）、阿诺德·马尔（Arnold Meagher）与陈泽宪（Chen Zexuan）的研究结果，他们无一例外地只计算了契约劳工移民的人数。[33]将这些数字作为华人移民的完整统计数据而得出的推断，本身就充满了对亚洲移民性质的假设。[34]

德克·霍尔德（Dirk Hoerder）的《接触中的文化》一书，是全面理解全球移民史的最新尝试，他也主要从欧洲人干预的角度来解读亚洲移民。该书涉及工业时代亚洲移民一章的标题为“19世纪30年代至20世纪20年代的亚洲契约劳工制度与跨太平洋移民”。该章开篇就断言：“与大西洋移民体系中的自愿移民或自律移民相比，（亚洲）移民包含少数自由移民、大量自律移民和胁迫移民。”本章超过三分之二的篇幅都聚焦于契约移民与欧洲人经营的种植园。[35]他所引用的统计数据显示，有大量的移民迁往东南亚与中国东北地区。但是，在他提供的地图中，流向加勒比海地区的印度移民数量是流向东南亚的印度移民数量的两倍，迁往海外目的地的华北移民人数是迁往中国东北地区的华北移民人数的两倍（而中国东北地区移民的人数其实至少高出250倍）。[36]霍尔德对亚洲移民的解释也与他对欧洲移民的解释截然不同。华人海外移民的原因包括：“中华帝国的管理不善与各种叛乱，人口过剩与自然灾害，以及殖民渗透。”[37]欧洲人的研究（正如霍尔德所意识到的那样）一直认为，前三个原因很难用来解释稳定的移民模式的建立过程，而“殖民渗透”当然与欧洲无关。这给人留下的印象是，华人与欧洲人的移民网络有所不同，具体决策也有所不同。与此

32 根据费伦齐与威尔科克斯的统计，从1881年至1915年，有550万移民进入海峡殖民地；从1876年至1901年，有370万移民离开中国港口；从1900年至1924年，有240万移民离开香港。

33 Chen Ta, *Chinese Migrations, with Special Reference to Labor Conditions*, Washington, D.C.: Government Printing Office, 1923, 书中只给出了零散的数字。陈泽宪在刊载于《历史研究》1963年第1期的《十九世纪盛行的契约华工制》一文中，统计有600万契约劳工（“条约华工”），但他的定义较为宽泛，包括各种形式的援助移民与债务移民，以及迁往加州的移民。David Northrup在*Indentured Labor*, p. 56中统计有386,901名契约华工和1,336,030名印度人。他非常依赖Arnold Meagher的研究。Arnold Meagher, “The Introduction of Chinese Laborers to Latin America: The ‘Coolie Trade,’ 1847–1874,” Ph.D. dissertation, University of California at Davis, 1975, 这篇论文在档案研究的基础上，对1874年以前的中国契约劳工移民做出了最详尽的评估。

34 Jan and Leo Lucassen, “Migration, Migration History, History: Old Paradigms and New Perspectives,” in *Migration, Migration History, History*, p. 11，文章指出，研究非欧洲移民的历史学家往往把重点放在强制移民上，并建议打破欧洲自由移民与强制移民之间的区别。文集中的另一些文章在这个方向上迈出了颇有价值的一步，但是，就像Eltis, *Coerced and Free Migration: Global Perspectives*中的文章一样，它们对亚洲移民的研究主要参照美洲移民这一背景。

35 Hoerder, *Cultures in Contact*, p. 366.

36 Ibid., pp. 368, 372, 389, 494–495.

37 Ibid., p. 12.

类似，他们将向中国东北地区的移民视为人口过剩而导致的农民再安置，却很少讨论东北亚的工业转型。其总体结论就是，如果没有欧洲的存在，或者亚洲专制政权的推动，亚洲移民就没有任何意义。

对世界各地不同移民情况进行详细的比较分析，将使人们对移民过程有更加深入的了解。但是，如果不修正用于思考移民问题的有关世界历史的大型框架，这种比较就不会充分发挥效能。全球移民活动几乎同步发生，这表明非欧洲人也充分参与了世界经济的扩张与一体化进程，完全超出了欧洲的直接干预范围。将世界移民划分为截然不同的体系，往往模糊了这些全球进程之间的联系。正如下文所述，一部全球移民史还必须顾及管制与干预因素，全球移民正是因为这些因素而在观念层面与实践层面被分割成不同的体系。

历史分期

20 世纪 20 年代末是全球大规模移民的高峰期之一。但是，专注于跨大西洋移民的研究通常将 1914 年作为大规模移民时代的终结点。从北大西洋的角度来看，选择这一年份是有一定道理的。该地区的移民模式被第一次世界大战及其余波严重打乱。战争导致了严格的护照管制与大规模的难民潮，这是西欧前所未有之事（尽管这种情况在俄国、东南欧与小亚细亚等地并不陌生）。德国在战后严格限制移民入境，美国在 1921 年与 1924 年设定了移民配额，意大利在 1927 年对出境移民加以限制。那似乎成了一个充满移民管控、刚性边界与民族偏见的新时代。[38]

但是，除了德国、意大利与美国这三个（被公认为重要的）节点以外，在更宽泛的跨大西洋体系内，移民活动是否大幅减少尚不为人所知。在 20 世纪 20 年代，有 200 多万工人迁往法国，而迁移至澳大利亚、新西兰和美洲除美国以外的其他目的地（以及 1924 年以前的美国）的人数，则恢复到相当于 20 世纪最初十年的水平。东欧与葡萄牙处于跨大西洋体系不断扩大的外围地区之内，来自两地的移民人数在 20 世纪 20 年代甚至有所增长。[39] 从美洲其他地区迁往美国的移民也增加到每年 15 万以上，达到有史以来的最高水平。[40] 我们也不清楚入境移民的政策是否确实更加严格。20 世纪 20 年代，加拿大的移民政策实际上

38 Kulischer, *Europe on the Move*; Moch, *Moving Europeans*, pp.155–170; Saskia Sassen, *Guests and Aliens,* New York: New Press, 1999, pp. 85–90.

39 Kulischer, *Europe on the Move*, p. 152. Kulischer 还指出，西伯利亚的移民在革命刚刚结束后的几年中发生了逆转，因为当地的政策是针对俄国侨民的利益而建立的，但到了 20 世纪 20 年代中期，在凌驾于当地政策之上的中央指令的推动下，移民恢复了往日那种向东迁移的模式，见第 74—84 页。

40 Mauice Davie, *World Immigration: With Special Reference to the United States*, New York: McMillan, 1936, p. 208.

放宽了限制，而阿根廷与澳大利亚的移民政策则保持不变。[41]

很多人坚持认为大规模移民终结于1914年的关键原因，不仅在于移民数量的减少，还在于坚信此后即将迎来一个充斥着民族主义、刚性边界与政府监管的新时代。战后岁月被视为20世纪20年代之前所施行的自由移民制度的间断期。但与其以1914年为界将前后时段一分为二，不如将各类监管制度理解为至少从19世纪70年代以来逐步严格的限制移民政策的一部分。自19世纪中期以来，移民人数的并发式增长与边界的扩张和监管措施的加强是密不可分的，其中包括各种鼓励、限制、遴选、保护、分配与监测移民的计划。将大规模人口迁移的时代延续至20世纪20年代，既肯定了自19世纪初以来移民的全球性规模，也肯定了人口迁移与政治的长期关系。[42]这亦有助于了解全球范围内不同移民体系的分割。

在许多情况下，"自由"移民本身就是政府监管的产物。废除奴隶贸易，需要政府大力干预私营贸易商与招募者的活动。19世纪60年代与70年代对华工贸易的管制，需要中国与欧洲双方官员的合作，以限制私人招募者的活动，并建立监管机构来确保每个移民都是"自由"和"自愿"签订合同的。[43]印度移民在整个大英帝国的扩增就是这种干预的直接结果。所有移民活动的发生都有着社会背景与政治背景。我们在理解自由移民时，必须始终将其置于具体的政治背景之中，其间也必须考量其他某些进程与利益。

针对移民和当地人的殖民政策与国家政策，也对移民活动的规模和性质产生了重大影响。19世纪中叶迁往东南亚和暹罗等殖民地的华人移民，与这些殖民地将大量创收农

41 Ashley Timmer and Jeffrey Williamson, "Immigration Policy Prior to the 1930s: Labor Markets, Policy Interactions, and Globalization Backlash," *Population and Development Review*, no.24, 1998, p. 743.

42 Jane Caplan and John Torpey, eds., *Documenting Individual Identity: The Development of State Practices in the Modern World*, Princeton, N.J.: Princeton University Press, 2001; Cindy Hahamovitch, "Creating Perfect Immigrants: Guestworkers of the World in Historical Perspective," *Labor History*, no.44, 2003, pp. 70–94; John Torpey, *The Invention of the Passport: Surveillance, Citizenship and the State*, Cambridge, U.K.: Cambridge University Press, 2000; Aristide Zolberg, "The Great Wall Against China: Responses to the First Immigration Crisis, 1885–1925," in *Migration, Migration History, History*, pp. 291–315, and "International Migration Policies in a Changing World System," in William McNeill and Ruth Adams, eds., *Human Migration: Patterns and Policies*, Bloomington: Indiana University Press, 1978, pp. 241–286。有关移民法的概述，请参阅 International Labour Office, *Emigration and Immigration*, Geneva: 1922, 与 Ashley Trimmer and Jeffrey Williamson, "Racism, Xenophobia or Markets: The Political Economy of Immigration Policy Prior to the Thirties," NBER Working Paper 5867, 1996, pp. xix–xxxi。

43 Robert Irick, *Ch'ing Policy Toward the Coolie Trade 1847–1878*, Taipei: Chinese Materials Center, 1982; Anthony Reid, "Early Chinese Migration into North Sumatra," in *Studies in the Social History of China and South-east Asia: Essays in Memory of Victor Purcell*, ed. Jerome Ch'en and Nicholas Tarling, Cambridge, U.K.: Cambridge University Press, 1970, pp. 289–320.

场拍卖给中国企业家这一事实密不可分，正是这些农场推动了国内劳工的招募与安置。后来的政策把当地人界定为拥有土地所有权的农村居民，并保护他们免受中国与印度“外国侨民”的剥削，这些政策在华人和印度人建立广泛的“中介”网络的过程中发挥了至关重要的作用。这些网络进而又输送了更多的移民，并远远超出了欧洲的直接影响范围，创造出一个与不断扩张的全球经济紧密相连的世界。[44] 这些政策与美洲的政策大不相同，后者将许多移民（但并非所有移民）视为潜在公民，并为此制定了甄选、招募与保护等诸多政策。

在推动移民活动的众多历史进程中，民族主义和边界管控也扮演了重要角色。很多国家担心入境移民会造成文化污染、生活水平下降或政治动荡，因此便实施了移民限令与边境管控等诸多措施。利奥·卢卡森（Leo Lucassen）认为，大众政治参与和福利国家的出现，是人们认为必须限制可能会争夺政治资源的移民入境的最主要的原因。[45] 但移民活动也与民族主义和边界管控有着一定的相关性。允许并鼓励移民迁往西伯利亚与满洲，在某种程度上就源于俄中两国政府均认为有必要对这些边界地区申明主权并加强防御。日本与意大利也都鼓励海外移民，以增进国家利益。意大利于1901年施行的移民护照资格，便是旨在方便那些获准进入外国港口的高素质移民，并关注那些需要服兵役的年轻男子。[46] 移民社群也一直是学习和宣扬民族主义理想，将所要建设、巩固和保卫的祖国形象具体化的重要场所。[47]

关于移民管控，最早也最重要的一个事例，或许是19世纪最后20年对亚洲移民迁往美洲与澳大利亚的限制。从1851年至1855年，将近5万华人移民加入加利福尼亚的淘金热中。19世纪50年代，迁往加州与澳大利亚的移民总人数达到13.5万，可能占所

---

44 John Butcher and Howard Dick, *The Rise and Fall of Revenue Farming: Business Elites and the Emergence of the Modern State in Southeast Asia*, New York: St. Martin's, 1993; Gary Hamilton and Tony Waters, “Ethnicity and Capitalist Development: The Changing Role of the Chinese in Thailand,” in *Essential Outsiders: Chinese and Jews in the Modern Transformation of Southeast Asia and Central Europe*, ed. Daniel Chirot and Anthony Reid, Seattle: University of Washington Press, 1997, pp. 258–284; McKeown, “From Opium Farmer to Astronaut” ; Carl Trocki, *Opium and Empire: Chinese Society in Colonial Singapore, 1800–1910*, Ithaca, N.Y.: Cornell University Press, 1990.

45 Leo Lucassen, “The Great War and the Origins of Migration Control in Western Europe and the United States (1880–1920),” in *Regulation of Migration: International Experiences*, ed. Anita Buocker, Kees Groenendijk, Tetty Havinga, and Paul Minderhoud, Amsterdam, 1998, pp. 45–72.

46 Torpey, *Invention of the Passport*, pp. 103–105.

47 Adam McKeown, “Conceptualizing Chinese Diasporas, 1842 to 1949,” *Journal of Asian Studies*, no.58, 1999, pp. 322–326; Nina Glick Schiller, “Transmigrants and Nation-States: Something Old and Something New in the U.S. Immigrant Experience,” in *Handbook of International Migration*, pp. 94–119.

有华人移民的四分之一。所有这些移民都受到了中国资本的资助与包办（尽管他们搭乘欧洲船只前往），并都仰赖中国的采矿技术。19 世纪 70 年代，国际社会开始介入苦力贸易；19 世纪 80 年代以来，美洲与澳大利亚相继颁布反亚洲移民法，导致迁往这些地方的移民人数大幅缩减。华人移民至此才走上与欧洲移民相同的道路。前往美洲的华人移民在全部华人移民中所占比例，从 19 世纪 50 年代到 70 年代初的每年 20% ～ 35%，下降至 1890 年后的每年 2% ～ 5%。到 19 世纪 80 年代中期，在所有亚洲移民中，有半数迁往美洲。而就在亚洲移民总体上开始激增之时，这一趋势却被切断了，进而造成了移民体系的分割。人们由此认为，亚洲移民与跨大西洋移民是两个截然不同的类型，其重要性也远不如后者。然而，这种分割恰恰是政府干预的一个例证，而且这种干预一直持续至 20 世纪二三十年代。

将 1914 年作为全球移民史转折点的做法，还具有更为广泛的蕴含。对此，我们可以从杰弗里·威廉姆森（Jeffrey Williamson）及其合著者的著作，尤其是他与蒂莫西·哈顿（Timothy Hatton）合著的《大规模移民时代》，以及与凯文·奥罗克（Kevin O’rourke）合著的《全球化与历史》中窥见一斑。他们认为，移民是北大西洋地区全球化的一个关键方面，有助于该地区各国工资、生活水平与工业生产的趋同化。这种观点与某种历史分期有关，在这种分期中，19 世纪末—1914 年是全球化时期，1914—1950 年是去全球化时期，而 1950 年以后则是某种新全球化时期。[48] 奥罗克与威廉姆森提供的证据表明，北大西洋地区各国的工资与生产水平在 1914 年以前趋于一致，但在两次世界大战之间出现了分化或停滞。他们认为，全球化造成了国内不公现象的出现，致使这些国家想方设法抵制全球化，提高关税，制定反移民法，进而造成了经济分化，并最终导致了大萧条的发生。[49] 但他们并未证明，全球化大潮在第一次世界大战之后确实有所消退。总体而言，从 1914 年至 1946 年的国际贸易、资本流动与移民活动都呈现出下降趋势。另一方面，单就 20 世纪 20 年代来看，贸易往来与资本流动却多于以往任何时候，关税壁垒自 19 世纪 90 年代以来几乎没有改变。[50] 移民及其管制情况也大抵如此。

对于威廉姆森来说，将 1914 年视为全球化的某个终点，能从中得出的教训是，不恰当

---

48 在世界银行的一份出版物中，威廉姆森甚至将 1914 年前的这段时期称为“美好时代”，将 1914—1950 年的这段时期称为“黑暗的中间期”，将随后的时期称为“复兴期”。参见 Jeffrey Williamson, “Globalization and Inequality, Past and Present,” *The World Bank Research Observer*, no. 12, 1997, p. 118。

49 Kevin O'Rourke and Jeffrey Williamson, *Globalization and History: The Evolution of a Nineteenth-Century Atlantic Economy*, Cambridge, Mass.: MIT Press, 1996, p. 286.

50 Paul Bairoch, *Economics and World History*, New York: Harvester Wheatsheaf, 1993.

的政府干预破坏了全球化的积极影响。不然的话，如果任由这种积极影响自然发生，全球经济将趋于均衡。对国内不公现象的抵制，引发了这种不恰当的政府干预，因此有必要采取适当政策来消解诱发这些抵制活动的因素。当然，这一结论是基于对北大西洋世界一小部分地区“全球化”的分析而得出的。哈顿与威廉姆森为他们忽视了世界其他地区的移民问题进行辩解，他们认为：“当下所谓的第三世界的劳动力市场……被歧视、语言和习俗所分割。它们被遥远的距离与高昂的迁移成本所阻隔，被第三世界劳动力过剩地区的贫困所割裂。这些地区如此贫困，以至于潜在的移民无论如何都没有财力迁往经合组织（OECD）所属地区蓬勃发展的劳动力市场。”[51]歧视导致分割，这看似确切无疑。但是，鉴于哈顿和威廉姆森在分析跨大西洋移民的经济动因时忽视了语言与习俗，我们就很难了解语言和习俗有何影响了。对于路途遥远与经济贫穷这些影响因素，19 世纪中叶从亚洲向美洲的大规模移民这一事实驳斥了相关假设。

有种论断认为欧美轴心地区以外的移民和贸易基本上与北大西洋地区的“全球化”没有关联，其言外之意是由于诸多因素，世界其他地区无法给全球化带来积极影响，个中缘由在于这些因素一方面与北大西洋经济毫无瓜葛，另一方面也没有参与政府对世界移民体系的积极干预。这就使威廉姆森的论点陷入同义反复的境地：全球化对经济产生了有益的影响，因为这种影响发生在经济强盛的地区。但正如我们所看到的那样，即使在主要的移民体系之间流动的移民实际上也少有重叠，而且随着时间的推移，此类重叠越来越少，世界范围内的移民仍然遵循着同样的大循环。我们不应自满于全球移民具有分割性与类型差异这个先验假设。其分割性并非那些将世界划分为若干独立单元的自然条件的产物，而是更宽泛的全球政治经济与政治干预在结构层面彰显出的某个特点。

当然，这是依附论与世界体系理论的观点，它们认为全球不平等是中心区与边缘区之间积极的结构性互动造就的结果。然而，在理解全球关系时，持有依附论与世界体系理论的学者也更加强调经济进程的作用，而非政治因素的干预。尽管他们看待亚洲移民和非洲移民的方式有别于更为正统的经济学家，但他们同样认为这些移民毫无意义，只不过是欧洲扩张与干预的副产品，在类型上与跨大西洋移民截然不同。[52]他们只研究那些受雇于或直接受制于欧洲人的一小部分非欧洲移民，很难理解全球不同的移民模式在广义上的共性。

---

51 Timothy Hatton and Jeffrey Williamson, *The Age of Mass Migration: Causes and Economic Impact*, New York: Oxford University Press, 1998, p. 249.

52 除了 Hoerder, *Cultures in Contact* 一书中所提供的一种改进了的世界体系方法之外，另请参阅 Edna Bonacich and Lucie Cheng, eds., *Labor Immigration under Capitalism*, Berkeley: University of California Press, 1984。

移民网络

最近许多关于移民的社会学与历史学方面的研究成果，都在广泛的跨国网络与跨区域网络中考察移民。[53]只有在这种超越民族国家边界的跨国网络层面上，我们才能恰当地理解那些直接嵌入全球社会进程中的社会形态。也正是在这种层面上，全球经济模式得以在具体的制度与人类活动中彰显出来。关注这些网络，而不是将明显的大西洋移民体系与亚洲移民体系或国别史理所当然地视为基本组织类型，是理解更广泛的全球移民模式的关键。

最近的移民研究强调家庭是决策的基本单位。家庭通常被视为一种投资组合，子女与亲人被送往不同的地方从事各种职业，以期从中获得投资回报。这种家庭经济的特性变动不居，其影响因素包括当地家庭结构、继承习俗、土地所有制模式，以及在国内外发财或升迁的机会。移民过程也可能改变移民及其家庭的初衷，但鲜有移民能以纯粹的个体做出选择。他们往往根据散居世界各地的亲属与同乡所提供的信息与帮助做出决定。这些网络也逐渐制度化，发展成互助社团、劳工招募机构与商业平台。这些分散于世界各地的社团构成一种社会空间，与移民相关的许多决策与活动都发生于这个空间之中。与之相关的社会地理并不与自然地理完全相符。因而，某位移民对遥远的槟城、鄂木斯克或芝加哥的了解可能比对附近集镇的了解还要多，因为那些地方聚集了他的父辈和同

53 关于世界各地移民网络的历史与理论的研究，参见：Teofilo Altamirano, *Presencia Andina en Lima Metropolitana*, Lima: Pontificía Universidad Católica del Perύ, Fondo Editorial, 1984; John Bodnar, *The Transplanted: A History of Immigrants in Urban America*, Bloomington: Indiana University Press, 1985; Monica Boyd, "Family and Personal Networks in International Migration: Recent Developments and New Agendas," *International Migration Review*, no. 23, 1989, pp. 638–670; Madeline Hsu, *Dreaming of Gold, Dreaming of Home: Transnationalism and Migration between the United States and South China, 1882–1943*, Stanford, Calif.: Stanford University Press, 2000; James H. Jackson and Leslie Page Moch, "Migration and the Social History of Modem Europe"; Ivan Light, Parminder Bachu, and Stavros Karageoris, "Migration Networks and Immigrant Entrepreneurship," in *Immigration and Entrepreneurship*, ed. Ivan Light and Parminder Bachu, New Brunswick, N.J.: Transaction Publishers, 1993, pp. 25–49; Jan and Leo Lucassen, eds., *Migration, Migration History, History*; François Manchuelle, *Willing Migrants: Soninke Labor Diaspora*; Adam McKeown, *Chinese Migrant Networks and Cultural Change: Peru, Chicago and Hawaii, 1900–1936*, Chicago: University of Chicago Press, 2001; Alejandro Portes and József Böröcz, "Contemporary Immigration: Theoretical Perspectives on Its Determinants and Modes of Incorporation," *International Migration Review*, no.23, 1989, pp. 606–630; Oded Stark, *The Migration of Labor*, Cambridge, U.K.: Basil Blackwell, 1992; Charles Tilly, "Migration in Modern European History," in *Human Migration*, pp. 48–72; and "Transplanted Networks," in *Immigration Reconsidered*, pp. 79–95。有关移民理论的综述，参见 Douglas Massey, Joaquín Arango, Grame Hugo, Ali Kouaouci, Adela Pellegrino, and J. Edward Taylor, "Theories of International Migration: A Review and Appraisal," *Population and Development Review*, no. 19, 1993, pp. 431–466。

辈亲属。[54]

这样的网络既创造了机会，也限制了机会。如果没有亲朋好友和网络中的其他资源所提供的信息、援助与机会，移民活动通常过于昂贵，充满危险。另外，移民可以通过这些网络与家乡和家庭保持联系，输送钱财、资助及其他收益，否则移民活动也将变得毫无意义。但这些渠道的优势也限制了很多机会。在一个确立已久的网络中，新移民往往很难获得新的工作机会，或找到新的移居地，即便新工作只需要最基本的新技能，其经济效益也很高。许多移民精英甚至有意控制和限制信息与机会，以便借机获取更多利益。

研究国与国之间的总体移民活动，有助于很好地解释特定移民潮的波动，却不利于理解移民活动的运行机制。例如，某个村庄有不少人热衷于移民，以至于田地荒芜或租给外人，而几公里之外的另一个村庄尽管与其自然条件几乎完全相同，却可能根本没人移民。总体模式与经济路径也很难解释，移民为何会迁到某个在工资和机会方面都明显逊于别处的地方。在当地的法裔加拿大人在新英格兰寻找报酬更高的工作时，一些意大利人为何会选择在蒙特利尔工作呢？[55] 换言之，做出决策的个人（“自由”移民）是大多数经济移民模式与总体移民模式的基本构成单位，但很多研究成果对影响移民做出决策的社会条件知之甚少（有些学者更加强调社会网络而非经济因素对于移民活动的影响，但他们仍旧难以解释移民潮的衰退）。

根据这些散布各处的空间与网络而绘制出的世界地图，看起来会与我们熟悉的由相互独立的地理区域构成的马赛克大不相同。它是一个由复杂且彼此交叠的支流与节点组成的世界，其中任何一个支流或节点都无法在单独的某个国别史或区域史中完全体现出来。[56] 简单地将移民理解为从一个国家到另一个国家的迁移活动，往往会生发出一种简化的历史叙事。

---

54 J. D. Gould, “European Inter-Continental Emigration: The Role of ‘Diffusion’ and ‘Feedback’ ”, *European Journal of Economic History*, no. 9, pp. 294–295; McKeown, *Chinese Migrant Networks*, pp. 70–76.

55 Bruno Ramirez, “The Crossroad Province: Quebec’s Place in International Migrations, 1870–1915,” in *A Century of European Migrations*, pp. 243–260. 还可以指出的是，批评经济模型完全以工资差异为基础，可能是在攻击稻草人。例如，Hatton and Williamson, *Age of Mass Migration* 一书建立了一个将网络、人口、工资差异与商业化均考虑在内的复杂模型。

56 对国家视角的批评，参见 Hasia Diner, “History and the Study of Immigration: Narratives of the Particular,” in *Migration Theory: Talking Across Disciplines*, ed. Caroline Brettell and James Hollifield, New York: Routledge, 2000, pp. 27–42; Donna Gabaccia, “Is Everywhere Nowhere? Nomads, Nations, and the Immigrant Paradigm of United States History,” *Journal of American History*, no. 86, 1999, pp. 1115–1134; and Nancy Green, “The Comparative Method and Poststructural Structuralism: New Perspectives for Migration Studies,” in *Migration, Migration History, History*, pp. 57–72。

在这种叙事中，家乡与过往混为一谈，历史变迁就是在新土地上的融入与定居。每个网络都有独特的定位，它与当地的许多历史有所关联，但又有自己的特定模式。诚然，国家、国际边界与地方社会结构是移民史的重要方面，但它们只是众多相互交织的因素中的一部分。移民招募方式、先前移民所创立的机制，以及旅行、信息、钱财与机会的输送途径和控制方式也都是移民活动的不同侧面，而这些因素都无法局限于某个单一地点。这些程序和制度也同规章制度、法定权利与各种界限密不可分。这些界限构成了潜在的障碍，但同时也是机会的来源，因为许多移民赖以谋生的一些技艺都与它们相关，诸如跨越边界，应对各种监管制度，突破海关与移民障碍，并最终在不受任何单一监管制度约束的空间中生活。迁移本身成为一种维持生计的手段和一个自我提升的目标，超越了输出地与接收地的社会范畴。

唐娜·加巴西亚（Donna Gabaccia）关于女性移民的研究表明，我们可以根据实际情况理解移民网络，也可以在地方史与全球史进程的关联中理解移民网络。[57] 她从如下这个常见现象入手，即在整个 20 世纪，移民纷纷从边远地区迁往城市和工厂充当雇佣劳动力，男性移民的比例和从美国迁回原居住地的移民的比例都在上升。她认识到这一趋势具有广泛的适用性，同时还指出，所有族裔的女性移民都遵循着与男性移民相同的周期——这种周期与商业周期有所关联。与男性移民一样，更多的女性移民迁往新英格兰的工业区，而非西部农村。也就是说，通常将女性移民、边远地区家庭定居点以及返乡移民联系起来的做法可能并不准确。许多女性移民同男性移民一样，也是打工者。对此，我们有必要特意解释一番。

加巴西亚认为，我们也可以通过对家庭结构的考察，来理解整个 19 世纪不同时段移民人口统计数据中的差异。19 世纪中期，在迁往美国的移民当中，北欧移民占据多数，他们主要来自以小家庭居多的地区。夫妻双方在经济上相互依赖，而且许多女性参与过市场活动。在后来的移民中，南欧人与东欧人占主导地位，他们往往是几代同堂的大家庭。女性可以留在家中，成为更大的经济单元的一部分，也更有可能忙于照料家庭而非参与市场活动。

基于历史环境的不同，爱尔兰女性移民史提供了一个更为特殊的情况。爱尔兰移民的独特之处在于，在整个 19 世纪与 20 世纪早期，爱尔兰的男性与女性移民比例几乎相等，并且返乡率极低。19 世纪中期，马铃薯饥荒催生出数量异常庞大的女性移民，她们在美国主要从事家政服务工作。这使得北美洲形成一种高女性移民率和高永久定居率的移民模式，

57 Donna Gabaccia, “Women of the Mass Migrations: From Minority to Majority, 1820–1930,” in *European Migrants*, pp. 90–111. 另见 J. D. Gould, “European Inter-Continental Emigration: The Road Home: Return Migration from the U.S.A.,” *European Journal of Economic History*, no. 9, 1980, pp. 41–112; Ewa Morawska, “Return Migrations: Theoretical and Research Agenda,” in *A Century of European Migrations*, pp. 277–292; and Portes and Böröcz, “Contemporary Immigration”。

这种模式持续了近一个世纪（这种模式也反映在爱尔兰女性向欧洲城市的短距离移民活动中，她们在城市中充当店员或家仆）。

这些特殊的历史现象可以解释女性移民率与返乡率的某些变化，但在 19 世纪末与 20 世纪初，北欧人中也出现了越来越多的男性旅居者。任何一种单一的解释都无法阐释一切，但多重解释能够阐明众多因素如何塑造了单个网络，这些因素包括历史偶然性、先前确立的移民模式、世界不同地区之间的结构性经济关系，以及地方性文化形式，诸如家庭结构等。

关注特定网络的全球背景，还有助于洞察更为宏大的历史问题。例如，丘立本坚持从全球视角审视移民问题，尽管其主要目的在于批评中国学者在研究华人移民时所持的中国中心主义。[58] 他认为，与欧洲人相比，华人移民对世界的影响相对较小。他还指出，在 20 世纪 90 年代初，世界各地居住着 3000 万华人及其后裔。与世界各地欧裔移民的人数相比，这一数字简直是微不足道，其实际人口只不过相当于加拿大一地的欧裔人口。他认为华人与亚洲其他族群确实遍布世界各地，但现代世界历史仍然是关于欧洲人与西方资本主义的故事。

丘立本认为迁往中国东北地区的中国人只是国内移民，不具有全球比较性，因此不愿将其计算在华人移民总数之内。但是，目前中国东北地区人口超过 1 亿，这表明中国东北地区的人口变迁类似于温带地区的欧洲移民聚居地。如果没有这些移民，中国东北地区可能根本就不会成为今日中国的一部分，而将成为俄罗斯或日本的领土，或者像蒙古这样的独立国家。只有将中国东北看作全球人口向温带地区移民的一部分，我们才能最为透彻地理解这一地区。与此形成对比的是，大多数中国南方人与印度人都迁往热带地区，在稳定有序的当地国家内部或附近落脚。直至今天，要想在热带边远地区建立小型家庭农场仍是困难重重，因而，移民一直以来大都靠出卖劳动或经商来谋生，这也是典型的旅居职业。当我们对调一下位置，或许只有哥斯达黎加、古巴、委内瑞拉与哥伦比亚等热带地区的欧裔人口的数量，可与东南亚和加勒比海地区的华人后裔、印度人后裔与非洲人后裔的数量相比。

当然，丘立本讨论的不仅仅是数字，还有权力。东南亚的华裔与印度裔商人、矿工和农民最终都受制于欧洲人掌控的金融、政治与军事力量。华人之所以未能大规模地定居美洲与澳大利亚的温带边疆地区，是因为他们无法督促当地政府制定有利的政策或争取社会机遇。即便如此，华人依然能调动存在已久的商业网络与招工网络，靠担任中介或经商来谋生。任何广义上的移民模式都不是理所当然的，它们都是特定的社会背景与经济发展历程的产物。

58　丘立本：《从世界看华人》，香港：南岛出版社，2000 年。他承认，他的许多同事估计海外华人移民数量有 2000 万人，但他更倾向于有 1000 万人（第 19、30 页）。

当代移民

20 世纪中叶，世界移民人数一度下降。其后，世界移民再次掀起浪潮。人们往往认为这次浪潮具有前所未有的流动性，颠覆了领土民族国家的概念，创造出全新的跨国空间。[59]这些观点能在多大程度上得到认可呢？这是否是一波前所未有的移民潮，以一种不同于早期移民的方式挑战了国家主权？

计算“移民人数”是联合国与国际移民组织衡量移民情况的首选方法（见表 3）。表中数字源于对各国人口普查中国外出生人口数量的统计。这种统计方法很不完善，因为有些人口普查计算了国外出生的人口，而另一些人口普查只计算了尚未成为本国公民的外国居民，还有些普查只备注了种族或民族特征。此外，这种统计方法可能将那些一生从未离开家乡，但周围的国际边界却不断游离的人也包括在内。因此，南亚的政治动乱与边界划分导致南亚的“移民人数”在 20 世纪后期的大部分时间里都达到了 2000 万人。尽管南亚主要是移民输出地而非移民接收地，但在此期间，其移民人数仍占世界“移民人数”的 15% ～ 25% 。

表 3　移民人数的世界人口占比

年份	国外出生人口（百万）	占世界人口百分比
1910	35.7	2.0
1930	42.9	2.1
1965	75.2	2.3
1975	84.5	2.1
1985	105.2	2.2
1990	119.8	2.3
2003	175	2.8

资料来源：国际劳工局：《世界外国人口统计：1910—1920—1930 年人口普查结果的比较研究》（*World Statistics of Aliens: A Comparative Study of Census Returns, 1910–1920–1930*）（日内瓦：1936 年），第 56 页；世界移民组织：《2003 年世界移民报告》（World Migration Report 2003）；兹洛特尼克（Zlotnik）：《国际移民》（“International Migration”），第 431 页。据西格尔（Segal）的《世界人口地图集》（*Atlas of World Population*）统计，1910 年有 9000 万移民，占世界人口的 5.5%，但没有提供这个数字的来源。

59　关于这个主题的著作很多，我仅提其中两个较为持久的论点：Stephen Castles and Mark Miller, *The Age of Migration: International Population Movements in the Modern World*, New York: Guilford Press, 1993，与 Alejandro Portes, Luis E. Guarnizo, and Patricia Landolt, “The Study of Transnationalism: Pitfalls and Promise of an Emerging Research Field,” *Ethnic and Racial Studies*, no. 22, 1999, pp. 218–237。

我们可以换一种方法，试着粗略估计一下 20 世纪 90 年代每年的移民人数。[60] 每年迁往欧盟国家的合法移民有 120 万人，非法移民有 40 万～ 50 万人。每年迁往美国的合法移民平均为 86 万人，可能还有 30 万非法移民（仍然低于 1912—1913 年的最高数值）。每年迁往加拿大、澳大利亚与新西兰的移民人数各有 30 万。每年还有 100 多万移民迁往波斯湾国家和以色列。全世界每年有超过 50 万份庇护申请，但这些申请往往不包括在移民人数统计中。其他主要移民目的地还包括阿根廷、委内瑞拉、南非与日本，还有大量移民在非洲、东南亚和前苏联各共和国之间流动。粗略估计，每年有 200 万～ 300 万的移民进入上述这些地区，那么每年的移民人数将达到 700 万～ 800 万。假设返乡率为 40% ～ 45% 的话，这就可以解释 1990—2003 年移民总数估值中为何有 5500 万人的差异了。

跨洋移民率（与西伯利亚移民率）在 1912 年前后达到顶峰，并于 20 世纪 20 年代末再次达到峰值，每年高达 330 多万人。当代的移民数量是这一数值的两至三倍，但在 20 世纪 90 年代，总计 8000 万的移民只占世界人口总数的 1.5%。相比之下，在 1910 年之后十年里的移民总数占到了世界总人口的 1.7%。如果要达到 20 世纪初的比例的话，20 世纪 90 年代的年均移民至少应有 900 万人，这个数字虽然很难达到，但也并非不可能。

当然，这两个数字是没有可比性的。我计算的 1840—1940 年的人数主要是轮船统舱乘客。20 世纪 90 年代的移民人数包含了五花八门的分类，诸如临时劳工移民、计划居留一年以上的人、难民，以及可能已经在国外居住了几十年但现在才申请永久居留权的人（就像美国的统计数据一样）。我的统计数据还包括通常不被归入“国际移民”之列的人，比如那些迁往中国东北、西伯利亚、缅甸（处于印度殖民地管辖范围内）或哈萨克斯坦（现在被视为国际移民区）的人。但是，我的数据不包括在欧洲、美洲、亚洲与非洲境内跨越国际边界的移民。此外，世界各地强化了对外来移民的限制，这意味着当代的许多远距离移民因为属于非法移民而未被统计在内。

尽管存在种种困难，我们似乎仍然有理由认为，20 世纪 90 年代那些计划在目的地停留较长时间（一年以上）的移民在世界总人口中的占比，大致相当于 20 世纪初的比例。但是，即使这种比较足够准确，它仍然可能毫无意义。例如，1990 年统计的当年旅游人数为 4.54 亿，这提醒我们，暂时的全球流动性的确已经达到了前所未有的程度。[61] 事实上，用于测算移民人数的分类方法的变化可能比实际数字本身更有意义。移民作为“难民”、“外

60 Susan F. Martin, eds., *World Migration Report 2000*, Geneva: United Nations and World Organization for Migration, 2000; Hania Zlotnik, “International Migration 1965–1996: An Overview,” *Population and Development Review*, no. 24, 1998, pp. 429–468.

61 Zlotnik, “International Migration,” p. 432.

来劳工”或“非法移民”，他们的出现、登记和审核都发生在不同的社会进程之中。不理解这些社会进程，我们就无法理解移民活动。众多新的移民类型（比如海量游客）提醒我们，在政治进程与经济发展的背景下，全球流动性的结构变动不居。如果我们不理解那些影响着移民活动且曾用于了解、测算与控制移民的宽泛模式与区分，那么移民人数本身是没有意义的。那些定义了国际移民的边界以及边界内部的居民（人们现在认为他们受到了移民的冲击），本身就是先前移民与管制制度的产物，而这些大部分旋即就被人们遗忘了。

附录：移民统计资料来源

除了来自华南的海外移民外，表格与图表中使用的大部分统计数据均源自已经公布的资料，这些资料主要基于港口与外来移民的统计数据。统计数据的可用性，并不意味着这些数字确凿可靠。J. D. Gould, “European Inter-Continental Emigration 1815–1914: Patterns and Causes,” *European Journal of Economic History*, no. 8, 1979, pp. 598–605, 与 Imre Ferenczi and Walter Willcox, eds., *International Migrations*, vol. 2, *Interpretations,* New York: National Bureau of Economic Research, 1931 中的几篇文章，讨论了跨大西洋移民出发人数与抵达人数的统计数据之间可能存在的大量差异。我在处理华人移民与东南亚移民时也遇到过类似问题。测算返乡移民与重复移民时遇到的重重困难，使得估算的重要性与可靠性越发复杂。

关于跨大西洋移民的数据，Ferenczi and Willcox, eds., *International Migrations*, vol. 1, Statistics, New York: National Bureau of Economic Research, 1929, p. 172 提供了 1880 年之前的数据；B. R. Mitchell, *International Historical Statistics*: *Europe 1750–1993*, 4th ed., New York: Macmillan Reference, 1998, pp. 129–140 提供了 1880 年以来的相关数据。图 1 与图 2 没有包括来自土耳其、黎巴嫩和叙利亚的 20 多万移民，但是关于这些移民的讨论可参见 Robin Cohen, *Global Diasporas*: *An Introduction*, Seattle: University of Washington Press, 1997, p. 95，和 Akram Fouad Khater, *Inventing Home*: *Emigration, Gender and the Middle Class in Lebanon, 1870–1920,* Berkeley: University of California Press, 2001。

关于 1914 年以前从俄国迁往西伯利亚与中亚的移民数据，参见 Donald Treadgold, *The Great Siberian Migration*: *Government and Peasant in Resettlement from Emancipation to the First World War*, Princeton, N.J.：Princeton University Press, 1957, pp. 33–35。1914—1927 年的数据推测成分更大。相关估值参见：Eugene Kulischer, *Europe on the Move*: *War and Population Changes, 1917–1947*, New York: Columbia University Press, p. 83; V. V Obolensky-Ossinsky, “Emigration from and Immigration into Russia,” in Ferenczi and Willcox, *International*

Migrations, vol. 1, p. 576；以及 Treadgold, *The Great Siberian Migration*: *Government and Peasant in Resettlement from Emancipation to the First World War,* pp. 236–238。Kulischer 估计，从 1927 年至 1939 年有 470 万～ 500 万移民（Kulischer, p. 112）。这一估值已广为采用，但档案研究可能会做出修正。

据 Thomas Gottschang and Diana Lary, *Swallows and Settlers*: *The Great Migration from North China to Manchuria,* Ann Arbor: University of Michigan, Center for Chinese Studies, 2000, p. 171 计算，1891 年后迁往满洲的华人总数接近 2500 万，但是，大量经由陆路前往满洲的移民可能未被计算在内。他们还认为，1917 年以前有多达 50 万华人移居西伯利亚（Gottschang and Lary, p. 64）。1891 年以前迁往满洲的移民人数很不确定。在 1876 年至 1879 年，由于中国北方发生饥荒，移民管制有所放松，仅 1876 年就约有 90 万移民（Gottschang and Lary, p. 47）。野史也传闻在 1860 年以后不断有新的移民涌入。葛剑雄、曹树基、吴松弟:《简明中国移民史》，福州：福建人民出版社，1993 年，第 478 页，基于人口增长率，估计从 1860 年至 1907 年有 1400 万移民迁往满洲。同样的方法使他们严重低估了从 1912 年至 1930 年的移民数量（书中给出的人数是 400 万）。世纪之交之前的移民可能包含较大比例的家庭与侨民，因而，虽然移民人数较少，但人口增长率较高。在图表中，我对 1891 年之前的移民人数给出的估值较低，约为 350 万人，而其实际数字可能高达 600 万到 700 万。

关于朝鲜移民与日本移民的数据，参见：Hideo Totsuka, “Korean Immigration in Pre-War Japan,” in Commission Internationale D’histoire des Mouvements Sociaux et des Structures Sociales, eds., *Les Migrations Internationales*: *De la fin du XVIIIème siècle à nos jours*, Paris: Editions du CNS, 1980, pp. 263–279; Kulischer, *Europe on the Move*, p.86; 以及 Ferenczi and Willcox, *International Migrations*, vol. 1, pp. 934–935。

关于印度移民的数据，参见 Kingsley Davis, *The Population of India and Pakistan*, New York: Russell and Russell, 1951, pp. 99–100。为了估计不同国家之间的移民分布情况，我使用了以下材料：Nalini Ranjan Chakravarty, *The Indian Minority in Burma*, London: Oxford University Press, 1971, pp. 21,188; Ferenczi and Willcox, *International Migrations*, vol. 1, pp. 900–907, 915; 以及 Kernial Singh Sandhu, *Indians in Malaya*: *Some Aspects of Their Immigration and Settlement (1786–1957)*, Cambridge, U.K.：Cambridge University Press, 1969, pp. 373–380。Davis 只计算了那些来自印度的劳工移民。我根据不同国家的移民统计数据，得出某些时段里相当完整的估算，这些数字比 Davis 的估算高出 15% ～ 30%。Claude Markovits 认为，在 Davis 的估算基础上，移民人数至少可以再加上 150 万商业移民，参见 Claude Markovits,

"Indian Merchant Networks Outside India in the Nineteenth and Twentieth Centuries: A Preliminary Survey," *Modern Asian Studies*, no. 33, 1999, p. 895。由于 Davis 的估值最完整、最一致，所以我在制作图表时一直使用这组数据。另外，因为迁往锡兰与缅甸的大部分移民都属于重复迁移，所以我认为，调低印度出境移民总量会使印度移民与其他移民潮更具可比性。

关于 1876 年以前来自中国南部港口（香港与澳门除外）的移民的估值，参见：G. William Skinner, *Chinese Society in Thailand: An Analytical History*, Ithaca, N.Y: Cornell University Press, 1957, pp. 58–59；以及 Meagher, pp. 143–145 中的非正式报告。李宝平，*Chinese Society in Nineteenth Century Singapore*, Singapore: Oxford University Press, 1978, p. 86，认为，在 19 世纪四五十年代，新加坡年均入境移民为 1 万人，而到 19 世纪 70 年代初，这一数量增至 2 万人。

关于 1874 年以前契约华工移民和 1846—1855 年来自香港的移民的统计数据，参见：Arnold Meagher, "The Introduction of Chinese Laborers to Latin America: The 'Coolie Trade,' 1847–1874," Ph.D. dissertation, University of California at Davis, 1975, pp. 105A, 108A。关于 1856—1939 年香港出境移民的数据，得益于 Elizabeth Sinn 的慷慨相助，数据出自她所承担的由香港研究资助局（Hong Kong Research Grants Council）资助的项目，参见 Elizabeth Sinn, "The Impact of Chinese Emigration on Hong Kong's Economic Development, 1842–1941"。部分数据的概要，参见 Elizabeth Sinn, "Emigration from Hong Kong before 1941: General Trends," in Ronald Skeldon, ed., *Emigration from Hong Kong: Tendencies and Impacts*, Hong Kong: Chinese University Press, 1995, pp. 11–34。中国南部其他港口的移民数据，参见 1876—1928 年的《中国海关贸易申报表与贸易报告》。1931—1940 年厦门移民数据与 1920—1934 年汕头移民数据，参见连心豪：《近代海港检疫与东南亚华侨移民》，《华侨华人历史研究》，1997 年，创刊十周年增刊，第 50—51 页。1937—1938 年海南移民数据与 1937—1939 年汕头移民数据，参见广东省档案馆等合编：《华侨与侨务史料选编》，广州：广东人民出版社，1991 年，第 39、133–134 页。我根据殖民地移民报告，估算了 20 世纪 30 年代剩余年份的移民数据。

香港与中国内地海关报告中的出境移民数据提供了最完整的连续统计数据，我据此绘制了图 1 与图 2。学界通常认为这些数据不够完整，因为它们往往没有计算乘坐中国帆船旅行的出境移民，而且不少华人试图逃避海关体检。我根据殖民地的统计数据做了补充。除 1902 年之前的海南移民统计外，1881—1939 年新加坡华人监护人的报告与中国出境移民统计数据基本吻合。G. William Skinner, *Chinese Society in Thailand: An Analytical History*, pp. 61，173，根据 1882 年以来的泰国海关报告给出了比出境移民报告高出 30% 的估算值。

1899—1939 年的《菲律宾委员会年度报告》（*Annual Report of the Philippine Commission*）与马尼拉《海关总署年度报告》（*Annual Report of the Bureau of Customs*）中的入境移民统计数字也比出境移民人数高出 30%。

关于 1900—1938 年荷属印度群岛的移民统计数据，参见 *Statistisch Jaaroverzicht van Nederlandsch Indië* (Batavia) and Departement van Economische Zaken, *Volkstelling 1930*, vol. 7, *Chineezen en Andere Vreemde Oosterlingen in Nederlandsch-Indië*, Batavia：1935。书中按照一些变动不居却又未曾解释的管理类别对数据进行了分类。我发现这些数据无法相互对应，也无法与华人移民和新加坡移民统计数据吻合。因此，我认为大多数迁往荷属印度群岛的移民都来自中国和新加坡。对于经海路迁往缅甸的移民，我持有同样的看法。

法属印度支那的移民数据更令人费解。关于 1879—1883 年交趾支那（越南南部）以及 1920—1924 年河内的入境移民统计，参见 Ferenczi and Willcox, *International Migrations*, vol.1, pp.154, 920。1923—1940 年法属印度支那所有移民的统计数据，参见 *Annuaire Statistique de l'Indochine* (Hanoi)。仅 1926 年一年，出境移民人数就占到了入境移民统计人数的 30% 以上。多数移民可能乘坐中国帆船前往。对此，Charles Robequain, *The Economic Development of French Indo-China*, trans. Isabel Ward, London: Oxford University Press, 1944 一书指出，"富裕华人像欧洲人那样乘坐大型邮轮旅行，但大多数移民都拥挤在充满恶臭的小船甲板上。"我假定许多前往法属印度支那的移民都未能计入中国海关的出境移民数据，并在此基础上根据现有入境移民统计数据、人口估值以及与 1906 年实施移民禁令后移民率暂时下降相关的零碎证据，估算了迁往法属印度支那的华人移民。参见王文元，*Les relations entre l'Indochine Française et la Chine*, Paris: Editions Pierre Bossuet, 1937, pp. 16–17。

根据图 1 与图 2 所示华人移民的波动趋势，迁往东南亚与南太平洋的华人移民约有 1890 万人。我认为这个估值有些保守，特别是在 1881 年之前和 1928 年之后的时段里，实际数值可能高达 2200 万。

【原文出处】Adam McKeown. "Global Migration, 1846–1940," *Journal of World History*, Vol. 15, No.2 (2004), pp. 155–189.

约翰·塔利　著
张敏　译

维多利亚时代的生态灾难：帝国主义、电报与古塔胶

【导读】

约翰·塔利（John Tully，1947—　），澳大利亚历史学家和小说家，维多利亚大学艺术与教育学院名誉教授。曾先后就读于塔斯马尼亚大学和莫纳什大学。主要研究领域为殖民主义、劳工史及社会主义，尤其关注东南亚历史。代表作有《恶魔之乳：一部橡胶的社会史》（2011）、《柬埔寨简史：从帝国到生存》（2006）等。

本文考察了维多利亚时代的古塔胶产业从兴起到消亡的短暂过程，及其对环境与政治的影响。这一天然橡胶材料主要产自东南亚热带雨林的古塔波树（palaquium gutta），其优良的热塑绝缘特性直到19世纪40年代才被西方人首次发现并投入科学用途，之后不久便广泛运用于跨洋电缆的生产和铺设中，推动了电报这项改变世界的技术。作者强调，正是由古塔胶引发的全球通信革命，摧毁了出产这一材料的热带雨林，因为其采集方式是毁灭性的砍伐，再加上每棵树木的产胶量十分有限，自然无法满足全球市场不断上涨的需求。为了维护其殖民统治，西方列强需要铺设大量海底电缆以加快宗主国与殖民地的通信。日不落帝国无疑在这场竞争中占据绝对优势，因为大部分古塔胶都产自英属东南亚的殖民地，尤其是今天的马来西亚丛林。由于过度砍伐，不到半个世纪，古塔波树就濒临灭绝，最终造成了维多利亚时代的一场生态灾难。

作者运用了大量的一手史料，对古塔胶这一现代社会鲜为人知，却奠定了全球通信基础的热塑材料做出深刻、细致的分析。文章以这种商品为中心，将世界史的多个核心主题（工业化、技术革命、殖民统治以及生态环境等）有机结合起来，并探讨它们在全球化过程中的纠葛互动。此外，有两个问题需要我们进一步思考：第一，与古塔胶类似，当今的高科技通信技术也依赖一些不可再生和难以替代的材料（比如稀土），我们不仅要了解这些材料对现代工业生产和生活的巨大贡献，也要关注其开发利用过程对生态环境和地缘政治竞争的深远影响；第二，全球（尤其是东南亚）的热带雨林仍在以惊人的速度不断减少，为了防止古塔胶的悲剧重演，我们必须加强环保意识和措施，方式之一就是加强全球环境史的研究。

使印度达到比从前在大莫卧儿人统治下更加牢固和更加扩大的政治统一，是重建印度的首要条件。不列颠人用刀剑实现的这种统一，现在将通过电报而巩固起来，永存下去。

——卡尔·马克思，1853[1]

在新加坡，为了在林间腾出空地种植胡椒、槟榔等作物，人们鲁莽地砍倒参天大树，或像往常那样四处烧荒，一些木材闲置不用，慢慢腐烂。每逢此情此景，我都痛心不已。大自然花费了数百年亲手打造的人间仙境，看起来像是停尸房一样。

——詹姆斯·科林斯，1878[2]

在19世纪，世界上建立起若干有史以来最大的，也是最早的全球性帝国。其中，几个欧洲大国以及随后的美国和日本，将世界上大部分地区划分为各自的直属殖民地和势力范围。这场瓜分是通过武力或武力威胁而实现的，但正如马克思所意识到的那样，这场瓜分却需要借助其他途径来得以巩固。正如一句古老的谚语所说："需求乃发明之母"。为了对这些不断扩张中的广袤领土进行政治统治和经济剥削，殖民者迫切需要发明新的通信技术将彼此有效地联系在一起。当时经航运将消息从殖民地带到帝国首都，可能需要半年以上的时间，电报的发明解决了这个问题。电报几乎可以使英国、比利时、德国或法国最边远的殖民前哨与英国白厅（Whitehall）、比利时布鲁塞尔皇宫（the rue de Brederode）、德意志帝国殖民事务部（the Reichskolonialamt）和法国外交部（Quai d'Orsay）建立起即时联系。有线电报网（后来被无线电报取代）是一项投入巨大的工程，涉及数十万英里的电缆的制造与安装，而且其中大部分电缆需要深埋海底。新系统成功与否的关键在于一种天然塑胶——古塔胶（Gutta-Percha），它是海底电缆不可或缺的绝缘材料，如今几乎已经无人知晓。然而，正如本文将要阐述的那样，采收这种"树胶"需要将树木砍倒，这种方式浪费严重，效率低下，最终无以为继。帝国当局和电报公司只将古塔胶视为又一种可以放手开采的热带商品，很少顾及这种稀有资源的未来。对这种树胶的巨大需求，致使出产该种树胶的野生树木到

1 Karl Marx, "The Future Results of British Rule in India," in *Karl Marx on Colonialism and Modernization: His Despatches and Other Writings on China, India, Mexico , the Middle East and North Africa*, ed. ShlomoAverini, Garden City: N. Y. Doubleday, 1969, p.133.（译文见《马克思恩格斯选集》第一卷，北京：人民出版社，1995年，第768页。——译者）

2 James Collins, "Report on the Gutta Percha of Commerce," London: Geo. Allen,1878. 原文未标注页码，这是一篇报告而非一本书，设在邱园的英国皇家植物园档案馆存有一份副本，London: MR Malaya Rubber, Misc. 1852–1908, f205。

19 世纪晚期近乎灭绝，在这种人们习以为常的产业中引发了一场恐慌。这场生态灾难预示了热带雨林的快速消亡，这种状况对于今天的我们来说是如此熟悉且倍感沮丧。

在人类历史的大部分时间里，通信速度很大程度上受限于物流运输的速度。这种情况直接影响着社会、政治与经济活动，因为，尽管帝国军队能够相对较快地征服广袤的土地，但防止分裂倾向和维系帝国统一仍是一场持久战：蛮族不断地出没于帝国的边境和关卡。当时的通信速度确实很慢，如果有迹象表明敌人会突破外围防线，或者被征服民族起来反抗，这些消息可能需要数周、数月甚至数年的时间才能辗转传回帝国首都。简而言之，“无情的距离”（Tyranny of distance）始终威胁着帝国的完整性，亦是对保罗・肯尼迪（Paul Kennedy）所提出的经济问题的再度“延伸”。[3] 直到 19 世纪的“帝国主义全盛时期”，通信与物流运输之间的联系才被打破，尤其是电报技术的巨大飞跃使得帝国大都市能够与帝国最偏远的前哨取得几乎直接、“实时”的联络。

19 世纪之前，信息的传播速度往往慢得令人难以忍受。脚程快的信使步行时速可能会有 10 英里，骑马则可以达到时速 30 英里，距离短的话可能会更快些。但这都受限于地形和天气。在 18 世纪，人们使用驿马分多程传递消息时，即使是在夏季穿行于平坦、干燥的地带，要将消息传往 100 英里外的某地，也需要耗费差不多一整天的时间。海运速度缓慢更是尽人皆知，风向难以预测，船奴体力有限，运气好的时候，航速也不过 4 ～ 5 节。正如孩子们曾经在学校里吟唱的那样，“1492 年，哥伦布在蓝色的海洋上乘风破浪”。但我们却往往忽略了一件事，那就是他的小舰队花费了 97 天才从加的斯到达海地岛。到了 18 世纪，人们需要花费 32 天才能穿越伦敦与纽约之间的大洋。驶往澳大利亚的第一舰队（The First Fleet）于 1787 年 5 月 13 日离开英格兰，于次年 1 月 18 日才抵达植物学湾（Botany Bay）。这些初来乍到的殖民者拥挤在这个陌生的澳大利亚海岸，最早也要九个月后才知道巴士底狱陷落的消息。到 19 世纪，一艘快速帆船大约需要 100 天才能从伦敦经好望角抵达香港。纽约到里约热内卢的航程需耗时 55 天，到旧金山的航程平均需要 187 天。在美国海军中尉马修・莫里（Matthew Maury）的海风与潮汐图表出版发行后，航行时间有所减少，但后两条航线仍然分别需要 23 天和 136 天。[4] 即便在今天，快速远洋邮轮在伦敦与纽约之间航行也需要 5 天——显然，如果依靠海运来传递信息，现代经济将无法运行。

3　保罗・肯尼迪的著名命题是，财富是保护财富的必要条件，而到一定时期，保卫一个帝国所耗费的财富会超过它自身所创造的财富。Paul Kennedy, *The Rise and Fall of the Great Powers: Economic Change and Military Conflict from 1500 to 2000*, London: Unwin Hyman, 1988。“无情的距离”这个词可能是杰弗里・布莱尼（Geoffrey Blainey）在 *The Tyranny of Distance: How Distance Shaped Australia's History*, Melbourne: Macmillan, 1968 中创造的。

4　Richard D. Knowles, “Transport Shaping Space: Differential Collapse in Time-Space,” *Journal of Transport Geography*, vol.14, no. 6, 2006, pp. 407–425, http://ntlsearch.bts.gov/tris/record/tris/01041310.html（2008 年 8 月 1 日访问）。

从18世纪后期开始，欧洲各个庞大帝国的建立和维持，推动了通信技术的革命性进步。出于政治和军事目的，各国政府需要与殖民地保持联系。例如，1825年爪哇爆发了由蒂博尼哥罗亲王（Dipanegara）领导的起义，在起义爆发数月之后，荷兰政府仍然不知道需要向爪哇派遣援军实施镇压，这也导致了爪哇战争迁延不决。相比之下，19世纪末苏门答腊的亚齐人（Acehnese）起义期间，荷兰的军事指挥官就具有与巴达维亚与海牙迅速沟通的优势。落后的通信系统也阻碍了西北欧新兴工业经济的扩张。马克思与恩格斯在1848年就指出："资产阶级为了不断扩大其产品市场，不得不奔走于世界各地"，"资产阶级必须随处安身，各处定居，并到处建立联系。"[5]随着世界市场的日益一体化（有些人可能认为这是全球化的早期阶段），新兴产业的领袖们在计算利润盈亏、建立新工厂以及开拓新市场的时候，无法再依赖于自古以来基本上毫无变化的长距离通信技术。

19世纪早期，随着光学电报与信号系统的发展，中距离通信的速度有所提升，这些系统比一切海陆交通传递信息的速度都要快。例如，1833年，在大英帝国最边缘的一个名叫范迪门斯地（Van Diemen's Land）的岛屿上，英国当局在亚瑟港的罪犯流放地（the penal colony）与霍巴特市之间建立了一条由十个信号站组成的通信线路，今天两地的公路里程约为100公里，约合62英里。每个信号站都有一个配备可动臂板和信号旗的桅杆，用于传递数字编码信息，这些消息可以在十分钟内从线路一端传递到另一端。与更复杂的光学电报一样，这套系统的缺点是无法在夜间和天气恶劣时使用。在这种情况下，当局就需要依靠更为原始的"听觉电报"，但只能传递最基本的信息：

> 如果由于天气恶劣，信号无法传递时，就需要利用"听觉电报"。或者有囚犯在夜间逃跑，为了争取更多时间尽快抓捕到逃犯，便可派遣一名士兵或警员到铁路终端连开两枪，枪声会以类似的方式传递下去，也就是说从一个站点到下一个站点都连开两枪，直至枪声传递到鹰颈峡（Eaglehawk Neck），届时码头上的哨兵会以同样的方式开枪回应，并立即上报情况。[6]

---

5 Karl Marx and Frederick Engels, *The Communist Manifesto*, in *Selected Works*, Moscow: Progress Publishers, 1970, p. 38.

6 "Tasmanian Code of Signals: Compiled for the Penal Settlement of Tasman's Peninsula: Instructions"（通常称作"Booth's Code Book"）。Royal Society of Tasmania Archives, University of Tasmania Library Special Collection, RS 31/2。此书由查尔斯·奥哈拉·布斯（Charles O'Hara Booth）亲笔书写，他曾在1833—1844年间担任亚瑟港流放地的指挥官。该书包含11页详细的说明和图表，讲述了如何通过臂板信号系统发送由一系列编码数字构成的信号。该书其余部分则详细介绍了4467个数字以及这些数字所代表的单词、短语或句子。书中记录的代表单词的数字多达2905个，并以单词字母顺序进行了排列，其余的数字则代表了短语或较长的句子，并按专门领域分类，如军事、航运、逃犯等。我要感谢塔斯马尼亚国家公园与野生动物管理局的文化遗产保护办公室主任/遗产官迈克·纳什（Mike Nash），是他找到了这份原始文件。

然而，此时世界正处于通信技术革命的前夜，信号系统即将被淘汰。电报在今天看来是理所当然的，甚至早在19世纪晚期就被无线通信所取代，但它无疑是人类通信方式的一次巨大飞跃，其重要性丝毫不亚于后来互联网的发展。正如丹尼尔·海德里克（Daniel Headrick）在《进步的触须》（*The Tentacles of Progress*）一书中所指出的那样："就像其他发明一样，（电报）……也是一种权力的工具，所以当我们看到它与当时的权力斗争交织在一起也就不足为奇了，例如私营企业与政府之间的斗争，西方世界对非西方世界的主宰，以及19世纪与20世纪之交，西方国家之间日益激烈的竞争（最终导致了两次世界大战）。"[7]

这项新发明需要通过绝缘铜线发送电脉冲；根据美国人塞缪尔·摩尔斯（Samuel Morse）于1847年发明的编码模式来接通或中断电流。在人类历史上，人们第一次摆脱了依赖天气和光照来传递信息的物理传输方式，不到几十年的时间里，通过遍布世界的电缆，帝国最远前哨与帝国大都市实现了互联。除了用于制造电线的金属外，新系统还依赖于可靠的绝缘材料，而最合适的材料是一种产自东南亚森林的橡胶——古塔胶（Gutta-Percha）。巧合的是，这种对于帝国"巩固和延续"[8]殖民地统治不可或缺的物质，只存在于荷兰、英国和法国的远东殖民地。

然而，古塔胶现在已基本不为人所知。如果一名生活在维多利亚帝国鼎盛时期伦敦东区的伦敦佬（Cockney），穿越到现如今的伦敦，他会对很多事情感到奇怪。作为一个"现代人"，他能够辨认出城市的大部分景观，以及这些景观和人们衣食住行所用的材料，像天然织物、皮革、煤炭、混凝土、橡胶、木材、砖块和砂浆、钢铁等。但他可能会焦急地寻找着泰晤士河附近他曾熟悉的地标建筑（现在那里已是后工业时代的锡尔弗敦［Silvertown］的荒地），并问到："可是古塔胶工厂去哪儿了？"除非他问的是牙医、植物学家、地理学家、帝国历史学家，或者耄耋老者，否则对方可能只会一脸茫然。很难想象还有哪一种曾经无处不在的工业用品和生活用品，会像这种热带雨林的橡胶一样被人们彻底遗忘。（为了粗略地估量当代人对古塔胶的熟悉程度，我问我的本科生是否有人听说过它，不出所料，答案是否定的。）然而，在维多利亚时代，它几乎是一个家喻户晓的名词，以至于在19世纪60年代，"老古塔胶"成为一种"贬损他人的绰号"，一度流行于新英格兰地区。[9]伦敦东区是英国，乃至世界范围内的古塔胶制造中心，1862年，橡胶企业家托马斯·汉考

7 Daniel R. Headrick, *The Tentacles of Progress: Technology Transfer in the Age of Imperialism, 1850–1940*, Oxford: Oxford University Press, 1988, p. 98.

8 Karl Marx, "The Future Results of British Rule in India," p. 133.

9 Grace P. Smith, "Slang Waifs and Strays," *American Speech,* vol. 13, no. 4, 1938, p. 317.

克（Thomas Hancock）[10]创建了西汉姆古塔胶公司（West Ham Gutta Percha Company），大批量生产日用产品。一位观察者在1862年写道：

> 几乎每一种玩具都是由这种橡胶制成的；我们的家具和装饰品，甚至屋顶都是用它造的；我们的鞋底和水箱内层原料也都是它。它还被做成水管和传声管。各种大小、形状的助听筒都是用它做的；我们现在经常会看到古塔胶管从医生的房门口通到他的床边；我们还经常见到**家用电报**（*Domestic Telegraph*），即用古塔胶管将各个房间串连在一起，通过胶管可以把信息传送到房子的各个角落；当一位失聪者坐在教堂长椅上时，教堂会为他提供一根类似的胶管，以确保这位有困难的礼拜者聆听到上帝的说话……[11]（表示强调的斜体为原文所加）

古塔胶是一种天然的塑胶，名字来源于马来语的“胶”或“树脂”[12]，是东南亚某些树木的汁液或树胶，尤其是那些被马来人称为“塔班”（*taban*）的树木。从化学角度来讲，这种胶是橡胶的立体异构体，具有相似的化学成分聚异戊二烯，但它们的原子结构相异，物理性质更是截然不同。[13]从19世纪中期开始，它被广泛应用于家用、医疗和工业领域，但正如前引当时的观察家所指出的那样，“自从电报发明以来，古塔胶更为令人惊叹的用途是作为电线的保护层”。[14]尤其是用于新发明的海底电缆的绝缘层。世界上最重要的电缆厂是锡尔弗敦工厂，一个坐落在泰晤士河畔的庞大工业区，拥有自己的码头和远洋电缆敷设船——锡尔弗敦号（The SS Silvertown），这艘船是第一艘专门用于铺设电缆的专业用船。[15]该公司由查尔斯·西尔弗（Charles Silver）于1852年创立，最初是为了生产防水服，主要是军用防水服。1867年，该公司与汉考克的西汉姆工厂合并[16]，转向电缆制造，最终在1930年关闭。[17]

---

10 托马斯·汉考克是橡胶雨衣之王查尔斯·麦金托什（Charles Macintosh）的合作伙伴，他独立于查尔斯·古德伊尔（Charles Goodyear）发现了橡胶的硫化过程，并因此而闻名。

11 引自 Alvaro de Miranda, “Creative East London in Historical Perspective,” occasional paper, University of East London, 2007, http://www.uel.ac.uk/risingeast/archive07/academic/miranda.pdf（2008年7月16日访问）。

12 Charles Payson Gurley Scott, “The Malayan Words in English,” *Journal of the American Oriental Society,* vol. 18, 1887, p. 54.

13 Jonathan Thornton, “A Brief History of the Early Practice and Materials of Gap-Filling in the West,” *Journal of the American Institute for Conservation,* vol. 37, no. 1, 1998.

14 Alvaro de Miranda, “Creative East London in Historical Perspective,” p. 19.

15 Ibid.

16 Ibid., p.18.

17 Ibid. 另见 “Royal Docks — A Short History,” http://www.royaldockstrust.org.uk/rdhist.htm（2008年7月16日访问）。

在1889—1890年跨年的冬天，锡尔弗敦工厂爆发了一场为期12周的大罢工，参与罢工的工人有近2000名，工厂因此而停工，其实准确来说是关闭。工厂的每个门口都有大批纠察员，罢工者与警察之间还发生了激烈的冲突。罢工者手持红旗，伴着铜管乐队游行，工人及其众多支持者举行了大规模集会，伦敦劳工委员会（London Trades Council）的汤姆·曼恩（Tom Mann）等著名的激进派工会成员在集会上发表了演说。[18]也正因为这场罢工，几乎所有的伦敦人，无论是工会的支持者还是反对者，即使他们很少注意自己的靴底，也都会对这种著名的橡胶有所耳闻。后来有消息透露，尽管关闭工厂使工人在这场纠纷中损失了2万英镑的工资，但锡尔弗敦公司却没有任何损失，因为法国分厂完成了所有的订单。[19]考虑到当时古塔胶原料“饥荒”迫在眉睫，也许是该公司蓄意策划了这场争端（至少没有试图去解决它），借机暂时关闭锡尔弗敦工厂，从而避免利润损失。

1656年，英国旅行家约翰·特拉德斯坎特（John Tradescant）将一些古塔胶的样本从东南亚带回伦敦，首次引起了欧洲人的注意。[20]与当时引入欧洲的烟草、辣椒、玉米、茶叶、咖啡以及其他许多海外植物产品不同，它长期以来一直被当作稀罕物。一开始人们认为它只是一种坚硬的惰性物质，在某些方面类似橡胶，但没有弹性，正如一位作家所述：“只看到了它的缺陷。”据说，在1832年，一位名叫威廉·蒙哥马利（William Montgomerie）的苏格兰医师从一名马来劳工那里得知了它的非凡特性，这名劳工向他展示了古塔胶浸泡在热水中时是如何变得柔韧，冷却时又是如何变硬的。特拉德斯坎特早先将其描述为一种“柔韧的硬木”（pliable mazer wood），可以在热水中加热使用。[21]因为这种特性，它在整个马来地区早已被用来制作成手杖和鞭子，以及刀具和匕首等各种工具的手柄。蒙哥马利对此印象深刻，并告知加尔各答的医学委员会，他相信在某些外科应用方面，古塔胶可能优于印度橡胶。[22]

这位无名的马来园丁绝不可能知道，古塔胶对欧洲殖民列强未来的经济和军事战略的

18 罢工的详情记载于 *the India Rubber and Gutta Percha and Electrical Trades Journal: A Record of the Caoutchouc, Gutta Percha, Asbestos and Allied Industries*, London, in late 1889 and early 1890；“The Strike at Silvertown,” vol.6, no. 3, October 8, 1889, p. 71；“The Silvertown Strike,” and correspondence, vol.6, no. 4, November 8, 1889, pp. 102–104；“The Silvertown Strike,” vol.6, no. 5, December 9, 1889, p. 127；“End of the Silvertown Strike,” vol.6, no. 6, January 8, 1890, p. 146。本刊物名称缩写为 *India Rubber Journal*。

19 *India Rubber Journal* 7, no. 1, August 8, 1890.

20 Hubert L. Terry, *India-Rubber and Its Manufacture, with Chapters on Gutta-Percha and Balata*, London: Archibald Constable, 1907, p. 271.

21 James Collins, “Report on the Gutta Percha of Commerce”.

22 William T. Brannt, India Rubber, *Gutta Percha and Balata*, London: Sampson Low, Marston, 1900, p. 225. 有关蒙哥马利的发现，詹姆斯·科林斯给出的时间是1822年。

重要性。蒙哥马利提交报告后的几年里，对这种原材料的需求便大大增长，它非常适用于各种装饰性与实用性需求，广泛运用于船只、家具、鞋底、室内装潢和外科器械等方面，这些应用如今已为塑料和类似的合成材料所替代了。埃德温·杜鲁门（Edwin Truman）在1847年首次将其用作牙齿填充物，至今仍被用于牙科正畸。帽商和保险丝制造商对它的需求也很大。[23]它耐酸又防水，深受化工厂、照相馆和其他实验室的青睐。一家英国公司甚至用它来制造屋顶瓦片，尽管有人质疑这些瓦片只适用于温和的气候。[24]

这种树胶产自生长在特定地理区域内的一些相似的热带雨林树木，这些区域包括：英属马来亚和砂拉越；荷属爪哇、苏门答腊和婆罗洲；暹罗；柬埔寨；法属印度支那的越南湄公河三角洲地区；以及在1898年以前属于西班牙的菲律宾南部地区。这些树以200～500棵为一林分聚集在一起，通常生长在山脚下或者离海有一段距离的轻壤质潮土（light loamy soil）中，常常被龙脑香科树林（Dipterocarp）所包围或遮蔽。出产古塔类胶乳的树共有8种，[25]出胶质量最好的是塔班树，又名伊桑德拉属古塔波树（*Isonandra gutta*）或胶木属古塔波树（*Palaquium gutta*）（由英国伦敦皇家植物园邱园的著名植物学家约瑟夫·胡克［Joseph Hooker］爵士命名[26]），以及长叶古塔波树（*Dichopsis oblongifolium*，主要生长在婆罗洲）和塞伦蒂特古塔波树（*Dichopsis selendit*）。另一种出产优质乳胶的树种名为普斯图勒图姆古塔波树（*Dichopsis pustulatum*），原产于马来亚的霹雳州，后来在锡兰也有种植。虽然伊桑德拉属古塔波树不是热带雨林中最壮观的树种，但足以给人留下深刻印象，其直径在2～5英尺之间，高度可达60～80英尺，其巨大的板状根系（buttress root systems）可高出地面达15英尺。[27]

1847年，德国工程师维尔纳·冯·西门子（Werner von Siemens）将古塔胶用作沿铁路线铺设的电报电缆的绝缘体，并在这个过程中发明了一种为电缆包裹绝缘层的特殊模具，古塔胶由此开始发挥出它的独特潜力。[28]不过丹麦工程师F. H. 丹切尔（F. H. Danchell）的

---

23 William T. Brannt, *India Rubber, Gutta Percha and Balata*, p. 227; Hubert L. Terry, *India-Rubber and Its Manufacture, with Chapters on Gutta-Percha and Balata*, p. 277.

24 "Gutta-Percha Leaves as Roof Tiles," *India Rubber,* Journal 5, no. 2, 1888, p. 39.

25 砂拉越出口的不同种类的橡胶包括 gutta-percha, gutta-jangkar, 和 gutta-jetulong。参见 Amarjit Kaur, "A History of Forestry in Sarawak," *Modern Asian Studies,* vol. 32, no. 1, 1998, p. 124。

26 露西尔·布罗克韦注意到了英国与荷兰植物园的科学专家在殖民地种植园农业发展中的关键作用。参见 Lucile H. Brockway, "Science and Colonial Expansion: The Role of the British Royal Botanic Gardens," *American Ethnologist,* no. 6, 1979, pp. 449–465。

27 William T. Brannt, *India Rubber, Gutta Percha and Balata*, pp. 228–230.

28 Wilfried Feldenkirchen, *Werner von Siemens: Erfinder und Internationaler,* Berlin: Siemens Aktiengesellschaft, 1992.

家人对这一说法提出了质疑。[29]在接下来的几年里，英国的电报线网络纵横交错，遍布地上和地下。这些电缆首先用涂过焦油的棉或麻进行绝缘，然后再包裹一次层绝缘性能更好的古塔胶——普通橡胶则是其最佳替代品。[30]古塔胶也被证明是用于水下电报线的完美材料，19世纪50年代早期，连接英国与法国的跨海电缆开始使用古塔胶。正如马克思所说，新技术也将印度与大英帝国紧密地联系在一起。海德里克也指出，快捷的通信是殖民政权体系的一部分；1857年印度兵变引发了恐慌，人们齐声呼吁对电报系统进行扩展完善。[31]在兵变发生的那一年，英属印度已拥有4555英里的电报线路，到1859年，当局批准了将印度次大陆的电报线路与伦敦连接起来的计划。[32]

大量铺设在海底的国际干线将各个国家的独立网络逐渐联通起来。1859年，伊桑巴德·金德姆·布鲁内尔（Isambard Kingdom Brunel）所设计的名为“大东方号”（The *Great Eastern*）的巨轮将电缆铺过了大西洋海底，成功地将爱尔兰的瓦伦西亚与纽芬兰连接在一起。[33]1865年，通过电线传送的摩尔斯电码信号，印度的卡拉奇与伦敦几乎实现了即时通信。尽管第一批电缆遇到了技术难题，但这些问题到1870年已经基本解决。1868年，马耳他与亚历山大港联通；1869年，法国与纽芬兰联通；1870年，印度、中国香港、中国内地与日本之间交织成网；1871年，澳大利亚与外部世界实现了联通；1874年，南美也实现了联通。与此同时，陆地上也已经铺设联通了大约65万英里的电报线。到1880年，海底电缆长度已达10万英里[34]，将近10年后又继续增加至11.5万英里。[35]到1907年，这一数值已增长至20万海里，而每英里的造价在150～200英镑之间，[36]总共花费约9750万英镑至1.3亿英镑。这在当时是一个天文数字，按照零售物价指数计算，这笔花费相当于现在的70亿～95亿英镑，而根据GDP占比的统计表来计算，数值则会更高。[37]

---

29 不同版本的 *India Rubber Journal* 都有若干页专门介绍这两名工程师的朋友和家人提出的诉讼和反诉。例如，“The Inventor of Gutta-Percha Covered Wire,” *India Rubber Journal* 9, no.7, 1892。

30 Bruce J. Hunt, “The Ohm Is Where the Art Is: British Telegraph Engineers and the Development of Electrical Standards,” *Osiris*, 2nd ser., no. 9, Instruments, 1994, p. 49.

31 Daniel R. Headrick, *The Tentacles of Progress*, p. 99.

32 Christina Phelps Harris, “The Persian Gulf Submarine Telegraph of 1864,” *Geographical Journal*, vol. 135, no. 2, 1969, pp. 169–170.

33 W. H. Russell, illustrated by Roger Dudley, *The Atlantic Telegraph*, London: Day and Sons, ca. 1865。另见 Bern Dibner, *The Atlantic Cable*, Norwalk, Conn.: Burndy Library, 1999，以及 Tom Standage, *The Victorian Internet: The Remarkable Story of the Telegraph and the Nineteenth Century's Online Pioneers*, London: Phoenix, 1999, pp. 96–97。

34 Tom Standage, *The Victorian Internet*, pp. 96–97.

35 “Ocean Cable Service,” *India Rubber Journa* 5, no. 6, 1889, p. 126.

36 Hubert L. Terry, *India-Rubber and Its Manufacture, with Chapters on Gutta-Percha and Balata*, p. 278.

37 统计所使用的表格来自 MeasuringWorth.com, http://www.measuringworth.com/ukcompare/（2008年3月18日访问）。

虽然电报最初是出于私人用途而设计的（也是由私人资本开发的）[38]，但各国政府很快便认识到了电报系统在军事与战略上的价值，因此，各国政府均给予大力补贴以确保其不断扩大和完善。红海与印度电报公司（Red Sea and India Telegraph Company）运营着通往印度的电报干线，英国政府保证为其提供为期 50 年的分红补贴，补贴金额为每年 4.5% 的红利或 3.6 万英镑。[39] 长距离海底线路的建设与运营有时只能依赖于持续性补贴。1879 年祖鲁战争后，英国政府同意每年为东非与南非电报公司（Eastern and Southern Africa Telegraph Company）提供多达 5.5 万英镑的补贴，以确保将德班和桑给巴尔与亚丁的主干线连接起来。[40] 战略上的紧迫性也促使英国人积极推进当时被称为“全红线”（All red line）线路的建设，以连接其辽阔帝国的边远前哨，而无需经过外国领土。[41] 如果没有这条从伦敦辐射开来的巨大电报网络环绕，“日不落帝国”的管理与防御将会出现问题，并且很有可能出现“帝国过度扩张”的困境。如果说伦敦是帝国的大脑，电报线就是它的神经，连接着成千上万敏锐的眼睛和耳朵。

这些“神经”是维多利亚时代工程设计的杰作。最初连接爱尔兰的瓦伦西亚与 1852 英里之外的纽芬兰的电缆，是由七根八分之三英寸粗的铜线紧紧缠绕而成的，每根电线都分别涂有三层提纯的古塔胶，并经过细致的故障排查，使绝缘性能与海水防护效果尽可能完美。然后将这些拧在一起的电缆包裹上涂过焦油的麻纤维，再用铁丝紧紧缠绕，以保护其免受尖锐岩石和其他海底危险因素的破坏。每条电缆长度为 100 英里，拧制完工后按照锯齿形紧密地排列在毗邻古塔胶公司工厂的一条运河河底，工厂位于伦敦东部的格林威治与锡尔弗敦的泰晤士河河畔。接下来将电缆缠绕在巨大的线轴上，以便装载在电缆敷设船上进行转运，到达公海后，再将这些百英里长的电缆拼接在一起。电缆敷设船备有专门的抓斗设备，当电缆断裂时，可以将电缆从两英里深的海底打捞上来。还有一种巧妙的制动系统用以防止沉重的电线因来不及铺设而从线轴上滑落。[42] 为了尽可能避开深海海沟、海岭和其他危险，设计师们对电缆的铺设路径也进行了细致的勘察。当第一条横跨大西洋的电缆

38 到 1889 年，欧洲与美国之间的 8 条横跨大西洋电缆中，有 4 条属于英美电缆公司（Anglo-American Cable Company），2 条属于西部联盟电报公司（Western Union）：“Ocean Cable Service,” *India Rubber Journal* 5, no. 6, 1889, p. 126。

39 Daniel R. Headrick, *The Tentacles of Progress*, p. 100.

40 Ibid., p. 107.

41 George Johnson, ed., *The All Red Line: The Annals and Aims of the Pacific Cable Project*, Ottawa: James Hope, 1903. 另见 P. H. Kennedy, “Imperial Cable Communications and Strategy, 1870–1914,” *English Historical Review*, vol. 86, no. 341, 1971, pp. 728–752。

42 参见 W. H. Russell, *The Atlantic Telegraph; Bern Dibner, The Atlantic Cable*”；以及 Tom Standage, *The Victorian Internet*。

铺设成功时，大洋两岸的人们都欢庆不已，就像后世的人们庆祝人造卫星环绕地球和人类登上月球的时候一样，也使那些认为跨洋电报纯属异想天开的怀疑论者大吃一惊。这是我们今天称之为“全球化”进程的重要一步。

古塔胶是海底电报工程成功的必要条件。威廉·T. 布兰特（William T. Brannt）认为：“可以毫不夸张地说，如果人们不知道古塔胶及其特性，海底电报线也许永远不会成功。”[43]虽然合成塑料最终取代了古塔胶，而且合成材料制成的电报线也在一定程度上被无线技术所取代，但要利用合成材料成功铺设海底电缆网络还需要等待很长一段时间，而巴西橡胶树（*Hevea brasiliensis*）和其他南美树种所产的普通天然橡胶并不太适合，它们在盐水中容易迅速老化。然而，古塔胶的使用却存在着一个悖论。按照当时的标准，电报业是一个高科技产业，却依赖于最原始的采集业来获取作为基本原材料的古塔胶。相比之下，电线用的铜和外部保护层用的铁则来自大型工业企业，并且这些企业的员工都是训练有素的矿工和工人。

在古塔胶的使用方法从东南亚地区外传以前，其采收方式从未改变过。一些来自中国、达雅克（Dayak）或马来地区的伐木工，佩带着类似斧头的毕隆斧（*billiongs*）或砍刀状的帕兰刀（*parangs*），进入丛林去寻找伊桑德拉树林，而这通常是一段艰辛的冒险旅程。一位苏门答腊的采胶老人在接受美国作家约翰·F. 麦卡锡（John F. McCarthy）的采访时回忆到，丛林里到处是巨大的水蛭、尖锐的藤条倒刺、带刺的昆虫，还会随时遇到可怕的猛虎和绿色蝮蛇（一种致命的且会主动攻击人类的地面毒蛇）。[44]在找到一棵合适的“受害者”之后，伐木工会搭建一个简易的木制高台，台子的高度刚好略低于板状根上端与光滑树干的连接处，离地面大概 14 ～ 16 英尺高。虽然伊桑德拉树的木质相对柔软，砍伐起来并不那么费力，但伐木始终是一项危险的工作，必定会造成许多伤亡。

当大树倾倒在地面上时，伐木工会砍掉树枝，以防止胶乳回渗到树叶中。胶乳贮存于像黑线一样穿过树木心材的狭窄储层中，伐木工会在树干上切出一些切口，将胶乳排入竹碗、椰壳甚至地上的坑中。黏稠的胶乳在空气中流动非常缓慢，并且在接触空气后会迅速凝结成固体，因此采胶过程颇为耗时。采收之后，樵夫们会将胶乳粗略地清洗几次，但这也是相当费力的工作，然后再经过反复揉搓后压成薄片，最后卷成卷或叠成块。优等和劣等古塔胶通常混在一起，很难找到一块产自同一树种的古塔胶。即使在清洗之后，古塔胶

43 William T. Brannt, *India Rubber, Gutta Percha and Balata*, p. 270.

44 John F. McCarthy, *The Fourth Circle: A Political Economy of Sumatra's Rainforest Frontier* Stanford, Calif.: Stanford University Press, 2006, p. 2.

仍然很脏。[45] 根据一些记载，一些不道德的新加坡商人经常会往粗制古塔胶里进一步掺假，到达宗主国码头的古塔胶质量就更糟糕了，里边掺杂着西米粉、锯木屑、黏土和石头以增加分量，[46] 这种古塔胶需要多次提纯才能使用。而被砍倒的树木当中尚残存着大部分胶乳，却只能躺在丛林里自行腐烂。

因此，维多利亚时代的电报技术基本上是依赖于家庭手工业的。更糟糕的是，这是一种极度浪费和低效的贸易——尤其是在宗主国的工业与民用需求都急剧增长的情况下。尽管采胶方法没有改变，采收速度却大大提高了。一棵高达 60 英尺乃至更高的朝向林冠生长的大树，平均出胶量仅仅不足 11 盎司（312 克），而更多的胶乳仍留存在树中无法采收出来。即使是最大的树，出胶量也不足 3 磅（1.36 千克），虽然有人声称柔佛州的一棵树产出了 5 磅半的古塔胶，另一棵树产出了 13 磅多，但这些都属于特例。法国专家欧仁·塞卢拉斯（Eugène Sèrullas）哀叹道："当地人的采胶方法对优良品种的树木造成的伤害，比对那些劣质品种的树木更具灾难性。"这是因为优质的树胶接触空气后几乎立即凝结，而劣质的树胶硬化得非常缓慢，因此可以不用砍倒树木就能够采收[47]（包括塞卢拉斯在内的专家一致认为，季风期间树胶产量会更多，但仍然浪费严重）。尽管一些作者所记载的出胶量高于通常的 11 盎司，但平均出胶量还是非常少，而市场对古塔胶不断增长的需求，意味着需要不断寻找更多的树来满足供应量。布兰特警告说："由于采胶方式不合理，现存的树木会不断地被毁灭，而且……还有这一资源出口减少和最终耗尽的危险。"[48]

在东南亚半岛和群岛的许多地方，古塔波树的灭绝并非耸人听闻。在布兰特出版他关于橡胶和古塔胶的综合性著作的 22 年前，苏格兰植物学家詹姆斯·科林斯（James Collins）就曾报告称，由于 1844 年开始向欧洲出口古塔胶，曾经在新加坡十分繁茂的伊桑德拉树几乎在岛上绝迹了。[49] 科林斯称，仅在 1845—1847 年，新加坡就有 69,180 棵树被砍伐，此后的需求量仍在大幅增加。科林斯观察到，随着电报业发展如日中天，对古塔胶的需求量也在激增，树木遭到的破坏程度"几乎难以置信"。1875 年，英国进口了 19,686 英担（约 1,000,088 千克）古塔胶，次年进口了 21,558 英担，1877 年的进口量达到了 26,359 英担。这意味着树木遭到了大量屠杀。（虽然这听起来像是情绪化的语言，但三叶橡胶树［*Hevea*］的种植园主们称对其树木不可持续的过度开采是一种"屠杀式开采"。）

45 William T. Brannt, *India Rubber, Gutta Percha and Balata*, pp. 230–232.

46 Ibid., p. 236.

47 "M. Sérullas on Gutta-Percha," (continued), *India Rubber Journal* 7, no. 9, 1891, pp.280–281.

48 William T. Brannt, *India Rubber, Gutta Percha and Balata*, p. 233.

49 James Collins, "Report on the Gutta Percha of Commerce."

图 1　在爪哇给一棵古塔波树开孔取胶。（阿克伦大学）

据科林斯估计，在1854—1875年间，仅在砂拉越的一个地区就有大约300万棵古塔波树被砍伐。[50]欧仁·塞卢拉斯称，这种树到1857年时已经从新加坡消失，1875年之前便在马六甲和雪兰莪绝迹，1884年时在霹雳州也找不到了。1883年，海峡殖民地的英国当局禁止进一步采伐，但那时"要保存这些树木确实已经为时过晚"。[51]砍伐树木以获取树胶也不是树木面临的唯一灾难。塞卢拉斯还谴责了发生在婆罗洲与苏门答腊的做法，那里的人们为了种植槟榔膏和咖啡，肆无忌惮地开垦和焚烧森林，同时他还谴责了马来亚锡矿工人对自然的掠夺和蹂躏。（槟榔膏是棕儿茶［Terra-japonica］的马来语名称。它常作为槟榔的一种成分，含有丰富的单宁酸，19世纪在种植园里种植，作为染色剂和鞣制剂大量出口到欧洲。[52]）他还指出，虽然塔班树的树桩很快就会发芽，但是如果森林被烧毁，树木就不会再重新生长，而这正是种植园的常用手段。[53]

塞卢拉斯告诫人们，到了19世纪的最后十年，一场"令海底电报电缆制造商感到恐惧"的危机迫在眉睫。[54]在化工协会利物浦分会的一次会议上，人们得知：如果不采取严厉措施，这些树在几年内就会消耗殆尽。[55]两家法国电缆公司"由于缺乏质量合格的古塔胶，被迫放弃竞争法国政府最近招标的连接法国与非洲北岸的电缆项目"，[56]由此看来，形势已十分严峻。1902年，一名美国外交官告诉《纽约时报》，在荷属印度群岛的丛林里已经找不到这种树了，或者说"至少在群岛已开发的土地上，想要寻找这种树，都只会是徒劳无功"。[57]这就好比一些对互联网的扩展和运营至关重要的原材料快要消耗殆尽，而找到替代品的可能性却微乎其微。

这种巨大的需求量是难以为继的，1857年铺设的第一条跨大西洋电报电缆长1852英里，重2000吨，其中八分之一，即250吨都是古塔胶。[58]据专家估计，到19世纪90年代初，

50 James Collins, "Report on the Gutta Percha of Commerce."

51 "M. Sérullas on Gutta-Percha," *India Rubber Journal* 7, no. 6, 1891, pp. 112–113.

52 参见 John Crawfurd, *A Descriptive Dictionary of the Indian Islands and Adjacent Countries*, London: Bradbury and Evans, 1856, p. 142。

53 "M. Sérullas on Gutta-Percha," (continued).

54 Ibid. and "A Paper Read before the Société d'Encouragement by M. Sérullas," *India Rubber Journal* 8, no. 11, 1892, pp. 329–330.

55 "Exhaustion of Gutta-Percha," *India Rubber Journal* 9, no. 5, 1892, p. 137.

56 "M. Sérullas on Gutta-Percha" *(continued)*, *India Rubber Journal* 7, no. 6, 1891, pp. 162–163.

57 "Trade in Gutta Percha," *New York Times*, 24 May, 1902.

58 John R. Issac, "History of the Atlantic Cable & Submarine Telegraphy," 2007, http://www.atlantic-cable.com/Books/1857Isaac/index.htm（2008年4月30日访问）。

电缆行业每年要消耗400万磅古塔胶。[59]到20世纪初，全世界有大约20万海里的海底电缆。据估算，这些电缆中的古塔胶总量应该在2,7000吨左右。以每棵树平均11盎司的产胶量来计算，必须耗费近8800万棵古塔波树才能满足这一需求。1898年和1899年，温哥华与澳大利亚之间，以及德意志帝国在非洲与大洋洲的边陲前哨之间铺设了海底电缆，这些项目对古塔胶的需求量都相当巨大。虽然新加坡每年的古塔胶出口量平均在600万到900万磅之间，但这两年的出口量却分别达到了1000万和1600万磅。根据粗略的计算，这意味着仅仅为了满足1898年的出口需求，就有**1450多万棵树**遭到砍伐，而1899年总的砍伐量则超过了**2325万棵**。[60]即便只是为了辩论，我们将这些数字减半再减半，结论也是显而易见的，这是对有限资源的不可持续的滥用，尽管与其他雨林树木相比，伊桑德拉树的生长速度相对较快，但仍需28年才能成熟。这些数字还不包括荷属东印度群岛、法属印度支那或美国的新殖民地菲律宾地区出产用于直接出口的古塔胶的树木。即使其中有一部分树产自种植园，但大部分都显然是来自雨林。据莱斯利·波特（Lesley Potter）估计，到1900年，荷属婆罗洲至少有100万棵古塔波树被砍伐，也有可能多达2600万棵，尽管他认为后一个数字可能有些夸大。[61]据欧仁·塞卢拉斯估计，在1879年，仅婆罗洲被砍伐或以其他方式毁坏的伊桑德拉树就达到了惊人的500万棵，[62]我们或许因此可以得出结论，波特的猜测算是非常保守的了。

然而，当时像塞卢拉斯这样的观察者均犯有一个错误，那就是他们都倾向于将树木濒临灭绝的原因归咎于采胶者。虽然伐木工们的采胶方法确实既原始又浪费，但在欧洲工业需求激增而导致对森林的过度开发之前，他们的采集方法或许是可持续的。在中美洲也同样如此，为了给西方工业提供各种普通橡胶胶乳，那里的卡斯蒂亚树（*Castilloa*）也被砍伐掉了。只要橡胶和古塔胶的供应不中断，欧洲各国政府、消费者和制造商就不会关心产地的状况。不管怎样，正是殖民主义重塑了东南亚的面貌，森林被逐渐摧毁，而新加坡这样的新城市却不断兴起。就这一点而言，挥动斧头和帕兰刀的手的颜色已不重要。但值得欣慰的是，人们认为没有必要让马来土著人（*bumiputra*）遭受像刚果人与秘鲁人那样的悲惨

59 *India Rubber Journal* 8, no. 3, 1891.

60 统计所使用数据来自 Hubert L. Terry, *India-Rubber and Its Manufacture, with Chapters on Gutta-Percha and Balata*, p.280。

61 Lesley Potter, “Community and Environment in Colonial Borneo: Economic Value, Forest Conversions and Concern for Conservation, 1870−1940,” in *Histories of the Borneo Environment: Economic, Political and Social Dimensions of Change and Community*, ed. Reed L. Wadley, Leiden: Verhandelingen van Het Koninklijk Instituut voor Taal, Landen Volkenkunde, 2005, p. 116.

62 “M. Sérullas on Gutta-Percha,” (continued).

境遇，在比利时的利奥波德二世统治下的所谓刚果自由邦（Congo Free State），[63]以及秘鲁的普图马约河（Putumayo River）流域，当地土著人在殖民者的暴力奴役下，进行着野生橡胶树与橡胶藤的采收。[64]

值得称赞的是，植物学家詹姆斯·科林斯似乎并非只考虑热带森林的经济价值，更是将其看作值得重视的生态系统。科林斯为自己的所见所闻感到震惊，他提倡我们今天所说的可持续的方式来开采古塔胶，他认为，殖民政府每砍一棵树，就应该确保再种三到四棵树。他不太确定伊桑德拉树和其他古塔波树是否可以采用三叶胶的采胶方式，因为与橡胶树不同，古塔胶的流动性较为缓慢。不过，他认为解决方法是创建“管理良好的种植园”[65]，并寻求科学的方案来解决古塔胶的排胶问题。著名的化学家 E. 琼弗莱施（E. Jungfleisch）也对浪费的采胶方式提出了批评。他主张给树木注射甲苯以大幅增加采胶量，但这只会减缓而不能阻止大规模砍伐。[66]尽管很多人在努力开发替代品，但都没有令人满意的结果。其中之一是由伦敦东区的托马斯·克里斯蒂公司（Thomas Christy firm）申请的专利，它是一种浸过动物胶和甘油，并用其他化学品处理过的绷带，[67]但似乎已经销声匿迹了。另一种以其发明者命名的混合物“珀塞尔石”（“purcellite”）也同样如此[68]。（尽管珀塞尔·泰勒［Purcell Taylor］声称，珀塞尔石是一种合适且廉价的替代品，成本仅为古塔胶的十分之一，但《印度橡胶杂志》［*India Rubber Journal*］却对此持怀疑态度。）另一种可能的替代品是由一

63 许多书都记载了利奥波德二世在刚果犯下的罪行。罗杰·凯斯门特（Roger Casement）的朋友和同为激进派活动家的 E. D. 莫雷尔（E. D. Morel）就写了很多书，包括 *Red Rubber: The Story of the Rubber Slave Trade Flourishing on the Congo in the Year of Grace 1906*, 2nd ed., London: T. Fisher Unwin, 1907。更近的作品有 Roger Anstey, *King Leopold's Legacy: The Congo under Belgian Rule*, London: Oxford University Press, 1966，以及 Neal Ascherson, *The King Incorporated: Leopold the Second and the Congo*, new ed., London: Granta, 1999。利奥波德利用他的不义之财发表了许多反驳文章，但这些文章水准都非常低。利奥波德自己成立的调查委员会发现，针对所谓刚果自由邦的许多最严重的指控都属实。参见 Archives des Ministère des Affaires Etrangères, Brussels: Papiers Janssens, III, Rapport de la Commission d'enquête, Bulletin Officiel de l'Etat Indépendent du Congo, nos. 9 and 10。Rapport au Roi-Souverain. 30 October 1905.

64 参见，如 Richard Collier, *The River That God Forgot: The Story of the Amazon Rubber Boom*, London: Collins, 1968，或者 W. E. Hardenburg, ed., with an introduction by C. Reginald Enock, *The Putumayo: The Devil's Paradise: Travels in the Peruvian Amazon Region and an Account of the Atrocities Committed upon the Indians Therein*, London: T. Fisher Unwin, 1912。1913 年，英国下议院特别委员会的一份报告公布了英国议会对普图马约丑闻的调查结果；House of Commons Paper 148XIV。

65 James Collins, "Report on the Gutta Percha of Commerce."

66 William T. Brannt, *India Rubber, Gutta Percha and Balata*, p. 234.

67 "A New Material," *India Rubber Journal* 5, no. 2, 1891, p. 107.

68 "Artificial Gutta-Percha," *India Rubber Journal* 6, no.10, 1890, p. 260.

位姓西伯特（Herr Siebert）的德国男士研发的，但它的命运似乎与前两者没有区别。[69]

在1890年或1891年，根据琼弗莱施的建议，欧仁·塞卢拉斯开发了一种从树叶和树枝中提取古塔胶的方法。这种方法是先用机器将树叶和树枝切碎，然后进行酸处理，这是“此项发明最重要的秘诀”。酸化后会生成一种红棕色的液体，将此液体蒸煮20～30分钟，使酸性物质挥发掉，并使液体浓缩成为胶质。这一工艺为在种植园中有序地种植和采收伊桑德拉树开辟了道路。[70]与此同时，殖民当局也试图限制树木的砍伐数量，尽管他们声称，由于边境管理漏洞百出，海关服务人员不足，很难对砍伐数量进行管制。不思进取、目光短浅、利己主义和贪得无厌之风盛行，在科林斯提出他的建议30年后，休伯特·特里（Hubert Terry）断言：“在古塔胶种植园方面所做的工作相对较少，迄今所取得的成果表明，种植古塔波树不仅困难重重，并且与橡胶相比，需要更长的时间才能从投资中获得些许回报。”[71]不过情况也并非完全如此，从19世纪80年代开始，荷兰人不得不开始在苏门答腊和爪哇的种植园里种植古塔波树的树苗和树木，并且从世纪之交开始在马来亚也建立了种植园。[72]但在19世纪末和20世纪初的繁荣时期，古塔胶不断飙升的价格对野生树木造成了可怕的破坏力。当价格在后来的几十年里下跌时，村民们不愿意再为了一点点回报而冒险进入森林，野生橡胶行业也随之衰落。无线技术的发展加速了这一衰落过程，第二次世界大战后，合成材料替代品的广泛应用再次加剧了这一状况：约翰·麦卡锡注意到，在20世纪末期与他交谈过的苏门答腊村民中，很少有人会离开村庄（*kampung*）进入丛林冒险，并且野生古塔胶的采收工作早就没有人再做了。[73]

到这时，伐木公司和其他行业的活动给东南亚雨林带来了更大范围的威胁。在1990年之前的20年里，砂拉越可能有三分之一的森林已经消失，而整个地区的森林消失速度仍在加快。约翰·麦卡锡关于苏门答腊北部的悲观言论，概括了东南亚许多地方发生的事情：“特别是在公路沿线，毁林开荒尤为严重。整片森林匍匐在地，宛如大屠杀后的场景。在另一些地方，荒地已经变成一排排整齐的油棕树——这是一种无趣的工业用树，用来为繁荣的油棕产业提供原料。”[74]尽管早期砍伐野生塔班树的规模较小，但最终发展成一场维多利亚时代的生态灾难。而这也为近些年来世界热带雨林（有时我们因其功效而称之为世界之肺）

---

69 *India Rubber Journal* 4, no. 11, 1888, p. 244.

70 “New process for recovering loss of Gutta-Percha,” *India Rubber Journal* 8, no.3, 1892, p. 90. 重印自 *the Kew Bulletin*。另见“A Gutta-Percha Revolution, ” *India Rubber Journal* 8, no.11, June 8, 1892, pp. 337–338。

71 Hubert L. Terry, *India-Rubber and Its Manufacture, with Chapters on Gutta-Percha and Balata,* pp.273–274.

72 *The New York Times*, 24 May 1902.

73 John F. McCarthy, *The Fourth Circle*, p.30.

74 Ibid., p.2.

所遭受的更大规模的灾难埋下了伏笔。灾难的原因大致相同，但这次可能没有那么多借口。詹姆斯·科林斯在1878年所写的有关橡胶业造就“停尸房”的绝望言论，听起来颇为熟悉。如果说，帝国主义的“主根”深深扎入殖民地土壤[75]，为宗主国的经济发展汲取营养，那么支持它的根系就是庞大的电报网络，这些网络将遥远的殖民地与帝国腹地联系在一起。然而，具有讽刺意味的是，正是当时人们发现了这种殖民地独有的特殊植物商品，才使这一根系的产生成为可能。另一个更可悲的讽刺是，正是电报业本身摧毁了它赖以存在的古塔波树。

【原文出处】John Tully. “A Victorian Ecological Disaster: Imperialism, the Telegraph, and Gutta-Percha.” *Journal of World History*, Vol. 20, No. 4 (2009), pp. 559–579.

75 J. A. Hobson, *Imperialism: A Study*, rev. ed., London: Constable, 1905.

菲利帕·莱文　著
黄志远　译

比较史可行吗?*

【导读】

菲利帕·莱文（Philippa Levine，1957—　），美国得克萨斯大学奥斯汀分校历史系教授。出生、成长于英国，1984 年于牛津大学圣安东尼学院获得博士学位，之后曾在英国东英吉利亚大学，美国佛罗里达州立大学和南加州大学任教。研究领域为英帝国史、性别史、种族史、科技史、医药和社会史等。代表作为《大英帝国：日出到日落》（2013）、《卖淫、种族与政治：大英帝国的性病防控》（2003）。

本文首先质疑对比较史的几种错误理解。比较史并不限于以民族或者国家认同为依据的比较，没有理由将比较史与这种本质主义做法捆绑在一起；比较史并非纯粹为了在纷繁复杂的历史经验中找寻当下的智慧，并非拘泥于元历史范畴，它还关注网络、交换、地方和协作等，与强调偶发性的后现代史学能够相容；比较史与世界史、跨国史存在着区别与联系。文章接下来以新帝国史为例，展示多重语境下的比较对于揭示“帝国治理绝不是自上而下的强迫行为，其中必然涉及各个层面的对话”的巨大潜力。但是，文章认为比较史的道路绝非简便易行，最大的困扰来自决定论、普世论和例外论。文章辩证地指出，在认识到这些问题的同时，应该大胆地进行切实可行的比较研究。总之，比较史不仅可行，而且让人向往。

顾名思义，比较史是比较方法与历史学相结合的产物。在孔德、韦伯和布洛赫等著名学者的推动下，它逐渐在 20 世纪初发展成一个系统的学术流派。然而，长期以来，学界对这一方法的使用对象、方式和标准等存在争议，且近几十年来随着新理论和新范式（尤

---

* 感谢梅甘·阿姆斯特朗（Megan Armstrong）和胡安妮塔·德·巴罗斯（Juanita De Barros），如果没有受邀参加他们的比较史工作坊，本文就不可能出现。耶利米·苏莉（Jeremi Suri）、劳拉·克里格尔（Lara Kriegel）和罗伯·施耐德（Rob Schneider）鼓励我进一步修改文稿。《历史与理论》（*History and Theory*）的伊桑·克莱因伯格（Ethan Kleinberg）和威廉·平奇（William Pinch）堪称编辑的楷模，他们的见解令文章大为改观。在此一并感谢。

其是关联史）的流行，针对比较史学的质疑声音越来越多。本文正是在这样的背景下问世的。本文所提到的关于比较史的一些实践对于史学研究具有重要参考价值，主要包括：一、防止本质主义目的论的影响，跳出普世论史学的窠臼并拒绝其所谓的普世标准；二、考察国家的历史形成而不是把它看作封闭的固有实体；三、加强对地方与全球的关联以及其他二元辩证关系（比如断裂和延续，差异和共通）的研究；四、提出一些恰当的主题，探索其在多重语境中的具体形态，得出具有普遍意义的认识；五、应当关注“相互间的比较”而不是“与什么的比较”。至于比较对于全球史的意义，作者明确指出，历史学关注的是互动，而比较方法通过探索在这里发挥作用的“中间性”，成为理解这些互动的主要方式之一。

半个多世纪以前，研究地中海史的历史学家费尔南·布罗代尔希望历史学家有朝一日不再只是“研究围墙内的花园”。[1]走出围墙（尽管可能会直接进入迷宫）的其中一个出发点就是比较史，因为圈围显然不是比较研究的关注核心。本文试图论述比较研究的优点和某些缺陷，同时回应针对比较方法的众多批评。

雷蒙德·格鲁（Raymond Grew）在20年前指出，比较史“被广为推崇，但有意识的实践并不多”。公平地说，他的话如今依然不无道理。[2]比较研究之所以是例外而非普遍现象，最突出的原因在于这种研究开展起来可能会非常困难。尽管如此，我们还是有必要在本文的开篇提出问题：比较史究竟是什么？如果说它与世界史、全球史和跨国史有所区别的话，区别是什么？毕竟世界史、全球史和跨国史都或多或少地采用比较研究方法。简而言之，比较史无非就是对于诸多（两个或多个）地点的历史探究，旨在理清其中的共性与差异抑或“变化与连续性”（change and continuity，借用某本广受欢迎的教科书的标题），考察局部问题如何有助于揭示整体性问题。可是，对我来说，比较差异性与相似性是件简单的事，二者都不应当成为比较史研究的重点。诚然，历史学对比较方法的追求过程漫长、故事众多。但是，主要是在20世纪上半叶，阿诺德·汤因比等学者的作品才把比较研究推向了某种更加宏阔的层面。汤因比试图把“文明”的宏大叙事普世化、综合化，而这些日后都成为比较史遭致非议的症结所在。难怪马格纳斯·莫纳（Magnus Mörner）、朱利亚·法瓦兹·德·维努埃拉（Julia Fawaz de Vinuela）和约翰·D. 弗伦奇（John D. French）认为许多历史学家将比较方法与“轻率的类比、虚假的类似和可疑的归纳”联系在一起。[3]

在后来的几代人中，社会学家巴林顿·摩尔对政治结构的研究以及法国的年鉴学派的研究都像汤因比的研究那样雄心勃勃，只是他们的结论稍微慎重一些。比较史在20世纪后期越来越不流行，但有份刊物仍然以其命名，它就是创刊于1958年的备受瞩目的《社会和历史比较研究》（*Comparative Studies in Society and History*）。众所周知，不少刊物喜欢借由改名来反映知识风格的变化。但是，50多年来，《社会和历史比较研究》一直坚定地维护比较研究的重要性。该刊物自称致力于研究“从古至今人类社会和当代世界与周期性模式形成和变迁相关的问题”，建立“一个由社会科学和人文学科各领域的专家组成的研究联

---

1 引自 Thomas Benjamin, *The Atlantic World: Europeans, Africans, Indians and Their Shared History, 1400–1900*, New York: Cambridge University Press, 2009, p. xxvii。

2 Raymond Grew, “The Case for Comparing Histories,” *American Historical Review*, vol. 85, no. 4, 1980, p. 768.

3 Magnus Mörner, Julia Fawaz de Vinuela, and John D. French, “Comparative Approaches to Latin American History,” *Latin American Research Review*, vol.17, no. 3, 1982, p. 55.

盟”。[4]然而，格鲁于1980年分析了提交给该期刊的大约500篇论文，从中发现大多数论文“只把全部注意力放在单一的历史案例上（a single historical case）”。[5]事实上，他认为那些对“几个不同社会（societies）”的比较研究通常并不是效果最好的比较。

我提及这一点是因为存在这样的可能，如果你认定自己是一个用比较方法做学术研究的人，其他学者就会臆断你在比较不同的国家、地区或民族，也就是说，大多数人都会假定你其实是在比较两个或多个不同的社会，而且这种比较的依据就是民族认同。出于显而易见的原因，这对我们之中研究晚近历史的学者来说更是如此。[6]埃利加·古尔德（Eliga Gould）在投给《美国历史评论》的一篇稿件中声称，“比较方法倾向于接受不变的国家边界”。[7]米科尔·西格尔（Micol Seigel）同样宣称“大多数比较研究都牢牢地受制于国家框架”。[8]尽管这种假定忘记了20世纪三四十年代的诸多比较研究意在对民族国家史提出相对主义的质疑，但它显然并不罕见。[9]虽然存在大量的国家间的（cross-national）比较研究（质量难免良莠不齐），但此外还有许多研究也属于比较研究的范畴。话虽如此，人们仍然普遍持有一种固执的观念，即从根本上说，比较就是国家间的比较。在我看来，这种固执之见更多地说明了国家范畴作为历史研究的“恰当”形式继续占据着支配地位，而不是说今天的许多比较史学家仍然按这种路数开展研究。这种现象在很大程度上（如果并不总是有意识地）源于现代民族国家在当代历史实践中持续施加的影响，也可能是由对持久稳固的国家认同——借此才能衡量变动——的不切实际的渴望所造成的。[10]它更多地源于历史学专业一直将人类历史理解为

---

4 http://www.lsa.umich.edu/history/CSSH/about.html（2010年2月22日浏览）。

5 Grew, “The Case for Comparing Histories,” p. 775.

6 Heinz-Gerhard Haupt and Jürgen Kocka, “Comparative History: Methods, Aims, Problems,” in *Comparison and History: Europe in Cross-National Perspective*, ed. Deborah Cohen and Maura O’Connor, New York: Routledge, 2004, p. 31.

7 Eliga H. Gould, “Entangled Histories, Entangled Worlds: The English-Speaking Atlantic as a Spanish Periphery,” *American Historical Review*, vol.112, no. 3, 2007, p. 766. 苏珊·佩德森也提出了同样的观点，“比较史学家继续使用民族国家作为他们的主要分析单位”。参见“Comparative History and Women’s History: Explaining Convergence and Divergence,” in Cohen and O’Connor, eds., *Comparison and History*, p. 93。另见 Ian Tyrrell, “American Exceptionalism in an Age of International History,” *American Historical Review*, vol.96, no. 4, 1991, pp. 1031–1055，尤其是 p. 1033; Bénédicte Zimmermann, Claude Didry, and Peter Wagner, *Le travail et la nation: histoire croisée de la France et de l’Allemagne*, Paris: Editions MSH, 1999; George M. Fredrickson, “From Exceptionalism to Variability: Recent Developments in Cross-National Comparative History,” *Journal of American History*, vol.82, no. 2, 1995, p. 588ff。

8 Micol Seigel, “Beyond Compare: Comparative Method after the Transnational Turn,” *Radical History Review*, vol.91, Winter 2005, p. 65.

9 例如，可参见 William T. Rowe, “Owen Lattimore, Asia, and Comparative History,” *Journal of Asian Studies*, vol. 66, no. 3, 2007, p. 781。

10 Antoinette M. Burton, *After the Imperial Turn: Thinking With and Through the Nation*, Durham, NC: Duke University Press, 2003, p. 7.

民族国家史，而非单单源自如今正在开展的比较研究。古尔德和西格尔对比较史的阐释，错误地认为以民族国家为框架的比较是比较史领域标准且权威的做法，这种观点暗示着比较史已然过时，因为它执迷于将民族国家视为历史书写的基本对象和鹄的的本质主义观点。他们的观点显然与格鲁从他密切关注的《社会和历史比较研究》所得出的结论相悖。如下文所示，我认为他们的目光较为短浅，未能看清比较史的本质乃至其各种可能性。

国别史的长盛不衰以及比较史与此类国别史的纠缠不清，在很大程度上解释了为什么比较史在某些史学圈子中仍然名声不佳。毋庸置疑，有一些比较研究应和了 19 世纪末 20 世纪初那种带有种族和国家色彩的读物，因而反映出一种具有目的性的进化论，将某些国家视作天生且正当的领导者，其他国家都是弱者。比较史的批评者因而认为，它在强化而非质疑国家的特异性。[11]但是，此类研究现在已不多见，我们不应因为它们的存在而怀疑所有的比较史。我们没有理由将比较史与这种本质主义做法捆绑在一起。事实上，在打破国别史在历史学中的支配地位时，比较史或许能有意识地发挥某种作用。

我会在稍后论及这个愿景。不过，在此之前，我想谈谈另一种时而出现的针对比较史的反对声音。唐纳德·凯利（Donald Kelley）在比较主义者的动机中发现了一种当下主义（presentist）的倾向，即渴望“在纷繁复杂的历史经验中找寻当下的智慧”。他认为，这是比较主义的“本质”目的。[12]他的观点可能适用于他在文章的开篇所要处理的 18 世纪的文本，甚至适用于某些赞同比较主义的、更具有倾向性的历史社会学家的作品。但是，在今天的历史研究中，我找不到任何证据来证明这个说法。我们能在如下研究中看到当下主义的痕迹吗？譬如劳伦·本顿（Lauren Benton）的法律比较研究，或者尼基·凯迪（Nikki Keddie）在更广阔的区域背景下对伊朗的研究。[13]再比如彼得·鲍德温（Peter Baldwin）对欧洲不同国家社会保险的详细研究，[14]抑或玛丽亚·布库尔（Maria Bucur）对特兰西瓦尼亚的记忆主体性的比较。[15]答案很明确——看不到。凯利的批评可能描述了前几代比较史学家

---

11 Michel Espagne, “Sur les limites du comparatisme en histoire culturelle,” *Genèses*, vol.17, 1994, 256–279; Seigel, “Beyond Compare.”

12 Donald R. Kelley, “Grounds for Comparison,” *Storia della Storiografia*, vol.39, 2001, p. 3.

13 Lauren A. Benton, *A Search for Sovereignty: Law and Geography in European Empires, 1400–1900*, Cambridge, UK: Cambridge University Press, 2010; Lauren A. Benton, *Law and Colonial Cultures: Legal Regimes in World History, 1400–1900*, Cambridge, UK: Cambridge University Press, 2002; Nikki R. Keddie, *Iran and the Muslim World: Resistance and Revolution*, New York: New York University Press, 1995.

14 Peter Baldwin, *The Politics of Social Solidarity: Class Bases of the European Welfare State, 1875–1975*, Cambridge, UK: Cambridge University Press, 1990.

15 Maria Bucur, “Remembering Wartime Violence in Twentieth-century Transylvania: A Few Thoughts on Comparative History,” *Hungarian Studies*, vol.21, no. 1/2, 2007, pp. 101–110.

开展比较研究的推动因素，但却不适合于描述过去几十年中该领域的主流成果。由这些主流成果可知，比较研究具有历史意识，相关工作非常精细、谨慎。

基于这种当下主义的批评，凯利认为比较史与现代感知不合拍，因为它无法容纳后现代的偶发性观念。[16] 他认为，后现代主义和比较史无法兼容，因为比较史必然包含元历史范畴，而后现代学者拒绝接受这些范畴，认为它们是危险的虚构。凯利引用了保利娜·罗西瑙（Pauline Rosenau）的观点，认为比较毫无意义，因为“在后现代主义认识论看来，人们不可能恰当地界定所要对比或类比的诸多因素”。[17] 克里斯托弗·贝利（Christopher Bayly）指出，后现代主义指责比较史为“与它们所要描述的帝国主义和资本主义进程沆瀣一气”的元叙事。[18] 为了避免这种情况，他在自己的比较研究中，试图恢复针对无权者的去中心化叙事。

针对先验的范畴——实则是这些范畴的模糊性——开展的批评无疑切中了某些要旨。但是，如果用它来批评当今的比较史，凯利和罗西瑙都没有抓住要点。首先，尽管一些受后现代主义立场熏陶的不从事比较研究的史学家不时指出用于研究的历史范畴的不稳定性，但他们依然在使用这些范畴标记历史。虽然这些范畴始终悬而未决，变动不居，但它们仍旧对使用它们的人产生了实质性的影响。因此，绝不只是从事比较研究的学者仍在使用类似元历史的范畴。其次，那种认为比较史完全甚或主要与元历史挂钩的观念，根本不能反映当下的研究实践。眼下的历史研究细致入微且以地方研究为基础，此外还整体观照了元历史以外的诸多内容，譬如网络、交换、地方、协作等。这些做法在某种程度上规避了比较史领域早期研究中的那些曾被诟病的问题。

除了对比较史研究实践本身的批评之外，学界还有一种将世界史、跨国史（transnational or cross-national history）与比较史混为一谈的倾向，我怀疑这种倾向与比较史研究总是在跨越国界这种谬见有关。在过去几年中，这些领域涌现出来的许多高级学位课程也经常似是而非地将比较研究与全球研究或跨国研究相提并论。[19] 然而，大多数从业者对

16 另外，西格尔也有这种看法，参见“Beyond Compare”, p. 62。

17 Kelley, “Grounds for Comparison,” p. 12.

18 C. A. Bayly, *The Birth of the Modern World, 1780–1914: Global Connections and Comparisons*, Oxford: Blackwell, 2004, p. 8.

19 例如罗格斯大学的比较史与全球史辅修课程，其目标是“向研究生介绍比较史与全球史研究方法的挑战和收获”。该项目鼓励参与者进行更广泛的跨文化思考。http://history.rutgers.edu/index.php?option=com_content&task=view&id=135&Itemid=169（2010 年 2 月 23 日浏览）。亚利桑那大学开设了一门比较史和世界史的辅修课程，专门作为教学领域。乔治敦大学的国际史、全球史和比较史硕士学位是为“专业地投身全球事务”而设置的。http://history.georgetown.edu/programs/maprograms/MAGICprogram/（2010 年 2 月 23 日浏览）。

这些联系持怀疑态度。在海因茨-格哈德·豪普特（Heinz-Gerhard Haupt）看来，跨国史和比较史相互补充而又各具特色。卡塔琳娜·弗里伯格（Katarina Friberg）、玛丽·希尔森（Mary Hilson）和娜塔莎·瓦尔（Natasha Vall）认同他的观点，认为两个领域有着明显的区别，因此，他们申明他们的研究路径既是跨国的也是比较的，以此凸显异质性和互补性二者并重时所产生的研究成效。[20]尽管弗里伯格及联名作者将两种取径关联起来的做法值得鼓励，但我不知道如果放弃把跨国方法与比较方法关联起来，是否就会不再助长人们对于比较史——认为比较史主要关注国家间的比较——的疑虑。除了国家框架下的比较之外，比较史在其他方面也在大展宏图。即便是那些国家间的比较，其意图和结论也不是罔顾历史地固化那些边界，而是揭示在特定的历史时刻形塑边界的内部因素和外部因素。近年来，跨国史（transnational history）本身也开始受到批评。马修·希尔顿（Matthew Hilton）和拉纳·米特（Rana Mitter）不无同情地提醒到，虽然“跨国取径揭示了新的历史能动形式……但我们绝不能忘记那些被这类新式的全球互联和全球交换所遗漏的内容”。[21]“跨国”研究中的“国家”成分往往广受怀疑，就如同比较方法努力回击把它与“国家”硬扯在一起一样。

古尔德和桑贾伊·苏布拉马尼亚姆（Sanjay Subrahmanyam）绕开了比较方法和跨国方法的内涵，前者推崇“缠结（entangled）”史，而后者钟意“关联（connected）”史。二者的关注点在很大程度上都是空间性的。古尔德关注的焦点是连接整个半球的大西洋，他认为，比较史武断地坚持的“独立实体”的做法，无法理解两个帝国之间不对称的互联关系。[22]在古尔德看来，比较研究更多地关注边界（borders）而非边疆（borderlands）。然而，人们对于边疆概念的阈限性、颠覆性和世界性的认可，无疑源于该概念试图取代的边界的存在，无论这条边界多么易变。二元对立在这里的出现，不是因为使用了比较方法，而是源于古尔德志在为“缠结”史研究开辟出一个独特的领域。

苏布拉马尼亚姆试图找出“在近代早期将全球统一起来的重大现象”，旨在将那些在他看来被长期存在的、无形的、潜移默化的历史保守主义刻意切割开来的议题整合起来。[23]为了将欧洲的千禧年传统（millenarian tradition）与伊斯兰教的相关传统联系起来，

20 Heinz-Gerhard Haupt, “Comparative History—A Contested Method,” *Historisk Tidskrift*, vol.4, December 2007, pp. 697–716; Katarina Friberg, Mary Hilson, and Natasha Vall, “Reflections on Transnational Comparative History from an Anglo-Swedish Perspective,” *Historisk Tidskrift*, vol.4, December 2007, pp. 717–737.

21 Matthew Hilton and Rana Mitter, “Introduction,” *Past and Present*, vol.218, Suppl. 8, 2013, p. 10.

22 Gould, “Entangled Histories, Entangled Worlds,” pp. 765–766.

23 Sanjay Subrahmanyam, “Turning the Stones Over: Sixteenth-Century Millenarianism from the Tagus to the Ganges,” *Indian Economic Social History Review*, vol.40, no. 2, 2003, p. 130.

他特别列举了他所谓的“从北非和巴尔干至南亚的……伊斯兰千禧年主义所共有的显著要素”。[24] 这是关联吗？毋庸置疑。但是，他或隐或显地承认其中也涉及比较。用他自己的话说，“从伊斯坦布尔到印度的广阔区域……都存有某些共同的特质和主题”。[25] 他反复提及共性，但这无法仅仅通过强调“关联”就能神奇地超越比较方法。尽管两种方法的目标有时可能不同，但它们之间具有谱系关系。他的思考与安·斯托勒（Ann Stoler）所关注的问题非常相似，后者想知道我们怎样才能“既认识到规则的类似结构，又不破坏其内容的历史独特性”。[26] 苏布拉马尼亚姆未能论证为何比较方法（而非关联方法）无法揭示他在这些不同形式的千禧年主义中发现的共通性。[27] 他恰当地将“语境法则”（discipline of context）当作建立这些关联的重要工具，但语境并不专属于与关联性相关的方法论，实际上也属于比较方法。他的立足点是要探求全球问题的地方性表征，但这根本不足以构成甚或倡导一种新的方法论。他可能试图在比较研究的框架内寻求一种更加精微的路径（a finer-grained approach），这完全可以理解，但是在我看来，他没有放弃比较研究的总体目的。我认为，在他很有说服力地将全球各地的千禧年活动联系起来的过程中，比较法牢牢地根植其中。这充分解释了为何迈克尔·维尔纳（Michael Werner）和本尼迪克特·齐默曼（Bénédicte Zimmerman）会强调比较史与古尔德、苏布拉马尼亚姆及其他人所倡导的缠结史、关联史之间的联系，认为它们“同属于‘关系型’方法（“relational” approaches），用比较方法和关于迁移研究这样的方式……考察不同历史构成形态之间的相互联系”。[28]

因而，虽然这些替代路径宣称不采用比较方法，却反映了许多当代比较史学家所坚持的东西。例如，格伦达·斯鲁加（Glenda Sluga）指出，我们要始终铭记，国家是一种建构，一个产生了实质性后果且有着有迹可循的历史生命的想象。[29] 弗里伯格、希尔森和瓦尔从更加务实的层面呼应了这一观点，他们使用“地方-国家连续体（local-national con-

24 Sanjay Subrahmanyam, “Turning the Stones Over: Sixteenth-Century Millenarianism from the Tagus to the Ganges,” *Indian Economic Social History Review*, vol.40, no. 2, 2003, p. 144.

25 Ibid., p. 154.

26 Ann Laura Stoler, “Tense and Tender Ties: The Politics of Comparison in North American History and (Post) Colonial Studies,” *Journal of American History*, vol.88, no. 3, 2001, p. 864.

27 Subrahmanyam, “Turning the Stones Over,” p. 159.

28 Michael Werner and Bénédicte Zimmermann, “Beyond Comparison: *Histoire Croisée* and the Challenge of Reflexivity,” *History and Theory*, vol.45, no. 1, 2006, p. 31.

29 Glenda Sluga, “The Nation and the Comparative Imagination,” in Cohen and O’Connor, eds., *Comparison and History*, pp. 103–114.

tinuum）”的概念，借此回避普世性论调，转而进行专门衡量地方层面（他们指代城市）与国家层面（他们选取了瑞典和英国）的政治互动的分析。这类似于南希·格林（Nancy Green）在“诸多区域、城市或行业”之间开展的所谓“中观”（mezzo level）比较。[30] 弗里伯格、希尔森和瓦尔明确表示要“打破历史书写与国家建构之间的关联”。[31] 他们的研究路径打破了对国家的铁板一块式解读，还认可不同治理层级、不同政治文化和政治预期之间的网络和交流。他们毫不掩饰地想要推动各种案例研究之间的对话，而这种对话正是比较方法的核心之一。

诸如此类的一些路径都强调历史学必然是研究相互关系，它们有助于达成娜塔莉·泽蒙·戴维斯（Natalie Zemon Davis）所谓“消除固定的中心点”的任务。[32] 这些类别的比较史不愿把不同身份和研究实体固化下来，而是弱化初始性的普世论（incipient universalisms）。其手段是，一方面强调共有的（shared）观念和叙事（诸如跨国路径强调的交流和影响），另一方面打破假想中的时间连续性，后者也是于尔根·科卡（Jürgen Kocka）所主张的观点（苏布拉马尼亚姆对16世纪千禧年主义的研究也抱有同一追求）。[33] 虽然西格尔认为比较史与后现代和后殖民解读中的不连续性和断裂性有着直接的冲突，但科卡更具包容性的分析为它们的共融提供了可能，这超出了西格尔的设想。比较方法完全能够做到打破既有的国别史框架，而非重新加强它，在我看来，开展比较研究所需要的多重语境（multiple contexts）推动它朝着这个方向发展。

在过去几年里，比较史研究经常在所谓的新帝国史中找到用武之地，这或许并非巧合，因为正如尤金·伊尔西克（Eugene Irschick）所说，殖民地社会无不带有对话性。[34] 帝国治理绝不是自上而下的强迫行为，其中必然涉及各个层面的对话：殖民者和“母国”政府之间、殖民者和被殖民者之间、不同类型的殖民者之间、被殖民者之间、不同政府之间。[35] 认真地讲，撰写一本命名为《殖民地对话录》（*Colonial Chatter*）的书是完全可行的。任何翻阅过现

---

30 Nancy Green, “Forms of Comparison,” in Cohen and O’Connor, eds., *Comparison and History*, p. 47.

31 Friberg, Hilson, and Vall, “Reflections on Trans-national Comparative History,” p. 731.

32 Natalie Zemon Davis, “Decentering History: Local Stories and Cultural Crossings in a Global World,” *History and Theory*, vol.50, no. 2, 2011, p. 191。然而，认定历史是相互关联的并不意味着所有的历史都是或应该是可比较的。相反，我在这个问题上的主张是，尽管比较方法可以很广泛，但它是一种具体的、可界定的方法，绝不是历史的同义词。

33 Jürgen Kocka, “Comparison and Beyond,” *History and Theory*, vol.42, no. 1, 2003, p. 41.

34 Eugene F. Irschick, *Dialogue and History: Constructing South India, 1795–1895*, Berkeley: University of California Press, 1994.

35 我认为，如果不这样想，就会强化那种用过于单一的眼光看待殖民统治的做法。

代殖民档案的人都会知道官方对话在殖民统治中的绝对重要性。这无疑是一个至关重要的领域，比较方法从中尤其能彰显自身价值，而绝不会与后殖民/后现代视角发生冲突。前文提及的跨文化相遇中的网络和交换［阿兰·莱斯特（Alan Lester）和托尼·巴兰坦（Tony Ballantyne）等学者已撰文分析[36]］是关于跨越的良好例证，比较史有助于对这种跨越的揭示。斯托勒称这种跨越为帝国统治中的“知识生产和治理实践的流通以及……其中的直接或间接的联系”。她明确呼吁对这类历史开展比较研究，以此作为理解殖民统治境况的最有效手段。[37]

类似的关注曾带给我启发，在2003年出版的关于卖淫管控的比较研究的著作中，我没有将全书结构设定为一组个案研究，而是设定为主题性研究。[38]书中没有系统地比较在所研究的殖民地中卖淫监管手段的运作模式及其影响。相反，我的重点在于理解一个殖民当局为何能以相似的方式管理四处不同的殖民地：殖民当局无意比较这些殖民地的异同，将殖民地人民统统视作无名无姓的乌合之众。我试图重新引发人们关注往往被19世纪帝国主义者无视的可比较性，借此对殖民当局和性行为管理提出新的认识。

殖民主义，确切地说是18世纪以来的殖民主义，可以说包含了征服、合作、抵抗、挪用和借鉴等行为，这些行为看似彼此矛盾，但它们显然都在殖民地发生了。在我看来，比较方法非常有助于我们发现并理解这种同时性，无论这种比较发生于各殖民地之间，宗主国和周边地区之间，还是在同一时间发生在某个殖民地之内。[39]只关注殖民主义的任何单一行为，都会有歪曲事实的风险，只能对复杂的互动给出单一化的解释；而在比较框架中进行研究，我们就会有更多的机会理解那些看似相互矛盾的活动如何共同导致了某种历史现象的产生和发展。这种历史现象往往变动不居但能持续很久，且在大多情况下能够产生可观的收益，尽管它需要不断以协作或强迫的方式强化自身，实行更加严格的管控，压制抗议活动。就帝国统治本身而言，尽管在某些场合没能做到比较，但它一直都在比较，有时是绞尽脑汁的比较（诸如，我们是否比竞争对手做得更好？在我们要统治的人中，什么人能为我们做什么？他们有什么我们想要的？他们有什么我们没有的？）。我们何不关注这个

---

36 Alan Lester, *Imperial Networks: Creating Identities in Nineteenth-Century South Africa and Britain*, London; New York: Routledge, 2001; Tony Ballantyne, *Orientalism and Race: Aryanism in the British Empire*, Basingstoke, UK, and New York: Palgrave, 2002.

37 Stoler, "Tense and Tender Ties," p. 831.

38 Philippa Levine, *Prostitution, Race, and Politics: Policing Venereal Disease in the British Empire*, New York and London: Routledge, 2003.

39 我希望这里可以回应埃里克·海德雷克和丽贝卡·霍恩提出的观点，他们认为比较史“倾向于概括欧洲殖民大国之间的差异，而不是被殖民地区之间的差异”。参见他们的“Territorial Crossings: Histories and Historiographies of the Early Americas,” *William and Mary Quarterly*, vol.67, no. 3, 2010, p. 413。

事例，把它用作一种解释方式，来阐明帝国统治的方方面面呢？

就像弗里伯格等人把地方和国家之间的动态关系作为比较研究的理想媒介一样，在理解帝国主义时，我们或许可以更有成效地探索跨地区以及不同地区之间的联系、殖民地和宗主国之间错综复杂的关系，在探究共性和差异的同时，找寻其间的相互作用和影响。许多领域正在开展此类研究。例如，托马斯·梅特卡夫（Thomas Metcalf）最近对印度洋的研究探讨了印度——它本身就处于英国的统治之下——作为殖民权力中心的运作方式：为英国统治下的非洲和亚洲殖民地提供劳力、士兵和警察。[40]他重新描绘了帝国，强调跨殖民地的互动和网络，打破帝国具有单一统治中心的观念，毫不夸张地说，他用比较方法将我们对帝国统治的认知去中心化。如果我们转向英国的另一个殖民地，那么澳大利亚在太平洋地区进行的地方性殖民活动显然会打破那种对殖民当局过于同质化的、基于单一统治中心的解读。19 世纪末的昆士兰州和 20 世纪初新成立的澳大利亚联邦，都试图获取当地的殖民地，以创建一个幅员辽阔的太平洋帝国，与其说该帝国源自“母邦”，毋宁说它更具有当地特色。为了理解这些想要扩大澳大利亚影响力的做法，我们需要借助比较框架审视这些做法的操作过程，考察别处是否也有类似做法，以及这些做法在各地的接受情况。与此类似，“跨塔斯曼海”（trans-Tasman）方法将澳大利亚和新西兰的历史关联起来，强调区域相似性，借此超越单一的民族国家叙事框架。[41] 正如蕾琳·弗朗西斯（Raelene Francis）和梅勒妮·诺兰（Melanie Nolan）所言：“相似的发展状况既不是完全巧合，也不是由类似的经济状况决定的，而是源自（至少在某种程度上）那些跨越国家边界的群体和观念所具有的共性。”[42]比较研究通常能够准确地呈现上述这些事例，与此类似的还有梅特卡夫的研究，他考察了印度人在全球范围的踪迹，比较他们在不同地方和行业中的地位。由此，围绕殖民主义在多个层面和多个地点所施行的更为层级化、更加细微的运作模式，可以得出一个统一的认识。

近期将宗主国与殖民地结合起来的论著，同样用比较框架打破直至最近仍然支配帝国

---

40 Thomas R. Metcalf, *Imperial Connections: India in the Indian Ocean Arena, 1860–1920*, Berkeley: University of California Press, 2007.

41 Raelene Frances and Melanie Nolan, “Gender and the Trans-Tasman World of Labour: Transnational and Comparative Histories,” *Labour History*, vol.95, 2008, pp. 25–42; *Common Cause: Essays in Australian and New Zealand Labour History*, ed. Eric Fry, Sydney: Allen & Unwin; Wellington: Port Nicholson Press, 1986; Murray McCaskill, “The Tasman Connection: Aspects of Australian-New Zealand Relations,” *Australian Geographical Studies*, vol.20, no. 1,1982, pp. 3–23; Melanie Nolan, “Pacific Currents in the Tasman: Comparative and Transnational Perspectives on New Zealand Labour History,” *Labour History*, vol.88, 2005, pp. 233–241.

42 Francis and Nolan, “Gender and the Trans-Tasman World of Labour,” p. 29.

史研究的自上而下的二元结构。[43]克里斯托弗·贝利在《帝国之巅》（*Imperial Meridian*）一书中将英国国内事件与帝国活动联系起来，是此类研究的早期实例。[44]凯瑟琳·霍尔（Catherine Hall）坚称我们不能“直接或间接地透过二元透镜理解帝国”，这一观点非常重要，有助于我们形成多元、细致的认识：权力的流动不是单向度的，殖民“思想”或反应也不是单一的。[45]她颇具影响力的著作《教化臣民》（*Civilising Subjects*）并未标榜自身为比较研究作品，但该书在很大程度上借助于比较框架，关注诸多地区及其相互影响，除重点述及的牙买加和伯明翰之外，还包括澳大利亚、新西兰和加勒比地区。[46]

在上述所有实例中，我们所看到的都是同一种比较方法，它强调的是我们或可称为命题式（propositional）的东西，即这是“**相互间**的比较”（comparisons *of*）而不是“**与什么**的比较”（comparisons *to*）。后者建立了一个等级结构，将比较主体作为标杆，用于比较其他对象。问题就出在这里。比如亚历山大·格申克朗（Alexander Gerschenkron）关于“经济落后”的命题，它预设了一个经济发展的标准模式，但凡与此模式不符就很容易被认为是经济落后。[47]在格申克朗看来，动态是一个关键因素，发展是进步的同义词，而停滞（准确地说是他所理解的停滞）就等同于落后。苏布拉马尼亚姆认为连续性和变化并不总是一组反义词，这种观点有助于揭示此类特定比较模式的局限性。[48]

霍尔和贝利采用的这种比较方法研究多个而非单个变量，有助于我们摆脱过去那种对权力的过于简单的、二元结构式的解读，让历史分析变得更加复杂，更有收益。这条道路绝非简便易行，而是布满陷阱。历史研究总是充斥着潜在的危险以及各种各样过度简化的、傲慢解读的作品，等等。在我看来，最困扰比较路径的问题（它们绝非仅仅困扰比较路径）是决定论（determinism）、普世论（universalism）和例外论（exceptionalism）。

近年来，持有决定论的做法明显减少，至少在那些通常不愿看到规律和定律被过度重视和过分解读的历史学家中是如此。然而，在那些假定人类行为或动机具有普世性的

43 换句话说，比较史远非一个过时的遗存，而是推动帝国史走向更具包容性、更少用自上而下的方法的一个子领域。

44 C. A. Bayly, *Imperial Meridian: The British Empire and the World 1780–1830*, London: Routledge, 1989.

45 Catherine Hall, *Civilising Subjects: Metropole and Colony in the English Imagination, 1830–1867*, Chicago: University of Chicago Press, 2002, p. 616.

46 莫纳和其他人给出了一长串成功的拉美史领域的比较研究，参见他们的“Comparative Approaches to Latin American History,” pp. 66–71。另见西格尔针对美国和巴西的种族比较进行的极具批判性的讨论，“Beyond Compare”, p. 67。

47 Alexander Gerschenkron, *Economic Backwardness in Historical Perspective: A Book of Essays*, Cambridge, MA: Belknap Press of Harvard University Press, 1962.

48 Sanjay Subrahmanyam, “Connected Histories: Notes towards a Reconfiguration of Early Modern Eurasia,” *Modern Asian Studies*, vol.31, no. 3, 1997, p. 759.

作品中，决定论的影响依然挥之不去。费尔南·布罗代尔、马克·布洛赫、威廉·麦克尼尔等人借助普世性强调诸如气候和地形这样一些有形的、物质的、可描述的要素的历史意义，而不是直接将这个术语用于个体行为或人类情感。尽管我们可能会质疑他们后来是如何从经验数据转向人类动机和行为的，但他们的观点仍然是一种包容偶然性和差异性的普世论。在我看来，那些本质上属于心理层面的普世论主张是一种更恶劣的错误，只有蹩脚的比较史才会怂恿这种做法，以一种过于简单化的方式将事件或行为合并在一起。这就是我对“人性”（human nature）历史学派的看法。这类研究的比较史方法罔顾史实，基于对个人特征（有时甚至扩及国家特性）的假设，得出风马牛不相及的关联。这些是斯宾格勒和汤因比著作的当代版，但它们的存在肯定不足以让我们放弃比较方法。另一种普世论问题也不足以打击我们对比较史的信心，它就是彼得·鲍德温和弗雷德里克·库珀（Frederick Cooper）都曾警告过的所谓“柏拉图陷阱”，即“将理想类型误作历史实际”的问题。[49]

凯利建议，为了避免这些问题，比较史应该将自己局限于“不同文化中的共通议题”。他所列举的议题发人深思：“性别、家庭继承、出生与死亡的仪式、自杀、贸易、技术、财产、奴隶制、种族主义、帝国主义、革命（和）科学”。[50] 在我看来，这些是凯利所宣称的具有普世性的人类活动。这就让我担忧了。例如，为何将自杀与其他死亡形式区分开来？难道这不是假定了某些主要基于宗教——可以发现宗教居然不在他所列出的人类具有的普世特质的清单中——而产生的对待死亡的态度吗？再者，财产概念在什么层面上具有普世性呢？在我看来，这个清单反映了特定的时间和空间，完全没有普世性。我绝不建议以此作为比较研究的基点。相比之下，我更欣赏小约翰·E. 威尔斯（John E. Wills, Jr.）的建议，他希望我们“重视那些迥然不同的人类发展进程”，而不是“把任何一方作为衡量他者的标准”。[51] 就凯利列举的某些活动而言，我不确定他是否已沦为威尔斯提醒我们所警惕的对象。

与普世论问题相对的另一个极端是例外论问题，同样，它不是比较研究所独有的问题。例外论是流行已久的历史问题，同样存在于国别史之中。在我所研究的英国史领域，这种例外论倾向尤为强烈，持续时间也很长，由此遭致学界对具有目的论的例外论的最为持久

49 Frederick Cooper, “Review: Race, Ideology, and the Perils of Comparative History,” *American Historical Review*, vol.101, no. 4, October 1996, p. 1135。另见 Peter Baldwin, “Comparing and Generalizing: Why All History is Comparative, Yet No History is Sociology,” in Cohen and O’Connor, eds., *Comparison and History*。

50 Kelley, “Grounds for Comparison,” p. 16.

51 John E. Wills Jr., “Putnam, Dennett, and Others: Philosophical Resources for the World Historian,” *Journal of World History*, vol.20, no. 4, 2009, p. 499.

的批判。赫伯特·巴特菲尔德（Herbert Butterfield）于1931年出版了《历史的辉格解释》（*The Whig Interpretation of History*）一书，巧妙地揭示了英国政治史上种种歌功颂德式的做法。罗伯特·格雷格（Robert Gregg）在对美国和南非的种族与阶级问题的研究中，探究了同样的问题。他认为无视本质主义问题的那种比较史十分危险，而帝国框架可以为理解美国史提供更恢弘的背景，从而有助于消解美国例外论问题。[52]对格雷格来说，转而关注帝国之后，他可以用新的视角审视特定地区的劳力、种族、阶级和性别差异等问题。正如格雷格所阐述的那样，比较方法不是一种暗含着例外论风险的简单记述，而是可以公开批驳例外论的由诸多共享的范畴所组成的研究框架。[53]

巴特菲尔德的警告显然没有引起尼尔·弗格森（Niall Ferguson）的重视，后者声称英国帝国主义较其他国家更友好，更温和，试图将沾沾自喜的例外论与国家本质主义结合起来。[54]弗格森告诉我们，体面的英国人可能在此过程中犯了些许错误，但与恐怖的利奥波德国王或残酷的日本人相比，这些根本算不了什么。如果有人恰好是英国人或亲英派人士，这种观点无疑颇具诱惑力。弗格森的作品堪称教科书般的案例，展示了比较史如何抹平、美化、简化历史，进而得出平滑顺畅、看似合理的解释。这是一个“**与什么**比较（comparison *to*）”而非“**相互间**比较（comparison *of*）”的极端案例。

正如弗格森的案例所示，例外论不仅可以人性化（将大英帝国解读为良善的实体），也可以妖魔化（希特勒或许是尽人皆知的例子）。詹姆斯·克罗宁（James Cronin）指出，例外论也可以成为一种针对“独特性”（peculiarities）的研究。[55]这类历史再一次让民族国家具象化，诸如文明的英国人、好战的德国人、进取的美国人等。例外论必然强调差异，因此会在某种程度上颂扬优越性。

然而，比较史与其他历史方法或技巧一样，不必遵循这个模式。几年前，弗雷德里克森（Fredrickson）指出，有一些很好的非例外论比较研究的作品，它们会对全部案例一视同仁。[56]这里重提鲍德温的观点也许是有用的：许多历史学家提出了具有可比性的问

52 Robert Gregg, *Inside Out, Outside In: Essays in Comparative History*, New York: St. Martin’s Press, 2000；尤其参见 p. 25，另见本书 pp. 154–155。

53 关于一例饶有趣味的非西方背景下的例外论研究，参见詹纳基·奈尔，“Beyond Exceptionalism: South India and the Modern Historical Imagination,” *Indian Economic Social History Review*, vol.43, no. 3, 2006, pp. 323–347。

54 Niall Ferguson, *Empire: The Rise and Demise of the British World Order and the Lessons for Global Power*, New York: Basic Books, 2003.

55 James E. Cronin, “Neither Exceptional nor Peculiar: Towards the Comparative Study of Labor in Advanced Society,” *International Review of Social History*, vol.38, no. 1, 1993, p. 64.

56 Fredrickson, “From Exceptionalism to Variability,” p. 595.

题，却没有采用比较路径进行解答。[57] 这与格鲁的观点不谋而合，他认为对历时性的变迁抱有兴趣"就意味着置身于比较之中"。[58] 假使果如其言（我持赞同态度），我们的责任必然是找寻合理的比较方法，而非回避比较研究。历史学关注的是互动，诸如不同人群之间、不同文化之间、不同价值观念之间、不同生态环境之间的互动，而比较方法通过探索在这里发挥作用的"中间性"（"between-ness"），成为理解这些互动的主要方式之一。因此，于我而言，问题不在于该不该比较而是如何比较：如何找到正确的研究方式，如何识别重要的"中间性"，如何考量比较研究，以免比较路径被各种糟糕的主义或过度简化的做法带入歧途，丧失活力。在我倡导的"中间性"之外，斯鲁加还会补充关于"范围之内"（across）和"范围之外"（in spite of）之间的比较，这也是一个很好的研究方向。[59]

不过，在谨慎地避免上述问题的同时，我们完全不必在切实可行的比较研究中畏手畏脚。我希望用比较研究来冲击国家叙事模式和西方模式的主流地位，因为这些模式依然充斥于当下大量的历史作品中，这些作品既有学术作品也有通俗读物。在一篇关于多个现代帝国中的亲密关系政治的文章中，斯托勒认为若将帝国之内的亲密关系置于舞台中央，"北美帝国与欧洲殖民历史之间的不可通约性（incommensurabilities）将有所缓解"。[60] 斯托勒的宏大研究通过家庭内部与群体之间的日常亲密关系来解读国家。他特意选取国家构建作为比较对象，而一般认为这个议题过于多样化，很难进行比较研究。不过，斯托勒在比较研究中找到的不只是简单的共性，而更多的是断裂、动荡甚至是反抗，而后面这些内容正是批评者认为会被比较研究抹杀的那些要素。在"性"这个主题上（很奇怪的是，该主题并未进入凯利开列的人类普遍模式清单），比较方法完全可以拓展出诸多可供研究的议题，诸如性行为的管理和管控、身体的意义、不同性别的地位以及人类繁衍的重要性。凯瑟琳·基什·斯克拉（Kathryn Kish Sklar）意识到这一点，她指出"比较方法可以帮助我们理解女性在历史中所发挥作用的关键因果范式，且可能是理清这些因果范式的唯一办法"。[61]

进行此类研究，需要认真地借助跨学科方法。在关于性行为管理的出色著作中，菲利普·豪威尔（Philip Howell）呼吁"将军事史融入文化史"，这呼应了我之前的倡议，即联

---

57 Baldwin, "Comparing and Generalizing," in Cohen and O'Connor, eds., *Comparison and History*, p. 5.

58 Grew, "The Case for Comparing Histories," p. 768.

59 Sluga, in Cohen and O'Connor, eds., *Comparison and History*, p. 111.

60 Stoler, "Tense and Tender Ties," p. 865.

61 Kathryn Kish Sklar, "A Call for Comparisons," *American Historical Review*, vol.95, no. 4, 1990, p. 1114.

通政治史的叙事模式与文化史和性别史的分析模式。[62]此外，豪威尔也是一位地理学家，这使他成为名副其实的跨学科研究者。然而，这些告诫不仅涉及跨学科，其本质也是比较，因为这要求我们比较在不同模式下得出的结果，比较私人领域与公共领域这两个看似对立，实则密切（尽管并不总是显而易见）关联的领域之间的相互作用。这并不是说这些领域以某种实体形式存在，也不是说它们一直存在，实际上，它们之间的相互作用时断时续，且难以衡量。相反，我想要强调的恰恰是它们的易逝性、易变性和具象性。在我看来，比较方法很可能是一种最佳选择，让我们能够衡量公共和私人的概念由何人、在何地以及以何种方式切实地塑造和规范了人们的性行为和生活，以及这些性行为又是如何影响了公共领域。因此，比较方法并不局限于对比（contrast）：在上述这类事例中，它的功能还在于质疑对比，强调一致性，并且探究从政治和理念上将这些要素分隔开的人和事。正如斯托勒对我们的要求那样，这种方法还可以用于那些通常被认为不具可比较性或不可通约的事物，因为它通过批判性研究打破了一成不变的二元状态。这并不是说任何比较或所有比较都有效，而是更多地强调，即使比较史中也可能存在布罗代尔式的“围墙内的花园”，阻止我们进行潜藏着巨大价值的深入比较研究。

布库尔在其关于中欧记忆的研究中，所用方法之细致入微令人印象深刻。布库尔专注于主体性（subjectivities）的比较，其着眼点有三：在特定的历史时刻，不同代际、不同种族群体如何表达彼此之间的关系。布库尔明确指出，于她而言，比较史可以对那种带有具体化倾向的关于单一群体或民族国家的研究做出修正。这显然不同于前几代学者所青睐的比较方法。它不是国家之间的比较，它的首要关注点在文化层面，它为比较方法赋予一种连贯性的相对主义，这种相对主义来源于作者讨论的社群内部。[63]

布库尔的典范方法颇具启发意义，为我们考量比较框架的价值提供了新思路。这种路径之中没有必须服从的至上定律，因此没有普世论；没有等级，因此没有例外论；将民族国家置于次要位置，取而代之的是对跨越不同群体的思考。布库尔的研究表明，虽然国家层面的问题依然被认定为比较方法的核心内容，但摆脱国家层面的比较研究同样硕果累累。

正如我在关于帝国的讨论中所表明的，我并不主张完全规避国家层面的比较，我们只是需要认识到其中的危险性，拒斥比较史完全以国家为研究框架的观念。我所希望看到的

62 Philip Howell, *Geographies of Regulation: Policing Prostitution in Nineteenth-Century Britain and the Empire*, Cambridge, UK: Cambridge University Press, 2009, p. 13; Philippa Levine, “Rereading the 1890s: Venereal Disease as ‘Constitutional Crisis’ in Britain and British India,” *Journal of Asian Studies*, vol.55, no. 3, 1996, pp. 585–612.

63 Bucur, “Remembering Wartime Violence,” p. 102.

是或可称之为超越民族国家的那种愿景，可以借此谨记国家的历史建构性，另一方面则缘于我们需要记住许多合理且重要的比较研究与国家无关，且不需要与国家产生关联。

我曾与艾莉森·巴什福德（Alison Bashford）合编了一本论文集，我们联同相关领域的36名专家探讨了全球范围内的优生学。这一主题在20世纪的大部分时间内流行甚广，非常适于比较研究。优生学——有时被界定为优生优育的科学——是一个千变万化的概念，在不同地方、不同群体之中有着不同的表现形式。它同时吸引了左翼和右翼的人。在一些地区，优生学重点关注农村人口（美国通常如此，那里坚定地支持优生优育政策）；而在其他一些地区，例如英国，其重心则是城市底层民众。在伊朗、巴西、法国和苏联等国家，优生学的基本原则是拉马克的进化学说；有些地方的优生学则完全以孟德尔的遗传学说为圭臬。拉美国家通常依照优生学思想提高生育水平，有些国家（瑞典、德国和美国）却强调绝育，即控制生育。印度和香港的优生学几乎等同于计划生育，有些地方则以控制性行为（婚姻法、监禁行为出格的未成年少女等）为主。

这是一个层次丰富且极具冲击力的图景：除了比较方法之外，还有什么方法可以全面理解这些形形色色的观念？我们在论文集中收集了一些地方性研究成果（诸如肯尼亚、巴西、澳大利亚等地的优生学），用十几个篇章梳理与优生学相关的关键主题：进化、种族、性别、生育和人口控制、残疾等等。我们之所以如此设计，是因为我们相信地方性主题与更宽泛的主题同等重要，二者并列将会出现交叠，而这种交叠会揭示出大量具有重大且持久意义的议题。正如我们在前言中所言，我们所要呈现的优生学“不仅是一个现代跨国现象，某些特定主题在千差万别的场景中都有迹可循，而且也是殖民地、国家和区域的地方性历史”。[64]

格鲁曾撰文回顾《社会和历史比较研究》过去50年的研究成果，他在文中非常沮丧地表示，期刊工作人员发现要解释清楚他们所谓的“比较”一词的含义，“是一个始终要面对的挑战，因为它（要超越）仅仅描述发生在两个地方的现象”。[65]他接下来展望了“多重语境”下的研究的前景，这种前景也是我们那本关于优生学的论文集所寄望的，因为它有不同的侧重点、彼此相互参照，以及在一般性成果和特定成果之间富有成效的张力。如果进一步推动这种对话理念，类似的研究会约请地方研究与比较研究同时推进。从优生学的研究范围来看，完成如此重任显然需要大家群策群力，但也有许多项目，在更小的层面和更

64 *The Oxford Handbook of the History of Eugenics*, ed. Alison Bashford and Philippa Levine, New York and Oxford: Oxford University Press, 2010.

65 Raymond Grew, "On the Society and History of CSSH," *Comparative Studies in Society and History*, vol.50, no. 1, 2008, p. 12.

加个体化的层面开展就可以达到此目的。

在关于亲密关系的著作中，斯托勒希望在“看似毫不相干的地方”找寻“意想不到的一致性与相似性”。[66]当然，这个说法也可以颠倒过来，即在看似类似的地方发现不一致性。无论是采用哪种方式，弗里伯格等人将地方层面和国家层面（我认为还应加上全球层面）整合起来的建议都颇具意义。詹姆斯·沃森（James Watson）以人类学方法研究了麦当劳汉堡品牌在亚洲的市场推广，从中发现各地的麦当劳有着不同的地方特性，包括汉堡的食用方式、餐厅的顾客群体以及麦当劳品牌在当地文化中的位置。这些地方差异非常显著，却并未从根本上破坏麦当劳企业的整体形象。许多地方无意遵循西方的企业模式，它们都做出了调适，但麦当劳的大部分内容都保持不变。[67]这就是劳拉·亚当斯（Laura Adams）所描写的全球文化的地方形态。而在我看来，对于历史学家来说，它们提供了一个探知比较方法中的乐趣和宝藏的良好途径。[68]它们不是根本上的差异，而是诸多奇异的变体，是拒绝被轻易归类的融合模式。比较方法不仅不会强行对它们严格分类，反而会慎之又慎地研究它们，达到完全相反的效果——接受、展现、思考这些差异，在承认其地方性的同时，得出更具广泛性的观察结果。用弗里伯格等人的话说，相比马克·布洛赫将比较史视为一套系统的方法，比较史更多地是一种颇具启发性的工具。[69]诚然，比较史是由历史学家建构的用于阐述特定观点的人工制品（artifact）。但是，它与不作比较的历史学会有重大的不同吗？这类历史学是否会因为仅仅关注一个过程、一个地点或一种制度而少一些“建构”的成分呢？当然不会。

比较研究是且应当是一项艰巨的任务。它时常需要学者在不同的语言和文化之间开展繁复的工作。它需要发挥想象和灵活变通。它需要经年累月——这无助于你在当今学术界中结交位高权重的朋友。但是，正如布库尔满怀憧憬地总结的那样，“我们必须比较”。[70]这寥寥几个字提醒我们，无论我们有意为之，还是无意而为，我们都在进行比较，许多思考过比较史相关问题的一流学者无不认同这一观点。顺着布库尔的话，我认为其中关键在于将比较方法正常化，将它视为历史必备工具箱中颇具启发性的一件工具。如同对待同一个

66 Stoler, “Tense and Tender Ties,” p. 847.

67 James L. Watson, *Golden Arches East: McDonald's in East Asia*, 2nd ed., Stanford: Stanford University Press, 2006. 另见“From the Editors” introduction, “Models, Margins, and Imperial Entanglements”中的评论，*Kritika*, vol.12, no. 2, 2011，尤其参见 p. 279 涉及本土化问题和比较研究的评论。

68 Laura L. Adams, “Globalization, Universalism, and Cultural Form,” *Comparative Studies in Society and History*, vol.50, no. 3, 2008, p. 616.

69 Friberg, Hilson, and Vall, “Reflections on Trans-national Comparative History,” p. 731.

70 Bucur, “Remembering Wartime Violence,” p. 103.

箱子里的其他工具一样，我们无须害怕或躲避，而是要谨慎、敏锐地使用它。

那么，比较史可行吗？我认为比较史不仅可行，甚至可能让人向往，重整旗鼓后的比较史可以挑战它自身早先未能反思的顽疾。在我看来，因为比较方法曾经未能得到有效利用而拒绝接受它，是一种还原的、徒劳的做法，就好比我们因为人类学的起源与殖民主义和种族主义息息相关而弃之不顾一样。虽然我们不能忘记或掩盖这个方面，但我认为它不足以让我们回避一个可能会硕果累累的领域。我更希望可以重建比较史，其途径是重视地方与全球之间的相互作用，既重视共性（commonality）也重视特性（rupture）的意义，并时刻警惕本质主义目的论，毕竟它威胁着包括比较史在内的整个历史学领域。既然帝国史能够在后殖民主义和“文化转向”的影响下卷土重来，那么比较方法为什么不可以呢？

【原文出处】Philippa Levine. “Is Comparative History Possible?” *History and Theory* 53, no. 3, 2014, pp. 331−347.

保罗·马拉尼马　著
马伊兰　译

1650—1850年的能源危机和能源增长：比较视角下的欧洲偏离

【导读】

保罗·马拉尼马（Paolo Malanima，1950—　），意大利经济史学家，那不勒斯地中海社会研究所所长。主要研究方向是长时段的经济史，特别是古典时期以来的意大利经济史、能源史和全球史。先后在比萨高等师范学校和比萨大学攻读人文学科，1977—2002年在比萨大学和格莱瑟马格娜大学任教。代表作为《前现代欧洲经济：一千年（10—19世纪）》（2009）。

本文指出，除了学界长期关注的木材和其他燃料外，能源还包括食物、役畜、水能和风能等。从这一相对宽泛的定义出发，文章对比分析了1650—1850年欧洲与世界其他地区的农业生态和能源体系的异同。文章认为，生态条件决定了欧洲（尤其是西欧和北欧）要比同时期的其他农业文明有着更高的能源需求。到18世纪下半叶，这些地区的农业和能源体系都因人口增长、气候变化而出现不同程度的危机。中国应对这一危机的方式是增加土地劳动力的供给，这一举措虽然提高了农业总产量，但拉低了劳动生产率，进而导致生活水平的停滞和下降。与此不同，1820年后的欧洲通过转化能源载体摆脱了传统经济模式的局限以及生态危机，为新时代的经济发展打下了基础。

人类对各种资源的不断探索和利用是历史发展的重要动力，本文以全球史的这一经典课题为切入点展开论述。对于近代早期欧洲经济增长与能源载体转变的关系，学界存在诸多争论：有人认为工业革命是由于木材严重缺乏而不得不使用煤的结果；有人反对这一观点，甚至怀疑工业革命前夕是否出现过能源危机。本文强调这一危机的存在及其对欧洲能源转型和经济增长的关键影响。本文运用历史比较和统计学等跨学科方法，深入讨论了能源、环境和经济问题，有利于加深读者对工业化和中西大分流的理解。

引　言

前现代农业社会以土地为转换媒介生产传统能源，这种能源的开发方式无法实现持续增长。人口增长的速度快于能源基础的增长，最终导致劳动生产率走低，盈利机会减少，资本筹集效益低下，工资水平下降，人均产量下滑。劳动力变得更为廉价，而原材料，尤其是能源却更加昂贵。

化石燃料的广泛应用以及机器在生产过程中的使用扭转了这种趋势。能源成本的降低，意味着商品价格和服务价格的下降，人们对于这些商品和服务的需求也随之增长。这为欧洲自我持续增长（self-sustained growth）奠定了基础，这种转变标志着世界经济史上的一个分水岭。

虽然人们普遍认识到能源在现代增长（Modern Growth）中的决定作用，但对如下定量信息仍然知之甚少：前现代农业社会的主要能源类型，不同区域的消费水平，以及欧洲相对于其他农业社会在能源使用模式上的显著特点。本文旨在对这些问题进行一些阐释。

通过观察欧洲的能源消耗状况，我们可以从一个不同的视角了解欧洲向现代增长的转型。现如今，人们普遍倾向于将这种变化视为一种缓慢的、渐进的，其间并无间断的运动。很多学者（可能是大多数学者）都不太接受欧洲在向现代经济转型中有过间断（discontinuity）的想法。在他们看来，从中世纪晚期起，整个欧洲大陆上人们的人均收入和生活水平都在逐渐提高，[1] 消费量日复一日地增长着，没有过长期中断；实用知识的积累为进一步的发展铺平了道路。17 世纪的发展速度的确有些放缓，但从 18 世纪开始，物质条件的提高和经济的发展再度势头大增。18 世纪通常被看作现代经济和社会的起点。启蒙运动和实用知识方面的科学进步通常被视为欧洲人的物质条件后续得以发生改变的重要基础，过去如此，现在也一样。[2]

当人们将目光转向该问题在能源方面的情况时，情势就不那么乐观了。在探究现代经济的开端时，我们不能低估知识和制度的改变以及斯密主义的市场扩展理论的影响。另一方面，须牢记的是，只要古老的**植物能源体系**（vegetable energy system）——一种以田地和森林产品为基础的能源体系——仍然占据主导，社会过渡到现代增长便绝无可能。就此而言，18 世纪似乎更像是传统世界的终结而非现代经济的黎明；更像是一个充满危机而非

1　关于人均产出，重点参见 Angus Maddison, *The World Economy. A Millennial Perspective*, Paris: OECD, 2001。

2　相关例证参见 Joel Mokyr, *The Gifts of Athena*, Princeton: Princeton University Press, 2002, 第二章。

进步的时代；更像是出现在传统文明末期的间断期，而非从过去走向现代的连续期。

下文内容简洁明了，由五个部分和结论构成。在第一部分，笔者认为现代经济增长是欧洲自 18 世纪末以来在能源开采上的巨大变化所致。相较于同时代的其他农业社会（第二部分），这种转变反过来与欧洲农业体系的某些结构特点以及它对能源的较高需求相关。1650 年到 1850 年间发生的一些深刻变化，尤其是约 1750 年到 1820 年的能源危机，使得新能源资源的开发加快。这些变化一方面主要源于 17 世纪末开始的人口急剧增长（第三部分），另一方面则归因于气候条件的恶化（第四部分），这导致了传统能源载体人均利用率的下降（第五部分）。人们对能源的需求仍在攀升，而供应却无法跟上。

这种重构是基于奇波拉（C. M. Cipolla）[3]于几十年前提出的指导准则，以及里格利（E. A. Wrigley）[4]最近再次从一个独特、别样的视角提出的观点。但在几个重要方面，本人的研究取径与这些作者有所不同。

一个间断

尽管向化石燃料转变、运用机械将热能转化为劳动力并非现代经济增长的充分条件，却是它的必要条件。技术、科学、组织和经济结构的发展同样在近代早期欧洲的发展中发挥着至关重要的作用。[5]然而，合作与分工的发展带来的日益增长的回报不足以弥补传统能源体系随人口增加而逐渐减少的收益。[6]能源开采的传统形式已经达到成熟阶段，可能不会再有进一步的飞跃。里格利[7]提出的发达有机物经济（*advanced organic economy*）中的成熟概念，与伊懋可（Mark Elvin）[8]根据近代早期和近代中国的情况而提出的低水平生产力均衡（*low level productivity equilibrium*）概念有相似之处。这些概念都表明技术范式自身存在限

---

3 Carlo M. Cipolla, *The Economic History of World Population*, Harmondsworth: Penguin, 1962.

4 Edward A. Wrigley, *Continuity, Chance and Change: the Character of the Industrial Revolution in England*, Cambridge: Cambridge University Press, 1988；以及 Edward A. Wrigley, *Poverty, Progress and Population*, Cambridge: Cambridge University Press, 2004 中收集的文章。

5 近来对这些主题的充分讨论，参见 Peer Vries, *Via Peking back to Manchester: Britain, the Industrial Revolution and China*, Leiden: Leiden University (CNWS publications), 2003。

6 我曾深入探讨了这一问题，参见 Paolo Malanima, *Uomini, risorse, tecniche nell'economia europea dal X al XIX secolo*, Milano: B. Mondadori, 2003。

7 Edward A. Wrigley, *Continuity, Chance and Change.*

8 Mark Elvin, *The Pattern of the Chinese Past*, Stanford: Stanford University Press, 1963; M. Elvin, "China as a counterfactual," in J. Baechler, J. A. Hall, M. Mann, eds., *Europe and the Rise of Capitalism*, Oxford: Blackwell, 1988.

制，以及在不降低生活标准的情况下通过技术突破来满足人口需求的必要性。虽然在传统农业体系中还有进一步集约化的空间，但只有新的、基于化石能源的技术体系才可能最终促进生产力的极大发展，这种技术体系可以增大需求量，重要的是，它能促进贸易和市场的交换，从而创造一个有利于农业发展的环境。

现在，我们将关注收益递减，以及引入新能源载体带来的间断问题。一些简单的计算有助于我们理解18世纪末以来能源可用率变化的重要性。

在近代早期，欧洲能源体系建立在一切传统农业经济所能利用的三种主要植物来源之上，即人类的食物、役畜的饲料和木柴。平均下来，这三种来源每天给每人提供63～84兆焦耳[9]或15,000～20,000千卡的能量。尽管水能和风能是机械能中唯一通过非生命体渠道获取的一种重要能源，但即使在最发达的经济体中，它们在总能量衡算中最多只占5%，大多数情况下甚至不到1%。[10]对比之下，20世纪末，欧洲人均日耗能约586兆焦耳或140,000千卡。

能够满足人均需求的地表面积因土壤成分、气候、培育植物种类以及森林植被上的差异而在不同的生态系统中存在变化。在18世纪的欧洲，人均约1.5～2公顷的地表面积似乎是合理的。[11]因此，我们可以估计：1750年前后，1.11亿欧洲居民需要包括耕地、牧场和林地在内的约2亿公顷土地，即占欧洲大陆总面积（不包括俄国的5亿公顷）的40%。[12]

19世纪，欧洲的能源消耗在来源和开采规模方面都发生了巨大变化。1900年的人均需求是1750年的2倍多，到2000年则近乎是1750年的10倍。在过去的250年中，能源开采效率也在提高，约从25%增长到了35%。[13]如果能源体系仍建立在与1750年同样的来源之上，且开采效率也保持相同，人们在1900年对土地的需求将会涨到1,330,000,000公顷，即超过欧洲整个地表面积的2.7倍；到2000年则会达到10,387,000,000公顷，超过欧洲大陆整个地表面积的20倍（表1）。即便农业生产率得以大幅增长，传统的土地开发体系也满足不了同时代的能源需求。

---

9 1兆焦（MJ）等于100万焦耳。1千卡相当于4185焦耳。

10 用于估算前工业化经济中能源消耗的方法，参见 Paolo Malanima, *Energia e crescita nell'Europa preindustriale*, Roma: La Nuova Italia Scientifica, 1996。

11 本人已在 Paolo Malanima, "The energy basis for early modern growth 1650–1820" , in M. Prak, ed., *Early Modern Capitalism. Economic and Social Change in Europe, 1400–1800*, London and New York: Routledge, 2000 中说明了这一估算是如何得出的。

12 如今，耕地面积占欧洲大陆表面积（不包括俄罗斯）的33%：Pierre George, *Précis de géographie rurale*, Paris: Presses Universitaires de France, 1963, ch. I。

13 Paolo Malanima, "The energy basis for early modern growth 1650–1820," pp. 119ff.

表 1 基于与 1750 年相同能源载体及利用效率基础上，为满足 1750、1900 和 2000 年欧洲人口能源需求在理论上所需要的土地公顷数（欧洲不含俄国）

	人均每天兆焦 *	人均每年吨油当量 *	欧洲人口（百万）	人均土地（公顷）	总土地面积（10^3 公顷）
1750	63−84	0.55−0.73	111	1.75	194,250
1900	157.3	1.37	295	4.50	1,330,000
2000	594.1	5.18	523	19.86	10,387,000

* 兆焦（1 兆焦 $=10^6$ 焦耳）；吨油当量（1 吨油当量 $= 10^7$ 千卡）

上面关于近代经济增长前夕欧洲所需土地，与后来的欧洲（假设能源体系未变）为获取能源所需土地的粗略比较，大大凸显了自 19 世纪起一直持续至今的能源革命（Energy Revolution）的重要性。一个历时数百年之久的农业能源体系迅速瓦解了，取而代之的是一个新的体系。首先，让我们来探究欧洲旧农业能源体系的特点及其能源消耗水平。

欧洲能源体系

我们仍然缺少令人满意的前现代经济能源消耗的相关定量信息。现今少数评估使用了不同的且通常具有对比性质的方法，但帮助不是很大。

如果我们只关注有经济价值的资源而不考虑像阳光这样的免费载体（除非其转化为人类利用的植物产品），那么可以将能源分为三大类：食物、役畜的饲料和木柴。前两类载体各占约 25%，木柴占剩下的 50%。而水和风的重要性则是微不足道的。

欧洲大陆各地区能源消耗差异较大。17 和 18 世纪的人均日耗通常在 63 ～ 84 兆焦或 15,000 ～ 20,000 千卡之间，尽管消耗量的最小值和最大值实际相差更大（表 2）。[14]

表 2 欧洲近代早期的能源消耗（人均每天兆焦）

能源来源	最小值	最大值
人类的食物	8.4	16.7
燃料	12.5	125.5
动物饲料	11.7	15.8
水和风	0.4	2.9
总量	33	161

14 数据源于 Paolo Malanima, "The energy basis"。

人类的食物

就每日消耗的食物热量而言，古代各文明无论主要是通过水稻、玉米、小麦，还是土豆来满足自身的热量需求，差异显然都微不足道。然而，就为获取这些热量所需的地表面积而言，情况就不同了。农作方法和农产品的差异使得土地产量差别很大。中世纪和近代早期，欧洲农业体系基于小麦这种低产和旱作的谷物，其土地生产力的确比同时代实行灌溉农业的其他文明低很多。地理学家告诉我们，数千年来，世界上 60% ～ 70% 的人都生活在灌溉农业盛行的地区。[15]1500年的全球总人口为4.5亿，[16]其中20% 由相对落后的农民组成，他们从事迁移农业、游牧和饲养牛羊。这些人生活在农业世界的边缘。从事湿地农业的各国居民占世界人口的 60%，甚至更多，他们集中在温暖地区狭窄肥沃的山谷中。其余 20% 的人则大多生活在欧洲。

而近代早期世界的欧洲是一个例外。在这里，农业一般不依赖河流灌溉，普遍种植的作物小麦是三种主要谷物中产量最低的。[17] 因此，16 世纪到 17 世纪欧洲谷物平均每公顷产出 400 ～ 500 千克，和同时代的玉米、水稻产量存在显著差异（表 3）。

表 3　16 世纪传统农业中水稻，玉米和小麦每公顷产量（每公顷千克数）

耕种	地域	每公顷千克数
水稻，灌溉农田	中国南部，中国台湾地区	2500
水稻，旱作	泰国东北部，印度部分地区	2500
水稻，漂浮栽培	湄公河三角洲，湄南河，恒河	1500
水稻，刀耕火种	东南亚地区	1500
玉米，灌溉农田	墨西哥	1000
玉米，旱作	中美洲	1000—1300
小麦和黑麦，旱作	欧洲	400—500

资料来源：关于亚洲农业：Y. Tsubouchi, “Types of rice cultivation and types of society in Asia,” in A. Hayami and Y. Tsubouchi, eds., *Economic and Demographic Development in Rice Producing Societies: Some Aspects*

15　Jerzy Kostrowicki, *Geografia dell’agricoltura. Ambiente, società, sistemi politiche dell’agricoltura*, Milano: F. Angeli, 1980, p. 310. Max Weber 已指出欧洲和其他农业文明的这一区别，参见 *Agrarverhältnisse im Altertum*, in *Gesammelte Aufsätze zur Sozial- und Wirtschaftsgeschichte*, Tübingen: Mohr, 1922。

16　J.-N. Biraben, “Essai sur l’évolution du nombre des hommes,” *Population*, 34, 1979, p. 15, 可能有助于读者更清楚地了解不同生态区域的人口密度。

17　包括一些产量低于小麦的次要作物。欧洲和亚洲作物产量的区别及其后果，参见 Francesca Bray, *The Rice Economies. Technology and Development in Asian Societies*, Oxford: Blackwell, 1986, p. 26，以及 F. Bray, “Agriculture for developing nations,” *Scientific American*, 271, 1994。

of East Asian Economic History, Tenth International Economic History Congress (Leuven, August 1990), Leuven: Leuven University Press, 1990, pp. 6–20；关于墨西哥：Warwick Bray, *Everyday Life of the Aztecs*, New York: Dorset Press, 1968, pp. 119ff；关于中美洲：Herbert Wilhelmy, *Welt und Umwelt der Maya*, München: R. Piper Verlag, 1981, ch. 4；关于欧洲：A. De Maddalena, "Rural Europe (1500—1750)", in C. M. Cipolla, ed., *The Fontana Economic History of Europe*, II, London: Collins, 1972–6。

注：事实上，应该考虑到脱壳，这会将水稻的重量减少 20% ～ 25%，而小麦只会减重 10%。

在最多产的湿润农业区，一个家庭仅凭借 1 公顷甚至更少的土地就可以存活。那里没有休耕地，牧场的范围也有限。相反，在欧洲，为了恢复肥力，人们需要在可耕地中留下未开垦的部分（通常是三分之一），供役畜（draught animals）使用的大量牧场也被开发成为可用于耕种的土地。欧洲作物的生长季节较短，无法复种。因此，一个家庭大约需要 10 公顷土地。

直到 19 世纪，欧洲人通常以森林和牧场为代价扩大耕地，以应对人口增长。相比起亚洲的集约灌溉型农业，集约化的农业经营方式更难在欧洲这种非集约化旱作农业中推行。因此，欧洲的人口密度从未达到和传统亚洲农业社会相当的程度。17 世纪，日本每平方公里耕地的最大人口密度是 850 人，欧洲只有 60 人。相反，日本的人均耕地面积为 0.12 公顷，而欧洲为 1.66 公顷。而中国和印度的数据相比欧洲更接近日本。[18] 早在 11 世纪，在中国 1 平方公里的稻田可以养活 500 ～ 600 人。[19]

燃　料

食物是最无弹性的能源需求。但在欧洲（其他地方可能也是如此），燃料——尤其是木柴——的数量是最重要的。古代晚期的地中海周边是人口密度最高的地方。因为该区域气候温和，木柴的人均消耗量必然相对较低。然而，到中世纪晚期，北欧的人口密度上升，由于这里气温较低，因此和南部（South）相比更需要燃料。

从意大利南部向北到斯堪的纳维亚，[20] 木柴日耗从人均 1 公斤增长到近 10 公斤。[21] 在英国、荷兰、北德意志等国家和地区，人均日耗木柴大约为 4 公斤。使用煤和泥炭时，2 公

18 David Grigg, *The World Food Problem*, London: Blackwell, 1992, p. 93.

19 M. Cartier, "Conditions technologiques, sociales et politiques de la croissance démographique chinoise", in *Des labours de Cluny à la Revolution verte. Techniques agricoles et population*, Paris: PUF, 1985, p. 58.

20 关于瑞典的估算已有最新的研究，参见 Astrid Kander, *Economic Growth, Energy Consumption and CO_2 Emission in Sweden 1800–2000*, Lund: Lund University, 2002.

21 关于木柴工业用途的主题，参见 Rolf Peter Sieferle, *The Subterranean Forest. Energy Systems and the Industrial Revolution*, Cambridge: The White Horse Press [1st ed. 1981], 2001, pp. 61ff。

斤的煤或 4 公斤的泥炭都能产出 50 ～ 58 兆焦的能量。[22] 鉴于森林的平均生产力，每个居民需要 0.5 ～ 1 公顷林地的产量来满足燃料需求。

中国农业社会的人均燃料需求“可能显著低于”欧洲，“气候越温暖，供暖需求越低；中国人烹饪的方法比欧洲人的更快、更加节省燃料”。[23] 然而，在中国，尤其是华北地区，冬季非常寒冷。[24] 在比欧洲更南的其他湿润区农业社会，燃料消耗量肯定远低于法国、德国和英国。

随着人口增长，人们对耕地和木柴的需求也增加了。因此，欧洲森林的减少主要发生在 12—13 世纪和 16 世纪的人口膨胀期，但在这两段时期的中间期森林却扩大了。据估计，到 1650 年欧洲的林地面积缩减了 170,000 ～ 200,000 平方公里，占欧洲大陆总面积的 35% ～ 40%。[25]

役　畜

在欧洲，役畜是主要的能量转换器，它们能够通过代谢食物产生机械能。众所周知，它们在能源体系中极为重要。欧洲的旱作农业无法离开公牛和马。根据我们对这些动物的体重、大小、干强体力活的了解，它们每天的食物摄入量应在 83 ～ 105 兆焦之间。如果我们假设这些“生物引擎”[26] 平均消耗 96 兆焦，设定每 6 ～ 8 个人就有一头役畜的比例，[27] 由此大致得出每个欧洲居民每天消耗约 11.7 ～ 16 兆焦。[28] 这比几十年前布罗代尔提出的比例

22 关于燃料消耗的一些定量数据收集在 Paolo Malanima, *Energia e crescita*。

23 Kenneth Pomeranz, *The Great Divergence. Europe, China, and the Making of the Modern World Economy*, Princeton: Princeton University Press, 2000, p. 231, 此外 Appendix C 还比较了岭南和法国的木柴消耗量。

24 Vaclav Smil 的著作（*Energy in China's Modernization*, New York: M. E. Sharpe, Armonk, 1988 以及 *China's Past, China's Future: Energy, Food, Environment*, New York and London: RoutledgeCurzon, 2004）主要讨论了当代中国的能源消耗。关于前现代中国的能源消耗，它们几乎没有提供什么信息。

25 这些是较为精确的估计值。M. Williams, “Forests,” in B. L. Turner, ed., *The Earth Transformed by Human Action*, Cambridge, MA: Cambridge University Press, 1990.

26 Vaclav Smil, *Energy in World History*, San Francisco/Oxford: Westview Press, 1994, pp. 76ff. 假设一般役畜（马或牛）的体重在前工业化世界通常为 300 ～ 400 千克，且从事相对繁重的农活，它们每天大约消耗 11 个饲料单位（Forage Units），这相当于 10 千克的干物质，如干草。

27 关于英国的数据参见 E. A. Wrigley, “Energy availability and agricultural productivity,” in B. M. S. Campbell and M. Overton, eds., *Land, Labour and Livestock: Historical Studies in European Agricultural Productivity*, Manchester/New York: Manchester University Press, 1991, p. 238，我自己对 19 世纪意大利的估算得出了相似的比例，即每 6 ～ 8 人使用 1 头役畜。

28 要得到更准确的估值，应区分马和牛的不同摄入量（比起牛每天 88 兆焦，马每天摄入的更多，为 100 兆焦），在这里我取 96 兆焦为平均摄入量。

更合理，[29] 他基于从 18 世纪晚期的法国搜集到的数据，推断欧洲很可能有约 1400 万匹马和 2400 万头公牛，即大概每 4 人就有 1 头役畜。由于实际上并非所有的公牛都在劳作，所以即使在南欧的农业中，布罗代尔提出的比例可能也太高了。

早在 18 世纪中叶，孟德斯鸠就比较了水稻和小麦农艺，并指出这两种耕种体系的区别在于供养家庭所需的土地面积。"生产水稻的地区……需较少的土地来维持一个家庭的生活。"由于欧洲的小麦农业需要役畜，因此差别会显得更大。他写到，在以水稻为基础的亚洲经济中，"在别的地方由牲畜去做的活，在那里由人来完成；农业对于他们来说是一项大产业。"[30] 相反，在旱作农业中，一个农民家庭需要更多的土地来养活自身，因此需要利用更多的机械能。当 1 公顷土地足以维持一个家庭时，许多农活就能在没有役畜的帮助下完成。但欧洲的情况却并非如此，在那里，一个家庭需要依赖 10 公顷土地的耕作来维持生活。

水和风

水和风是欧洲前工业能源体系的关键因素，是世界上唯一的非肌肉机械能（non-muscular mechanical energy）的来源，而其他形式的能源则最终都源于土壤产物的转化。在总能量平衡（overall energy balance）中，水和风的重要性较低。我们知道，在前工业化的欧洲，每 250 人就有 1 个由水或风驱动的磨坊（mills）。[31] 几乎每个村庄都有它们自己的磨坊。如果我们假设每个水轮或风轮的平均功率是 5 马力，每天使用 8 小时，就能得出每个磨坊每天产生 105 兆焦能量的数据。用 1 个磨坊所对应的平均人数除这个数字，可得出每人每天平均产生 0.4 兆焦的机械能，这个数值相对较低。

即使加上帆船所消耗的人均风能—— 18 世纪末人均每天消耗约 0.6 兆焦能量 [32] ——并假设风车产出最高的能量，我们必然得出结论：在这些前工业化经济体中，水和风对总能量

29 Fernand Braudel, *Civilisation matérielle, économie et capitalisme*, Paris: Colin, 1979, I, ch. 6.

30 Charles-L. Secondat de Montesquieu, *De l'esprit des lois*, Paris: Garnier-Flammarion, 1979, II, p. 114, Livre XXIII, XIV.

31 Fernand Braudel, *Civilisation matérielle*, I, ch. 6; L. Makkai, "Productivité et exploitation des sources d'énergie (XIIe–VIIe siècle)," in S. Mariotti, ed., *Produttività e tecnologie nei secoli XII–XVIII*, Firenze: Istituto Internazionale di Storia economica "F. Datini," 1981. 关于水磨，请特别参阅 Terry Reynolds, *Stronger than a Hundred Men. A History of the Vertical Water Wheel*, Baltimore/London: The Johns Hopkins University Press, 1983。

32 利用意大利 19 世纪末的数据和信息，我将意大利舰队的总吨位除以 8.4，并假设其每天平均航行 10 小时，计算出了其舰队的功率。

平衡的贡献相对有限，在欧洲不同地区，其数值也不尽相同，每人每天的消耗在 0.4 到 3 兆焦之间。如果考虑到蒸汽机问世之前机械能的稀缺程度，就能了解水和风的能量虽然有限但并非微不足道。得益于海洋向大陆块渗透所形成的欧洲的特殊形状，以帆的方式利用风力使得欧洲人发展出了一个特殊的适应策略，即人口稠密地区的居民生产非农业商品，并用它们交换食物、木材和原材料。很长一段时间里，东欧、中亚、北非都是西欧的外围贸易伙伴，它们在生态上有能力输出大量谷物、木材和其他土地密集型产品。[33]虽然就农业而言，欧洲确实处于劣势，但其海洋交通线的联通始终是能补足其缺陷的一个重要资本。欧洲难道不就正是从中世纪晚期开始，尝试探索并接触到遥远的文明和大陆，包括大西洋彼岸的广袤领土，而最终形成了远距离海洋贸易的传统？[34]

比　较

遗憾的是，我们缺少近代早期其他人口密集农业区能源消耗量的直接信息。但间接证据表明这些地区的燃料消耗量比欧洲低，因为它们的气候更温暖，地理位置大多更靠南（欧洲 1 月份的平均气温介于−10°C 到 10°C 之间；近代早期其他农业区的平均气温则在 0°C 到 20°C 之间）。我们也了解到，得益于灌溉和高产作物（谷物和块茎），一个人生活在这些地方所需要的土地比在欧洲大陆少；再加上这些地区在农业和交通方面对动物的使用较少，所以被用作牧场的土地也更少（当然，前提是我们不考虑非农业社会，如游牧民族）。

然而，正如上文所述，欧洲人均每天消耗约 63 ～ 84 兆焦能源似乎是合理的，非欧洲的农业社会人均每天消耗量可能低于 42 兆焦或 10,000 千卡，在最温暖的地区该数值接近 21 兆焦或 5000 千卡。大体上，欧洲能源体系因其较低的土地生产率和较高的人均消耗量而无法满足人口增长带来的逐渐扩大的需求，因此相对来说更加脆弱。

遗憾的是，我们还缺少关于另一种重要的能源载体——火药——的定量信息；它是欧洲在世界扩张的非次要（non-secondary）因素。然而，我们知道欧洲人因掌控枪械而被全

33　Kenneth Pomeranz, *The Great Divergence*, p. 261.

34　C. Schmitt 认为在整个欧洲文明史上，它和大海的这种关系是其欧洲文明的鲜明特征（Carl Schmitt, “Die geschichtliche Struktur des heutigen Welt-Gegensatzes von Ost und West,” in *Freundschaftliche Begegnungen. Festschrift für Ernst Jünger zum 60. Geburtstag*, Frankfurt: Klostermann, 1955, and Land und Meer. *Eine weltgeschichtliche Betrachtung*, Stuttgart: Klett-Cotta, 1954）。

世界艳羡，他们在火器运用方面领先于其他民族。[35] 如果说经济发展为欧洲的前进铺平了道路，军事力量便是 19、20 世纪帝国政治的核心因素。

人口增长

自基督诞生以来的 1600 年里，世界人口翻了一番，从 2.5 亿增长到了 5 亿。在这段漫长时间中，人口增长率平均每年保持在 0.04%，几乎难以察觉。接着，在从 1650 年到 1850 年这短短的 200 年内，世界人口再次翻番。人口增长率如今已升至 0.4%，比前 1600 年高出 10 倍。我们根据不确切的人口数据推测，1650 年到 1850 年间整个亚欧大陆的人口增长率似乎不同：中国为 3.3‰，欧洲为 2.3‰。[36] 然而，这些数据远远不够权威。

从 17 世纪下半叶开始，这种突然的、始料未及的人口激增加大了对农业制度的压力。这种人口的快速增长主要集中在亚欧大陆的中部和北部，且以往从未在整个世界范围内发生过。

来自美洲的新作物与耕地的扩张、对农民劳动力的新投资一起，满足了亚欧大陆不断增长的人口需求。特别是在中国，劳动力得到了集约式的发展。有证据表明，中国一些地区愈发频繁地用粪肥给土地施肥，种植土豆、玉米等新作物，并推广多熟制生产，扩大耕地面积。[37] 例如，马立博这样描述，18 世纪，广东省的农民每年在同一块土地"耕种两季水稻以及一季小麦或蔬菜……在两季作物之间通常只有两到三周的时间间隔，稻—稻—麦的三季作物轮作周期中几乎没有农闲的时节"。[38]

在欧洲，马铃薯在北方的传播和玉米在南方的传播伴随着人口增长。在一些地区，尤其是英格兰，休耕地减少，有时候会完全消失。同时，林地和牧场会为满足最无弹性的人口需求——食物——而转变为耕地。马铃薯和玉米的传播则大大提高了碳的积累量，而碳是

35 在众多研究中，请参阅 Carlo M. Cipolla, *Guns and Sails in the Early Phase of the European Expansion, 1400–1700*, London: Collins, 1965。

36 关于欧洲：Biraben, "Essai"；关于中国：ibid., Angus Maddison, *Chinese Economic Performance in the Long Run*, Paris: OECD, 1998, Table 1–2, and M. Caboara, "Demografia del pianeta Cina," *I viaggi di Erodoto*, 12, 34, 1998.

37 参阅 18 世纪 20 年代的法国农学家皮埃尔·普瓦夫尔（Pierre Poivre）的评论（Robert Marks, *Tigers, Rice, Silk and Silt. Environment and History in Late Imperial South China*, Cambridge: Cambridge University Press, 1998, p. 285）。

38 Robert Marks, *Tigers, Rice, Silk and Silt. Environment and History in Late Imperial South China*, Cambridge: Cambridge University Press, 1998, pp. 203–204.

生物引擎的主要“燃料”，因为这些作物的热量比传统谷物高得多。

这些新的能量转换器（new converters）对欧洲的总能源产量贡献有多大？保守估计，相较传统作物，其产量增长了 100%。关于这些新作物的传播，我们知道 19 世纪前几十年，英国、荷兰、比利时、德国和法国北部的马铃薯，以及法国南部和意大利北部的玉米占据的面积大致相同，都超过了 200 万公顷。如果再加上扩大的水稻种植，我们就从欧洲大陆核心区的 4200 万公顷可耕地中得到了约 500 万公顷的土地。[39] 多亏了这些新作物，欧洲才有可能减少用于生产人类粮食的耕地。尽管每公顷产量仍远远落后于中国，但这仍是一次非凡的成功。

正如我们可以看到的，在亚欧大陆的两端，持续增长的人口所产生的需求，都是通过投入更多劳动力来提升每公顷土地产量这种惯常的方法来得到满足的。农业开始变得越来越劳动密集化，即把更多的时间花费在每块田地上。[40] 然而，由于土地生产率提高，但提高的速率赶不上劳动者数量的增长率，使得劳动生产率降低。因此，以人均产量和生活水平下降为代价，人口压力才得到减缓。为了应对人口增长趋势，人们必须以更加集约的方式开发利用每公顷土地。因为劳动力回报减少意味着劳动力得到的补偿更少，推动资本和技术取代劳动力的动力也会不断下滑。为什么在劳动力如此低廉的时候还要用机器加以取代？这是因为劳动增多最终成为陷阱。更多的劳动者意味着更多的产量，从而允许更多的人口增长，这反过来又刺激劳动力集约化和资本减少。[41] 一旦这种势态初显，便很难从中挣脱。而自相矛盾的结果是，在那些每单位土地农业产量最高的地方，生活水平往往恰好呈下降趋势。[42] 欧洲现代经济增长的开端正好偏离了这一传统道路。那又是什么力量将大陆推向了一个新方向呢？

气候变化

当我们回顾过去的农业文明时，我们常常忘记气候变化在传统经济中的重要性。在传统经济中，所有形式的能源都直接来自阳光。古气候学家对过去两千年温度的最新估测提高了我们关于太阳辐射变化对能源影响的认知。然而，只有经济史学家少量运用了这些关

39 数据来自 Brian R. Mitchell, *European Historical Statistics 1750–1970*, New York: Columbia University Press, 1975。

40 Ester Boserup, *The Conditions of Agricultural Growth. The Economics of Agrarian Change under Population Pressure*, London: Earthscan, 1993, p. 43.

41 关于该问题的讨论请参阅 Richard H. Tawney, *Land and Labour in China*, New York: Franklin, [1st ed. 1932], 1979, pp. 21ff。

42 关于这一“亚洲悖论”（Asian paradox）请参阅拉铁摩尔的评论（Owen Lattimore, “Inner Asian frontiers,” in *Studies in Frontier History*, Paris-The Hague: Mouton, 1962）。

于气温变化的新知识。农业史反复强调气候突变对收成、农产品价格、死亡率的影响，但历史学家对长期气候变化及影响的关注却很少，这主要是因为直到几年前关于该主题的知识都还停留在表层。但如今我们知道，在传统的农业文明中，能源的可利用率（energy availability）不仅仅取决于人类利用已知资源的技术能力，而且实际上更依赖于太阳辐射的波动。在观察传统农业文明中的能源问题时如果忽略了这一方面，就等于忽略了整个故事的一个重要部分。在早期农业经济中，相比水磨和风车等重要发明，气温上一个微小的长期性变动在逐年累月之后能够带来更为重大的变化。

在 1900 年前的两千年中，年均气温确实有所变动，尽管幅度很小。气温的长期变化主要取决于太阳辐射的变动和火山爆发带来的影响。[43] 数年内气温仅下降 1°C 就会对农业文明的能量平衡造成严重的影响。[44] 我们可以对这些重要影响加以总结，即太阳辐射每平方厘米大约减少 10% 千卡，在温带，阳光照射的时长就会从每年平均 2000 小时以上减少到 1900 小时以下，进而导致作物、牧场、森林的生长期缩短约三周。[45] 降水量通常会从 1200 毫米以下增长到 1500 毫米以上，洪水的威胁便随之而来。土壤中的微生物活性降低，导致有机质的分解和潜在肥力活化作用的下降。更重要的是耕地海拔会下降 150 ～ 200 米。这将对耕作造成严重的负面影响，尤其是在山区。此外，在冬末初春饲养牲畜的难度会更大，因为在四月或五月牧草重新长出之前，储存的青草和干草可能就会消耗完。[46]

相反，较高的气温推动了自由资本的形成，并方便人们更为广泛地利用自然资源。人口长期流动和气候变迁之间有着显著的关联。[47] 或许，我们应对经济、人口长期变化和太阳辐射升高与降低之间的关系展开相应研究。

较低气温所带来的消极影响在 17 世纪很可能极其明显，当时气温达到 1000 年来的最低点，比平均值低 1 ～ 2 度。正是在这个被称为蒙德极小期（Maunder minimum）的时间

---

43 关于这两个主要原因，请参阅 T. J. Crowley, "Causes of climate change over the past 1,000 years," *Science*, 289, 14 July 2000。

44 关于该主题，参阅 Bozhong Li, "Changes in climate, land, and human efforts. The production of wet-field rice in Jiangnan during the Ming and Qing dynasties," in M. Elvin and L. Ts'ui-jung, eds., *Sediments of Time. Environment and Society in Chinese History*, Cambridge: Cambridge University Press, 1998。

45 Robert Marks, *Tigers, Rice, Silk and Silt. Environment and History in Late Imperial South China*, p. 217.

46 Christian Pfister, *Klimageschichte der Schweiz von 1525–1860. Das Klima der Schweiz und seine Bedeutung in der Geschichte von Bevölkerung und Landwirtschaft*, Bern: Haupt, 1988, pp. 38ff.

47 主要参阅 M. Mann and P. D. Jones's, "Global surface temperatures over the past two millennia," *Geophysical Research Letters*, 30, 15, August 2003, statistics for 1,800 years（以及 IGBP PAGES/World Data Center 的古气候学相关数据。Data Contribution Series #2003-051. NOAA/NGDC Paleoclimatology Program, Boulder, CO, USA）。

段，人口开始增长。这次人口的增长一直持续到 19 世纪结束的小冰期的最后阶段。然而，最近的研究表明，17 世纪末的几十年里，气温有所上升。因此，即使在这种不利的气候阶段，第一波人口的增长也是伴随着较温暖的气温同时出现的。在英国和法国，从 17 世纪末到 1750 年前后的这段时间内都有明显的变暖特征，随后才是降温阶段。[48]

近来对北半球气温的研究清楚地表明，1760—1770 年气温在持续上升几十年后开始下降。从 1775 年到 1795 年，温度又开始上升，随后再次下降，并于 19 世纪前 30 年达到最低点。太阳黑子通常和太阳活动期、地球高温期相关。1790 年到 1820 年代之间，太阳黑子几乎消失了。[49] 就像同一时代全球几个地区的观测者报告的那样，1815 年，印尼坦博拉火山爆发，火山灰在大气中的散播导致地球两年没有夏天。[50] 气温再次降至 17 世纪的低点。

北半球的气温曲线即使在不同的地方紧密关联，也只能提供区域气候趋势的宽泛信息（图 1）。[51] 近期人们对这一主题的研究进一步阐明了地区间的差异。在英格兰，大约从 1750—1770 年开始，气温出现下降，这种状况持续到 1820 年，紧接着是 1830—1840 年的气候回暖。[52] 意大利气候的演变因威尼托而为人熟知，自 1750 年以来，威尼托的气温急剧下降，这导致了 1764—1773 年的长期饥荒，随着 1815—1818 年气温的下降饥荒再次出现（图 2）。[53]1750 年到 1820 年间，威尼托的冬季温度下降约 1.5 到 2°C。阿尔卑斯山冰川的推进和气温数据之间有紧密联系。蒂罗尔（Tyrol）地区的冰川自 1760 年开始推进，在

---

48 A. Michaelowa, "The impact of short-term climate change on British and French agriculture and population in the first half of the 18th century," in P. Jones, A. Ogilvie, and T. Davis, eds., *History and Climate. Memories of the Future?* New York: Kluwer, 2001, pp. 201–218, pp. 201ff.

49 M. E. Mann, E. Gille, R. S. Bradley, M. K. Hughes, J. Overpeck, F. T. Keimig, and W. Gross, "Global temperature patterns in past centuries: an interactive presentation," *Earth Interactions*, 4, n. 4, 2000，展示了 1600 年以来的太阳辐射图。图 1、2、4 中显现了多项式趋势。

50 有关小冰期的叙述性信息，请参阅 Brian Fagan, *The Little Ice Age. How Climate Made History 1300–1850*, New York: Basic Books, 2000, pp. 167ff。

51 与图 1 相关的一系列信息来自 M. E. Mann, R. S. Bradley, and M. K. Hughes, "Northern Hemisphere temperatures during the past millennium: inferences, uncertainties, and limitations," *Geophysical Research Letters*, 26, 1999。这些数据与 1900—1980 年的平均值相差几摄氏度。

52 它们既体现在较早的系列中，H. H. Lamb, "Climate and history in Northern Europe and elsewhere," in N.-A. Mörner and W. Karlén, eds., *Climatic Changes on a Yearly to Millennial Basis. Geological, Historical and Instrumental Records*, Dordrecht/Boston/Lancaster: Reidel, 1984，又体现在最近的研究中，Michael Hulme and Elaine Barrow, *Climates of the British Isles: Present, Past and Future*, London: Routledge, 1997。

53 F. Serre-Bachet, N. Martinelli, O. Pignatelli, J. Guiot, and L. Tessier, "Evolution des températures du Nord-Est de l'Italie depuis 1500 AD. Réconstruction d'après les cernes des arbres," *Dendrocronologia*, 9, 1991, p. 221，图中的偏差是根据 4 月至 9 月的平均温度计算的。

1816—1818 年达到了其扩张的最大范围。[54] 在瑞士，1750 年后气温下降，1760 年到 1780 年间气温下降了 1.5°C，并于 1780 年到约 1795 年回温，然后在 1810 年到 1820 年间再次下降，达到最低点。[55] 波罗的海结冰时也出现过相同趋势，当地气温从 1750 年开始上升，于 1790 年至 1820 年间达到顶峰，随后下降（图 3）。[56]

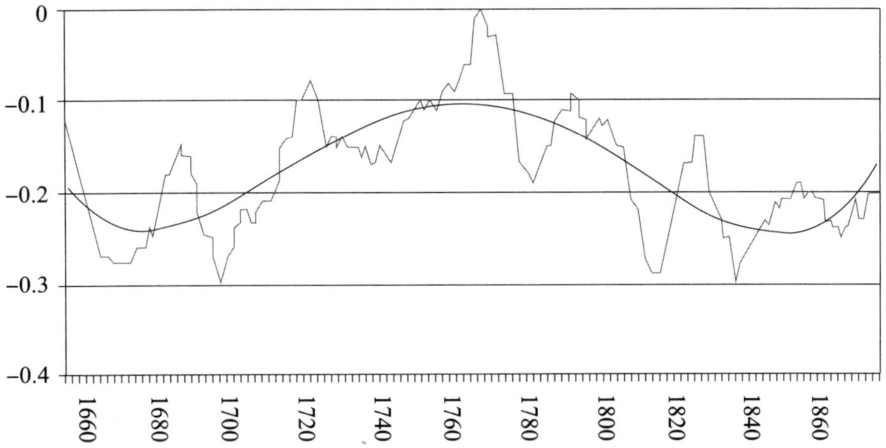

图 1　北半球的气温，1660—1880 年

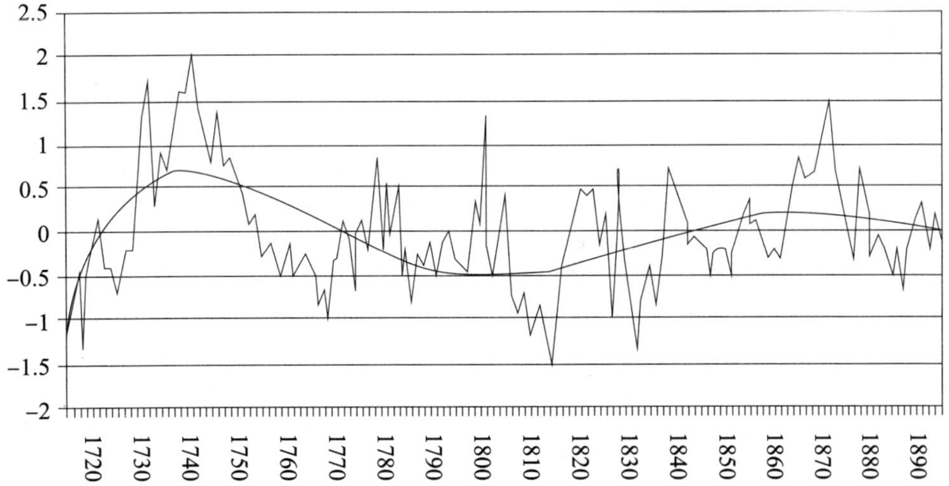

图 2　威尼托的气温，1720—1900 年

54　E. Corona, "Cambiamento globale del clima: stato della ricerca italiana," *Atti dei convegni Lincei*, 95, 1992.

55　Christian Pfister, *Klimageschichte der Schweiz*, and "Monthly temperature and precipitation patterns in Central Europe from 1525 to the present," in R. S. Bradley and P. D. Jones, eds., *Climate Since 1500 A.D.*, London: Routledge, 1992.

56　G. Koslowski and R. Glaser, "Reconstruction of the winter severity since 1701 in the Western Baltic," *Climatic Change*, 31, 1995. 图 3 显示，1800—1860 年指数变化了 0.4（曲线越高，冰冻得越深）。

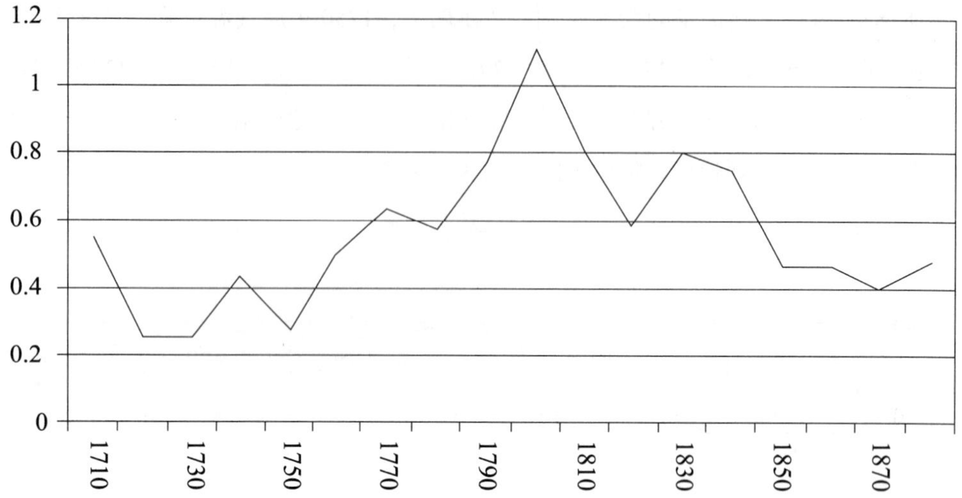

图 3　波罗的海冰冻指数，1710—1880 年

中国对气候演变的记录可能比欧洲更详尽。历史学家已能从编年史、物候事件，还有最近发现的公元前 665 年石笋层的历史信息中收集到很多气温线索。[57] 据我们所知，中国气温的演变和欧洲不尽相同，至少在我们关注的时期是这样。李伯重对这一长期演变进行了总结："中国曾有过两个暖冬时期（1550—1600 年和 1720—1830 年）和三个寒冬时期（1470—1520 年，1620—1720 年，1840—1890 年）。"[58] 继寒冷的 17 世纪之后，整个 18 世纪气温都在上升。中国并没有发生欧洲在 1750—1760 年开始的那种降温（图 4）。[59] 中国的土地生产率和劳动投入在 18 世纪明显提高，人们将其归因于这一免费能源的有益供应。[60]

57　T. Ming, L. Tungsheng, H. Juzhi, Q. Xiaoguang, Z. Hucai, and L. Tieying, "Cyclic rapid warming on centennial-scale revealed by a 2,650-year stalagmite record of warm season temperature," *Geophysical Research Letters*, 30, 2003；完整系列可见 IGBP PAGES/World Data Center for Paleoclimatology Data Contribution Series # 2003-050。NOAA/NGDC Paleoclimatology Program, Boulder CO, USA.

58　Bozhong Li, "Changes in climate, land, and human efforts. The production of wet-field rice in Jiangnan during the Ming and Qing dynasties," in M. Elvin and L. Ts'ui-jung, eds., *Sediments of Time. Environment and Society in Chinese History*, Cambridge: Cambridge University Press, 1998, p. 451, 证实了竺可桢的早期研究（1960—1975 年）。

59　该图基于 B. Yang, A. Brauening, K. R. Johnson and S. Yafeng, "General characteristics of temperature variation in China during the last two millennia," *Geophysical Research Letters*, 29, 2002 中的数据（原始数据在 B. Yang et al. IGBP PAGES/World Data Center-A for Paleoclimatology, NOAA/NGDC Paleoclimatology Program, Boulder CO, USA 中可以获得）。也可参阅 G. Quansheng, Z. Jingyun, F. Xiuqi, Z. Xueqin, Z. Piyuan, M. Zhimin and W. Wei-Chyung, "Winter half-year temperature reconstruction for the middle and lower reaches of the Yellow River and Yangtze River, China, during the past 2000 years," *Holocene*, 13, 6, 2003 中的数据（原始数据在 Quansheng, G. 等，IGBP PAGES/World Data Center-A for Paleoclimatology, NOAA/NGDC Paleoclimatology Program, Boulder CO, USA 中可以获得）。另见 Robert Marks, *Tigers, Rice, Silk and Silt*, p. 199。

60　Bozhong Li, "Changes in climate," p. 483 and passim. J. A. Goldstone, "Feeding the people, starving the state: China's Agricultural Revolution of the 17th–18th Centuries"（为 2003 年 9 月由全球经济史网络在伦敦举办的会议准备的论文）。

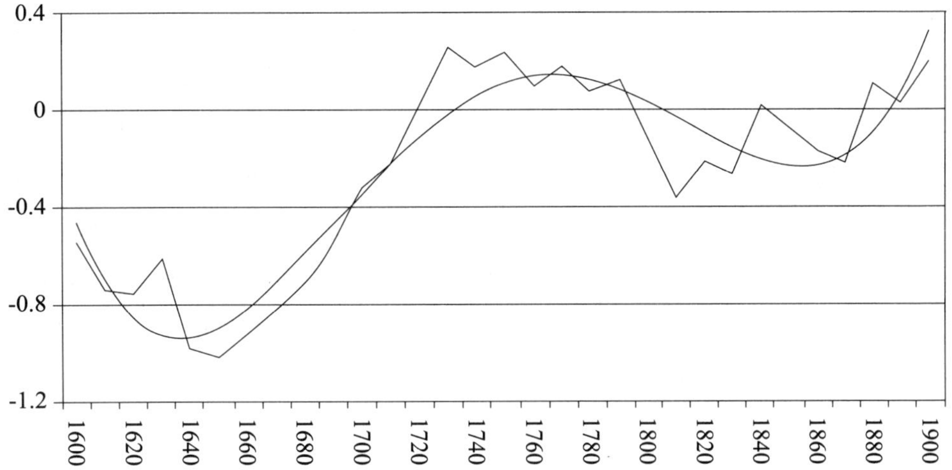

图4　中国的气温（1600—1900年）

能源危机

欧洲的这些气候和人口变化对能源来源的影响是什么？对比欧洲和中国的人口增长可得出第一个可能的影响。18世纪，欧洲人口增长了约50%，而中国的人口却翻了一番。中国的能源体系可承受比欧洲大得多的人口压力。戈德斯通（J. A. Goldstone）提出，从1700年到1800年，清朝“增加的人口是欧洲1700年前后总人口的两倍”。更引人瞩目的是，中国这一时期的人口增长是在人民营养水平没有出现明显退化的前提下取得的。“哪怕称其为前工业史上无与伦比的成就也不算夸大其词。”[61] 正如李伯重笔下的江南地区：水力设备的改进，种植空间格局的变化，肥料的大量使用，耕作技术的进步，更好的种植制度的推广，促进了水稻生产率的大幅提高。[62]德怀特·珀金斯（Dwight Perkins）认为，中国农民能“扭转一般情况下的马尔萨斯人口论的因果关系指向，即农业发展速度决定人口水平”。[63]

从18世纪中期起，欧洲人口增长加快了，而能源可利用率却在下降。其结果是人均能源消耗量垂直下跌。在研究能源可利用率时，我们应分辨哪些是来源于土壤的能源，哪些是来源于水和风的能源。它们的趋势是不同的。

61　J. A. Goldstone, “Efflorescences and economic growth in world history,” *Journal of World History*, 13, 2002.

62　Bozhong Li, *Agricultural Development in Jiangnan, 1620–1850*, New York: St. Martin’s Press, 1998.

63　Dwight Perkins, *Agricultural Development in China 1368–1968*, Edinburgh: University Press, 1969, p. 23. 该书仍是中国农业发展这一阶段的数据的一个重要来源。

从1600年到1800年，欧洲人口增长了64%，然而农产品只增长了54%。[64]人均农产品在1750—1800年间出现了显著的下降，并且下降的趋势至少持续到了1820年。该趋势也与能源消耗量的趋势极为相似（图5）。[65]1750—1820年下降的约15%体现在欧洲的各个地区，体现在谷物生产以及牧场和森林的产出中。直到几年前，人们仍可能对英国的农业生产持有怀疑。如今我们知道，即使英国的劳动生产率和土地生产率在17世纪得到了显著提高，18世纪下半叶对英国来说也不是一个繁荣期。在此期间，“人均食物消耗量下降，在拿破仑战争期间达到最低点。食物消费方面，工业革命早期的绝对贫困化（absolute immiseration）的观点并非空穴来风”。[66]如此看来，就像在意大利、比利时和荷兰等欧洲国家一样，人均农产品的数量在英国也下降了。[67]

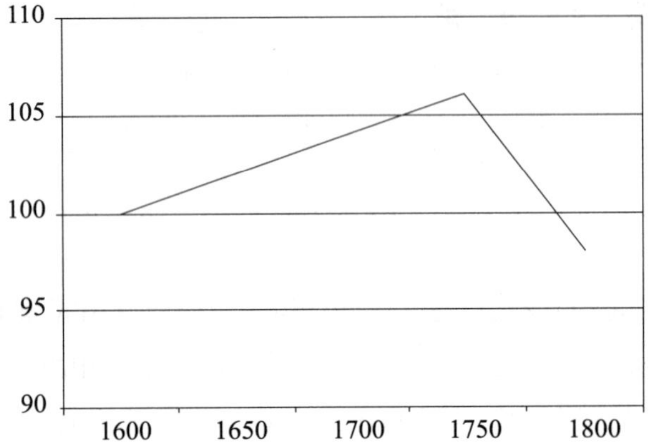

图5　欧洲人均农产品，1600—1800年

近期的人体测量学研究揭示了食物供给的下降对出生在1770年到1820年间的欧洲人身高的影响——身高上降低了几厘米。尽管欧洲大陆上各地平均下降的幅度不同，但似乎或多或少都出现了这个倾向。巴滕（Baten）提及了“暖冬或寒冬与谷物、蛋白质产量多少间的因果联系，这些因素决定了实际工资和人类的最终身高”。[68]

64　来　自 R. C. Allen, “Economic structure and agricultural productivity in Europe, 1300–1800,” *European Review of Economic History*, IV, 2000。

65　该数据基于 R. C. Allen, “Economic structure and agricultural productivity in Europe, 1300–1800”。（加权欧洲平均值）。

66　R. C. Allen, “Tracking the agricultural revolution in England,” *Economic History Review*, II s., LII, 1999, p. 217.

67　关于意大利，请参阅 G. Federico-P. Malanima, “Progress, decline, growth: product and productivity in Italian agriculture 1000–2000,” *Economic History Review*, II s., LVII, 2004。

68　J. Baten, “Climate, grain production and nutritional status in Southern Germany during the XVIIIth century,” *Journal of European Economic History*, 30, 2001, p. 43.

有关牧场和林地的直接证据比谷物种植的证据更难获得。然而，一些叙事性文本却见证了人口快速增长对森林和牧场的打击。木柴价格的急剧上涨导致森林的减少，其价格的增长速度通常快于农产品价格的整体上涨。1700 年到 1800 年间，西欧城市的木柴价格上涨了三倍多。[69]基于有关森林退化和抑制森林破坏的频繁尝试的当时的文献，彭慕兰写出了关于 18、19 世纪欧洲生态危机的著作。在英格兰和威尔士，森林和灌木的覆盖率从 1700 年的 7.9% 降至 1800 年的 4%，而森林、公园、公共土地和荒地的占地面积从 1700 年的 34.2% 下降到 1800 年的 16.8%，到 1850 年则降为 8%。[70] 在中国，同样的生态退化也正以肉眼可见的速度发生着，尽管“比在 18 世纪的西欧所见到的要慢”。[71] 据估计，在 1750 年至 1850 年间，欧洲（不包括俄国）[72] 砍伐了 146,000—186,000 平方公里的林木，相当于欧洲总面积的 30%—35%，这只比中世纪晚期到 1650 年间砍伐的林地面积稍小一点。

该危机并未影响不通过土壤转换而产生的能源，即非植物能源。布罗代尔和毛考伊（Makkai）都认为，从中世纪到 19 世纪，水磨和人口的增长速率多多少少保持一致。然而，几个世纪以来水车轮功率的提高使得人均马力从 2（1491 瓦）增长到 3（2237 瓦）（表 4）。但学者们常常指出 19 世纪工业化的第一次浪潮是伴随着水力利用率的提高。如此可见，人均水力的增长幅度可能更大。

表 4　1200 年和 1800 年水磨所产生的人均功率（马力）

	每轮所供平均功率（马力）	每水轮所供居民数量	人均马力
1200	2	250	0.008
1800	3	250	0.012

资料来源： Fernand Braudel, *Civilisation matérielle*, I, ch. V; L. Makkai, “Productivité et exploitation”。

18、19 世纪，在磨坊[73] 中，尤其在海上航行中，人们对风能的利用以惊人的速度增长着。近代早期，欧洲帆船的使用在欧洲和世界上其他地区海域不断增多，并在整个 18 世纪持续扩大。尽管如此，通过帆船利用风能所得的人均可用能量比源于土壤所得的人均可用能量低得多（表 5）。

---

69 R. C. Allen, “Was there a timber crisis in early modern Europe?” in S. Cavaciocchi, ed., *Economia e energia secc. XIII–XVIII*, Istituto Internazionale di Storia Economica “F. Datini,” Firenze: Le Monnier, 2003, p. 479（尽管 Allen 的结论和我本人的不同）。

70 Rolf Peter Sieferle, *The Subterranean Forest*, p. 101.

71 Kenneth Pomeranz, *The Great Divergence*, p. 236.

72 M. Williams, “Forests,” p. 180.

73 K. Davids, “Innovations in windmill technology in Europe, c. 1500–1800,” in S. Cavaciocchi, ed., *Economia e energia secc. XIII–XVIII*, Istituto Internazionale di Storia Economica “F. Datini,” Firenze: Le Monnier, 2003, pp. 286–291.

表 5　1470—1780 年欧洲商业船队的运载量（单位：吨）和人均每日可用总能量（千焦耳）

	运载量	人均每日（千焦）	人均能量指数
1470—1500	350,000	136.9	100
1570—1600	800,000	234.5	171
1670	1,350,000	378.9	277
1780	3,856,000	710.9	519

资料来源： Angus Maddison, *The World Economy*, p.77(只有运载量)。

土壤所提供的能源的减少以及人口增长导致的需求增长引发的复合效应都清楚地反映在土地生产和人类劳动力的逆价格趋势中。土地价值上升的同时，人类的价值反而减少了。1750—1800 年，欧洲一些城市的消费品价格指数从 30% 上升到 60%。与此同时，实际工资率却下降了 5% 至 35%。[74]

正是这种情况导致了由木柴转向煤炭。在世界范围内，煤炭的开采量从 1700 年的 400 万吨增加到 1800 年的 1600 万吨，1860 年为 12900 万吨，1900 年则增至 79000 万吨，尽管这种开采实际上几乎都集中于欧洲。[75] 这是一个用过去聚集在地下的太阳辐射能代替现今太阳所放射出的能量的方法，自中世纪晚期以来，欧洲人就知道了这种能量的存在。这也是节约土地这种越来越贵的生产要素的方式之一。从根本上说，诉诸煤炭是一种节约土地的创新。正如亚当·斯密所说，只要木柴尚能被广泛使用，人们就更倾向于用木柴而不是忍受家里难闻的煤烟味。[76] 但随着土地变得稀缺与昂贵，人们被迫转向更为便宜的能源——很久之前聚集在地下的太阳辐射能。煤炭肯定不是 18 世纪才发现的。在欧洲多个地区它早已广为人知并投入使用，特别是英国，它在煤炭开采方面有着悠久的传统。如果没有转向使用煤炭，新的能源危机就会阻碍英国长期积极的经济趋势。很难说工业革命最终能否归因于英国丰富且因接近地表而易于开采的煤炭矿床这种偶然情况，但无论如何，在人口数量空前增长和气候条件恶化导致的人均可用土地减少的背景下，这一偶然情况有着重要的作用。

里格利写道："1800 年英国煤炭所提供的能源大概相当于 1500 万英亩木材持续燃烧所产生的能量，这正是一个生动的例子，预示着巨大的变革已经悄然来临。"[77] 欧洲节约土地的

74　R. C. Allen, "The great divergence in European wages and prices from the Middle Ages to the First World War," *Explorations in Economic History*, 38, 2001, pp. 426 and 428.

75　P. Bairoch, "Énergie et révolution industrielle: nouvelles perspectives," Revue de l'énergie, n. 356, 1983, Bouda Etemad and Jean Luciani, *World Energy Production 1800–1985*, Genève: Droz, 1991, and Jean-Marie Martin, *L'économie mondiale de l'énergie*, Paris: La Découverte, 1990, p. 34.

76　Adam Smith, *An Inquiry into the Nature and Causes of the Wealth of Nations*, ed. Cannan, London: Methuen, 1961, I, ch. XI.

77　E. A. Wrigley, "The divergence of England: the growth of the English economy in the seventeenth and eighteenth centuries," in E. A. Wrigley, *Poverty, Progress and Population*, Cambridge: Cambridge University Press, 2004, p. 65.

方式并非像中国人一样是通过扩大利用现有的太阳辐射能量，相反，他们是通过开发利用如今藏在地底的由过去的太阳辐射能量形成的资源。如果不依赖煤炭，英国的农业发展将“永远不能独立地引发一场工业革命”。[78] 其他欧洲民族也都尽可能快地跟上了英国的觉醒。如在德国，从 18 世纪末起，煤炭生产发展迅速，最终代替了木柴。[79] 当然，并不是所有地方都像大不列颠一样彻底地转向了化石燃料。意大利几乎没有煤炭，还得继续严重依赖木柴和木炭。俄国有着丰富的煤炭储量，同时也有广阔的森林，所以在整个 19 世纪，他们仍然大量使用木柴。

1800 年之后，欧洲和中国走上了不同的道路。中国劳动力日益集约化，然而其经济状况持续下滑。甚至是在那些以生产稻米为主的经济体中，也不可能无止境地集约化。中国经济因“受到新土地枯竭导致的‘土地绝对短缺’，和因缺少节约土地的技术导致的土地相对短缺的最终打击”而元气大伤，[80] “同19世纪下半叶的西方相比，当时的中国已经非常贫穷，工业化水平也极为落后”。[81]

相反，在欧洲，得益于对煤炭这一土地节约型资源的利用，资源短缺的阶段已经结束。先是在英国，接着在欧洲大陆的其他地方，人均能源消耗量都在快速增长。从 1800 年到 1900 年，每天的人均能耗量从约 63 ～ 84 兆焦增长到 155 ～ 159 兆焦，而且这还是在整个大陆人口翻了一番的基础上实现的。同时期，中国人口只增长了 25%。凭借着化石燃料，新机器得以被开发并运用到工业和运输业中。新型能源催生出了过去不为人所知的不同的固定资产形态。在英国以及欧洲其他地方，现代经济增长的开端与现代新能源载体的发展紧密相关。英国人是新型发展道路上的星星之火，但使其成燎原之势的是欧洲人。

起初，化石燃料只是间接地供应新土地。在相当长的一段时间内，欧洲农业仍保持在传统能源体系的界限之内。在农业上通过传播已知的技术和作物，尤其是马铃薯和玉米，一定的集约化仍有可能。然而，要确定这种集约化在多大程度上依赖于新化石能源间接提供的机会并不容易，这些机会可以是农产品的流通，通过铁路或汽船进口肥料，伴随工业和服务业的发展而扩大的内、外部需求等。19 世纪下半叶，化石能源载体（fossil energy carriers）开始对土地节约做出直接贡献。土壤生产力的显著提升被称为“第一次绿色革

---

78 E. A. Wrigley, “The divergence of England,” p. 64 and E. A. Wrigley, “Energy constraints and pre-industrial economies,” in S. Cavaciocchi, ed., *Economia e energia (secc. XIII–XVIII)*, above, n. 73.

79 Rolf Peter Sieferle, *The Subterranean Forest*, p. 139，关于生产的数据可见第 174 页。

80 Kent Deng, *The Premodern Chinese Economy. Structural Equilibrium and Capitalist Sterility*, London and New York: Routledge, 1999, p. 179.

81 Peer Vries, *Via Peking back to Manchester*, p. 43.

命”，它始于1870年。[82]该突破的实现得益于新肥料的引入，新肥料的来源可以是化石燃料的副产品也可以是利用化石燃料（以及之后的电能）提供的能源制成。[83]因此，化石能源体系也影响了农业：首先是间接地，通过改变农业之外的经济生活和扩大贸易与专业化的机会；随后是直接地，通过引入新肥料和机器。

结　论

正如英国古典经济学家所熟知的，在传统农业社会中人口比资本（包括自然资源）增长更快。而这会带来一个很明显的结果，即每个工人的资本减少，从而降低了边际劳动生产率，然而土地生产率却因更高的劳动成本增长缓慢。由于边际劳动生产率和实际工资都减少了，相反边际土地生产率和租金却增加了，这样社会上就出现了节约土地（因稀缺而昂贵的生产要素）和劳动力（因丰富而低廉的生产要素）集约化的趋势。农业变得更加劳动密集，节约土地这种稀缺的生产要素变得更为必要。如果边际劳动生产率降低，但劳动力与人口的比例不变，人均产量也将下降。如此所导致的结果就可能是“定态”（stationary state），古典经济学家认为这是每个经济将会到达的最后阶段。

我们已经看到，18、19世纪，在亚欧大陆的两端呈现出两条不同的道路。这两种社会都面临着同样的问题：节约资源或寻找新能源以应对人口激增浪潮下的农业结构危机。中国有条件为之，因此遵循了典型的发展模式，即劳动力集约化、降低劳动生产率、生活条件恶化。欧洲则很难遵循该模式。我们已经见证了在人口增长和人均资源减少的压力下，成熟的农业经济最终是如何被迫采取不同于通常的劳动集约化的补救措施。英国比欧洲大陆上的其他国家都要先行一步，试图通过加强利用整个大陆早就知晓的地下森林这种化石燃料来应对危机。这是一种节约土地的方式（中国也节约土地，然而是通过其他方式实现的）。因此，长远来看，生产性资源（自然的或是人造的，比如煤炭或者资本）的增长第一次远超劳动力，与此同时，像人均产量增加一样，劳动生产率也提高了。

【原文出处】Paolo Malanima. “Energy Crisis and Growth 1650—1850: The European Deviation in a Comparative Perspective.” *Journal of Global History* (2006) 1, pp. 101–121.

82　J. L. Van Zanden, “The first green revolution: the growth of production and productivity in European agriculture, 1870–1914,” *Economic History Review*, II s., XLIV, 1991.

83　Vaclav Smil, *Energy in World History*, ch. V.

理查德·霍洛维茨　著
李恒俊　译 / 陈博翼　校

19世纪国际法与中国、暹罗及奥斯曼帝国的国家转型

【导读】

理查德·霍洛维茨（Richard S. Horowitz），美国加州州立大学北岭分校历史系教授。1989年在哈弗福德学院获得学士学位，1991、1998年在哈佛大学获得硕士和博士学位。1999年入职加州州立大学北岭分校。早年追随孔飞力学习，研究中国近代史，研究领域涉及19世纪20年代至20世纪20年代的中国政治史、海关史和军事史等，相关著述发表于《世界历史杂志》《中国季刊》《亚洲研究杂志》《英帝国与英联邦史杂志》《现代亚洲研究》等刊物。

本文以19世纪至20世纪初国际法的全球化为研究背景，对比分析了中国、奥斯曼帝国和暹罗在不平等的半殖民体系中谋求国家转型的过程。作为19世纪国际社会的行为规范，国际法包括维护外交关系的制度框架以及与领土主权、民族认同、行政组织等相关的核心观念。依托不平等的条约体系，国际法成为欧洲列强半殖民体系中的重要组成部分，形塑了半殖民地的转型。中国的清王朝、奥斯曼帝国和暹罗是亚欧大陆上的大国，都通过签订屈辱条约来维护自主权，顺应国际法所尊奉的机制和观念。三个国家都重建军队，引进西方武器，逐步推行行政机构改革，以大致趋同的方式推进国家转型。经过相似的法律改革和政治改革，它们在20世纪初越发趋近欧洲的民族国家模式。作者进一步指出，同期亚欧大陆民族国家的建立，在很大程度上是外部期望塑造的结果；欧洲国际法的全球化和欧洲主导的国际社会，创造了等级制的全球政治结构。

全球史的重要旨趣之一，是从结构层面对不同历史现象的整合。本文聚焦于欧亚半殖民体系之间的结构性不平等，以国际法全球化这一现象，将以英国为代表的欧洲列强与中国、奥斯曼帝国和暹罗等亚洲国家整合起来，视野恢宏，新见迭出。作为以中国近代史研究见长的学者，作者在对中国海关史、贸易史、政治史的专深研究的基础上，借鉴了政治学、法学、国际关系学等学科的知识，推动了不同学科间的整合。此外，作者运用比较方法，对比研究了同一时段内发生在不同空间的历史现象，增进了读者对宏观历史进程的理解，也为地方史研究和全球史研究的契合提供了范例。

前　言

“毫无疑问，国王是个无师自通的人，但是很难期待他能够欣赏政治科学的伟大真理。”1855年4月7日，包令（John Bowring）爵士这样描述暹罗国王蒙固（Mongkut）。[1]这句令人好奇的话写于他为英国与暹罗友好商贸条约谈判而在曼谷停留的一个月中。作为政治哲学家杰里米·边沁（Jeremy Bentham）的挚友、前国会议员、资深旅行者和高产作家，包令是一位管理那些不在大英帝国直接统治范围内，但又备受英国商人瞩目的“东方”地区的专家。1837—1838年，包令作为特派专员被巴麦尊勋爵（Lord Palmerston）派遣到埃及和叙利亚考察当地的商业情况，并在这一时期“东方危机”的政策辩论中发挥了积极的作用。但危机的最终解决方式——以奥斯曼帝国接受不平等条约和自由贸易，换取英国支持他们打击反叛的埃及穆罕默德·阿里政权——却并不能让包令完全满意（他支持阿里的事业）。尽管如此，巴麦尊继续让他在外交上发挥作用。1847年，包令被任命为英国驻广东领事，1854年他成为香港总督。包令深度介入中国半殖民条约体系的创建——迫使中国建立一个外国海关机构在国际贸易中收取关税，并在1856年将捏造的“亚罗号事件”转变成第二次鸦片战争开战理由的过程中发挥了关键作用。[2]

这一时期，包令还担任了英国驻日本、暹罗、朝鲜、越南的代表，并以此身份在1855年3月抵达曼谷。蒙固国王以学术及其对英国语言、历史的熟悉而闻名，这让包令期待事情能够简单地得到解决。然而，蒙固国王自豪地在他的私人公寓里展示了维多利亚女王和阿尔伯特王子塑像的同时，还是顽固地拒绝了包令的要求，使这位英国特使在他的日志中表达了挫败感。在接下来的谈判中，暹罗人感受到越来越大的压力，几天之内，包令就得

1　Sir John Bowring, *The Kingdom and People of Siam*, Kuala Lumpur: Oxford University Press, 1969, vol.2, p.281. 本文早先的几个版本曾在2002年11月2日加州大学洛杉矶分校举办的“世界历史中的晚期帝制中国工作坊”、2003年6月亚特兰大举办的世界史学会年会上宣读过，感谢我的评论人大卫·克里斯蒂安（David Christian）和万志英（Richard von Glahn）以及这两次会议的所有参与者。此外，本文还得到迈克尔·蒙特沙诺（Michael Montesano）、汤姆·迪瓦恩（Tom Devine）、瑞秋·豪斯（Rachel Howes）、山根楠（Nan Yamane）以及来自《世界历史杂志》一位匿名审稿人的非常有帮助的建议。与李嘉伦（Caroline Reeves）和纪若诚（Pat Giersch）十余年的交谈也给了我许多研究灵感。

2　有关包令在奥斯曼危机中发挥的作用，参见 G. F. Bartle, “Bowring and the Near Eastern Crisis of 1838-1840,” *English Historical Review*, vol.79, 1964, pp.761-774。而对他在中国所起作用的不同看法，参见 John K. Fairbank, *Trade and Diplomacy on the China Coast: The Opening of the Treaty Ports*, Cambridge, Mass.: Harvard University Press, 1953; J. Y. Wong, *Deadly Dreams: Opium and the Arrow War（1858-1860）*, Cambridge: Cambridge University Press, 1998。

到了令他满意的协议。[3]

包令爵士所谓的“政治科学的伟大真理”到底是什么意思？外交记录提供了一些线索。《包令条约》（Bowring Treaty）在曼谷建立起外国的外交代表制、治外法权和旨在打开暹罗市场的国际贸易规则。这一协议及 1857 年补充签署的《巴夏礼条约》（Parkes treaty），与已经存在于奥斯曼帝国及部分存在于中国的半殖民地体系惊人的相似。它们使暹罗开始融入由欧洲主导的国际社会之中，正如 1838—1840 年的条约对奥斯曼帝国，1843 年、1858 年、1860 年的条约对中国的清王朝所做的一样。很明显，包令清楚自由贸易的好处——这是贯穿其事业的永恒主题——以及英国外交控制的必要性与适当性。但毫无疑问，包令的“真理”也包含国际法的实施，他强迫不情愿的暹罗朝廷接受了它。与暹罗签署的这些条约是以欧洲国际法概念体系及其所包含的外交行为模式来呈现的。这标志着与亚洲原有的国与国关系的彻底决裂。这些条约以及它们所建立的关系模式将成为构建半殖民地政治体系的基础。

19 世纪四五十年代包令与中国、暹罗和奥斯曼帝国的密切交往，为研究这三个国家之间的比较和联系提供了一些可能性。与奥斯曼帝国的关系，为欧洲列强提供了一个如何与庞大的、非基督教欧亚政府处理关系的模式。这一模式后来被用于鸦片战争结束时的《南京条约》中，并成为欧洲与暹罗、日本订立条约的基础。的确，半殖民体系——包括给外国人法律特权、由外部势力强加的自由贸易体制，以及帝国势力干预主权国家内部事务的能力和意愿——被有效地运用在这三个国家当中，而且源头都来自英国的政策。[4]虽然暹罗、清王朝和奥斯曼帝国的研究者们不愿意进行比较研究，但该个案却似乎适合比较。[5]这三个

---

3 包令在《暹罗王国与暹罗人》一书中提供了条约的概要和文本，参见 Bowring, *The Kingdom and People of Siam*, vol.2, pp.212–226。一位历史学者利用英国档案对此进行过讨论，参见 Nicholas Tarling, “The Mission of Sir John Bowring to Siam,” *Journal of the Siam Society*, vol.50, no.2, 1962, pp.91–118。

4 对半殖民主义及其与非正式帝国观念之间关系的系统性研究，参见 Jürgen Osterhammel, “Semi-Colonialism and Informal Empire in Twentieth Century China: Towards a Framework of Analysis,” in Wolfgang J. Mommsen and Jürgen Osterhammel eds., *Imperialism and After: Continuities and Discontinuities*, London: Allen & Unwin, 1986, pp. 290–314。

5 中日的比较研究，包括 Frances Moulder, *Japan, China and the Modern World Economy: Toward a Reinterpretation of East Asian Development ca. 1600 to ca. 1918*, Cambridge: Cambridge University Press, 1977 和 Marion J. Levy, “Contrasting Factors in the Modernization of China and Japan,” *Economic Development and Cultural Change*, vol.2, no.3, 1953, pp.161–197。近年来，从事近代中国研究的历史学者开始将早期现代欧洲作为比较的对象，例如 R. Bin Wong, *China Transformed: Historical Change and the Limits of European Experience*, Ithaca, N. Y. : Cornell University Press, 1997 及 Kenneth Pomeranz, *The Great Divergence: China, Europe, and the Making of the Modern World Economy*, Princeton N. J.: Princeton University Press, 2000。本尼迪克特・安德森（Benedict Anderson）指出泰国学者不大愿意从事暹罗与日本的比较研究，但明治时期的日本除外，参见 Benedict Anderson, “Studies of the Thai State, the State of Thai Studies,” in Eliezar Ayal ed., *The Study of Thailand*, Athens Ohio.: Center for International Studies, Ohio University, 1978, pp. 197–198。土耳其与日本的比较研究，参见 Robert Ward and Dankwart Rustow, eds., *Political Modernization in Japan and Turkey*, Princeton N. J. : Princeton University Press, 1964。

国家具有极大的相似性：它们都是欧亚大陆的大国，都设法避免了欧洲的殖民占领，虽然都付出签订屈辱条约的代价。在每一个个案中，各个长期存在的君主制政权均能在一定时间内适应欧洲的存在，并从中获得一定的好处。面对共同的问题，他们也都在独特的条约框架和国内政治制约下处理这些问题。

本篇论文将首先聚焦于包令“政治科学”的一个侧面，即国际法及其在清王朝、奥斯曼帝国、暹罗国家转型中的影响，来揭示他们之间的关联和比较。国际法并不只是维护外交关系的制度框架，它也包含法律、行政组织、领土和民族认同的核心观念。在面对无情的外交压力和（通常）隐含的军事威胁时，奥斯曼帝国、清王朝和暹罗的政治家们适应这些标准，并将他们的自主权最大化。最后，这三个欧亚大陆的古老国家在20世纪初变得越来越接近欧洲民族国家的模式。

一、半殖民地环境中的国际法

19世纪欧洲殖民代表前往海外时，都会有意无意地在他们的“知识皮箱”中带上国际法。国际法在世界历史中有一段奇妙的经历。它根源于“三十年战争”前后的欧洲，并努力为国与国之间的关系带来一些文明的标准。由于缺乏任何形式的主导国际机构，国际法成为专业外交家和小群知识分子（他们中很多人有过外交经历）的领地，他们试图为国际行为制定标准，并找出其潜在的准则。19世纪末20世纪初，国际法的专著已经出现在每个外交家的书架上。[6] 在欧洲使节心目中，国际法是文明国际行为的典范，并且构成以欧洲为中心的国际社会的制度框架。19世纪欧洲和美国的外交家冒险进入亚洲和非洲时，曾满怀期待国际关系将会而且应当会在国际法的框架内展开。但国际法和帝国主义最终被证明是同床异梦：欧洲对亚非政治介入的深化，迫使国际法律师们必须重新思考他们“科学”的知识基础。

国际关系的研究学者过去对国际法的关注较少，这在很大程度上是因为他们对国际法作用的错误假设。尽管在过去一个世纪中，国际联盟和联合国的存在使得国际整体安全被寄予厚望，但国际法却并未起到像刑法那样的作用。发生冲突时，强国可以不受惩罚地违反国际法。因此，学者们认为它只不过是现实政治的法律“新衣”而已。[7]19世纪末20世纪初国际法的核心功能相当不同：它在国际社会中建立了行为准则（在“公共”国际法中，

6　有关该问题最好的概述是 Arthur Nussbaum, *A Concise History of the Law of Nations*, 修订版，New York: Macmillan, 1954。

7　例如，亨利·基辛格（Henry Kissinger）在讨论从黎塞留到拿破仑时代的欧洲外交时，甚至都没有注意到这一时期国际法的发展。参见 Henry Kissinger, *Diplomacy*, New York: Simon & Schuster, 1994, pp. 56–77。

它特指国家的行为）。虽然国际法过去通常没有（现在也没有）对国际体系中的大国行动进行过有效的限制，但它确实为日常国际关系冲突的解决提供了一个常备的协商机制。例如，它定义了哪些组织（也就是那些被承认的国家）是国际外交游戏的参与者，建立了对待别国外交官的标准、外交谈判和条约签署的方式，提供了解决政治和法律争端的原则，并为条约和其他协议中使用的术语确立了共同的定义。[8] 国际法作为一种制度发挥作用，并不是历史学家所说的那种"实实在在"的意思，而是经济学家说的那种。正如道格拉斯·诺斯（Douglass North）所说，"制度"是用正式的规则和非正式的限制来"构建政治、经济和社会互动的人为制约因素"，目的在于"制造交易过程中的稳定性，减少不确定性"。[9]通过建立日常的政治互动模式，国际法为国际政治提供了制度性框架。

19 世纪以前，这些后威斯特伐利亚时代的"万国法"（Law of Nations）（"国际法"一词 18 世纪 80 年代由杰里米·边沁创造，后来才逐渐被广泛使用）概念和外交实践在欧洲以外的地区并未得到承认。国际法假定被承认国家之间是平等的，但清王朝、暹罗和奥斯曼帝国却将它们的关系建立在统治者的等级体系上，强国声称他们对弱国拥有特殊的权利和责任。至少在他们自己的宣传者眼中，奥斯曼帝国（是哈里发的拥有者与信仰共同体的保护者）和清王朝（皇帝宣称自己是东亚世界的天子与中亚藏传佛教的大汗和支持者）在国际政治社会中具有特殊的地位。[10] 暹罗的曼谷王朝通过支持和赞助小乘佛教，从内部和外部两方面使自己的地位合法化。[11] 普遍存在于东亚和东南亚的朝贡关系也发挥了作用。它们建立在统治者

---

8 William D. Coplin, "International Law and Assumptions about the State System," in *International Law and Organization: An Introductory Reader*, ed. Richard D. Falk and Wolfram Hanrieder, Philadelphia: Lippincott, 1968; Hedley Bull, *The Anarchical Society: A Study of Order in World Politics,* New York: Columbia University Press, 1977, pp. 136–142.

9 Douglass C. North, "Institutions," *Journal of Economic Perspectives*, vol.5, no.1, 1991, p.97. 劳伦·本顿（Lauren Benton）的作品启发我用主义的路径去建立联系。参见 Lauren Benton, *Law and Colonial Cultures: Legal Regimes in World History, 1400–1900*, Cambridge: Cambridge University Press, 2002，前言。

10 有关哈里发穆斯林共同体和奥斯曼合法性的观念，参见 Amira K. Bennison, "Muslim Universalism and Western Globalization," in *Globalization in World History*, ed. A. G. Hopkins, New York: W. W. Norton, 2002, pp. 75–90。Selim Deringal 则讨论了哈里发这一观念在 19 世纪末使用频率的增加，参见 Selim Deringal, "Legitimacy Structures and the Ottoman State: The Reign of Abdulhamid II（1876–1909）," *International Journal of Middle East Studies*, vol.23, no.3, 1991, pp.345–359。有关清朝统治者的多重合法化策略，参见罗友枝（Evelyn Rawski）的概述，"Reenvisioning the Qing: The Significance of the Qing Period in Chinese History," *Journal of Asian Studies*, vol.55, no.4, 1996, pp.829–850。

11 Craig J. Reynolds, "Buddhist Cosmography in Thai History, with Special Reference to Nineteenth-Century Culture Change," *Journal of Asian Studies*, vol.35, no.2, 1976, pp.203–211; Patrick Jory, "Thai and Western Buddhist Scholarship in the Age of Colonialism: King Chulalongkorn Redefines the Jatakas," *Journal of Asian Studies*, vol.61, no.3, 2002, pp.907–908.

礼物交换、弱国承认自己的藩属地位及强国主张宗主权的基础之上。[12]17世纪中叶以前，这不会让欧洲人感到惊奇。但18世纪末19世纪初，这些等级制度却成为冲突的导火线。

国际法全球化的第一阶段出现在18和19世纪有关外交惯例和礼仪的冲突中。几个世纪以来，奥斯曼帝国都是欧洲国际舞台上的重要角色，很多时候还制定了自己的规则。只是在18世纪，奥斯曼军队的虚弱逐渐显露时，“高门”（Sublime Porte，译者注：奥斯曼中央政府的代称）才接受欧洲外交往来的标准并开始向国外派出使臣。[13]在国际关系运作多元化的中国，1793年马戛尔尼使团被拒，以及随后清王朝对英国所认定的“正常”外交关系的抵制，明确显示出中英国际关系理念的冲突。而这种冲突就表现在外交礼仪上。因为马戛尔尼——据他自己说——拒绝叩头，双方举行了漫长的谈判，为他觐见乾隆皇帝寻找合适的礼仪。最后，清朝皇帝拒绝英国提出的贸易和外交居住的要求。虽然清王朝在鸦片战争之后做出巨大的让步，1860年允许外国公使进驻北京、接受欧洲的外交模式，但直到1900年义和团运动后，诸如外国使臣觐见及清政府外交部门性质等问题的争议得到解决，才使来自欧洲和北美的外国人感到满意。[14]在东南亚世界所接受的朝贡关系中，暹罗作为几个大国之一，有着类似的操作。这在外交礼仪中也引发了相同的争论。1826年伯尼使团、1855年包令使团开始时都将谈判内容扩大到对适当礼仪形式的讨论上。[15]

这些例子中的礼仪争论有重要的支撑点：欧洲的外交礼仪被理解成欧洲国际社会理念的代表，在这个社会中，国与国之间是相互平等的。通过打破老旧帝国的等级礼仪体系，欧洲外交家相信他们已经用“东方”君主们（他们被认为更注重仪式而非实质）能够理解的语言传递出一种信息：欧洲不会接受老旧帝国朝廷以居高临下的姿态来对待他们。这些有关礼仪的争吵，是欧洲人努力将他们所拥有的国际社会法制理念全球化的第一步。

---

12 有关中国卷入朝贡体系及其与外部世界其他类型的关系，参见 John K. Fairbank, ed., *The Chinese World Order: Traditional China's Foreign Relations*, Cambridge: Harvard University Press, 1968 中的文章，以及从另一个不同的视角来看这个问题：James Hevia, *Cherishing Men from Afar: Qing Guest Ritual and the Macartney Embassy of 1793*, Durham: Duke University Press, 1995, pp. 29–56。对曼谷王朝早期暹罗朝贡关系的清晰讨论，参见 David K. Wyatt, *Thailand: A Short History*, New Haven: Yale University Press, 1982, pp. 155–161。

13 Thomas Naff, “The Ottoman Empire and the European States System,” in *The Expansion of International Society*, ed. Hedley Bull and Adam Watson, Oxford: Clarendon Press, 1984, pp.143–169.

14 关于外交礼仪危机的最新理解，参见 James Hevia, *Cherishing Men from Afar*。关于外国压力迫使总理衙门转变为“合适的”外交部门的研究，参见 Richard S. Horowitz, “Breaking the Bonds of Precedent: The 1906 Government Reform Commission and the Origins of Ministerial Government in China,” *Modern Asian Studies*, vol.37, no.4, 2003, pp.775–797。

15 Henry Burney, *The Burney Papers*, Farnborough: Gregg International, 1971, vol.1, pp. 42–50; Bowring, *Kingdom and People of Siam*, vol.2, pp. 252–254, 259–262.

不过事实证明，1800 年以前定义的国际法与扩张主义者对帝国的诉求不相适应。因此，19 世纪对国际法的哲学基础进行了重新定义，以使其适用于殖民地和半殖民地的语境。早期国际法作者采取的是包容性的（inclusive）自然法原则，这使得他们很难拒绝土著（indigenous）国家及其统治者们要求与欧洲国家同等待遇。瓦特尔（Emerich de Vattel）在 1758 年首次出版的权威论著《万国法》（*Law of Nations*）中宣称："毫无疑问，自然的万国法是存在的，因为自然法对国家的约束力丝毫不亚于对个人的约束力。"因此，对瓦尔特而言，万国法是"一门特殊的科学，它运用自然法公正合理地协调了国家与政权的事务和行为"。[16] 国际法建立在自然法的基础之上，这一观念根源于胡果·格劳秀斯（Hugo Grotius）17 世纪早期的著作。他认为国家的状态与个人在自然中的状态类似，即使没有政府或宗教的规定，道德的"自然"原则也会得到实施。[17] 这意味着起源于欧洲的国际法是普遍适用的，并且与基督教道德有很大不同。

19 世纪，自然法的正当性不复存在，取而代之的是一种更为狭隘的观念：国际法起源于基督教，因此那些非基督教国家只有达到比较"文明"的等级，才能被视为国际法的完全参与者。这一转变在亨利·惠顿（Henry Wheaton）1836 年出版的著作《国际法原理》（*Elements of International Law*）第一版中表现得非常明显。作为一名经验丰富的美国外交家和法学家，惠顿仔细审视了自然法的正当性并断定它是不充分的。他断言，国家之间没有普适性的法律。在运作上，万国法不能完全适用于对伊斯兰国家的关系。[18] 他用如下定义进行了总结：

> 文明的、基督教国家所理解的万国法或国际法，可以被认为是由那些理性推演出的法则构成的。这些理性法则从独立国家之间存在的社会现实中来，与正义相一致，且具有大家公认的定义和修饰。[19]

瓦特尔的定义是普适性的，而惠顿（他的著作取代瓦尔特的著作成了外交家的标准指

---

16 E. de Vattel, *The Law of Nations or the Principles of Natural Law Applied to the Conduct and to the Affairs of Nations and of Sovereigns*, Vol. 3, trans. of the 1758 ed. by Charles G. Fenwick, reprint, New York: Oceana Publications, 1964, p. 3a.

17 Hugo Grotius, *The Rights of War and Peace: Including the Law of Nature and Nation*, tr. A. C. Campbell, reprint ed., Westport: Hyperion, 1979, pp. 17–24; Nussbaum, *A Concise History of the Law of Nations*, pp. 108–110.

18 Henry Wheaton, *Elements of International Law*, Philadelphia, 1836; reprint New York: De Capo Press, 1972, pp. 35–46.

19 Henry Wheaton, *Elements of International Law*, p. 46.

南）则相当清楚国际法是基督教文明的产物。它被用来将欧洲与亚非国家之间存在的不平等条约关系的现实合理化。

19 世纪，诸如惠顿等人的著作表明了国际法中对“文明”观念的新关注。在对 20 世纪前后的法律文本进行考察后，江文汉（Gerrit Gong）断言：“此时‘文明’的标准已经作为明确的法律原则出现了，而且成了国际法学说的组成部分”，非基督教国家必须满足这一标准，才可能被看作国际社会的完全参与者，充分享有国际法所赋予的权利。而一个文明国家的“标准”包括了对人身和财产基本权利的保护，具有自卫能力的、组织化的政治体系，遵守国际法，维持对外交往制度，并“接受‘文明’国际社会的规则和做法”。[20] 该标准为各国设定一个等级制度，19 世纪晚期的国家一般被分为三等：文明的，未开化的和野蛮的——国际法只能完全适用于第一等级。[21]

不过，“文明的标准”也确实为非欧洲国家提供了充分参与国际法律体系的途径。这些国家的官员们开始逐渐熟悉国际法的概念，并用其来塑造他们与欧洲、北美国家的关系。在中国，1861 年创建的清朝外交机构总理各国事务衙门资助美国传教士丁韪良（W. A. P. Martin）将惠顿的著作在 19 世纪 60 年代中期翻译成中文，随后还聘请他在总理各国事务衙门开办的外语学校中担任总教席。在这所学校里，丁韪良和他的学生们还翻译了其他国际法著作。[22] 清政府从 1870 年天津教案、1874 年马嘉理事件以及义和团运动的痛苦经验中也得到教训。在这些事件中，它未能履行诸如保护别国外交人员的国际法准则，引发了外国势力的惩罚性报复。同样，依据罗德里克·戴维森（Roderic Davison）的说法，遵守国际法是 1840 年至帝国崩溃前奥斯曼帝国的基本外交原则。至于暹罗，在蒙固国王和朱拉隆功大帝统治时期，暹罗特别注意履行条约，在 19 世纪末进入国际社会。20 世纪 20 年代在暹罗政府担任法律顾问的美国人弗朗西斯·塞尔（Francis Sayre）以极大的热情记述了朱拉隆

---

20 Gerrit W. Gong, *The Standard of Civilization in International Society*, Oxford: Oxford University Press, 1984, pp. 14–15.

21 Gerrit W. Gong, *The Standard of Civilization in International Society*, pp. 5–6.

22 有关丁韪良的翻译计划以及总理各国事务衙门对国际法的兴趣，已有多位学者做过探讨。徐中约（Immanuel Hsu）的《中国进入国际大家庭》（*China's Entry into the Family of Nations*）认为清政府未能充分利用国际法废除不平等条约——这看起来是不现实的。刘禾（Lydia H. Liu）则强调翻译与作为在中国传达帝国 / 殖民理念的一种手段的国际法之间的复杂性，见“Legislating the Universal: The Circulation of International Law in the Nineteenth Century,” 载于 *Tokens of Exchange: The Problem of Translation in Global Circulations*, ed. Lydia H. Liu, Durham: Duke University Press, 1999, pp. 127–164。这篇论文处理的问题延续了笔者在博士论文中所作的更为全面的讨论，参见 Richard S. Horowitz, “Central Power and State Making: The Zongli Yamen and Self-Strengthening in China,” Ph.D. diss., Harvard University, 1998, chap. 5.

功的功绩，并描写暹罗具有“高度发达的国际责任意识”。不过，颇为讽刺的是，1910 年以前，治外法权不时还会阻止暹罗履行他们保护商标和商品名称的国际法律责任，因为外国居民是主要的违法者。[23]

从自然法到文明标准的转变，对中国、暹罗及奥斯曼帝国都产生了深远的影响。它被用来为不平等条约、治外法权，以及在处理与非基督教国家关系时违反国际法基本原则提供了理由。它给予每个非欧洲国家强烈的动机来遵循欧洲的做法，以寻求平等的对待。最后，虽然国际律师的语气充满傲慢，但它还是为非西方国家（甚至是那些国际观念中并不完全“文明”的国家）的领导人，提供了一套为了维护自己的利益而操弄国际政治的工具，尽管他们在军事上仍然处于完全的弱势。

二、条约体系、治外法权和半殖民地国家

不平等条约体系形成了界定半殖民地关系的国际法律机制。条约是指在平等和相互认可的国家之间签订的技术性协议，这是欧洲外交世界中的标准运作。但输入东方以后，条约具有更多的负面含义，它们界定了扩张性的欧美列强与更古老的欧亚国家之间的相处规则。这些条约在多重意义上都是不平等的：它们是在枪口的胁迫下签订的；表达了大英帝国和其他列强的经济和政治利益；最关键的那些规定，如治外法权和对关贸协定的限制，都不是互惠互利的。条约体系本身的不平等，以“文明标准”为理由的论证，现代欧洲外交的要求，以及这些条约对既有国家体制和期待“文明”政府的影响，这些都迫使半殖民地国家去改变自己。

在这里所举的三个例子中，现代条约体系都起源于英国，但其他欧洲列强、美国以及后来的日本也都参与进来。在某些方面——特别是对自由贸易的注重——这些体制特别符合英国的战略利益。从其他大多数强国的角度看，这些安排虽然并不完全理想，但尚可以接受。英国的非正式帝国路径为其他列强及其外交官、商人、传教士留下了可以发挥作用的大门（在国际法领域，最惠国待遇是各国列强可以均沾的特权）。19 世纪中期，其他强国迅速跟进签署类似的条约——他们不时还会施加压力要求进一步的让步。英法在对清政府的鸦片战争中结盟，1860 年沙俄也利用清政府的失败，要求签署类似条约并割让领土。直到第一

23 Roderic H. Davison, “Ottoman Diplomacy and Its Legacy,” in, *Imperial Legacy: The Ottoman Imprint on the Balkans and the Middle East*, ed. L. Carl Brown New York: Columbia University Press, 1996, p. 185. 有关暹罗部分的研究，参见 Gerrit W. Gong, *The Standard of Civilization in International Society*, pp. 217–230; Francis Sayre, “The Passing of Extraterritoriality in Siam,” *American Journal of International Law*, vol.22, no.1, 1928, pp.73–74。

次世界大战以前，法国和沙俄都是半殖民地制度的积极参与者。在奥斯曼帝国，沙俄对奥斯曼人进行直接威胁，在构成“东方问题”的所有危机中也都扮演核心角色。在强迫对方做出无数领土和其他方面让步时，可能是出于大国均势的目的，沙俄接受了条约体系并在军事上持续保持对奥斯曼帝国的优势。19 世纪后半期，随着英国经济利益的衰退，法国和德国在奥斯曼局势中开始发挥越来越积极的作用。在暹罗，以《包令条约》为开端，法国也逐渐参与其中。19 世纪八九十年代，为了寻求印度支那殖民地的安全，法国对暹罗施加强大的压力，并在老挝和柬埔寨做出大幅领土让步。但最终，法国也同样接受了半殖民地的制度安排。

采用半殖民地制度处理问题的并不全是那些主要的欧洲强国。在自由贸易中与英国利益均沾的美国，追随英国在中国和暹罗的做法，在 19 世纪 50 年代逼迫日本签署类似条约的过程中起到了关键作用。但到了 19 世纪 90 年代，明治日本已经由受害者变成捕猎者，并成为中国半殖民地制度背后的一种主要力量。欧洲的一些小国，如比利时，也因条约规定的那些法律特权而获益。虽然还需有更多的研究，但条约体系之所以能作为半殖民地体系的结构之一存在，关键在于它为列强提供了共存的框架，尽管这并不能满足他们所有的需求。

半殖民地条约体系的多国（multinational）性质也影响到奥斯曼帝国、清帝国以及暹罗的政治领袖们在重塑国家制度时的选择。他们不再只遵循英国模式、雇用英国顾问，而是可以在一系列“文明”模式（主要是欧洲）中做出选择。选择都是折中的：奥斯曼帝国的法律体系模仿法国，但雇用的是普鲁士军事顾问；暹罗用英国的财政顾问和比利时的法律专家；清政府从很多国家雇用军事顾问和专家；在海关这个后来被视为典型的半殖民地机构中，海关事务由来自英国的总税务司领导，但也有意识地从整个欧洲、美国及后来的日本招募办事员和技术人员。与那些由单一强国主导政治、文化的完全殖民体系不同，半殖民地的条约框架以欧洲中心的文明作为评判本土国家的标准。这一标准包含并推进了 19 世纪国际法中欧洲中心主义的本质。

本节将探讨这三个欧亚国家如何在条约体系的压力下调整他们的制度。虽然压力存在于政府的所有活动中，但讨论焦点将放在半殖民地国家的三个方面：在面对外国势力存在带来的机会和限制时，他们如何开展旨在结束治外法权的法律改革，建立内阁制政府，并对财政收入制度进行改革与重组。

首先，将依次对各国的“国家转型”过程进行概述。[24] 如果以 1800 年作为起点，这三

24　选择使用“国家转型”而非“国家建构”的概念是经过深思熟虑的。这些国家改变的轨迹通常不够“欧洲化”，与字面意义上的国家创立或国家建构不相符。事实上，该时段清帝国和奥斯曼帝国的例子通常被视为帝国长期衰落过程的一部分。因此我倾向于使用“国家转型”这一更为中立的概念。

个国家结构中所显现的差异至少跟他们的共同点一样多。清帝国从底层的县令到顶层的皇帝及其军机处，均由受过良好教育的精英构成并运行，他们中绝大多数（但绝非全部）通过科举制度被选拔出来。在地方一级，虽然官员们超负荷工作、人手不足且竞争激烈，但毋庸置疑的是，他们最终都对北京负责。税收负担则通过田赋和公粮落实到农业上。相较之下，18 世纪末奥斯曼帝国的文官系统比较小，且不够统一，中央掌权者在军队和文官机构中寻求一种紧张的平衡。离伊斯坦布尔越远，与清朝相比，权力下放的程度就越大，整个 18 世纪权力都在下移给地方贵族。至于税收体系，中国主要是农业税，而奥斯曼帝国主要是包税制。中央对远离帝国中心的西安纳托利亚地区官员的控制有时是微乎其微的。在 19 世纪以前，还有一些，譬如埃及的穆罕默德·阿里政权，虽然形式上并未独立，但事实上却是独立的。[25] 暹罗王国由国王和一小群出身于贵族家庭的高级官员统治。中央政府各部门掌握着领土管辖权和职能管理权，但在日常生活层面，首都以外的中央权力相当有限。随着时间的推移，财政收入则越来越依赖各种商品包税权的出售。[26]

不过，对比观察现有研究，19 世纪清帝国、暹罗和奥斯曼帝国的改革使这三个国家渐趋相似。各国都经历了国家转型的过程：这是一种深思熟虑的混合改革，是对外国威胁及国内特定的行政、经济、军事问题做出的必要反应。各国都重建他们的军队，引进西方的现代武器，但短时间内，它对内部挑战的镇压，远比对外来威胁的抵御成功。[27] 各国都逐步推行机构改革，使中央政府更贴近欧洲的分类和期望：奥斯曼帝国的机构改革是在 19 世纪

25 对苏莱曼一世黄金时代奥斯曼政府的制度性考察，参见 Norman Itzkowitz, *Ottoman Empire and Islamic Tradition*, Chicago: University of Chicago Press, 1972。对 19 世纪的发展的概述，参见 Carter Findley, *Ottoman Civil Officialdom: A Social History*, Princeton: Princeton University Press, 1989, pp. 20–28。关于地方贵族的兴起，参见 Albert Hourani, "Ottoman Reforms and the Politics of Notables," in *Beginnings of Modernization in the Middle East: The Nineteenth Century*, ed. William R. Polk and Richard L. Chambers, Chicago: University of Chicago Press, 1968, pp. 41–68。

26 Akin Rabibhadana, *The Organization of Thai Society in the Early Bangkok Period, 1782–1873*, Ithaca: Cornell Southeast Asia Program, 1969; David K. Wyatt, "Family Politics in Nineteenth Century Siam," in *Studies in Thai History*, ed. David K. Wyatt, Chiang Mai: Silkworm, 1993; Tej Bunnag, *The Provincial Administration of Siam, 1892–1915*, Kuala Lumpur: Oxford University Press, 1977，第一章。尼奥·恩格哈特则认为文献夸大了曼谷中央政府在地方上的弱势，参见 Neil Englehart, *Culture and Power in Traditional Siamese Government*, Ithaca: Cornell Southeast Asia Program, 2001。

27 有关中国的研究，参见 Richard S. Horowitz, "Beyond the Marble Boat: The Transformation of China's Military, 1850–1911," in *A Military History of China*, ed. David Graff and Robin Higham, Boulder: Westview, 2002; Kemal H. Karpat, "The Transformation of the Ottoman State, 1789–1908," *International Journal of Middle East Studies*, no.3, 1972, pp.251–256。而暹罗方面，本尼迪克特·安德森也得出相同的观点，参见 Benedict Anderson, "Studies of the Thai State," pp. 202–205，转引自诺埃尔·巴蒂（Noel Battye）未刊康奈尔大学博士论文。

60—70年代，暹罗是在19世纪80—90年代，清帝国则在义和团运动以后。各国率先实施的都是行政体制改革，而非宪政制度改革。改革进程也是一个相对松散的模式：早期的改革旨在使本土机构适应新形势，随后的改革才是更系统地采取欧洲模式的努力。奥斯曼帝国改革开始得最早，18世纪90年代他们就进行了短暂的军事改革，19世纪20年代废除禁卫军，甚至在半殖民地体系成形前他们就扩大中央官僚机构。而坦志麦特（1839—1876）时期更彻底地建立起新的条约体系。清政府在1860—1894年进行洋务运动，义和团运动以后又开展更为系统、激进的清末新政（1901—1911）。暹罗的蒙固国王在包令访问后开始改革，而他的继承者朱拉隆功则在多年谨慎的国内政治运作之后，于19世纪80年代末开始了更加系统的改革。[28]

三、治外法权与半殖民地秩序

20世纪初，半殖民地领域最让中国人感到愤怒的是治外法权。外国人享有中国法庭的豁免权，使用外国控制的、被普遍认为带有强烈偏见的领事法庭，并频繁滥用他们的特权。这些都成为检验日益增长的民族主义者和反帝主义者情绪的试金石。当治外法权的辩论在中国愈演愈烈时，中国民族主义者将其视为中心议题，而外国则极力维持这种现状。它在其他殖民地社会也变成一个突出问题。[29]在某种意义上说，治外法权并不新鲜。劳伦·本顿（Lauren Benton）已经指出，在殖民体系中多种法律制度并存是很常见的现象。强大的多民族帝国，如奥斯曼帝国，愿意向少数民族提供一定程度的治外法权，但将最终司法权保留在君主手中。[30]不过，将治外法权写入条约，在很多重要方面让情况变得不同。这是一种正式的制度，使外国人在追求商业事业和个人生活时能够公然利用自身的优势。更重要的是，在条约体系中，治外法权不会被东道国政府轻易地取消，因为他们担心会招致严厉的报复。

28 关于义和团运动以后清政府的改革，参见 Chuzu Ichiko, “Political and Institutional Reform, 1901–1911” 一文中的概述，in *Cambridge History of China, Volume 11: Late Ch’ing Part II*, ed. John K. Fairbank and Kwang-ching Liu, Cambridge: Cambridge University Press, 1980, pp. 375–415。关于奥斯曼帝国的改革，特别参见 Roderic Davison, *Reform in the Ottoman Empire, 1856–1876*, Princeton: Princeton University Press, 1963; Carter V. Findley, *Bureaucratic Reform in the Ottoman Empire: The Sublime Porte, 1789–1922*, Princeton: Princeton University Press, 1980，第4、5章。关于暹罗的研究，参见 David K. Wyatt, *Thailand: A Short History*，第7章。关于内务部更详细的研究，参见 Tej Bunnag, *The Provincial Administration of Siam, 1892–1915: The Ministry of the Interior under Prince Damrong Rajanubhab*, Kuala Lumpur: Oxford University Press, 1977。

29 Wesley Fishel, *The End of Extraterritoriality in China*, Berkeley: University of California Press, 1952.

30 Benton, *Law and Colonial Cultures*, esp. pp. 80–114 and 244–252.

治外法权在中国的开端，一直是备受争论的议题。费正清深具影响力的解释强调清政府官员在条约体系的形成过程中，与他们的西方对话者共同发挥了作用。傅礼初（Joseph Fletcher）给出一令人信服的例子，证明 19 世纪 30 年代中期与浩罕汗国（Kokhand）达成的协议是结束第一次鸦片战争的协议的直接前身。[31] 这类讨论缺乏对全球格局的展望，而这种格局在很大程度上是由英国政策推动的。在探讨这些问题时，看一下中东会很有启发。作为半殖民体制的治外法权，在很多重要方面是对奥斯曼帝国原有让步协定（capitulations）的改造。让步协定最初是奥斯曼苏丹自愿向非穆斯林外国人做出的让步。获得治外法权的外国使节相当于米勒特（*millet*，一个帝国内被承认的宗教团体）的领袖。外国人的刑事和民事案件都交由外国使节或他指派的人员来判决。让步协定还给在奥斯曼帝国内经商的外国人提供如下特权：居住权、部分税收的豁免权等。让步协定是严格对等的，非穆斯林的奥斯曼人在欧洲从事贸易时也可以获得特权。未能提供对等特权将导致苏丹撤回让步协定。与此同时，让步协定只限于某个特定苏丹统治时期，新苏丹继位后必须予以更新。[32] 这套系统在几个世纪内运转良好，是法律多元化策略的一部分。通过这套系统，奥斯曼的统治者们得以顺利应对帝国内非同寻常的多样性。

18 世纪末和 19 世纪，奥斯曼帝国发现自己处于弱势地位，因此不得不向欧洲列强做出越来越多的特别经济优惠。与此同时，治外法权的问题还因为外国对他们的“受保护人”（“protégés”）的保护而加剧。他们是奥斯曼人，因花钱或家族关系获得外国列强的保护。他们中的大部分人都是基督教“米勒特”成员。到 19 世纪中叶，这些受保护人的数量已经高达数百万，构成奥斯曼帝国里外国法院活动的主体。[33]

直到 19 世纪三四十年代，让步协定才开始得到条约体系的补充。1840 年，大英帝国、奥地利、普鲁士与俄国达成协议，支持高门对抗穆罕默德·阿里政权，并不再寻求之前会被拒绝的那些进一步的特别优惠，以此作为解决方案的一部分。在效果上，这一协议将政策的基础由让步协定转变为欧洲模式的条约协议。不过，那些由让步协定赋予的特权在新的条约之下仍然被延续下来。同时，高门也被寄望将会非常严格地遵守条约。[34]

---

31 John K. Fairbank, *Trade and Diplomacy on the China Coast*; Joseph Fletcher, “The Heyday of the Ch’ing Order in Mongolia, Sinkiang, and Tibet,” in *Cambridge History of China, Volume 10: Late Ch’ing Part I*, ed. John K. Fairbank, Cambridge: Cambridge University Press, 1978, pp. 375–385.

32 Thomas Naff, “Ottoman Diplomatic Relations with Europe: Patterns and Trends,” in *Studies in Eighteenth Century Islamic History*, ed. Thomas Naff and Roger Owen, Carbondale: Southern Illinois University Press, 1977, pp. 97–103; Nasim Sousa, *Capitulatory Regime of Turkey*, Baltimore: Johns Hopkins University Press, 1933, pp. 68–88.

33 Nasim Sousa, *Capitulatory Regime of Turkey*, pp. 89–102.

34 Thomas Naff, “The Ottoman Empire and the European States System,” in *The Expansion of International Society*, ed. Hedley Bull and Adam Watson, Oxford: Clarendon Press, 1984, pp. 162–169.

到1860年，类似的不平等条约安排也在中国和暹罗牢固确立。清政府在1842年至1860年签署的那些条约确立了治外法权和其他相关安排，它们构成延续至20世纪中叶的条约体系的框架。《包令条约》给暹罗带来类似的状况。[35] 在这两则个案中，如同土耳其一样，英国和其他列强将条约体系的引进作为他们外交行动的基本要素。与之相对的，遵守这些条约——这是国际法的重要方面——也被认为是本土国家责任的一个关键部分。

这里存在一个巨大的讽刺。治外法权显然违反欧洲国际法的基本准则：各国在外交礼仪上是平等的，并且享有独立（如主权）和自卫的基本权利。亨利·惠顿的《万国公法》第一版清楚地表明，"民事和刑事立法的排他性权力……是每个独立国家的根本权利"[36]。同样地，"每个主权国家都拥有司法管辖的排他权"[37]。直到"独立权"一章的结尾，才论及出现治外法权的可能（它适用于基督教国家与伊斯兰国家），这是自然状态的一种例外，由双方自愿协商达成。

如果国际法仍然被认为是源自自然法的话，那在土耳其、中国和暹罗签署的那些条约就是不合理的。那种认为这些国家不符合"文明标准"的观点因此就是一种广义上支持不平等条约与半殖民制度，特别是支持治外法权的关键的法律教义。"文明"包含什么并不特别明确，但（颇为讽刺的是）它至少包含对国际法的遵守：通过履行条约义务和新出现的关于战争行为的国际准则，按照欧洲标准来维系外交关系，保持社会稳定，保护外国公民，建立"可被接受"的法律条文和法律制度。这一"标准"提供了这样的可能性：如果主权国家按照欧洲的规则行事，那些不平等条约就有可能被撤销。[38]

19世纪欧洲国际法和不平等条约对半殖民地国家施加影响的一个重要途径是颁布新的法律条文。这是对治外法权正当性的直接回答：治外法权是对非基督教国家野蛮的、不公正的法律制度的必要反击。[39] 与之相关的第一个例子出现在土耳其坦志麦特改革（Tanzimat reform）时期，它努力将1839年、1856年著名的"坦志麦特法令"做出的承诺落到实处。这些承诺包括确保奥斯曼臣民的"生命、荣誉和财产安全"，确保对非穆斯林的少数民

35 虽然在程度上与奥斯曼土耳其不同，但两国也有同样的"受保护人"问题。暹罗曾因法国声称领事裁判权同样适用于法国殖民地臣民（由法国人做了非常宽泛的界定）而与法国产生争执。而在中国，传教活动中最常见的争执也来自外国传教士对他们信徒的保护。

36 Henry Wheaton, *Elements of International Law*, p. 98.

37 Ibid., p. 105.

38 Gerrit W. Gong, *The Standard of Civilization in International Society*, esp. pp. 54–81.

39 在此基础上对治外法权所做的较晚但有力的辩护，参见美国前驻华公使田贝（Charles Denby）的文章"Extraterritoriality in China," *American Journal of International Law*, vol.18, no.4, 1924, pp.667–675。

族完全宽容。[40] 这两者都面临挑战。因为奥斯曼帝国法律是建立在伊斯兰教教法（沙里亚［*sharia*］）、社区风俗以及苏丹法令三者之上的。习惯法是非常多元的，奥斯曼统治者并未将土耳其法律强加于非穆斯林社区，而是允许宗教上的少数民族能够在穆斯林尚未卷入时继续使用他们自己的法律体系。虽然习惯法（在一些地区是伊斯兰教教法）被用来处理商业行为和民事纠纷，但其中却没有欧洲人认为有效、合法的民法或商法。从 19 世纪 40 年代开始，欧洲刑法和商法的元素被融入复杂的奥斯曼法律体系之中。19 世纪六七十年代，为使法国的民法适应奥斯曼帝国的国情做出了系统的努力。1867 年，大维齐尔・阿里帕夏（Grand Vizier Ali Pasha）提议将《拿破仑法典》用于穆斯林和非穆斯林的冲突。但最后，虽然利用了法国的影响力，但他们的改革仍局限在土耳其和伊斯兰法律传统之中。[41]

同样，在暹罗，法律改革在蒙固国王的继承人朱拉隆功大帝统治时期（1868—1910）被提上议事日程。外国观察者严厉地批评了暹罗的司法体系以及司法权没有从行政权中分离出来的现象。正如英国外交家 W. 吉福德・帕尔格雷夫（W. Gifford Palgrave）所言：在 1881 年的现行制度下，“整个暹罗都没有关于法律和司法管理的明确规定”，事实上，“找不到任何真正意义上的司法和法律机构”。[42] 帕尔格雷夫总结说，在司法体制“被改革或者被创造以前，任何一个聪明的头脑都不会考虑立即放松暹罗现有条约体系中给外国人的治外法权”。[43] 改革法律体系的努力开始于 1874 年法令，它规定那些生而为奴的人可以在 21 岁时获得自由，这是接下来 30 年间努力终结一系列奴隶制度的开端。[44]1892 年司法部成立。在欧洲接受教育的朱拉隆功之子拉比（Rabi）王子担任预审部部长，开始对刑法和法

---

40 对这些法令的翻译，参见 J. C. Hurewitz, ed., *Diplomacy in the Near and Middle East: A Documentary Record, 1535–1914*, Princeton: Von Nostrand, 1956, pp. 113–116, 149–153。引文出自第 114 页。

41 笔者的讨论参考了以下资料：Esin Orucu, “The Impact of European Law on the Ottoman Empire and Turkey,” in *European Expansion and Law: The Encounter of Indigenous Law in 19th and 20th Century Africa and Asia*, ed. W. J. Mommsen and J. A. De Moor, Oxford: Berg, 1992, pp. 39–58; Findley, *Ottoman Civil Officialdom*, pp. 31–32; Davison, *Reform in the Ottoman Empire, 1856–1876*, pp. 251–256; Bernard Lewis, *The Emergence of Modern Turkey*, 2nd ed., Oxford: Oxford University Press, 1968, pp. 118–119, 122–123。内森・布朗（Nathan J. Brown）认为，新的受法国影响的法典在中东地区广泛传播，并未能轻易取代原有的伊斯兰教教法，但它极大地缩减了伊斯兰教教法在处理个人事务时的运用范围，参见 Brown, “*Sharia* and State in the Modern Muslim Middle East,” *International Journal of Middle East Studies*, vol.29, no.3, 1997, pp.359- 376。

42 W. Gifford Palgrave, “Report on the Present Administration of the Kingdom of Siam,” in *British Documents on Foreign Affairs: Reports and Papers from the Foreign Office Confidential Print*, part 1, series E, vol. 27, ed. Ian Nish, Frederick: University Publications of America, 1995, p. 25.

43 Palgrave, “Report on the Present Administration of the Kingdom of Siam,” p. 26.

44 David K. Wyatt, *The Politics of Reform in Thailand: Education in the Reign of King Chulalongkorn*, New Haven: Yale University Press, 1969, pp. 51–52.

院制度进行系统性改良，在法国、比利时法律顾问的协助下处理刑法、民法和商法。由于拉比王子的法律顾问来自欧洲大陆，其改革以《拿破仑法典》和欧洲大陆法系为模板并不出奇。[45]戴维·怀亚特（David Wyatt）认为法律改革具有双重目的：它不只针对外国人，试图终结治外法权；同时也是朱拉隆功将司法权中央化，将其集中到曼谷行政体制之下的努力的一部分。[46]

在中国，1900年以后的清末新政对法律制度进行彻底改革。由受过英国训练的律师伍廷芳（多数时候，他只是名义领衔）和卓越的中国法律专家沈家本领导的一个委员会，在日本法律顾问的帮助下制定了新法典。改革后的新法典废除"酷刑"，如刑讯逼供、残酷的肉刑和死刑等。与此同时，清政府也开始尝试制定商法和公司法。[47]虽然这一过程经常被简单地看作通过采用欧洲标准来结束治外法权的努力，但巩涛（Jerome Bourgon）认为，废除"酷刑"不仅受到了外国的影响，同时也受到了中国法律学界本土运动的推动。[48]

不过，新的法典和司法制度并未能迅速解决治外法权和条约体系的问题。国际法改革与编撰协会（Association for the Reform and Codification of the Law of Nations）的年会报告显示，法律学者对于国际法在处理基督教与非基督教国家关系时的作用，尤其是治外法权在国际法秩序中的地位，存在相当大的争议。1876年会议任命的一个委员会针对该议题总结说：一年当中，这两类"国家之间的关系……相当糟糕。问题的根源在于，尽管有不完善的国际法原则存在，但它对基督教国家和非基督教国家的交往没有任何约束力"。[49]虽然"毫无疑问，文明政府有责任对非基督教徒施加道德影响力，以促使他们改革野蛮和不公正的法律"，但他们坚持使用武力干涉他国内政是错误的。

在随后的会议中，日本和中国的代表表达了他们对于治外法权的关切，但未能在欧洲主导的协会中取得太大进展。在1879年的会议中，荷兰战争部（Ministry of War）的范·哈梅尔（G. A. Van Hamel）提议，中国和日本的治外法权可以被废除，但必须满足以下一系

45 Gerrit W. Gong, *The Standard of Civilization in International Society,* pp. 222–224.

46 David K. Wyatt, *The Politics of Reform in Thailand: Education in the Reign of King Chulalongkorn*, p. 210.

47 相关的权威著作是 Marinus J. Meijer, *The Introduction of Modern Criminal Law in China*。另见 Douglas Reynolds, *China 1898–1912: The Xinzheng Revolution and Japan*, Cambridge, Mass.: Council on East Asian Studies, Harvard University, 1993, pp. 179–185。关于公司法，参见 William C. Kirby, "China Unincorporated: Company Law and Business Enterprise in Twentieth-Century China," *Journal of Asian Studies*, vol.54, no.1, 1995, pp.44–48。

48 Jerome Bourgon, "Abolishing 'Cruel Punishments' : A Reappraisal of the Chinese Roots and Long-Term Efficiency of the Xinzheng Legal Reforms," *Modern Asian Studies*, vol.27, no.4, 2003, pp.851–862.

49 Association for the Reform and Codification of the Law of Nations, *Report of the Fifth Annual Conference Held at Antwerp, 30 August to 3 September 1877*, London: William Clowes and Sons, 1878, p. 58.

列条件，包括采用西方的法律并在全国范围内执行，组建“独立、公正并且由法学家构成”的法院。奇怪的是，他补充说，自由贸易也必须在全国范围内建立起来——尽管自由贸易在国际法准则中并没有特殊作用。他坚持认为，就算落实了必要的法律，基督教国家也必须保留恢复治外法权制度的权利，以免亚洲国家垮台或试图取消这些改革。[50] 即使在相对理想主义的国际法律师中，对治外法权的支持依然强烈。

直到 1894 年中日甲午战争前夕，英国才终于答应同意放弃在日本的治外法权。当这场战争牢固地树立起日本的军事强国地位以后，其他欧洲国家及美国也纷纷效仿。在土耳其，奥斯曼政权利用“一战”的机会废除让步协定，但胜利的盟国却不愿接受这一新态势。不过，随后土耳其的民族主义者不仅推翻了奥斯曼帝国的残余，而且成功地将外国干涉势力赶了出去。这为结束让步协定扫清了障碍。欧洲列强既没有足够的政治意愿，也未能积聚充足的军事力量推行进一步的干预，只能承认新的土耳其政府，并于 1923 年 7 月不情愿地签署了《洛桑条约》，结束了外国势力在土耳其的法律特权。[51] 中国的民族主义运动将条约体系特别是治外法权妖魔化，从而削弱了治外法权的安排，但这一制度的最终废除却只是“二战”时期中国与英美结盟对抗日本的副产品。[52] 军事实力——与之相对的是欧洲帝国主义列强军事实力的相对衰落——证明是比法律争论更有效的获得国际承认的途径。只有暹罗在 20 世纪 20 年代通过平静的外交手段解除了治外法权，可以说用国内的法律改革成功地取代这一制度，但这也是发生在“一战”极大地削弱英法的全球影响力以后。[53]

四、中央政府的行政改革

我们可以看到，这三个国家在应对条约体系的平行发展中的第二个领域是对欧洲中央政府各部门及内阁行政模式的适应。欧洲帝国主义列强非常关注在半殖民地国家所设立的机构的效率——尤其是对秩序的维持（主要为了繁荣商贸并保障外国人的在地安全）和对外交关系的恰当管理。欧洲和美国外交使臣希望有一个相对有效的外交部，配备具有一定社会政治地位并且至少对外国语言、习俗有所了解的职员。外交部同时也被认为是少数几

---

50 Association for the Reform and Codification of the Law of Nations, *Report of the Seventh Annual Conference held at the Guildhall, London, 11–16 August 1879*, London: William Clowes and Sons, 1880.

51 Sousa, *Capitulatory Regime of Turkey*, pp. 177–249; Gerrit W. Gong, *The Standard of Civilization in International Society*, pp. 115–119.

52 Fishel, *The End of Extraterritoriality in China*.

53 Gerrit W. Gong, *The Standard of Civilization in International Society*, pp. 230–237; Francis Sayre, “The Passing of Extraterritoriality in Siam” , pp. 70–88.

个重要的、功能明确的中央政府部门之一。各中央政府部门的部长将在制定和执行中央政策中起到极其重要的作用。早在拿破仑时期，这种部长或内阁政府系统就已是欧洲的惯例。欧洲和美国政府的代表以该标准来评判半殖民地国家。[54]19 世纪初，清帝国、奥斯曼帝国和暹罗的本土统治机构都未能达到这一标准。

毫无意外，发展组织机构有效管理外交关系并培养一批外交专家乃当务之急。面对 18 世纪末 19 世纪初以来日益增长的外交需求，奥斯曼帝国率先建立翻译局，并逐渐发展成为一个成熟的外交部——由一个约 2000 人的民间机构急剧扩张到 35000 人。[55]第二次鸦片战争后清政府成立总理各国事务衙门。虽然总理各国事务衙门在 19 世纪 60—70 年代是一个极有权势的部门，但它并未遵循欧洲模式。通过下设的翻译学校（同文馆），总理各国事务衙门培养了一批年轻的外交官，并将国际条约及有关科技、地理的著作译成中文。19 世纪 80 年代总理各国事务衙门发生领导更替后，它变得日益排外。欧洲和美国的外交官怨声载道。义和团运动以后，在外国势力的要求之下，总理各国事务衙门被改为外务部，并在清政府政治结构中扮演新的重要地位。[56]在暹罗，管理外交事务曾是外事外贸部（Krom Phra Khlang）的部分职责。这是一个负责统管贸易、财政收入和外交事务并监管某些省域的部门。1885 年，朱拉隆功大帝设立外交部，并在随后几年发展成熟。[57]换句话说，这些国家没有立刻采用欧洲模式，而是逐渐朝这个方向发展。

局部措施或创造性地沿用本土机制往往不会奏效。外国人对非欧洲政府的组织和政治模式的评估总是非常苛刻。英国外交使臣吉福德·帕尔格雷夫宣称："名义上，或者滥用欧洲词汇和术语，暹罗是一个拥有国王、大臣、政府等等的王国；但事实上它是一个庞大的奴隶庄园，某种程度上由四个所有者不均等地瓜分。"[58]因成功改革英国在奥斯曼帝国所建立的领事法庭而被派往中国进行类似事务的埃德蒙·霍比爵士（Sir Edmund Hornby），对总理各国事务衙门这一按照清帝国模式设立的全新的处理外交事务的机构并不以为然。他坚信总理各国事务衙门是被故意安排在一栋毫无舒适感而孤零零的建筑里的（也许前一个判断

54 到 19 世纪中叶时，内阁制——有各种形式——是如此普遍，以至于它很少被注意到，它的好处也被认为是毋庸置疑的。例如，参见 Theodore Woolsey, *Political Science or the State Theoretically and Practically Considered*, New York: Scribners, 1889, vol.2, p.281。

55 Carter Findley, *Ottoman Civil Officialdom: A Social History*, Princeton: Princeton University Press, 1989, pp. 22–28.

56 有关总理衙门，参见 Horowitz, "Central Power and State Making: The Zongli Yamen and Self-Strengthening in China, 1860–1880," Ph.D. diss., Harvard University, 1998。关于 1901—1906 年的改革，参见 Horowitz, "Breaking the Bonds of Precedent"。

57 William J. Siffin, *The Thai Bureaucracy: Institutional Change and Development*, Honolulu: East-West Center, 1966, pp.56, 60.

58 Palgrave, "Report on the Present Administration of the Kingdom of Siam," p. 32.

他是对的，后者是错的）。他发现总理大臣恭亲王“粗俗”“无礼”，其他官员“都是老头，无论坐着还是行动都很像老妇人……可以肯定地说，他们在胡说八道，并且花费大量时间胡说八道，乐此不疲”。[59] 虽然这些可能只是极端例子，但它们确实表明外国人并不乐于接受那些与他们所熟悉的机构模式大相径庭的东西。

最后，这三个国家都出现了一种近似现代内阁制的行政制度。19 世纪 60—70 年代的坦志麦特改革给奥斯曼土耳其带来了职能明确的中央政府部门和一个国务委员会。[60] 在暹罗，从 19 世纪 80 年代末开始的数十年间，朱拉隆功广泛运用西方模式对中央政府各部进行彻底的改革，让至少接受过一定外国教育的王子担任部长并雇用一批外国顾问。[61] 中国的新政改革在 1906 年对中央各部的改革中达到高潮。在这些改革中，外务部的行政模式也被扩展至其他部门，各部终于遵循欧洲模式，以职能加以划分。这是有意识地检验西方制度模式好处之后的产物。[62]

值得注意的是，外交压力并非引发改变的唯一因素。1861 年中国总理各国事务衙门的设立，虽然深受外国使臣欢迎，但也是一群与恭亲王相关的官员用以维护其政治权威的工具。出于同样的原因，参与 1906 年改革的改革者们所写的回忆录也透露，他们对欧洲行政机构中部长制的关注，也是为了解决清朝官僚体制中盛行的问题。[63] 同样地，我们可以看到暹罗的行政改革表现了朱拉隆功实现中央集权的渴望，尤其是将权力集中在王室手中。尽管有关坦志麦特改革的二手文献资料并未明确提及，但很有可能坦志麦特时期的中央政府改革，至少部分目的是在军队（这是改革初期的一大障碍）和宗教机构的势力之外强化文官官僚体制。[64]

五、国家财政

条约关系影响这三个国家行政机构的第三个领域是国家财政。通常情况下，外交压力来自两个方面。第一，所有条约都通过寻求限制税率和消除进出口方面的肆意收费和腐败

59 Edmund Hornby, *Sir Edmund Hornby, An Autobiography*, Boston: Houghton Mifflin，1928，p. 234.

60 Davison, *Reform in the Ottoman Empire, 1856–1876*, pp. 239–244. Findley, *Bureaucratic Reform*, pp. 162–190，详细讨论了多个内阁部门。Richard Chambers, “The Civil Bureaucracy: Turkey,” in *Political Modernization in Japan and Turkey*, ed. Robert E. Ward and Dankwart A. Rustow, Princeton: Princeton University Press, 1964, pp. 318–322.

61 一般性的概述，参见 William J. Siffin, *The Thai Bureaucracy: Institutional Change and Development*, pp. 42–63。对外国所起作用更详尽的分析，参见 Ian Brown, “British Financial Advisers in Siam in the Reign of King Chulalongkorn,” *Modern Asian Studies*, vol.12, no.2, 1978, pp.193–215。

62 Horowitz, “Breaking the Bonds of Precedent,” pp. 789–796.

63 Ibid., 各处。

64 Findley 在 *Bureaucratic Reform* 一书中指出，文官制的兴起与 19 世纪奥斯曼帝国其他部分的改革相关。

行为来规范双方关系，从而促进国际贸易。因此，半殖民地国家面临着商业税收及其相关政策的限制，并被迫改革现有税收制度中那些英国代表认为制约贸易的政策。第二，面临巨额外债的奥斯曼帝国和后来的中国清王朝，都不得不同意扩大外国势力对国家财政收入和金融机构的控制权。国际法明确规定，除在某些特殊情况下，任一国家不能简单抵赖国内外的私人贷款；伦敦和巴黎金融家和政治领导者之间的密切关系产生了强大的帝国执行力，以确保贷款的偿还。外债的侵略性严重制约了半殖民地国家的自主权。

在国际贸易中对税收施加限制是 19 世纪中后期大英帝国自由贸易体系的重要组成部分。[65] 在 19 世纪中叶的英国官员眼中，打开贸易大门至关重要。1838 年，英国与奥斯曼帝国签署《巴尔塔李曼条约》（Treaty of Balta Liman）。奥斯曼帝国接受所谓的自由贸易：征收 5% 的进口关税，12% 的出口关税，3% 的过境税；同意废除所有垄断（这一措施更多针对埃及，当时它仍被视为奥斯曼帝国的一部分）。尽管做了一些力图减少对奥斯曼出口伤害的修订，但这一自由贸易体系一直保持到帝国末期，并导致外国援助的迅速增长。[66]

奥斯曼的先例再次为远东地区的遭遇奠定了基础。众所周知，中国的鸦片战争以诉求自由贸易之名进行：战后的条约不仅重新放开鸦片进口，而且废除被称为“公行”的进出口贸易协会的垄断，并试图对关税税率加以控制。为推进实施 19 世纪 50 年代末建立的自由贸易体系，第二次鸦片战争爆发。随后，清政府被迫成立由外国人操纵的大清海关总税务司，将条约体系的自由贸易元素内化进清廷的内部政治体系之中。[67] 在暹罗，实现贸易开放是包令爵士的一个核心使命：他强行将进口关税税率定为 3%，出口为 5%，并废除除鸦片以外其他一切商品和贸易的垄断。

对当时的英国代表而言，自由贸易的好处毋庸置疑。正如包令给蒙固继任者的信中所言：“睿智如陛下，定能看到一国与他国的友好贸易关系是怎样快速推进彼此财富和实力的发展的。”[68] 然而，必须指出的是，自由贸易体系并非欧洲的标准做法。强迫实施这些自由

---

65 约翰・加拉格尔（John Gallagher）和罗纳德・罗宾逊（Ronald Robinson）的经典名篇《自由贸易的帝国主义》（“The Imperialism of Free Trade”）激发了几十年关于“新帝国主义”成因的讨论，但他们所提出的自由贸易是英国非正式帝国的核心这一论断却没有受到挑战。原文及他人提出的批评和修正，参见 Wm. Roger Louis, ed., *Imperialism: The Robinson and Gallagher Controversy*, New York: New Viewpoints, 1976。

66 Findley, *Ottoman Civil Officialdom*, pp. 28–29; Charles Issawi, ed., *Economic History of the Middle East: A Book of Readings*, Chicago: University of Chicago Press, 1966, pp. 38–40.

67 费正清《中国沿海的贸易与外交》（*Trade and Diplomacy on the China Coast*）仍然是对中英外交关系的经典分析。更晚近的黄宇和（J. Y. Wong）《鸩梦》（*Deadly Dreams*）则讨论了第二次鸦片战争的起源。最近对海关业务的杰出讨论，参见 Hans van de Ven, “The Onrush of Modern Globalization in China,” in *Globalization in World History*, ed. A. G. Hopkins New York: W. W. Norton, 2002, pp. 177–187。

68 Bowring, *Kingdom and People of Siam*, vol.2, pp. 439–440.

贸易措施，直接违背了国际法的基本原则：国际法规定各国有权自由选择其贸易和税收的方式。这些强制性的自由贸易措施一旦被纳入条约并合法签署批准后，它们便变为国际法的工具，受到英国外交使臣的强力监督。

自由贸易体制对半殖民地国家财政收入的影响各异。清朝和奥斯曼帝国主要依靠农业税，直到 19 世纪中叶贸易才成为国家财政收入的主要来源。1861 年以前，中国的外贸收入被纳入内务府金库为皇室所用，通常不会用于其他方面。由外国人操纵并向北京的新外交部（总理衙门）报告的海关总税务司为清朝带来一笔意外之财：在 19 世纪 60 年代中叶到 1895 年中日甲午战争爆发以前，它在资助军事改革和现代化方面扮演了重要的角色。[69] 奥斯曼帝国的情况与此类似。尽管外国进口货物的涌入可能确实沉重打击了帝国的工业部门，但几乎没有证据表明自由贸易体系对国家财政造成了巨大损害。商业税的推行使奥斯曼帝国的经济得以维持，其中关税收入起到了关键作用。[70]

暹罗的情况截然不同。与 19 世纪早期主要依赖农业收入的清朝和奥斯曼帝国不同，暹罗的财政收入依赖包税制、商业相关垄断和乡村农民承担的徭役。《包令条约》废除作为国家财政收入主要来源的商品垄断和国内贸易税收，看似损害了控制这些垄断的王子们和华裔商人的利益。最后，暹罗的财政收入基础转向烈酒、鸦片、赌博、彩票以及由条约规定的关税。最初，徭役被花钱赎买非正式地取代，后来被人头税正式替代。在此背景下，包税制作为一种管理模式持续存在。19 世纪 90 年代，中央政府开始直接参与税收的征集，即便当时包税商依然存在。令朱拉隆功和财政改革的支持者们倍感沮丧的是，取消鸦片、赌博、彩票和烈酒的包税商在国家财政上是不可能的。[71] 条约体系限制修改商业税，是暹罗政府所面临的一个主要问题。英国和其他外国势力拒绝暹罗的修订要求。从 19 世纪 70 年代开始，暹罗大米出口迅速扩大，促使大量土地用于水稻种植。3% 的进口税很低（当然是相对于中国和奥斯曼帝国而言），即便泰铢价值在接下来的三十年持续下降，出口关税仍

69 有关海关税收的使用细目，参见汤象龙《中国近代海关税收和分配统计》，中华书局，1992 年。这一分析出自 Horowitz, “Central Power and State Making” 第 4 章。

70 Stanford Shaw, “The Nineteenth-Century Ottoman Tax Reforms and Revenue System,” *International Journal of Middle East Studies*, vol.6, no.4, 1975, pp.421–459.

71 关于《包令条约》的影响存在一些争论。戴维·怀亚特（David K. Wyatt）在《泰国的改革政治：朱拉隆功国王统治时期的教育》（*The Politics of Reform in Thailand: Education in the Reign of King Chulalongkorn*）第 184–185 页对包令主张的讨论受到特维尔（B. J. Terwiel）的严厉批评。他认为有足够证据显示，至少在《包令条约》签署后 10 年，原有税收制度仍然存在，参见 B. J. Terwiel, “The Bowring Treaty: Imperialism and the Indigenous Perspective,” *Journal of the Siam Society*, vol.79, no.2, 1991, pp.40–47。不过，他们争论的分歧似乎是在改革的速度上，而非改革的基本方向。孔莉莎对包税制及其改革努力进行了详细的分析，参见 Hong Lysa, *Thailand in the Nineteenth Century: Evolution of the Economy and Society*, Singapore: Institute of Southeast Asian Studies, 1984, pp. 75–131。

一直固定在1855年的汇率上。根据孔莉莎（Hong Lysa）的说法，1900年海关和内陆过境税的收入不到总收入的15%。1892年，包括土地税和人头税的直接税在总收入中占比不足10%。此后增长也非常缓慢。[72] 总之，虽然条约体系的确促进了19世纪下半叶的经济扩张，但它极大限制了国家财政收入的增长。

尽管自由贸易体制是半殖民体系最显著的经济基础，但对奥斯曼和清朝来说最直接的影响来自外债。随着外债的增加，外国使节和债权人采取更具侵略性的措施以确保债务能够得到偿还。在这些个案中，他们得到国际法的保护。虽然欧洲有着悠久而丰富的公债抵赖史，但这并不会反映在国际法理论中。瓦特尔强烈支持国家有责任偿还一切贷款："所有为满足国家需要而贷的款项以及在公共事务中产生的债务，都属于严格的法律合同，对国家和整个民族都具有约束力。任何国家都不能违背债务清偿的义务。"[73] 欧洲人对此极为在意，利用外交压力鼓励外国贷款，接着利用债务来获取更大的财政让步。在埃及，贷款违约成为英国直接干预的借口。尽管在奥斯曼帝国和清朝，英国人干预的决心并未如此决绝，但外债政治极大增加了其在这两个国家的影响力。[74]

19世纪50—70年代坦志麦特改革的全盛时期，奥斯曼政权向外国贷款以帮助支付军事开支、预算赤字以及日益增长的债务。1877—1878年的俄土战争导致一系列危机，1881年奥斯曼政权与外国债权人达成协议，设立公共债务管理机构来处理债务危机，并重建奥斯曼帝国在海外的信贷渠道。公共债务管理机构由外国人控制和运作，通过控制大部分收入对奥斯曼帝国主权构成巨大的侵犯。[75]

中国早期的贷款规模不大，并且有海关收入担保。它们被理性地用于平定内乱及为应对外患做准备。1895年以后，外债变成大麻烦。甲午战争后的对日巨额赔款不得不利用国际贷款融资，需要抵押海关税收、扩大外国海关在仍繁荣的沿海帆船贸易中对"常关"进

72　Hong Lysa, *Thailand in the Nineteenth Century: Evolution of the Economy and Society*, pp. 125–129; James Ingram, *Economic Change in Thailand, 1850–1970*, Stanford: Stanford University Press, 1971, pp. 175–182。关于暹罗大米出口的增长，参见 Ingram, *Thailand in the Nineteenth Century: Evolution of the Economy and Society*, 第3章。

73　E. de Vattel, *The Law of Nations or the Principles of Natural Law Applied to the Conduct and to the Affairs of Nations and of Sovereigns*, p. 186.

74　凯恩（P. J. Cain）和霍普金斯（A. G. Hopkins）的《英国帝国主义：1688—2000》（*British Imperialism, 1688–2000*, 2nd ed., New York: Longman, 2000）提供了一个重要的全新解释。他们主张财政机构在驱动英国帝国主义方面要比贸易更为重要，并进一步指出城市财政精英和英国政治精英在影响英国帝国政策上有着密切的联系。尤其参见他们对中国和奥斯曼帝国的研究，P. J. Cain & A. G. Hopkins, *British Imperialism, 1688–2000*, pp. 340–351, 360–380。

75　Rafii-Sukru Suvla, "The Ottoman Debt, 1850–1939," in Issawi, *Economic History of the Middle East*, pp. 95–106; Donald Blaisdell, *European Financial Control in the Ottoman Empire*, New York: AMS Press, 1966.

行监管。[76]此后，外债成为清朝政治家和他的民国后继者们的沉重负担。国家需要资金，外国人似乎也乐意一直提供贷款，但这只是为了进一步获取商业投资和财政让步。1912 年清朝被推翻以后，袁世凯政府签署了臭名昭著的善后大借款，将盐务交给外国办理。但无论如何，外债迫使清政府重新审视其财政收入体系，并开始向现代预算体系迈进。[77]

可能是因为看到欧洲金融对埃及和奥斯曼帝国带来的恶劣影响，蒙固和朱拉隆功领导之下的暹罗政府明智地拒绝了外国贷款。尽管 19 世纪 70 年代以来，暹罗的对外贸易发展迅速，但仍然相当温和，主要是出口大米，进口工业制品。随着柚木砍伐工业的增长，英国企业才开始大量迁至曼谷的外围地区；但与中国和土耳其相比，英国金融家们并不认为暹罗的产业有多大回报。[78]与此同时，在外国建议下成立的新财政部致力于建立足够清晰的预算，以便在诸如铁路建设等主要投资项目上获得外国款。新财政部对几位知名外国顾问的聘用也被认为有利于暹罗政府与外国签订贷款合同。但这些情况都只是发生在 1900 年后，并且规模较小。[79]

总结一下这冗长的一节：强加于半殖民地国家的条约体系对国家机构转型具有重要意义。首先，治外法权为推行欧洲式的法律条文及司法制度提供了动力。其次，外国势力对推行“正常”外交关系的期望和对建立“高效”政府体系的压力，促使奥斯曼帝国、中国的清王朝和暹罗创办具有现代意义的外交部，并朝着中央政府部级结构的方向发展。不管怎样，自由贸易体制的实行限制了这三个国家的税收制度，在某些方面带来了利益，在另一些方面则迫使它们进行改革。对自由贸易的坚持必须得到尊重，但即使有条约制约，对于诸如中国的清王朝和奥斯曼帝国这样依赖农业收入的国家来说，贸易税收往往成为一个宝贵的新收入的来源。与此同时，外国贷款也确实导致外国势力更多地插手半殖民地国家的财政管理。

六、国与国之间的简化：国际法与领土国家

条约体系是欧洲权力凌驾于本土欧亚国家的显著表现，但国际法也在一个更微妙、更

76 有关外债参见大型文献汇编，中国人民银行总行参事室编：《中国清代外债史资料 1853—1911》，中国金融出版社，1991 年。关于对本土海关的接管，参见 Stanley F. Wright, *Hart and the Chinese Customs*, Belfast: 1949, pp. 745-753。

77 Hans J. van de Ven, “Public Finance and the Rise of Warlordism,” *Modern Asian Studies*, vol.30, no.4, 1996, pp. 829-868，试图梳理 20 世纪初期的财政史。

78 关于一般模式，参见 Ingram, *Thailand in the Nineteenth Century: Evolution of the Economy and Society*，各章节。关于英国投资，参见 Malcolm Falkus, “Early British Business in Thailand,” in *British Business in Asia Since 1860*, ed. R. P. T. Davenport-Hines and Geoffrey Jones, Cambridge: Cambridge University Press, 1989, pp. 116-156。

79 Ian Brown, “British Financial Advisers in Siam in the Reign of King Chulalongkorn,” *Modern Asian Studies*, vol.12, no.2, 1978, pp.193-215.

长久的现象中发挥重要作用：由领土来界定的主权国家成为国际社会的关键参与者。在19世纪以前，暹罗、中国的清王朝和奥斯曼帝国都是复杂的混合型国家，这些国家外部边界的界定非常薄弱，在边境地区实施间接统治，以及与地方掌权者之间保持宗主"朝贡"关系的状况相当普遍。虽然这种现象在中世纪晚期和近代早期的欧洲相当常见，但随着时间的推移，情况已经大为改变。国与国之间的激烈竞争迫使他们寻求边界安全并从中汲取资源。线性的国界逐渐取代模糊的边境地区，因为各国都试图精准地划定他们的主权领土。[80]

19世纪时，欧洲人重新绘制世界地图，因此半殖民地国家也必须适应欧洲表达空间权力的理念。欧洲地图假定世界应该按线性边界划分为领土分立的国家。它也越来越倾向于设立可以用某一特定的"民族"来识别的国家。这种新地图代表了欧洲政治家和国际法律师的共同愿望，在全球范围内将政治权力合法性的公式简化：类似于詹姆斯·斯科特（James Scott）所描述的，被20世纪高度现代化的国家所强加的"国与国之间的简化"。[81]正如斯科特看到的那样，现代国家采取各种措施使复杂的社会不再那么多元化，变得更为清晰可辨，领土国家的兴起也简化了全球版图。通过将世界划分为整齐划一的领土国家，每个国家内居住着单一"民族"（一群有共同身份的人），领土国家得以简化地理和人口、资源控制等问题。不过，它是通过模糊国内民族差异（因此需要发明许多民族身份来适应不同的民族），忽视不同政治权力持有者之间的复杂关系，忽视那些跨境社会、经济、文化网络来实现的。

国际法文本指出，19世纪国家观念中领土的重要性逐渐上升。在1750年代，瓦特尔写道："一个民族或国家是……一个政治实体，一个由一群人团结起来，凝聚他们的力量，以保护他们共同福祉和安全的社会。"国家被定义成一群人而非一块领土。尽管国家和民族拥有领土，但它只是次要特征。[82]1836年，惠顿同样没有将领土界定为一个国家的明确特征，尽管其他部分假定了国家应该拥有领土。[83]1855年的修订版表述得更为明确："国家……与那些尚未进入文明社会的游牧野蛮人不同。要成为一个国家，在法律观念上必定意味着

80 关于民族国家出现与领土划界之间的关系，参见 Jeremy Black, "Boundaries and Conflict: International Relations in *ancien regime* Europe," in *Eurasia: World Boundaries*, ed. Carl Grundy Warr, London: Routledge, 1994, vol.3, pp.19–54。彼得·萨林斯（Peter Sahlins）指出建立线性边界的过程要比传统政治叙述所显示的要慢，参见 Peter Sahlins, *Boundaries: The Making of France and Spain in the Pyrenees*, Berkeley: University of California Press, 1989。

81 James Scott, *Seeing Like a State: How Certain Schemes to Improve the Human Condition Have Failed*, New Haven, Conn. : Yale University Press, 1998, esp. pp. 11–83.

82 E. de Vattel, *The Law of Nations or the Principles of Natural Law Applied to the Conduct and to the Affairs of Nations and of Sovereigns*, p. 11。关于他对领土的研究参见该书第 138–143 页。

83 Henry Wheaton, *Elements of International Law*, p. 51.

她的成员会习惯性地依附那些地位更高的人，有固定的住所，有确定的领土，且这块领土是由她的人民所占有的。”[84] 曾任耶鲁大学校长的西奥多·伍尔西（Theodore Woolsey）在 1860 年初版的《国际法研究概论》中表述得更为清楚，他将领土因素加入国家的定义当中：“国家是一个由居住在特定领土区域内的人们组成的共同体，并且由永久性组织通过自我制定的法律来确保正义的存在。”同样地，他定义了主权是“国家对权力不受控制的排他性使用”，它“在特定领土内是至高无上的”。[85] 早期的国际法涉及有限主权、保护地等概念，但直至 19 世纪 60 年代，这些仍只是（字面意义上的）注脚而已。

在其他方面，国际法对于领土国家的出现同样重要。国界是国与国之间协议，通常是条约的主题。这些条约被视为法律，对缔结双方具有约束力。在政府更替或发生革命时，新政府必须承担前任政府的法律义务。也就是说，可以预期他们会遵守前任政府的国际条约，继续偿还主权债务。在国界问题上，这意味着一个新的政府，事实上是一个新的国家，将会和他的前任政府处于同一片领土内。这也意味着由殖民者创造的国家领土将使殖民边界永久地固定下来。[86]

这些原则有一个重要结果：空间对于国家的界定至关重要，一旦国界确定，改变它就会非常困难。国界在纸上和地面上用边界标记划定。入侵、叛乱乃至长期占领都不会破坏国界作为一种理念或政治手段的现状，至少在国际法的概念中是这样。

对暹罗、中国的清王朝和奥斯曼帝国这样庞大的欧亚国家来说，将世界划分为“民族”相符的分立空间是一明显的挑战。这些国家都没有特别明确的边界，对民族的界定也有问题。奥斯曼帝国非常多元化，拥有数量众多的非土耳其和非穆斯林人口。中国的清王朝由少数民族统治（至少在上层是这样），是一个明显的多民族、多语言实体。通过 17 世纪末至 18 世纪的征服，在满洲和其他的广大地区建立起清朝政治上至高无上的权力。暹罗也许没有这么复杂，但它也是一个由松散边界和许多重要少数民族构成的王国。说泰语的人构成暹罗现代继承者泰国的主要族群，主要分布在东南亚大陆及清帝国的西南边陲。在曼谷政权控制边缘的是外围省份和附属王国，如北方的老挝王国（他们也讲泰语，但语言和文化与暹罗核心区有所不同）和南部的马来省份（有时他们被描述成苏丹国）。暹罗境内还有人数众多、势力雄厚的华人群体。[87] 上述三国都利用地方首领在多元的环境中实施间接统治。

---

84 Henry Wheaton, *Elements of International Law*, Boston: Little & Brown, 1855, p. 28.

85 Theodore Woolsey, *Introduction to the Study of International Law*, Boston: James Monroe, 1860, pp. 81–83.

86 相关背景以及对国际法运用于新国家的边界的一个批判性评估，参见 Steven R. Ratner, “Drawing a Better Line: *Uti Possidetis* and the Borders of New States,” *American Journal of International Law*, vol.90, no.4, 1996, pp.590–624。

87 Tej Bunnag, *Provincial Administration*, pp. 28–39; G. William Skinner, *Chinese Society in Thailand: An Analytical History*, Ithaca: Cornell University Press, 1957, pp. 126–154.

特别是在边境地区，确定这些地区首领是否完全独立并不是件容易的事。由于这些状况的存在，现代领土国家的建设并不是一个简单的任务。

通猜·威尼差恭（Thongchai Winichakul）在其里程碑式的研究《图绘暹罗》（*Siam Mapped*）中，探讨了这些议题如何影响暹罗和泰国作为一个地理实体被创造出来，以及它们对泰国人的身份建构的贡献。他展示了本土的边界观念与英国（后来是法国）在进行国界谈判时强加给暹罗王国的观念有多么不同。同样地，他也看到柬埔寨如何使用共享或重叠主权，接受越南和暹罗为共同的宗主国，以此作为该国生存的逻辑策略。采用建立在礼物馈赠行为上的朝贡关系，存在一种基本且有用的双关性：如果一方向另一方进贡（承认其宗主权），但得到更多的礼物作为回赠，那么谁更强大？灵活性和双关性是亚洲国与国之间关系的基础。与之相反，英法殖民时期划定国界时却不能接受这一点。他们希望能够出现像欧洲那样严格的轮廓。在这样的语境下，暹罗的政治家们逐渐学会以欧洲的规则来行事。直接对国王负责的新型省级行政制度的发展，不仅扩大中央的控制权，改善行政管理，同时也更明确地肯定了曼谷的领土主张。[88]边界被逐渐地划定。虽然在该过程中，暹罗付出了据说176,000平方英里领土的代价，几乎是1850年暹罗声称控制领土的一半，但到20世纪初，暹罗终于拥有一片被西奥多·伍尔西和其他国际法律师承认的领土疆域。[89]

1860年，清帝国的状况在很多方面与暹罗极为相似。它是一个在很大程度上缺乏边界的国家，至少是国际条约精准界定的那种线性边界。只有俄国与满洲、蒙古之间的边界是固定的，这是《尼布楚条约》（1689）和《恰克图条约》（1727）的结果。1860年《北京条约》对满洲边界进行修订，清政府不情愿地割让乌苏里江以北、以西的土地。其他地方的情况更模糊。即使是与朝鲜接壤的边境也没有现代欧洲（线性）意义上的边界，而朝鲜或许是跟清政府关系最为密切的国家了。这两国的边界由鸭绿江、图们江而非线性国境线来界定，并且双方都试图维持一个无人区来阻止不受管控的接触。[90]

无独有偶，与暹罗相似，清政府对边疆事务的参与也是建立在朝贡观念以及利用地方首领对非汉族人实施统治的基础之上。在这些个案中，清政府的力量是不清楚的。朝贡国到底是独立的国家还是中国的附庸？地方酋长到底是自治小国的统治者，还是大清帝国的

---

88 Thongchai Winichakul, *Siam Mapped: A History of the Geo-Body of a Nation*, Honolulu: University of Hawaii Press, 1994, pp. 62–112.

89 关于领土的估计来自 David K. Wyatt, *Thailand: A Short History*, p. 208.

90 《钦定大清会典事例》卷511，光绪二十五年抄本，第1—6页；Mary C. Wright, "Adaptability of Ch'ing Diplomacy: The Case of Korea," *Journal of Asian Studies*, vol.17, no.3, 1958, p.365。

政府官员？在以上两种关系中，对权力的界定更多的是看对人的管辖，而非对领土的管辖。为了让问题保持复杂性，清政府的边疆政策一直不断改变，随着战略前景和国家财政状况的变化而做出应对。[91]

19 世纪 60 年代初划定中俄边界时，总理衙门的官员面临着极为困难的局面。[92]1860—1861 年，他们发现很难在北京的国家机关和档案馆中找到遥远的乌苏里江流域的详细地图，当他们找到地图时也几乎找不到对该地区有经验的官员。最终他们得出结论，事实上，清政府对那片边境地区几乎没有控制，也没太多的兴趣。[93]但是通过这一过程，清政府的官员们很快学会了严肃对待这些边境问题。两年以后，新疆划界工作的组织要好得多。总理衙门系统搜集了边疆的资料，关注并预防领土进一步流失的问题，同时承认国际法在外交谈判中的潜在价值。总理衙门资助美国传教士丁韪良将惠顿 1855 年的著作译成中文。随后，他还担任京师同文馆的教习，和他的学生（其中很多人成了外交官）一起翻译其他著作。这些著作被分发给省级官员。[94]19 世纪 70 年代中后期，清政府官员在讨论俄国对新疆伊犁的侵略时，在许多场合援引国际法来支持自己的观点。而当倒霉的清朝外交官崇厚没有对谈判做充分准备就签署《里瓦几亚条约》[*]，使俄国以归还伊犁的代价获得战略要地木扎提关口的继续控制权时，清政府朝廷内掀起轩然大波，最终政府拒绝批准该条约。[95]在讨论该问题时，官员们频繁引用国际法来支持他们的立场。最后他们达成共识，拒绝该条约，暂时不收回伊犁要比屈服于俄国的要求更好。等外交和军事状况更为有利时再议此事。[96]足智多谋的清朝外交官曾纪泽似乎更清楚地指明状况。他在 1879 年伦敦发表的旅行日记中（这本日记就是为出版而写的）指出，虽然国际法的原则是“合理的”，但在现实中，欧洲对待缅甸、越南这些地区，远不如清代朝贡关系那么友善。[97]随后，他描述了与某国际法专家有

91 C. Patterson Giersch, “China’s Reluctant Subjects: Indigenous Communities and Empire along the Yunnan Frontier,” Ph. D. diss., Yale University, 1998，对缜缅边境的这一过程进行了全面而又细致的描述和分析。

92 以下几段论述采自 Horowitz, “Central Power,” pp. 273–295。

93 《筹办夷务始末 · 咸丰朝》卷 7，中华书局，1980 年，第 2631—2632 页。

94 Horowitz, “Central Power and State Making,” pp. 276–277.

* 又称《中俄交收伊犁条约》。——译者

95 对这些事件更详细的叙述和分析，参见 Immanuel Hsu, *The Ili Crisis: A Study in Sino-Russian Diplomacy, 1871–1881*, Oxford: Clarendon Press, 1965。

96 《近代中国对西方几列强认识资料》第 3 卷，第一部分，台北：“中研院”近史所，1986 年，第 154、281、289—292 页；《清季外交史料》卷 17，第 6b—7b 页；Immanuel Hsu, *The Ili Crisis: A Study in Sino-Russian Diplomacy, 1871–1881*。

97 曾纪泽：《曾惠敏公使西日记》卷 2，光绪十九年刻本，第 22b—23 页。

关条约的一次讨论：

> 三月初二日，万国公法会屠爱士来谈。言："两国凡立约，分疆画界之约与开埠通商之约，须分两次办理，以地理永远订定，而通商则有时变更也。"其说极是。[98]

曾纪泽通过成功的谈判迫使俄国撤军，保住原有的边界并最终解决伊犁危机。他在1887年一篇以英文发表的文章中指出，清政府需要优先考虑的是将中国的藩属新疆、西藏和朝鲜放在"不那么模棱两可的位置上"，以抵御未来的外敌入侵。[99]曾纪泽认识到欧洲人对线性边界的坚持以及19世纪国际法对领土主权的重视。曾纪泽这样的清朝官员及其国民政府时期的后辈们做了很好的功课。晚清积贫积弱，但在边界的勘定上却损失很少。民国政府的国力也很弱，但在纸面上，除外蒙古外，中国的国界线没有变化。按照柯伟林（William Kirby）的说法，国民政府统治时期，"不承认中国边境令人不快的现实，成为一种艺术形式"。[100]无论好坏，中华人民共和国的疆域很大程度上仍然反映了清代中国的疆域状况。

无论中国还是暹罗，在划定国界的过程中都有过痛苦的让步。但他们建立的领土疆域却一直延续至今。一旦国境确定，民族身份就被塑造出来以适应该领土。现代泰国虽然拥有众多的非泰族人口，但国境界定"泰国性"（Thainess），甚至连境内的高棉艺术都被视为泰国的文化遗产。[101]在中国，1901—1911年的革命运动起于大汉族主义，以对抗满族的统治。但到1919年，随着满族的消失，孙中山称革命成功只不过达到"民族主义之消极目标"，现在"汉族当牺牲其血统、历史与夫自尊自大之名称，而与满、蒙、回、藏之人民相见于诚，合为一炉而冶之，以成一中华民族之新主义"。[102]在孙中山的心目中，将这些团体凝聚起来的共同特征并非历史、文化或种族，而是他们共同在中国领土内居住这一事实。

如果说中暹两国的国家领导人面临的问题、做出的反应较为相似的话，那奥斯曼帝

---

98 曾纪泽：《曾惠敏公使西日记》卷2，第34b页。

99 Marquis Tseng [Zeng Jize], "China: The Sleep and the Awakening," *Chinese Recorder*, vol.18,1887, p.152.

100 William C. Kirby, "The Internationalization of China: Foreign Relations at Home and Abroad in the Republican Era," *China Quarterly*, vol.150, 1997, p.436.

101 Thongchai Winichakul, *Siam Mapped: A History of the Geo-Body of a Nation*, pp. 163–170. Charles Keyes, "Presidential Address: 'The Peoples of Asia'—Science and Politics in the Classification of Ethnic Groups in Thailand, China, and Vietnam," *Journal of Asian Studies*, vol.61, no.4, 2002, pp. 1163–1203，强调20世纪中泰两国界定民族过程中的政治性。

102 Julie Lee Wei, Ramon H. Myers, Donald G. Gillin, eds., *Prescriptions for Saving China: Selected Writing of Sun Yat-sen*, Stanford: Hoover Institution, 1994, p. 225（参见第42页上1904年的定义）。

国的局势则大相径庭。晚清中国和暹罗的领导人花了 30 ～ 40 年时间致力于国界勘定和主权声索之上，奥斯曼帝国则眼睁睁地看着他们的国土在 120 年间被不断侵蚀。奥斯曼帝国被称为“欧洲病夫”，这个古老帝国的分裂也被不祥地描述成“东方问题”（Eastern Question）。欧洲的主要大国担心奥斯曼政权不稳，害怕它的崩溃会打破欧洲政治力量的平衡。因此，他们倾向于扶持这个病夫。与此同时，欧洲大国发现希腊和巴尔干地区基督教少数民族的叛乱势不可挡，并且不断地寻求他们的支持。[103] 与之相反，虽然清帝国内部有许多不安定的少数民族，但外国势力却没有兴趣支持他们。19 世纪 50—60 年代“云南回乱”和 19 世纪 60—70 年代“西北回乱”都未能引起外国的支持。

奥斯曼境内叛乱的少数民族，其诉求得到国际社会的认可，并且往往能在国际场合以地理形式得以承认，如 1878 年的柏林会议就确认奥斯曼帝国与巴尔干之间的边界。虽然亚洲朝贡体制之下的宗主关系不被英法殖民主义者承认，但在巴尔干地区，处于奥斯曼宗主权名义之下的自治国却在一系列国际决议中被建立起来。自治被证明是通往充分主权道路的中间站。例如，塞尔维亚通过 1812—1829 年的一系列国际条约，成为奥斯曼帝国的自治大公国。在 1878 年的柏林会议上，塞维利亚与罗马尼亚、黑山一起取得完全独立，而保加利亚则变成奥斯曼帝国统治下的自治大公国。换言之，虽然欧洲列强愉快地与高门达成协议，给予基督徒有限的主权（类似清朝与暹罗之间的朝贡关系，而这是欧洲列强拒绝的），不过这些协议并不稳固，只是虚弱的奥斯曼帝国做出的短暂妥协。随着新巴尔干国家的出现，奥匈帝国和俄国又为了奥斯曼欧洲的影响力相互竞争，边境依然是一个备受争议的主题。[104] 随着时间的推移，巴尔干自治大公国和新独立国家部分地被奥斯曼行政体系的遗产所塑造，将整个地区划分为一个个适合管理的行政单位。之所以这么做，部分是迫于民族主义团体的压力，他们要求历史权利和民族自决；部分是出于欧洲列强的交易，他们寻求利益，但又担心权力失衡。[105]

19 世纪接连不断对空间的争夺，推动了人文地理学的转型。奥斯曼欧洲混杂的人口开始分离。出于自决或被迫，500 万～ 700 万的穆斯林离开刚刚独立或自治的巴尔干国家以及被俄国占领的前奥斯曼领土，迁至安纳托利亚、叙利亚和阿拉伯的穆斯林地区。同样，一些

---

103 有关这段历史的标准概述，参见 M. S. Anderson, *The Eastern Question, 1774–1923*, New York: Macmillan, 1966。

104 有关这一政策的概述，参见 Stevan K. Pavlowitch, *A History of the Balkans, 1804–1945*, London: Longman, 1999。有关边界变动的概述，参见 J. R. V. Prescott, *Political Frontiers and Boundaries*, London: Allen & Unwin, 1987，第 7、11 章。

105 Maria Todorova, “The Ottoman Legacy in the Balkans,” in *Imperial Legacy: The Ottoman Imprint on the Balkans and the Middle East*, ed. L. Carl Brown, pp. 54–57.

基督徒离开奥斯曼控制地区，到达新的基督教控制国家。凯末尔·卡帕特（Kemal Karpat）指出，人口的迁移和奥斯曼帝国地位的削弱，促进了奥斯曼境内民族认同的变化。越来越多的奥斯曼人，尤其是移民，开始重视穆斯林的社会认同并支持泛伊斯兰运动。这一运动是“为了伊斯兰的团结和行动，以确保这个国家作为伊斯兰实体生存下来，并改善信徒的生活”。卡帕特认为，该运动不是对原教旨主义的复归，而是一种应对奥斯曼帝国虚弱状态的现代政治运动。[106] 在某种意义上，移民就是瓦特尔所称的“民族”向在欧洲国际政治外交活动中创造出来的国家领土的迁移。奥斯曼主义（由坦志麦特领导推动）、泛伊斯兰主义（由1876—1909年在位的苏丹阿卜杜勒哈米德二世支持，）和土耳其民族主义都是为了构建民族认同，以适应奥斯曼帝国缩小的疆域和日益增多的穆斯林人口而做的不同努力。

结　论

奥斯曼帝国、暹罗和中国的清王朝的经历只是近代世界历史诸多伟大进程之一的一个篇章：民族国家作为政治组织的主导形式出现了。近几十年中，学术研究中相当大部分是关于几个世纪中欧洲民族国家兴起的研究。查尔斯·蒂利（Charles Tilly）等学者集中讨论了欧洲激烈竞争的政治环境，将其视为这一进程的关键因素：国家必须具备一定的特征，如实质上毗邻的疆域、大型军队、可以有效地组织征税并掌控军队的官僚体制等。[107] 不过，19—20世纪欧亚大陆民族国家的建立，很大程度上是由外部期望所塑造的。去殖民化过程、强国干预以限制冲突的范围，以及“现代国家”的外部模式都对新国家的形态、结构有所影响。正如蒂利所言：“一般来说，国家形成已经从一个相对‘内部’的过程转变成一个强烈‘外部’的过程”。[108] 在半殖民地环境中，具体表现在不平等条约和文明话语中的国际法，给予本土政治精英强烈的外部刺激去实现“标准的”欧洲模式。

106　Kemal Karpat, “The *hijra* from Russia and the Balkans: The Process of Self-Definition in the Late Ottoman State,” in *Muslim Travellers: Pilgrimage, Migration, and the Religious Imagination*, ed. Dale Eickelman and James Piscatori, Berkeley: University of California Press, 1990, pp. 131–151。引文出自第142页。更详尽的讨论，亦可参见 Kemal Karpat, *The Politicization of Islam: Reconstruction of Identity, State, Faith and Community in the Late Ottoman State*, Oxford: Oxford University Press, 2001。有关人口的研究，参见 Kemal Karpat, *Ottoman Population, 1830–1914: Demographic and Social Characteristics*, Madison: University of Wisconsin Press, 1985，第3—4章。

107　Charles Tilly, *Coercion, Capital, and European States, AD 990–1992*, Oxford: Black-well, 1992，综述了相关文献并提出了这一普遍观点的最复杂最完整的版本。亦可参见 Charles Tilly, ed., *Formation of National States in Western Europe*, Princeton: Princeton University Press, 1975 中的文章。

108　Charles Tilly, *Coercion, Capital, and European States, AD 990–1992*, p. 181.

在中国、暹罗和奥斯曼帝国之中，国家组织结构中部长制内阁制的出现，欧洲模式的法典、法律制度的引进，都是这些国家政治精英努力引入那些被视为文明的公共行政模式的产物。这些法典的主要目的在于终结那种令人厌恶的治外法权。部长制政府是努力维护政府稳定、文明且使外交关系受到足够重视的一部分。虽然该过程是由外力驱动，但毫无疑问，它也满足了政治精英在国内政治中集权的目的。

19世纪中叶，欧洲人将日益增长的领土主权观念写入国际法。在那些主权主要由人—— 18世纪时用的是“民族”一词——来体现的社会中，这意味着一种新的对“领土至上”观念的重视。欧洲人对边界、勘界以及用正式条约划定边界的渴望，迫使半殖民地社会划定他们的边界，并被要求与居住在其上的人们建立新的关系。在国际法世界中，那些被写入条约的边界或多或少地成为人类政治地理学的永久部分。留给国家领导人的挑战是建立实际的行政控制，在他统治区域的人民中培养共同的身份认同。暹罗和清帝国取得相当的成功，他们保住大部分领土并用最大的种族群体泰族和汉族，努力将不同的人群融入相同的身份之中。奥斯曼帝国的情况恰恰相反：欧洲人对奥斯曼境内基督徒的兴趣，使得他们不可能保留希腊和巴尔干地区。宽容帝国境内的“自治”基督教领土，使其成为独立道路上的中转站。领土界定国家的空间，无论是自己选择还是被迫，在很大程度上，民族迁移都进一步强化了精简的“空间—民族”身份。

包令爵士的“政治科学的伟大真理”是半殖民地精英不得不接受的现实。欧洲国际法的全球化和欧洲主导的国际社会（国际法是它的一部分）为全球政治创造了一种体制结构，这种结构的存在时间远远超出了欧洲的扩张时期。当代世界中普遍接受的政治形态的同质化是这一过程持久性的丰碑，这与两个世纪前的情况形成了鲜明的对比。今天，“失败的国家”层出不穷，在这些国家中没有出现一个有效的政府来适应预先存在的边界；寻求自身身份政治表达的少数民族和宗教少数派之间的紧张关系在全球范围内激化。国际秩序的合理化和简单化被写进国际法，甚至被国际法神圣化，但却留下了一份含混不清的遗产。

【原文出处】Richard Horowitz. “International Law and State Transformation in China, Siam, and the Ottoman Empire during the Nineteenth Century,” *Journal of World History*, Vol. 15, No. 4 (2004), pp. 445-486. 中文译文首刊于《海洋史研究》第十二辑，收入本书时，对译文做了校订。

迈克·亚达斯　著
李跟林　译

有争议的霸权：第一次世界大战与亚非对文明使命论的抨击

【导读】

迈克·亚达斯（Michael Adas，1943—　），美国著名历史学家，罗格斯大学荣休教授。1970 年于威斯康星大学麦迪逊分校获得全球史方向博士学位，之后一直在罗格斯大学任教。2012 年荣获国际汤因比奖。主要研究领域为第一次世界大战、技术史、反殖民史和全球史，近年来侧重研究美国霸权之路及其参与全球化的过程。代表作为《机器作为衡量人的尺度：科学、技术和西方统治的意识形态》（1989）和《喧嚣时代：20 世纪全球史》（合著，1994）。

本文记录和分析了“文明使命论”在第一次世界大战前后的演变过程。作为西方帝国主义意识形态的一个核心组成部分，这一话语体系至少包括以下四个方面的内容：启蒙思想，基督教福音教义，白人种族优越论和自由主义。虽然“文明使命论”起源很早，但直到 19 世纪中后期才在理论层面和实践层面趋于成熟。它宣扬英国等西方列强的殖民统治推动了落后地区的历史前进，帮助它们走出野蛮时代并拥抱文明进步的科技文化、政治制度和生活方式。它看似基于种族和科技优越感而对殖民地进行治理和教化的道德责任与使命召唤，实际上却成为列强为其殖民统治进行辩护的工具。然而，以战壕、冲锋枪和机械化大屠杀著称的一战摧毁了欧洲人的上述优越感。同时，欧亚非的许多知识分子开始反思西方工业文明的种种弊端，并向“文明使命论”发起有力的挑战。比如，有的西方学者认为一战是欧洲痴迷于物质进步和滥用科学发明的恶果；有些印度思想家主张用印度文明的精神性弥补西方文明的不足；有的非洲作家认为西方人的“文明使命”只不过是他们残酷剥削殖民地的手段。

本文从全球史的视角出发，把一战与欧亚非知识分子对“文明使命论”的批判置于广阔的背景和语境中，并以他们的小说、戏剧、诗歌和政论文章为主要史料，从跨文化的角度论述了一战对欧洲全球霸权的动摇，以及对“文明使命论”的抨击。作者认为，对这些问题的激烈讨论在战后形成了第一个真正的全球话语体系，并为 20 世纪风起云涌的去殖民化运动揭开了序幕。本文对进一步了解现代史的诸多重要主题有相当重要的参考意义。

一

传统上，“文明使命”被视为一种意识形态。19世纪晚期，欧洲人利用这种意识形态将他们对其他地区的殖民统治合理化。不同群体对它的构想有很大差别：思想家或殖民地官员强调，欧洲殖民统治把内部安定和政治秩序扩展到那些饱经战乱和专制统治的“野蛮”和“蒙昧”民族；传教士和改革家则将宗教改宗和教育视为欧洲人“提升”愚昧、落后民族的关键。然而，到19世纪末，文明使命论发生了变化，其中大多数较为充分的阐述以如下预设为前提，即“文明使命”的内涵超越了使帝国主义者的良心感到安慰的范畴，成为一项更大的事业。那些主张通过殖民扩张来改良政府、推动经济发展或劝导他人改宗基督教的人一致认为，西欧社会（及其北美分支）与全球其他各民族在发展水平上已经形成了巨大且日益加深的鸿沟。文明使命论的各种论调成为其推广者、传播者乃至欧洲政客和殖民地官员的首选工具，他们借助这一工具来判定在哪些人类行为领域欧洲已确立了无可辩驳的优势地位，并衡量不同的非欧洲社会分别在何种程度上落后于西欧社会。那些无论是通过官方政策还是小说和其他虚构作品参与构建“文明使命”话语的人，也都挖空心思找寻欧洲发达而非洲落后或亚洲停滞的原因，以及这些原因对国际关系和殖民政策的意涵。

显然，文明使命话语在很大程度上服务于自身利益。不过，西欧和世界其他地区在物质发展上的明显差距，似乎证实了殖民教化者（civilizer）的各种声明。维多利亚时代晚期的人们坚信，他们判定自身优越性并为其全球霸权寻找合法性的那些标准，在经验上是能够被证实的，而且日益明显。1914年第一次世界大战爆发前，只有少数持不同政见且被边缘化的知识分子和偶尔发发牢骚的殖民地官员认为，这些用来评估人类发展的标准是有争议的。然而，绝大多数关注殖民地问题的思想家和政治领袖毫不怀疑，科学革命和工业革命（仍局限于欧洲和北美）使西方社会，在理解和驾驭物质世界方面远超其他非西方社会。在海外扩张的最初几个世纪，欧洲人就认为衡量优劣（例如外貌和宗教信仰）的标准十分重要，且一直主导着他们的思想。但到了19世纪下半期，欧洲的思想家——不论是种族主义者或反种族主义者，还是对外扩张主义者或反帝国主义者，再或是政治上的左翼或右翼[1]——都怀有这样的信念，即西方人凭借他们在科学上的发现和发明，来了解物质世界的运作，并使他们有能力开发这个世界的资源，而这些是迄今为止的其他民族所无法比拟的。

1　有关左翼和反帝国主义者接受这些信念的例子，参见 Martine Loutfi 在 *Littérature et colonialisme* (Paris: Mouton, 1971), p.119 中对 Jean Jaures 的观点的讨论；以及 Raoul Giradet, *L'Idée coloniale en France, 1871–1962* (Paris: La Table Ronde, 1972), pp.96–98, 104–111。

文明使命论的许多倡导者，试图通过比较欧洲人（或美国人）和被统治的“他者”，来寻找那些把实现工业化的西方社会与其他殖民社会区分开来的特性，但他们所参照的却是一套带有种族、性别和阶层等色彩的二元对立标准。例如，欧洲人被视为是追求科学、精神饱满、遵守纪律、积极进取和严守时间的人，非洲人和亚洲人则是迷信的、懒散的、保守的、无节制的和无时间观念的。毋庸置疑，这些二元对立的比较是赤裸裸的本质主义，但维多利亚时代晚期的人们倾向于将这些比较普遍化和模式化。此外，他们还有志于对这个世俗世界的各种事物进行分级和归类，并热衷于构建详尽的、臆想的人类等级制度。

对几乎所有维多利亚时代晚期的“文明使命”的拥护者而言，殖民地的民族和文化越是被视为宿命论的、消极的和过度情绪化的，他们在人类能力与进化发展的想象等级中就被置于越低的位置，因而也就越难以教化。即使是最具善意的西方社会理论家与殖民地官员也认为，差异就意味着劣等。然而，在大多数种族主义者和少数殖民地改革者之间也存在着很大的分歧，前者将这些特质看作是殖民地民族与生俱来和永久不变的（或至少需要很长时间才能逐步改进）；后者认为，像中国或印度这样文明停滞或未开化的民族，通过教化可以在一代人的时间内取得实质性进展，即使是非洲人与美洲印第安人这样的蛮族，也可以在数代人之后得到发展。[2]那些信奉社会进化论教条的人，对达尔文的著作进行了相当可疑的解读，并添枝加叶，深信那些最蒙昧的民族注定要灭绝。一些观察者，如弗雷德里克·法勒牧师（Reverend Frederick Farrar），认为这些劣等民族的灭亡与自然的法则和上帝的意志相当一致，因为他们“没有为这个世界的知识、艺术、科学、工业和道德做出丝毫贡献”[3]。

无论这些民族的物质文化水平如何，诸如印度锡克人（Sikh）或非洲萨赫勒的贝都因人被视为尚武的“种族”——他们可能精力充沛、积极主动、训练有素、控制力强、扩张性强、适应力强——在维多利亚时代晚期的人类类型等级中排名靠前。殖民者对好战民族

2 有关这些问题的具有代表性的种族主义者的观点，参见 John Crawfurd, “On the Physical and Mental Characteristics of the European and Asiatic Races,” *Transactions of the Ethnological Society of London*, vol.5, 1867；和 Robert Knox, *The Races of Men: A Philosophical Enquiry into the Influence of Race over the Destinies of Nations*, London, 1862。有关坚持长期进化论思想的例子，参见 Gustave Le Bon, *The Psychology of Peoples*, London, 1899；和 C. S. Wake, “The Psychological Unity of Mankind,” *Memoirs Read before the Anthropological Society of London*, vol.3,1867–1868。19 世纪晚期的非种族主义或反种族主义改良者的著作包括 Jacques Novicov, *L'Avenir de la race blanche*, Paris, 1897 和 Henry Maine, *Short Essays and Reviews on the Educational Policy of the Government of India from the “Englishman”*, Calcutta, 1866。

3 “Aptitudes of the Races,” *Transactions of the Ethnological Society of London*, vol. 5,1867, p. 120。有种对于这个与进化论思想密切相关的进程的一个不那么乐观的观点，参见 Alfred Russel Wallace, “The Development of Human Races under the Law of Natural Selection,” *Anthropological Review*, 1865。

的肯定凸显了男性对理想特质的明显偏好，而这些理想特质与文明使命论是相关联的。殖民地政府的工作人员，比如著名的印度文官，在第二次世界大战之前全部由男性担任，由于二战时人力资源的短缺，英国被迫首次招募女性入职殖民机构。[4]欧洲殖民者那以俱乐部为中心，痴迷于运动和嗜酒如命的飞地文化，推崇那些体格健壮、自控力强、性情直率和精力充沛的男性。只有已婚妇女和符合标准的年轻女性才被准许进入这些男性的“堡垒”（bastion）。不过，他们的行为和活动受到严格执行的社会惯例与欧洲社区生活空间布局的管束和限制。这些社会惯例与他们居住区的空间布局或明或暗地，给殖民地的欧洲人设定了边界。在殖民者建立的飞地内，男人和女人有各自独立的活动领域，而这种普遍存在的现象的逻辑基础是一套与文明使命论相似的二元对立的特质。因此，像帝王那样统治埃及长达二十多年的伊夫林·巴林（Evelyn Baring，第一代克罗默伯爵）这样备受推崇的殖民地总督，既致力于将殖民地的穆斯林妇女从面纱和深闺制度中“解放”出来，却又对大英帝国的反妇女参政团体给予大力支持，但他们并未察觉到这两者之间有何矛盾。[5]

如同 T. B. 麦考莱（T. B. Macaulay）经常被人引用的 1840 年的一幅漫画所显示的那样，孟加拉人温顺、狡猾、阿谀奉承、懒惰且女人气，[6]在殖民思想中，女性特质常常与被统治的劣等种族相联系。一些作家强调欧洲妇女与非洲或其他殖民地人民在精神特质上具有相似之处；而另一些作家则认为，女性的主要特质类似于那些低等人类的特质。以文明使命论为核心的二元对立的观点，再一次凸显于这种的相互比较。尽管欧洲妇女在道德品质上明显（而且必然）更为优秀，但她们同殖民地人民一样，依赖于直觉和情绪，被动且受到传统的束缚，并且总是反应迟缓。[7]此外，有种臆断认为，科学发现与发明在历史上一直是男性的专利（尽管同时代的女性也有成就卓著的，比如玛丽·居里）——这种臆断被用来证明，女性在性格和智力上都不适合从事诸如工程和科研等职业，而这被宣扬文明使命论的人视为社会发展程度的关键指标。这些观点不仅固化了欧洲夫人（*memsahib*）[*]那种被动的、居家型的、无心政治的和脆弱的形象与地位，并且使殖民地社会中的本地女性几乎不

4 Helen Callaway, *Gender, Culture and Empire: European Women in Colonial Nigeria*, Urbana: University of Illinois Press, 1987, esp. pp.139–145.

5 Leila Ahmed, *Women and Gender in Islam*, New Haven, Conn.: Yale University Press, 1992, pp.153–154.

6 见 Macaulay 的文章 “On Clive,” *Poetry and Prose*, ed. by G. M. Young, Cambridge, Mass.: Harvard University Press, 1970。

7 有关这些比较的例子，见 Arthur de Gobineau, *Essai sur l'inégalité des races humaines*, Paris, 1853, vol. 1, pp.150–152；还有 James Hunt, “On the Negro's Place in Nature,” *Memoirs Read before the Anthropological Society of London*,1863–1864, p. 10；以及 Gustave Le Bon, *The Psychology of Peoples*, pp.35–36。

* Memsahib, 指旧时印度对来自欧洲上层社会已婚妇女的称呼。——译者

可能获得严格的科学教育或技能培训。如同埃斯特·博塞拉普（Ester Boserup）和其他人所表明的那样，旨在向殖民地民族传授西方科学知识或方法和技术的机构与教学，几乎完全只针对殖民地人口中的男性。[8]

殖民者通过文明使命论所标榜的这些特质，绝大多数属于资产阶级。理性、经验主义、进步主义、系统性（因此是科学的）探究、勤劳和适应力等都是资本主义工业秩序的特征。新的时间与空间概念使这一秩序成为可能，并被这一秩序所强化，且为勤劳苦干、自制力、求知欲、守时、诚信和掌控力（与贵族所珍视的自我节制有很大的不同）等关键的“文明使命”特质提供了依据。在对这些资产阶级特质的评价中，隐含着对一系列更为普遍的处事方法、态度和行为的认可，尽管这些主张在拥护文明使命论的殖民者的巨著与小册子里通常并未被详加探讨。殖民地官员普遍抱怨殖民地人民缺乏远见，热衷于将所得收入“挥霍”在通过仪式（passage ceremonies）和宗教敬拜上，且不服从工作纪律、拒绝加班。这些都表明他们缺乏掌管西方工业与资本主义秩序所必需的天赋和能力。文明使命论的倡导者们通常含蓄地，但偶尔也明确地指出，财富的积累和再投资，预测未来趋势的能力，以及对最高生产力和物质极大丰富[9]的追求，是“积极、可靠和善于改进的”[10]西方资产阶级的关键特质，而科学和工业革命以及欧洲的全球霸权主要是由西方资产阶级造就的。

在第一次世界大战前的几十年里，欧洲白人男性的权力与全球影响力达到了顶峰。文明使命论既赞美了他们的统治地位，也为他们试图统治全世界各民族制定了议程。欧洲男性殖民者认为，这些特质是他们独有的，并试图根据殖民地环境和社会水平的差异不同程度地将这些特质反复灌输给他们的亚非臣民。这些特质以衡量人类生产力和社会发展的基本科技标准为依据，而人类生产力和社会发展是文明使命论的核心要素。欧洲人的这些特质和思想意识，反过来又以各种方式影响着他们对亚非殖民地民族的认知，以及与他们的交往。例如，许多殖民扩张主义者认为，征服与开拓落后民族或原始民族的土地，是更有创造力和更为好学的欧洲民族的职责，因为这些民族缺乏知识或工具去开发他们周围丰富的资源。[11]在实现了政治上的控制以后，西方殖民者认为他们有责任用一套诚信且高效的官

8　*Women's Role in Economic Development*, New York: St. Martin's Press, 1979, chapter 3.

9　在 Thomas Haskell 的 “Capitalism and the Origins of the Humanitarian Sensibility,” *American Historical Review* 90, nos. 3 and 4,1985 这篇文章中可以找到对这些联系的令人兴奋而又有争议的研究。

10　John C. Greene 在 *Science, Ideology and World View*, Berkeley: University of California Press, 1981, p. 108 中引用了 William Greg 的这句话。

11　有关例子，参见 Benjamin Kidd, *The Control of the Tropics* , London: Macmillan, 1898, pp. 14, 39, 52–55, 58, 83–84, 88–90; H. H. Johnson, “British West Africa and the Trade of the Interior,” *Proceedings of the Royal Colonial Institute* 20,1888–1889, p. 91 ；和 Arthur Girault, *Principes de colonisation et de legislation coloniale*, Paris: Larose, 1895, p. 31。

僚政体，取代腐败奢靡的土著政权，以欧洲人认为更为合理和更加有利于激发个人积极性与进取心的方式重组殖民地社会，并重构殖民地国家的自然环境，使其符合欧洲人的时间和空间观念。

欧洲人卓越的创造力和对自然界的理解，也为“文明使命”的倡导者所设想的全球经济中的任务分配提供了理由。实现了工业化的西方国家将提供货币与机械资本，以及创业和管理技能，而殖民地与非正式占有的海外领地将供应初级产品、廉价劳动力和丰富的土地资源，这些土地可以由西方的机器、技术和企业来开发。帝国主义者坚称，西方民族肩负着教化他者的使命，因为他们积极进取、精力充沛、追求效率和进步。因此，他们有责任让那些懒惰的、受制于传统的、听天由命的民族去工作；训练他们（不管他们是劳工、士兵、家庭佣人还是职员），并向他们灌输（在他们的先天能力所允许的程度内）理性、精准和远见，而这些都被视为欧洲崛起为全球霸权的关键因素。然而，让殖民地人民完全转变，进而让他们拥有文明使命论所推崇的优点的尝试，通常只留给受过西式教育的阶层。通过国家扶持的教育和传教士的教导，西方殖民者力图宣传最初用于证明其统治地位的认识论、价值观念和行为模式，并在其治理言论中继续加以宣扬。

文明使命论传承的重点在于精英对精英，这意味着它的霸权色彩与葛兰西（Gramsci）最初构想的完全不同。[12]首先，文明使命论是殖民者精英们向中产阶级和小资产阶级灌输的，而这两者也都是西方教育和合作的产物。此外，“文明使命”的倡导者只是将其视为一种意识形态，用以实现对殖民地民众的文化霸权。殖民地民族中很少有人了解西方在科技上的重大突破——西方主导世界的关键，这体现在殖民者的军事力量、交通运输体系以及开采矿产资源和开发农业资源的机器上。在殖民地社会中，只有受过西方教育的阶层才能体验到欧洲在政治、经济和社会中前所未有的历史转型，并且也只有这个群体受到他们的殖民领主的期待，即通过内化文明使命论的信条，从而赶上他们。

一战前，绝大多数受过西方教育的殖民地合伙人和买办，都欣然接受西方的科学、技术和整体物质优势这一事实。这些阶级的代表们——甚至往往是那些早就开始鼓动结束殖民统治的人[13]——呼吁开展更多的西式教育，以加速西方科技在殖民地的传播进程。例如，19 世纪 60 年代在印度东部的孟加拉，一群印度知名人士汇聚起来，热烈称赞 K.M. 巴内杰

---

12 *Selections from Prison Notebooks*, ed. and trans. Q. Hoare and G. Smith, New York, 1971, pp. 12–14, 55–63, 275–276.

13 例如，参见 Ira Klein, “Indian Nationalism and Anti-Industrialization: The Roots of Gandhian Economics,” *South Asia* 3,1973 ; Bade Onimode, *A Political Economy of the African Crisis*, London: Zed, 1988, pp.14–22 and chapter 6, 9, and 11。

亚（K.M.Banerjea）对英国增加印度人接受西方科学高等教育机会的呼吁。巴内杰亚驳斥了那些“东方”知识的捍卫者，责问他们有谁会信任只懂梵文经典中的数学和力学知识的医生、工程师或建筑师的工作。[14]在此，值得我们注意的不仅是巴内杰亚混淆了佛教经典（巴利文）和梵文印度教圣典（*shastras*），而且他完全吸纳了西方的东方学学者关于亚洲思想与知识的本质主义概念，将亚洲思想与知识理解为单一的“东方”整体，在科学和数学领域停滞不前，并落后于西方。仅仅过了二十年，著名的孟加拉改革家和教育家克沙布·琼德尔·森（Keshub Chunder Sen）承认，伴随着英国对印度的殖民统治，西方科学的传播使印度人有可能克服“无知和谬误”，与欧洲人一样探索“物质世界最深的奥秘”。[15]

因此，尽管这几十年来印度教复兴运动以孟加拉为中心，但正如 S.K. 萨哈（S.K.Saha）所言，英属孟加拉管辖区首府加尔各答已成为欧洲思想的前哨。[16]不过，或许大多数受过英式教育的印度人，并非只崇尚西方的科技成就，他们还接受了殖民主子的观念臆断，即那些有责任心和有教养的人也一定拥有理性、实证精神、守时、进步，以及其他一些被文明使命论的倡导者视为美德的特质。20 世纪 60 年代，对中非的印度商人群体所做的人类学研究表明，这些价值观在印度中产阶级中得到了广泛传播。印度人对待他们所居住国家中的非洲大众的态度表明：这些移民商人把他们的东道主看成是“目不识丁和难以捉摸的野蛮人”，他们慵懒、目光短浅、思想幼稚（因此，缺乏逻辑推理能力）、自我放纵、道德败坏。[17]

正如受过西式教育的津巴布韦民族主义领袖恩达巴宁吉·西索尔（Ndabaningi Sithole）在回忆录中所表明的那样：撒哈拉以南非洲的殖民地人民，对欧洲掌控物质世界的印象甚至比印度殖民地人民更为深刻。因为在欧洲的探险家、传教士和征服者于 19 世纪最后几十年忽然闯入之前，非洲的许多部落往往是相对孤立的。因而，与这些扩张中的工业化社会的代理人的初期相遇使他们深感迷茫和沮丧：

> 当这个非洲人第一次接触到白人时，他感到不知所措、惊恐不已、满腹狐疑、惶恐困惑、迷惑不解和眼花缭乱……汽车、摩托车、自行车、留声机、电报、电话、华丽夺目的西洋服饰，以及各种新的耕作技术和种植方法，都令他倍感好奇和新鲜。他

14 “The Proper Place of Oriental Literature in Indian Collegiate Education,” *Proceedings of the Bethune Society*, February 1868, pp. 149,154.

15 “Asia's Message to Europe,” in *Keshub Sen's Chunder Lectures in India*, London: Cassell, 1901, vol. 2, pp. 51, 61.

16 “Social Contest of Bengal Renaissance,” in David Kopf and Joaarder Safiuddin, eds., *Reflections on the Bengal Renaissance*, Dacca: Institute of Bangladesh Studies, 1977, p. 140.

17 Floyd and Lillian Dotson, *The Indian Minority of Zambia, Rhodesia, and Malawi*, New Haven, Conn.: Yale University Press, 1968, pp. 262–268, 320.

以前从未见过这些东西。这些东西超出了他的经验范围，让他难以理解。他亲眼目睹，他深感疑惑，他苦思冥想。就在此时，他遇到了两条腿的神，他们选择居住在人间，而非遥远的大山里。[18]

这部分是因为，欧洲观察家将物质匮乏的非洲人民的这些反应（他们所认为的），当作这个种族缺乏理性思维、纪律、科学研究和技术创新能力的证据。不过，在一战前，被殖民的非洲人很少有机会接受科学、医学或工程学，特别是高等教育方面的严格训练。技术的传播也很有限，对非洲人的技术培训主要限于操作和维修最简单的机械。[19] 尽管如此，受过英法教育的非洲人为振兴这片被几个世纪的奴隶贸易所摧毁的大陆而开出的处方，与欧洲殖民者的设想如出一辙，他们也认为，西方的广泛援助对非洲的崛起至关重要。例如，修道院院长布瓦拉（Abbé Boilat，一位黑白混血的传教士和教育家）致力于在塞内加尔的圣路易建立一所中学，让当地精英的孩子能够接受西方的数学和科学教育。布瓦拉还梦想着建立一所非洲大学，为当地培养医生、文职官员和工程师，他们将会协助法国将其殖民帝国扩展到非洲内陆。[20]

尽管在爱丁堡受过教育的外科医生 J. A. 霍顿（J. A. Horton）不像布瓦拉那样对非洲同胞接受西方高等科学教育的能力充满信心，但他同样坚信，如果要把非洲从混乱和野蛮的状况中解救出来，欧洲人的教导就必不可少。霍顿将“冶金和其他一些实用技能”看作文明发展的关键，并认为如果非洲人想要进步，他们就必须学习欧洲等先进民族的知识和技术。[21] 甚至出生于加勒比海地区的爱德华·布莱登（Edward Blyden）——战前几十年非洲文化和历史成就最坚定的捍卫者之一——也承认，非洲要从奴隶贸易的重创中恢复过来，就得依赖“目前在科学和文明上位居前列”的民族，以及在美国和拉美受过教育的返乡黑人的援助。布莱登指责道，如果不是通过奴隶贸易，而是通过正规的商业贸易将非洲纳入世界市场体系，那么非洲将会发展出类似的农业与制造业，并引进蒸汽机、印刷机和其他机械，从而确保“人类获得安逸、进步和效益”。[22]

---

18 In *African Nationalism*, London, Oxford University Press, 1969, p. 157.

19 有关英法在 19 世纪非洲的教育政策及其种族主义理论基础，参见 Michael Adas, *Machines as the Measure of Men: Science, Technology and Ideologies of Western Dominance*, Ithaca, N.Y.: 1989, chapter 5。

20 *Esquisses sénégalaises*, Paris: Bertrand, 1853, pp. 9–13, 478; André Villard, *Histoire du Sénégal*, Dakar, 1943, p. 98.

21 *West African Countries and Peoples*, London: W. J. Johnson, 1868, pp. 1–4; and *Letters on the Political Condition of the Gold Coast*, London: W. J. Johnson, 1870, pp. i–iii.

22 “Hope for Africa: A Discourse,” *Colonization Journal*, August 1861, pp. 7–8; and “The Negro in Ancient History,” in *The People of Africa*, New York, 1871, pp. 23–24, 34.

二

一战前的几十年间，有些人对文明使命论的狂妄自大、带有种族优越性，且通常是傲慢的预设提出了质疑。日本崛起为工业强国的事实也削弱了人们普遍持有的信念，即欧洲人的科技成就是西方独有的，或者必须依赖于白种人或高加索人的天生才智。相反，现代主义者对“原始”艺术的“发现”，以及一批相当著名的欧洲知识分子公然改宗印度教、佛教和其他亚洲宗教的事实都表明，有可能找到一种切实可行的方法来代替欧洲人的认识论、行为模式，以及组织人类社会与自然世界的方式。一些欧洲思想家实际上对西方价值观本身提出了质疑，其中最著名的或许是保罗·瓦莱里（Paul Valéry）和赫尔曼·黑塞（Herman Hesse）。他们质疑道，作为西方文明标志的对提高生产力和利润的执着追求，以及过度的消费主义，是否正引领人类朝着有益于社会福祉和精神满足的方向前进。[23]

在 1914 年战争爆发前的岁月里，这些批评和各种另类愿景在很大程度上被边缘化了，主流政治家和受过教育的公众对此嗤之以鼻，将其视为悲观的激进分子与古怪的神秘主义者的夸夸其谈。但是，一战的爆发和西线堑壕战所造成的骇人听闻的伤亡，深刻嘲讽了欧洲人坚信发明创造必然带来进步并有益于人类的自负的想法。机械化的大屠杀和欧洲青年的作战环境，对欧洲人一个多世纪以来基于种族优越感而建立的理想与观念提出了深刻挑战，而欧洲人正是凭借这些理想和观念塑造了他们无与伦比、狂妄自大的意识形态——文明使命论。发生于欧洲文明腹地历经数年的大屠杀表明，欧洲人至少和他们所殖民的民族一样，易受到本能的、非理性的反应和原始欲望的影响。西格蒙德·弗洛伊德（Sigmund Freud）指出，这场在欧洲内部爆发的野蛮战争理应告诫欧洲人，不要以为他们的殖民地“同胞”已经像他们曾认为的那样“堕落至极”，因为这场战争已经清楚地表明，欧洲人自己“从未达到过如此高的水准”。[24]

意想不到的是（当时很多人是这种感受），危机结束了，帝国幸存了下来，英法赢得了战争。事实上，1918 年战争结束后的几年里，由于英法两大帝国瓜分了德国的殖民地和土耳其在黎凡特的领地，因而他们的领地大幅扩张。[25]尽管招募英国青年入职印度文官机构

23　有关对“文明使命”这一基本假设提出的各种质疑的讨论，参见 Michael Adas, *Machines as the Measure of Men*, pp. 345–365。

24　“Reflections on War and Death,” 1915, reprinted in Philip Reiff, ed., *Character and Culture*, New York: Collier, 1963, p. 118。有关对这些主题的充分讨论，参见 Michael Adas, *Machines as the Measure of Men*, chapter 6。

25　有关战后法国殖民帝国的扩张，参见 Christopher M. Andrew and A. S. Kanya-Forstner, *France Overseas: The Great War and the Climax of French Imperialism*, London: Thames and Hudson, 1981；有关英国在中东的扩张，参见 John Darwin, *The British in the Middle East 1918–1922* , London: Macmillan, 1981。

和非洲的政治机关更加困难了，并且一些如亨利·马西斯（Henri Massis）等有影响力的法国扩张主义者也承认，欧洲作为教化者的威望已经在各殖地民族中急剧下降，[26]但他们还是做了各种重大努力以重建遭受重创的文明使命论。艾蒂安·里歇（Étienne Richet）和阿尔贝·巴耶（Albert Bayet）等殖民主义的辩护士开始采用霸权主义色彩不那么明显的新口号，强调殖民者与被殖民者之间“相互合作”的必要性，以及基于“自由交换意见”和“互相尊重”的“发展”计划。不过，殖民者思想观念的核心原则仍未改变：欧洲统治亚非各民族的合理性在于，它促使了先进的科学、技术、认识论和管理模式的传播。尽管工程师和商人可能已经取代地方官员和传教士，成为承担教化使命的主要代表，但他们的教化仍被视为先进、理性、勤劳、高效、成熟的西方社会，与落后、愚昧、懒惰、幼稚的亚非和太平洋地区各民族之间的不平等交流。[27]

然而，在许多欧洲知识分子和一些持不同政见的政治家看来，为了恢复战后文明使命论的可信性而做的各种努力都是徒劳无益的。这些批评者认为，战争已经摧毁了欧洲人可能拥有道德优越性的一切伪装，以及欧洲人认为自己天生就比非西方人更理性的自负感。他们谴责道，在战壕里进行的数年毫无意义的大规模屠杀，使西方人用以证明其优越性的证据丧失殆尽，而这些证据是以他们所宣称的更高水平的科学认知和技术进步为基础的。尽管相关论述有大量著作可供参考，[28]但我在此只想聚焦于乔治·杜哈曼（Georges Duhamel）的作品，尤其是在他第一部有关战争的小说中所叙述的，并在后来的文章中反复提到的故事，这个故事为他大肆批判文明使命论提供了焦点。他的批评反过来更加深了人们对欧洲文明及其全球影响力的怀疑。不过，早在 1914 年大战爆发前的几年里，亚非的知识分子和政治领袖就已经对此提出了质疑。尽管亚非作家在抨击文明使命论和更一般意义上的殖民主义时很少引用欧洲作家的观点，但战后的几十年里，宗主国与殖民地的知识分子都致力于这种共同的话语（discourse），这一话语被证明是对殖民者霸权主义言论的彻底颠覆，由此成为殖民地民族解放斗争中的关键力量。

---

26 Hugh Tinker, “Structure of the British Imperial Heritage,” in Ralph Braibanti, ed., *Asian Bureaucratic Systems Emergent from the British Imperial Tradition* , Durham: Duke University Press, 1966, pp. 61–63；以及 Henri Massis, *Defense of the West* , London: Faber, 1927, pp. 6, 9, 134。关于第一次世界大战之后非洲殖民地官员士气低落的深刻讨论，参见 Robert Delavignette, *Freedom and Authority in West Africa*, London, 1965, pp. 149–150。

27 有关战后致力于重建文明使命论的讨论，参见 Raoul Girardet, *L'Idée coloniale en France, 1871–1962*, Paris: La Table Ronde, 1972, pp. 117–132 and chapter 5；以及 Thomas August, *The Selling of Empire: British and French Imperialist Propaganda, 1890–1940* , Westport: Greenwood, 1985, pp. 126–140。对 20 世纪 20 年代和 30 年代殖民政策的转变的详尽探讨，参见 Frederick Cooper, *Decolonization and African Society: The Labor Question in British and French Africa*, Cambridge, 1996。

28 有关这些主题的更详尽的讨论，参见 Michael Adas, *Machines as the Measure of Men*, chapter 6。

正如书名《文明》(*Civilisation 1914—1918*)所表明的那样，杜哈曼的这本自传体小说以讽喻的形式，讲述了西线法国医疗队中一名中士的故事。[29]同数百万欧洲男青年一样，被迫挤在西线的战壕“墓穴”中，并幸存下来讲述他们的故事，战时的经历使杜哈曼完全迷失了方向，令他的梦想彻底破灭。战争经历似乎与他自认为对西方文明的了解和信念相矛盾。一切事情都既非表面上看起来的样子，也非理所当然。就像马克斯·恩斯特(Max Ernst)绘画作品中所呈现的那样，现实都被奇异地扭曲着，一切都令人困惑地颠倒过来了。堑壕战导致的对青年人机械化和日益麻木的大规模屠杀，将欧洲人引以为傲且象征着进步的机械变成了令人感到耻辱和恐惧的残忍工具。在机器的主人看来，欧洲青年已经变成了他们的奴隶，“被沉闷而可悲的工作重负压弯了腰”。甚至连杜哈曼这位训练有素的外科医生和前实验室技术员也一度认为，科学上的重大突破是欧洲最独特、最卓越和最显著的成就，现在却被仇恨与毁灭的力量所利用，以维持正从内部毁灭欧洲的可憎而荒谬的战争。[30]诗人保罗·瓦莱里也赞同杜哈曼对战争的看法，他悲叹欧洲最伟大的科学发明竟被滥用，只是因为战争需要“如此多的科学成就来杀戮如此多的人，浪费如此多的财产，并在如此短的时间内毁灭如此多的城市”。[31]

士兵们和杜哈曼故事的主人公——外科医生——的生活条件，以及他们在法国北部的战斗所造成的荒地，都是对欧洲信念——对大自然史无前例的改造，就足以证明他们比同时代的其他所有民族以及过去的所有文明社会更为优越——的嘲讽。欧洲青年浑身长满虱子，肮脏不堪，连续数周暴露于佛兰德斯(Flanders)或法国索姆河河谷冬季寒冷的泥沼中，他们为了保护自己那少得可怜的口粮甚至于四肢而与巨大的老鼠搏斗，这足以证明战前欧洲人的信念——先进的科学使他们拥有征服自然的能力——是一种虚幻的假象。苍蝇成群地萦绕于露天公厕和垃圾堆，腐蚀着那些躺在荒凉无人区中的无名尸骸。在杜哈曼眼里，这些苍蝇永远提醒着人们，欧洲又退回到了野蛮的原始状态，不断遭受着自然力量的冲击。杜哈曼《文明》中的主人公外科医生很厌恶这些苍蝇，却根本无法避开它们。[32]成群的苍蝇吸吮着他的病人的脓水和鲜血，蛆虫在他们溃烂的伤口里迅速繁殖。不过，面对自

29 小说最初发表于1917年。1919年由 London: Century Company 出版了首个同名的英译版。本文的直接引文引自1919年的英译版，所标的页码也是这个版本的页码；其他的页码参考由巴黎 Mercure de France 于1922年发行的版本。

30 Duhamel, *Civilisation*, pp. 257–258, 268–269; *Entretien sur l'esprit européen*, Paris: Mercure de France, 1928, pp. 17–18, 36–39; *La Pensée des âmes*, Paris: Mercure de France, 1949；以及 *La possession du monde*, Paris: Mercure de France, 1919, pp. 18–19, 140, 242–245。

31 “Letters from France I: The Spiritual Crisis,” *The Athenaeum*, 11 April 1919, p. 182.

32 Duhamel, *Civilisation*, pp. 11–12.

然的威力，士兵们所表现出来的脆弱仅仅代表着一个反面例证，杜哈曼与其他描述堑壕战创伤的记述者，将这种反面例证与战时对科学技术无止境的滥用联系在一起。杜哈曼最后总结道，西方人痴迷于发明新的工具和寻找新的方法，从而迫使大自然为实现其物质进步贡献力量。而这种痴迷不可避免地制造出了战壕与荒地，在那里，“人们实现了改造，并使其变得耻辱与罪恶，从而实现了这种可悲的奇迹”。[33]

在杜哈曼的《文明》一书中，这位外科医生的痛苦经历在他第一次接触到“外科救护车”（ACA）时达到了极点，“这是新发明的最完备的救护车……是科学的杰作；它装有马达、蒸汽机、显微镜和化验室等装备，尾随军队而行。”[34]这名中士被派去照料那些被安置在“他们遇到的第一个大修理站”里的伤兵。这些伤兵恰好是胸甲骑兵——传统上身披闪亮胸甲、头戴羽饰头盔的骑兵。他们在作战时并未配备马匹和羽饰。因为鉴于敌军的火力，在战争的头几个月里，这两样东西都被证明是绝对致命的。这位中士讲述道，这些曾经“身强力壮、仪表堂堂的家伙”被炸得四分五裂，“好似一些破损的雕像”在那里等着 ACA。在机械化的堑壕战战场上，胸甲骑兵已经变得不合时宜，只剩下一点过时了的骑士精神的可怜遗风。他们“仿佛训练有素的孩子”，喋喋不休地谈论自己的创伤和对麻醉的恐惧。与战前那些活跃、自律和负责的欧洲男性的理想形象相比，正如桑德拉·吉尔伯特（Sandra Gilbert）从更普遍意义上对男性战士的评价一样，胸甲骑兵已经成为“消极、无法自立和无处不在的医疗对象”。[35]

在吉尔伯特的描述中，那些受伤的男性与那些作为护士和救护车驾驶员的欧洲女性形成了对照，后者已变得“积极、自主和优秀”。然而，杜哈曼讲述了一个反转性的故事，对于战后数十年里英法两国的读者而言，这种反转必然令他们更加忧虑不安。把受伤的胸甲骑兵抬进外科急救车里的是非洲担架兵，杜哈曼最初在一些对殖民统治者的刻画中描述过他们。这些“矮小”的马达加斯加人“手指细长”，“纤细而漆黑的脖子”上套着像轭一样的担架绳索。他们令他联想到那些“被人训练来杠抬神像的猴子”。这位中士发现，马达加斯加人“胆怯”“柔顺”“唯命是从”，并将其怪异地比作“漆黑的、严肃的小娃娃”。但是，当马达加斯加人将这些受伤的胸甲骑兵抬到手术台上后，一个值得令人深思的相遇情景出现了：

---

33 *La possession du monde*, p. 99。在这里提醒一下，Celine 对树木的强烈恐惧，“因为（他）知道它们隐藏着敌人，每棵树都意味着一个死人”，*Journey to the End of Night*, New York: New Directions, 1960, p. 53；或 Remarque 对受伤的马的痛苦的描述，这些马在无人区死亡，“呻吟着，充满了痛苦和愤怒”，*All Quiet on the Western Front*, New York: Fawcett Crest, 1975, p. 61。

34 以下引用段落摘自英译版 *Civilisation 1914–1918* 第 16 章，除非另有注明。

35 “Soldier’s Heart: Literary Men, Literary Women, and the Great War,” *Signs* 8, no. 3, 1983, p. 435.

> 就在这时，我和一个黑人的目光碰在一起，忽然觉得很难受。那是一种镇静而深沉的目光，像一个孩子的，或像一只小狗的。他慢慢把脑袋从左面移到右面，打量他身旁一切奇怪的东西。他那漆黑的眸子，在人体修理车间里每件奇妙的东西上停留一下。眼神平静，却令人相当不安。一时我竟愚蠢地想到："他一定很吃惊吧！" 但是，这愚蠢的想法很快就消失了，只剩下难以抑制的羞愧感。[36]

外科医生用"孩子""小狗""野蛮人"等词汇来描述非洲人，而这些词汇是种族主义者和殖民者所使用的标准称谓。但是，他那自鸣得意的优越感却破灭了，因为他意识到，"原始的"马达加斯加人并没有为塞满外科救护车的各种先进的科学技术所吸引，让他们感到震惊或至少感到困惑的却是，欧洲人为修复他们自己文明的自杀性战争所造成的创伤而付出的不计代价的行为。这个野蛮人"镇静而深沉地凝视着"这位尊贵的医生和急救车里的疯狂活动。根据后现代主义者对欧洲人的游记和殖民统治时期的回忆录的解读，欧洲人与"野蛮人"或从属民族之间惟一许可的关系发生了彻底的反转。[37] 这位外科医生意识到，马达加斯加人是欧洲人发动的这场荒谬却极具毁灭性的种族战争的见证人，他对此感到既尴尬又愤怒。

杜哈曼将堑壕战与回归野蛮联系在一起，而在参战者对战争的描述中，回归野蛮是一个普遍主题。参战者把自己描述为"野兽"、"原始人"、"布须曼人"（Bushmen）、"猿人"和"纯粹的畜生"。前线的战士将他们泥泞不堪的生活同史前人的洞穴生活相提并论。[38] 文明礼仪在战壕里或战线后方逐渐消失。礼仪与死亡联系在一起；对于那些在简陋公厕里集会、闲聊和咒骂各自领导的士兵而言，谦逊与他们毫不相干。在战斗中，鼬鼠般狡猾鬼祟的原始本能是生存的关键。正如弗雷德里克·曼宁（Frederic Manning）借用社会进化论者的完美譬喻所做的评论那样，欧洲人就像"处在更为原始发展阶段的人们一样战斗，并且……（变成）夜间捕猎的野兽，成群结队地互相厮杀"。[39] 步兵只能用耳朵而不是眼睛去

---

36 Duhamel, *Civilisation 1914–1918*, pp. 282–283.

37 例如，参见 Mary Louise Pratt, *Imperial Eyes: Travel Writing and Transculturation*, London: Routledge, 1992。

38 有关西线各主要参战国的士兵使用这些比喻的例子，参见 Roland Dorgelès, *Les croix de Bois*, Paris: Albin Michel, 1919, pp. 62, 113; Henri Barbusse, *Under Fire: The Story of a Squad*, London,1916; Remarque, *All Quiet on the Western Front*, pp. 103–104, 236–237；以及 Richard Aldington, *The Death of a Hero*, London, 1984, pp. 255, 264, 267。

39 这部分引自 Manning 的 *Middle Parts of Fortune*, New York: St. Martins, 1972, pp. 8, 12, 39–40。其他请参阅 Remarque, *All Quiet on the Western Front*, pp. 12–13, 124–125, 236–237; Aldington, *Death of a Hero*, p.362；以及 Ludwig Renn, *War*, London: Antony Mott, 1984, pp. 110–111。

判断来袭的炮弹，因为这些炮弹经常是从数英里外发射而来的，等到发现时为时已晚。那些活着成为战壕老兵的士兵之所以能够幸存下来，是因为他们练就了根据声音来判断炮弹大小与种类的敏锐听觉，并能通过声音来判断炮弹落点与士兵们所在战壕的距离，敏锐的听觉由此取代了视觉。至少从 18 世纪起，欧洲人就将敏锐的听觉与野蛮人或原始人联系在一起，而视觉则一直被视为是像欧洲人那样的文明人最发达的感觉。[40]

这些例子说明，欧洲青年所经历的向野蛮的回归，主要是堕落，而非欧洲艺术家和作家几个世纪以来一直试图探寻的各种高贵的原始主义（primitivism）。在一个近乎黑色喜剧的时刻，杜哈曼的主人公——外科医生——幻想着逃往山里，在“野蛮的”黑人堆里生活，以逃避恐怖的堑壕战。如同性情冲动的埃内斯特·普西夏里（Ernest Psichari）临到战争爆发前，从“大腹便便、夸夸其谈”的欧洲逃到非洲[41]一样，这位中士憧憬着一个人们依旧生活在“自然状态”下的地区，在那里不会遭受到来自战争前线的持续性的机械大屠杀。在苏瓦松，他遇到骑着自行车的非洲人，他们也会要求勋章，这令他大为震惊。他沮丧地得出结论，“真正的黑人”此刻已经没有了，世界上也没有什么地方免遭欧洲文明的荼毒。[42]

杜哈曼在战后几十年里发表的许多作品中，详述并扩展了对欧洲文明及其文明使命论的批判，而这种批判起初是源于他在西线战场的经历。[43] 像许多著名的欧洲知识分子——从瓦莱里、安德烈·马尔罗（André Malraux）和勒内·盖农（René Guenon）到赫尔曼·黑塞、赫尔曼·凯泽林（Hermann Keyserling）和 E.M. 福斯特（E. M. Forster）——一样，杜哈曼最后认为，这场战争是欧洲人几个世纪以来痴迷于科学和工业进步的必然结果。他们为机械进步和物质增长所迷惑，以至于忽视了灵魂与精神的需求。他们任由西方文明逐渐丧失精神理想和道德水准，屈从于他们创造的为其服务的机器。他们把工业和科学与文明混为一谈，并受到一种信念的迷惑，坚信进步、福祉和美德等同于每小时可跑 100 英里的能力。他们的这些执念不可避免地致使欧洲在战争中走向毁灭，这场战争摧毁了欧洲曾经繁荣的地区，使欧洲社会陷入混乱，并激起了殖民地人民的反抗。

尽管在他晚年的时候，面对来自殖民地日益增长的挑战，杜哈曼有时也感到不得不替欧洲作辩解，[44] 但他认为，事实已经证明，第一次世界大战对破除欧洲人作为“神秘莫

---

40 Léon-François Hoffman, *Le nègre romantique*, Paris, 1973; and Eric J. Leed, *No Man's Land: Combat and Identity in World War I*, Cambridge: Cambridge University Press, 1979, pp. 126–127.

41 Robert Wohl, *The Generation of 1914*, Cambridge, Mass.: Harvard University Press, 1979, pp. 12–13.

42 Duhamel, *Civilisation 1914–1918*, p. 268；所引短语见 *Civilisation 1914–1918*, p. 272。

43 下面的论述主要基于 *La Possession du monde*, esp. pp. 140, 242–246, 254–256, 264–265 的相关部分；以及 *Entretien sur l'esprit européen*, pp.17–18, 20–22, 29–37, 40–46, 50。

44 例如，参见 *Les espoirs et les épreuves*, Paris: Mercure de France, 1953, pp. 135–136, 186–187。

测的主人”“非凡而又可怕的半神”形象起了决定性的作用。亚非人民在战争中支援他们的殖民主人时，就已经认识到，欧洲人声称他们拥有的特质使其有资格统治人类其他地区的说法是错误的。这些“有色人种”发现，欧洲人也只不过是居住在一块狭小而又分裂的大陆上，他们的统治者并不是神，而是“可怜的、血腥的动物（在西方人看来，这是彻底的反转）……没有希望和尊严可言”。战争使殖民地人民认识到，尽管欧洲人声称他们掌握了自然的力量，但却忍受着寒冷和炎热、流行病和不可胜数的“无名灾害”。杜哈曼认为，殖民地人民对那些曾经不可一世的主子们几乎毫无怜悯之情是不足为奇的，他们反抗的决心也越来越坚定。但他认为，他们不能只抵抗欧洲人的统治，还必须抵制欧洲人——以及战后他们的美国后继者[45]——试图强加给其他人的那种“残忍”和“危险”的文明的蔓延。战争揭示了这种所谓的文明的前所未有的残酷性，及其破坏性和空洞性所造成的危害，这些危害威胁着那些试图效仿其狭隘的物质主义成就的人。战后几十年里，一些亚非知识分子响应杜哈曼的号召，奋起反抗，对殖民地社会的民族解放斗争产生了重要影响。

三

第一次世界大战前，常常被欧美社会忽视的亚非思想家与活动家们，对文明使命论中被奉为神圣的西方优越性的预设发起了挑战。不过，这种挑战是高度本质主义的，而且主要是被动反应而非积极应对，并受制于西方衡量人类成就和价值的标准。印度教复兴主义者斯瓦米·维韦卡南达（Swami Vivekananda）针对印度的情况做出了最全面、最尖锐的批评。1893 年，在与芝加哥世界博览会同期举办的世界宗教大会上，他发表了关于吠檀多（Vedanta）哲学的精彩演讲，在西方赢得了一定的声誉。维韦卡南达喜欢把一个高度本质化的精神“东方”与一个同样本质化的物质“西方”对立起来。像雅利安社（Arya Dharm）的早期圣人活动家那样，[46]他声称现代西方科学家的科学发现，大多是吠陀时代的先贤们首先开创的，或者至少是由他们预见的。[47]维韦卡南达断言，在掌握了旨在探索世俗世界而提出的认识论之后，古代印度人（并由此推断他们的现代后裔）已经走向了更加崇高和更为超然的境界。维韦卡南达的这一观点明显影响了法国哲学家勒内·盖农在战后几十年的

---

45 杜哈曼于 20 世纪 20 年代末访问了美国，并带着对美国明显的负面印象离开了，在他的著作 *America the Menace: Scenes from the Life of the Future* (London: Allen and Unwin, 1931）中详述了这种负面印象。

46 参见 Mal, *Dayanand*, 1962, pp. 66–68, 73, 216；以及 Dayanda, *Satyarth Prakash*, pp. 292–293。

47 Vivekananda, *Collected Works*, vol. 1, pp. 13, 134; vol. 2, pp. 124, 140–141.

思想。[48] 维韦卡南达告诫印度同胞们不要盲目地采用西方的价值观、行为方式和物质文化，而阿南达·库马拉斯瓦米（Ananda Coomaraswamy）的著作在另一层面上也有力地回应了维韦卡南达的这一警告。库马拉斯瓦米就像威廉·莫里斯（William Morris）和他的英国同行一样，呼吁采取一致行动，保存和恢复印度人民的古代工艺技术，就如同保护中世纪欧洲的工艺那样。[49] 维韦卡南达在 1914 年前的几十年就曾预言，除非西方采纳东方的灵性论（spiritualism）来克制过度的物质追求，否则西方将会“堕落直至崩溃”，[50] 而这也被视为全球冲突即将到来的预感。

在战前的几年里，维韦卡南达提出的许多命题被两位截然不同的圣哲——拉宾德拉纳特·泰戈尔（Rabindranath Tagore）与阿罗频多·高希（Aurobindo Ghose）——所接受。他们两人和维韦卡南达一样，都是孟加拉人，并在年轻时就广泛接触过西方知识和文化。泰戈尔在战争年代成为对西方最雄辩和最有影响力的批评家，并温和地倡导用印度文化来补救西方文化的严重扭曲和无度，而战争已经极为残酷地揭示了这一点。但西方人在战前几十年所了解的，有关印度教复兴主义者对欧洲文明引领人类前进方向的思考，仅限于文学与艺术界，尤其是那些创立各种组织，致力于学习和传播古代印度哲学的人，例如神智论者（theosophist）。像赫尔曼·凯泽林这样的平民主义者，在战前几年就开始向越来越多的西方受众散布一种相当混乱的印度教教义。但很少有欧洲人相信，印度、中国或任何其他非西方的文化知识与价值观，可能为西方主导的认识论、组织方式和社会交往提供有意义的修正或替代方案。不过，战争戏剧性地改变了这一切。西方知识分子由于震惊于席卷欧洲文明的这种自我毁灭性的疯狂行为，因而试图寻找欧洲出现问题的原因，他们中的一些人——尽管人数不多，却很有影响力——转而求教于泰戈尔等印度思想家。

在许多方面，泰戈尔是古鲁（精神领袖）的典范。泰戈尔出生于现代孟加拉一个杰出的知识分子家庭，自小接受家庭教育，因而在他年轻时的学习过程中能够将西方和印度的

48 Vivekananda, *Collected Works*, vol. 1, pp. 121, 365。有关盖农对印度哲学家达到的更高水平的思考的赞美，参见 *The Crisis of the Modern World*, London, 1924, pp. 24–26, 66–67, 125–126；以及 *East and West*, London, 1941, pp. 23–26, 36–39, 43–44, 57–62, 68。

49 Vivekananda, *Collected Works*, vol. 2, pp. 410–411。有关库马拉斯瓦米，参见 *The Dance of Shiva*, London: Sunrise Turn Press, 1924。有关一位有名的法国思想家对库马拉斯瓦米著作要旨的理解，参见罗曼·罗兰为 *The Dance of Shiva* 撰写的前言。在有关莫里斯以及英国艺术和工艺复兴的众多著作中，有两本是最好的，即 E. P. Thompson, *William Morris: Romantic to Revolutionary*, London: Lawrence and Wisehart, 1955 和 Peter Stansky, *Redesigning the World: William Morris, the 1880s, and the Arts and Crafts*, Princeton, N.J.: Princeton University Press, 1985。

50 Vivekananda 的 *Lectures from Colombo to Almora* 引自 V. S. Narvane, *Modern Indian Thought*, Bombay: Asia Publishing House, 1964, p. 106。另见 Vivekananda, *Collected Works*, vol. 4, pp. 410–411。

知识融会贯通。他的父亲德文德拉纳特（Devendranath）是梵社（Bramo Samaj）* 改革运动的奠基人，父亲传授给了泰戈尔深奥的灵性论思想，并使他意识到，在他们被殖民的祖国，有着诸多亟待扫除的社会弊病。这两方面思想是泰戈尔众多作品（包括诗歌、小说、戏剧和散文等）的核心议题。尽管泰戈尔更大程度上是位神秘主义者，而非社会活动家，不过，他在自家庄园中推行了社区发展计划。后来，他又在自己的乡村隐修所圣地尼克坦（Shantiniketan）——来此参观的西方游客将之比作圣人的静修所——建立了一所实验学校和大学。尽管泰戈尔在战前几十年的国外旅行中吸引了许多欧美艺术界的朋友，他的诗歌和小说也受到叶芝（Yeats）、奥登（Auden）和其他一些西方知名作家的赞赏，但直到他于 1913 年荣获诺贝尔文学奖之后，才获得国际社会的认可——他是第一位获此殊荣的亚非裔作家。

恰巧，战争在第二年爆发了，许多受过西方教育的亚非人士对欧洲残酷的、似乎永无止境的部族大屠杀感到惊愕与质疑，泰戈尔利用他获奖后的国际声誉，有力地表达了这种感受。他表达了自己作为乔治国王与大英帝国的忠实臣民——这或许也有助于解释为什么在战争期间及战后，他能够吸引英国、法国和美国文化阶层的听众——的幻灭感。在战争的头几个月，泰戈尔得知在寄给朋友威廉·罗森斯坦（William Rothenstein）的诗作当中，有一首在伦敦出版的诗为他赚得了一点稿费。他委托罗森斯坦用这笔钱为“我们”在法国的士兵“买点东西”；他希望此举能“让他们想起，远在家乡的同胞对他们的挚爱”。[51] 然而，对英国的忠诚并没有阻止泰戈尔公开批评战争的非理性与残酷性，他反而以此为出发点，对西方的价值观和制度进行了全面的批判。泰戈尔在西方更具洞察力的读者，以及参加他在欧美和日本知名讲座的更为细心的听众，都不会忽略他那更具颠覆性的潜台词：这样一种文明不配去统治和决定非西方社会大多数人的未来；各殖民地人民必须利用自身的文化资源，主宰自己的命运。

在对战争意义的反思中，泰戈尔反复思考着战争是如何逐渐削弱文明使命论的，而文明使命论曾经是西方全球霸权的依据，并常常决定了它的进程。像瓦莱里、黑塞和其他的一些西方批评家那样，泰戈尔也从西方本身出发，探索了战争如何颠覆西方人的特质，并揭示出殖民者所鼓吹的前所未有的美德实则是致命的罪行。有些颠覆性论述是附带的，例如，泰戈尔将对大教堂所在地兰斯的破坏描述为“野蛮”；而其他一些论述只是简明的隐喻，例如，

---

* 梵社（Bramo Samaj），近代印度教改革团体之一，1828 年由罗姆摩罕莫寒·罗易（Rammohan Roy）在加尔各答创立。德文德拉纳特·泰戈尔（Devendranath Tagore，1817–1905），将梵社由最初的小团体发展成为一个正式的组织。——译者

51 Mary M. Lago, ed., *Imperfect Encounter: Letters of William Rothenstein and Rabindranath Tagore*, New Haven, Conn.: Yale University Press, 1972, pp. 189, 191.

将科学比作女性（西方采用的男性隐喻的直接对立面[52]），将欧洲比作妇女和儿童。[53]但对于大多数颠覆性论述，泰戈尔都有详加论证。殖民者频繁援引他们的物质成就，以显示其种族优越性和统治不发达民族的合理性，对此，泰戈尔在一些文章和演讲中进行了深入剖析。他谴责欧洲人先天的道德与精神被物质上的自我放纵所侵蚀。因此，他们完全丧失了克制力（或自控力），而堑壕战中的残酷暴行充分证明了这一点。因为对欧洲人而言，进步等同于物质增长，他们无法理解或教导他人如何过上充实愉悦的生活。泰戈尔断言，这些备受推崇、被奉为西方教育体系典范的学科，只不过是枯燥的重复，并抑制了心智的发展。对利润和物质利益的不断争夺，导致西方社会出现了一种"不惜一切代价取得胜利"的心态，而这种心态抛开了道德原则，并使真理成为牺牲品，正如战时的宣传所极力表现的那样。

大概在同一时期，和莫罕达斯·甘地（Mohandas Gandhi）一样，[54]拉宾德拉纳特·泰戈尔对铁路和其他西方机械设备表现出相当的不安，而"文明使命"的倡导者将铁路和机械设备誉为欧洲人战胜时间与空间的主要因素。[55]泰戈尔被迫在一家铁路餐厅里匆匆用餐，对电影画面在银幕上闪过的快节奏感到不知所措，他断定西方机械加快了生活节奏，这会导致人们迷失方向，产生不断的挫败感，也使个人和社会与自然界的、彼此之间的，以及自己身体的节奏难以同步。泰戈尔推翻了人们所熟知的环境决定论者的观点，即生活于北方寒冷地区的思维敏捷、行动果断、好斗的民族优于南方懒散、先天不守时的民族。泰戈尔断言，前者已经丧失了审美、沉思和自我反省的能力，而如果没有这些能力，他们就不适合决定人类未来的发展进程，更不用说统治全人类了。

在 1922 年创作的两部寓言剧中，泰戈尔对以科学和工业为主导的西方社会进行了更加全面的批判。第一部名为《摩克多塔拉》(*Muktadhara*)，法文版名为《机器》(*La Machine*)，于1929年出版，由马克·埃尔默（Marc Elmer）撰写了充斥着反工业化论战的长篇序言。第二部是《拉克斯卡拉比》(*Raketh Karabi*)，英文版名为《红夹竹桃》(*Red Oleanders*)。这两部剧本详细描述了小王国被机器控制的悲惨困境。在每一个故事里，机器所造成的痛苦与压迫都会激起叛乱，而叛乱旨在摧毁机器和消灭指挥机器运作的邪恶大臣。像他之前的维韦卡南达那样，泰戈尔警告人们，光靠科学和技术是无法支撑文明生活的。他

52 正如 Carolyn Merchant 在 *The Death of Nature* , New York: Harper and Row, 1983 中令人信服地表明的那样。

53 关于泰戈尔对战争反应的论述基于以下几本著作：*Diary of a Westward Voyage* , Bombay: Asia Publishing House, 1962, pp. 68–69, 71–74, 96–97; *Letters from Abroad*, Madras: Ganesan, 1924, pp. 18, 56, 66, 83–85, 130; *Personality*, London: Macmillan, 1917, pp. 50, 52, 169–175, 181–182 ；和 *Nationalism*, London, Macmillan, 1917, pp. 33, 37, 44–45, 77, 91–92。下文仅单独引用泰戈尔著作的参考文献和引文。

54 参见甘地在战时发表于 *Young India* 上的文章。

55 Michael Adas, *Machines as the Measure of Men*, pp. 221–236.

也和维韦卡南达一样，告诫印度同胞不要盲目接受西方的一切，并坚称西方需要学习印度的忍耐力与自制力，从而获得印度在历史上孕育出的，并与全人类共享的灵性。泰戈尔与印度教复兴运动的其他主要圣哲活动家一起，将印度文明的一体性（oneness）和世界主义同傲慢嚣张的欧洲民族主义和沙文主义对立起来。他认为，欧洲人长期以来一直认为，民族主义政治组织模式是他们得以称霸全球的主要原因之一，但事实证明，这种模式是导致欧洲陷入战争的致命缺陷。与甘地不同的是，泰戈尔并不排斥欧洲和北美的工业文明本身，只是断言西方如果要持续发展，就必须借鉴“东方”的知识，因为东方有很多东西值得共享。他还敦促印度同胞慷慨解囊，并接受欧洲在大危机期间因向印度求助而显示出的敬意。

与泰戈尔形成鲜明对比的是，阿罗频多·高希认为印度没有义务在一战中支持英国。高希曾在印度最好的英语学校接受教育，后来又在英国圣保罗中学和剑桥大学读书。他从一名优秀的学生和印度土邦一名小官吏逐渐成长为一名民族主义革命者，但两年的监狱生活结束了他那辉煌的革命者生涯，他最终隐居于印度东南部法属本地治里（Pondicherry）的一座静修所里。在这座避难所里，他开始了对“开悟”（realization）的终生探索，并很快使自己成为印度最多产的哲学家和受人敬仰的圣人之一。阿罗频多确信，这场战争将结束欧洲在亚洲的政治统治和文化霸权。[56]在他看来，战争让全人类看到了西方在道德和思想上的破产。他拿疾病作比喻，用“虚弱”“放纵”“精神错乱”“乏力”和“伤残”等词汇描绘欧洲。他相信战争对欧洲的道德权威是“致命的打击”，但欧洲实行统治的物质力量尚未消失。他还断言，由于以西方军国主义和物质主义为代表的人类社会模式已经名誉扫地，一个新世界即将诞生。印度凭借其丰富和古老的精神遗产，将会在创造新世界的过程中发挥核心作用。

在所有批判西方的印度知识分子中，阿罗频多是唯一一位明确探讨过资本主义基础和矛盾的人，资本主义的基础就是对权力与财富的过度追求，而资本主义的矛盾则引发了战争和随之而来的全球危机。阿罗频多嘲讽伍德罗·威尔逊（Woodrow Wilson）的新国际秩序，因为它违背了战时对殖民地人民做出的民族自决的承诺。尽管他认为布尔什维克革命有可能纠正资本主义的一些更为严重的弊病，但阿罗频多断定，单凭社会主义是无法引领人类走向重生，以逃脱深陷其中的卡利时代*，即衰亡的时代的。只有印度的灵性论（spiri-

---

56 阿罗频多对战争的反应在他的著作 *War and Self-Determination* (Calcutta: Sarojini Chose, n.d., c. 1924) 和 *After the War* (Pondicherry: Shri Aurobindo Ashram, 1949) 中进行了最详细的阐述。

* 根据印度教经文和神话传说，宇宙注定要经历四大时代的循环：萨提亚时代（Satya Yuga）、特雷塔时代（Treta Yuga）、德瓦帕尔时代（Dwapar Yuga）、卡利时代（Kali Yuga）。人类现在正处于当前宇宙的第四个时代——卡利时代，也是最黑暗和堕落的时代。——译者

tualism）和一个“复兴的亚洲”才能遏制社会主义增加“人类的机械负担”的趋势，从而开创国际和平与社会和谐的新时代。[57]

尽管莫罕达斯·甘地很快成为印度独立运动的主要领导人，但他并非有关第一次世界大战如何影响欧洲全球统治地位的跨文化话语的主要贡献者。虽然在战前的十年里，甘地在南非成为非暴力反抗通行证法的主要领袖，但他和泰戈尔一样，认为必须尽“自己的绵薄之力”来支持帝国的战争事业。他当了几个月的救护车司机，后来又试图帮助英国招募印度人参军。当有人指出甘地支持战争和主张非暴力抵抗之间的矛盾时，他只是答道，如果在危急时刻不保卫大英帝国，那就不能期望享受作为帝国公民的好处。[58]但他清楚地意识到，战争残酷地揭示了作为其他人类文明效仿榜样的西方文明的局限性。即使在战前，特别是在一本写于1909年的《印度自治》（*Hind Swaraj*）的小册子里，他已经开始用明确的措辞——他年轻时思考此类问题的特有词汇——来否定西方工业文明。甘地同维韦卡南达和阿罗频多等前辈圣人活动家思想一致，同时又借鉴了托尔斯泰和梭罗等工业主义和物质主义的主要批评家的观点，[59]他得出结论认为，将物质进步与社会或个人的进步混为一谈是愚蠢的。但他比前辈们更为详细地阐述了可能取代西方主导模式的其他生产模式、社会组织方式和对待自然的方法。一战增强了他抵制工业化在印度蔓延的决心，使他坚定地倡导手工业的复兴和以乡村为中心的社区发展。这一信念——甘地见证了灾难性的一战之后得出的——是他个人使命感的核心，但在一些论述甘地对印度独立运动做出重大贡献的著作中，往往忽视了他的这种信念。正如他1926年发表在《青年印度》（*Young India*）上的一篇文章所明确表达的那样，印度人民如果只是驱逐出英国统治者，而全盘接受他们那狂热的民族主义和工业文明，那么自由将是虚幻的。他希望他的印度同胞们明白：

> 印度的命运不在于走西方的血腥道路……，而在于选择简单而虔诚的生活方式和不流血的和平之路。印度正处于丢失灵魂的危险边缘，但她绝不能丢失灵魂而苟且偷生。因此，她一定不能懒散而无望地哀叹：“我无法躲过西方的冲击。”她必须足够强大，为她自己，也为这个世界去抵制西方的冲击。[60]

57　被引部分出自 Aurobindo,“After the War, ”pp. 10,13。

58　有关甘地在战争期间的活动以及他支持英国的理由，参见 *The Story of My Experiments with Truth: The Autobiography of Mahatma Gandhi*, Boston: Beacon, 1957 ed., pp. 346−348；以及 Louis Fischer, *The Life of Mahatma Gandhi*, New York: Collier, 1962, pp. 133, 164−165, 180, 288−290。

59　例如，参见甘地在锡兰（斯里兰卡）科伦坡向基督教青年会发表的演说，演说词重印在 *Young India*, December 8,1927。

60　*Young India*, October 7, 1926.

四

由于撒哈拉以南非洲的大多数地区只是在 1914 年前的几十年里才开始受到欧洲的殖民统治，因此，非洲受过西方教育的人要比印度少很多。除去一些重要的例外，如四公社（Quatre Communes）* 中的塞内加尔人，[61] 非洲的专业人才和知识分子进入欧洲高等学府的途径往往比印度少，也很少有机会与英国、法国和德国的艺术与文学界同行进行合作。由于这些原因，再加上非洲接受西方教育的新兴阶层四分五裂（如同 19 世纪末欧洲瓜分非洲领土，使这块大陆变成殖民保护区的拼缀图那样），因而非洲人对一战的反应起初并没有像泰戈尔和阿罗频多等印度思想家那么集中和有力。直到战争结束十多年之后，他们才联合起来，对帝国主义者所宣扬的文明使命论进行了持续而有力的诘问。然而，非洲的迟缓反应并不能归因于英国或法国殖民地缺乏感到不满和思想幻灭的知名知识分子。战后那几年，担任殖民地行政官员的人类学家与欧洲的记者们警告道，“最令人担忧”的是，非洲人对他们的欧洲领主失去了的信心。他们报告说，凡尔赛条约签订后，欧洲拒绝接受战时被迫向殖民地人民做出的承诺，这引起了人们普遍的不满。人们普遍认为，一战的疯狂场景使非洲人开始质疑战前对欧洲人的设想，即认为他们更理性和更节制，因此也更文明。[62]

这些沮丧情绪和对欧洲人自命不凡的优越文明的辛辣讽刺，在勒内・马朗（René Maran）的小说《巴图阿拉》（*Batouala*）中表现得淋漓尽致。《巴图阿拉》发表于 1921 年，是一部由非裔作家创作的小说，并于次年获得了久负盛名的龚古尔文学奖。马朗是受过西方教育的马提尼克岛（Martinique）人，从小就在法语学校学习，并在法属殖民地政府工作了几十年。他的小说描述了中非乌班吉沙里（Ubangui-Shari）——故事发生的地点——人民的生活。马朗一方面将非洲村民生活中的点点滴滴高度浪漫化，另一方面又对“原住民”进行了本质主义的描述，认为他们懒惰、滥交和听天由命，因此需要欧洲殖民者的教导，并且他往往在这两者之间摇摆不定。但马朗巧妙地揭露了殖民者教化承诺的空洞性，战后的几年里，质疑的声浪开始淹没欧洲人对全球使命的大肆鼓吹，而马朗的这部小说为这种质疑声增添了颇具影响力的非洲之声。

---

* 指塞内加尔早期的四个公社，即圣路易、达喀尔、戈雷、吕菲斯克四个城镇。此四镇位于塞内加尔河口地区，是法国在西非最早的殖民地。——译者

61 参阅 Michael Crowder, “Senegal: A Study in French Assimilationist Policy”, London: Methuen, 1967, chapters1 and 2。

62 例如，参见 John A. Harris, “The ‘New Attitude’ of the African,” *Fortnightly Review* 108,1920, pp. 953–960；以及 G. St. John Orde-Browne, *The Vanishing Tribes of Kenya*, London: Seeley, Service, 1925, p. 271。

尽管马朗作品中的主人公巴图阿拉承认对欧洲科技——包括自行车和假牙——“钦佩而又恐惧”，但他显然将欧洲人当作有缺陷的人，而非拥有超自然力量的半神。在一系列大胆的反转叙述中，巴图阿拉将他们自己良好的身体卫生状况与汗流浃背、臭气熏天的殖民者进行了比较；他还对比了他们和自然环境之间的亲密关系与欧洲人“害怕他们身边活着的、爬行的或移动的所有东西”的行为，以及他们自己那“善意的”谎言和殖民者剥削时的虚情假意：

> 白人（boundjous）一无是处。他们讨厌我们，只是为了压迫我们，才来到我们的土地上。他们将我们当作骗子！我们的谎话不会伤害到任何人。是的，我们有时也会精心编造，那只是因为真相几乎总是需要被美化，就如同没有盐的木薯就不会有任何的味道。
>
> 而他们，总是无缘无故地撒谎。撒起谎来，就像人的呼吸那样自然，而且讲究方法和记忆。他们用谎言证明他们比我们优秀。[63]

马朗在小说中还揭露道，殖民者自吹自擂的“文明使命”只不过是一堆蓄意的谎言和未履行的诺言。殖民者承诺为巴图阿拉和他的人民建造“公路、桥梁和能在铁轨上靠火力驱动的机器”，以换取苦力和日益繁重的赋税。但乌巴吉沙里人民却没有看到这方面的任何改善，巴图阿拉抱怨说，赋税只会填满“我们指挥官的口袋”。殖民者所做的不过是剥削非洲人，他们轻蔑地将非洲人视为奴隶或驮畜。欧洲人妄图压制巴图阿拉和他的村民们所享受的各种欢快庆典和娱乐，他们正在摧毁非洲村民曾经享受过的天堂般的生活。[64]

马朗对非洲和非洲人的本质化描述，或多或少再现了20世纪欧洲旅行者和知识分子长期使用的“高贵的野蛮人”的比喻。在很多方面，马朗都表现出他已完全融入法国文化，他对乌巴吉沙里“原住民”的描述，很可能出自一位富有同情心，并在任职期间研究过民族学的殖民地官员之手。实际上，马朗很可能受到多方影响，包括供职于殖民地行政部门的人类学家同事的著作，以及塞拉利昂的詹姆斯·阿弗里卡纳斯·霍顿（James Africanus Horton）和他那出生于西印度的同乡爱德华·布莱登（Edward Blyden）的开创性的研究成果。他肯定还熟悉法国人类学家莫里斯·德拉福斯（Maurice Delafosse）编纂的西非民族志。德拉福斯的著作对促使西方人（以及受过西式教育的非洲人）重新思考他们在一战前后数十年里

63 *Batouala*, trans. Barbara Beck and Alexandre Mboukou, London: Heinemann, 1973, p. 74.

64 Ibid., pp. 29–31, 47–50, 75–76.

对待非洲的态度起了相当大的作用。[65]德朗（Derain）、布拉克（Braque）、马蒂斯（Matisse）和毕加索等著名的欧洲先锋艺术家在战前几十年里对非洲艺术的“发现”，也在很大程度上改变了人们早期对非洲成就的评价。非洲人的面具和雕塑对立体主义、抽象表现主义和其他现代主义艺术运动的强大影响力，鼓舞着一度绝望的非洲知识分子竭力反抗对非洲文化和成就的种族主义偏见，而这种偏见在19世纪对这块“黑色大陆”的描述中司空见惯。欧洲高雅文化权威人物的赞誉激励了许多人，他们从世界各地所有的奴隶散居区和非洲各地前往巴黎，参加由W.E.B.杜波依斯（W.E.B. Du Bois）于1919年召集的第二次泛非会议。[66]尽管大多数殖民地参会者力主对战后殖民地采取一种调解且绝对温和的方法，[67]但还是有许多人响应了杜波依斯对抗种族主义的号召，并将种族主义斗争与重塑长期以来西方对非洲的固有印象的诉求联系起来。由于马朗的《巴图阿拉》毫不隐讳地质疑了文明使命论的臆断，并受到法国文学界的称赞，因而，即使它的内容有点儿古怪，也被视为一部极为重要的著作。

马朗对“黑人性”运动（Négritude movement）[*]——从20世纪30年代末开始主导法语殖民地非洲知识分子的思想——的先驱者产生了影响，不过，其影响程度一直存在争议。[68]然而，无论是马朗重建前殖民地生活和文化的努力，还是他对殖民者继续统治非洲的合理性——以文明使命论为依据——的质疑，都是最具影响力的“黑人性”诗人作品中的重要组成部分。马朗作为受过西式教育的奴隶移民后裔的背景，也反映了跨越大洲的影响力、活力和创造力的融合，这些力量在20世纪20年代的泛非会议及随后十年中出现的“黑人性”运动中都有所体现。

利奥波德·桑戈尔（Léopold Senghor）在回顾自己的学术生涯与哲学思考时，深情地回忆道，[69]在20世纪30年代早期，“黑人性”作家们开始在巴黎联合起来了。桑戈尔把“黑人性”运动这一名称的由来归功于马提尼克诗人艾梅·塞泽尔（Aimé Césaire），并认为

---

65 例如，参见他的不朽之作 *The Negroes of Africa*（首次出版于1921年）。有关他的影响，参见 Gérard Leclerc, *Anthropologie et colonialisme: Essai sur l'histoire de l'africanisme*, Paris, 1972, pp. 43–52；以及 Raoul Girardet, *L'Idée coloniale en France, 1871–1962*, pp. 158–164。

66 有关这些联系，参见 S. Okechukwu Megu, *Léopold Sedar Senghor et la défense et illustration de la civilisation noire*, Paris, 1968，尤其是 pp. 32–36。

67 Crowder, *Colonial West Africa*, pp. 408–412.

* Négritude，意指“黑人性”或“黑人精神”。这个词是马提尼克诗人艾梅·塞泽尔在1934年创造的一个新的法语单词，作为他们所倡导的政治文化运动的旗帜。不少讲法语的黑人知识分子围绕在它的旗帜下创造了许多文学作品。在“黑人性”作家中，最著名的是塞内加尔的利奥波德·桑戈尔、马提尼克的艾梅·塞泽尔和圭亚那的莱昂·达马斯。——译者

68 Dorothy S. Blair, *African Literature in French*, Cambridge: Cambridge University Press, 1976, pp. 18–20.

69 参见 *Ce que je crois*, Paris: 1988, pp. 136–152。

这场运动起源于短命期刊《黑人大学生报》（*L'Étudiant Noir*）上刊载的文章，以及两次世界大战之间的数十年里，巴黎各大高校的来自帝国各地区的留学生和知识分子之间的活跃交流。大多数明确以"黑人性"为重大主题的诗歌都是在第二次世界大战后出版的，是以1948年出版的影响深远的《黑人和马尔加什法语新诗选》（*Anthologie de la nouvelle poésie nègre et malgache de langue française*）为开端。不过，一些诗作在20世纪30年代末就已经在私下流传，艾梅·塞泽尔的《返乡笔记》（*Cahier d'un retour au pays natal*）于1938年就以片段的形式首次出版。这些诗歌都表明，在非洲的觉醒过程中，对第一次世界大战创伤的记忆依旧具有影响力。

在桑戈尔那引人共鸣的诗篇《白雪笼罩着巴黎》（"Neige sur Paris"）[70]中，诗人醒来后发现这座城市被刚落地的雪花覆盖着。在想到洁白的雪花可能有助于缓和迫使欧洲再次陷入战争的深刻分歧，并治愈西班牙被内战"撕裂"的创伤时，桑戈尔备感鼓舞，但他又联想到那些征服非洲、奴役非洲人民和为了"铁轨枕木"而砍伐非洲森林的"白色的手"（white hands）。他嘲讽殖民者的使命，批评他们对大片森林的毁坏，就像对他们强加于非洲人民身上的苦难一样漠不关心：

> 那些因为缺乏人类赖以生存的原料而砍伐过非洲的森林、用来"拯救"文明（的手）。*

并且他对那些充当和平缔造者的人背叛了他的人民而感到悲痛，因而他揭露了西方领导人在凡尔赛的卑鄙阴谋：

> 主啊，我不让自己内心的仇恨爆发，我知道，我憎恨那些獠牙毕露、明天要拿黑人的血肉作交易的外交官们。

在献给勒内·马朗的诗作《让科拉琴和巴拉丰琴为我伴唱》（"For Koras and Balafong"）中，桑戈尔逃离了工厂的烟囱和欧洲的暴力冲突，回到他童年时代的家乡——位于塞内加尔海岸的达喀尔以南的塞雷尔人的土地——避难。在整首诗歌中，他都在赞美家乡的音乐和舞蹈、乡民的性感与美丽，以及他们与自然界的和谐共处——所有这些都是"黑

70 引用部分摘自John Reed和Clive Wake对桑戈尔*Selected Poems* (Oxford: 1964)中的"Snow upon Paris"的经典译文。

* 此处及下文的诗句，转引自桑戈尔著：《桑戈尔诗选》，曹松豪、吴奈译，外国文学出版社，1983。——译者

人性”作品的中心主题。不过，和马朗一样，他用这些主题来表达欧洲社会的逆转，而这个他逃离了的欧洲社会已经被一战的暴力所玷污。他的故土之旅通过

……凡尔登，是的，凡尔登，这条保卫过清白无辜的欧洲的看门狗用荆棘和路标为我引路。

旅途中，他穿越的索姆河、塞纳河、莱茵河和“斯拉夫地区荒凉的河流”，在“大天使的剑影下全被染红”。在非洲举行节庆的韵律声中，他听见：

像是最后审判的号角，吹响在白雪茫茫的欧洲埋骨场上。

他哀求那沙漠里的故土涤净他身上从“文明人那里传染上的各种毛病”，并向黑色的非洲之夜祈祷将他从

理智沙龙的诡辩，从闪烁其词的借口，从蓄意的仇恨文明的屠杀中解放出来。

桑戈尔诗篇这些结尾的诗节，令人想起强烈的反转性对比，这种对比性描述也成就了1930年代的其他一些诗篇中最令人难忘的诗节，包括桑戈尔的合作伙伴，以及“黑人性”运动的其他共同创始人的诗。例如，莱昂·达马斯（Léon Damas）的诗歌反映出他一反传统地厌弃自己已被同化了的服饰：

他们的鞋子，
他们的晚礼服，
他们被浆过的衬衫，
他们的硬领，
他们的单片眼镜，
以及他们的圆顶硬礼帽，
我对这些感到无比的滑稽可笑。[71]

71　摘自发表于 *Pigments* (Paris,1962) 中的“Solde”，以及 Abiola Irele, “Négritude or Black Cultural Nationalism,” *The Journal of Modem African Studies* 3, no. 3, 1965, p. 503。

在“黑人性”作家蔑视和嘲讽欧洲人的道德准则——几个世纪以来，欧洲人用以贬损非洲人民，并为其统治的正当性进行辩护——的作品中，艾梅·塞泽尔的《返乡笔记》或许是最激动人心的了：

（赞美）那些从来没有发明过任何事物的人
那些从未探索过任何事物的人
那些从未驯化过任何事物的人
和那些遵从于万物本质的人
他们表面一无所知，却敬畏万物的运动
他们没有征服的欲望，却熟知世界的规则。[72]

五

我认为，围绕第一次世界大战，人们对西方开创的科技导向的文明的未来意义而进行的讨论，是第一次真正意义上的全球性思想交流。尽管非洲奴隶贸易已经激起了大西洋两岸知识分子的反应，但战后的这种话语是亚洲、非洲、美洲和欧洲的思想家之间相互交流的产物。一方面，这种战后话语成为批判文明使命论——巩固西方全球霸权的基础——这一预设前提的场所。另一方面，它也提出了有关工业化对西方自身的影响和工业化进程如何被转移到亚非殖民地等一些根本性问题。近20年来，哲学家、社会评论家和政治活动家们深入研究了自工业化这一分水岭出现以来，科学知识和技术创新所带来的后果。他们对工业化进程本身对人类发展的长期影响深表怀疑，直到始于20世纪60年代并延续至今的全球环境保护主义话语兴起以后，才有了相应的答案。

尽管在全球范围内，亚非殖民地在战后对工业秩序的挑战和对文明使命论的质疑是前所未有的，但仍主要局限于受过西式教育的精英阶层。殖民地的知识分子（除了泰戈尔和阿罗频多等少数著名人物之外），均使用欧洲语言批判西方的霸权假设，而受众也主要是受过西方教育的专业人士、政治家和学者。[73]即使是那些用亚非语言写作的知识分子，如果

72 摘自 *Cahier d'un retour au pays natal*, translated as *Return to My Native Land* by John Berger and Anna Bostock, Harmondsworth, 1969, p.75。

73 Paul Sorum 在 *Intellectuals and Decolonization in France*, Chapel Hill, N.C. University of North Carolina Press, 1977, pp. 213–214 中论述“黑人性”的起源时强调了这些著名人物。

他们想要参与战后话语，也不得不用英语或法语等“强势”[74]的语言写作或演讲。正如恩古吉·瓦·提安哥（Ngugi wa Thiong'o）提醒我们的那样，语言的牢笼限制了，并在很大程度上决定了相互交流的议题。[75]印度和非洲的知识分子不但借鉴了托尔斯泰、柏格森（Bergson）、梭罗和瓦莱里等西方思想家的观点，而且他们所讨论的话题在很大程度上主要是由欧洲的，以及某些美国的全球话语参与者所界定的。从这个意义上说，战后印度人和非洲人对“文明使命”的抨击，与安特诺尔·菲尔曼（Anténor Firmin）在19世纪对非洲种族低人一等的“科学”论证的驳斥，或爱德华·布莱登对非洲文化的辩护，有着相似的反应。即使对印度文明的精神性或非洲文化的自然性的本质化强调，也是基于欧洲旅行者、小说家和东方学学者几个世纪以来所使用的隐喻。马朗和泰戈尔（或他们之前的维韦卡南达和之后的桑戈尔）的反应同样表明，罗伯特·休斯（Robert Hughes）的“文化自卑感”[76]尤其显而易见。欧洲人的赞誉在很大程度上左右着西方以及受过西式教育的殖民地精英圈子对亚非思想家的认可度。

尽管殖民者与被殖民者之间的话语语汇在许多方面都是相同的，但对印度和非洲参与者而言，一战在很大程度上改变了这些语汇的基调和意义。西方的危机及其暴露出的西方文明中令人震惊的缺陷，在很大程度上打破了殖民地精英们心理上的束缚，正如阿希斯·南迪（Ashis Nandy）所说，[77]这种心理束缚同时也是殖民者最阴险和最令人意志消沉的霸权手段。第一次世界大战为人们重新认识——通常是以重塑的形式——殖民地文化提供了无数的切入点。这在战后印度和非洲思想家对战前“文明使命”倡导者所珍视的特质的颠覆性描述中，表现得淋漓尽致。一战引发的危机证实了甘地的观点，即西方工业化国家为人类开辟的道路既无法实现道德提升或社会发展，最终也无法持续下去。尽管战后话语开展的圈子起初很小，但在随后的几十年里，它对受过西式教育的亚非知识分子的反霸权思想贡献良多。这些思想又进一步影响了反抗欧洲殖民统治的农民和城市劳动者。

【原文出处】Michael Adas. “Contested Hegemony: The Great War and the Afro-Asian Assault on the Civilizing Mission Ideology,” *Journal of World History*, Vol. 15, No.1 (2004), pp. 31–63.

---

74 对这一有用概念的讨论，参见 Talal Asad, “Two European Images of Non-European Rule,” in Asad, *Anthropology and the Colonial Encounter*, New York: Humanities Press, 1973, pp. 103–118。

75 *Decolonising the Mind: The Politics of Language in African Literature*, London: Heinemann, 1986.

76 “The Decline of the City of Mahagonny,” *The New Republic* (28 June 1990), pp. 27–28.

77 *The Intimate Enemy: Loss and Recovery of Self under Colonialism*, Delhi: Oxford University Press, 1983, esp. pp. xi–xiii.

彭慕兰　著
刘旭　译

目的论、不连续性和世界史：历史分期与现代性的起源迷思*

【导读】

彭慕兰（1958—　），美国世界史和中国史学家，“加州学派”主要代表人物。1988年获得耶鲁大学博士学位，之后入职加州大学尔湾分校历史系，2012年转入芝加哥大学历史系。其专著《腹地的构建：华北内地的国家、社会和经济（1853—1937年）》与《大分流：欧洲、中国及现代世界经济的发展》分别荣获1994年和2000年美国历史学会颁发的“费正清奖”。《大分流》还获得了2001年美国世界史学会最佳图书奖，其出版引发了20年来全球世界史领域最为重要的辩论。彭慕兰曾任《全球史杂志》创刊主编，2006年当选美国人文与科学院院士，2013—2014年担任美国历史学会主席，并荣获2021年度国际汤因比奖。其主要研究方向包括中国近现代国家、社会与经济之间的相互影响以及世界经济的多元起源和区域发展等。

归根结底，历史学是时间建构的学问，因此历史研究与教学都从分期开始，而历史分期又是相对的和主观的，它与采用何种时间尺度有关。本文以恢宏的视角和细致入微的观察分析了上述相关问题。它从“现代性起源”这一人文社科领域的核心课题出发，批判性地评估了世界历史叙事中常见的时间框架及分期方法。作者认为跨度过大的历史分期往往无法摆脱目的论的影响，而以重大技术变革为基础的时间建构又经常会忽视历史发展的连续性和复杂性。他提醒我们应当以更加细致、多元和灵活的分期方式来克服以上问题。具体而言，应该运用不同时间框架来考察现代世界的多重起源，并从多地区的角度寻求历史发展的共性、互动性和全球性。

---

* 本文能够成稿，得益于我与丹尼尔·西格尔（Daniel Segal）近年来的讨论，其中一段与讨论内容密切相关，下文已做注释；同时感谢茱莉娅·托马斯（Julia Thomas）对文章草稿提出颇有帮助的建议，以及《亚洲世界历史评论》（ARWH）编辑们的辛勤工作。

除了对时间建构的学术讨论，本文的另一个特点和贡献就是兼论相关问题对世界史教学的意义。在很大程度上，20世纪下半叶世界史在西方（尤其是美国）的发展是作为一个教学领域出现的。随着20世纪八九十年代美国世界历史学会和《世界历史杂志》的相继创立，其学术研究性质大大加强，但仍鲜有学者讨论世界史研究和教学的互动关系。彭慕兰在这方面做出了发人深省的分析和论断，鼓励学生有意识地转换时空分析框架，并认为这是培养历史思维的关键所在。

世界史不同于其他历史，这不仅仅是范围大小的问题。罗伯特·贝恩（Robert Bain）曾经为美国本土的教师组织过多场工作坊，他讲述了下面这种显著的模式。当被要求概述美国史或西方文明史的时候，老师们都能侃侃而谈，内容也基本相似。但让他们对世界史进行总结的时候，很少有人能从容应对，许多老师都卡在一些基本的结构问题上，比如是否应该按照地区来设计课程（将南亚、欧洲、东亚等分开讲述）还是采用单一整体叙事，或者是如何对世界史进行分期。[1]

其区别在于，无论好坏，人们对于美国史（等国别史）和西方文明史的总体架构是基本接受的。当然重要分歧依旧存在，但因为有相当程度的共识，分歧才有讨论的基础和意义。相比之下，世界史领域的共识点要少得多，即便是高校学者普遍同意的观点也未必能获得其他教学研究者的认同。

虽然如此，大多数世界史学者都会同意将下列主题纳入本领域的基本叙事之中，比如人口及其平均寿命随时间的推移而增加，人类对环境的影响和跨地区互联性逐渐增强，等等。除了这些最无争议的变化外，紧随其后的是大量其他故事。这第二组主题趋势包括（但不限于）群众政治参与的扩大、家族血缘重要性的降低、按相对来说非个人规则运行的各种机构越来越重要、婚姻形式的部分标准化、小型政治实体或社会的逐渐消亡、对人类繁衍的控制力增强（因此生殖与性行为的关联度越来越低）、财富差异（相较于其他区分）和以金钱为媒介的交易（包括劳动关系）愈发重要、读写能力的更加普及，等等。与第一组变化相比，以上趋势也许存在更多的例外情况，其表现形式或重要程度也可能受到质疑，但它们基本上可以成为共识。其中有些变化直到最近几个世纪才成为显著的历史趋势，而大多数则在更早之前就已经在一些地区出现。

把所有这些主题加在一起似乎可以构成将世界历史作为现代性起源的论述框架。此框架把本领域大部分教材和课程统一起来，不管它们从早期文明、农业起源还是更早的时候开始讲起。这一综合论述体系确保了世界历史的关联性（relevance），而且与有些人的担忧不同，它并不宣扬必胜主义或者过度同质化。毕竟对“现代性”的描绘既可以突出不平等的两极，也可以强调其崩溃的可能性。我们不会假设当前最优势民族的状态就代表“现代性”，其他民族则尚未迈入这一门槛。即便是这样，这种框架也是完全倾向于目的论的，其中隐患不言自明。

相比大多数国别史和地区史，世界史向前追溯的时间往往更长，这也使它更容易掉到目的论的窠臼之中。虽然一些民族主义者努力想让自己国家看起来多么历史悠久，但这已

---

1 Robert B. Bain, “Challenges of Teaching and Learning World History,” in Douglas Northrop ed., *A Companion to World History*, Chichester, UK: Wiley-Blackwell, 2012, p. 133.

不再能让学者们信服；民族国家的太多特征都以较晚出现的制度为前提，至少把它们作为理想模型（例如，固定是超越地方性的但又不声称具有普遍统治权；官僚机构能够持续努力实现内部同质化）。无论拉斯科洞穴（Lascaux）里的史前艺术家是何许人也，他们肯定不是法国人，研究法国史的专家不必理会他们；但作为人类，这些艺术家很难被排除在世界史之外。

此外，由于上面提到的世界史的很多基本脉络都是以一般和/或相对的措辞来表述的，例如“数量增加”“环境影响加剧”“远距离联系增多”等，因此这些变化都可以追溯到非常遥远的过去。也许应该这样做，如此一来就能避免将所谓停滞的“前现代”和充满活力的“现代”描绘成太过泾渭分明的两个时代。[2]追溯久远的过去也能帮助我们绕开传统上给特定社会起源所设定的截然不同的日期，使我们能够讨论我们可能希望纳入“通识教育”的各种著名的、引人入胜的发现，并表达一种对包容性的渴望，而这种渴望往往是“世界史”比国别史或“地区史”更受青睐的原因。从另一方面来说，世界历史通常以今天为界，它不像有些历史主题有明确的终点，诸如奥斯曼帝国、拉丁美洲殖民地、合法的奴隶制度、摩尼教和托勒密天文学等等。

出于这些原因，与大多数历史相比，世界史更容易将我们通常所说的“史前史”的内容（至少是其中一部分）囊括进来。[3]根据世界史的不同类型，它可能追溯至全新世，或最早行为意义上的现代人，早期原始人，甚至是宇宙起源。所有这些不同起点的世界史都和我们从前的假定有冲突，即历史只需关注最早文字记载出现之后的人类社会。[4]不论其优点如何，追溯史前的世界史都面临更大的目的论风险，这也要求我们在思考历史分期和运用不同时间尺度的影响时，要比其他史学家更加谨慎，更加直白。

---

2 在刚刚发表的一篇文章中，丹尼尔·洛德·斯梅尔（Daniel Lord Smail）和安德鲁·施赖奥克（Andrew Shryock）认为，这种区分是“现代”概念本身带来的必然结果，并建议我们将其摒弃，见 Smail and Shryock, “History and the Pre,” *American Historical Review*, vol. 118, no. 3(June 2013), pp. 709–737。这在我看来没有必要，可能也是无法做到的。我将在后文继续讨论“早期现代”概念，而且相信与其将“现代”完全放弃，我们其实可以用其他方式获得类似的成果。那就是将原本带有“现代”标签的事物具体看待，更加详尽地论述其主要特征；认识到所有的分期方法都会忽略在不同的时间尺度之下，历史的反常情况和反主流趋势情况；并且所有的分期方法都有特定适用条件，只能用于观测特定的历史现象。除此之外，我同意斯梅尔和施赖奥克在文中倡议的，反对用任何固定和单一的方式，将前现代与现代分割开来。

3 参见《美国历史评论》论坛导语“Investigating the History in Prehistories,” *American Historical Review*, vol. 118, no. 3(June 2013), p. 708。在此没有必要将内容涵盖非常久远历史的世界历史作品（特别是但不仅限于教科书）全部罗列出来，但显然在世界史领域，这种情况比国别史、地区史或地方史要常见得多。

4 早期版本的“西方文明史”课程注重描绘漫长的人类史，但同时认为其中的大部分并不能被称作“历史”。相关论述详见 Daniel Segal, “‘Western Civilization’ and the Staging of History in American Higher Education,” *American Historical Review*, vol. 105, no. 3, 2000, pp. 770–805, 特别是 pp. 772–779。

因此，在本文的开始和结束部分，我都对时间尺度和历史分期问题进行了总体性反思。中间的四个部分首先从史前史开始广泛探讨与起源故事相关的特定问题，接着是对一些追溯到古代的故事的考察，然后是一些聚集哥伦布以来那个时期，但将那一刻置于一个非常长远的视角中的故事；最后是一些更具体地关注工业化之前的“早期现代”时期的故事。在结论部分我批驳了任何单一起源或单一历史分期的做法，同时试图勾勒出一个适当的方案组合所应具有的一些特征。

时间尺度的问题

即便是看上去最简单明了的历史趋势，也只有集中在某个特定的时间尺度下观察才能保持简单明了。例如从长远来看，19 世纪初蒸汽动力的发展显然已经揭开了畜力交通运输退出历史舞台的序幕。但事实上起初的影响恰恰相反。铁路与蒸汽轮船的发展造成了中远途客货流量的极大增加，越来越多的人员物资需要经由火车站或船坞码头中转。1870—1900 年，美国十大主要城市的人口翻了一番，而马车师傅的数量却增长了四倍有余。[5] 因此实际上“钢铁马车”开启了一般马拉客货车的繁荣时代；即便在汽车最早广泛使用的美国，这种情况也一直延续到 20 世纪 20 年代。

值得注意的是，从铁路出现到畜力交通真正衰落的那一段时期要远远长于人们观察世界并做出决策的时间范围。因此如果有历史学家认为，马车师傅能够在 1850 年甚至 1900 年预见自己的行当是“夕阳产业”，那么这种推测无疑是错误的。在相当长的时间里，人们的生活中有铁路，但没有理由相信机动交通最终会减少（更不用说取代）对马匹的总体需求。这个时段不仅比人的寿命更长，也比人们预见的未来更远，甚至比大多数历史著作所涵盖的时期更长久。类似的例子不胜枚举。

那为什么很多人，至少是大部分非历史专业人士，会对这个故事感到奇怪呢？原因就在于我们都知道它的结局是什么。笨重的蒸汽机最终被小型化的内燃机取代，使得卡车、公交车和家庭汽车变得经济实用；与此同时，在日益拥堵的交通状况下，马车的固有问题无法得到解决——马不仅要进食、排便，还可能在城市环境中受到惊吓，车夫无法完全掌控，麻烦的问题会越来越多。在我们生活的时代，技术进步是时常可见的，大家头脑中有

5 Eric Morris, “From Horse Power to Horsepower,” *Access*, vol. 30, 2007, p. 3, 可访问 http://www.uctc.net/access/30/Access%2030%20-%2002%20-%20Horse%20Power.pdf。关于能源交通起初推动“传统”市场网络（依赖于人力和畜力交通），而后摧毁它们（“真正的现代化”的结果之一）的概览式论述，见 G. William Skinner, “Marketing and Social Structure in Rural China: Part 2,” *Journal of Asian Studies*, vol. 24, no. 2, 1965, pp. 17–26。

“机动车”（包括火车和汽车）的概念，因此很自然会将这项技术的发展看作理所应当。然而，历史证明，等到每个人都能看清这个趋势要经过相当长的一段时间。1894 年，马车退出历史舞台似乎仍然遥遥无期，伦敦的《泰晤士报》甚至预测，如果该市的马匹数量增长一直持续到 20 世纪 50 年代，将会带来严重的公共卫生问题。1898 年在纽约召开的全球首届国际城市规划大会也集中探讨了同样的问题。[6] 从第一台内燃机问世到第一辆福特 T 型汽车（Model T）生产用了将近五十年之久；而在这半个世纪里，很多人都强烈怀疑汽车能否变得足够经济适用进而获得广阔的市场。

以上并不能证明带有目的论倾向的宏观视角是“错误”的，重要的是它提醒我们这种观点只是一种可能的角度，至于是否应该采用某个或多个特定的时间尺度，这取决于研究具体问题的目的。这从认识论和道德的角度来说都是必要的：毕竟有些活动最适合放在一两个生命周期的范围内进行考察，超过这个时间段则有害无益；有的活动则可能恰恰相反。在关注现代性的地理起源问题时，多重时间尺度必不可少。它是单一起源（于欧洲某地），还是多源发展（平行发展或交互影响），抑或是全球起源（作为巨大的进化过程的逻辑结果或取决于如此多的相互作用的影响，以至于我们不得不称其为普遍人性的产物）？在回答以上问题时我们必须谨慎而且明确地说明自己采用何种时间尺度，并严格避免在论述不同地区时随意变换时间尺度。

在下文中，我将在现代性的起源迷思和历史分期的方法（一种密切相关的现象）之间来回切换，前者在非常大的时间尺度和全球地理尺度上运作，后者则在更短的时间尺度上运作，并且通常（但并不总是）为现代性找到一个更为具体的地理起源（一般在欧洲，偶尔也有人为宋代中国投上一票）。我的主要观点包括：

一、无论看起来多么综合性的方法，都无法单独解释上面两个问题。

二、任何有关现代性起源的故事（甚至是任何历史解读）都与历时性的变化息息相关。而自然科学，尤其是进化生物学，无疑为理解量变如何积累成为质变提供了具有吸引力的解释模式。然而它所带来的社会进化论的威胁也是实实在在的。因此，我们需要认真听取从博厄斯（Boas）和列维-斯特劳斯（Levi-Strauss）学说演进而来的文化人类学家的观点，它们往往激烈反对社会进化论，提倡共时性（synchronic）视角；并将其与布罗代尔的“长时段”理论和一直持续到工业革命的全球性“旧生物体制”（biological old regime）结合起来。

三、关于现代性起源的故事，有两点需要注意。第一，现代性是长期以来全球化（至少是跨地区）进程的产物，这些进程只是恰好首先在欧洲汇集在一起，但绝非其

6 Eric Morris, “From Horse Power to Horsepower,” pp. 1–2.

独有的创造。第二，我们需要非常认真地解释（主要基于短期的但不纯粹是表象的趋势）为什么某些关键部分会首先在欧洲汇集起来。

四、在构建和叙述这些故事的时候，我们应当优先采用某些特定的历史分期方法，它们要具备潜在的全球性，不要带有鲜明的地区特色（比如文艺复兴、明朝）。更具体来说，我们需要至少两种跨地区的历史分期方式。

从某种层面来讲，我们需要以物质因素（常常是技术因素）为基础的长时段考察，这些因素是否存在一看便知，比如青铜时代、工业时代（化石燃料时代）等。这种分类方式有一个好处，就是易于解释技术对整个社会的根本塑造作用——正如马克思的著名论断“手推磨产生的是封建主的社会，蒸汽磨产生的是工业资本家的社会”[7]，或者如同系统理论（systems theory）所说的那样。然而前面提到的“铁路时代”的马车故事提醒我们必须更加小心，要采用其他历史分期方式来分析更加复杂的历史现实和并不明朗的发展态势。

一定程度上正因如此，我们可能无法摆脱那些烦人的不准确术语，它们建立在许多彼此相近却又不可取代的历史特征组合之上。这些组合的模糊性意味着我们很难确定它们何时真实存在并发生作用，或在多大程度上代表社会发展背后的推动力。但无论如何，为了避免其他历史分期所带来的问题，我相信至少一个基于上述特征组合的时期是不可或缺的。那就是“早期现代”，我会在文章结尾部分进行分析。

非常宏大的故事：将世界历史追溯至史前史的问题

多数世界史教科书的作者都感觉有必要从人类进化开始讲起，至少会追溯到南方古猿（Australopithecus）时期，“大历史”的教科书甚至会谈到更早。[8]这些内容当然有趣，不过我不知道有多少历史学家能真正对它们加以评析并成功地讲授给学生。而且在多数情况下，人类进化在历史教材中恰恰起到了一个类似“创世神话”的作用——它提供了一个人类连续发展的完整故事的幻想，从最开始的史前时代到我们真正历史的开端，例如“能人之后是直立人”等。[9]在一部世界史教材整合得相当好的情况下——就像“大历史”那样——这

7 Karl Marx, *The Poverty of Philosophy* (1847) Chapter2, Part 1, Second observation. 可访问 http://www.marxists.org/archive/marx/works/1847/poverty-philosophy/ch02.htm。

8 大历史方面最有影响力的著作，参见 David Christian, *Maps of Time: an Introduction to Big History*, Berkeley: University of California Press, 2004。

9 关于将大历史作为创世神话的论证，参见 David Christian, “Big History: Why We Need to Teach the Modern Origin Story,” *The Conversation*, November 7, 2012, http://theconversation.com/big-history-why-we-need-to-teach-the-modern-origin-story-10405。

些早期故事引入了以后会重复出现的主题：不断提升的社会复杂性和能量密度，以及后来出现的“集体学习”能力。这样一本历史教科书或历史课程就可以成为大卫·克里斯蒂安（David Christian）所说的“大统一历史”（Grand Unified Story），类似于物理学中的“大统一理论”（Grand Unified Theory）。[10]

值得注意的是，与许多迷思一样，这种起源故事是在古代与晚近的动态之间进行粗略类比，缺乏关于具体社会发展机制的详细信息，因而无法帮助我们解读后续发展的具体情况。对于探讨各种有关文字、工业化或民主的起源问题而言，不同原始人群如何更替发展，或何时何地发现最早的石斧，似乎并不重要，更不用说蓝藻细菌是如何改变大气环境使其适宜人类的生存这样的问题。我们解读这些史前信息的方式也不是历史学科提倡的思维方法。

如果我们试图解释人类是如何遍布全球的，就需要罗列出人类特有的一些能力，尤其是复杂语言和工具制造能力，至于这些能力是如何出现的，即便我们能够了解也不一定必须要知道。编撰世界历史需要的材料早已是卷帙浩繁，我们真的有必要将人类诞生的漫长历史也纳入其叙事体系中吗？只有在将推动早期人类获得多种基本能力与促进文明社会出现重要发明创新（例如书写文字、铸币、蒸汽动力等）的历史发展进行类比的时候，上面这种做法才有必要。这些重要的创新发明，都是人类社会“复杂性”提高的例证，它们的出现既得益于能源的利用，又反过来促进能源的开发。但问题是这些后来的技术革新都是人类有意识、有目的的发明创造，把它们与史前进步相类比似乎并不可靠。正如我后面会讲到的，将化学或物理驱动的变化与人类的创造革新相提并论需要一个巨大的解释框架，而这个框架本身也不足以从历史的角度来理解我们自己的时代或更普遍的现代。

因此，或许更好的做法是简要记录古人类演化的轨迹，然后用更具共时性的方式探讨我们所知的人类及其生存环境的某些基本特征，因为这些特征会反复出现，所以对解释后来发生的事件很有帮助。这些特征既包括人类与其他动物共有的属性，例如无法进行光合作用，只能依靠控制周边环境获取食物；它们也包括将人类与其他物种区别开来的特质，特别是我们通过大卫·克里斯蒂安所说的“集体学习”来适应环境，[11]而非依赖基因的改变来适应环境。

除了对人类所能做的事情进行基本描述外，世界历史的导论部分还应当指出，我们与物理世界互动的一些基本方面直到最近仍未改变：大宗货物的陆路运输在相对较短的距离之外就会变得异常昂贵，熔铸金属极为耗费木材，因此在获得化石燃料之前难以在单个地方形

10 可见 David Christian, “Scales,” in Marnie Hughes-Warrington ed., *Palgrave Advances in World History*, Basingstoke: Palgrave/MacMillan, 2005, pp. 64–89。

11 David Christian, *Maps of Time*, pp. 146–148.

成规模产业等。奇怪的是历史课本往往在这些基本条件改变之后才会提及它们，而不是在开头就有所交代，就如费尔南·布罗代尔在他的“文明与资本主义”[12]三部曲中所做的那样，或如许多其他学科的教科书那样，在书的开头就交待那些决定其研究对象的动态的基本特征。

“大历史”将“集体学习”能力看作是人类与众不同的一项最基本的特征（至少就理解长时段变化而言），而这一能力又来自人类独享的另一项技能——符号语言（symbolic language）。我对此观点没有异议。但有些社会文化人类学家比历史学家更强调，复杂语言还带来了另外一个深远的影响，它对塑造人类历史的独特性同样重要，那就是我们总是针对日常生活的基本方面制定随意的规则。[13]虽然不同社会的风俗习惯是五花八门的，比如哪些食物可以吃、如何吃、与谁求偶和怎么求偶等等，但它们都对日常生活中的重要事项有所约定。从生物学的意义来说，这些规则并没有什么积极作用。比如许多社会都允许甚至推崇与母亲姐妹家的表亲结婚，同时却禁止与母亲兄弟家的表亲婚配，尽管两种情况下近亲繁殖的程度是一样的。显然这些规则的随意性并没有削弱它们对人们生活的管控作用。

人类之所以成为一个历史性的存在（historical beings），就在于大家都生活在受规则约束的社会群体中，有时候违反规则，为规则争论，并经常改变规则，这样一来就造就了政治、社会与文化的历史。[14]从长远来看，某些随意的规则可能会塑造和限定我们的“集体学习”：哪些事情不可轻易尝试，哪些人不能交谈，诸如此类。

在我看来，以上述更具共时性的基本方式记录人性不会逊色于以人类进化甚至地质时代为开端的世界史叙事，两者都能加强对现代性的历史理解。也就是说，我们向学生和读者提供相关资料，以帮助他们提出和解释一些问题，比如人类怎样实现长寿和使用大量能源，为何如此依赖从未谋面的其他同类（包括超私人关系的贸易伙伴，或者对我们生活指手画脚的所谓专家），为什么渴望过与父母不一样的生活，又如何将众多物种逼向灭亡的边缘，等等。知晓这些人类的能力与局限有助于探究上述诸多“现代”特征是如何体现在不同人群中的，以及它对现代性的全球历史意味着什么。

我认为这样讲述世界史要比从远古人类或更早的地球和宇宙开始谈起更具优势。它既避免过度强调我们所能解释清楚的历史的全面性，同时又不夸大受人类历史和物理定律支

---

12 参见 *The Structures of Everyday Life: The Limits of the Possible*, New York: Harper and Row, 1981。除副标题之外，前言第一页（英文版第 27 页）也专门提到在蒸汽动力问世之前，人类能力所受的诸多限制。

13 本节余下内容主要参考了我和丹尼尔·西格尔的讨论以及我们尚未出版的合著内容。

14 因为所有人类群体都与自然环境搏生存，所以他们也都拥有经济历史与技术历史。当然这些是比较难以观测到的，毕竟在相当长的时间里，许多地方的经济发展和技术进步都非常缓慢，几乎停滞不前的技术发展很难称得上历史。相比之下，社会规则被打破会引发冲突，或者保守一方成功维持现状，少数人侥幸逃脱，多数人继续生活在规则之下，或者另一方推动重大变革，都比较容易作为历史进行观察。

配的自然变化的相似度，即便后者只遵循概率定律（probabilistic laws），也比我们的概括总结更有结构性。同样重要的是，此叙事结构将历史与人类共性紧密连接，而不会把现代智人群体的不同结局与远古人类的不同能力进行联系或类比。确实，如果某个历史课程或教材不愿无所不包，而是将那些零碎的天文学、板块构造学、进化生物学等知识都排除在外，那么它肯定会少几分“通识教育”的味道；但我想还是应该把这些内容留给相关领域的同事，转而关注那些与历史议题联系紧密的其他领域的知识和方法。

关于现代性起源的辩论：欧洲、世界与“偷窃历史”

现在让我们来谈谈更明确地与现代性相关的创世故事，并将时间尺度缩小，尽管它仍然比大多数历史研究更加宏大。西方社会科学于 19 世纪后期开始出现，在其后的大约一百年间，大家普遍认为现代性起源或多或少是欧洲特有的现象；虽然这些学科承认其他地区早期对世界文明所做的贡献，比如近东的文字以及中国的造纸术和印刷术，但它们宣称这些地区在其后的发展中陷入了长期的“停滞状态”，因此与向进步的迈进无关。

近年来，许多学者开始质疑这种传统观点，认为并不存在一条清晰的界限，将朝气蓬勃的西方与死气沉沉的世界分割开来。他们试图用不同的方式拆除这道臆想的樊篱，并把非西方世界拉回现代性起源的探索中。有人相信世界许多地区（并非所有地区）都按照相似的时间表沿着平行轨道向现代化迈进，直到某种偶然的或者非欧洲的因素介入，最终将优势的天平拨向欧洲，使其在现代历史中占据中心地位，但这一地位并不见得是长久稳固的。还有人对欧洲“现代性”的时间优势提出质疑，在他们看来，虽然现代生活有可能首先形成于欧洲，但它在遍及欧洲之前就很快在其他地区出现，其时间差可以忽略不计。另外一些学者主张现代性是全球共同创造的产物，非欧洲地区除了做出重大的早期贡献外，它在整个创造过程中都扮演着关键的角色。从本质上来说现代性就是一种全球性状态，其特征之一就是向欧洲倾斜的权力利益的不平衡性分配。

不论其具体的表现形式如何，以上历史叙事所共有的一个情节副线就是杰克·古迪（Jack Goody）所称的“偷窃历史”。[15] 其基本主张是，在通往现代的道路上，欧洲并不完全处于领先地位，或者只是因为机缘巧合暂居首位；但欧洲人（和受其影响者）利用后来炮制出来的人文社会科学来说服大家，欧洲成为现代的唯一缔造者是理所应当的。时至今日，这类主张仍把欧洲及受其影响的加拿大、澳大利亚和美国等当作世界上仅有的真正现代国家。

---

15 Jack Goody, *The Theft of History*, Cambridge: Cambridge University Press, 2006.

古迪将其视为对历史的偷窃，并从科学、技术、经济发展、爱情、自我控制（基于埃利亚斯[16]和福柯[17]笔下之含义）和自由六个方面进行批判。一些知名学者把这六个方面当作现代性最典型的特征，认为它们的现代形式均是欧洲制造。简言之，古迪试图揭穿“现代性起源迷思”背后的各种西方中心主义——迷思在这里是完全的贬义，是对真实历史的刻意曲解。

我在这里无意逐条评论古迪对这些学者的批判，因为之前已经单独撰文[18]，在我看来他的批判大体上是有说服力的，只是有些地方不够翔实。结合目前的讨论，需要指出的是，古迪认为有两种不同但相互联系的“历史偷窃”。一种是在科学、技术和经济增长方面，欧洲窃取了定义现代发展路径的垄断权，并声称其现代模式前所未有。可问题是欧洲之外的地区同样可以宣称类似现代特征在它们那里出现。古迪在爱情、自我控制和自由方面的观点则有所不同。他认为，与科学、技术、经济发展的情况类似，欧洲可能再次错误地否认其他地区现代发展的可能性；但更重要的是，从后三个方面表现出来的所谓独特的欧洲现代性有可能是虚幻的，因为这些特征在任何社会中都无法呈现出稳定扩散的态势。因此在涉及情感的方面，古迪说我们可能都是“没有历史的人”[19]（也没有完全的现代性），或者至少是没有线性发展历史的人。

在利用这一双重结构提出主张的同时，古迪借用并糅合了两派学者截然不同的观点。一方面，他关于情感的论断与后博厄斯（post-Boasian）的社会文化人类学家类似，后者普遍怀疑进化论，有时会完全忽略历时性变化而钟情于快照式的人种学研究（ethnographic snapshot）。另一方面，他关于科学、技术和经济增长的讨论只是与宏观历史学家和考古学家对话的一部分，后者经常把各个社会置于其漫长演化过程中的不同“阶段”，并将人类迥异的行为归因于他们所处的不同历史阶段。

古迪对上面两派观点的利用并不令人感到意外，毕竟他关于亲属关系、食物和识字率的研究经常建立在跨越巨大时间跨度的多个案例分析之上，这种分析往往从不同（而非全部）考察对象中提炼出基本社会变迁的共性。在《偷窃历史》中，古迪再次运用了此方法，只不过这次分析的“案例”不再是社会而是学者及其学术思想。这种比较社会的分析方法显然包含历史学元素，但它不以讨论历时性变化为主要目的。从逻辑上讲，这与古迪的偏好十分契合，他倾向于将不同社会及其特性编织成一张“分析网络”，并视其为跨文化分析

16 Norbert Elias, *The Civilizing Process*, 1939; reprint, Oxford: Blackwell, 1994.

17 福柯的多数作品都以不同方式涉及这个概念，主要参考 *Discipline and Punish: The Birth of the Prison*, 2nd ed. (New York: Vintage, 1995) 与 *The History of Sexuality*, vol. 1–3 (New York: Vintage, 1980–1986)。

18 Kenneth Pomeranz, “Putting Modernity in its Place(s): Reflections on Jack Goody’s *The Theft of History*,” *Theory, Culture and Society*, vol. 26, no. 7/8, 2009, pp. 32–51.

19 该短语出自 Eric Wolf, *Europe and the People without History*, Berkeley: University of California Press, 1982。

的最终结果，而对讲述发展历程或整体描绘某社会的特定时段没有什么兴趣。[20]虽然此方法非常适用于宏大的时间框架或人种学的片段研究，但在中等规模的时间尺度之下却有相当局限性，因为它无法提供必要的历时性解读。

与此同时，对于西方在1800年后取得的发展优势在多大程度上属于附带次生现象，目前还未有定论。在讨论个人主义和爱情这类宽泛模糊的概念时，古迪认为很难将“现代”的西方与“非现代”的其他地区清楚区分开来，这也许是对的。但就多种物质财富而言，该差距在特定时期确实存在，而且在世界大部分地区还十分明显。目前日本、韩国、中国香港、新加坡和中国台湾已经达到了西欧的生活水平，其他许多地方（包括像中国沿海城市这样人口密集的地区）也正在迎头赶上。当然没有人会认为只有西方才了解经济持续增长的奥秘。但如果将当今世界大多数地区的人均收入与最富裕国家做对比，其差距相较于1913年前后欧洲霸权极盛的情况并没有缩小。[21]而且随着落后地区环境压力的加大，想要弥合经济差距将变得越来越困难。

当然，“长期优势”并不意味着“永久优势”。假想有个人生活在公元1100年前后，他不仅通晓全世界的情况，还与古迪等许多学者一样，将城市视为长期历史变迁的最重要发动机。那么有理由推测他会得出这样的结论：虽然西欧在历史上并非总是落后（至少如果西欧包括意大利的话），但在“大分流”（可能是在公元300年）之后的几个世纪中它的确如此。在这段时期，欧洲城市持续衰落，其最大的政治实体也分崩离析，完全没有迎头赶上的迹象——至少与哈里发国或者宋代中国相比，其城市被越甩越远，欧洲或将永远落后。今天看来，这种观点无疑是可笑的。也许有人会说，当今世界落后地区与富裕地区之间有着紧密的联系，可实际上在公元1100年前后也是如此——虽然在效率和强度方面远不及今日，但这种跨地区的联系无疑是存在的，并且对欧洲的现代起源起了十分关键的作用。例如，与中东的紧密联系使欧洲重新发现了大部分古希腊遗产并加以改良；[22]与东亚的联系则为欧洲带来了造纸术、火药、印刷术以及隐匿考生个人信息的竞争性考试系统等等。

多重时空尺度：哥伦布大交换的故事

由于以上种种原因，我们应该把“为何是欧洲”与“全球现代性兴起”两种论述框架

---

20 Jack Goody, *The Theft of History*, pp. 291–292.

21 Angus Maddison, *Monitoring the World Economy, 1820–1995*, Paris: Development Center of the Organization for Economic Cooperation and Development, 1995, Table I:4; Penn World Data Tables（至2000年数据）, http://www.bized.co.uk/dataserv/penndata/pennhome.htm.

22 参见 Arun Bala, *The Dialogue of Civilizations in the Birth of Modern Science*, New York: Palgrave Macmillan, 2006。

牢记于心，并将它们融合到单一著作的撰写中。即便对于技艺最为娴熟的历史学家来讲，这都是不容易做到的。

以阿尔弗雷德·克罗斯比（Alfred Crosby）的著作《生态帝国主义》（*Ecological Imperialism*）为例。从很多方面来看，该书都是解读欧洲崛起的里程碑式的作品，它并未强调欧洲思想或制度的根本优越性。简单概括来说，克罗斯比认为，任何来自欧亚大陆人口密集地区的群体如果有机会首先到达美洲和澳大利亚的温带地区，他们携带的疾病、植物、驯化动物都会摧毁当地的物种，从而帮助他们征服这些地区，正如欧洲殖民者所做的那样。此外，欧洲人将驯化的物种带到新环境中，由于没有了原来欧亚大陆天敌的威胁，其繁衍生长异常迅猛。这使得“新欧洲”变得热闹起来，也让旧大陆获得绝佳的贸易伙伴和移民接收地。这些变化的最终结果是新大陆遭受了巨大的灾难和破坏，从中受益的人恰恰来自欧洲，而不是中国、印度和波斯等地。这在一定程度上由地理位置决定，当然也和欧洲人的深海航行技术，以及他们希望到达亚洲和撒哈拉以南金矿的急切愿望有关（相比之下亚洲人的类似需求要小得多）。上述结果不能证明也不能归因于欧洲人更自由、理性或者更有改变世界的理想。[23]

到目前为止，克罗斯比的论述还没有什么问题。但他在结论中后退一步，希望以更广阔的视角收尾，其结果却让人失望。他没有接着讲述欧洲人及其后裔如何获得超越别人的竞争优势，却转而谈论人类作为一个物种怎样在“新欧洲”收获大量的过剩的食物，从而实现大规模人口增长和社会繁荣。克罗斯比把这一进程当作军事征服与占领。[24]他将在数千年前渡过白令海峡到达美洲的“原住民”比喻成为对海岸发起进攻的海军陆战队员。这些“冲锋”的原住民伤亡惨重，从长远来看却未能延续对占领区的控制，然而他们的迁徙是整个人类征服过程中的重要一步（比如他们扫除了美洲原生的大型动物群，从而为欧亚大陆四足动物的到来腾出生存空间）。在克罗斯比看来，后来到达美洲的早期欧洲和非洲移民，就相当于其余的登陆部队。他们的处境比先头部队好得多，但依然需要遵守严苛的纪律（毕竟其中很多人是奴隶、契约劳工和应征入伍的军人），并面临缺衣少食的窘境。[25]1830 年之后更大规模的移民潮则相当于战争之后的平民占领者，虽然生活不易，但他们的日子与先行者们相

---

23 Alfred Crosby, *Ecological Imperialism: The Biological Expansion of Europe, 900–1900*, 2nd ed., New York: Cambridge University Press, 2004。相比旧版，第二版前言更加强调本书致力于解读欧洲在现代世界的优势地位，而避免将其归因于深层次的欧洲优越性。

24 Alfred Crosby, *Ecological Imperialism*, p. 295.

25 例如参见 Ulbe Bosma, “Beyond the Atlantic: Connecting Migration and World History in the Age of Imperialism, 1840–1940,” *International Review of Social History*, vol. 52, no. 1, 2007, pp. 116–123。

比要容易、自由和安全得多；迄今为止这些人在占领区享受着最为丰厚的物质收益。

以上比喻将全部人类置于同一阵营，讲述他们为了最大化地获取资源与自然环境做斗争的历程，从某种神一般的和生物学的角度来看这是有积极意义的。[26]但它忽视了历史研究极为重视的不同人群之间的斗争，如果不通过关注全球发展不平等之根源和现实（有时候也可以说是“现代进程”参与程度的不平衡）以对其加以平衡，那该类比会带来认识论甚至潜在道德上的问题。

下面让我们回到杰克·古迪的观点。他同意从长远来看世界上很多地区都朝着类似的方向发展。[27]如果我们接受这些共同发展轨迹的存在，那同样也会赞成古迪的另一个推测，即西欧在公元1000年的发展水平远远落后于欧亚大陆的其他许多地方，直到1500年仍然稍显逊色，至1850年才完全领先。虽然有些学者并不同意前两个论断，[28]而且直到近期，我们才有理由提出，古迪的立场可能代表了学界主流。[29]

我无意在此探讨各方观点的实证细节，且已经在别处详述了涉及经济发展的问题。[30]目

---

26 1850—1960年间，“新欧洲”的粮食盈余显然具有重要意义，但是否值得放入长时段的历史广角中着重突出，这是让人怀疑的。1960年之后的世界粮食亩产持续增加，养活了至今为止可能已达峰值的人口数量，这无疑更加意义深远。

27 Jack Goody, *Capitalism and Modernity*, pp. 159–160.

28 Jack Goody, *Capitalism and Modernity*, pp. 103–125, pp. 155–158。有观点认为，欧洲在工业化之前的许多世纪中，一直引领世界发展，相关两例参见 David Landes, *The Wealth and Poverty of Nations*, New York: W. W. Norton, 1998 与 Deepak Lal, *Unintended Consequences: The Impact of Factor Endowments, Culture and Politics on Long-Run Economic Performance*, Cambridge: MIT Press, 1998。

29 在衡量“社会发展水平”的最新学术成果中，有学者总结认为“西方”直到1773年才真正赶上“东方”，具体参见 Ian Morris, *Why the West Rules—For Now: The Patterns of History and What They Reveal About the Future*, New York: Farrar, Strauss and Giroux, 2010。

30 主要包括：Kenneth Pomeranz, *The Great Divergence: China, Europe and the Making of the Modern World Economy*, Princeton: Princeton University Press, 2000; Kenneth Pomeranz, “Beyond the East-West Binary: Resituating Development Paths in the Eighteenth Century World,” *Journal of Asian Studies*, vol. 61, no. 2, 2002, pp. 539–590; Kenneth Pomeranz, “Is there an East Asian Development Path? Long-Term Comparisons, Constraints, and Continuities,” *Journal of the Economic and Social History of the Orient*, vol. 44, no. 3, 2001, pp. 322–362; Kenneth Pomeranz, “Without Coal? Colonies? Calculus? Europe, China and the Industrial Revolution” in Ned Lebow, Geoffrey Parker, and Philip Tetlock ed., *Unmaking the West: "What-If" Scenarios that Rewrite World History*, Ann Arbor: University of Michigan Press, 2006, pp. 241–276; Kenneth Pomeranz, “Le machinisme induit-il une discontinuité historique? Industrialisation, modernité précoce et formes du changement économique dans l`histoire globale,” in Beaujard P., Berger L. And Norel P. ed., *Histoire globale, mondialisations, capitalisme*, La découverte, 2009, pp. 335–373; Kenneth Pomeranz, “Ten Years After: Responses and Reconsiderations,” reponse to a forum in *Historically Speaking*, vol. 12, no.4, 2011, pp. 20–25; “Repenser le changement économique de longue durée: la Chine, l`Europe, et l`historie comparée,” in Jean Claude Daumas ed., *L`histoire économique en mouvement: entre héritages et renouvellements*, Villieneuve d`Ascq: Presses universitaires du Septentrion, 2012, pp. 293–310。

前更为重要的是，既然我们都认为西欧曾经是长期的“落后生”，那就不应该将它在19—20世纪表现出来的发展优势视作其永恒特征。近来包括古迪在内的很多学者都在强调这一点。如果有人还想解读欧洲的后发优势，我想主要有以下两个途径。

现代性的晚近起源与更加细微的差异

第一个途径是关注那些出现较晚但发展迅速（从历史标准来看）的所谓欧洲优势（或者亚洲劣势）。比如古登堡活字印刷术使得知识更有效地传播、新大陆资源的大量涌入，以及像牛顿这样的天才人物，我们可以将这些优势因素纳入一个连续的解释框架予以考察，一端完全是欧洲自身的产物，另一端则是外部因素或全球体系演变使然。

第二个途径是寻找欧亚大陆内部长期存在的差异，其中有些对欧洲来说开始是劣势，后来逐渐转为优势。以土地制度为例，大约公元1500年之后的中国存在大批拥有土地或土地使用权（cultivation rights）的农村自由人口（相比之下，同时期欧洲各地尤其是英格兰的土地分配极不均衡），这给中国带来了长期的经济发展优势。原因是有地耕种的小农业者相对稳定，他们的大量存在也有利于精耕细作和对土地改良的投入。但换个角度看，在这一体系下，地主很难把佃农从土地上赶走，另外卖家与抵押人在很长时间内都有购回售出土地的权利，这不利于将耕地转化为抽象资本用于借贷抵押以从事其他经济活动，因为整个过程的效率太低，成本也过高。一般而言，只要其他行业尚未出现能大幅提高生产效率的革命性技术，中国土地制度带来的负面影响相对有限，[31]而一旦这样的技术出现了，碰巧欧洲又拥有幅员辽阔的新领土，提升亩产就变得不再那么重要，西欧式的土地产权制度便从劣势转为优势。

再举一个例子，让-劳伦·罗森塔尔（Jean-Laurent Rosenthal）和王国斌最近指出，在大约1000—1800年之间，与欧洲相比，中国发生战争的频率更低，因此企业主感觉没有什么必要将固定资本放在城墙之内，毕竟城里的人工和食品都更加昂贵，而资本却较为便宜（因为人口集聚降低了信息成本）。以上区别造就了欧洲比中国更加资本密集化的生产模式。与土地制度类似，中国相对和平的环境本是其长期发展的优势，可后来同样转化为劣势。这与世界经济发展的大环境和大趋势有关：一是对资金大量投入的热衷，二是地区分

31 Kenneth Pomeranz, “Chinese Development in Long-run Perspective,” *Proceedings of the American Philosophical Society*, vol. 152, no. 1, March 2008, pp. 83–100，简要介绍了中国式土地制度及其影响；Kenneth Pomeranz, “Land Markets in Late Imperial and Republican China,” *Continuity and Change*, vol. 23, no. 1, April 2008, pp. 101–150，更加详尽地介绍了中国土地权利及其缘起。

工（和生产专业化）对技能提高的刺激作用，两者最终促进了资本和能源的集中以及节省劳力的创新。这些变化虽然能提升经济潜力，但它们在中国的发展空间比欧洲更为有限。[32]（需要注意的是，以上两个例子是可以互补的。中国的土地制度使人地不分离又能维持低粮价，从而抑制了城镇化并有可能提高资金的成本。）

在实际研究中有时很难分清哪些观点基于对新因素的考察，哪些来自对已有条件变化的认知，特别是涉及爱情或者个人主义这些非物质层面的时候，因此有必要对这两种方法都加以利用。一般来说，这意味着我们需要寻找多重差异，每个差异都应相对微观具体，而不是建立几个过于宏观抽象的对照组。挑战在于如何构建特定的历史场景，用来解释为什么某些细小的差异却能造成巨大的影响——如同经济学家所说的"收益递增"，或像夸张的历史谚语所描绘的那样，因为"丢掉一枚马蹄钉"而"失掉整个王国"。

让我们再看一个中欧比较的例子。一般认为16世纪中国的采矿业已经比较落伍，甚至其他行业广泛使用的一些技术（比如复杂抽水设备）都没有得到合理的应用。其中有几个原因。一是重要矿藏分布的地理位置不佳；二是明清政府鼓励小规模矿场的发展，以控制地方上贫穷单身汉的人数，这样的小型矿场缺乏资金支持，自然很难进行技术创新。[33]

在此有两点需要注意。第一，那些阻挠矿业生产的因素并没有限制私营经济或一般意义上的技术革新。第二，相比高效的农业和高度整合的商品市场而言，长期落后的采矿行业在中国总体经济中占比很小。[34]能源不足长期困扰着包括中国在内的许多人口稠密的国家和社会，但关键时期出现的技术创新和资金更加密集的采矿方法有助于突破这一瓶颈。特别是利用蒸汽机抽水进行深层开采的技术突破，它之所以能在18世纪后期的英格兰投入使用，正是由于许多相对"狭隘的因素"汇集到了一起，而不是由任何一个宽泛的因素造就的。[35]

关于第一次工业革命，确实有一点让人感到惊讶：作为其核心技术，蒸汽机用了超

32 Jean-Laurent Rosenthal and R. Bin Wong, *Before and Beyond Divergence*, Cambridge: Harvard University Press, 2011.

33 Kenneth Pomeranz, *Great Divergence*, pp. 62–65; Yu Mingxia, *Xuzhou meikuang shi* (A History of Xuzhou Coal Mines), Nanjing: Jiangsu guji chubanshe, 1991; Peter Golas, *Chemistry and Chemical Technology*, part 13: *Mining*, vol. 5 of *Science and Civilisation in China*, ed. Joseph Needham, Cambridge: Cambridge University Press, 1999.

34 Robert Allen, "Agricultural Productivity and Rural Incomes in England and the Yangtze Delta, c. 1620–c. 1820," *Economic History Review*, vol. 62, no. 3, 2009, pp. 525–550; Carol Shiue and Wolfgang Keller, "Markets in China and Europe on the Eve of the Industrial Revolution," *American Economic Review*, vol. 97, no. 4, 2007, pp. 1189–1216.

35 Kenneth Pomeranz, *The Great Divergence*, pp. 60–68; Kenneth Pomeranz, "La machinisme" ; Robert Allen, *The British Industrial Revolution in Global Perspective.* 另见 *Historically Speaking*, vol. 12, no. 4, September 2011, pp. 20–25 中 Peter Coclanis, Philip Hoffman, Jan De Vries, R. Bin Wong, Kenneth Pomeranz 等学者的相关论述。

过一百年的时间才完成从首次商业运用到大范围使用的转变（在英格兰各地矿井里抽取积水）。只有英格兰出现的一系列的机缘巧合才将这个原本效率低下的技术变得经济实用。而后期对蒸汽机的种种改良，也是由于抽水泵的广泛使用为该技术创造出可靠的市场，在此后不到一百年的时间里它彻底改变了大部分世界的面貌。[36]

这个经典例证很好地说明了小事情是如何带来大影响的，因此它有助于解释原本在许多方面趋同（比如私有制和识字率）的不同社会是如何突然分流的。虽然对于哪些因素更重要我们难以取得共识，但此种历史比较法能对古迪的研究有所修正，他倾向于用社会学和人类学的方法把不同社会置于网络中进行比较。以上两种方法可以帮助我们探究多个细微的历史差异，虽然它们指向各异，但如果综合起来，也许能使某些结果比另一些结果更有可能。而不是寻找某个足以描绘整个社会的宽泛意义上的单一特征究竟存不存在，比如韦伯的新教伦理以及各种“东方专制主义”理论。

走向模糊的历史分期

综上所述，研究现代起源问题的最好方法就是运用不同时间尺度进行多元的考察。这一方法对促进课堂教学也有积极作用：它鼓励学生们有意识地转换分析视角，并了解其中的所得所失。我认为这是历史思维的关键所在，需要在基本课程和教材中加以强调，前面所述的蒸汽时代马车的故事正好说明了这一点。因此在本文的最后一部分我要强调多重历史分期的重要性，尽管有的分期难以界定，无论在概念还是时间上都显得有些粗糙和参差不齐，但正是这些特点让它们变得更加有用而非相反。其重要例证就是“早期现代”这个有些奇怪的概念。

关于“早期现代”的真正含义我们没有定论，这既是它的优点也是缺点。相比之下，“封建主义”的界定要明确得多，一系列细分的主权和土地权利还有林林总总的等级义务都是其核心特征；而“早期现代”似乎只要求从一大堆时代特征中抽取几个，没有哪个是不可或缺的，而且它们之间大多没有必然联系。早期现代的时代特征一般包括：人口加速增长、本地与长途贸易增加、国家不断官僚化且实力增强、文化阶层扩大及其社会地位的提高（无论在商业、公共管理、宗教团体中还是其他方面）、有组织的世俗信仰（lay piety）以新形式出现、书写文字与印刷物的社会影响扩大，以及对于地图测绘、动植物物种列举和人类多样性编目的兴趣不断提升等等。虽然有学者试图从中找到这个或那个代表性特征

36 Robert Allen, *The British Industrial Revolution in Global Perspective*, pp. 135–181.

并用它来定义“早期现代”，但一直没有出现可与“封建主义”相提并论的学界共识。我们很容易就能发现某些特征在某个社会中长期存在，却不适用于其他社会。因此有些学者认为“早期现代”一词过于含混不清，不适宜继续使用；而且远至古代的美索不达米亚，近至19世纪末，都有人用早期现代来指称当时的社会，看来人们（至少是某些人）对这一术语的使用过于灵活了。[37]

但那些貌似比“早期现代”更加含义清晰且易于操作的时代概念也有它们自己的问题。有些重大的技术进步被看作恰当的时代标志。诸如农业、畜牧业、书写文字、冶金、矿物燃料和电力等技术革新极大地改变了相关社会的面貌，并开启了全新的时代。上面提到的和一些未提到的技术突破通常被归入“新石器革命”、“青铜时代革命”和“工业革命”等宏大概念之中，后者代表了技术创新集中出现的关键历史时刻。也有观点认为“新石器革命”和“青铜时代革命”两大社会变革可以合二为一，因为农业一旦推广确立，随之而来的人口密度增加和劳动分工将使得人类文明的其他关键特征相继到来。[38]

用这些具有分水岭意义的技术革新来进行历史分期显然颇具吸引力。它们所带来的时代变化是非常重要的，其影响力并不受限于特定的文化边界；某项技术在某时某地是否存在，也完全可以建立在相对客观的评估之上（假设可以克服证据不足的问题）。例如古迪至少将青铜时代冶金术和工业革命视为全球历史中重要的标志性时期，但他拒绝采用“古代”或者“封建时代”这类时空意涵较为狭窄的概念。[39]

以技术革新定义长时段的历史分期有利于突出各时期之间的断裂而不是它们的连续性。关于“新石器革命”，我们能够看到的细致可靠的证据还不多，从中根本无法了解这一革命发生之前各地的变化（更不要说线性的变化）。如此一来极有可能会出现下面的情况：某几个社会独立地实现新石器革命，但其他大多数地区却没有。另外关于动植物驯化出现的地点有一个似乎最为合理的解释，那就是相对容易驯化的动植物物种恰恰分布在那些地方；[40]但这个简单的论断是无法充分解释农业是何时出现并以何种方式传播的。

---

37 关于一个有趣的批评，参见 Jack A. Goldstone, “The Problem of the ‘Early Modern’ World,” *Journal of the Economic and Social History of the Orient*, vol. 41, no. 3, 1998, pp. 249–284。在将“现代”的开始时间不断前推的讨论中，有人甚至追溯至史前史，参见 Smail and Shryock, “History and the ‘Pre,’ ” pp. 714–717。

38 正如 Jared Diamond 在 *Guns Germs and Steel: The Fates of Human Societies*, New York: W. W. Norton, 1997 一书中所认为，是否拥有农业是决定未来“富”与“穷”的根本性因素，青铜时代被草草带过——虽然对于理解题目中的枪炮与钢铁来讲，这一时代无疑是非常重要的，毕竟并非所有农业社会都发展了枪炮和钢铁。

39 Jack Goody, *Capitalism and Modernity*, pp. 5–6, p. 69, p. 131, pp. 157–160; Jack Goody, *The Theft of History*, pp. 26–98.

40 关于此观点的一个有用的概要，参见 Jared Diamond, *Guns, Germs and Steel*, pp. 131–175。

塞缪尔·鲍尔斯（Samuel Bowles）和崔容圭（Jung-Kyoo Choi）近来撰文强调，关于“新石器革命”的解读必须得到考古学发现的印证，这意味着已知最早的农业社会在开始耕种之后又经过数百数千年的发展才真正放弃食物搜寻。他们有力地证明虽然农业技术变化本身并不难发现——的确不管有没有种植农作物，所有社会都了解种子和植物间的关系——但只有这些技术与新的财产观念相结合之后才能真正生根发芽，可财产观念的传播是缓慢的。[41]个中原因并不难理解，我们知道农业出现后的相当长时间里，人类的总体生活状况并未得到明显的改善。[42]最近的研究表明，如果我们将农业技术和非农业技术（比如在狩猎场用火）都看作改造环境的手段，那么耕作者和采集者的界限便不再分明。[43]

然而许多大部头、综合性的世界史著作（包括但不限于教科书）仍然将“农业革命”或“新石器革命”描绘成比较明晰的甚至是突然发生的历史进程。[44]如此看来农业像一场突然降临的并经过刻意谋划的革命，其发展传播也是人类有意识的选择。但实际上很多学者都承认，最早的农民并不是主动地选择了农业。[45]再进一步说，后者经常是作为解决人口过多“问题”的一个“方案”出现的，虽然此观点背后的人口数据是推测性的。[46]

把人口压力作为农业发展动因的解释不仅试图草草填补我们知识中的空白部分，它还会给采用这一观点的世界史叙述结构带来隐患。这一解释将农业和定居生活与后来为了主动应对各种经济和生态瓶颈（甚至还包括当今和未来的诸多挑战）的种种发明进行类比。阿尔弗雷德·克罗斯比便是如此假定两者之间的关系，他的例子让人印象深刻并发人深省。

41 Samuel Bowles and Jung-Kyoo Choi, “Coevolution of Farming and Private Property during the Early Holocene,” *Proceedings of the National Academy of Sciences*, vol. 110, no. 22, 2013, pp. 8830–8835。注意此处“私有财产”（private property）并非个人私有财产。

42 持此观点的简要且容易获取的文章，参见 Jared Diamond, “The Worst Mistake in the History of the Human Race,” *Discover*, May 1987, 详情请访问 http://discovermagazine.com/a987/may/02-the-worst-mistake-in-the-history-of-the-human- race。持此观点的早期经典文章（现在已有更多证据），参见 Marshall Sahlins, “The Original Affluent Society,” in *Stone Age Economics*, Chicago: Aldine-Atheron, 1972, pp. 1–39。

43 John Terrell, John P. Hart *et. al.* “Domesticated Landscapes: The Subsistence Ecology of Plant and Animal Domestication,” *Journal of Archaeological Method and Theory*, vol. 10, no. 4, 2003, pp. 323–368.

44 例如，大卫·克里斯蒂安承认将这种渐进的、时断时续的变革进程称作“某某革命”是有问题的，但同时辩称即便 4000 年之久，在人类历史（更不用说地球历史）中都是转瞬即逝的片段。参见 *Maps of Time*, p. 210。这当然是对的，但还是没有解释我们为何要使用如此规模的时间尺度，以及这种对于历史的简化会造成什么问题。无论如何，克里斯蒂安为读者列举许多例证，以说明所谓农业革命的进展缓慢和复杂性，这些例证均可以证明“某某革命”的说法是不合理的；而与此同时，许多教科书甚至不承认这种说法的人为性。

45 Jared Diamond, *Guns, Germs and Steel*, pp. 108–113.

46 很多类似观点来源于 Mark Cohen, *The Food Crisis in Pre-History*, New Haven: Yale University Press, 1977。知名的世界史学者持此观点的包括 David Christian, *Maps of Time*, pp. 231–232 和 Alfred Crosby, *Ecological Imperialism*, pp. 19–20。

他认为旧石器时代晚期的人口规模确实已经达到当时技术所能承受的峰值，并表示“现代智人面临人类历史上的重要抉择（并非唯一一次），要么选择单身要么变聪明点。很明显他们选择了后者。”[47]

如果我们把农业的兴起看成一个渐进的、非线性的和无心插柳的历史进程，而不是“发明创造”，那么它对本文的关切至少有两层意义。第一，即便对于历史上最重大的技术变革也不宜过度描绘和渲染它作为分水岭的意义，从而夸大其“前后”时代泾渭分明的差别。只是因为我们掌握的关于这个漫长变革过程的历史证据十分有限，所以才会把它看成鲜明的、单向的发展趋势，并往往一带而过，快速总结。第二，某些学者把“新石器革命”与后来更加有据可查、过程更为迅猛的社会变革进行类比，并将它们都视为人类对生物圈控制力增强的漫长历史发展模式的一部分，[48] 如此一来他们所塑造的宏大叙事将现代革新的推动力不加区别地投射到从前的种种历史进程当中。毕竟在近几个世纪大多数重大技术变革都是人类主动探索的结果，而且这些创新无需改变人们的基本价值观念就可生根发芽。而早期的技术发展往往要缓慢得多，是一个目的性不强并充满偶然性的发展过程，其成功也需要人类在诸多方面的观念（财产分享、占有以及社会关系等）发生巨大变化后才能实现。在我看来，把近代技术创新的历史当作解释古代同类变化的范式是相当牵强的。

更让人担忧的是，早期技术的缓慢变革被拉伸重绘，不仅在时间上产生错觉，成为“某某革命”系列中的一部分，甚至还被当作“清洁能源（还有其他行业）革命”可资借鉴的模式，后者希望在不降低当前能源消耗的情况下避免生态灾难。克罗斯比在《生态帝国主义》的最后一句隐隐约约地提到了以上类比（似乎这是此书留给后世的历史经验之一）：“我们需要可与新石器时代相比拟的蓬勃创新力，或者起码拥有智慧。”[49]作者没有明确说明“智慧”具体指的是什么，但考虑到书中对经济发展和环境破坏的大量讨论，几乎可以肯定，至少一部分“智慧”需要人类以某些方式减少能源消耗。

奇怪的是，作者把“智慧”与“可与新石器时代相比拟的创新力”作为可以相互替代的选项，似乎只要将环境问题置于一个宏大的时间尺度之下，两者都会自然而然地出现。创新力最终可能会使某些节约措施变得没有必要，但我们又需要减少能耗以延缓环境灾难，

47　Alfred Crosby, *Ecological Imperialism*, p. 20.

48　例如，参见 David Christian, *Maps of Time*, pp. 139–141。

49　Alfred Crosby, *Ecological Imperialism*, p. 308。需要注意，克罗斯比认为人类面临的挑战不仅仅是气候变化（本书首次出版于 1986 年），而是更加广泛意义上的环境退化，以及由环境退化导致的粮食产量下降。当然粮食带来的卡路里也是一种形式的能源，因此他的逻辑依然是关注广义层面上的能源和环境问题。

最终为创新发挥作用赢得时间。更何况无论到什么时候，创新让智慧或节能变得多余的可能性是微乎其微的。

为了不让此问题显得过于模糊和不着边际，让我们回到开始的地方，将两个讨论过的话题联系在一起：一个是用物质条件方面的大型“革命”进行历史分期的局限性，另一个是蒸汽时代马车的例子。过分专注长远的技术进步，而忽略中时段的种种调整，仅仅从农业“革命”的字面含义去理解它，特别是将其看作人口危机的应对方案，这就如同从铁路时代直接跨越到汽车时代，而忽视其间数十年之内，马车作为“被淘汰”的交通工具其使用量却达到顶峰。[50]我们可以从下面的角度看待该问题：忽视铁路时代马车的作用，就如同忘记在未来很多年之内，我们在诸多领域都要继续依赖矿物燃料，虽然与此同时更为清洁的能源技术会不断出现并投入使用，哪怕是明天我们就能攻克清洁能源驱动远洋货轮之类的科技难关。（在此类比中，远洋货轮相当于陆上长途运输的蒸汽机车；悲观一点的话，它就相当于用于矿井抽水的早期蒸汽机。）与此同时，如果我们要避免大气中的碳含量达到危险水平就得节能减排，而不是寄希望于重大的科技突破；没有前者，待后者出现可能为时已晚。或者如果我们从想象中的美好未来回望今日，人类已经找到替代型新能源，可以继续大幅度增加能耗而不会造成环境灾难，那么这在未来人类社会书写的任何大部头历史中都将是重大事件；但这部历史可能会忘记在通向新能源世界的奋斗过程中，我们必须使用许多最终会被取代的节能措施，就像我们已经忘记要搭火车就要乘马车往返于火车站，那么在很长时间内人们都离不开最终被取代的马车。因此，如果一部写就于今世的史书仅用长时段视角审视过去，并将缓慢复杂的所谓“农业革命”描绘为线性发展的历史，那么将它作为今天可资借鉴的“历史经验”恐怕并不明智。

对于工业革命的缘起，我们的了解要多得多，大量的学术研究都在解释为何有些国家的工业化要早于其他国家。（颇具讽刺意味的是，与农业起源或文字诞生之时相比，工业化时期不同社会间信息交流的速度和密度均有极大的提升，所谓“独立发明”的说法似乎很难成立。）当然在19世纪机械化生产和矿物燃料使用量激增之前，从很多方面来说，某些社会在经济上确实更加“先进”，但我们仍然无法厘清工业化前后两个时代社会差异之间的因果关系。

尼古拉斯·克拉夫茨（Nicholas Crafts）多年前的研究专注于欧洲内部，他认为虽然18世纪的英国比法国更为繁荣，但两者经济上的差异与后来英国率先完成工业化之间没

50 有学者将更加久远历史中的社会变迁比喻为“革命”，这带来的问题更为突出。其中甚至包括通过“进化”（因为进程极其缓慢，通常被视为和“革命”相对的另一个极端）而来的解剖学和行为学意义上的现代人类。例见 Smail and Shryock, “History and the ‘Pre,’ ” pp. 715–716。

有必然联系。[51] 于是，很多欧洲经济史家不再关心西欧不同地区在工业化之前数十年间的发展差异，更不会将这种发展差异视作某些国家的“失败”，虽然欧洲大陆和英国在这百余年中的发展差异仍然值得研究。他们之所以倾向于忽略这些发展差异是为了将欧洲作为一个整体进行讲述。[52] 近年来，包括本人在内的多位史学家都认为，从 18 世纪经济的一些最重要变量（农业生产率、主要商品的市场规模、开放度与整合程度，以及大众营养水平和寿命等等）来看，东亚部分地区直到 18 世纪中晚期都可以跟欧洲富裕地区相提并论。[53]

虽然以上比较研究背后的实证细节尚有诸多争论，但就当前论题而言有一点更为重要。促进 18 世纪经济繁荣的主要因素是通过各种制度的建立来充分利用和发展生产力，这一生产力是建立在相对变化缓慢的土地、劳力、能源和技术供给的基础上；19 世纪的经济增长模式则完全不同，它更加依靠对技术的迅速掌握和改进以及大量能源的使用。[54] 实际上，英国和日本工业化的时间差要远远小于两国与大部分“第三世界”国家工业化的时间差，这一事实无疑改变了相关问题的趣味性，就像法国、意大利北部等地生活水平的提高改变了研究欧洲工业化的主要方法一样。下面一组数据显示了罗伯特 · 阿兰（Robert Allen）对 1800—1820 年间世界各地的相对农业劳动生产率的估算，看看其排名次序与随后一个世纪中的工业化排名有着多么巨大的差异 [55]：

---

51 Nicholas Crafts, “Industrial Revolution in England and France: Some Thoughts on the Question ‘Why Was England First?’ ” *Economic History Review*, vol. 30, no. 3, 1977, pp. 429–441.

52 颇具影响的例子包括 Patrick O’Brien and Caglar Keyder, *Economic Growth in Britain and France, 1780–1914: Two Paths to the Twentieth Century*, London: G. Allen and Unwin, 1978。另见 Jack Goldstone, *Why Europe: The Rise of the West in Early Modern History*, Boston: McGraw Hill Higher Education, 2009 与 Robert Allen, *British Industrial Revolution*, Boston: McGraw Hill Higher Education, 2009。两书再次重申英国的核心地位，其中后者宣称，英格兰经济长期引领欧洲发展为其留下一项遗产——较高的雇佣工资，这也是英格兰得以率先进行机械化工业生产的重要原因。

53 尤其是关于商品市场，参见 Shiue and Keller, “Markets in China and Europe”。

54 E. A. Wrigley, *Continuity, Chance, and Change: The Character of the Industrial Revolution in England*, Cambridge: Cambridge University Press, 1988; R. Bin Wong, *China Transformed: Historical Change and the Limits of European Experience*, Ithaca: Cornell University Press, 1997; Kenneth Pomeranz, *Great Divergence*; Kenneth Pomeranz, “Responses and Reconsiderations” ; Jack Goldstone, “Efflorescences and Economic Growth in World History: Rethinking ‘The Rise of the West’ and the Industrial Revolution,” *Journal of World History*, vol. 13, no. 2, 2002, pp. 323–389.

55 数据源自 Robert Allen, “Economic Structure and Agricultural Productivity in Europe, 1300–1800,” *European Review of Economic History*, vol. 3, no. 1, 2000, p. 20 与 Robert Allen, “Agricultural Productivity and Rural Incomes in England and the Yangtze Delta c. 1620 - c. 1820,” *Economic History Review*, vol. 62, no. 3, 2009, p. 542。

世界多地相对农业劳动生产率

约1800—1820年（英格兰=1.00）

尼德兰：	1.01
英格兰：	1.00
长江三角洲：	0.90 *
比利时：	0.78
波兰：	0.75
法国：	0.58
奥地利：	0.57
西班牙：	0.49
德国：	0.47
意大利：	0.40

* 长江三角洲与英格兰的比较基于每个劳动日的农业产出；其他国家与英格兰的对比基于每个农业劳动者的产出，因此可以假定欧洲各国年均工作日数的差异不大。

需要强调的是，上表显示的是劳动生产率（labor productivity），一般而言其数值在人口较为稀少的欧亚大陆最西端会更高。就土地生产率（land productivity）而言，长江下游的数值比英格兰高九倍，[56] 自然也令欧洲其他国家相形见绌。因此长三角地区的全要素生产率（total factor productivity）可以轻轻松松超越整个西方世界。（在这方面日本畿内地区可能还要更高。）

本文当然不否认从前工业时代向工业时代过渡的进程中存在许多经济发展的连续性；我也并不认为针对细微变化如何累积引发巨大变革的研究是没有必要的——完全不是这样。我想说的是即便我们赞同以最重要的技术变革为基础进行历史分期，这也许对解释这些技术变化本身没什么帮助。

此外，即使用最深刻的历史变革进行分期，这些历史时期的边界也将是非常模糊的。例如，在最早的定居生活方式（包括农作物种植和畜牧业）出现之后的千余年中，游牧生活方式依然在很多地方占据重要位置。还有些历史分期是建立在知识文化的发展趋势之上，其边界可能会更加模糊。比如，关于个人的重大理念变化通常比金属工具和武器取代石制工具和武器的过程要更加缓慢和不彻底。（试想即便在美国这个最现代化的国家，其世俗化

---

56 Robert Allen, “Agricultural Productivity and Rural Incomes in England and the Yangtze Delta c. 1620 - c. 1820,” p. 548.

的胜利是多么脆弱。）最后需要指出的是，如果用足以改变整个社会面貌的重大技术变革来分期，则有可能会产生过于冗长且用处不大的时间概念（直到最近仍是如此）。我们在写作和教学的过程中必然会用到各种时间框架（temporal scales），而这些框架需要被大多数人文社科学者所接受。

接下来应该谈谈像“近代早期”这样并不精确的概念，特别是将其作为临时性术语用于特定环境的时候。这些概念的确突出了在某个时期变得愈发显著的一系列现象，但没有断言其中任何一个必须要出现，更不会声称它可以决定其他所有现象。这类概念也许没有太多的解释力，但它们不会对其他解读造成什么妨碍，除非我们错误地相信“近代早期”必然会导致一个现代的、工业化的世界。况且，相较于用最重大技术变革来标定人类历史所产生的宏大时间框架，我们更需要采用相对狭窄的时间尺度来研究跨地区的历史。

此类研究之所以必要不仅是为了厘清前面强调的物质层面的问题，它也有利于追溯价值及其影响的历史规律。虽然古迪有理由怀疑我们能否看清诸如“个人主义”这类宽泛概念的长期发展趋势，但这些宽泛的抽象概念可以被拆分为相对具体和窄小的部分，从而在较大时空维度下追寻它们较为清晰的变化方向。

其中一个例子是关于人们如何认知自己与所在国家的关系。两百年前，一个国家将有人居住的国土出售给另一国并不是什么大不了的现象；然而在今天这是不可想象的，虽然侵略领土的行为时有发生。（两者的主要区别在于武装侵略伴随着对象国的抵抗，被侵略方并未像出售领土的国家那样主动放弃部分自身合法性，毕竟后者是自愿终止其与部分国民之间的关系。）另外一个例子是，已经倒台的旧政府所欠外债在新政府掌权之后，可以通过合法的方式从国民那里征收，即便旧政府并非人民的选择，后者也没有从政府举债中获利。现在这种行为虽并非毫无争议，但基本也被大众认可，可这在一两百年前（更不用说三四百年前），是根本不会出现的，尽管那时因政治动荡导致政府不履行债务的情况更加常见。很难说以上两种改变意味着“自由主义”或“个人主义”究竟是前进还是退却，但它们确实代表了一些显著的变化趋势，那就是在整整几代人的时间里，国家与人民之间的概念化联系逐渐增强（当然这并不一定意味着此趋势是不可逆转的）。

或者考察一下其他稍早出现的思想和价值方面的变化。例如在当今世界，不管一些地方的社会流动性多么有限（包括一些所谓的“发达”社会），恐怕没有人会支持那些公然宣称农民的子女就该世代务农，官员的子女世代为官的政府。[57]然而在过去数百年间，许多国

57 关于当代世界对增强社会流动性的偏向，与上述内容稍有出入的例证是，在很多社会，人们普遍且公开认为女人应当留在家中照顾孩子。但对于那些不是家庭主妇的群体来说，我认为以上关于社会阶层和职业流动性的归纳，大体上是合理的。

家和社会都公开赞成这一主张。这种强调社会流动性的思想通常被称为“现代观念”，其实早在数百年前甚至数千年前就有人提出类似观点，但直到近期才被社会普遍接受。类似的观念转向还包括：过去 500 年以来时尚潮流和大众消费主义的迅速发展（古迪认为从那时候开始在几个社会中就有体现[58]）；物质财产取代随扈人员成为精英阶层的关键标志；工作的意义渐趋重要，不再仅限于维持基本生活保障；等等。

以上例子都不能代表某些价值观念从完全缺失到普遍共识的根本转变；它们既不会在所有地方以同一形式或程度出现，也不会以完全线性的方式向前推进，更没有一致的时间表。但可以肯定地说，这些历史趋势在工业化技术大量涌现的几个世纪前就已出现；而且我认为它们都与前工业化时代的最后几个世纪（和工业化之初的两个世纪）紧密相连，而不只是青铜时代城市革命之漫长持续发展的结果。因此采用其他的时间标签（temporal marker）有助于理解以上历史态势。与“古典时代”“封建主义”或“幕府时代”等传统概念不同，这些新标签不应根植于某个特定地区的历史发展轨迹。在我看来，的确有必要将青铜时代和蒸汽时代之间超长的历史时期进行细分并重新阐释，即便这种做法有时会略显粗糙。由此产生的新时段及其历史叙述应该对许多地区都有借鉴意义，同时又不把后者视为对任何所谓标杆地区的偏离。

【原文出处】Kenneth Pomeranz. “Teleology, Discontinuity and World History: Periodization and Some Creation Myths of Modernity,” *Asian Review of World Histories* 1:2, 2013, pp. 189–226.

58 Jack Goody, *The Theft of History*, pp. 263–265.

马蒂亚斯·米德尔、卡特娅·瑙曼　著
马理唯奇　译

全球史与空间转向：从地区研究的影响到全球化关键节点的探究

【导读】

马蒂亚斯·米德尔（Matthias Middell, 1961—　），德国莱比锡大学全球及欧洲研究所主任、教授。1989 年于莱比锡大学获得博士学位。主要研究方向是全球比较革命史、跨地区史、文化迁移史以及全球化时代的历史和历史书写等。代表作有《18 世纪全球的文化迁移、交流与联系》（主编，2014），《作为再空间化时刻的法国大革命》（合编，2018），《劳特利奇跨区域研究手册》（主编，2018），《全球史实践：欧洲的视角》（主编，2019）等。

卡特娅·瑙曼（Katja Naumann），德国莱比锡大学莱布尼茨东欧历史与文化研究所高级研究员，全球及欧洲研究所讲师，2012 年于莱比锡大学获得博士学位。主要研究领域为 19—20 世纪的国际主义和国际组织、中东欧史学史以及全球和跨区域史。代表作为《被遗忘的多样性：19 世纪中叶以来中东欧的领域性与国际化》（合编，2014），《探寻其他世界：地区研究的跨区域史论文集》（合编，2018）。

本文指出，当今的全球化世界在空间性组织模式以及现有的监管机制上存在着诸多的不确定性。全球化是一个去领域化和再领域化的辩证过程，全球史研究应当关注历史上的空间性结构及其随着时间的推移而不断进行的解构和重构，从这样一个角度来探究现代全球化的进程。这就是所谓的“空间转向”，它承认各种空间结构的同时性，认识到空间的建构性以及历史参与者和历史学家们在塑造空间秩序中的核心地位，并且拒绝作为方法论的民族主义或任何形式的中心主义。地区研究在一定程度上有助于构建全球视角，但它深受冷战地缘政治的影响，存在将空间分析单位本质化的倾向。近年来兴起的新地区研究将世界上的区域界定为政治、社会和经济活动相互交织的空间，它与跨国主义一起，为本文所倡导的研究路径提供了重要支撑。在这种分析的基础上，本文进一步提出如何从全球化门户、领域化机制、全球化关键节点这样一些角度来展开具体研究。

本文认为，历史空间是社会互动的产物，而非固定的容器。互动对旧的空间单位造成冲击，而为了对互动进行管控又推动了新空间单位的形成。全球史的这种“空间转向”研究路径挑战了传统史学长期以来对各种空间结构，比如民族国家、地区和文明等单位的固化思维。了解这一转向的起源和演进过程对历史学甚至整个人文社科研究都有重要意义。

当前的不确定性

2005年2月，时任欧盟发展政策专员的路易·米歇尔（Louis Michel）在一次回答要求他列出援助非洲的优先事项时说：

> 我将鼎力协助非洲联盟的建设。非盟目前约有300名雇员，而欧盟却有25,000名雇员！……接下来，我将开展跨国项目。保障整个非洲大陆的陆路、水路与电力畅通。在借助（国际）救援组织力量的同时，我们必须与那些贫困国家的政府、地方官员和民间团体通力合作……我们需要在欠发达国家建立更多的政府组织，……因为政府才是最终唯一可以提供平等机会和最基本保障的机构。[1]

米歇尔的发言中值得注意的并非他提出的若干具体方案，而是对现行机制能否确保方案实施的担忧。各项方案本身是无可非议的，但是把它们合在一起也许就彼此矛盾，很难奏效。米歇尔悲观地认为，现有的低效管理手段捉襟见肘，整体性解决方案仍无法达成。持这一态度的绝非米歇尔一人，这也使得人们的担忧愈发强烈。对不同空间领域的组织和秩序所具备的信心，对于在国际和全球政治中指导有限资源的分配尤为重要。如今，人们似乎已经丧失了这种信心。

至19世纪中叶，随着全球的互联性日益增强，一种独特的空间层级结构虽然发展缓慢且备受争议，但已逐渐成型。在这种层级结构中，国家从所有空间单位中脱颖而出，因为它似乎是主权最直接的来源。在那一时期，地方性的、区域性的、大洲性的和国际性的人类活动空间单位也在发挥作用，但影响力十分有限。现如今，这种空间结构正在迅速解体。尽管国家这种空间单位仍然普遍存在，但是不同空间单位之间的层级结构关系似乎已经瓦解，各个组成部分正以不同的方式重新组合。

至20世纪中叶，人们已经认识到，民族国家不再是对社会活动最具效力的空间模式。然而，直到20世纪90年代才出现一种较为乐观的看法，认为曾经的主导模式正在被一种通常被概念化为“全球治理”（global governance）的新模式所取代。如今看来，这种看法似乎有些天真，但体现了人们对于全新而棘手的环境的早期反应。相信国家至上是世界秩序指导原则的观念曾经为各种社会活动提供了明确的方向和清晰的框架。然而，随着这种

---

1 “Es gibt auch Parasiten,” Interview with Louis Michel, *Die Zeit*, 3 February 2005, p. 24.

观念逐步消解，所有人——尤其是那些设法维护它的人，也包括那些试图适应这一变化的人——都面临着一种陌生而矛盾的复杂局势。伴随 1989 年剧变，作为冷战时期政治产物的一系列调控机制已然过时，作为全球治理组成要素的国际组织与跨国管理机制开始变得愈发重要。但人们很快便意识到，全球治理与其说是一种影响广泛的新现实，不如说更像是一种一厢情愿的主观想法，并且没有出现一种相对清晰的新空间秩序理念来支撑它。相反，人们越来越清楚地认识到，理解和应对全球化需要从根本上重新思考不同空间层面之间的共存关系。近来国际事务中的例证足以表明，由拥有完整主权的民族国家所主导的旧有观念是多么地与时代脱节。

联合国计划实施的五年（2000—2005）改革方案既体现了 1945 年的政治权力结构，也表达了对日益一体化的世界加以管控的诉求，但却以失败告终。北美与欧洲领导下的集权化进程也陷入了利益冲突的泥淖。[2] 除此之外，一些所谓的工业强国举行的非正式的重要会议也陷入愈发严重的合法性危机。这个集团只是不大情愿地将“前对手”俄罗斯纳入 G8 峰会，而且并不准备接纳新兴经济大国（诸如中国、印度和巴西）。另外，针对全球化的批评，它们也未能找到因应之道，这些批评最终引发了发生在西雅图和日内瓦的抗议活动。2008 年金融危机之后，八国集团（G8）向二十国集团（G20）的扩容旋即遭到全球公众舆论的批评，称之为权宜之计且缺乏充分理由。世界上许多地区的政界都在寻求新的治理形式，但人们对“全球治理”的形式却很难达成共识，这加重了人们的疑虑。无论是世界贸易组织、国际货币基金组织、世界银行或是《京都议定书》，都无法为必要的新型空间秩序提供指导。

此外，国际机制的特点是倾向于达成区域协定，推进不同程度的一体化和参与权。与此同时，大洲区域一体化进程也在进行中，范围之广从非洲联盟到东南亚国家联盟，从南方共同市场（Mercosur）到欧洲联盟。尽管法国与荷兰举行的全民公投否决了欧盟宪法，某些人还在幸灾乐祸，但其他人都认为欧盟为一体化树立了榜样。[3] 对一些人来说，欧盟的多层民主为主权问题提供了一个解决方案，因为它构建了一个共同体，在这一共同体内即便是中等规模的民族国家也可以生存下去，尽管是以丧失些许主权作为代价。但人们对此

---

2 Paul Kennedy, *The Parliament of Man: The Past, Present, and Future of the United Nations*, New York: Random House, 2006; Lawrence S. Finkelstein, “What is Global Governance?” , *Global Governance*, vol. 1, no. 3, 1995, pp. 367–372; Paul F. Diehl, ed., *The Politics of Global Governance: International Organizations in an Interdependent World*, Boulder, CO: Lynne Rienner, 1997.

3 May T. Yeung, Nicholas Perdis and William A. Kerr, eds., *Regional Trading Blocs in the Global Economy: The EU and ASEAN*, Northampton: Edward Elgar, 1999; Hirotada Kohno, Peter Nijkamp and Jacques Poot, eds., *Regional Cohesion and Competition in the Age of Globalization*, Cheltenham, Glos: Edward Elgar, 2000; J. Gillingham, *European Integration, 1950–2003: Superstate or New Market Economy?*, Cambridge: Cambridge University Press, 2003.

疑虑重重，能否成功也未可知。2008年发生的金融危机使人们重拾国际协调，所依托的是民族国家对经济领域的干预，但许多人都认为，经济领域是不受任何政府控制的。所有的这些例子都表明，昔日的制度与结构已无法处理当代问题。我们认为，它们之所以失败是因为基于以下的假设：政治主权应该是在一种空间层级结构（之所以是层级的，是因为国家、区域和国际被概念化为界限明晰的不同层级的领域）中运行，并应该在其中一个空间层级上进行分配。这么说来，路易·米歇尔提出的政治必须同时介入所有可能的空间层级的建议似乎得到了认可，因为只关注任何单一层级显然是不够的。

再者，国际舞台上的活动也不再局限于各国政府。活跃在全球和地方的非政府组织已发展成为一股重要力量，没有它们的助力，千年发展目标便无法实现，国际谈判也不可能成功。[4] 除此之外，跨国公司的规模也已达到了可以与一些小型国家政治经济体相匹敌的程度。不同的商品链之间建立起了一种相互依存的关系，这种关系并非直观可见，但通常比国际层面上的政治磋商更为有效。移民、大众旅游、集团犯罪的剥削链以及普遍的全球流动性，同样在创造着新的社会现实。身处不同空间结构和组织的众多参与者（不只是政治精英们[5]）每时每刻都在建立和重塑全球互动，这给人们带来机遇，同时也造成摩擦与隐忧。[6]

最后，跨国交往与全球网络并不局限于全球交通枢纽地带。有些城市为其吸引国际人才的能力而自豪，争相成为“全球大都市”。其他许多城市则与广大的区域网络建立联系，同时试图加入世界其他地区有着相似目的的联盟来保全自己的地位。[7] 类似的进程也正发生在农村地区。全球化并不仅仅体现在少数几个繁华富庶的大都会之中，也不再沿着明晰的边界线，或是在中心与边缘构成的稳定结构内发展。商品、人员与思想在国际间的流动不再有固定的起点或既定的路线。世界范围内不同的社会及社会上的不同群体都被迫直面

4 Thomas G. Weiss and Leon Gordenker, eds., *NGOs, the UN, and Global Governance*, Boulder, CO: Lynne Rienner, 1996.

5 由于他们视自身为主权保证者，所以他们努力争取重新调整明确的决策空间。有关政治抉择中可见的此类变化，请参见：Saskia Sassen, *Territory, Authority, Rights: From Medieval to Global Assemblages*, Princeton, NJ: Princeton University Press, 2006。

6 Serge Gruzinski, *La Pensée Métisse*, Paris: Fayard, 1999.

7 Paul Hirst and Graham Thompson, *Globalization in Question: The International Economy and the Possibilities of Governance*, Cambridge: Polity Press, 1997; Manuel Castells, *The Rise of the Network Society: Economy, Society, and Culture*, Malden, MA: Blackwell Publishers, 1996; Alfred Chandler, Jr. and Bruce Mazlish, eds., *Leviathans: Multinational Corporations and the New Global History*, Cambridge: Cambridge University Press, 2005; Dirk Hoerder, *Cultures in Contact: World Migrations in the Second Millennium*, Durham, NC: Duke University Press, 2002; Berthold Unfried, Jürgen Mittag, and Marcel van der Linden, eds., *Transnational Networks in the 20th Century. Ideas and Practices, Individuals and Organizations*, Leipzig: AkademischeVerlagsanstalt, 2008.

这种全球整合，并被卷入互动交流的人类之网。[8]

由民族国家主导的政治主权的层级化空间秩序逐步瓦解，参与全球互动的行为体数量众多，以及卷入世界范围全球互联的地区日益多元化，这三点特征表明了全球化是当今社会的核心问题，该议题引发的争论在至少过去20年的时间里不断升级。这也证实了我们将全球化理解为一种“去领域化”和“再领域化”（de- and re-territorialization）的辩证过程的取径是正确的。

在学术界，社会科学领域首先认识到全球化包含了一系列亟待解决的相关问题。历史学家也开始将其视为一项不可忽视的重要研究使命，尽管进展相对缓慢。这种认识可能有助于解决最初由“全球化”一词的两种含义而产生的疑惑。这两种含义分别是：一、作为一种客观存在的形势；二、作为用以重新界定何谓相互依存和独立自主的众多政治方案。历史学家与社会科学和人文科学的学者们一样，绝不可能摆脱政治家所面临的困境。在选择研究课题与分析范畴时都会涉及政治定位，选择本身就反映了各自会支持或服务于何种未来的政治秩序。[9] 人们认识到，历史学——特别是全球史——可以借助历史化的途径更好地帮助我们理解当代全球化。其原因在于，历史学能够提供若干范畴，这些范畴可以解释社会与政治活动的各空间层级在当今的不确定性，以及政治主权的各种空间化模式，同时也能减轻基于国家主导地位的空间层级结构的负担，正是因为这种结构才产生了作为方法论的民族主义与欧洲中心主义。[10]

历史学家已经开始探究当今的发展进程及其具体发展动力的历史渊源，并且重建人类在特定地区与特定时期的“全球状态”。[11] 迈克尔·盖耶与查尔斯·布赖特等学者明确指出：我们现在正处在全球一体化的特殊时代，在这个时代中，各种活动轨迹不断地交错融合，不

8 John R. McNeill and William H. McNeill, *The Human Web: A Bird's-Eye View on World History*, New York: W.W. Norton, 2003.

9 David Christian, “Scales,” in Marnie Hughes-Warrington, ed., *Palgrave Advances in World Histories*, New York: Palgrave-Macmillan, 2005, pp. 64–89.

10 我们应该认识到，人文科学是在一个特定时代形成并制度化的，在那个时代，学术界兴起的民族主义方法论反映出了国家在政治上的主导地位。正如欧洲被视为世界区域层级的顶端一样，民族国家位于空间层级结构的顶端。显然，欧洲中心主义立场与民族主义方法论的缺陷理应受到批评，但我们不应该忘记的是：我们生活在一座古老的建筑里，其楼层布局与内部设计都形成于“国家”和“西方”被视为应对现代全球化的最佳形式的时代。

11 以下文章对此有概述：David Blaazer, “Globalization, Markets, and Historiographical Perspective,” *Journal of Contemporary History*, vol. 42, no. 3, 2007, pp. 505–514; Antony G. Hopkins, ed., *Globalization in World History*, New York: W. W. Norton, 2002; Michael Lang, “Globalization and Its History,” *Journal of Modern History*, vol. 78, no. 4, 2006, pp. 899–931。

可逆转地瓦解了所有自治实体（社会、文化或文明）；并且，全球化也涉及有关身份、主权与自治权的长期斗争。他们指出，这种一体化并没有像一些人预期的那样使世界变得同质化，也没有带来一种“全球”与“地方”之间明晰的辩证关系。当前的全球化似乎是一种不断涤故更新的动态整合过程，这个动态过程“在使世界成为一个整体的同时，也使它变得支离破碎”，重新凸显出彼此间的差异性，并创造出一个“极度不平等且极端分化的世界”。[12]

此类研究涵盖了许多当今全球化重要议题。有两种研究结论支持了我们的倡议——应当重新思考史学研究在对世界历史进行概念化时所采用的方法论的内涵，并启发我们提出了三个新的研究方向：全球化门户（portals of globalization）、领域化机制（regimes of territorialization）与全球化的关键节点（critical junctures of globalization）。首先，需要从历史发展的角度更加详尽地阐释当代的空间化——在这种空间化过程中，前述的层级空间结构不再是个人与社会活动的舞台。许多研究都表明，国族化进程与跨国化密切相联，而全球化则推动了地方化与区域化的发展。从大量的实证也可以看出，各种不同的空间层级不仅当今发挥作用，在过去也同样地发挥作用。然而，我们对这些空间性之间的联系在历史上是如何表现出来的知之甚少。在这里必须提出三个问题：划界机制（实施管控和行使主权）与超越统一空间领域的活动（流动）是如何在社会中交织在一起的，这种辩证关系是在哪种空间结构中表现出来的？管控与流动并行的那些地方是如何随着时间的推移而发生变化的？是谁在影响着这两个方面的活动？

这些问题同样适用于较近的历史时期。人们通常视“1989年”为连续性的断裂，并与20世纪70年代开始的结构性危机和转型联系在一起。但这两者是如何联系在一起的呢？查尔斯·梅尔（Charles Maier）指出，20世纪60年代后期至70年代后期，以及多事之秋的1989年，不过是“工业化国家（包括资本主义和共产主义国家）所面临的动荡时期的两个阶段”。他认为，20世纪“事实上终结于1973年至1989年这个时期”。[13]然而，他与其他人一样，忽略了引发动荡进而造成剧变的原因。当然，梅尔指出了20世纪60年代社会经济和文化领域发生的变化，但他没有从空间性的角度把这个时期作为一个整体来分析。他既没有仔细关注领域化模式在20世纪60年代和70年代所发生的变化（对梅尔而言，这个阶段仅仅标志着后领域性机制的开端），也没有系统性地对“1989年”追根溯源。梅尔

12 Michael Geyer and Charles Bright, “World History in a Global Age,” *American Historical Review*, vol. 100, no. 4, 1995, p. 1044.

13 Charles S. Maier, “Two Sorts of Crisis? The ‘Long’ 1970s in the West and the East,” in Hans Günther Hockerts, ed., *Koordinaten deutscher Geschichte in der Epoche des Ost-West-Konfliktes*, Munich: Oldenbourg Wissenschaftsverlag, 2004, pp. 60–61.

将这一年描述为新的世界秩序诞生的时刻，却依旧没有将其置于先前的空间秩序中去考察。这一视角忽略了一个根本问题，即，一方面，社会与政治剧变最终引发了一场全球危机，另一方面，相关性空间（尤其是用于分配主权的空间）所构成的系统发生的变化标志着新的世界秩序的开始，而这两个方面到底有何关联？显然，二者是相互联系的。只有将这二者结合起来考虑的方法，才能够鞭辟入里地对这种变革的机制进行解答。在下文中，我们将简要说明如何解决这一难题。

传统、挑战以及探索全球历史的最新动向

一、作为全球史基础的空间转向

传统的空间概念和以往对空间与领域（space and territory）之间的关系的理解，在过去几十年中遭到了严厉的批评。来自不同学科领域的学者们对既有的关于空间的理解，以及后现代主义超空间（space-less）世界的假设提出了质疑，他们认为空间性仍然存在，只是其意义在不断地发生变化。这种被称为“空间转向”[14]的新思想在20世纪90年代被广泛认可，尽管历史学家（以及社会学家和政治学家）最初并没有参加到这场争论之中。早在20世纪70年代，哲学家与地理学家就开始进行了相关讨论，他们意识到现有空间秩序开始发生变化，并且看到了导致空间问题化的两个根本性的发展动态。一方面，由于信息技术的创新、对自然资源的争夺以及国际规范的加强，整个世界的联系愈发紧密，社会不再按照先进与落后来划分（一如现代化理论所表述的那样）。另一方面，受到这些新因素的影响，一种“社会排斥”（social exclusion）的空间组织开始形成。这种空间组织存在于由于移民和来自乡村的新定居者不断涌入而发展迅速的城市里（隔离区、封闭式社区），也存在于整个社会层面（种族划分，种族隔离）。在20世纪60年代开始的争论的背景之下，米歇尔·福柯（Michel Foucault）评价道：

> 我们处于同时性的时代；我们处于并置性的时代，一个既近又远，既亲且疏的时代。我相信，在这样一个时刻，我们所感受到的世界更多地是纵横交错连接在一起的一张网，而非在时间长河中成长起来的漫长生命。[15]

---

14 Jörg Döring and Tristan Thielmann, eds., *Spatial Turn: Das Raumparadigma in den Kultur- und Sozialwissenschaften*, Bielefeld: Transcript Verlag, 2008; Barney Warf and Santa Arias, eds., *The Spatial Turn: Interdisciplinary Perspectives*, London: Routledge, 2008.

15 Michel Foucault, “Of Other Spaces,” *Diacritics*, vol.16, no. 1, 1986, p. 22。

尽管学者们对"空间转向"的含义持有不同的见解，但是一些核心的观点还是凝结成了这一概念。[16]首先，这个概念的逻辑前提是，在任何特定的时间内都存有多个相互竞争的空间结构。文化交流模式与跨国空间模式不能被限定在一个固定的空间范畴中，而传统上人们将空间视为历史变迁的容器，因此无法很好地理解全球一体化与碎片化相互交织的发展进程，亦即不能领悟流动（例如移民、资本、商品、思想）与试图控制流动的各种形式的领域化（例如民族国家、区域、作为全球化门户的城市、超国家结构、身份政治、跨国网络等）之间的辩证关系。其次，由于空间概念与相关的空间结构都是随着时间的推移而变化的，因此不能认为存在一种在过去所有时期都一直占据主导地位的空间实体。按照这种思路，作为方法论的民族主义不仅存在缺陷，而且不合乎历史。简而言之，"空间转向"承认各种空间结构的同时性，认识到空间的建构性以及历史参与者和历史学家们在塑造空间秩序中的核心地位，并且拒绝作为方法论的民族主义或任何形式的中心主义。

空间转向的方法论立场逐渐渗透至历史学。对空间的关注使学界一直以来只重视时间的传统受到了质疑，同时也使人们对世界历史产生了新的兴趣。[17]有人也许会说，要进行全球史研究，首先必须认可"空间转向"的概念，拒绝欧洲中心主义，并意识到对非西方世界的了解是至关重要的。地区研究（area studies）的成果已成为人们的关注焦点。然而，这也带来了新的难题。因为，目前人们尚不清楚如何将区域研究（regional studies）纳入历史学，也不了解作为一种跨学科和跨国对话的地区研究如何成为世界史研究与教学的根柢。在某些学术体系中，地区研究很早就被列入了历史学专业之中：在美国，许多历史系都设有研究欧洲以外地区历史的教席。而在另一些学术体系中，例如德国，地区研究无论是在体制上还是在学术上都与主流历史学保持着距离。从事地区研究的学者们被孤立于主流学术团体之外，并被视为研究落后地区和异国"他者"的专家，因此无关乎对现代社会的阐

16 我们提到了许多有关空间的理论，其中便包括"新政治地理学"的实证研究和概念性探讨：John A. Agnew, "The Territorial Trap: The Geographical Assumptions of International Relations Theory," *Review of International Political Economy*, vol.1, no.1, 1994, pp. 53–80; Arjun Appadurai, "Sovereignty Without Territoriality: Notes for a Postnational Geography," in Setha M. Low and Denise Lawrence-Zúniga, eds., *The Anthropology of Space and Place: Locating Culture*, Oxford: Blackwell, 2003, pp. 337–349; Gearóid Ó. Tuathail and Simon Dalby, eds., *Rethinking geopolitics*, London: Routledge, 1998; Peter J. Taylor, "Embedded Statism and the Social Sciences 2: Geographies (and Metageographies) in Globalization," *Environment and Planning A*, vol. 32, no. 6, 2000, pp. 1105–1114; Neil Brenner, "Beyond State-Centrism? Space, Territoriality, and Geographical Scale in Globalization Studies," *Theory and Society*, vol. 28, no.1, 1999, pp. 39–78; Saskia Sassen, "Spatialities and Temporalities of the Global: Elements for a Theorization," *Public Culture*, vol. 12, no. 1, 2000, pp. 215–232。

17 Jürgen Osterhammel, "Die Wiederkehr des Raumes: Geopolitik, Geohistorie und Historische Geographie," *Neue Politische Literatur*, vol. 43, no. 3, 1998, pp. 374–397.

释。而像波兰与捷克这些没有殖民经历的国家，地区研究的地位更加边缘化。以上困难对于建立一个从事世界区域研究的真正的国际性学术团体有着深远的影响，以至于世界区域研究大多与英语国家、法语国家以及英法前殖民地学者的研究相关。另一个障碍来自于冷战期间前东方集团与西方集团对非洲、拉丁美洲和亚洲独立运动的干预。地区研究专家们常常为自己的国家争夺代理权而从事政治性研究，实际上他们的工作与一般性社会理论的讨论并无多大联系。此类地区研究对于当下的世界历史研究来说过于片面和简单化。[18]

将地区研究与世界史或全球史整合在一起的主要困难在于书写欧洲以外地区的历史时所遇到的概念连续性（conceptual continuities）问题，即空间分析单位的本质化。在20世纪末之前，世界地区研究被稳定的、固定的容器这种空间概念所塑造。然而，鉴于空间转向理论所阐释的当前的“全球状态”，这种影响开始逐渐弱化。

二、被划分为若干地区的世界

将世界分割成为若干有意义的单位，并以此作为世界历史叙事结构的做法与历史学本身一样古老。这种划分方式大致形成于18世纪，直到今天还继续影响着学术研究。到那时，由于欧洲的扩张主义以及贸易和长途旅行的发展，人们积累了大量需要系统化处理的跨文化的认知和知识。为此，出现了对空间结构进行分类和标记的新形式（元地理学），其背后的世界观也合乎那个时代的世界主义潮流。[19]于是，人们将世界作为一个整体加以建构并概念化，同时又将其划分成不同的部分予以探讨。[20]虽然最初对这些空间边界的界定较为松散和灵活，但随着“比较法”（文化比较）的兴起，这些边界开始被固定下来。[21]这样，把文化划分为不同的文明并进行比较研究开始成为学术研究的方法论基础。[22]

尽管在19世纪的民族主义思潮影响下，西方人对欧洲以外的世界的兴趣有所减弱，但

18 Matthias Middell, “Universalgeschichte, Weltgeschichte, Globalgeschichte, Geschichte der Globalisierung – ein Streit um Worte?” in Margarete Grandner, Dietmar Rothermund, and Wolfgang Schwentker, eds., *Globalisierung und Globalgeschichte*, Vienna: Mandelbaum Verlag, 2005, pp. 60–82.

19 Harry Liebersohn, *The Travelers' World: Europe to the Pacific*, Cambridge, MA: Harvard University Press, 2006.

20 “文明”这一名词的出现就表明了这一点，它很快就囊括了单一的、连贯的人类实体及其以自治领域的形式存在的多元性的概念：参见 Lucien Febvre, “Civilisation: Évolution d'un mot et d'un groupe d'idées,” in *Civilisation: Le mot et l'idée*, Paris: La Renaissance du Livre, 1930, pp. 1–55。

21 Jürgen Osterhammel, “Transkulturell Vergleichende Geschichtswissenschaft,” in *Geschichtswissenschaft jenseits des Nationalstaates: Studien zur Beziehungsgeschichte und Zivilisationsvergleich*, Göttingen: Vandenhoeck & Ruprecht, 2001, pp. 11–45.

22 Martin W. Lewis and Karen E. Wigen, *The Myth of Continents: A Critique of Metageography*, Berkeley, CA: University of California, 1997.

在概念上把世界历史划分为不同的文明单位仍然是基本的研究框架。这种做法服务于“文明使命”与殖民活动，[23]并受到语文学、民族学、人类学、地理学和宗教学等新兴学术领域的影响而得以强化。此外，社会达尔文主义和人种论——它们一方面根植于帝国主义鼎盛时期的种种实践活动，另一方面又立足于“伟大文化”的思想——也成为19世纪后期的重要学术关注点。[24]

20世纪大多数有关欧洲以外的世界的历史研究都采用彼此类似的描画世界的方法，并有着相似的本质主义特征。18世纪的基本框架一直被人们沿用下来，并根据当代的需要进行着调整；而美国在冷战时期建立的跨学科的地区研究再次强化了这一框架。尽管地区研究在一定程度上有助于构建全球视角，但它深受冷战地缘政治的影响。欧洲以外地区的历史被概念化为不同的容器，在这些容器中，历史的转型只有在西方世界的影响和刺激下才会发生。[25]

随着冷战的结束，这种模式受到了各种学术运动和社会团体的批评。[26]由于地缘政治格局发生了变化，冷战时期的版图与边界也需要重新绘制。此外，经济全球化进程也正在改变着传统的分界线，并不断超越边境，创造着新的、不同的互动区。人们因此开始重新认识美国地区研究模式的历史成因，在一些人看来，这种模式的目的是“了解敌人”，以赢得冷战，并保持在资本主义世界经济中的霸权地位。[27]

如今，这种类型的研究被普遍视为服务于西方殖民扩张的知识建构，它将西欧社会历史转型模式视为标准，与之相比，世界其他地区则是有缺陷的、不完美的。地区研究领域

---

23 Prasenjit Duara, “The Discourse of Civilization and Decolonization,” *Journal of World History*, vol. 15, no. 1, 2004, pp. 1–6; Boris Barth and Jürgen Osterhammel, eds., *Zivilisierungsmissionen: Imperiale Weltverbesserung seit dem 18. Jahrhundert*, Konstanz: UVK Verlagsgesellschaft, 2005.

24 有关德语文献，请参见：Sabine Mangold, *Eine ‘Weltbürgerliche Wissenschaft’: Die Deutsche Orientalistik im 19. Jahrhundert*, Stuttgart: Franz Steiner, 2004; Pascale Rabault-Feuerhahn, *L’archive des Origines: Sanskrit, Philologie, Anthropologie dans l’Allemagne du XIXe Siecle*, Paris: Les Editions du Cerf, 2008。

25 Arif Dirlik, “Confounding Metaphors, Inventions of the World: What is World History For?” in Benedikt Stuchtey and Eckhardt Fuchs, eds., *Writing World History, 1800–2000*, Oxford: Oxford University Press, 2003, pp. 91–133; Jack Goody, *The Theft of History*, Cambridge: Cambridge University Press, 2006。规则总是有例外：比如费尔南·布罗代尔提出的作为区域性生产、积累和消费组织方式的“经济世界”（économies-mondes）的概念；伊曼纽尔·沃勒斯坦所提出的强调了中心与边缘相互联系的世界体系理论，以及马歇尔·霍奇森（Marshall Hodgson）所提出的将“非洲—亚欧大陆”视为人类互动半球区的概念。

26 对于较早时期的批评，请参见：Edward W. Said, *Orientalism*, Harmondsworth: Random House Inc., 1985; and Eric Wolf, *Europe and the Peoples Without History*, Berkeley, CA: University of California Press, 1982。

27 Immanuel Wallerstein, “The Unintended Consequences of Cold War Area Studies,” in Noam Chomsky, ed., *The Cold War & The University: Toward an Intellectual History of the Postwar Years*, New York: New Press, 1997, pp. 195–231.

的专家们被指责追求异国情调，所提供的解释是还原主义的、简单化的。“亚洲”这一概念已被拆析为一种制图师很久以前的奇思妙想，它只不过构建了一种本质化的西方和一个同样本质化的他者之间的二元对立关系。它给高度多样化的民族和区域强加了一种人为的统一性，曲解了这些民族和地区的内部结构过程，忽视了历史上的网络与社会关系的统一性。它把地理上的边境视为知识的边界，最终，它将政治的边界变成了认识论的边界。[28]这种对缘于政治考量及智识短浅而将世界划分成固定区域和地区的史学研究的批评，以及将“空间转向”的概念纳入历史研究中的做法，都体现了学界对非西方世界历史研究中相关地理单位的再思考，并带来了一系列概念上的创新，所有的这些都表明人们正在设法构想新的地理划分方法，并探索出理解世界历史的新途径。

三、地区研究的新概念与跨国主义：走向趋同

近年来，大量的学术研究成果给新的空间概念体系以有力的支撑，其中最主要的关注点当数对以往被视为稳定的、明确的边界的跨越。在这些研究当中，社会之间的相互作用（而非社会内部的演变）日益被视为社会发展和现代性的主要动力。[29]随着新的分析标准在研究中的采用，一些新的研究领域兴起，它们将世界上的区域界定为政治、社会和经济活动相互交织的空间。这些研究领域是多种多样的，有通过关注跨越大陆的贸易、移民和贩奴路线并且重构跨文化相遇而展开的对亚欧大陆、美洲或地中海的研究，也有对疾病史和环境史的考察。[30]

相关研究领域还扩展到世界的海、洋上所发生的互动。费尔南·布罗代尔有关地中海的名著激发了学界对一个个海盆地与大洋的兴趣，涌现出了大量的研究成果。[31]研究对象

28 H. D. Harootunian, “Postcoloniality’s Unconsciousness / Area Studies’ Desire,” in Masao Miyoshi and H. D. Harootunian, eds., *Learning Places: The Afterlives of Area Studies*, Durham, NC: Duke University Press, 2002, p. 151.

29 参见迈克尔·盖耶关于跨国史领域的近期讨论的概述：“The New Consensus,” in Matthias Middell, ed., *Transnationale Geschichte als Transnationale Praxis*, Leipzig: Leipziger Universitätsverlag, 2009。

30 Angelika Epple and Dorothee Wierling, eds., *Globale Waren*, Essen: Klartextverlag, 2007; Gwyn Campbell, *The Structure of Slavery in Indian Ocean Africa and Asia*, London: Routledge, 2004; Adam McKeown, “Global Migration, 1846–1940,” *Journal of World History*, vol. 15, no. 2, 2004, pp. 155–189; Richard H. Grove, *Green Imperialism: Colonial Expansion, Tropical Island Edens and the Origins of Environmentalism, 1600–1868*, Cambridge: Cambridge University Press, 1995.

31 Fernand Braudel, *La Méditerranée et le Monde Méditeranéen à l’epoque de Philippe II*, Paris: Armand Colin, 1949; Gheorghe Bratianu, *La Mer Noire, Des Origines à la Conquête Ottomane,* Monachii: Societas Academiaca Dacoromana, 1969; K. N. Chaudhuri, *Trade and Civilization in the Indian Ocean: An Economic History from the Rise of Islam to 1750*, Cambridge: Cambridge University Press, 1985.

包括地中海、大西洋、印度洋和太平洋，以及波罗的海、黑海和菲律宾群岛等较小的水域。人们将大洋及其周围陆地视为断裂的和支离破碎的世界，有着天然的不稳定性和相互竞争性，其明显特征是空间边境的变化不定。由于距离、尺度、边界等基本的地理要素具有很大的灵活性，历史变迁便可采用新的方式加以呈现。这些新成果为研究边境和跨越边境的活动空间带来诸多启发。[32]

在对世界诸区域的研究中，大陆上的次级地理空间也被单独拿出来加以探讨。例如，多年来，学界普遍将同质化的亚洲同欧洲（欧洲这一概念所暗含的是工业化发展迅猛的大不列颠）进行对比，以此来证明东方在结构上的落后性。不久前，王国斌与彭慕兰的著作打破了这种不平衡。他们的研究以及其他相关研究证实，在 18 世纪中叶之前，亚洲在经济上一直领先于欧洲，并且也清楚地表明，有关西方结构性优势的陈旧说辞在很大程度上是误读的、不准确的。这方面的争论从两个方面促成了空间单位的概念重建。首先，区域（例如长江三角洲）变得非常重要，较大地区内的结构性差异在大规模比较研究中也变得非常重要。此外，跨文化与远距离影响已得到重视，比如资源借用与开发，以及区域和地区间知识、技术和思想的传播与扩散。[33]除了这些重新阐述区域性联系并重新探索其历史成因的研究取径之外，还有大量研究是对跨国化问题的探讨，并且始终致力于把互补性空间关系中民族国家的生产活动、政策实施与国家职能予以相对化（relativizing）。这种视角是否会削弱民族国家的历史意义已不再是学界激烈争论的议题，现如今它已被视为一个情境化（contextualization）的问题，即国家化社会与政治、经济、社会与文化进程这些其他类型的空间化的关联性。[34]

---

32 关于地中海、大西洋和太平洋的研究状况已在如下论著中有所说明：“Oceans of History,” *American Historical Review*, vol. 111, no. 3, 2006, pp. 717–780; Paul Gilroy, *Black Atlantic: Modernity and Double Consciousness*, Cambridge, MA: Harvard University Press, 1992; Bernard Bailyn, *Atlantic History: Concept and Contours*, Cambridge, MA: Harvard University Press, 2005; and Jerry H. Bentley, Renate Bridenthal, and KärenWigen, eds., *Seascapes: Maritime Histories, Littoral Cultures, and Transoceanic Exchanges*, Honolulu: University of Hawai'i Press, 2007。

33 R. Bin Wong, *China Transformed: Historical Change and the Limits of European Experience*, Ithaca, NY: Cornell University Press, 1997; Kenneth Pomeranz, *The Great Divergence: China, Europe, and the Making of the Modern World Economy*, Princeton, NJ: Princeton University Press, 2000; Andre Gunder Frank, *Reorient: Global Economy in the Asian Age*, Berkeley, CA: University of California Press, 1998; Kaoru Sugihara and Gareth Austin, eds., *Labour-Intensive Industrialization in Global History*, London: Routledge, forthcoming 2010; Peer Vries, *Via Peking Back to Manchester: Britain, the Industrial Revolution, and China*, Leiden: CNWS Publications, 2003; R. Bin Wong, “Entre Monde et Nation: Les Régions Braudéliennes en Asie,” *Annales: Histoire, Sciences Sociales*, vol. 56, no. 1, 2001, pp. 5–41.

34 Klaus Kiran Patel, “Überlegungen zu einer Transnationalen Geschichte,” *Zeitschrift für Geschichtswissenschaft*, vol. 52, 2004, pp. 626–645.

跨国史并没有否认民族国家的重要性。相反，它强调民族国家控制和引导跨境流动的能力。从这个意义上讲，跨国史通过探讨那些跨越边界并渗入国家基本结构中的人、活动和影响，将国家、次国家行为体（地方的、区域的）和全球联系起来。跨国史研究的主题和方法是丰富多样的。例如，城市史研究注重超越民族国家领土边界的跨文化纽带与联系。举例来说，它揭示了大都市与殖民帝国之间的联系，以及覆盖全球的网络，而并不只局限于网络在官方上所分属的政治实体的层级结构。[35]还有其他跨国空间也被一些学者所关注和研究，例如卢德格尔·普里斯（Ludger Pries）[36]和乌尔丽克·弗赖塔格（Ulrike Freitag）[37]，前者从事边境研究，后者坚持认为由移民创造的空间应当被定义为"跨地方的"（translocal）空间。另外，将美国置于跨国视野中进行考察，诞生了一些重要的研究成果，这激发了学者们对其他国家的类似研究。[38]文化迁移过程如今成为人们关注的焦点，它强调跨文化交往的连续性，即便是在民族国家化和去殖民化时期也一贯如此。[39]学者们现在强调国家的跨国属性，并普遍认为空间单元是相互构成的。跨国研究的其他主题还有国际组织（"全球治理"的概念是其中的重要议题）和跨国公司（在经济史领域正受到愈加广泛的关注）。[40]

跨国主义研究有三个共同之处。首先，它们立足于对作为方法论的民族主义的批判，

35 Carolyn Cartier, "Cosmopolitics and the Maritime World City," *Geographical Review*, vol. 89, no. 2, 1999, pp. 278–289; Malte Fuhrmann and Lars Amenda, eds., "Hafenstädte: Mobilität, Migration, Globalisierung," *Comparativ*, vol. 17, no. 2, 2007; Saskia Sassen, *Cities in a World Economy*, Thousand Oaks, CA: Pine Forge Press, 2006.

36 Ludger Pries, ed., *New Transnational Social Spaces: International Migration and Transnational Companies in the Early Twenty-First Century*, London: Routledge, 2001.

37 Ulrike Freitag, "Translokalität als ein Zugang zur Geschichte Globaler Verflechtungen," *Geschichte. Transnational*, 2005, http://geschichte-transnational.clio-online.net/transnat.asp?type=diskussionen&id=879&view=pdf&pn=forum (consulted 1 December 2009).

38 Thomas Bender, *A Nation among Nations: America's Place in World History*, New York: Hill and Wang, 2006; Ian Tyrrell, *Transnational Nation: United States History in Global Perspective since 1789*, Basingstoke, Hants: Palgrave Macmillan, 2007; Sebastian Conrad, *Globalisierung und Nation im Deutschen Kaiserreich*, Munich: C. H. Beck Verlag, 2006; Sebastian Conrad and Jürgen Osterhammel, eds., *Kaiserreich Transnational: Deutschland in der Welt 1871–1914,* Göttingen: Vandenhoeck und Ruprecht, 2004.

39 Michael Espagne, Katharina Middell, and Matthias Middell, eds., *Transferts Culturels et Région: L'exemple de la Saxe,* Lyon: Université Lumière, 1995; Christophe Charle, *La Crise des Sociétés Imperiales: Allemagne, France, Grande-Bretagne, 1900–1940: Essai D'histoire Comparée*, Paris: Edition du Seuil, 2001.

40 Eckart Conze, Ulrich Lappenküper, and Guido Müller, eds., *Geschichte der Internationalen Beziehungen. Erneuerung und Erweiterung einer Historischen Disziplin*, Cologne: Böhlau Verlag, 2004, Akira Iriye, *Global Community: The Role of International Organizations in the Making of the Contemporary World*, Berkeley, CA: University of California Press, 2002; Martin H. Geyer and Johannes Paulmann, eds., *The Mechanics of Internationalism: Culture, Society, and Politics from the 1840s to the First World War*, Oxford: Oxford University Press, 2001.

也就是说，它们从根本上挑战了所有以民族国家是历史发展的自然容器为预设前提的研究取径。其次，通过凸显个人与社会群体的能力，跨国史研究采取了一种强调能动性的后结构主义方法，并且借鉴后殖民理论，强调“沉默者”的能动作用。再次，历史研究中的比较法的内涵有些难以捉摸，存在着争议，跨国史研究是对这些争议的一种回应。在过去的20年中，人们清楚地认识到，“比较”建构了比较的对象，而非反映历史的既有事实；不仅如此，比较史本身也通过各种努力支持了国家的构建，其方式是，以国家个案研究的形式，论证国家走向现代化的途径，花样翻新地讨论“特殊道路”（Sonderweg），从而推断或者“证明”国家的存在。比较研究法的优势在于，它将历史个案与历史进程分离开来，以便对个案进行解释。但这样做的代价是去情境化，导致历史学家长期以来低估了不同文化间的联系和互动。为了弥补以上不足，跨国史的方法论牢牢植根于文化迁移（cultural transfer）的范式，视之为对于联系——正是这种联系造就了比较研究的对象——的补充性分析。[41]

全球史可以说是一个汇集了多种不同研究视角的聚池，而非基于单一且排他性研究对象与方法论工具的研究领域。它是在与新地区研究和跨国研究的密切对话中发展起来的，因为，这三种研究视角所针对的都是历史的空间性方面的普遍性问题，即领域化模式与空间布局（configurations of spatial reference）。它们明显区别于将空间概念化为容器的观念，也不同于在清晰的空间层次中将国家空间、跨国空间以及全球空间对立起来的观点。尽管目前所使用的词汇和标签还不固定，但都可以归为后结构主义对当今新的全球状态的反应。这些研究视角都不具有排他性，相反，它们的思路有着共通之处：为了把全球化世界进行历史化，我们的历史阐释需要描述不同空间的交织与变化，强调历史的能动性，并承认空间化模式的变化是充满张力的诸多进程。

全球史——对领域化机制、全球化门户与关键节点的历史思考

历史学研究领域既存在着不以“空间转向”思想为基础的传统知识体系，又有着探索如何将“空间转向”的创新理论与方法转化为实证研究的新趋势，新近问世的研究成果要求在这两者之间形成更大的张力。尽管越来越多具有借鉴价值的研究成果相继问世，但就历史空间性的普遍问题而言，仍有两个方面尚未得到足够重视：一是社会活动的各种空间系统的同时存在并日益巩固，二是全球危机与领域化模式转变之间的关联性。我们建议学者们从三个方向研究全球化的历史，这类研究将探查领域化进程和领域性机制，即如

41 Michel Espagne, *Les Transferts Culturels Franco-Allemands*, Paris: Presses Universitaire de France, 1999.

何通过对流动与互动的调控来谋取对众多空间系统的政治主权。首先，为了从领域化的角度了解先前的全球化与当下的全球化在形式上发生了哪些变化，我们必须研究“全球化门户”（“portals of globalization”），即考察那些流动与管制并存的地方。其次，在考察全球危机时，必须将其视作从一种“领域化机制”（“regime of territorialization”）转变到另一种“领域化机制”的过渡阶段。这直接引出“全球化关键节点”（“critical junctures of globalization”）的概念，以此为出发点，可以针对全球化开展一种具备理论连贯性的、不落俗套的实证研究与历史阐释。

一、全球化门户

为了避免纯粹的结构主义取径，我们似乎有必要重点关注那些亲历时常发生的“去领域化”和“再领域化”进程、身处各种新的空间格局发生冲突的社会政治舞台的参与者。对港口、城市、国际贸易、处置异域事物的方式（可见于上自博物馆下到餐馆的许多场所）、移民经历的考察，为“全球化门户”的研究开辟了路径。这里所说的“门户”是指那些世界贸易中心或全球交流中心，它们充当着文化迁移的入口，形成了处理全球互联的机构和惯例。这些地方向来被视为跨文化相遇及交互影响的场所。通过这些地方，经济联系和军事调遣得以发生，全球网络得以创建；与此同时，这些地方多种多样的社会形式和象征性文化构建（“自己”与“他者”，故乡和在地）对来自山南海北的移民、商人和旅行者社区的国族归属形成了挑战。[42]这一研究方向的优势在于以下两个方面。其一，它有助于我们分析全球连通性如何使一个看似稳定的地域秩序向外扩展，从而对该秩序形成了挑战；它诱使我们关注精英们试图引导并进而控制全球连通效应的各种手段（其中包括建立政治结构和社会控制机制）。[43]其二，它考察新的空间秩序在一些地方的形成过程及产生的影响，这些地方在联结特定地域方面发挥了重要作用，并且，全球的互联与交织在这些地方的商

42 请参见结合了本地和全球维度的具有说服力的案例，Robin Law, *Ouidah: The Social History of a West African Slaving Port, 1727–1892*, Athens, OH: Ohio University Press, 2004；有关金融领域的门户功能，请参见：Youssef Cassis, *Capitals of Capital: A History of International Financial Centres, 1780–2005*, Cambridge: Cambridge University Press, 2006。有关这些全球化门户从港口城市向有影响力的帝国之都的功能性转变的示例，请参见：Jonathan Schneer, *London 1900: The Imperial Metropolis*, New Haven, CT: Yale University Press, 1999; Felix Driver and David Gilbert, eds., *Imperial Cities: Landscape, Display and Identity*, Manchester: Manchester University Press, 1999。有关比较观点的文献，请参见：Peter Geoffrey Hall, *Cities in Civilization: Culture, Innovation, and Urban Order*, London: Weidenfeld & Nicolson, 1998。

43 在这点上，该范畴有助于扩大一些概念的历史背景，例如由社会学家提出的全球城市概念：Saskia Sassen, *Global Networks, Linked cities*, London: Routledge, 2002。

品、人员与思想流动中表现得格外显著（因而具有挑战性）。此外，对“门户”的研究还提供了关于跨国流动及其“自下而上”的调控方式的视角，并重点关注那些参与各种模式的经济、社会和政治合作并拥有既得利益的参与者。这种视角透过具体的历史参与者来展现全球性。所有的空间结构都是这种全球性衍化的结果，因此，它们本身在历史上亦是转瞬即逝且变幻无常的，这已被认为是已知的事实。长期以来，这种“门户”功能只局限于一些重要的大城市，现如今，即便是一些小城镇也正在成为地方与全球交锋的中心。

二、领域性机制（the regime of territoriality）与各种领域化机制（regimes of territorialization）

鉴于全球化门户的功能与形式不断变化，这就需要对全球状况的反应进行比较研究。查尔斯·梅尔在不久前提出，应该将 17 世纪以来发生的大规模社会政治变革视为“领域性”（territoriality）形成、强化以及随后崩溃瓦解的过程。[44] 他将“领域性”理解为“一系列调控人类政治与经济活动的概念”，其形成的原因是“因为有多个大国在争夺有限的全球性空间，每种势力都在谋取……垄断区或有专属独立管辖权的地区”。因此，它们创造了“领域”（territory）或者说是一个“能够有效控制公共生活或政治生活的有界空间”。[45] 有效“领域”是指那些“决策空间与身份空间共享同一边界的空间单位，前者是有效法律政令可达范围，后者是要求民众效忠的势力范围”。[46] 作为有边界范围的政治空间，领域有两个基本组成部分，“在边缘地带的边疆及其内部的土地”。[47] 值得注意的是，“领域性”是一种出现相对较晚的历史产物，并在几个特定时刻发生了变化。“关于领域性，其激烈的争夺时代大约开始于 17 世纪中期，在 18 和 19 世纪经历了一些决定性的改变，然后……在一个世纪前开始消解。”在此之前和之后，明显存在着两种不同的秩序，即“两种非专属性的领域归属形式——帝国秩序和‘后领域性’秩序”。梅尔明确地指出了三个转型时刻：“17 世纪

---

44 梅尔在三篇文章中发表了他的论点，且每篇都有所完善：“Secolo Corto o Epoca Lunga? L’unità Storica dell’età Industriale e le Trasformazioni della Territorialità,” in Claudio Pavone, ed., *’900: I Tempi della Storia*, Rome, 1997, pp. 29–56；“Consigning the Twentieth Century to History: Alternative Narratives for the Modern Era,” *American Historical Review*, vol. 105, no. 3, 2000, pp. 807–831; and “Transformations of Territoriality, 1600–2000,” in Gunilla Budde, Sebastian Conrad, and Oliver Janz, eds., *Transnationale Geschichte: Themen, Tendenzen und Theorien*, Göttingen: Vandenhoeck & Ruprecht, 2006, pp. 32–56。

45 Maier, “Transformations of Territoriality, 1600–2000,” pp. 33, 34, and 35.

46 Maier, “Consigning the Twentieth Century to History: Alternative Narratives for the Modern Era,” *American Historical Review*, vol. 105, no. 3, 2000, p. 807.

47 Ibid., p. 816.

中叶，主权成为数百个国家单位的特有属性，人们对边界的意识不断提高；然后是另一个至关重要的分水岭，19 世纪 50 年代至大约 19 世纪 80 年代（但最重要的是 19 世纪 60 年代）……最后是……自 20 世纪 60 年代末以来我们深陷其中的时代。”[48]

深入研究早期现代历史，就会对上述理论产生两大疑问。1648 年签订的《威斯特伐利亚和约》确立起界限明确的主权国家（其内部空间秩序是均质化的）原则，该原则在许多方面与交叠的边境区、不明确的财产权、自由度更高的城市以及管理薄弱的殖民地等现实情况相矛盾。[49] 梅尔在很大程度上是通过 18 世纪后期民族国家（以法国为参照对象）的视角来分析 17 世纪和 18 世纪的领域性。我们主张对所谓领域化的帝国管理机制（an imperial regime of territorialization）进行单独的研究，以便将 17 世纪与 19 世纪进行对比，并分析研究从一种机制向另一种机制的过渡。[50] 由于社会关系的不同空间化模式之间普遍缺乏层级关系，“早期现代”的空间秩序有别于西欧新兴民族国家清晰的层级结构。但同时，它又与 20 世纪晚期的情况形成了鲜明的对比，因为那时的跨国交往远不如今天广泛，交流速度也要慢得多。毫无疑问，这种空间秩序也具有“领域性”的特征，因为政府税收和封建朝贡都是必须的。但在社会组织的领域形式和非领域形式之间，或在不同形式的“领域性”之间，并没有明确的层级关系。

在 17 世纪中叶至 19 世纪中叶这段漫长的时期里，一道裂缝出现了。由于 18 世纪后期英法两国间的竞逐对抗，1756 年至 1826 年间，通过税收和战争动员，许多国家都实力大增。法国、英国、西班牙和葡萄牙都巩固了各自的领土权。但就整个欧洲而言，“领域性”必然与争议地区共存，而且，它脱胎于帝国组织模式和以民族国家为基础的组织模式之间的张力。[51] 这种转变并不仅仅局限于欧洲。例如，玻利瓦尔反对将南美洲划分为不同民族国家的大陆构想并没有实现。[52] 然而，似乎并非世界上所有地区在“领域性”建设方面都遵循了相同的模式。因此，有必要区分近代“领域性”建设的不同阶段，同时也要区分不同的“领域化机制”。后者在广义上描述了 19 世纪后期欧洲各民族国家建立前后的世界，从而为梅尔所强调的 20 世纪 60 年代至 20 世纪 70 年代的历史时期打开了视野。即使在梅尔所强调的时间点上，我们也并没有发现领域性突然终止，而是在跨国性日益显著的大环

---

48 Maier, “Transformations of Territoriality, 1600–2000,” p. 37.

49 对 17 和 18 世纪海盗行为的最新研究表明，国家的强制力并不像强大的帝国形象那样产生人们所期望的效果。

50 有关帝国模式在 20 世纪初继续存在于西欧和中欧的情况，请参见：Charle, *La Crise*。

51 Hagen Schulze, *Staat und Nation in der europäischen Geschichte*, Munich: C. H. Beck Verlag, 1994.

52 Raymond Th. Buve and John R. Fisher, eds., *Handbuch der Geschichte Lateinamerikas, Band 2: Lateinamerika von 1760 bis 1900*, Stuttgart: Klett-Cotta Verlag, 1992.

境下，民族国家与其他领域整合形式之间的层级结构关系变得有所缓和。[53] 倘若我们将梅尔的研究范围加以扩展，并关注领域化机制的连续性，便有助于我们更多地从参与者的角度来考察：在某一时期是谁成功地使国家成为空间概念的核心；在 1860 年至 1970 年这一时段之前或之后，也就是在领域化机制的层级结构不那么严格的时期，是谁管理得最好。与此同时，“领域化机制”这一更为细化的术语能够帮助我们更直观地理解欧洲与世界其他地区的差异。

这促使我们考察个人和社会群体驾驭不同空间系统，并在“梯级游戏”（Jeux d’échelles）[54] 中找到各自位置的能力。应对非层级性领域化机制的不同特性的能力，成为跨国精英们和从事越境活动的“老百姓”的一种文化资本。

各种重要的空间关联形态（如地理的、社会活动的、身份认同的、政治决策的与经济交往的）都存在着一种辩证的状态，这种状态一方面呈现出相互交织的趋势，另一方面表现出对这种交织状态的调控趋势。这些都可以在经济和金融层面上，从国际公司、跨国集团和各国政府的贸易、投资流向以及技术和商业信息传播中加以考察。这不仅关乎流动问题，而且涉及这些流动是如何推动调控措施的出台，如何给市场参与者带来利益。在这种情况下，充足的空间这一问题便凸显出来，这是一个经济地理学问题，在进入待开发市场的扩张战略或维护饱和市场的防御战略中表现得尤为明显。政治领域的流动与调控也存在类似的辩证关系。为处理跨国问题而进行的国际机制间的合作，需要在确保主权的全球互联互通的前提下，找到能够维护能动性的合适的治理形式。

这种相互作用也存在于文化层面，并且表现在各种形式的文化迁移和对外来文化模式的借鉴当中。所有这些进程的核心问题都是空间定位，即确立领域核心区的时候必须考虑它与遥远地域的联系。领域化的历史要求人们关注那些特别有利于形成此类辩证关系的空间结构。民族国家的确已经证明了它有能力在错综复杂的世界市场中组织力量、维护主权、扩大规模，并实现利益最大化。1840年至1880年间，[55] 在世界大多数地区建立的民族国家模式是如此的成功，以至于那个时代最具影响力的强国得以征服了世界上的大部分地区。[56] 但令人

---

53 伊恩·蒂勒尔（Ian Tyrrell）在《跨国民族》（*Transnational Nation*）一书中令人信服地表明了这一点。

54 该术语借自雅克·勒维尔（Jacques Revel）的 *Jeux d’échelles: La micro-analyse à l’expérience*, Paris: Gallimard, 1996。

55 请参见：Michael Geyer and Charles Bright, “For a Unified History of the World in the Twentieth Century,” *Radical History Review*, no. 39, 1987, pp. 69–91; and id. “Global Violence and Nationalizing Wars in Eurasia and America: The Geopolitics of War in the mid-nineteenth Century,” *Comparative Studies in Society and History*, vol. 38, no. 4, 1996, pp. 619–657。

56 Michael Adas, “*High*” *Imperialism and the “New” History,* Washington, DC: American Historical Association, 1993.

吃惊的是，它们是以帝国扩张的形式实现这一目标的。它们在国内建立民族化社会的同时，却在外部利用了帝国主义政治手段。[57]然而，主权民族化原则的推广与殖民列强继续控制其帝国属地的企图在1918年的“威尔逊时刻”（“Wilsonian moment”）产生了冲突。[58]

因此，领域化机制使得某些特定类型的空间秩序成为人们关注的焦点，并使全世界范围内的人们认识到，什么是有效的组织模式以及什么是值得仿效的模式。但这并不意味着世界上所有的社会都能够恰当地、顺畅地进行自我重组。这种不平等和差异能够帮助我们理解，在向新的空间结构转型的过程中为何充满了冲突与暴力。[59]

三、全球危机与全球化关键节点

世界秩序并不意味着将一种独特的结构模式强加于世界各国人民。相反，它指的是知识分子、政治家以及其他人士的一种期望，旨在将复杂的全球流动与调控方式简化为一种单一模式。世界秩序总是包含着许多乌托邦成分；而分析那些将自身的秩序理念强加给整个世界的政治企图是十分有趣且必要的。经济和政治上的不平等（以及文化差异）在危机与冲突的过程中不断地重现，其结果通常是一种领域化机制占据了主导地位，但不应该误认为这种一致与协调克服了不平等和差异。就此而言，任何领域化机制都应被视为在不同社会和不同地方反复探索试验后的结果。

正如克里斯托弗·贝利所说的，从“早期”全球化向“现代”全球化的转变，反映了世界不同地区之间的互动，在这些地区，旧的社会政治组织形式受到了新型组织形式的冲击。从18世纪中叶开始，这些互动随着交流的深入而加强。迈克尔·盖耶和查尔斯·布赖特将新领域化机制的突破追溯到1840年至1880年这个时期，这是正确的；他们还指出，当“诸国族社会被迫进入迅速而且往往是暴力的转型”时，全球互联已在发挥作用。政治和社会秩序所受到的各种冲击在世界各地同时发生了，表现在以暴力对抗的形式干预社会组织、领域组织、新兴市场、现代化和技术进步等方面的发展速度和发展方向。其中最为

57 关于一个有趣的比较观点，请参见：Charle, *La Crise*。

58 Erez Manela, *The Wilsonian Moment: Self-Determination and the International Origins of Anticolonial Nationalism*, Oxford: Oxford University Press, 2007.

59 Maier, “Consigning the Twentieth Century to History: Alternative Narratives for the Modern Era,” *American Historical Review*, vol. 105, no. 3, 2000, p. 814; idem, “Transformations of Territoriality, 1600–2000,” p. 44。转型包括以“牺牲地区或邦联权力为代价强化中央政府机构”；要求“不断调动内部和外部军事力量作为治理资源”；吸纳“金融、工业、科学以及拥有专业素养的新领导者，以及……拥有大量土地的精英加入统治集团”；以及“发展以煤炭和钢铁技术为基础的工业基础设施，将其应用于货物和人员的长途运输，并大批量生产由工厂劳动力组装的工业产品”。

典型的是中国的鸦片战争和太平天国运动，日本的明治维新运动，1857年的印度土兵起义，1861年至1865年的美国内战，1868年的古巴独立战争，加拿大1867年取得实质性的独立地位，1848年至1849年的欧洲革命，意大利和德国的统一战争，1867年的奥匈协定，克里米亚战争，以及1861年俄国废除农奴制。[60]

尽管这些时间点与梅尔将领域性作为一种现代全球历史发展模式的分析非常吻合，但克里斯托弗·贝利却描述了一场持续时间更长的全球危机，并论述了各地的危机、崩溃和重组之间类似的趋同性。[61]他将“革命时代”[62]与英法两国长期的军事和经济竞争结合起来审视，并得出结论：“在1720年至1820年间，特别是在1780年之后，世界上的许多局部冲突完全失去了控制。”[63]他将这段时间视为“世界危机”期，并指出这是由两种动力所造成的：一是全球范围内不断增强的“统一性”，一是“在外部的统一性趋势下世界各社会内部不断增加的复杂性”。[64]根据贝利的说法，这一时期大约始于1720年，此时，自1660年以来相对持久的政治稳定与经济繁荣走到了尽头（中东的萨法维王朝与南亚的莫卧儿帝国的衰落即是明证）。自此之后，“帝国过度扩张”的进程便成了“早期全球化”的显著特点。[65]

在我们看来，贝利所描述的“世界危机”期的特征是新模式的突破性进展（尽管这种变化并非无处不在，但至少在某些地区是如此）。“官房学派”（Cameralism）提出将空间结构合理化，与之相伴随的是物权请求权（property claims）的进一步明确，该权利剥夺自封建财产持有者，从而推动了无可争议的财产所有权。[66]领域性原则不仅应用于国家主权

---

60 Charles Bright and Michael Geyer, “Weltgeschichte als Globalgeschichte: Überlegungen zur einer Geschichte des 20. Jahrhunderts,” *Comparativ*, vol. 4, no. 5, 1994, pp. 13–45.

61 Christopher A. Bayly, *The Birth of the Modern World, 1780–1914: Global Connections and Comparisons*, Malden, MA: Blackwell, 2004.

62 Ibid., pp. 90ff.；另见 Bailey Stone, *Reinterpreting the French Revolution: A Global-Historical Perspective*, Cambridge, MA: Cambridge University Press, 2002。有关跨大西洋革命圈的讨论，请参见：Matthias Middell, “Revolutionsgeschichte und Globalgeschichte: Transatlantische Interaktionen in der Zweiten Hälfte des 18. Jahrhunderts,” in Margarete Grandner and Andrea Komlosy, eds., *Vom Weltgeist beseelt: Globalgeschichte 1700–1815*, Vienna: Promedia Verlag, 2004, pp. 135–159。

63 Christopher A. Bayly, *The Birth of the Modern World, 1780–1914: Global Connections and Comparisons*, p. 7.

64 Ibid., p. 20.

65 清帝国和奥斯曼帝国等其他帝国则进行了更为有效的抵抗，而俄国首先在彼得一世的领导下开始崛起。因此，漫长的18世纪的“世界危机”并不是所有帝国面临的最终危机。显然，仅从民族国家的逐步兴起和帝国逐渐衰落的角度来分析1720至1820年这一时期是远远不够的。

66 Dietmar Willoweit, *Rechtsgrundlagen der Territorialgewalt: Landesobrigkeit, Herrschaftsrechte und Territorium in der Rechtswissenschaft der Neuzeit*, Cologne: Böhlau Verlag, 1975.

以及国家间关系，其影响力还源于农业（迄今为止最大的经济部门）的社会与司法环境的缓慢变化。法国大革命对空间进行了彻底的重组，例如废除封建权利以及建立省级行政区（departements）。这场革命只是实现领域性变革的全球进程——在帝国政体和早期建立的民族国家中都发生了——的一个组成部分。在这一时期结束时，一种以人民主权和领域同质化原则为基础的成熟的民族国家模式得以确立。这种模式最初只发轫于少数地方，很快，不同形式的社会自组织（self-organization）——其中每种形式都具有某种鼓励和引导人们参与全球流动和调控流动的双重特定能力——成为越来越多的社会以及世界各地的经济、政治和文化精英关切的焦点问题。

因此，18 世纪 80 年代至 19 世纪 20 年代的几十年可以被理解为一个全球过渡时期。[67] 这一时期的革命和战争与半个世纪后的革命与战争十分相似，但向新型领域化机制的突破尚没有明确地集中并局限在民族国家的形成上。由杜桑·卢维杜尔（Toussaint L'Ouverture）所领导的圣多明各起义迫使拿破仑在奴隶制问题上有所转变，并最终使海地宣布成为独立的主权国家。玻利瓦尔关于统一南美洲的梦想与欧洲思潮背道而驰，这一梦想最终由于赢得了反对西班牙统治的独立运动而落空。葡萄牙—巴西联合王国将首都从里斯本迁往里约这一举措，体现了一种不同的帝国理想秩序和民族国家结构秩序，这在很大程度上源于跨大西洋的交流。

1840 年至 1880 年这一随后的时间段的特征是为新的领域化机制而展开的斗争在各地同时发生，导致了缓慢的同步化现象（*synchronization*）。正如贝利笔下“世界危机”这一概念一样，有关冲突的同步性的观点为理解向领域化机制的突破提供了思路：世界上许多地方在同时回应同样的挑战，其回应的方式一方面是增加接触和加强相互之间的学习，另一方面则是争相建立最高效的政治、经济和文化秩序。虽然梅尔提出的“领域性”概念包括明确的边境线以及在政治和社会经济上同质化的领域，但需要注意的是，这种界限分明的空间无时无刻不受到各种形式的跨界空间结构的挑战。如果不能认识到这一点，梅尔的论证就会被目的论观点所削弱。现代领域性机制是按照国家的、区域的和地方的特色严格划分的层级结构，其先决条件恰恰是对其他空间框架的延续，这些空间框架恒久地处于“去领域化”和“再领域化”的辩证驱动之下。

的确存在这样的时期，出现了同步化的时刻，各个场所之间的交流也在增加，但此时尚不能确定通过（重新）组织自身空间格局和其他相关空间格局来构建社会（及其与其他

67 Matthias Middell, Michel Espagne and Edoardo Tortarolo, eds., *The 18th Century in a Global Perspective,* Leipzig: Leipziger Universitätsverlag, 2009.

社会的关系）的主导模式。不过，我们可以找出其他具有高度同步性的时期。在这里，对18世纪80年代至19世纪20年代与19世纪40年代至19世纪80年代这两个时段进行比较是富有启发性的。为了更好地理解这一过程，我们建议将这些节点——全球化关键节点——作为特殊的时期与场所来进行分析，因为正是在这些节点，应对全球化影响的新型空间关系得以确立。[68]在这些关键节点出现了惊人的同步性：参与者协同努力，关于空间模式的某种全球秩序被广泛接受。并非所有社会和社会群体都能平等地从新型空间秩序的实行过程中获益。然而，其他空间秩序在此之后被边缘化了。

"关键节点"这一概念有助于我们理解领域化的各种形式，并认识到互联性在全球性冲突中所扮演的日益重要的角色，此外，它还将权力关系这样一个方面引入现代全球历史的叙事之中。冲突导致了充满不确定性的时代，限制了政治控制力，并使既有边境出现漏洞，所有这些造就了各种不协调的空间化模式以及竞争性的空间关系。这些冲突不单单表现为众多国家碰巧同时发生的国内冲突战场。它们还具有全球性，因为正是这些战场决定了各社会以何种方式参与世界事务，而且通过这些战场，人们找到了维护国内强有力的社会整合并确保各国间有效互动的最高效的方式。与"领域性"相比，"关键节点"这一概念包括更广泛的空间维度（政治的、经济的、社会的、想象的空间等），并与地理学和其他学科有关近期全球趋势和新空间化的争论相联系。[69]它并没有将政治主权的空间性缩小到有边界的领域内。

关于从一种领域化机制过渡到另一种领域化机制的问题，我们必须将相对较长的时期和全球化关键节点这种较短的时期加以区分，在前者中世界各区域的变化不是同时发生的，而在后者中变化过程同时发生并实现同步化。正是在后一种情况下，新的世界秩序得以产生，这个空间秩序的新的主导思想被认为是处理全球连通性最有效的方式。由于这种领域化的主导思想与机制的合理性很快得到阐释（其中包括史学大师的阐释），这就导致了领域化的局限性、排他性，特别是其运行的复杂过程遭到忽略。

总而言之，本文开篇所概述的当今在空间组织模式和恰当监管机制上的不确定性，激发了人们探究其历史根源的好奇心。有鉴于此，我们主张进行这样一种路径的全球史研究：通过研究历史上的空间性结构及其随着时间的推移而不断进行的解构和重构，来探究现代全球化的进程。但我们并不主张抛弃那些理解人类历史的传统概念。相反，我们相信，更加深入地了解各种领域化机制如何引导人们对世界的认知，将有助于厘清研究范畴，并明

68 请参见类似的观点：Saskia Sassen, *Globalization and Its Discontents: Essays on the New Mobility of People and Money*, New York: New Press, 1998。

69 Benno Werlen, *Sozialgeographie Alltäglicher Regionalisierungen,* 3 vols., Stuttgart: Franz Steiner Verlag, 1995–2007.

确它们在时间层面与社会层面的条件限制。由此，关于在全球化时代下，哪些概念可以继续使用，哪些概念会退出历史舞台，将引发给人带来启迪的争论。

【原文出处】Matthias Middell and Katja Naumann. "Global History and the Spatial Turn: From the Impact of Area Studies to the Study of Critical Junctures of Globalization," *Journal of Global History* (2010) 5, pp. 149–170.

马库斯·P. M. 芬克　著
王玖玖　译

印度洋研究与“新海洋学”*

【导读】

马库斯·P. M. 芬克（Markus P. M. Vink, 1968—　），纽约州立大学弗雷多尼亚分校历史系教授。1998年获得明尼苏达大学双城分校博士学位，之后一直在纽约州立大学任教。长期从事印度洋史研究，尤其关注17世纪荷兰东印度公司在印度洋地区的活动。代表作有《在对岸的相遇：17世纪荷兰东印度公司与马杜赖纳亚克王朝》（2015），《被安抚的商人战士：荷兰东印度公司及其在印度不断变化的政治经济》（1991，合著）。

本文主要探讨印度洋研究与“新海洋学”的历史、现状及未来发展趋势。印度洋研究发端于20世纪五六十年代，一些法语学者在此领域进行了零星的开创性的工作；80年代起，因受到“年鉴学派”与“世界体系论”的交互影响，该研究领域取得众多学术成就，其中尤为值得关注的是基尔提·乔杜里、迈克尔·皮尔逊和肯尼思·麦克弗森的相关著述；至21世纪初，这一领域渐趋成熟并不断制度化。在回顾以上发展历程之后，作者针对印度洋的时空边界及其未来研究方向等问题提出了独到的见解。他呼吁学界从关注相对静态的、本质化的“特质地理”转向探究动态的、关联性的“过程地理”，以此界定印度洋世界众多开放的、模糊的、易变的时空边界并将其历史化和在地化。本文认为，印度洋研究和新海洋学“以水为中心”展开研究，对于摆脱人为制造的空间分类及差异很有助益，但与此同时也应该认识到海洋区域的不稳定性，开展灵活的、具体的、全方位的研究。

作为跨国、跨地区和跨文化交流的主要渠道，海洋是全球史研究的重要空间架构和分析单位。印度洋在世界历史上长期处于中心地位，它是全球化的摇篮，西方人在这里长期

* 本文从2006年9月25—27日在荷兰莱顿召开的“印度洋的文化与商业”学术会议参会者的讨论中获益颇多。此外，感谢苏伽塔·博斯（Sugata Bose）、格温·坎贝尔（Gwyn Campbell）、里拉·慕克吉（Rila Mukherjee）、拉维·帕拉特（Ravi Palat）和迈克尔·皮尔逊（Michael Pearson），以及本刊编辑和匿名评审专家等针对本文初稿提出的有益建议及做出的其他贡献。

处于弱势，因此，印度洋研究对于推动海洋史、全球史研究，构建“非西方中心论”的世界历史叙事具有特殊重要性。本文提出的上述学术见解对于其他领域的研究具有重要借鉴意义。本文宏大的学术视野和深入的分析使其成为全球史领域引用率最高、影响力最大的文章之一。

2006年6月，在《美国历史评论》主办的“历史上的海洋”学术论坛上，佩里格林·霍登和尼古拉斯·珀塞尔察觉到当前学界对海洋史研究兴趣的复兴。他们认为：“将……诸海域进行系统比较，可以构建出一个新的、能包含全球规模的历史轮廓。的确，由于海或洋的概念有着担此重任的极大希望，因此，新‘海洋学’（源自古希腊语 *thalassa*，‘海’）这一术语或许是一个恰当的表达。”[1]同样在此次论坛上，卡伦·威根（Kären Wigen）介绍了近来涌现出的关于地中海、大西洋和印度洋研究的学术团体，并指出：“印度洋研究领域的史学成果同样丰硕，但此次论坛却未将其纳入其中，实为憾事。”[2]

本次论坛忽略了印度洋研究，令人遗憾，却也表明了这样一个事实，即尽管近来成就斐然，但同大西洋和太平洋相比，印度洋仍声名远逊，这种情况至少在北美（以及欧洲）学界很普遍。用德国海德堡印度洋世界研究中心（IOCH）主任彼得·莱尔（Peter Lehr）的话说：“迄今为止，同大西洋和太平洋相比，印度洋几乎仍是一片‘被遗忘的大洋’，在西方国家中尤其如此，这着实令人吃惊。它没有引起公众的太多关注，各类关于印度洋的研究也是不足的、无序的，更缺乏一个单独的可供学术交流和成果分享的平台。”同样，爱德华·阿尔珀斯（Edward Alpers）——他于近期在加利福尼亚大学洛杉矶分校组织了一场关于“印度洋研究”的国际会议——在一篇导论文章中也坚称，尽管人们“关注大西洋世界，近来很多人对环太平洋世界也熟悉起来”，但与之相较，印度洋世界仍“无疑是最不为本国民众所知晓的”。[3]

本文关注这一史学领域的空白，将探讨印度洋研究“丰富史学成果”的过去、现状及未来可能的发展趋势：它于20世纪50、60年代兴起时颇为微弱，80年代受到“年鉴学派”与“世界体系分析理论”的交互影响，今天则日益制度化（尽管尚未完全）。[4]此外，本文将对印度洋（诸）世界众多模糊易变的、具有渗透性的时空“边界”进行界定。最后，文

1 Peregine Horden and Nicholas Purcell, “The Mediterranean and ‘the New Thalassology’,” *American Historical Review*, vol. 111, no. 3, 2006, p.723.

2 Kären Wigen, “Introduction,” 2006 *American Historical Review* Forum, p.718 fn.8.

3 Peter Lehr, “Indian Ocean Center Heidelberg,” ioch.org/welcome.htm (2007年1月24日访问)；Ned Alpers, “The Newest Old World,” www.international.ucla.edu/article.asp?parentid=1299 (2007年1月24日访问)。开幕词题目被恰如其分地命名为“想象印度洋世界”（Imagining the Indian Ocean World）：www.accd.edu/sac/history/keller/IndianO/Alpers.html (2007年1月24日访问)。

4 对“新海洋学”中诸多层次的空间分析较为全面的一篇文章：Markus Vink, “From Port-city to World-system: Spatial Constructs in Dutch Indian Ocean Studies, 1500–1800,” *Itinerario*, vol. 28, no. 2, 2004, pp. 45–116。另见 John Wills, Jr, “Maritime Asia, 1500–1800: the Interactive Emergence of European Domination,” *American Historical Review*, vol. 98, no.1, 1993, pp. 83–105；以及 Sinnappah Arasaratnam, “Recent Trends in the Historiography of the Indian Ocean, 1500–1800,” *Journal of World History*, vol. 1, no. 2, 1990, pp. 225–248。

章将概述印度洋研究和“新海洋学”的发展潜力与困境。由于“学派”（school）这一便利的标签常会让人忽视其成员并非铁板一块，且成员身份往往短暂的本质，因此在本文中，“学派”一词指的是一种甚为松散的组织原则。

印度洋研究的“丰富史学成果”

20世纪50、60年代，一些法语学者在印度洋研究领域进行了开创性的工作，比如毛里求斯的档案学家、历史学家奥古斯特·图桑（Auguste Toussaint）[5]和澳大利亚的船长阿伦·维利尔斯（Alan Villiers）（他同时也是作家兼摄影家）所做的探索，[6]另外也有一些零星的学术会议召开。但是，詹姆斯·德·维尔·艾伦（James de Vere Allen）在1980年《给印度洋研究的建议》一文中还是沮丧地认为：“印度洋研究迄今为止所做甚少”，该领域“由于被其他地区研究瓜分而蒙受损失”。艾伦呼吁定期召开会议、出版刊物，以及建立印度洋研究机构。[7]

法国“年鉴学派”的思想与主要来自北美的世界体系分析理论的交互影响催生了新一代学者。受费尔南·布罗代尔和“年鉴学派”关于地中海的地理-历史概念、伊曼纽尔·沃勒斯坦的“现代世界体系分析理论”，以及“‘新’世界史”的启发，众多研究开始在世界范围内寻找“类地中海”或“子地中海”作为有意义的分析单位，其中很多把目光投向印度洋盆地及其众多组成部分。[8]就印度洋世界的研究而言，历史学家已经区分出了这样一

5 不足为奇的是，图桑为查戈斯群岛、塞舌尔群岛和马斯科林群岛等位于印度洋中心的岛屿群的中心地位辩护，认为这是“将［印度洋］视为一个整体的最有利的方法”，Auguste Toussaint, *History of the Indian Ocean*, London: Routledge, 1966, p. 3。近来出现了一种类似的岛屿视角：Jean-Louis Guébourg, *Petites îles et archipels de l'Océan Indien*, Paris: Karthala, 1999。

6 Alan Villiers, *The Indian Ocean*, London: Museum Press, 1952。维利尔斯将印度洋描述成三大洋（大西洋、印度洋和太平洋）中“对航行船只最为友好”的一个。见 Alan Villiers, *Monsoon Seas: the Story of the Indian Ocean*, New York: McGraw-Hill, 1952, p. 3。

7 艾伦设想了“三个层次的统一”：马来人和其他移民带来的种族上的统一；印度次大陆辐射出来的文化上的统一；以及伊斯兰教带来的宗教上的统一。这三个层次的统一“因大部分所涉及的陆地之间的不断交流而更新或者强化，最后一次就发生在晚近”。见 James De Vere Allen, “A Proposal for Indian Ocean Studies,” *Historical Relations across the Indian Ocean*, Paris: UNESCO, 1980, pp. 137–138, 140, and 149–150。同样的呼吁见：Barbara Watson Andaya, “Oceans Unbounded: Transversing Asia across ‘Area Studies’,” *Journal of Asian Studies*, vol. 65, no. 4, 2006, pp. 669–690。

8 具有讽刺意味的是，根据当前在北美学界一部分学者中占主导地位的大西洋范式下的“西半球”的思考框架，地中海被贴上——某种程度上是值得质疑的——“最早的海”“伟大的众海之源”“首个被日常往返的交流网络殖民化的地区”，以及更准确地说，“欧-美想象中的原始海域”等标签。相比之下，“亚洲和美洲沿海的水上社群所发展起来的众多连通区域——沿海海域带——尽管充满活力，但大体上是彼此分离的”。见 Kären Wigen, “Introduction,” 2006 *American Historical Review* Forum, p. 718; Peregrine Horden and Nicholas Purcell, “The Mediterranean and ‘the New Thalassology’,” *American Historical Review*, vol. 111, no. 3, 2006, pp.724–725。

些研究单位，例如“中国的地中海”“日本的地中海”“东南亚的地中海”（包含“菲律宾群岛”）以及“印度的地中海”“说阿拉伯语的人的地中海”等等。[9]“地中海式思考”[10]关注海洋盆地，将其作为历史分析框架，这深受布罗代尔和“年鉴学派”方法论的影响。“年鉴学派”的特点是跨学科、“总体”史、地理–历史结构主义、历史时间概念的三层次（结构、局势和事件），强调定量和精确的统计学分析等。

仅就过去的二十年而言，有众多关于印度洋盆地的研究成果问世，包括博尔萨（Borsa，1990年）、博斯（Bose，2006年）、钱德拉（Chandra，1987年）、乔杜里（Chaudhuri，1985年和1990年）、达斯古普塔（Dasgupta，2001年）、慕克吉和苏布拉马尼亚恩（Mukherjee and Subramanian，1999年）、达斯·古普塔和皮尔逊（Das Gupta and Pearson，1987年）、霍尔（Hall，1996年）、卡尼（Kearney，2003年）、隆巴尔和奥班（Lombard and Aubin，1988年和2000年）、麦克弗森（McPherson，1993年）以及皮尔逊（Pearson，2003年和2005年）等人的研究。[11]在20世纪80年代兴起的“新海洋学”的早期代表人物中，

---

9 Jan Heesterman, “The Hindu Frontier,” in Heesterman *et al.*, eds., *India and Indonesia: General Perspectives*, Leiden and New York: Brill, 1989, pp. 2–3, and 5; Andre Wink, *Al-Hind: the Making of the Indo-Islamic world*, vol. 1, Leiden and New York: Brill, 1991, p. 4; Roy Bin Wong, “Entre monde et nation: Les régions braudelliennes en Asie,” *Annales. Histoire, Science Sociales*, vol. 56, no.1, 2001, p. 15 (republished as: “Between Nation and World: Braudelian Regions in Asia,” *Review*, vol. 26, no. 1, 2003, pp. 1–48)；Sanjay Subrahmanyam, “Notes on Circulation and Asymmetry in two Mediterraneans, c. 1400–1800,” in C. Guillot, Denys Lombard, and Roderich Ptak, eds., *From the Mediterranean to the China Sea: Miscellaneous Notes*, Wiesbaden: Harrassowitz, 1998, pp. 21–43; Maurice Aymard, “De la Méditerranée à l’Asie: Une comparaison nécessaire (commentaire),” *Annales*, vol. 56, no. 1, 2001, p. 43; Frederick Wernstedt and Joseph Spencer, *The Philippine Island World: a Physical, Cultural, and Regional Geography*, Berkeley: University of California Press, 1967; James Warren, *The Sulu Zone: The World Capitalist Economy and the Historical Imagination*, Amsterdam: VU University Press, 1998; David Abulafia, “Mediterraneans,” in William Harris, ed., *Rethinking the Mediterranean*, Oxford and New York: Oxford University Press, 2005, pp. 85–90. Denys Lombard, “Une autre ‘Méditerrannée’ dans le Sud-Est Asiatique,” *Hérodote*, vol. 88, 1998, pp. 184–192（再版信息：“Another ‘Mediterranean’ in Southeast Asia,” *Japan Focus*, 4(2007)）。http://www.japanfocus.org/products/details/2371 (2007年3月6日访问)。

10 Martin Lewis, “Dividing the Ocean Seas,” *Geographical Review*, vol. 89, no. 2, 1999, pp. 188–214; Miriam Cooke, “Mediterranean Thinking: from Netizen to Medizen,” *Geographical Review*, vol. 89, no. 2, 1999, pp. 290–300.

11 Giorgio Borsa, ed., *Trade and Politics in the Indian Ocean: Historical and Contemporary Perspectives*, New Delhi: Manohar, 1990; Sugata Bose, *A Hundred Horizons: the Indian Ocean in the Age of Global Empire*, Cambridge: Harvard University Press, 2006; Satish Chandra, ed., *The Indian Ocean: Explorations in History, Commerce and Politics*, New Delhi and Newbury Park: Sage Publications, 1987; Kirti N. Chaudhuri, *Trade and Civilisation in the Indian Ocean: History from the Rise of Islam to 1750*, Cambridge and New York: Cambridge University Press, 1985; Kirti N. Chaudhuri, *Asia before Europe: Economy and Civilization of the Indian Ocean from the Rise of Islam to 1750*, Cambridge and New York: Cambridge University Press, 1990; Uma Dasgupta, ed., *The World of the Indian*

基尔提·乔杜里（Kirti Chaudhuri）、迈克尔·皮尔逊（Michael Pearson）和肯尼思·麦克弗森（Kenneth McPherson）三位史家脱颖而出，深刻影响了此后的海洋史研究进程。

基尔提·N. 乔杜里在他的两部关于印度洋世界的极具影响力的开山之作中坚称，“资本家”及其奢侈品、大宗商品的长途贸易径直穿越地理和文化界线，为这一地区提供了潜在的“历史统一性”。印度洋城市中心的出现增强了区际劳动分工。乔杜里明显模仿了布罗代尔的作品（在相对较小的程度上模仿了沃勒斯坦），对自 7 世纪伊斯兰教兴起至 18 世纪中叶欧洲殖民主义发端时期，存在于印度洋世界中的“四种重要的扩张力量”进行了区分：伊斯兰教在中东的出现与传播；中华文明与政治势力的广泛存在；中亚游牧民族的周期性迁徙；1500 年以后欧洲的海外扩张。尽管这一周期中的印度洋世界诸国并未像布罗代尔笔下菲利普二世（1559—1598 年在位）时期的地中海世界那样“共命运”，但印度洋也“拥有自身的统一性，是一个自成一体的势力范围”。因此，乔杜里最终对于其分析单位的合理性予以确认。他总结道，对于某些类型的研究来说，印度洋是一个单一的空间单元，而对于其他分析来说，它并不是，而且必须被拆分开来：“旅行手段、人口流动、经济交流、气候以及历史力量等因素促进聚合，而宗教、社会体系和文化传统则起到相反的作用。”[12]

与之类似，迈克尔·皮尔逊采用真正的布罗代尔式分析法，考察了为印度洋世界的沿海社会提供“某些连续性因素”的“深层结构”。尽管迈克尔·皮尔逊承认这里的居民“既有东非的原住民，有极善于经商的古吉拉特商人，也有颇具宫廷气派且世故的统

（接上页）*Ocean Merchant 1500–1800*: *Collected Essays of Ashin Das Gupta*, New Delhi and New York: Oxford University Press, 2001; Rudrangshu Mukherjee and Lakshmi Subramanian, eds., *Politics and Trade in the Indian Ocean*: *Essays in Honour of Ashin Das Gupta*, Delhi and Oxford: Oxford University Press, 1999; Ashin Das Gupta and Michael Pearson, eds., *India and the Indian Ocean, 1500–1800*, Calcutta and New York: Oxford University Press, 1987; Richard Hall, *Empires of the Monsoon*: *a History of the Indian Ocean and Its Invaders*, London: HarperCollins, 1996; Milo Kearney, *The Indian Ocean in World History*, London: Routledge, 2003; Denys Lombard and Jean Aubin, eds., *Marchands et hommes d'affaires asiatiques dans l'Océan Indien et la Mer de Chine, 13e-20e siècles*, Paris: EHESS, 1988（英文再版：*Asian Merchants and Businessmen in the Indian Ocean and the China Sea*, New Delhi and New York: Oxford University Press, 2000）; Kenneth McPherson, *The Indian Ocean*: *a History of People and the Sea*, Delhi and New York: Oxford University Press, 1993；以及 Michael Pearson, *The Indian Ocean*, London and New York: Routledge, 2003; Michael Pearson, *The World of the Indian Ocean, 1500–1800*: *Studies in Economic, Social and Cultural History*, Burlington: Ashgate, 2005。

12 Kirti N. Chaudhuri, *Trade and Civilisation in the Indian Ocean*: *History from the Rise of Islam to 1750*, pp. 3–4, 9–10, and 21; Kirti N. Chaudhuri, *Asia before Europe*: *Economy and Civilization of the Indian Ocean from the Rise of Islam to 1750*, pp. 104, and 383–387。另见 Kirti N. Chaudhuri, “The Unity and Disunity of Indian Ocean History from the Rise of Islam to 1750: the Outline of a Theory and Historical Discourse,” *Journal of World History*, vol. 4, no.1, 1993, pp. 1, 7。

治者或政府官员”，[13]但他根据这一区域的地势、风型（季风和信风）及其他自然现象发现了其自然地理具有“极大的统一性和连续性”。这些“海洋结构性因素”使印度洋成为“世界上最利于长途航行之海”，[14]既便利了人员、商品和思想的流动，同时也制约了这些流动。

实际上，通过将“人与海洋”纳入这个综合体，皮尔逊认识到这一区域文化景观中的其他共性因素：港口城市、船和船员；奢侈品和大宗商品的长距离贸易；某些社群中的宗教活动；通用语的传播；以及近代早期葡萄牙人政治-军事力量的存在及其众多的沿海堡垒等。[15]

几乎同时，肯尼思·麦克弗森提出“重叠文化区”模式，用于理解跨越印度洋区域这一“最为复杂的商业和海上活动中心”的文化交流。麦克弗森承认自己“深受”布罗代尔的影响，他将此模式纳入印度洋“世界”概念中，提出一种建立在“海洋贸易与文化扩散、互动进程的关系”之上的“区域认同”，形成“一个由共同海路连接的人类互通世界”。同乔杜里和皮尔逊一样，麦克弗森并未将印度洋视为“‘一元的’文化区”，而是主张因贸易而连接在一起的众多文化习俗共享“某些文化共性，正是这些共性将这里的文化同相邻‘诸世界’的人们区分开来”。[16]

作为印度洋世界构成部分的众多“子地中海”同样也受到学者的关注，比如近期巴朗德塞（Barendse）的著作（2002 年）以及埃斯蒙德·马丁（Esmond Martin）与克里斯·马丁（Chryssee Martin）关于阿拉伯海的著作（1978年）；[17]戈曼斯（Gommans，1995年）、麦克弗森（McPherson，1998 年）、普拉卡什与隆巴尔（Prakash and Lombard，1999 年）及

---

13 与之相似，拉维·帕拉特（Ravi Palat）也认为“[与大西洋相比]印度洋沿海的诸社会之间差异很大——既有高度货币化的地区，比如古吉拉特，也有斯瓦希里沿岸的那些几乎是前货币时代经济体的存在”（2006 年 10 月 11 日笔者与拉维·帕拉特的私人交流）。

14 Felipe Fernández-Armesto, “The Indian Ocean in World History,” in Anthony Disney and Emily Booth, eds., *Vasco da Gama and the Linking of Europe and Asia*, New Delhi and New York: Oxford University Press, 2000, p. 16.

15 Michael Pearson, “Introduction I: The State of the Subject,” in Das Gupta and Michael Pearson, eds., *India and the Indian Ocean, 1500–1800*, pp. 12–17; Michael Pearson, *The World of the Indian Ocean, 1500–1800: Studies in Economic, Social and Cultural History*, pp. 3–5.

16 Kenneth McPherson, “Cultural Exchange in the Indian Ocean Region,” *Westerly*, vol. 29, no. 4, 1984, pp. 5–16; Kenneth McPherson, “Processes of Cultural Interaction in the Indian Ocean: An Historical Perspective,” *The Great Circle*, vol. 6, no. 2, 1984, pp. 78–92; Michael Pearson, *The World of the Indian Ocean, 1500–1800: Studies in Economic, Social and Cultural History*, pp. 2–4, and 15.

17 René Barendse, *The Arabian Seas: the Indian Ocean World of the Seventeenth Century*, Armonk: M.E. Sharpe, 2002; Esmond Martin and Chryssee Martin, *Cargoes of the East: the Ports, Trade and Culture of the Arabian Seas and Western Indian Ocean*, London: Elm Tree Books, 1978.

苏布拉马尼亚姆（Subrahmanyam，1990 年）关于孟加拉湾的著作；[18] 利伯曼（Lieberman，2003 年）、隆巴尔（Lombard，1990 年）、奥斯本（Osborne，2000 年）、欧文（Owen，2005 年）、里德（Reid，1990—1995 年；1993 年；2000 年）、萨尔德赛（SarDesai，2003 年）、斯坦伯格等（Steinberg *et al.*，1987 年）、塔林（Tarling，1992 年）及沃尔特斯（Wolters，1999 年）关于东南亚的著作；[19] 还有包乐史（Blussé，1999 年）、汉密尔顿（Hamilton，1999 年）、潘翎（Pan，1990 年）、里德（Reid，1996 年）、王赓武（Wang，1991 年；2000 年）及威尔斯（Wills，1979 年）关于中国海的研究等。[20]

印度洋研究的“新海洋学”范式也受到明显的质疑。比如皮埃尔·肖努（Pierre Chaunu）就对此甚为不屑，他曾撰文批评“印度洋统一性这一错误概念”，认为这一概念“只不过是

---

18 Jos Gommans, “Trade and Civilization around the Bay of Bengal, c. 1650–1800,” *Itinerario*, vol. 19, no. 3, 1995, pp. 82–108; Kenneth McPherson, “Trade and Traders in the Bay of Bengal: Fifteenth to Nineteenth Centuries,” in Rudrangshu Mukherjee and Lakshmi Subramanian, eds., *Politics and Trade in the Indian Ocean: Essays in Honour of Ashin Das Gupta*, pp. 183–209; Om Prakash and Denys Lombard, eds., *Commerce and Culture in the Bay of Bengal, 1500–1800*, New Delhi: Manohar, 1999; Sanjay Subrahmanyam, *The Political Economy of Commerce: Southern India, 1500–1650*, Cambridge and New York: Cambridge University Press, 1990.

19 Victor Lieberman, *Strange Parallels. Volume I: Integration of the Mainland Southeast Asia in Global Context, c. 800–1830*, New York: Cambridge University Press, 2003; Denys Lombard, *Le carrefour javanais: Essai d'histoire globale*, 3 vols., Paris: EHESS, 1990; Milton Osborne, *Southeast Asia: an Introductory History*, 8th edn, Crows Nest: Allen & Unwin, 2000; Norman Owen, ed., *The Emergence of Modern Southeast Asia: a New History*, Honolulu: University of Hawaii Press, 2005; Anthony Reid, *Southeast Asia in the Age of Commerce*, 2 vols., New Haven: Yale University Press, 1988–1993; Anthony Reid, ed., *Southeast Asia in the Early Modern Era: Trade, Power, and Belief*, Ithaca: Cornell University Press, 1993; Anthony Reid, *Charting the Shape of Early Modern Southeast Asia*, Singapore: Singapore University Press, 2000; D. R. SarDesai, *Southeast Asia: Past and Present*, 5th edn, Boulder: Westview Press, 2003; Joel Steinberg *et al.*, *In Search of Southeast Asia: a Modern History*, 2nd edn, Honolulu: University of Hawaii Press, 1987; Nicholas Tarling, ed., *The Cambridge History of Southeast Asia. Volume I: from Early Times to c. 1800*, New York: Cambridge University Press, 1992; O. W. Wolters, *History, Culture, and Region in Southeast Asian Perspectives*, 2nd edn, Ithaca: Cornell University, 1999.

20 Leonard Blussé, “Chinese Century: the Eighteenth Century in the China Sea Region,” *Archipel*, vol. 58, no. 3, 1999, pp. 107–129; Gungwu Wang, “The Nanhai Trade,” *Journal of the Malayan Branch of the Royal Asiatic Society*, vol. 31, no. 2, 1958, pp. 1–135; Gungwu Wang, *China and the Chinese Overseas*, Singapore: Times Academic Press, 1991; Gungwu Wang, *The Chinese Overseas: from Earthbound China to the Quest for Autonomy*, Cambridge: Harvard University Press, 2000; Gary Hamilton, ed., *Cosmopolitan Capitalists: Hong Kong and the Chinese Diaspora at the End of the Twentieth Century*, Seattle: University of Washington Press, 1999; Lynn Pan, *Sons of the Yellow Emperor: the Story of the Overseas Chinese*, Boston: Little, Brown, 1990; Anthony Reid, *Sojourners and Settlers: Histories of Southeast Asia and the Chinese*, St. Leonards: Allen &Unwin, 1996; Sanjay Subrahmanyam, “Notes on Circulation and Asymmetry in Two Mediterraneans, c. 1400–1800” ; John E. Wills, Jr, “Maritime China from Wang Chih to Shih Lang: Themes in Peripheral History,” in Jonathan Spence and John E. Wills, Jr, eds., *From Ming to Ch'ing: Conquest, Region and Continuity in Seventeenth-century China*, New Haven: Yale University Press, 1979, pp. 201–238.

东地中海的延伸”，而尼尔斯·斯滕斯高（Niels Steensgaard）则宣称，与地中海、波罗的海或者马来-印度尼西亚群岛相比，印度洋世界“尚未成熟的体系”缺少统一性，因为根据他的发现，长距离的大宗商品贸易在这一地区的整体经济中仅处于边缘地位。[21]在2006年的《美国历史评论》学术论坛上，佩里格林·霍登和尼古拉斯·珀塞尔也持相同的批判态度。他们就风险情势、生产逻辑、地形碎化和内部连通这四重模式，指出地中海历史具有“统一性、特殊性、连续性”或者说“独特性”。他们认为，与地中海由生态因素驱动的相互依赖性相比，包括印度洋在内的其他海洋空间是“由高利润贸易（而非大宗商品交易或初级生产的延伸）以及由此带来的或由国家推动的流动、移民和离散社群编织而成的”。[22]

尽管有质疑的声音，但关注印度洋盆地诸多方面的国际性会议与研究机构仍定期组织（活动），相关主题有“文化交流与转型”“奴隶”“强迫劳动力与暴动”“全球化”“人权”“伊斯兰教与印度教”“商业与文化”等等，它们将这一区域时髦地称为“世界上最古老的海洋世界”或者“最新的旧世界”“全球化的摇篮”，以及“首个全球经济体”等。[23]这些会议和机构时常受到北美、欧洲、亚洲、澳大利亚以及非洲等地众多政府的、非政府的、学术或私人机构的支持。[24]其中常设的机构包括位于印度的“印度洋研究协会”

---

21 Pierre Chaunu, *European Expansion in the Later Middle Ages*, Amsterdam: North Holland Publ. Co., 1979, pp. 218–219; Niels Steensgaard, “The Indian Ocean Network and the Emerging World-economy, c. 1500–1750,” in Satish Chandra, ed., *The Indian Ocean*: *Explorations in History*, *Commerce and Politics*, pp. 127–128, 138 and 149. 对东南亚类似的质疑另见 Heather Sutherland, “Southeast Asian History and the Mediterranean Analogy,” *Journal of Southeast Asian Studies*, vol. 34, no.1, 2003, pp. 1–20。皮尔逊的回应见 Michael Pearson, *The World of the Indian Ocean*, pp. 5–6。

22 Peregine Horden and Nicholas Purcell, “The Mediterranean and ‘the New Thalassology’,” pp. 732–733 and 739. 关于他们对乔杜里和皮尔逊的反驳，见 Peregine Horden and Nicholas Purcell, “The Mediterranean and ‘the New Thalassology’”, pp. 738–739 fn. 74。

23 Edward Alpers, “The Newest Old World,” www.international.ucla.edu/article.asp?parentid=1299 (2007 年 1 月 25 日访问)；Lee Cassanelli, Brian Spooner, and Robert Nichols, “Indian Ocean: Cradle of Globalization,” http://ccat.sas.upenn.edu/indianocean/index.html (2007 年 1 月 25 日访问)；Gwyn Campbell, “The Indian Ocean World: the First Global Economy”, 2006 年 9 月 25—27 日在荷兰莱顿召开的“印度洋的文化与商业”学术会议（未刊论文）。皮尔逊指出：“就人类对海洋的利用和跨越而言，印度洋是迄今为止历史上最古老的海洋。”见 Michael Pearson, *Indian Ocean*, p. 3。

24 近期的会议、工作坊和其他活动包括“亚洲和印度洋地区的奴隶、强迫劳动力和暴动国际会议”（法国·阿维尼翁，2001 年 10 月 4—6 日）；“海洋联系：文化、资本和商品的跨海盆流动”（英国·达勒姆，2002 年 2 月 28 日—3 月 3 日）；“印度洋世界的文化交流与转型国际会议”（洛杉矶，2002 年 4 月 5—6 日）；“印度洋：全球化的摇篮”（费城，2002 年 7 月 8 日—8 月 2 日）；“全球化世界中的印度洋：21 世纪的批判性视角”（印度·昌迪加尔，2002 年 11 月 18—22 日）；“海洋空间、沿海文化与跨洋交流”（华盛顿特区，2003 年 2 月 13—15 日）；“印度洋世界的伊斯兰教和印度教：全球真理与地方实践”（洛杉矶，2005 年 4 月 15—16 日）；“印度洋的文化与贸易”（荷兰·莱顿，2006 年 9 月 25—27 日）；“性、权力与奴隶制：奴役之下两性关系的动态”（加拿大·蒙特利尔，2007 年 4 月 19—21 日）。

（SIOS，1987 年）、位于毛里求斯的“环印度洋学术组”（IORAG，1997 年）、位于加拿大的“印度洋魁北克观察站”（OQOI，1997 年）、位于印度和澳大利亚的“印度洋研究集团”（IORG，2002 年）、位于德国的“海德堡印度洋研究中心”（IOCH，2003 年）以及位于加拿大的“印度洋世界研究中心”（IOWC，2004 年）等。需要说明的是，其中数个机构有“当下主义”的倾向，主要侧重于政策的制定和研究。[25]

除布罗代尔的“地中海式思考”之外，近二十年来“新海洋学”的第二代学者们也从沃勒斯坦及其“世界体系分析理论”那里获取了灵感。“世界体系分析理论”兴起于 20 世纪 70 年代中期，部分原因是为了回应全球政治经济的一系列发展——尤其是社会主义国家的危机以及美国在资本主义世界中的霸权地位的明显削弱。相应地，这种社会和学术领域的“文化变革”也从两大思想流派汲取了营养：新马克思主义关于“发达”（与“欠发达”）的著述以及法国的“年鉴学派”。安德烈·贡德·弗兰克（Andre Gunder Frank）、特奥托尼奥·多斯·桑托斯（Theotonio Dos Santos）、萨米尔·阿明（Samir Amin）以及其他依附论学者提供了一些诸如“不平等交换”、“核心-边缘剥削”和“世界市场”等理论性概念和原理。费尔南·布罗代尔及“年鉴学派”的学者们丰富了诸如“总体”史、长时段或者几乎不变的结构、问题史学等思想。[26]

尽管“世界体系分析理论”的创始人伊曼纽尔·沃勒斯坦承认“并不能划出清晰而简单的线”，但他直言印度洋盆地是一个游离于近代早期世界经济的“外部竞争场”（external arena）。他认为，19 世纪之前，这一区域连同远东、奥斯曼帝国和俄国，都未因来自欧洲的“外部压力”而被纳入其中。这些“外部竞争场”构成了另外的“世界体系”，它们同欧洲世界经济体的贸易关系微弱而简单，而且主要是基于“可有可无的、在买家看来价值远比卖家看来更高的奢侈品”的“富人交易”。尽管自 17 世纪后期开始，各种不同的“奢侈品”——主要是纺织品、丝绸、瓷器、茶叶和咖啡，而非用贵金属交换而来的胡椒和优质香料——进口到核心区数量的确持续增加，但沃勒斯坦认为亚洲并未被边缘化。1750—1850 年，在工业资本主义和殖民主义的联合冲击下，印度次大陆及其他地区被纳入欧洲的世界经济体，其生产结构和政治结构得到重组。这一过程反映在“去

25 SIOS: www.sios-india.org; IORAG: www.dfa.gov.za/foreign/multilateral/inter/iorarc.htm; OQOI: www. oqoi.gq.ca; IORG: www.iorgroup.org; IOCH: ioch.org; IOWC: www.indianoceanworldcentre.com（2007 年 1 月 24 日访问）。

26 Alvin So, *Social Change and Development: Modernisation, Dependency, and World-system Theories*, Newbury Park: Sage Publications, 1990, pp. 91–109, and 169–199; *Journal of World-Systems Research*, vol. 6, no. 2 and vol. 6, no. 3, 2000（专刊）；Immanuel Wallerstein, *World-systems Analysis: an Introduction*, Durham, NC: Duke University Press, 2004; Immanuel Wallerstein, *The Essential Wallerstein*, New York: New Press, 2000; Terence Hopkins and Immanuel Wallerstein, *World-systems Analysis: Theory and Methodology*, Beverly Hills: Sage Publications, 1982.

工业化”和“再农业化”之中，反映在出口型经济作物（最典型的是靛青、生丝、鸦片和棉花等）的兴起之中，反映在新的土地所有制度（印度的柴明达尔制和莱特瓦尔制）之中，反映在因代管制度和预付款制度而带来的负债之中，也反映在印度—中国—英国三角贸易关系的建立之中。[27]

受沃勒斯坦“现代世界体系分析理论”的启发，其他学者也开始从总体上反思“印度洋世界经济体”及其众多组成部分，反思它与近代早期欧洲世界体系的关系，以及它融入资本主义世界经济的过程，尤其是18世纪晚期至19世纪。组成它的众多经济体包括南非、东非沿海的斯瓦希里城市国家、奥斯曼帝国、（后）萨法维伊朗、南亚、“风下之地”（东南亚）以及中国海域（尤其是中国和日本）等。[28]

针对“世界体系分析理论”的“霸权普世主义”（hegemonic universalism），学者们给予了各种各样的回应。[29]安德烈·贡德·弗兰克和巴里·吉尔斯（Barry Gills）、塞缪尔·阿谢德（Samuel Adshead），以及珍妮特·阿布–卢格霍德（Janet Abu-Lughod）反对沃勒斯

---

27 Immanuel Wallerstein, *The Modern World System*, 3 vols., New York: Academic Press, 1974–1989, I, pp. 39–46, 301–302, and 346–357; II, pp. 47, 50, and 273–274; III, p. 16; Immanuel Wallerstein, “The Incorporation of the Indian Subcontinent into the Capitalist World Economy,” in Satish Chandra, ed., *The Indian Ocean*: *Explorations in History*, *Commerce and Politics*, pp. 222–253; Immanuel Wallerstein, “World-systems Analysis and Historical Particularity: Some Comments,” in Sugata Bose, ed., *South Asia and World Capitalism*, Delhi and New York: Oxford University Press, 1990, pp. 21–26.

28 除宾汉姆顿大学布罗代尔研究中心和加州大学河滨分校世界体系研究院主办的《世界体系研究杂志》所刊登的大量评论性文章以外，亦可参见 Andre Wink, “*Al-Hind*: India and Indonesia in the Islamic World-economy, c. 700–1800 AD,” *Itinerario*, vol. 12, no. 1, 1988, pp. 33–70（也发表在 Peter Marshall, Robert Van Niel et al., *India and Indonesia during the Ancient Regime*, Leiden and New York: Brill, 1989, pp. 33–72）；Niels Steensgaard, “The Indian Ocean Network and the Emerging World-economy, c. 1500–1750,” in Satish Chandra, ed., *The Indian Ocean*: *Explorations in History*, *Commerce and Politics*, pp. 125–150。关于南亚：Ravi Palat and Immanuel Wallerstein, “Of What World-system was pre-1500 ‘India’ a Part?,” in Sushil Chaudhuri and Michel Morineau, eds., *Merchants*, *Companies and Trade*, London and New York: Cambridge University Press, 1999, pp. 21–41; Richard Eaton, “Islamic History as Global History,” in Michael Adas, ed., *Islamic and European Expansion*: *the Forging of a Global Order*, Philadelphia: Temple University Press, 1993, pp. 1–36; Sugata Bose, “The World Economy and Regional Economies in South Asia: Some Comments on Linkages,” in Sugata Bose, ed., *South Asia and World Capitalism*, pp. 357–362; David Washbrook, “South Asia, the World System and World Capitalism,” in Sugata Bose, ed., *South Asia and World Capitalism*, pp. 40–84（首刊于 *Journal of Asian Studies*, vol. 49, no. 3, 1990, pp. 479–508）；David Washbrook, “Progress and Problems: South Asian Economic and Social History, c. 1720–1860,” *Modern Asian Studies*, vol. 22, no. 1, 1988, pp. 57–96; Frank Perlin, “Disarticulation of the World: Writing India’s Economic History,” *Comparative Studies of Society and History*, vol. 30, no. 2, 1988, pp. 379–387。

29 这里的关注点在亚洲方面。关于“现代世界体系”欧洲部分的争论见 Maurice Aymard, ed., *Dutch Capitalism and World Capitalism*, Cambridge and New York: Cambridge University Press, 1982。

坦所谓的“白板论”（*tabula rasa view*）（外部作用论），[30] 他们认为在欧洲海外扩张之前，非洲—亚欧共生圈就处于一张由商品流通构成的网络以及互相联系在一起的各商人网络之中。[31] 相应地，全球史学者中持中国中心观的“加州学派”，如彭慕兰（Ken Pomeranz）、王国斌（Roy Bin Wong）、杰克·戈德斯通（Jack Goldstone）、万志英（Richard Von Glahn）等学者主张，在“煤和殖民地”（或者用“运气”和“抢夺”这样一种表达方式）的效应在 19 世纪的英国显现之前，世界是一个没有单一主导中心的多中心的体系。[32] 其他学者也持相似观点，他们认为，在“大分流”之前，“传统的”陆地和海洋贸易路线一直展现着活力，这种状况一直持续到 17 世纪晚期和 18 世纪早期遭到西方海上竞争之前。[33]

一些学者新近改变了观点，包括“晚年的”布罗代尔本人。他们认为，“远东”的三个世界经济体（伊斯兰世界、印度和中国）于 1500 至 1800 年间遭到欧洲世界经济体的裹挟。结果，印度洋盆地作为一个整体“被一个广阔的、令人震撼的却并不牢固的超级世界经济

30 Frank Perlin, *Unbroken Landscape*: *Commodity*, *Category*, *Sign and Identity*: *Their Production as Myth and Knowledge from 1500*, Brookfield: Ashgate, 1994, p. 96.

31 Andre Gunder Frank and Barry Gills, “World System Cycles, Crises, and Hegemonial Shifts, 1700 BC to 1700 AD,” in Andre Gunder Frank and Barry Gills, eds., *The World System*: *Five Hundred Years or Five Thousand*?, London and New York: Routledge, 1993, pp. 143−199（首刊于 *Review*, vol. 15, no. 4, 1992, pp. 621−687）; Immanuel Wallerstein, “World System versus World Systems: a Critique,” in *Critique of Anthropology*, vol. 11, no. 2, 1991, pp. 189−194; Samuel Adshead, *Central Asia in World History*, London: Macmillan, 1993; Janet Abu-Lughod, *Before European Hegemony*: *the World System A.D. 1250−1350*, New York: Oxford University Press, 1989。

32 见 Kenneth Pomeranz, *The Great Divergence*: *China*, *Europe*, *and the Making of the Modern World Economy*, Princeton: Princeton University Press, 2000; Roy Bin Wong, *China Transformed*: *Historical Change and the Limits of European Experience*, Ithaca: Cornell University Press, 1997; Roy Bin Wong, “The Search for European Differences and Domination in the Early Modern World: a View from Asia,” *American Historical Review*, vol. 107, no. 2, 2002, pp. 447−469; Roy Bin Wong, “Integrating China into World Economic History,” 2003, www.aasianst.org/catalog/wong.pdf（2007 年 1 月 25 日访问）。对于上述有重大影响的著作的重要讨论见 *Journal of Asian Studies*, vol. 61, no. 2, 2002, pp. 501−662; *Journal of Asian Studies*, vol. 62, no.1, 2003, pp. 157−181; *Itinerario*, vol. 24, no.3−4, 2000, pp. 9−134; *Journal of World History*, vol. 10, no. 2, 1999, pp. 413−430; *Journal of World History*, vol.12, no. 2, 2001, pp. 407−446; *American Historical Review*, vol. 106, no. 2, 2001, pp. 508−525; *Past and Present*, vol. 176, 2002, pp. 175−193; *Journal of Modern History*, vol. 78, no. 4, 2006, pp. 878−931。

33 例如 Stephen Dale, *Indian Merchants and Eurasian Trade*, *1600−1750*, Cambridge and New York: Cambridge University Press, 1994; Stephen Dale, “Indo-Russian Trade in the Eighteenth Century,” in Sugata Bose, ed., *South Asia and World Capitalism*, pp. 140−158; René Barendse, “Trade and State in the Arabian Seas: a Survey from the Fifteenth to the Eighteenth Century,” *Journal of World History*, vol. 11, no. 2, 2000, pp. 183−189, and 193。与 17 世纪早期亚洲和欧洲之间的洲际水—陆路线的“几近消失”的对比，见 Om Prakash, *European Commercial Enterprise in Pre-colonial India*, Cambridge: Cambridge University Press, 1998, pp. 65, 72; Niels Steensgaard, *The Asian Trade Revolution of the Seventeenth Century*: *The East India Companies and the Decline of the Caravan Trade*, Chicago: University of Chicago Press, 1973, pp. 171−172。

体捕获”。[34] 布罗代尔做出了一个关键性区分，其中一方是日常的、简单的商品交易构成的“低级市场”，另一方是1400至1800年间出现的高级的、复杂的资本主义经济构成的“高级市场”。此外，他还指出了经济、政治、文化和社会等级这四种互联的社会因素，而非沃勒斯坦的单一的经济决定论。[35]

这些“全球中心”（globe centric）观点造成的一个必然结果，是对沃勒斯坦基于对“必需品”和“奢侈品”的简单化的且前后矛盾的解释而将印度洋随意地划为“外部竞争场”的批判。许多批评指出，不应仅仅考虑商品流通的体量，也要考虑商品的利润、商品的品牌，以及对雇佣关系造成的影响等。此外，尽管沃勒斯坦将胡椒归为奢侈品，但显然它对于15世纪以后欧洲、中东以及北美的很多人而言是必需品。同样，9世纪之前，从印度洋之外流入的贵金属对于印度洋盆地来说是具有根本意义的重要商品，贵金属支配着当地复杂的政治、经济、社会和文化的协同运作。[36]

第四种回应，即想象出一个以印度（尤其是古吉拉特邦）为中心的、自主的“印度洋世界体系”或“伊斯兰世界经济体”，它在1500年之后被欧洲渗透但没有被吞并，这在海洋史学家和研究穆斯林印度的学者中尤其盛行（包括穆斯林民族主义者“阿里格尔学派”[37]）。印度在其中的关键地位建立在它位于西亚与东亚、东南亚中间的地理位置上，建立在它具有将大量可交易商品（尤其是手工业商品）以极具竞争力的价格投放到市场的能力之上，建立在它对亚洲其他地区进口商品（尤其是消费品、矿物和金属）的渴求上，也建立在15世纪中国和阿拉伯商人退出长距离贸易所导致的亚洲贸易分裂过程中印度商人所确立的主导地位之上。鉴于当时英国、荷兰和其他国家的重商主义者所关心的“印欧贸易中根本的结构性失衡”和随之而来的黄金外流问题，以及17世纪晚期由于印度纺织品入侵——印度是

---

34 Fernand Braudel, *Civilization and Capitalism, 15th–18th century. Volume III: the Perspective of the World*, Berkeley: University of California Press, 1992, pp. 484–488, and 523.

35 Fernand Braudel, *Civilization and Capitalism, 15th–18th century*.vol. II, pp. 21–22; vol. Ⅲ, pp. 45–69, and 85. 下面这本书对于市场经济和世界经济有着类似的区分：Kirti N. Chaudhuri, “The World System East of Longitude 20: the European Role in Asia, 1500–1750,” *Review*, vol. 5, no. 2, 1981, p. 226; Jan Kienewicz, “Contact and Transformation: The European Pre-colonial Expansion in the Indian Ocean World-system in the 16th–17th Centuries,” *Itinerario*, vol. 8, no. 2, 1984, pp. 45–46。

36 Michael Pearson, *Before Colonialism: Theories on Asian-European Relations, 1500–1750*, Delhi and New York: Oxford University Press, 1988, pp. 9, 13, 17, 21, 34–36, 38–39, 46, 50, and 67–68; René Barendse, “Trade and State in the Arabian Seas: a Survey from the Fifteenth to the Eighteenth Century,” pp. 189–190; Kenneth McPherson, *The Indian Ocean: a History of People and the Sea*, pp. 216–222.

37 阿里格尔学派的成员有 Irfan Habib、Satish Chandra、M. Athar Ali、Noman Siddiqi、S. Nurul Hasan、Iqtidar Alam Khan、Zahiruddin Malik 和 Shireen Moosvi。

当时世界上最大的棉纺织品生产地——而造成的欧洲纺织品生产商的“几近恐慌”和可感知的印度对去工业化欧洲造成的威胁，有些人甚至怀疑谁才是真正的“中心”和“边缘”。[38] 按保罗·贝罗奇的研究，迟至1750年，印度（“制造品的首个世界市场”）制造能力占世界的24.8%，有着高度复杂的商业和银行体系作为支撑。[39] 在此之后的1750年至1850年“南亚世界经济体的脱离”或者说次大陆“遭吞并”而且“被边缘化”，这些肇始于“普拉西之战”（1757年）后英国的正式殖民化进程。[40] 然而，批评“印度中心主义”观点的人指责印度的历史学家深陷“普拉西综合征”——主要表现为将欧洲的主导作为历史分期的至高标准，[41] 批评者还质疑印度的历史学家在缺失中心—边缘“不平等交换”及相应的国际劳动分工的情

38 K. N. Chaudhuri, *The Trading World of Asia and the English East India Company*, Cambridge : Cambridge University Press, 2006, p. 237。另见 K. N. Chaudhuri, *The Trading World of Asia and the English East India Company*, pp. 153–160, 194, 197, 205, 215–220, 277–280, and 343–344; Om Prakash, *European Commercial Enterprise in Pre-colonial India*, pp. 337–339。关于英国和荷兰共和国对这些问题的讨论（荷兰相对较少），见 Markus Vink, “From Port-city to World-system: Spatial Constructs in Dutch Indian Ocean Studies, 1500–1800,” pp. 112–113 fn. 116。

39 Paul Bairoch, “International Industrialization Levels from 1750–1980,” *Journal of European Economic History*, vol. 11, no. 2, 1982, pp. 269–333; David Washbrook, “From Comparative Sociology to Global History: Britain and India in the Pre-history of Modernity,” *Journal of the Economic and Social History of the Orient*, vol. 40, no. 4, 1997, pp. 416–418.

40 Ravi Palat et al., “The Incorporation and Peripheralization of South Asia, 1600–1950,” *Review*, vol. 10, no. 1, 1986, pp. 171–208。关于类似的“印度中心主义”的观点，见 Ashin Das Gupta, *Indian Merchants and the Decline of Surat, c. 1700–1750*, Wiesbaden: Steiner, 1979; Ashin Das Gupta, “India and the Indian Ocean in the Eighteenth Century,” in Das Gupta and Michael Pearson, eds., *India and the Indian Ocean, 1500–1800*, p. 132; Kirti N. Chaudhuri, *Asia Before Europe*: *Economy and Civilization of the Indian Ocean from the Rise of Islam to 1750*; Kirti N. Chaudhuri, “The World System East of Longitude 20: the European Role in Asia, 1500–1750,” p. 226; Niels Steensgaard, “The Indian Ocean Network and the Emerging World-economy, c. 1500–1750,” pp. 131, 133, 148, and 149; Michael Pearson, “Maritime History Theory and Empirical Testing,” *Review* (Asian Studies Association of Australia) vol. 11, no. 1, 1987, pp. 23–31; Michael Pearson, *Indian Ocean*; Das Gupta and Michael Pearson, eds., *India and the Indian Ocean, 1500–1800*; Michael Pearson, *Before Colonialism*: *Theories on Asian-European Relations, 1500–1750*, pp. 39–41, and 59–62; Om Prakash, *European Commercial Enterprise in Pre-colonial India*, pp. 1, 8–9, 12–14, 22, 154, 163, and 186。关于研究穆斯林印度的历史学者，见 Irfan Habib, “The Eighteenth Century in Indian Economic History,” in Leonard Blussé and Femme Gaastra, eds., *On the Eighteenth Century as a Category of Asian History*: *Van Leur in Retrospect*, Brookfield: Ashgate, 1998, pp. 217–223; M. Athar Ali, “Recent Theories of Eighteenth-century India,” *Indian Historical Review*, vol. 12, no.1:2, 1986–1987, pp. 102–110; Zahiruddin Malik, “The Core and the Periphery: a Contribution to the Debate on the Eighteenth Century,” *Proceedings of the Indian History Congress, 51st Session*, Delhi: T.K. Venkatasubramanian, 1990, pp. 169–199; John Richards, “Mughal State Finance and the Pre-modern World Economy,” *Comparative Studies in Society and History*, vol. 23, no. 2, 1981, p. 296; Andre Wink, “*Al-Hind*: India and Indonesia in the Islamic World-economy, c. 700—1800 AD,” pp. 44–46, 54–55, 59, and 65–69; Peter Marshall, ed., *The Eighteenth Century in Indian History*: *Evolution or Revolution*?, New Delhi: Oxford University Press, 2003。

41 Remco Raben, “The Broad Weft and Fragile Warp: Conference on the Eighteenth Century as a Category in Asian History,” *Itinerario*, vol. 18, no. 1, 1994, p. 16.

况下，以“世界体系”或“世界经济体”的方法研究印度洋是否合理。[42]

第五种回应由研究前殖民时代晚期和早期殖民时代的南亚的专家们提出，如克里斯·贝利（Chris Bayly）、大卫·卢登（David Ludden），彼得·马歇尔（Peter Marshall）以及大卫·沃什布鲁克（David Washbrook）等。他们强调“现代世界体系分析理论”在捕捉该区域“独特性”方面是失败的，而且忽视了非欧洲社会的内部历史动力（包括资本主义的发展）。这些批评者们宣称沃勒斯坦的理论是“非历史的美国式自由主义”（ahistorical American liberalism）的“颠倒的东方主义”（inverted Orientalism），他们呼吁一种专注多边关系的、更加“多中心”的研究方法。如大卫·沃什布鲁克所言，“英国的资本主义（以及殖民主义）搭乘在南亚的发展动力之上……东印度公司的资金由印度的资本提供，当地的书吏精英为其服务，当地的军事力量也给予其支持”。[43]

印度洋（诸）世界的“各种边界”

诚如布罗代尔所言，“边界是首先需要确认的问题”。[44] 乔杜里意识到了这一点，“印度洋多大程度上在其北部、西南部和亚洲、非洲方向的广袤土地上施展其影响力，这是一个

---

42 Sanjay Subrahmanyam, “World-economies and South Asia, 1600–1750: a sceptical note,” *Review*, vol.12, no. 1,1992, pp. 141–148. 然而在其他地方，他称古吉拉特为“西印度洋贸易的中枢”，强调古吉拉特商人的关键作用以及他们在该区域“被遗忘的制海权”。Subrahmanyam, “Of *imârat and tijârat*: Asian merchants and state power in the western Indian Ocean,1400 to 1750,” *Comparative Studies in Society and History,* vol. 37, no. 4, 1995, pp. 754–755, and 763–767. 另见 René Barendse, “Trade and State in the Arabian Seas: a Survey from the Fifteenth to the Eighteenth Century,” pp. 177–178。

43 David Washbrook, “South Asia, the World System and World Capitalism,” pp. 58–59。另见 Chris Bayly, “Beating the Boundaries: South Asian History, c. 1700–1850,” in Sugata Bose, ed., *South Asia and World Capitalism*, pp. 35–38; Chris Bayly, “Indigenous Social Formations and the ‘world-system’ : North India since c. 1700,” in Sugata Bose, ed., *South Asia and World Capitalism*, pp. 114–116; Chris Bayly, “The British Military-fiscal State and Indigenous Resistance: India 1750–1820,” in Lawrence Stone, ed., *An Imperial State at War: Britain from 1689 to 1815*, London and New York: Routledge, 1994, pp. 322–354; David Ludden, “World Economy and Village India, 1600–1900: Exploring the Agrarian History of Capitalism,” in Sugata Bose, ed., *South Asia and World Capitalism*, pp. 159, 162–164, and 174–176; Peter Marshall, “Retrospect on J.C. van Leur’s Essay on the Eighteenth Century as a Category in Asian History,” *Itinerario*, vol. 17, no. 1, 1993, p. 47; Peter Marshall, “*A Free though Conquering People*” : *Eighteenth-century Britain and Its Empire*, Aldershot and Burlington: Ashgate, 2003, 13, pp. 2–3, and 15–18 ； 15, pp. 4–11, and 14–16; Peter Marshall, ed., *The Eighteenth Century in Indian History: Evolution or Revolution?*

44 Fernand Braudel, *The Mediterranean and the Mediterranean World in the Age of Philip II*. Trans. Siân Reynolds, 2 vols., New York: HarperCollins, 1972, vol. 1, p. 224。另见 Kirti N. Chaudhuri, *Asia Before Europe: Economy and Civilization of the Indian Ocean from the Rise of Islam to 1750*, pp. 112–113; Michael Pearson, *Indian Ocean*, pp. 27–28; Sugata Bose, *A Hundred Horizons: the Indian Ocean in the Age of Global Empire*, p. 5。

有趣的问题”，但他并未给出明确的答案。[45] 相应地，博斯近来已经指出：“关于（印度洋）的地理范围这个问题是没有唯一答案的。”作为某种被拗口地称作“对语境敏感的社会科学”（context-sensitive social science）的一部分，[46]“新海洋学”研究者已经意识到“将印度洋研究在地化、历史化”势在必行。其核心概念是“多孔性”“可渗透性”“连通性”“易变性”，以及空间、时间边界和边境的“开放性”等。

关于空间，重构思想地图（mental remapping）需要抛弃相对固定的、本质化的“特质地理”（trait geographies）——包括价值观、语言、物质实践、生态适应性、婚姻类型等，从而转向包含着各种各样的行动、互动和流动（包括旅行、贸易、通婚、朝圣、战争、改宗、殖民、流放等）的“过程地理”（process geographies），在这种“过程地理”中，区域可以被视为既是动态的也是互联的。[47] 近年，出现了很多类似的强调互动、流动以及移民等的去领域化（de-territorialized）的概念。[48] 这些空间构造强调且证实了“地中海”和“子地中

---

45 Kirti N. Chaudhuri, *Trade and Civilisation in the Indian Ocean: History from the Rise of Islam to 1750*, p. 160。Sugata Bose, *A Hundred Horizons: the Indian Ocean in the Age of Global Empire*, p. 10。另见 Michael Pearson, *Indian Ocean*, p. 27。

46 1999 至 2001 年，美国社会科学研究理事会（SSRC）和美国学术团体协会（ACLS）在福特基金会的赞助下共同设置“博士论文前期研究国际奖学金”（International Predissertation Fellowships），呼吁“注重语境的社会科学”的研究。www.ssrc.org/fellowships/ipfp(2007 年 1 月 25 日访问）。

47 “Regional Worlds at the University of Chicago,” regionalworlds.uchicago.edu/about.html (2007 年 1 月 25 日访问）。另见 Chris Burgess, “Asian Perspectives: the Asian Studies ‘crisis’: Putting Cultural Studies into Asian Studies and Asia into Cultural Studies,” *International Journal of Asian Studies*, vol.1, no. 1, 2004, pp. 121–136; David Ludden, “Area Studies in the Age of Globalisation,” *Frontiers*, vol. 6, 2000, pp. 1–22; Leila Fawaz and Chris Bayly, eds., *Modernity and Culture: from the Mediterranean to the Indian Ocean*, New York: Columbia University Press, 2002, pp. 2–7; Martin Lewis and KärenWigen, “A Maritime Response to the Crisis in Area Studies,” *Geographical Review*, vol. 89, no. 2, 1999, pp. 161–168；以及 *Crossing Borders: Revitalizing Area Studies*, New York: Ford Foundation, 1999（可见 http://www.fordfound.org/publications/ recentart_icles/docs/crossingborders.pdf)。除“区域世界”（见上文）以外，其他呼吁“跨越边界”的私人项目包括“海洋联系：文化、资本和商品的跨海盆流动”（Oceans Connect: Culture, Capital, and Commodity Flow across Basins, http://www.duke.edu/web/oceans，2007 年 1 月 25 日访问）；“跨越边界：区域研究与新地理学”（Crossing Borders: Areas Studies and the New Geographies, http://globetrotter.berkeley.edu/CrossingBorders，2007 年 1 月 25 日访问）。

48 Arjun Appadurai, *Modernity at Large: Cultural Dimensions of Globalization*, Minneapolis: University of Minnesota Press, 1996, p. 33; Arjun Appadurai, “Disjuncture and Difference in the Global Cultural Economy,” *Public Culture*, vol. 2, no. 2, 1990, pp. 1–23; Arjun Appadurai, “Global Ethnoscapes: Notes and Queries for a Transnational Anthropology,” in Richard Fox, ed., *Recapturing Anthropology: Working in the Present*, Santa Fe: School of American Research Press, 1991, pp. 191–210; James Clifford, *Routes: Travel and Translation in the Late Twentieth Century*, Cambridge: Harvard University Press, 1997, pp. 21, 25, and 36; Manuel Castells, *The Rise of the Network Society*, 2nd edn, Oxford and Malden: Blackwell Publishers, 2000, pp. 500–509; Roland Robertson, “Glocalization: Time-space and Homogeneity-heterogeneity,” in Mike Featherstone, Scott Lash, and Roland Robertson, eds., *Global Modernities*:

海”范式下印度洋（诸）世界潜在的“一体化”与“碎片化”的双重主题。

更具体而言，“新海洋学”研究范式下的“大印度洋”“海洋非洲和亚洲”“环印度洋”或“印度洋非洲和亚洲”研究应将弗兰克·布罗兹（Frank Broeze）提出的“亚洲海域”（Asian Seas）概念与迈克尔·皮尔逊提出的印度洋盆地“沿海社会”（littoral societies）概念联系起来。弗兰克·布罗兹认为的“亚洲海域”是指“从东亚……到东非的一连串紧密联系的区域系统”，而迈克尔·皮尔逊提出的“沿海社会”向内延伸至内地，有着“可渗透的边界作为滤器，通过它的过滤，海盐逐步被陆地的淤泥所取代”。尽管“沿海社会”与内陆社会的边疆是“可渗透的、易变的、不确定的”，但这些“沿海社会”还是拥有某些特定的“共性”，如多元性，对远方“国外”市场的开放性，主要来自海洋的饮食，使用诸如珊瑚等海边可得材料的房屋构造，与季风相适应的生活节奏，使用斜挂大三角帆的轮船，特定的通用语（包括航海葡萄牙语）的流行，以及功能独特的民间宗教等。[49] 沿着同样的路数，法国人类学家保罗·奥蒂诺提出了“边缘文化”（*cultures de frange*）这一概念，用以解释环西南印度洋以及其他地区在通婚（*métissage*）过程中发展起来的多个融合型社会之间的相似性。[50]

此外，“新海洋学”应追随布罗代尔将地中海想象成“脉动”的观点，将“大印度洋”不断扩张和收缩以纳入或排除毗邻地区视为长期和短期经济波动的一部分。[51]

（接上页）*from Modernism to Hypermodernism and beyond*, London and Thousand Oaks: Sage Publications, 1995, pp. 25–44; John R. McNeill and William H. McNeill, *The Human Web: a Bird's-eye View of World History*, New York: W.W. Norton, 2003; Anthony Reid, “Intra-Asian Networks: Global and Local in Southeast Asian History,” *International Journal of Asian Studies*, vol. 1, no. 1, 2004, pp. 5–6; David Ludden, “History outside Civilisation and the Mobility of South Asia,” *South Asia*, vol. 17, no. 1, 1994, pp. 7–8; Sanjay Subrahmanyam, “Notes on Circulation and Asymmetry in Two Mediterraneans, c. 1400–1800,” pp. 21–43; Sanjay Subrahmanyam, *Merchant Networks in the Early Modern World, 1450–1800*, London: Routledge, 1996; Claude Markovits, *The Global World of Indian Merchants, 1750–1947: Traders of Sind from Bukhara to Panama*, Cambridge and New York: Cambridge University Press, 2000; Claude Markovits, Jean Pouchepadass, and Sanjay Subrahmanyam, eds., *Society and Circulation: Mobile People and Itinerant Cultures in South Asia, 1750–1950*, London: Anthem, 2003.

49 Frank Broeze, ed., *Brides of the Sea: Port Cities of Asia from the 16th–20th Centuries*, Honolulu: University of Hawaii Press, 1989, pp. 3, 21; Michael Pearson, “Littoral Society: A Case for the Coast,” *The Great Circle*, vol. 7, no. 1, 1985, pp. 1–9（再版信息 Michael Pearson, *The World of the Indian Ocean, 1500–1800: Studies in Economic, Social and Cultural History*, VI, pp. 1–9）; Michael Pearson, “Littoral Society: The Concept and the Problems,” *Journal of World History*, vol. 17, no. 4, 2006, pp. 353–373。另见 Michael Pearson, *The Indian Ocean*, pp. 37–45。

50 Paul Ottino, “La hiérarchiesociale et l'alliancedans le rayaume de Mantacassi des xvi et xviie siècles”, *Tantara*(Antanarivo, Sociétéd'Histoire de Madagascar) vol.1, no. 4, 1973, pp. 53–89.

51 Fernand Braudel, *The Mediterranean and the Mediterranean World in the Age of Philip II*, p. 168; Peregine Horden and Nicholas Purcell, “The Mediterranean and ‘the New Thalassology’,” p. 735。对于印度洋世界经济体以及时间划分的讨论见 Fernand Braudel, *Civilization and Capitalism, 15th–18th century. Volume III: the Perspective of the World*, pp. 71–85; K. N. Chaudhuri, *The Trading World of Asia and the English East India Company*, pp. 81–90, and 282–299。

空间边界也随着所考察的文化、社会经济和政治互动的性质的变化而改变。思想、社会和政治的变化尽管是相互作用的，但并不总是同时发生或以同样的速率运行。在借用布罗代尔关于地中海有“一百条边界”，“一些是政治的、一些是经济的、一些是文化的”的隐喻的基础上，苏伽塔·博斯认为，为了全面探索印度洋丰富的历史，“我们必须想象出一百种视域（horizons）”。[52] 简言之，正如《美国历史评论》学术论坛与会者针对其他海洋盆地得出的结论一样，海洋区域的边界“既模糊又波动”。[53]

关于时间，“新地理学”[54] 的特点是“去领域化”，“新海洋学”的时间边界也同样离开了封闭的、东方主义和西方主义的二元论的历史叙事，朝着更加综合和互动的“亚欧主义”（或者甚至是“非洲—亚欧非主义”）的方向发展。然而，针对“现代世界体系真正始于何时”，却有众多不同的看法，跨度从“5000 年前”到“200 年前”。[55] 大西洋和太平洋的历

52 Sugata Bose, *A Hundred Horizons: the Indian Ocean in the Age of Global Empire*, pp. 4, and 10; Fernand Braudel, *The Mediterranean and the Mediterranean World in the Age of Philip II*, pp. 168–170.

53 Kären Wigen, “Introduction,” 2006 *American Historical Review* Forum, pp. 720–721.

54 “Crossing Borders: Area Studies and the New Geographies”, http://globetrotter.berkeley.edu/CrossingBorders ; Lionel Casson, *The Ancient Mariners: Seafarers and Sea Fighters of the Mediterranean in Ancient Times*, 2nd. Edn., Princeton: Princeton University Press, 1991.

55 Andre Gunder Frank, “A Theoretical Introduction to 5,000 years of World System History,” *Review*, vol. 13, no. 2, 1990, pp. 155–248; Gunder Frank, “Bronze Age World System Cycles,” *Current Anthropology*, vol. 34, no. 4, 1993, pp. 383–405; Andre Gunder Frank, *ReOrient: Global Economy in the Asian Age*, Berkeley: University of California Press, 1998; Andre Gunder Frank and Barry Gills, eds., *The World System: Five Hundred Years or Five Thousand*? ; Philippe Beaujard, “The Indian Ocean in Eurasian and African World-systems before the Sixteenth Century,” *Journal of World History*, vol. 16, no. 4, 2006, pp. 420–421, 437, 446, and 459。“千禧年信仰群体”（millenarians）的构成极端异质化，既有正统的“欧洲中心主义者”，也有坚定的“全球中心主义者”：Janet Abu-Lughod, *Before European Hegemony: the World System A.D. 1250–1350*; Richard Britnell, *The Commercialisation of English Society 1000–1500*, Cambridge and New York: Cambridge University Press, 1993; Richard Britnell and Bruce Campbell, eds., *A Commercialising Economy*, Manchester: Manchester University Press, 1995; David Landes, *The Wealth and Poverty of Nations: Why Some Are So Rich and Some So Poor*, New York: W.W. Norton, 1998; David Levine, *At the Dawn of Modernity: Biology, Culture and Material Life in Europe after the Year 1000*, Berkeley: University of California Press, 2000; Victor Lieberman, *Strange Parallels. Volume I: Integration of the Mainland Southeast Asia in Global Context, c. 800—1830*; Alan Macfarlane, *The Culture of Capitalism*, Oxford and New York: Blackwell, 1987; Michael Mann, *The Sources of Social Power*, Cambridge and New York: Cambridge University Press, 1986。Immanuel Wallerstein, *The Modern World System*, vol. I; Kenneth Pomeranz, *The Great Divergence: China, Europe, and the Making of the Modern World Economy*; Roy Bin Wong, *China Transformed: Historical Change and the Limits of European Experience*; Richard Von Glahn, *Fountain of Fortune: Money and Monetary Policy in China, 1000–1700*, Berkeley: University of California Press, 1996。另见 Jack Goldstone, “Efflorescences and Economic Growth in World History: Rethinking the ‘Rise of the West’ and the Industrial Revolution,” *Journal of World History*, vol. 13, no. 2, 2002, pp. 323–389; Jack Goldstone, “The Problem of the ‘Early Modern’ World,” *Journal of the Economic and Social History of the Orient*, vol. 41, no.3, 1998, pp. 249–284。

史起点是相对固定的——尽管有些争议，即以1500年后以植物、动物、人、思想和疾病为内容的“哥伦布交换”和“麦哲伦交换”为起点，但印度洋作为一个交换、流通、传播的独特区域，环印度洋历史[56]或印度洋通史真正始于何时，却难以确定。[57]事实上，关于印度洋史“始于何时”以及与之相伴随的“海洋连通性”的程度这一问题，已有多种观点问世，尽管只有四种观点被史学史所关注。

第一种观点，宣称印度洋是“世界上最古老的海洋‘世界’”“最新的旧世界”“全球化的摇篮”“首个全球经济体”等，这些说法都基于将印度洋作为长距离的（以及沿海的）航路并在此建立了有组织、有规律的贸易往来。这一过程与最早的三大文明——早在公元前3000年开始兴起，分别位于美索不达米亚的底格里斯河—幼发拉底河流域、印度西北部及相邻的巴基斯坦的印度河谷（哈拉帕），以及埃及的尼罗河三角洲——的崛起同时发生。印度洋西北部所谓“乌鲁克世界体系”的核心大概位处于美索不达米亚的南部，尽管此说法备受争议。[58]

第二种观点认为，掌握季风运行规律意味着横跨印度洋的“海洋连通性”上的一个巨大的飞跃，这导致了一个公元前3世纪以后以印度为中心的贸易网络——包括商品（既有“奢侈品”，也有“必需品”）和文化（最初是佛教，之后是印度教）——的出现。“大印度”文化区的出现是长期的、多层次的、多边的“南方化”传播进程的结果之一，它有效地将阿拉伯人称之为“印度洋”（al-bahr al-Hindi）、波斯人称之为“绿色的海”（darya'i akhzar），中国人称之为“南洋”（Nan-yang）的社会和文化融合起来。与后来的“西方化”现象类似，“南方化”始于纺织业、冶金、天文学、医学、数学和航海等领域中的技术和商业革新，在所有这些领域，印度次大陆和整个东南亚都是先行者。[59]

---

56 关于“环海洋”“跨海洋”以及“基于海洋”（*cis*-ocean-based）历史的讨论，见 David Armitage, “Three Concepts of Atlantic History,” in David Armitage and Michael Braddick, eds., *The British Atlantic World, 1500–1800*, Houndmills and New York: Palgrave Macmillan, 2002, pp. 11–29。

57 Alison Games, “Atlantic History: Definitions, Challenges, and Opportunities,” *The American Historical Review*, vol. 111, no. 3, 2006, p. 747; Alfred Crosby, *The Columbian Exchange: Biological and Cultural Consequences of 1492*, Westport: Greenwood, 1972, chapter 5; John R. McNeill, “From Magellan to Miti: Pacific Rim Economies and Pacific Island Ecologies since 1521,” in Sally Miller, A. J. H. Latham, and Dennis Flynn, eds., *Studies in the Economic History of the Pacific Rim*, London and New York: Routledge, 1998, p. 74.

58 见 Michael Pearson, *Indian Ocean*, pp. 49–50; Guillermo Algaze, *The Uruk World System: the Dynamics of Expansion of Early Mesopotamian Civilization*, 2nd edn, Chicago: University of Chicago Press, 2004; Shereen Ratnagar, *Trading Encounters: from the Euphrates to the Indus in the Bronze Age*, 2nd edn, New Delhi: Oxford University Press, 2004。

59 Lynda Shaffer, “Southernization,” *Journal of World History*, vol. 5, no. 1, 1994, pp. 1, and 4。对其富有见地的评价见 John Voll, “‘Southernization’ as a Construct in Post-civilizational Narrative,” in Ross Dunn, ed., *The New World History: A Teacher's Companion*, Boston and New York: Bedford and St. Martin's, 2000, pp. 193–195。

第三种观点认为，7世纪早期开始伊斯兰教和穆斯林政治、商业以及宗教网络的扩张将印度洋真正变成了“穆斯林湖”。11世纪见证了跨洋航行被一分为三——阿拉伯海、孟加拉湾和南中国海，见证了随之而来的贸易中心或海洋“世界城市”的崛起，也见证了现代“南北分化”的开始，其中一方为印度和中国，它们制造了高价值的手工业品，另一方为热带地区，那里提供低价值的原材料。这在13世纪晚期至14世纪早期发展至鼎盛，此时穆斯林的海洋网络，连同他们的陆地网络，在成功连接欧洲和亚洲这样一个可能的世界体系方面十分重要，甚至十分关键。[60]

第四种观点认为，从15世纪末欧洲人到来以后，既非标志着强调军事—航海背景、强调不对称性和冲突性的所谓“达伽马时代”的开始——持此类观点中最为著名的学者是K. M. 潘尼迦（K. M. Panikkar）、O. K. 南比亚尔（O. K. Nambiar）和贝尔纳德·弗莱克（Bernard Vlekke），杰弗里·帕克（Geoffrey Parker）和卡洛·奇波拉（Carlo Cipolla）也部分地持此观点；[61] 也非强调商业（和文化交流）平等互重的“合作时代”（霍尔登·弗伯［Holden Furber］）、“商业时代”（安东尼·里德［Anthony Reid］、肯尼思·麦克弗森）、“互惠”（时代）（迈克尔·皮尔逊）以及“互动共生”（时代）（A.J.R. 拉塞尔·伍德

60 除迈克尔·皮尔逊的诸多成果（其最新成果为《印度洋》一书第4章）外，另见 Patricia Risso, *Merchants and Faith: Muslim Commerce and Culture in the Indian Ocean*, Boulder: Westview Press, 1995; John Voll, “Islam as a Special World System,” *Journal of World History*, vol. 5, no. 2, 1994, pp. 213–226; Richard Eaton, “Islamic History as World History,” in Michael Adas, ed., *Islamic and European Expansion*, Philadelphia: Temple University Press, 1993, pp. 1–36（再版信息：Richard Eaton, *Essays on Islam and Indian History*, New Delhi and Oxford: Oxford University Press, 2000, pp. 9–44）；Andre Wink, *Al-Hind: the Making of the Indo-Islamic World*; Kirti N. Chaudhuri, *Trade and Civilisation in the Indian Ocean: History from the Rise of Islam to 1750*; Kirti N. Chaudhuri, *Asia before Europe: Economy and Civilization of the Indian Ocean from the Rise of Islam to 1750*; Kirti N. Chaudhuri, “The Unity and Disunity of Indian Ocean History from the Rise of Islam to 1750: the Outline of a Theory and Historical Discourse”；以及 Kenneth McPherson, *The Indian Ocean: a History of People and the Sea*, pp. 3–5; Das Gupta and Michael Pearson, eds., *India and the Indian Ocean, 1500–1800*, pp. 11–20。

61 Kavalam M. Panikkar, *Asia and Western Dominance: a Survey of the Vasco da Gama Epoch of Asian history, 1498–1945*, 2nd edn, London: Allen &Unwin, 1959, pp. 13–15; Odayamadath K. Nambiar, *The Kunjalis, Admirals of Calicut*, New York: Asia Pub. House, 1963; Bernard Vlekke, *Nusantara: a History of Indonesia*, 6th edn, The Hague: W. van Hoeve, 1965; Clifford Rogers, ed., *The Military Revolution Debate: Readings on the Military Transformation of Early Modern Europe*, Boulder: Westview Press, 1995; Geoffrey Parker, *The Military Revolution: Military Innovation and the Rise of the West, 1500–1800*, 2nd edn, Cambridge and New York: Cambridge University Press, 1996; Carlo Cipolla, *Guns, Sails, and Empires: Technological Innovation and the Early Phases of European Expansion, 1400–1700*, New York: Minerva Press, 1965, pp. 138–146; Peter Marshall, “Western Arms in Maritime Asia in the Early Phases of Expansion,” *Modern Asian Studies*, vol. 14, no. 1, 1980, pp. 13–28.

［A.J.R.Russell-Wood］）等；[62] 而是“冲突受控的时代”（桑贾伊·苏布拉马尼亚姆），“被迫平衡”（阿申·达斯·古普塔［Ashin Das Gupta］）、“可感知的互惠”（奥姆·普拉卡什［Om Prakash］）、“充满冲突的共生”（克里斯·贝利）、“合作或默认”与“调适”（彼得·马歇尔［Peter Mashall］）以及“双向依赖”（大卫·卢登［David Ludden］），[63] 它们所关注的是政治经济（结合了军事和商业）并且以对时空变化更大的敏锐度来关注并存的冲突与合作。欧洲人来到这一地区最初250年间的势力范围自然会随时空变化而变化，但是对印度洋的总体影响——包括人员的乃至政治的——是有限的。总体而言，是欧洲人被迫适应此地早已存在的结构（structures）。

“第一次全球化”或“近代早期全球化”[64] 时期的确见证了印度洋世界融入一个更大世界的开端，但这些融入是相对微弱的、温和的。一些变化随之发生了：基督教的传播，通用语——

---

62 Holden Furber, *Rival Empires of Trade in the Orient, 1600–1800*, Minneapolis: University of Minnesota Press, 1976, p. 324; Holden Furber, *John Company at Work: a Study of European Expansion in India in the Late Eighteenth Century*, Cambridge: Harvard University Press, 1948; Holden Furber, “Asia and the West as Partners before ‘Empire’ and after,” *Journal of Asian Studies*, vol. 28, no. 4, 1969, pp. 711–721。它也成为以下这本论文集的主题：Blaire Kling and Michael Pearson, eds., *The Age of Partnership: Europeans in Asia before Dominion*, Honolulu: University of Hawaii Press, 1979; Anthony Reid, “An ‘Age of Commerce’ in Southeast Asian History,” *Modern Asian Studies*, vol. 24, no. 1, 1990, pp. 1–30; Anthony Reid, “The Structure of Cities in Southeast Asia, Fifteenth to Seventeenth Centuries,” *Journal of Southeast Asian Studies*, vol. 11, no. 2, 1980, pp. 235–250; Anthony Reid, *Southeast Asia in the Age of Commerce*; Anthony Reid, *Charting the Shape of Early Modern Southeast Asia*; Anthony Reid, ed., *Southeast Asia in the Early Modern Era: Trade, Power, and Belief*, pp. 17–18; Kenneth McPherson, *The Indian Ocean: a History of People and the Sea*, pp. 138–143; Michael Pearson, *The Portuguese in India*, Cambridge: Cambridge University Press, 1987, pp. 2, 61, 81, 103–106, and 115; A. J. R. Russell-Wood, *The Portuguese Empire, 1415–1808: a World on the Move*, Baltimore: Johns Hopkins University Press, 1998, pp. xxi, 21, and 220。

63 Ashin Das Gupta, “Europeans in India before the Empire,” in Uma Dasgupta, ed., *The World of the Indian Ocean Merchant 1500–1800: Collected Essays of Ashin Das Gupta*, pp. 229–230; Sanjay Subrahmanyam, *The Political Economy of Commerce: Southern India, 1500–1650*, p. 254; Om Prakash, “European Corporate Enterprises and the Politics of Trade in India, 1600–1800,” in Rudrangshu Mukherjee and Lakshmi Subramanian, eds., *Politics and Trade in the Indian Ocean: Essays in Honour of Ashin Das Gupta*, pp. 173–174。另见 Om Prakash, *European Commercial Enterprise in Pre-colonial India*, pp. 337–343; Chris Bayly, *The Birth of the Modern World, 1780–1914: Global Connections and Comparisons*, Malden: Blackwell, 2004, p. 476; Chris Bayly, “Indigenous Social Formations and the ‘world-system’: North India since c. 1700,” pp. 119–120; Peter Marshall, “*A Free though Conquering People*”: *Eighteenth-century Britain and Its Empire*, vol. 1, p. 16; vol. 15, p. 6; David Ludden, “World Economy and Village India, 1600–1900: Exploring the Agrarian History of Capitalism,” pp. 166–167。

64 Geoffrey Gunn, *First Globalization: the Eurasian Exchange, 1500–1800*, Lanham: Rowman& Littlefield, 2003; Chris Bayly, “ ‘Archaic’ and ‘Modern’ Globalization in the Eurasian and African Arena,” in Anthony Hopkins, ed., *Globalization in World History*, New York: Norton, 2002, pp. 47–73; Chris Bayly, “From Archaic Globalization to International Networks, circa 1600–2000,” in Jerry Bentley, Renate Bridenthal, and Anand Yang, eds., *Interactions: Transregional Perspectives on World History*, Honolulu: University of Hawaii Press, 2005, pp. 14–29.

如葡萄牙语和葡萄牙克里奥尔语（包括航海葡萄牙语）——的使用，亚欧混杂（最明显的是印度-葡萄牙）社群的出现，由欧洲人控制的新港口城市或者叫“海上新娘”——如葡萄牙果阿、西班牙马尼拉、荷兰巴达维亚、法国庞第皆瑞以及英国加尔各答等——的兴起，好望角周边持续增量的欧洲贸易，以及甚至更为重要的、作为跨大西洋和太平洋的哥伦布交换和麦哲伦交换一部分的“美洲的引入”，其表现形式之一为贵金属（16、17世纪首个真正的全球性商品）的持续增多。[65] 贵金属尤其发挥了作为商业资本主义和近代早期全球化的润滑剂的作用。[66]

然而，一种系统性的或者说本质上的改变直至19世纪才发生，其表现是以工业资本主义和殖民主义为特征的、作为欧洲伟大的转变（Great Transmutation）产物的“外源型经济和政治变化”，从而结束了印度洋（大西洋也是如此）的生命周期。[67] 怀着对霍登和珀塞尔2000年出版的《堕落之海》的敬意，迈克尔·皮尔逊将此视为一个从“印度洋本身的历史”向“发生在印度洋的历史”的转折，前者注重内部历史，即印度洋范围内的比较研究，后者关注印度洋地理边界之外的更广泛事务对印度洋的影响。这些观点在印度洋研究和“新海洋学”学者中得到了广泛的认同。[68]

公平而言，我们仍不能对印度洋世界生命周期以及“距离的消逝”（death of distance）盖棺定论。大部分历史学家“抛弃”了将现代印度洋视为区际分析单元，苏伽塔·博斯等历史学家认为这是建立在印度洋有机统一体已经被破坏这一错误的假设基础之上的，并对

---

65 Chris Bayly, “Indigenous Social Formations and the ‘world-system’: North India since c. 1700,” p. 119; Andre Wink, “World Trade, Merchant Empires, and the Economy of the Indian Ocean,” *International History Review*, vol.1, 1993, p. 112。对于这一过程详细的量化记录见 Markus Vink, “From Port-city to World-system: Spatial Constructs in Dutch Indian Ocean Studies, 1500–1800,” pp. 70–82。研究贵金属的史学家丹尼斯·弗林和阿图罗·希拉尔德斯代表了这一备受尊敬的、有着悠久传统的研究领域的最高峰。见 Dennis Flynn, Arturo Giráldez, and Richard Von Glahn, eds., *Global Connections and Monetary History, 1470–1800*, Burlington: Ashgate, 2003; Dennis Flynn and Arturo Giráldez, eds., *Metals and Monies in an Emerging Global Economy*, Aldershot and Brookfield: Variorum, 1997; Dennis Flynn and Arturo Giráldez, “Born with a ‘Silver Spoon’: The Origin of World Trade in 1571,” *Journal of World History*, vol. 6, no. 2, 1995, pp. 201–221; Dennis Flynn and Arturo Giráldez, “Cycles of Silver: Global Economic Unity through the Mid-eighteenth Century,” *Journal of World History*, vol. 13, no. 2, 2002, pp. 391–427。

66 Dennis Flynn and Arturo Giráldez, “Cycles of Silver: Global Eeconomic Unity through the Mid-eighteenth Century”。近期对于从欧洲输出至亚洲贵金属总量的研究见 Jan de Vries, “ Connecting Europe and Asia: a Quantitative Analysis of the Cape-route Trade, 1497–1795,” in Dennis Flynn, Arturo Giráldez, and Richard Von Glahn, eds., *Global Connections and Monetary history, 1470–1800*, Table 2.9, p. 78。

67 如艾利森·盖姆斯的观察，尽管大西洋从未与世界其他地区完全隔离，“到19世纪中期，这一地区还是被更充分地融入世界体系之中”。见 Alison Games, “Atlantic History: Definitions, Challenges, and Opportunities,” p. 748。

68 Michael Pearson, *The Indian Ocean*, chapters 7 and 8。另见 Ashin Das Gupta and Michael Pearson, eds., *India and the Indian Ocean, 1500–1800*, p. 39; Kirti N. Chaudhuri, *Trade and Civilisation in the Indian Ocean: History from the Rise of Islam to 1750*, p. 211; Kenneth McPherson, *The Indian Ocean: a History of People and the Sea*, esp. pp. 198–200; Andre Wink, *Al-Hind: the Making of the Indo-Islamic World*, vol. 1, p. 3。

此进行了批判。他们否认资本主义世界经济的线性扩张史，并且指出，1830 年后的印度洋盆地，尽管有所改变，但作为“国家和全球层面的中间地带”仍然具有重要地位。博斯断言：“这里的难题在于，既要避免陷入关于连续性的任何简单化的、不可持续的断言，又要将一个充满经济和文化互动的印度洋区际竞技场视为一个分析单元。”[69]

然而，如果像近期克里斯·贝利强势宣称的那样，“漫长的 19 世纪”（1780—1914 年）见证了“现代世界的诞生”，那么此前的近代早期，尤其是“漫长的 18 世纪”（1680—1820 年）理所当然地见证了“现代世界”的孕育过程，尽管这一“胚胎期”充满了不确定性和复杂性。不过，杰克·戈德斯通和其他加州学派的学者们否定库兹涅茨所说的 1800 年以前的“现代经济增长”的存在，相反，他们支持“全盛期”（efflorescences）的说法，A.E. 里格利（A.E.Wrigley）将其称为仅存在“大量的”和 / 或“斯密式”增长的“发达的有机社会”。与之类似，关于南亚，伯顿·斯坦（Burton Stein）在南印度的案例研究中，以及伊尔凡·哈比卜和“穆斯林民族主义”的“阿里格尔学派”在北部印度的案例研究中，都拒绝承认“莫卧儿新时代”的概念，而将该区域 1700 年之前（南印度）和 1800 年之前（北印度）的历史界定为中世纪或者中世纪晚期。[70]

在论及近代早期现代性（诚然并未成熟）的普世性时，如果我们适时地离开它在欧洲的立足点，那么大多数历史学家都会同意这一概念展现出了多种在地化的“转变”。这一悖论导致了对“多样性中的统一性”的认可，所有以下理论对此均有界定：什穆埃尔·艾森斯塔特（Shmuel Eisenstadt）和沃尔夫冈·施鲁赫特（Wolfgang Schluchter）的“多元现代性”与“平行发展”论，约瑟夫·弗莱彻（Joseph Fletcher）的“相似”与“互联”论，德尼·隆巴尔（Denys Lombard）的“共时性”观点，以及与威廉·麦克尼尔传播主义范式形成区别的维克托·李伯曼（Victor Lieberman）的“同步进化”论（parallel evolutions）与“趋势”论。[71]

---

69 Sugata Bose, *A Hundred Horizons: the Indian Ocean in the Age of Global Empire*, p. 21。另见第 3、14、20 页。

70 Jack Goldstone, “Efflorescences and Economic Growth in World History: Rethinking the ‘Rise of the West’ and the Industrial Revolution”; Jack Goldstone, “The Problem of the ‘Early Modern’ World”; Burton Stein, *A History of India*, Oxford and Malden: Blackwell, 1998, pp. 198–200.

71 Shmuel Eisenstadt and Wolfgang Schluchter, “Introduction: Paths to Early Modernity – a Comparative View,” *Daedalus*, vol. 127, no. 3, 1998, pp. 1–18; Joseph Fletcher, “Integrative History: Parallels and Interconnections in the Early Modern Period, 1500–1800,” *Studies on Chinese and Islamic Inner Asia*, Aldershot and Brookfield: Variorum, 1995, vol. 10, pp. 1–33; Denys Lombard, “Networks and Synchronisms in Southeast Asian History,” *Journal of Southeast Asian History*, vol. 26, no. 1, 1995, pp. 10–16。另见 Denys Lombard, *Le carrefour javanais: Essai d'histoire globale*; Victor Lieberman, ed., *Beyond Binary Histories: Re-imagining Eurasia to c. 1830*, Ann Arbor: University of Michigan Press, 1999, pp. 1–102; Victor Lieberman, *Strange Parallels. Volume I: Integration of the Mainland Southeast Asia in Global Context, c. 800–1830*, pp. 1–80; Jack Goody, *The East in the West*, Cambridge and New York: Cambridge University Press, 1996。

印度洋研究和“新海洋学”的潜力与困境

印度洋研究和“新海洋学”将走向何方？基尔提·乔杜里、迈克尔·皮尔逊和肯尼思·麦克弗森以及此后的学者们无疑已经搭建了一个令人赞叹的框架，这些如今也成为印度洋研究取得“丰富史学成果”的组成部分，这些成果是再也不容忽视的。然而，“地中海式思考”既带来了发展潜力，也面临着问题。一方面，海洋研究“以水为中心”的观点，在消解人为制造的差异——存在于设想中具有连贯性、貌似与众不同的区域（例如欧洲、非洲、亚洲等）之间——上有巨大优势，其方式是关注跨越诸如印度洋或其“子地中海”水域的、系统的和长时段的互动。“将海洋历史化”[72]是一个流行的发展趋势，因为它有助于将关注点放在大范围的商业、生态和文化交流等历史进程之上，而这正是其他地理概念（constructs）通常会忽视的。另一方面，海洋区域在本质上说是不稳定的。[73]海洋区域的轮廓和特征有时会发生显著改变，水体和大片陆地之间的关系不断变化，正如印度洋历史的多种起点（以及随之而来的不同程度的海洋连通性）及其可能的终点——印度洋的历史在19世纪全球化的推动下终结，“印度洋本身的历史”变成了“发生在印度洋的历史”——所表明的那样。[74]

全球互动日益削弱不同海洋区域的内在连贯性，使空间界限的问题变得更为突出。正如杰里·本特利指出的那样：

> 实际上，从这一点来看，试图将不同的海洋盆地建构成现代历史主要地理单元的努力，甚至可能会呈现为几近对大陆神话的功能性照搬：大西洋世界象征着大欧洲，印度洋盆地代表了大亚洲，而太平洋盆地则成为勇敢的欧洲探险家和捕鲸人——这些人后来被欧美和东亚资本家所取代——的异域乐园。[75]

然而，在近代（早期）的全球化和“距离的消逝”之前，不同的海洋区域通常会被视为断裂的、互不关联的诸世界。布罗代尔的论断概括了海洋自相矛盾的两个方面：海洋既提供

---

72 Bernhard Klein and Gesa Mackenthun, eds., *Sea Changes: Historicizing the Ocean*, New York: Routledge, 2004, pp. 1–12.

73 Kären Wigen, “Introduction,” 2006 *American Historical Review* Forum, p. 720.

74 苏伽塔·博斯热切地呼吁“继续将区际竞争场视为分析单位……印度洋的历史不应该在近代早期终结”（2006年10月22日与其私人交流）。

75 Jerry Bentley, “Sea and Ocean Basins as Frameworks of Historical Analysis,” *Geographical Review*, vol. 89, no. 2, 1999, pp. 215–224。本特利的评论反过来受到了以下著作的启发：Martin Lewis and Kären Wigen, *The Myth of Continents: a Critique of Metageography*, Berkeley: University of California Press, 1997。

了“作为交换与交往工具的统一体和交通通道”，但同时“也是巨大的分裂者，是需要克服的障碍”。对于布罗代尔的这一论断，似乎当代的海洋史学家达成了真正的共识。[76] 在布罗代尔令人产生共鸣的多重“历史交织”（skeins of history）这一隐喻的基础上，维姆·克洛斯特（Wim Klooster）指出，仅就美洲而言，至少有八个受大西洋影响的地区。[77] 循着同样的路线，苏伽塔·博斯近期观察到尽管印度洋“诸世界”被政治、社会—经济和文化联系的网络捆绑在一起，但其内部和外部边界“仍然时常变动”。[78] 如果我们借用约翰·埃利奥特（John Elliott）对大西洋历史的评论，忽略其地理指向，那么“新海洋学”或许可以被界定为“一种最为广义的历史，即因跨越和环绕（印度洋）盆地的人员、商品、文化习俗和思想的流动而导致的诸社群的创造、毁灭和再创造的历史”。把埃利奥特的表述加以改写，那么印度洋应该被视为“一个连接跨越广阔海洋的人和事的统一性因素，同时也是一个通过空间和时间使社群破碎和彼此分离的分裂因素：因环境的千差万别而产生了各种各样的应对方式”。它是一个“充满悖论的故事，融合与分裂并存，连接的纽带与分裂的力量同时发挥作用”。[79]

对“新海洋学”来说，摆脱一系列复杂的空间分类、探索印度洋（诸）世界可渗透的内部和外部边界，势在必行。普世主义 / 全球化和特殊主义 / 在地化互相交织，为了赋予这种多重话语以意义，基于（印度洋研究）日渐增大的分析单元，笔者在其他文章中针对全球与地方之间的“想象的印度洋”，提出了五种不同的空间取向或者话语模式（这一罗列远非详尽）：港口城市及其周边乡村、内陆腹地和沿海地区网络；边界 / 边境研究；以大洋或海盆为中心的宏观区域分析；地区或文明研究；以及世界体系和依附论学派。[80]

---

76 Sanjay Subrahmanyam, “Notes on Circulation and Asymmetry in Two Mediterraneans, c. 1400–1800,” pp. 41–42; Kirti N. Chaudhuri, *Trade and Civilisation in the Indian Ocean: History from the Rise of Islam to 1750*, p. 3; Kirti N. Chaudhuri, “The Unity and Disunity of Indian Ocean History from the Rise of Islam to 1750: the Outline of a Theory and Historical Discourse,” *Journal of World History*, vol. 4, no.1, 1993, pp. 1, 7; Michael Pearson, *The Indian Ocean*, pp. 6, 7, 13–26, and 287; Michael Pearson, “Introduction I: The State of the Subject”。另见 Geoffrey Scammell, “Series Editor’s Preface,” in Michael Pearson, *The Indian Ocean*, p. ix; René Barendse, *The Arabian Seas: the Indian Ocean World of the Seventeenth Century*, p. 60; René Barendse, “Trade and State in the Arabian Seas: a Survey from the Fifteenth to the Eighteenth Century,” *Journal of World History*, vol. 11, no. 2, 2000, p. 173。

77 引自 Alison Games, “Atlantic History: Definitions, Challenges, and Opportunities,” *The American Historical Review*, vol. 111, no. 3, 2006, p.751。

78 Sugata Bose, “Space and Time on the Indian Ocean Rim: Theory and History,” in Leila Fawaz and Chris Bayly, eds., *Modernity and Culture: from the Mediterranean to the Indian Ocean*, pp. 368–369; Sugata Bose, *A Hundred Horizons: the Indian Ocean in the age of Global Empire*, p. 6.

79 John Elliott, “Afterword,” in David Armitage and Michael Braddick, eds., *The British Atlantic World, 1500–1800*, pp. 239–240.and 249.

80 Markus Vink, “From Port-city to World-system: Spatial Constructs in Dutch Indian Ocean Studies, 1500–1800” .

像其他研究方法一样，海洋分析也容易失之偏颇。“新海洋学”中的大部分研究采取的是跨洋视角，尽管一定程度上只是新瓶装旧酒（将“美好的古老”殖民史重新包装成基于海洋研究的世界史）。[81] 跨洋史是诸海洋世界的比较史。它既承认“民族”和国家的存在，也承认社会和经济结构（比如“荷兰印度洋”）的存在，这应该激发与印度洋其他历史的进一步比较——比如相互竞争的欧洲“军事化的贸易离散社群”，还有相对松散的本土商人网络以及其他离散社群（比如“海外华人”、帕尼希尔爪哇人、古吉拉特巴尼亚商人［Gujaratibanyas］、哈德拉米阿拉伯人以及斯瓦希里商人）等。[82]或者，效仿保罗·吉尔罗伊（Paul Gilroy）、马库斯·雷迪克（Marcus Rediker）、西摩·德雷舍尔（Seymour Drescher）以及凯文·惠兰（Kevin Whelan）的大西洋研究，我们同样可以将相关的“黑色”“红色”“白色”或者“绿色”的印度洋叙事依次包含进来，或者将任何其身份认同是被强加的或想象的，而事实上是流动易变的群体包含进来。[83] 实际上，前现代的民族和文化分类，同其他

81　David Armitage, “Three Concepts of Atlantic History” ; Alison Games, “Atlantic History: Definitions, Challenges, and Opportunities” , p. 745.

82　关于商人网络和离散社群的著作有很多，比如仅是关于印度洋世界的非洲离散社群的研究就有 Kenneth Robbins and John McLeod, eds., *African Elites in India*: *HabshiAmarat*, Usmanpura: Mapin Publishing, 2006; Amy Catlin-Jairazbhoy and Edward Alpers, eds., *Sidis and Scholars*: *Essays on African Indians*, Trenton: Red Sea Press, 2004; Shihan de Silva Jayasuriya and Richard Pankhurst, eds., *The African Diaspora in the Indian Ocean*, Trenton: Africa World Press, 2003; Edward Alpers, “Recollecting Africa: Diasporic Memory in the Indian Ocean World,” *African Studies Review*, vol. 43, no.1, 2000, pp. 83–99; Yusuf Talib, “The African Diaspora in Asia,” in Muhammad Fasi and Ivan Hrbek, eds., *Africa from the Seventh to the Eleventh Century*, Paris: UNESCO, 1988, pp. 704–733; Gwyn Campbell, ed., *Abolition and its Aftermath in Indian Ocean Africa and Asia*, London and New York: Routledge, 2005, pp. vii–xxxii; Markus Vink, “ ‘The World’s Oldest Trade’ : Dutch Slavery and Slave Trade in the Indian Ocean in the Seventeenth Century,” *Journal of World History*, vol. 14, no. 2, 2003, pp. 131–177; Richard Allen, “The Mascarene Slave Trade and Labour Migration in the Indian Ocean during the Eighteenth and Nineteenth Centuries,” *Slavery and Abolition*, vol. 24, no. 2, 2003, pp. 33–50; Janet Ewald, “Crossers of the Sea: Slaves, Freedmen, and other Migrants in the Northwestern Indian Ocean, c. 1750–1914,” *American Historical Review*, vol. 105, no. 1, 2000, pp. 69–91; Pier Larson, “Reconsidering Trauma, Identity, and the African Diaspora: Enslavement and Historical Memory in Nineteenth-century Highland Madagascar,” *William and Mary Quarterly*, vol. 56, no. 2, 1999, pp. 335–362。

83　Paul Gilray, *The Black Atlantic*: *Modernity and Double Consciousness*, Cambridge: Harvard University Press, 1993; Marcus Rediker, “The Red Atlantic, or ‘A Terrible Blast Swept over the Heaving Sea’ ,” in Klein and Mackenthun, eds., *Sea Changes*, pp. 111–130; Peter Linebaugh and Marcus Rediker, *The Manyheaded Hydra*: *Sailors*, *Slaves*, *Commoners*, *and the Hidden History of the Revolutionary Atlantic*, Boston: Beacon Press, 2000; Seymour Drescher, “White Atlantic? The Choice for African Slave Labor in the Plantation Americas,” in David Eltis, Frank Lewis, and Kenneth Lee Sokoloff, eds., *Slavery in the Development of the Americas*, Cambridge and New York: Cambridge University Press, 2004, pp. 31–69; Kevin Whelan, “The Green Atlantic: Radical Reciprocities between Ireland and America in the Long Eighteenth Century,” in Kathleen Wilson, ed., *A New Imperial History*: *Culture*, *Identity and Modernity in Britain and the Empire*, *1660–1840*, Cambridge and New York: Cambridge University Press, 2004, pp. 216–238.

时空中的分类一样，不像社会科学家曾经假设的那么绝对和原始，而更具偶然性和建构性。例如，海上欧洲人（主要是单身男性）能够而且确实实现了“入乡随俗”，这就像在前现代时期“变白”是土著人的一种选择一样，土著人“变白”的方式是接纳原生性的“重要规范”（性别、世代、亲属关系、属地、语言以及种族）、文明行为（行为准则、传统和社会惯例）以及神圣观念（上帝、理智、进步和理性）等。[84]

除了关注人，还可以基于商品世界展开研究——以某种特殊的商品（例如中国的瓷器、印度尼西亚东部的优质香料、印度的棉纺织品、阿拉伯的马匹、东非的“赞吉”奴隶）为起点，分析研究被纳入生产、运输、销售和消费等活动的一个或多个社会、经济体系或人群。还可以研究思想和文化习俗的传播（例如“伊斯兰教”印度洋、“天主教”印度洋或“佛教”印度洋）、动植物的散播（包括生态帝国主义以及或多或少有意地创造的“新欧洲”“新非洲”，或者其他任何可想象的新环境生物群落或“生态景观”）以及缩小的或扩大的疾病情势等。[85]

参加《美国历史评论》“历史上的海洋”学术论坛的学者们断言，大西洋历史研究准则已经被主要来自英国北大西洋的（非常传统的）历史学家们所绑架，太平洋史也同样被地区研究的“支持者”所挟持。[86]无论真实与否，如今已轮到印度洋研究被用于各种各样的国家、政治和宗教议题上。“强调外在因素”的历史编纂学基于“当地无能为力 / 依靠外部施舍”的隐喻，专注于来自外部的人们（欧洲人、印度人、中国人等），而强调“独立自主”的历史编纂学则主张“由内而外地”书写历史，并且强调地方的能动性。例如在东南亚史研究案例中，印度、印度尼西亚、荷兰和中国的民族主义政治家和学者，都分别形成了各自的关于“大印度”“统一的印度尼西亚”“荷兰东印度”以及“大中国”的宏大叙

---

84 Shmuel Eisenstadt and Wolfgang Schluchter, “Introduction: Paths to Early Modernity – a Comparative View,” pp. 14–15；历史主义者、现代主义者（例如本尼迪克特·安德森、厄内斯特·盖尔纳以及埃里克·霍布斯鲍姆）与原生主义者之间的争论主要集中于民族和民族主义的出现。在 2006 年 12 月 17—20 日南非开普敦召开的国际会议“不可预料的生活：荷兰东印度公司世界中的社会身份与物质文化”的讨论中，“身份认同的偶然性”成为一个主要的议题。

85 “新欧洲”这一术语是阿尔弗雷德·克罗斯比发明的。见 Alfred Crosby, *Ecological Imperialism: the Biological Expansion of Europe, 900–1900*, 2nd edn, Cambridge and New York: Cambridge University Press, 2004。另见 Jared Diamond, *Guns, Germs, and Steel: the Fates of Human Societies*, New York, W.W. Norton, 1997。“新非洲”这一术语，出自下面这本书的第五章等处：Lester Rowntree, Martin Lewis, Marie Price, and William Wyckoff, *Diversity Amid Globalization: World Regions, Environment, Development*, 3rd edn, Upper Saddle River: Pearson Prentice Hall, 2006。

86 Alison Games, “Atlantic History: Definitions, Challenges, and Opportunities,” pp. 750–751; Matt K. Matsuda, “The Pacific,” *The American Historical Review*, vol. 111, no. 3, 2006, pp. 759–760, 761, and 763–764.

事。[87] 正如笔者在其他文章中所言，“非洲中心观”的印度洋历史编纂对奴隶和奴隶贸易的书写总体而言是大西洋奴隶贸易的衍生物，反映了18世纪斯瓦希里海岸和马斯科林群岛（毛里求斯和留尼旺）的种植园奴隶经济的“起步”，以及它与现代种族隔离制度，尤其是与1948—1994年南非种族隔离制度的显著联系。[88] 印度洋研究应不惜一切代价避免这些地方化（provincializing）的倾向（tropes）。不可否认，“新海洋学”的确面临着一些巨大的挑战。然而，我们希望通过绘制全球在地化的、区际的印度洋海洋空间的“百个边界”中的其中一些，通过描述“新海洋学”的历史、现状、发展潜力及困境等，能够为这一振奋人心的研究领域指明方向。

【原文出处】Markus P. M. Vink. “Indian Ocean Studies and the ‘new thalassology’,” *Journal of Global History* (2007) 2, pp. 41–62.

87 Victor Lieberman, *Strange Parallels. Volume I: Integration of the Mainlan Southeast Asia in Global Context, c. 800–1830*, pp. 6–15; John Legge, “The Writing of Southeast Asian History,” in Nicholas Tarling, ed., *The Cambridge History of Southeast Asia. Volume I: from Early Times to c. 1800*, pp. 1–50; Ian Glover, “National and Political Uses of Archaeology in South-East Asia,” *Indonesia and the Malay World*, vol. 31, no. 89, 2003, pp. 16–30; Nicholas Tarling, *Southeast Asia: a Modern History*, South Melbourne and Oxford: Oxford University Press, 2001, pp. 503–527。印度、印度尼西亚、荷兰和中国学界及思想界“强调外在因素”的例子有拉梅什·钱德拉·马宗达（Ramesh Chandra Majumdar, 1888—1980）与“大印度社会”（创立于1926年），穆罕默德·亚明（Muhammad Yamin，1903—1962年）与“印度尼西亚民族党”（创立于1927年），弗雷德里克·赫雷聪（Frederik Gerretson，1884—1958年）与20世纪20年代的“大尼德兰运动”，以及孙中山（Sun Yat-sen，1866—1925年）与“中国国民党”（创建于1912年）。马特·马苏达呼吁“提议一种更加根植于岛民和当地文化、由内向外思考的海洋史”，这契合了“独立自主的”、以印度为中心的传统，其中在东南亚史学中的代表人物是雅各布·范莱于尔（Jacob van Leur）、约翰·斯梅尔（John Smail），哈里·本达（Harry Benda）及其后继者。见 Matt K. Matsuda, “The Pacific,” p. 759。

88 Markus Vink, “‘The World’s Oldest Trade’: Dutch Slavery and Slave Trade in the Indian Ocean in the Seventeenth Century,” pp. 132–135.

埃德蒙·伯克三世　著
张森　译

迈向现代地中海的比较史研究（1750—1919年）*

【导读】

埃德蒙·伯克三世（Edmund Burke III，1940—　），美国历史学家，加州大学圣克鲁兹分校荣休教授，该校世界史中心创始主任（2003—2007）。1970年于普林斯顿大学获得博士学位。其研究集中于全球史、伊斯兰教史、环境史、地中海史、中东北非史、东方主义和欧洲帝国主义研究。代表作有《民族志国家：法国和摩洛哥伊斯兰教的发明（1890—1925年）》（2014）、《世界史：大时代（写给教师和学生的人类简史）》（2009，合著）、《环境与世界史（1500—2000年）》（2009，编著）。

本文从比较的角度宏观地研究现代地中海史，分析该区域内各地之间的共通性。首先，从生态史的角度来看，1450年之后地中海区域面临着人口减少、在全球史交换拓扑结构中地位下降、在新的全球能源体系中日益处于劣势等问题，因此总体上处于衰退的局面。其次，在"长19世纪"，面对来自西北欧的工业革命和民主革命的浪潮，地中海区域现代国

* 在最近大约十年写作本文的过程中，许多人在智识和道义层面给予我帮助，尤其鸣谢下列各位：迈克尔·阿达斯（Michael Adas）、乔瓦尼·阿瑞吉（Givovanni Arrighi）、杰米尔·艾丁（Cemil Aydin）、乔尔·贝宁（Joel Beinin）、弗朗切斯科·卡萨诺（Francesco Cassano）、伊恩·钱伯斯（Iain Chambers）、约翰·A. 戴维斯（John A. Davis）、维多利亚·德格拉齐亚（Victoria De Grazia）、彼得·埃文斯（Peter Evans）、塞利姆·德林吉尔（Selim Deringil）、弗朗切斯科·法塔（Francesco Faeta）、若热·弗洛雷斯（Jorge Flores）、迈克尔·吉尔西南（Michael Gilsenan）、莫莉·格林（Molly Greene）、迪米特里·H. 冈迪卡斯（Dimitri H. Gondicas）、帕特里克·海勒（Patrick Heller）、迈克尔·赫兹菲尔德（Michael Herzfeld）、胡里·伊斯拉莫格鲁（Huri Islamoghlu）、特玛·卡普兰（Temma Kaplan）、妮基·R. 凯迪（Nikki R. Keddie）、卡格勒·凯德（Caglar Keyder）、比雷·科洛格鲁·基尔（Biray Kolluoglu Kırlı）、亚历克斯·基特罗夫（Alex Kiteroff）、马克·刘易斯（Mark Lewis）、保罗·吕贝克（Paul Lubeck）、约翰·马力诺（John Marino）、德里斯·马格劳伊（Driss Maghraoui）、彭慕兰（Kenneth Pomeranz）、玛尔塔·彼得鲁塞维奇（Marta Petrusewicz）、大卫·普劳切斯卡（David Prochaska）、玛雅·拉姆纳特（Maia Ramnath）、Alian Rieu（阿里昂·里厄）、普里亚·萨提亚（Priya Satiya）、珍妮·施耐德（Jane Schneider）、大卫·施耐德（David Schneider）、罗伯特·蒂格诺（Robert Tignor）、梅尔泰姆·托克瑟兹（Meltem Toksöz）、罗伯特·维塔利斯（Robert Vitalis）以及巴托洛梅·卡萨利亚（Bartolome Yun-Casalilla）。

家兴起，日益加深地融入世界经济，交流和通信领域发生了史无前例的革命，且这些因素相互影响，地中海在全球交换拓扑结构中的地位有所恢复。在社会变革的背景下，地中海区域内围绕土地问题、宗教在国家中的地位问题以及性别问题展开斗争，各地都出现了严重的社会分裂。而通信革命则推动了地中海区域内的移民浪潮以及从地中海向美洲等地的移民。

本文的学术价值主要体现在以下方面。第一，大多关于地中海的研究聚焦于近代早期和中世纪，对近代早期之后相对沉寂、衰落的地中海世界关注不多，本文弥补了这一不足。第二，布罗代尔超越“皮朗命题”，从整体上研究地中海史，但他只不过是将文化分裂的时间点推迟到了奥斯曼帝国和哈布斯堡王朝互相对抗的16世纪中期。本文试图在这种隔阂间架起桥梁，把地中海作为一个具有共通性的区域进行研究，重新思考区域史在世界史中的地位。第三，本文认为，现代性是全球社会彼此互动的产物，而非特定文明的内在优势自然作用的结果。与其寻求近代以来地中海世界衰落的文化解释，不如对现代性得以产生的生态、历史、结构、制度等大背景进行长时段、深层次的比较研究。这不仅能帮助我们重新理解地中海在世界历史中的地位，也为探索这一地区现代性的独特模式提供了可能。

地中海现代性：找寻前行的路径

地中海成为一个研究对象，可以追溯到荷马第一次描绘奥德修斯漫游穿过“酒黑色的大海”之时。从那时起，古典古代的学者们通常将地中海作为一个整体进行研究分析。但随着古代世界的终结，史家们从整体上看待这一空间的能力减退了。这部分地归咎于亨利·皮朗的《穆罕默德与查理曼》（1937年）[1]一书的负面影响。尽管皮朗的核心论点（欧洲的“黑暗时代”是由伊斯兰教的兴起造成的）已广受质疑，但从文化上将地中海两分为基督教世界和伊斯兰世界的研究视野却持续存在。皮朗的观点与事实并不相符（他的理论未能经受住批判性的检验），但这无疑与他所处的殖民时代的**时代精神**（*zeitgeist*）密切相关。[2]

费尔南·布罗代尔的两卷本权威著作《地中海与菲利普二世时代的地中海世界》对此种历史图景提出了异议。[3]布罗代尔笔下的地中海在地理与生态层面跨越了文化分野。他眼中的地中海是个复杂的空间，在其中的个人与集体常常公然违反宗教信条，在经济与文化上彼此互动。这种见解让人信服，时至今日依然给读者带来启发（在众多原因中，最为突出的是此书对地中海的生态维度有着预见性的认识）。尽管此书卷帙浩繁，但还是存在着根本上的缺陷。布罗代尔视野宽广，但到头来在某些方面大体上还是重申了皮朗命题，只不过将文化的分裂时间点移至奥斯曼帝国和哈布斯堡王朝互相对抗的16世纪中期。在20世纪30年代，布罗代尔在阿尔及尔大学任教时开始撰写此书，它也打上了殖民主义的烙印。[4]令人惊讶的是，时至今日很少有学术著作试图把布罗代尔的视野引入现代地中海，把这个时期的地中海也视为一个历史互动的空间。[5]

作为亚、非、欧三大洲的枢纽，地中海汇聚了欧洲文明、穆斯林文明和非洲文明。然

1 Henri Pirenne, *Mohammed and Charlemagne,* London: Unwin, 1974.

2 Richard Hodges and David Whitehouse, *Mohammed, Charlemagne and the Origins of Europe* , Ithaca, N.Y.: Cornell University Press, 1983, and Peter Brown, *The World of Late Antiquity: A.D. 150–750*, New York: W. W. Norton, 1989.

3 Fernand Braudel, *The Mediterranean and the Mediterranean World in the Time of Philip II*, 2 vols, New York: Harper and Co., 1972–1973.

4 参见布罗代尔发表的自传性文章，*Journal of Modern History*, 44, no.4, 1972: pp. 449–451。另见 John A. Marino, “The Exile and His Kingdom—The Reception of Braudel’s Mediterranean,” in special issue , *Sixteenth Century Journal*, 34, no.4, 2003。

5 一个重要的例外是：Iain Chambers, *Mediterranean Crossings: The Politics of an Interrupted Modernity,* Durham, N.C.: Duke University Press, 2008。

而，现代地中海史学却更多地强调诸文明间的边界而非它们的互动历史。十分明晰的是，地中海区域拥有十余种语言，每种语言有自己的文献，这样的现实阻碍了更为宽广的视野的出现。民族主义也起到了类似的作用，它助长了众多狭隘的历史书写。然而，这些因素只能初步解释布罗代尔的地中海比较史学计划为何胎死腹中。殖民主义的负面影响才是最为关键的要素。殖民主义把地中海分成两个假想的、铁板一块似的阵营：基督徒的地中海和穆斯林的地中海。大批穆斯林涌入现今的欧洲所引发的文化冲突只是这种相互隔阂的冰山一角。

本研究代表了这样一种尝试，即试图在隔阂间建立桥梁并将地中海再定义为适宜进行比较史学研究的区域。地中海是这样一个空间，对它进行跨学科的研究可以推动学术发展，一方面对抗主流的以国家为中心的民族主义叙事，这种叙事使得地中海区域的不同社会自说自话，另一方面可以对抗东方主义的主张，这些主张迄今仍然干扰着我们的思维。近来，历史学家们显出复兴布罗代尔事业的兴趣，英国中世纪史家、《堕落之海》的作者霍登和珀塞尔是其中最有抱负的。然而，由于担心堕入东方主义的恶习，他们的著作系统化地规避了主导叙事。[6]笔者所采用的研究路径在某些方面与他们相反：将地中海的转变“世界化”，而非将地中海拆分为微观生态区。针对现代地中海进行研究的尝试仍然不多，而且多限于东地中海。[7]

地中海是欧洲重塑进程的中心。由于地中海在 19 世纪率先接纳了政治和经济形态的自由主义改革计划，从地中海出发重新思考欧洲现代性（复数）也十分合适。对于一些人来说，还可以从地中海观察今日正在改变着欧洲的各种方式。出于上述原因，我们认为地中海是当下进行研究和思考的重要场所。近来制造隔阂的民族主义一直肆虐，当下各种形式的种族主义（泛伊斯兰主义、反犹主义、伊斯兰恐惧症）也在抬头。考虑到上述情况，这一任务便明确地成为当务之急。由于新欧洲内部的伊斯兰人口比例持续增加，建立一个广泛地囊括地中海南岸和东岸（或许还有非洲内陆）的“欧洲”也似乎日益成为必要。然而，由于欧洲种族主义的持续存在以及殖民主义的遗产，把地中海整合到新欧洲的政治计划陷于停滞。阿拉伯世界对于欧洲呼吁建立新地中海的动机（以及欧洲种族主义的持续存在，欧洲的霸权欲望）的怀疑是显而易见的。若地中海仅仅变成欧洲的“安全区”，那么将

---

6 Peregrine Horden and Nicholas Purcell, *The Corrupting Sea: A Study of Mediterranean History*, Oxford: Blackwell Publishes, 2000。也可参见这两位作者的“The Mediterranean and the New Thalassology,” *American Historical Review*, 113, no. 3, 2006。

7 研究奥斯曼帝国的史家在此充当了先锋，例如，参见 Molly Greene, *Catholic Pirates and Greek Merchants*, Princeton, N.J.: Princeton University Press, 2010。

很难找到真诚的阿拉伯和穆斯林伙伴。鉴于这种历史原因，从穆斯林地中海的角度出发考虑“地中海现代性”无疑是个异想天开的计划。这样做就像天真地否认历史（殖民主义的历史），又像玩世不恭地将现代穆斯林地中海并入新欧洲全球化的进步史观叙事。地中海现代性研究课题背负了许多历史包袱。

欧洲北部的人们在研究地中海文化和人类群体时通常带有一系列议题和期望，这些议题和期望塑造了他们所写作的历史和人类学。我们需要对这些议题的存在及其对我们的认识持续畸化的方式保持警惕，即使当我们试图将地中海置于它自身的世界史背景中时。因此，东方主义的问题比我们从前所认为的更加多样，就是说，不仅仅穆斯林地中海的居民被权力的透镜所审视，也不仅仅在殖民统治的状态下被审视。珍妮·施耐德的《意大利的“南部问题”》一书认为，权力的透镜也深深扭曲了关于意大利南部的认识。[8]对于西班牙南部、葡萄牙和希腊也存在着大致相同的认识。[9]另外，一旦被内在化，东方主义话语就会演化为探寻“什么出了错”的自我撕裂。纵观整个地中海地区，当地的知识分子们困扰于他们的社会为何没能达到欧洲北部现代性模式的标准。东方主义史家是如此操作的：就好像西方由于优越的文化成就（希腊因素、科学、民主，诸如此类）注定会实现现代化，而其他社会则由于次等的文化而被困于传统领域，进而将南部（任意一个南部）看作传统和停滞的地区。

为了应对上述问题，本文以地中海作为范例，试图重新思考区域史在世界史中的地位。作为不仅研究现代欧洲，还从事伊斯兰研究的历史学家，我认为地中海现代性的比较史学可以带来诸多好处。[10]通过将在地中海的殖民主义经历再定位至西北欧对于整个地中海区域进行支配的宏大叙事中，一些重要的共通性映入眼帘，众所周知的“基督徒”和“穆斯林”地中海间的不同就会呈现出另外一种不同的面貌。当我们从宏大的比较视野进行观察时，本研究可能就会发现存在着适合地中海环境的经济现代性的地中海模式。最后，地中海比较研究能够让我们以不同的目光审视穆斯林现代性的封闭叙事（blocked narrative）。地中海是这样一个地区，它足够广阔以至于能够消弭核心叙事，但在范围和规模上又足够有限，可以进行合理的比较研究。举例来说，它能够削弱欧洲北部叙事的影响力，并且削弱针对地中海区域落后性的文化主义解释的影响力，这些解释无处不在，比如不合伦理的家庭主

---

8 Jane Schneider, *Italy's "Southern Question": Orientalism in One Country*, Oxford: Berg, 1998.

9 Ruth Mackay, *"Lazy, Improvident People": Myth and Reality in the Writing of Spanish History*, Ithaca, N.Y.: Cornell University Press, 2006.

10 Edmund Burke III and David Prochaska, eds., *Genealogies of Orientalism: History, Theory, Politics*, Lincoln: University of Nebraska Press, 2008.

义（班菲尔德）、庇护网络、宗教。[11] 糟糕的文化（不合伦理的家庭主义、伊斯兰教，诸如此类），这就是问题所在！但假使真是如此，那我们又如何解释在 1500 年至 1800 年间所有地中海国家的共同历史经历？尽管文化无疑可以有效地援引为历史解释的因素之一，但文化绝不是历史的全部。

哪里是地中海？这个问题看似很无知，但却将我们从那个熟悉的古典时代内湖引开，并朝着这样一种认识发展，即对这个问题的回答有赖于我们是何时且为何提出该问题。我们设想中的地中海并非一个一成不变的空间，而是应该拥有多样化的模式（一个可变几何图形［*à géometrie variable*］）。布罗代尔的比喻语出惊人，他号召我们设想这样的地中海，它向撒哈拉以及西非内陆开放，或者，它从南部枣椰树的分布边缘延伸至北部橄榄树的分布边缘。本着类似的精神，考虑到东地中海文明以及印度河流域文明之间的联系（在文化、经济和政治上）已被充分证明，世界史家罗斯·E. 邓恩建议，进行如下的设想也许是有益的：在古代，古典文明兴起于一个超区域性空间；这个空间他称之为“印地洋”(Indo-Mediterranea)。[12] 伊比利亚国家在 15 世纪末开启了远洋航行，地中海日益向正在崛起的大西洋世界开放门户（随后就被囊括进去），尽管地中海的文化、经济以及政治体系在塑造“新世界”（包括以重要方式塑造了奴隶贸易）的过程中起到了关键作用。最终，随着苏伊士运河的开通（1869 年）、蒸汽船航行的出现，以及将欧洲与世界连接起来的电报线缆的铺设，我们迎来了现代的地中海。在此时我们可能要问，地中海这个概念在何种意义上仍然有效？我会做如下回答：这取决于你想解释什么。通过扩大研究范围，我们能够想象到地中海劳工移民（特别是意大利人）是如何在 20 世纪初导致了“无政府主义大西洋”（何塞·莫亚）的兴起，以及地中海许多地区（我想到的是西班牙、西西里和黎巴嫩）的中产阶级的崛起与 19 世纪晚期的移民有多大关联。[13] 在想象地中海步入现代的方式时，一个重要的思想转变是，将冻结在时空中的地中海这种陈旧且静态的观念抛之脑后，以便形成更为开放的、具有延展性的区域观念。

地中海现代性：一种深层历史的路径

为了理解作为一个区域的地中海（不仅仅是穆斯林部分）在长 16 世纪为何在经济上

11 Edward C. Banfield, *The Moral Basis of a Backward Society,* Glencoe, Ill.: Free Press, 1958; Bernard Lewis, *What Went Wrong? The Clash between Islam and Modernity in the Middle East*, New York: Perennial, 2003.

12 Ross E. Dunn, “Indo-Mediterranea: Thinking about the Geography of World History,” Planetary Perspectives Series, Rutgers Center for Historical Analysis, Rutgers University, November 2005.

13 Jose Moya, person communication, 7 May 2005.

被边缘化，我们需要从全球语境来看待这一问题，方法是通过将地中海嵌入亚欧大陆的深层历史当中。从这样的角度出发，我们发现自公元前1500年始，从中国到地中海的国家和帝国存在着家族相似性（family resemblance）。在亚欧大陆，农业、城市和文明的起源标志着人类进入了新的阶段——农业时代，布罗代尔称之为旧生物体制（Biological Old Regime）。[14] 人口增长、农业产量猛增、商业繁荣，这些都发生在繁盛的时代。随后则是周期性的生存危机，表现为饥饿和疾病引发的衰退。实际上，旧生物体制从公元前1000年到约公元1750年一直主导着人类事务。但从公元1450年开始，一些变化发生了。整个亚欧大陆的人口以更快的速度增长，国家以史无前例的方式发展出了新的军事和组织能力，以及交流能力（不仅是海洋运输，还有印刷）。随着变化的不断积累，那些有能力适应新情况下的战争、商业以及交流的国家成为空前强大的势力。尽管这些变化在半球范围广泛发生，但是特别重要的变化发生在刚刚以明朝（1367—1644年）取代了蒙元（1280—1367年）的中国、莫卧儿王朝治下的印度（1526—1707年）以及正在从黑死病中恢复过来的西欧。为了充分理解此后发生了什么，进行如下的比较是有助益的：将地中海诸国的生态史窘态以及特定的策略与处于现代前夜的中国、印度和欧洲的相关情况予以比较。这正是全球和环境视角可贡献良多的地方。

让我们从地中海正走向现代的生态史语境的研究开始。到1450年，生态对于发展的约束在遍及亚欧大陆的诸国显现。彭慕兰认为，中国（还可以算上印度）和西欧对不断加重的生态限制采取了迥异的办法。[15] 中国和印度试图开发他们的内部边疆（分别是云南和孟加拉），西欧对于人口增长和生态超载这些矛盾的解决措施则是通过海外扩张开发自己的海洋优势。欧洲的海外殖民地为事关帝国和资源的新型全球斗争提供了战略性的优势。因此，它所成就的财富与权力水平大大超过了农业时代的标准。对殖民地原材料（尤其是美洲的白银）的获取使它由于强大的实力得以加入新的全球市场。首先，欧洲强行挤入亚洲的香料贸易；之后又由于蔗糖革命（1650—1800年）通过连接非洲、美洲和欧洲改变了大西洋经济，它得以将从奴隶贸易和加勒比蔗糖生产中的利润转变为前所未有的经济增长来源。然而，香料、蔗糖以及其他商品的真正意义上的全球市场的出现，并没有导致与阻碍增长的物质局限——这种物质局限曾塑造了农业时代——彻底决裂；但它的确使得西欧能够部

---

14 Fernand Braudel, *Civilization and Capitalism 15th-18th Century*, 3 vols, New York: Harper and Row, 1981, vol. Ⅰ, *The Structures of Everyday Life*.

15 关于中国，参见 Kenneth R. Pomeranz, *The Great Divergence: China, Europe, and the Making of the Modern World Economy*, Princeton, N.J.: Princeton University Press, 2002。关于印度，参见 Richard M. Eaton, *The Rise of Islam and the Bengal Frontier, 1204–1760*, Berkeley: University of California Press, 1993。还有更加总括的，Andre Gunder Frank, *ReOrient: Global Economy in the Asian Age,* Berkeley: University of California Press, 1998。

分地超越生态状况的限制。

与之相较，让我们审视一下地中海的生态历史状况。[16]地中海位于亚洲、非洲和欧洲的汇合之处，长期在东半球交流的拓扑结构中享有中心地位。地中海的农业资源和森林资源（起初）非常丰富，它包含了农业和文明的最初几个中心。在地中海区域内十分繁盛的复杂社会的活力和动力造就了农业社会、商业社会以及游牧社会间持续的互动。在 1000 年的时间里，地中海地区的繁荣由植根于大规模的、组织良好的人口中的社会权力所保证，开发着多元化的资源储量，在亚欧非大陆的交流大潮中谋求中心地位。所有这些都在公元 1450 年前后改变了，由于原因复杂，简单说明一下是有益的，那时，地中海日益被偶合的、长期的（secular）变革向量所削弱，开始丧失其发展动力。

公元 1250 年后出现了农业产量的累积性长期下滑，这是地中海社会困境的首个方面。灌溉技术的采用带来了淤积和盐碱化这一不可逆的进程，主要由于这一原因，农业产量的下降在罗马时代就已经很明显了。[17]公元前 500 年地中海的人口数量高出中国两倍还多（6000 万对 1900 万），由于农业生产率逐渐放缓甚至倒退，到公元 1000 年就被落在了后面（5600 万对仅含中东的 3300 万）（见表 1）。[18]尽管这不是什么新奇之事，但到 1500 年中国和印度的人口已远远多于地中海区域（分别是 8900 万和 9500 万左右，而地中海地区则是大约 5000 万），且增长势头很好。我称为西欧的地方在 1500 年大约有 4900 万人口。到了 1800 年，中国的人口四倍于西欧（大约是 3.3 亿对 7000 万）。与此同时，欧洲的人口（大约 1.25 亿）几乎两倍于地中海区域。造成这种人口分化加剧的原因很复杂。其中一个原因是土地利用发生了重要变化，这是由后蒙古时代（和后黑死病时代）畜牧生产变得日益重要所造成的。费尔南·布罗代尔首次提出，在 1500 年后畜牧经济行业（尤其是羊毛贸易）的崛起是遍及地中海区域的现象。[19]随着畜牧业势力的上升，农耕土地不再用于种植，土地税的收益也下降了。尽管在同一时段的中国和印度也出现了畜牧业社会势力的兴起，但它在地中海却特别显著。这造成了长期的影响。

---

16 此分析借鉴了我的 “The Transformation of the Middle Eastern Environment, 1500 B.C.E.—2000 C.E.,” in *The Environment and World History*, ed. Edmund Burke III and Kenneth Pomeranz, Berkeley: University of California Press, 2009, pp.81-117。

17 Peter Christensen, *The Decline of Iranshahr: Irrigation and Environments in the History of the Middle East, 500 B. C. to A.D. 1500*, Copenhagen: Museum Tusculanum Press, 1993.

18 为了此表的用途起见，我在麦克伊韦迪和琼斯关于中东和北非的数据之外，又添加了奇波拉关于西班牙、葡萄牙和意大利的数据。我又从麦克伊韦迪和琼斯关于“欧洲”的数据中减掉了西班牙、葡萄牙和意大利的数据。我们有待一个更加精确的统计学的地中海概念！与此同时，也必须完成上述这种粗略的剪辑。

19 Fernand Braudel, *The Mediterranean and the Mediterranean World in the Age of Philip II*, 2 vols, 1978; New York: Harper’s, 1995, I, chap. 4.

表 1 世界各地区人口，公元前 500 年至公元 1900 年

时间	地区（百万）				世界
	中国	南亚	地中海	西北欧	
公元前 500 年	19	30	60	29	153
公元元年	70	46	75	23	252
公元 500 年	32	33	67	15	207
公元 1000 年	56	40	57	15	253
公元 1500 年	89	95	50	49	461
公元 1600 年	110	145	65	69	578
公元 1700 年	150	175	65	90	680
公元 1800 年	330	180	70	125	954
公元 1900 年	415	290	103	137	1,634

资料来源： Colin McEvedy and Richard Jones, *Atlas of World Population* (Harmondsworth, UK: Penguin Books, 1978), and Carlo Cipolla, ed., *The Fontana History of Europe*, vol.2, *The Sixteenth and Seventeenth Centuries* and vol.3, *The Industrial Revolution* (London: Fontana/Collins, 1973—1974).

从生态史的角度出发，地中海区域与亚欧大陆其他地区相比出现衰退的第二个原因是森林资源的短缺，而对于大多的人类历史来说，森林资源是基本的原材料和重要的能量来源。历史学家告诉我们，地中海的森林到罗马时期（如果不是在这之前）已经大量减少。[20] 由于小冰期期间（1350—1850 年）的长期干旱——这是地中海的宿命，地中海区域的生物资源（biomass resources）进一步减少。[21] 森林资源的大量减少从两个方面影响了地中海：建筑材料短缺和缓慢形成的能源危机。在 1500 年后，上述两者变得十分明显。我们可以发现，从此时开始在整个亚欧大陆出现了近代早期国家和帝国崛起的新动力。战争、大规模建设项目（其中就有大规模的海军建设）以及木材 / 木炭的资源需求急剧加速了区域性的森林采伐。[22]

简单地说，地中海区域在 1500—1800 年期间由哈布斯堡和奥斯曼帝国这两大相互竞争的势力所支配。在这场较量中，奥斯曼帝国不幸地处于弱势。不像西班牙哈布斯堡帝国在一段时间内可以利用美洲的自然资源（还有白银!），奥斯曼帝国既没有边疆地区可供开

20 Oliver Rackham and A. T. Grove, *The Nature of Mediterranean Europe: An Ecological History*, New Haven, Conn.: Yale University Press, 2001.

21 Brian Fagan, *The Little Ice Age: How Climate Made History, 1300–1850*, New York: Basic Books, 2000.

22 Edmund Burke III and Kenneth L. Pomeranz, eds., *The Environment and World History*, Berkeley: University of California Press, 2009。以及 John R. Richards, *The Endless Frontier: An Environmental History of Early Modern World*, Berkeley: University of California Press, 2003。关于这一时期的西班牙，参见 David Ringrose, *Transportation and Economic Stagnation in Spain*, Durham, N.C.: Duke University Press, 1990。

发（像中国、印度和欧洲那样），也没有任何殖民地可以利用。[23] 所导致的结果是，由于日益严峻的木材短缺，截至 1800 年，整个地中海（不仅是奥斯曼掌控的地区）面临着早期的能源危机。

近来人们开始关注世界历史上重要的长期气候变化的影响，比如厄尔尼诺现象以及冰川的推进和退却。这构成了削弱地中海相对亚欧大陆其他主要地区的竞争对手的第三个重要生态史因素。[24] 历史学家们愈加认定伴随小冰期的气候变化对中世纪晚期和近代早期欧洲的影响。[25] 冰川在阿尔卑斯山（以及其他欧洲主要山脉）重新形成，前所未有的低温时段被记录下来，生长季节变得越来越短。近来人们转而关注小冰期对地中海区域的影响。在《地中海的衰退》中，历史学家法鲁克・塔巴克认为小冰期对地中海的农业具有累积的毁灭性影响，比如暴雨会摧毁灌溉工程，泥沼状的沿海地区会成为地方性疟疾的温床。当与同时期的政治变化（帝国的衰退和 17 世纪海盗的兴起）结合时，它就会导致地中海沿岸大片地区长期的人口减少。[26]

在公元 1450 年后地中海地区的相对衰退中更为重要的因素是世界经济拓扑结构的变化。千年以来，地中海区域横跨连接内亚、南亚、东南亚和西欧的贸易路线，这种便利的地理位置让其获利极丰。然而，即使在 15 世纪末的地理大发现之前，印度洋已渐渐崛起为一个更大且更重要的地中海。[27]16 世纪的欧洲海洋革命使得大西洋崛起为新兴的世界经济中心，并且使印度洋和地中海体系从属于它。以大西洋为中心的世界经济的崛起是重要的世界性历史发展。它以三种主要方式改变了地中海在新兴的全球交换体系中的地位。首先，地中海从原先的亚、欧、非三大洲内部的商品、思想、人员交换的中心角色，变得在新兴的全球海洋交流网络中日益边缘化。该区域的陆上运输优势（通过中东的商队贸易）变得多余，而它对于亚欧大陆诸内海的主导权的减弱使它与新的大洋运输时代日益脱节。[28]再者，

---

23 关于美洲的白银，参见 Richard Bakewell, “Mining,” in *Colonial Spanish America*, ed. Leslie Bethel, Cambridge: Cambridge University Press, 1987, chap. 5。

24 Brian M. Fagan, *The Long Summer: How Climate Changed Civilization*, New York: Basic Books, 2004；以及 Emmanuel Le Roy Ladurie, *Times of Feast, Times of Famine: A History of Climate Since the Year 1000*, New York: Noonday Press, 1988。

25 Brian M. Fagan, *The Little Ice Age*. 下面这本书提供了权威的科学总结：Jane M. Crove, *Little Ice Ages: Ancient and Modern*, New York: Routledge。

26 Faruk Tabak, *The Waning of the Mediterranean,1550–1870: A Geohistorical Approach*, Baltimore: John Hopkins University Press, 2008.

27 参见其他论著，Janet L. Abu-Lughod, *Before European Hegemony: The World System A.D. 1250–1350*, New York: Oxford, 1991, 以及 K.N. Chaudhuri, *Trade and Civilization in the Indian Ocean World: An Economic History from the Rise of Islam to 1750*, Oxford: Oxford University Press, 1971。

28 Niels Steensgaard, *The Asian Trade Revolution of the Seventeenth Century: The India Companies and the Decline of the Caravan Trade,* Chicago: University of Chicago Press, 1974.

由于欧洲人可以直接获得美洲白银和西非黄金，他们将穆斯林主导的跨撒哈拉商路边缘化了，这一商路从前是欧洲重要的黄金来源。最后，美洲白银和西非黄金使得欧洲得以参与到全球市场中。[29]美洲的发现使得西班牙在哈布斯堡王朝与奥斯曼帝国的竞争中一度更具优势。纵然哈布斯堡王朝最初从其美洲帝国获利，毫无阻碍地从美洲获取资源（如矿产、木材以及大片农业土地），从而成功压制了奥斯曼帝国，但这并非注定长久。哈布斯堡王朝和奥斯曼帝国在16世纪长期耗资巨大的战争最终让英国、荷兰以及法国赚得便宜，这些国家能够更好地控制财政和军事革命所带来的不断增长的成本曲线。[30]从长期的角度看，正如彭慕兰所认为的那样，占有殖民地为西欧提供了至关重要的优势。地中海区域——已经饱受森林资源相对短缺以及由于一千年的精耕细作造成的农业资源短缺——没有切实可行的替代策略。随着全球世界经济的崛起，地中海变得日益边缘化了。

由于人口衰退和在全球交换拓扑结构中地位的下降，地中海区域已经处于一种不堪一击的地位。因为生态史状况的改变，它遭受了第三个重要挫折。1550年前后，英国（一个世纪后的西欧）发觉，因森林砍伐急速加剧，一场能源危机正日益迫近。这场危机威胁着伴随在美洲、海洋亚洲和非洲的殖民帝国的建立所带来的成绩斐然的经济增长。恰在这时，意外发现了储量充足的煤，而这些煤毗邻西北欧的水上运输网络。这引发了从生物能源到化石燃料的转变。结果，从前制约经济增长的环境限制被打破了，一种史无前例的人类对环境的关系形成了。

也是恰在此时，新的全球能源体系意外地出现了。历史发展证明，这与人工取火和发明农业对人类的意义同样重大。[31] 人类不再受限于生物能源、人力以及动物能源，获得了前所未知的巨大能力。这是煤炭（以及与它密切相关的蒸汽动力）时代的黎明。可以发现，新的能源体系对随后的人类发展进程至关重要，它将人类与环境的关系变得与从前截然不同。[32]获取化石燃料（起初是煤炭）对工业革命来说十分关键（没有化石燃料，后者的确不

---

29 Dennis O. Flynn and Arturo Giráldez, "Born with a 'Silver Spoon' : The Origin of World Trade in 1571," in *Journal of World History* 6, no. 2, 1995: pp. 201–221，以及 Flynn and Giraldez, "Cycles of Silver: Global Economic Unity through the Mid-Eighteenth Century," in *Journal of World History* 13, no. 2, 2002: pp. 391–427。以及 Andre Gunder Frank, *ReOrient*。

30 Geoffrey Parker, *The Army of Flanders and the Spanish Road, 1567–1659,* Cambridge: Cambridge University Press, 2004。亦参见同一作者的 *The Military Revolution: Military Innovation and the Rise of the West, 1500–1800*, Cambridge: Cambridge University Press,1996。

31 以下两本书发展了能源系统的概念：Johan Goudsblom, *Fire and Civilization*, London: Allen Lane, 1992，Fred Spier, *The Structure of Big History* , Amsterdam: Amsterdam University Press, 1996。另外还有 David Christian, *Maps of Time: An Introduction to Big History*, Berkeley: University of California Press, 2003。

32 本段的剩余部分是基于我的这篇文章："The Big Story: Human History, Energy Regimes, and the Environment," in Burke and Pomeranz, *The Environment and World History*, pp. 33–53。

可想象）。西北欧优越的煤炭资源（加上煤炭靠近水运网络的便利位置）将在“长19世纪”（1750—1918年）和以后的时期形塑全球的生态史形势。如果没有化石燃料，太阳能源体系增长所受到的物质限制会不可避免地制约和推迟工业革命的启动。化石燃料和蒸汽动力时代的到来在地中海是如何显现的？已经遭遇木材短缺的地中海由于缺少储量丰富的煤，尤其是无烟煤和生煤（地中海主要储有质量低劣的“褐”煤），在长19世纪向工业化的转型遇到了障碍。尽管中东是现今世界能源竞争中的主角，但它在化石能源革命的第一阶段（煤炭时代）只是一个旁观者。由于奥斯曼帝国境内只有很少的煤炭，在意大利、西班牙或希腊也不多，只有等到化石燃料革命从第一阶段（煤炭）迈向第二阶段（石油和天然气），地中海区域的情况才有所改变（这有利于那些有石油的地方，而不是那些没有的地方）。但到此时，欧洲帝国主义列强主导了地中海区域，中东的石油不能按照“中东人”认为合适的方式处置，反而由跨国公司来控制。

由于上述问题的存在，我们不需为1500年后地中海的衰退找寻文化上的解释。世界上所有的意愿和所有良好的资本主义意图都无法弥补几个世纪以来的人口下降、农业衰退和森林砍伐。小冰期对于农业的侵蚀进一步削弱了地中海在世界中的地位。地中海诸国在全球交换的拓扑结构中地位下降，但并没能找到一个解决困境的出口；最后，它们也无法弥补这样一个事实：当大自然母亲分发“糖果”时，地中海地区在煤炭方面出现了短缺。由于地中海既缺乏生态资源，又缺乏向新的生态史背景下的化石燃料时代转型的战略位置，因此地中海是1500年后亚欧大陆的主要失败者之一。

对于这段历史的讲述不可避免地会引发对涉及地中海文化“落后性”相关研究的再思考（reproblematization）。1500年后，整个地中海区域（而非部分）都是“不发达的”。相对于以大西洋为中心的资本主义世界来说，地中海日趋“半边陲化”，其特色是衰弱的国家结构、滞后的或压抑的阶级构成、落后的农业以及长久存在的畜牧业。地中海步入现代性的经历使它成为评估北欧转型成本和后果的理想地点。同样，多样性中的内部统一性预示着过去被称作第三世界的历史经验。

走向地中海的深层文化史

尽管地中海区域内各个国家所追寻的道路表现出多样性，但可以发现存在着一种深厚的文化渊源，它是地中海通向现代道路的根基。若从东亚来观察，地中海似乎是一个单一的地区，拥有一种历史，而非多种。这是一个由古代帝国、希腊精神（“希腊思想”）以及一神教（汉语“回回”一词指的是西方一神教徒，而非仅仅是穆斯林）形塑的区域。宝剑和权杖（国家和宗教）应该统一吗？犹太人、穆斯林和基督徒彼此为这个问题争斗了几千年。启示性圣典和理性思想之间的关系应该是什么样的？这个问题也在这三大宗教传统中以不同的形式表现出来。最后，罗马法的遗产遍及整个区域，并且在伊斯兰教、基督教和犹太教的宗教律法中留下了历史遗迹。

地中海落后性的文化解读广为流传。大多数地中海国家的国史倾向于将现代化的滞后解读为文化劣势（其中就有不合伦理的家庭主义、庇护/保护关系、宗教）所致，好像这些东西是各自国家的历史中内在固有的。[33] 这种内在论偏好将地中海的现代历史与第三世界其他国家联系了起来。一再诉诸文化解释的原因之一是欧洲奇迹迷思的持久性影响，依照这种理论来说，“西方的兴起”源自西方文化（科学和理性主义）的优越性。[34] 未能遵照这种模式的社会就会被怀疑在文化上有缺陷。不幸的是，在后 9·11 世界，这样的文明化思考又获得了新生。因此，塞缪尔·亨廷顿认为现代世界中富国和穷国的分化可以用文明的冲突来得到最好的解读。[35] 类似地，伯纳德·刘易斯的《什么出了错？》将中东的落后归咎于伊斯兰教（而非复杂的殖民主义遗产和石油政治）。[36] 在这一点上，我们已将历史学的领域让位于意识形态。显然，我们必须在其他地方找寻更让人满意的解读。

有一个地方可开启这项任务，这就是地中海精英和民众对双重革命（现代的工业革命和民主革命）的潜在的一致性反应。这一时期深层次的文化转型可被阐述为一种历史板块构造（historical plate tectonic）。前文已提到一神教、希腊文化和古代帝国的遗产（特别是罗马法）是如何将地中海区域与亚洲其他地方区分开的。到中世纪晚期，特别在西班牙、法国和意大利，我们可以发现在该区域正在崛起的国家（或至少在正在崛起的基督教国家）内部有一股脉冲力量——强制推行文化同质化——正在增强。伴随着伊比利亚诸帝国（葡萄牙、卡斯蒂利亚、阿拉贡，早先则是清洁派和阿拉比派）的崛起，群体间的宗教差异变得日益令人担忧。对宗教同质性的追求在伊比利亚针对犹太人和穆斯林少数族群的清洗这种国家性的举措中达到顶峰。在这一点上，奥斯曼帝国在这一时期关于宗教宽容的记载与伊比利亚半岛形成了鲜明的对比。然而，如果我们将镜头转至长 19 世纪在巴尔干地区和

---

33 举一些例子：Edward Banfield, *The Moral Basis of a Backward Society,* New York: Free Press, 1958; Julian Pitt-Rivers, *Mediterranean Countrymen*, Paris: Mouton, 1963; Raphael Patai, *The Arab Mind*, New York: Scribner, 1976。

34 Eric M. Jones, *The European Miracle: Environments, Economies and Geopolitics in the History of Europe and Asia*, 3rd ed, Cambridge: Cambridge University Press, 2003.

35 Samuel P. Huntington, *The Clash of Civilizations and the Remaining of World Order*, New York: Touchstone Books, 1997.

36 Bernard Lewis, *What Went Wrong? The Clash between Islam and Modernity in the Middle East.*

奥斯曼帝国兴起的语言民族主义，我们会发现服务于文化同质性政策的族群清洗在地中海的两端表现出来。地中海国家内部的语言民族主义历史有着更为复杂但也同样令人忧心的动力。在这一点上，我们可以进行比较史的研究，如西班牙操巴斯克语的人和操加泰罗尼亚语的人的比较，或在奥斯曼帝国土地上说希腊语、亚美尼亚语、库尔德语或阿拉伯语的人的比较。在本研究中，我没有篇幅来考察追求语言一致性的冲动。提及这一点就足够了，持久存在的被淹没的语言种族是许多地中海国家的国内政治的重要组成部分。但是，排他性的民族主义只是诸多潜在相似性中的一个方面，这些相似性连接了东地中海和西地中海、天主教的伊比利亚和伊斯兰的奥斯曼这两大世界。

“长 19 世纪”中地中海现代性的典型特征

在这一部分，我想依据各个地中海社会在“长 19 世纪”（1750—1914 年）与现代性相遇的“合影”，聚焦它们令人吃惊的家族相似性。因为笔者是加利福尼亚人，我会很自然地用地震来做比喻。简要说来，我认为地中海各个社会对于这一时期地壳位移的反应可用一种历史板块构造学说来叙述。让我们再来观察一下地中海的深层次历史，这一次要将它看成板块互动区。

截至 1750 年，我们在地中海的整个外缘可以发现许多弱国有着强大的腹地（“急速发展的乡村”）。传统历史学可能因为对伊比利亚哈布斯堡王朝和奥斯曼帝国的绝对规模印象深刻，将它们看成是极为强大的、跨越世界的巨人。与之相比，今日的史家更倾向于将他们描述成可怜的肌肉发达的巨兽。[37] 更深入的诊断显示，这两个国家长期没有能力在行省首府的城墙外行使它们的控制权，退而通过大量的“地方领主”（placeholders）和中间人来统治。这些人行使着粗陋但现成的公正（通常是有偿的）。

仍旧沿社会等级秩序往下讲，我们发现像灌木树篱一样密布的牧师和城市里的神职人员，他们一心想要确保各种自由主义改革都停留在海湾，忙于与地主、军事精英以及城市中的绅士密谋以确保这种结果。在乡村，世界趋向分为大地产（macrofundia）和小地产（microfundia），在这种结构中，随着时间推移，外居地主和他们在本地的爪牙面对着一群

37 相关文献很多。关于西班牙帝国，参见：Leslie Bethell, ed., *Colonial Spanish America*, Cambridge: Cambridge University Press, 1987; J. H. Elliott, *Imperial Spain, 1469–1716*, London: St. Martins, 1968; John Lynch, *Spain 1516–1598*, Oxford: Black-wells, 1992。关于奥斯曼帝国：Halil Inalcık with Donald Quataert, eds., *An Economic and Social History of the Ottoman Empire,* Cambridge: Cambridge University Press, 1994; Suraiya Faroqhi et al., *The Cambridge History of Turkey*, vol. 3, *The Later Ottoman Empire, 1603–1839*, New York: Cambridge University Press, 2006。

日益增多且不服管教的农民。这里，我们发现自己正位于霍布斯鲍姆所谓的“原始叛乱者”的土地上，即梅佐乔诺（the Mezzogiorno）、西西里和安达卢西亚。但是只要有一点想象力，我们就可以推断在整个地中海地区都有类似的社会形态，从希腊和安纳托利亚到黎巴嫩山和豪兰干河（the Hawran），从上埃及到马格里布。[38]但在地中海的穆斯林部分，事情却远远不是这样，在这些地区，土地的相对集中直到现代前都是一种常态——虽然有一些例外的情况。（无论如何不要将这幅图景绘制得太清晰，因为就如同布罗代尔所示，地中海的乡村极其多样且复杂。）

帝国（奥斯曼帝国和哈布斯堡帝国，以及那些从前出现过的帝国）的兴衰长期影响着现代地中海的历史。这些遗产留下了持久的历史遗迹——法律和行政结构、城市类型以及解决差异问题（语言的和宗教的）的独有方法——这些将地中海地区的历史轨迹与西北欧、东亚以及南亚区分开来。在差异的问题上，我们也许可以指出，地中海区域的现代史始于天主教的伊莎贝拉在伊比利亚针对犹太人和穆斯林的族群清洗，结束于20世纪20年代阿塔图尔克（Ataturk）在安纳托利亚针对亚美尼亚人和希腊人的族群清洗。在这些双重种族清洗的氛围中，追求民族一致的国家是地中海国家达成现代化的显著特征。在这一点上，我们可以说政治和文化的构造板块彼此猛烈碰撞。

随着历史学家对地中海的老牌帝国（哈布斯堡帝国和奥斯曼帝国）研究的深入，这两大帝国就越来越呈现出利益的联盟、体制结构的拼凑和不折不扣的政治史博物馆这样一些面貌。它们的伎俩似乎就是将内部竞争对手困在特权之网中（如果这样不奏效，就驱逐他们），与此同时培植次级帝国主义（比如意大利的阿拉贡家族）。到18世纪，旧的结构急切地需要更新，西班牙波旁王朝的改革和奥斯曼帝国流产的各种改革证实了这一点。但通往改革的道路上散布着障碍。根深蒂固的农业精英和他们在教会以及政府中的盟友试图抵御对他们传统特权的侵害。正是在这种背景下，自由主义计划（Liberal Project，我指的是一系列互相联系的松散的，与启蒙运动和法国大革命有关的政治和经济改革）在地中海区域突然发生了。

直到现在，尽管人们公认地中海在结构上具有深刻的历史统一性，但两种重要因素（及其伴随而来的相互密切关联的历史叙事）干扰着任何将现代地中海历史设想为一个整体的努力，并使这些努力脱离正轨。首先是伊斯兰教，其次是殖民主义。尽管殖民主义已经终结，至少在形式上如此（在地中海周边现存有许多独立国家，尽管当地精英仍然处在其欧洲和美国主人的束缚之下），但伊斯兰教并没有。这导致的结果就是殖民主义的历史继续

38 E. J. Hobsbawm, *Primitive Rebels,* New York: Harper and Row, 1958 年版以及后来的版本。

形塑着我们看待东地中海和南地中海（土耳其、巴尔干地区以及阿拉伯地中海）现代史的方式，将这种历史另眼看待，与西地中海和北地中海的历史区别开来。这使得人们很难认识到地中海通往现代性的诸方式的潜在统一性。然而，从本文接下来的内容可以看到，地中海各社会通往现代性的方式有着重要的潜在结构性相似性，就连这一进程所带来的各具特色的冲突也是如此。地中海相对于世界资本主义体系日益半边陲化，并呈现出以下特点：衰弱的国家结构、滞后或压抑的阶级构成、落后的农业以及长久存在的畜牧业。这样，地中海进入现代性的进程无论在其统一性还是多样性上都预示着第三世界的历史经历。[39]

理论上说，所有国家的历史都是独特的。但若进行相互比较，它们的潜在结构便可显出家族相似性。在本文这一部分，我想探索地中海的政治现代性的结构。自由主义改革计划迫使地中海的精英们针对改革采取立场。对于具有改革思想的精英们来说，由国家主导的改革计划具有击败顽固对手并通向现代性的可能，而反对者将改革方案看成是对古老特权和有利可图的生活方式的威胁。由于是整个地中海，而非部分地区经历了自由化改革和经济现代化的阶段，各种改革以及所招致的反对都具有潜在相似性。这样说也许存在着过分简单化的风险：地中海区域在长 19 世纪因三种主要变化的相互交叉而发生转变，即现代国家的崛起，该区域日益加深地融入世界经济，交流和通信方面史无前例的革命。关于自由化改革方案的争论使地中海的精英产生了分裂，既激发了强烈的支持也招致了激昂的抵抗。变革的矢量在不同社会群体间来回反弹，同盟先是转向一个方向，之后又转向另一个方向。我们先讨论改革的大背景，然后再讨论社会变革以何种方式在整个地中海区域引起了社会动荡和社会纷争。

国家是地中海区域在长 19 世纪进程中进行政治变革的首要发动机。受到法国启蒙运动成功的激励，西班牙、意大利和两西西里王国在 18 世纪尝试引入自由主义改革。奥斯曼帝国也是如此，虽然在马哈茂德二世（1808—1839 年）登基之前只取得了很小的成功。为此目的，它们利用法国的“政治工具箱”尝试塑造政治的现代化。改革计划的核心就是废除教会对土地的控制。教会土地以及瓦克夫（waqf）财产被国家合法地接管。改革家们还试图将植根于庇护—委托关系（patron-clientage）的旧式军队精英和政府精英改换为新人，而这些新人将高效、纪律以及自由放任主义作为其主要的口号。在自由主义国家的庇护下，官僚们试图加强对人民的控制，现代军队组建起来，现代高等学府以及现代通信手段的发展得到推动。

39 关于畜牧业的持久性，参见我的文章：“Pastoralism and the Mediterranean Environment,” *IJMES* 42, no.4, 2010: pp. 663-665。

让我们简要地看看这些变革。在西班牙、意大利和法国，自由主义国家是变革的首要发动机，1830年后的希腊也是如此，虽然程度上要轻一些。无论如何，政治变革的机制是以类似的方式运行的。我们可以这样概括，在国家层面，这些变革是精英们的努力所引发的，他们在法国启蒙运动的影响下引入了改革的手段，其目的是大规模扩展国家的能力以组织和管控公民，最终实现高效的统治。同样重要的是认识到地中海区域内政治边界的起源在时间上是相对较晚的，改革进程也极具争议性。在1800年，不仅是奥斯曼帝国，连哈布斯堡帝国（有西班牙和奥地利两种形式）都仍然是不规则的、松散的结合体，其边界也是可渗透的并且时常处于变动之中。两西西里王国和穆罕默德·阿里统治下的埃及享有暂时且偶然的独立。伴随着同质性叙事的现代民族国家的崛起仍然是将来的事情。希腊和意大利都未能作为独立国家而存在，巴尔干地区的诸现代国家（这些国家于19世纪末兴起）以及中东阿拉伯亦是如此。因此，说起对于改革方案的采纳，主要所说的就是帝国对于改革的支持。若从隐藏于帝国边疆内的"被奴役的民族"的角度看，所有这些都会对它们通向独立的道路施加巨大的干扰。

随着现代国家沿地中海北岸兴起，它们发展出了新的、更为高效的、具有破坏性的财政系统。这将它们与旧式的农业精英和根深蒂固的宗教精英陷入了冲突。在这段历史中，奥斯曼帝国的情况（还有埃及和突尼斯的情况）主要在程度上与上述地区不同。奥斯曼帝国未来的国家建设者同样对自己的权力百般珍惜，也同样渴望摧毁根深蒂固的既有利益。行至19世纪的最后三分之一时，他们已经取得了一些可以谈及的坚实成就。奥斯曼帝国的改革进程，即人们所熟知的坦志麦特（*tanzimat*），激起了心向改革的国家官僚与渴望守护自己传统权利和自由的地方精英间的冲突。改革也引发了农民和手工业者的不满，他们所感受的国家的侵犯便是军事征兵和提高赋税。埃及和突尼斯拥有着半自治的国家建设计划（尽管它们在法律上都是奥斯曼帝国的一部分，但却拥有变革的能力）。对于前殖民时代的摩洛哥来说，改革的动力要弱一些，尽管哈桑一世（1876—1894年）的摩洛哥和扎卡尔王朝时期的波斯（Qajar Persia）在这方面取得了一些成就。最后，我们必须认识到正是在殖民主义的支持下，改革才被引入。在马格里布情况尤其如此，1830年法国对阿尔及利亚的入侵开启了改革进程。

尽管不太为人所知，由于自由主义改革的引入（不论是在奥斯曼帝国、法国、西班牙还是意大利，或是马格里布），改革派官员与乡村利益集团陷入彼此较量，地中海区域的文化冲突由此发生了。改革派官员由首都中央任命，在政治上并不对地方集团负责。这些官员在文化上与地方民众有差异，他们说着与所管辖之人不同的语言，并按照不同的文化预设来行事。改革的推动者凭借不证自明的现代性而产生了一种相对于当地人的自我优越感，但改革却遭受巨大的挫折。由于这些官员普遍具有东方主义的模式化观念并对他们所管辖的人群有种族偏见，他们经常要诉诸暴力来贯彻他们的目的。在这一过程中，他们激起了很多反抗。由于不能说本地语言或难以理解地方权力的分散结构，其他官员发觉自己十分孤立，并且停止了努力或退回自己的私人世界里。这种巨大的文化鸿沟将改革派官员和在各自"南方"（souths）的先进地主与本地的行政管理者区分开来。这一点可在卡洛·莱维（Carlo Levi）的《基督在埃博利逗留》（*Christ Stopped at Eboli*）以及马塞尔·帕尼奥（Marcel Pagnol）和亚沙尔·凯梅尔（Yashar Kemal）的小说中看到。在北非、埃及和巴勒斯坦的殖民官员的经历中也可以发现类似的猜疑和敌意。阿明·马卢夫（Amin Maalouf）、阿卜杜勒·拉赫曼·沙卡维（Abdel Rahman al-Sharqawi）和穆劳德·曼摩利（Mouloud Mammeri）的著作在这一点上提供了有益的指引。[40] 将在现代国家统治下的地中海居民的经历联系在一起的是某种带有深刻殖民色彩的东西。

地中海融入世界经济所带来的第二个变化在一定程度上影响更为深远，这一变化累积起来，甚至影响了那些拥有弱小国家的相对孤立的区域。但是比较而言，它对城市地区的影响更为巨大，如马赛地区、意大利北部、巴塞罗那、萨洛尼卡、伊斯坦布尔和横跨世界交流主要纽带的阿拉伯东方的沿海地区。融入世界经济刺激了城镇新兴中产阶级的崛起，他们的财富与欧洲北部的精英们联系紧密。这种融入还促进了以城镇为根基的地主阶级的出现，他们从事以出口为导向的商品化农业，与此同时，那些不能够适应不断变化的经济浪潮的手工业者和农民则衰落了。除了需要面对来自中央集权国家的财政等压力之外，还增加了融入资本主义世界市场所带来的其他压力。随着国家改革的颁布，可以发现在欧洲地中海的诸多"南方"的经济史中半殖民模式的出现，如在安达卢西亚、朗格多克的部分地区、科西嘉、梅佐乔诺和西西里。还可以在以下现象中发现一种半殖民地因素：诸地中海"南方"由总部设于北方的财团和金融机构所主导，与欧洲北部有所瓜葛的自由派精英所主导的土地持有制度的变革。尽管地中海的经济现代化可被视为由殖民关系架构而成——至少部分上是如此，但这并非故事的全部。土地持有制度的变革以及与北方有关联的自由派精英对土地的掌控仅仅是这段历史中的一个要素。

最近，历史学家若尔迪·纳达尔（Jordi Nadal）、格拉尔德·沙塔纳热（Gerard Chastagnaret）、奥利弗·拉沃（Olive Raveux）和路易吉·德罗萨（Luigi de Rosa）已经开始挑战关于经济现代化是如何进入地中海的标准历史叙事。他们把靶子对准了以纺织业为先导的

40 可以把 Carlo Levi 的 *Christ Stopped at Eboli*（New York: Farrar, Strauss and Giroux, 1947）的初版与后来的版本进行比较；Amin Maalouf, *Origines,* Paris: Grasset, 2004; Abdel Rahman al-Sharqawi, *Egyptian Earth*, London: Saqi Books, 2005；以及 Mouloud Mammeri, *The Sleep of the Just*, Boston: Beacon Press, 1958。

工业发展的"放之四海而皆准"的英国模式，按照这种模式衡量，地中海因为与之不符而注定落后。与之相对，他们认为存在一条地中海地区特有的通往经济发展的道路。[41]他们注意到，到19世纪30年代（而非像之前的历史学家所认为的19世纪70年代），巴塞罗那、马赛和那不勒斯的冶金、食品加工以及植物油工业已经成为正在兴起的地中海现代经济的牵头产业。[42]进一步考察就会发现，即使在18世纪，卡拉布里亚的一些大庄园地产（历史学家长期以来认为这些地产与新经济的旋律格格不入）也比从前所认为的更具经济活力。[43]在奥斯曼帝国能够找到资本主义的萌芽吗？浏览文献可以发现，奥斯曼帝国也比我们过去认为的更加现代。[44]尽管有一些重要的细微差别，奥斯曼帝国的经济变革模式在其境内广泛地类似。黎巴嫩的丝绸承包商、埃及的糖和棉花实业家以及奥斯曼帝国（大多数是希腊人和亚美尼亚人）的企业主与外资（特别是法国）合作（经常处于其监管之下），在他们各自的经济领域参与了奥斯曼帝国的工业化。[45]到19世纪的最后三分之一时，这些企业普遍为"北方"资本所"殖民"。同在法国、西班牙和意大利（或许还有希腊）一样，上述现象也出现在奥斯曼帝国境内。

19世纪的埃及、黎巴嫩和奥斯曼的企业主是否遵从这些模式目前尚缺乏研究。总体而言，他们似乎在各自的经济领域内参与了工业化，但是通常是与外资（特别是法国）合作（经常处于其监管之下）进行的。尽管这种发展的殖民化模式十分清晰，但我们同样也要记

41 关于英国模式，Walt W. Rostow 在 *Stages of Economic Growth* 中做出了最佳总结，该书强调纺织生产在工业化中的作用。在20世纪80年代，帕特里克·奥布莱恩（Patrick O'Brien）和卡格拉尔·凯德尔（Caglar Keyder）认为存在一条通向资本主义发展的法国式道路（以法国北部的经验为依据）。参见他们的 *Economic Growth in Britain and France, 1780–1914: Two Paths to the Twentieth Century*, London: G. Allen and Unwin, 1978。

42 若想对此问题有一个大致了解，参见 Gérard Chastagnaret and Olivier Raveux, "Espace et stratégies industrielles aux XVIIIe et XIXe siècles: exploiter le laboratoire méditerranéen," *Revue d'Histoire Moderne et Contemporaine*, nos. 2–3, 2001: pp. 11–24。还可以参见 Olivier Raveux, Gérard Chastagnaret, and Paul Aubert, *Construire des mondes: Elites et espaces en ranée, XVIe- XXe siècle,* Aix-en-Provence: Publications de l'Université de Provence, 2005; Jordi Nadal, Moler, *Tejer y fundir. Estudios de historia industrial,* Barcelona: Ariel, 1992; Gérard Chastagnaret, ed., *Crise espagnole et nouveau siècle en Méditerranée: Politiques publiques et mutations structurelles des économies dans l'Europe méditerranéenne, fin XlXe-début XXe siècles,* Madrid: Casa de Velázquez, 1998；以及 Luigi de Rosa, *La rivoluzione industriale in Italia,* Rome: Laterza, 1985。

43 Marta Petrusewicz, *Latifundium: Moral Economy andMaterial Life in a European Periphery,* Ann Arbor: University of Michigan Press, 1996.

44 可以参见 E. R. J. Owen, *The Middle East in the World Economy, 1800–1914,* London: Methuen, 1981, and Charles Issawi, *An Economic History of the Middle East and North Africa,* New York: Columbia University Press, 1982。

45 Suraiya Faroqhi et al., *The Cambridge History of Turkey*, vol. 3, *The Later Ottoman Empire, 1603–1839,* New York: Cambridge University Press, 2006; and Robert Vitalis, *When Capitalists Collide: Business Conflict and the End of Empire in Egypt,* Berkeley: University of California Press, 1995.

住，前殖民时代的埃及、突尼斯以及奥斯曼帝国的精英们的世界观和抱负以其他的方式被欧洲-地中海精英们所共享。历史学家阿尔伯特·胡拉尼（Albert Hourani）的《自由主义时代的阿拉伯思想》（*Arabic Thought in the Liberal Age*,1964）在很多方面就是这一世界主义统治集团（cosmopolitan ruling group）的集体传记（和挽歌）。这些人通常在欧洲接受教育，彼此间用英语和法语对话。这些人也常在相同的企业董事会中享有一席之地，比如埃及糖业（Sucreries d'Egypte）。[46] 他们是典型的自由主义者，他们的民族主义观也很容易就适应了与欧洲的差异。植根于更深层次的文化平民主义以及激进民族主义的兴起（以两次世界大战期间土耳其的阿塔图尔克为开端），为这个阶层敲响了丧钟。

19 世纪的通信革命也深刻地改变了地中海的生活。它构成了变革的第三个重要向量。地中海在世界经济中的新位置的现代化构想是由法国的圣西门专家政治论者（Saint-Simonian technocrats）所提供的。尽管 16 世纪的新航路开辟使得地中海日益边缘于新的以北大西洋为中心的世界经济，铁路、蒸汽轮船（从 19 世纪 40 年代开始就有了连接中东和欧洲的定期蒸汽轮船业务）和电报（早在 1857 年，伦敦就与印度有了电报连接）的引入又一次改变了地中海在全球交流拓扑结构中的地位。地中海地区绝大部分的铁路都由法国资本出资建成，法国工程师也为其提供了专业技术和意见。[47] 铁路帮助将埃及的棉花运往世界市场，另外还有黎巴嫩的丝绸、巴勒斯坦的肥皂和橄榄油，以及西西里和安达卢西亚的粮食。通信领域的变革所带来的结果是，从欧洲到亚洲市场的运输时间被大大缩短了。定期的蒸汽轮船运输将地中海与大西洋世界联系在一起，并且促成了去往北美洲、南美洲和大洋洲的大规模移民。

从世界的角度来说，最引人注目的改变就是苏伊士运河的开通（1869 年）。该运河的开通，加上跨大西洋电缆的铺设以及此前 6 个月美国跨美洲大陆铁路的建成，使得人们可以以创纪录的时间进行环球旅行。结果，地中海经济不仅被卷入了世界经济，而且还卷入了殖民贸易圈（比如西非的落花生）。这些革新深刻改变了地中海经济发展的空间环境，将该区域与全球市场牢固地联系在一起。它们恢复了地中海在全球交换拓扑结构中的地位，并且扭转了地中海在 16 世纪以来的颓势。19 世纪 80 年代海运运费下降，跨大西洋的劳动力市场随之兴起，吸引越来越多的西西里人、南意大利人、马耳他人、希腊人以及黎巴嫩人前往"亚美利加"。

---

46 Ellis Goldberg, Tinker, *Tailor and Textile Worker: Class and Politics in Egypt 1930–1954*, Berkeley: University of California Press, 1986.

47 参见我的"Transformation of the Middle Eastern Environment," in *The Environment and World History*, pp. 81–117。

社会分化的界线

1750年之后，现代性以多样化的显现形式启动了。这引发了沿欧洲南部文化断层线的一系列激烈斗争。本文不揣浅陋，把其中一些列举如下。在19世纪地中海的各地，自由主义计划使得社会中的某些特定群体的地位有所上升，而这对另一些群体造成了不利局面。那些与国家或者欧洲商业利益集团有特别关系的人，往往能谋取到不成比例的利润，而城市手工业者和乡村的农民则受到来自各方的挤压。随着欧洲政治控制的建立，乐于充当中间人的群体获利颇丰，而公然的反对者们则遭受了各种形式的政治和经济歧视。由此引发的一系列复杂的变化序列相互交织，产生了强大的逆流和回流（crosscurrents and back eddies），侵蚀了旧的既得利益，重塑了新的利益。社会抗议和抵抗在这种氛围中找到了肥沃的土壤。在整个长19世纪，精英、教会、工人以及农民沿着许多界线分裂开来。结盟即使持续存在，但也在不断被重塑中。最终，所有人都受到了影响，尽管程度不同。纷繁复杂的地方特征形塑了这些冲突，造成了公开的社会撕裂，如果对这种复杂性进行抽象概括，仍然有可能观察到一些基本模式。[48] 斗争尤其围绕着三个重要的领域展开：围绕土地问题的斗争、围绕宗教在国家中的地位的斗争以及围绕性别（特别是性方面以及女性的公共角色）的斗争。超越复杂的地方特性，从共同的根源来理解这些斗争（以及它们所引发的公开的社会撕裂）十分关键。让我们简要地对它们依次进行研究。

土地问题是19世纪地中海斗争的无可争议的重要根源。它使得少数拥有大片土地（大地产）的富裕地主与只拥有小块无甚经济价值的条田（小地产）的小农甚至规模更大的日工和失业的农村劳工的敌对。商品化农业的发展（无论是像在马格里布一样受到殖民主义的帮助；还是像在欧洲地中海、安纳托利亚东部、埃及和大叙利亚一样处于当地地主的管控之下）引起了持续不断的反抗。在整个19世纪，地中海区域总体上被农民暴力所折磨。这些暴力采取了多种多样的形式，其中埃里克·霍布斯鲍姆在《原始反叛者》（*Primitive Rebels*）中对意大利和西班牙的描述令人印象深刻：千禧年主义、社会盗匪活动以及稍后（更令地主们担忧）的农民联盟，如西西里的法西斯主义者、安达卢西亚的无政府主

48 Edmund Burke III, "Changing Patterns of Peasant Protest in the Middle East, 1750–1950," in *Peasant Politics and Violence in the Recent History of the Middle East*, ed. John Waterbury and Farhad Kazemi, Gainesville: University of Florida Presses, 1991, pp.24–37.

义者以及左翼劳工组织。[49] 这些运动的动力取决于当地的环境，但农民暴力是安达卢西亚、西西里、希腊、黎巴嫩以及卡比利亚（以及其他地区）的历史的共同特征。在这样的历史背景下，移民扮演了平息农村随时爆发的冲突的作用，在这种冲突中，受压迫的农民奋起反抗贪婪的地主（大庄园主、殖民定居者）以及不可阻挡的高速人口增长所带来的压力。[50]

当现代性于19世纪来到地中海时，宗教（从前是各地族群认同的核心要素）的地位问题成为斗争的第二个焦点。从16世纪的诸多宗教战争和世俗化措施的引入开始，宗教认同持续地支撑着新兴的政治秩序，而宗教作为一种身份的标志，在社会变革的动力下变得更加强大。[51] 但是在19世纪，不是只有拉丁欧洲才饱受教权与反教权利益集团之间斗争的蹂躏。在此我们要区分三种主要历史经验：拉丁地中海（法国、意大利和伊比利亚国家）、东正教地中海（主要是巴尔干地区和安纳托利亚的部分地区），还有穆斯林地中海（奥斯曼帝国控制下的领地，包括安纳托利亚和阿拉伯东方以及阿拉伯西方）。独特的历史遗产，包括宗教体制、法律系统以及有关国家和个人的概念把这三者区分开来。相同的文化冲突也构成了现代土耳其深层结构史的一大主题，尽管这通常不被认可。

与进步的民族主义叙事的期望相反，语言民族主义未能取代宗教认同。在整个地中海区域，自由主义计划将宗教污蔑为落后，并给其标上了淘汰的标签。在地中海的东西两端，广受欢迎的反教权热情蔓延至针对西班牙女修道院和土耳其苏菲派团体的攻击中。“坦志麦特”的官员们并不亚于19世纪西班牙、法国以及意大利的自由派官僚，他们将神职人员对政治的影响视为一切改革的敌人，因此对之毫不留情。[52] 因此，宗教精英们，无论是穆斯林、基督教徒或东正教徒，都试图阻挡废除旧特权或破坏旧式阶层（这包括旧式军队精英、旧式持有土地的精英以及旧式宗教阶层）的努力。在某些方面，我们可以将他们视为文化上的板块构造，他们在历史的长河里时而相互碰撞，时而相互偎依。然而，尽管他们看起来有着巨大的力量，可事实上，地中海社会秩序中有一个核心的组织性特征，即宗教的复

---

49 Anton Blok, *The Mafia of a Sicilian Village1860–1960: A Study of Violent Peasant Entrepeneurs*, Oxford: Blackwell, 1974; Roderick Aya, *The Missed Revolution: The Fate of Rural Rebels in Sicily and Southern Spain, 1840–1950*, Amsterdam: Universiteit van Amsterdam, Antropologisch-Sociologisch Centrum, 1975; Temma Kaplan, *Anarchists of Andalusia, 1868–1903*, Princeton, N.J.: Princeton University Press, 1977.

50 这本影响深远的著作出版后，主要的干预是对霍布斯鲍姆原有的洞见进行了批判和重新定位。请特别参见 Anton Blok, *The Mafia of a Sicilian Village , 1860–1960*, New York: Harper, 1975; Roderick Aya, *The Missed Revolution*；以及 Waterbury and Kazemi, *Peasant Politics and Violence in the Recent History of the Middle East* 中的文章。

51 参见 C. A. Bayly, *The Birth of the Modern World, 1780–1914*, Oxford: Oxford University Press, 2004, chap.9。

52 Niyazi Berkes, *The Rise of Secularism in Turkey*, Montreal: McGill University Press, 1964.

杂性和多样的地方性权力组合，这些把文明板块撕裂了。焚烧修道院的西班牙极端无政府主义者在20世纪30年代找到了他们的同类，这就是在土耳其的阿塔图尔克暴徒。这些人在20世纪20年代中期对苏菲修会的残余以及街上的“乌里玛”（Ulama）发动了袭击。今日的伊斯兰主义团体以平民主义的美德和公正为名，恐吓所有穆斯林地中海边沿的掌权者，就像是对于昔日迫害的回敬。正如我在其他地方所表达的那样，现如今阿尔及利亚的苦楚一定要放在雅各宾法国殖民统治的背景下来观察，这种统治摧枯拉朽般地摧毁了阿尔及利亚伊斯兰教的中枢机构。[53]

在长19世纪，发生在地中海区域的斗争的最后一个领域集中于男权对妇女性方面控制的放松以及允许妇女对公共事务的参与。这里有两个主要焦点。一个焦点是针对地中海社会中女性的法律地位的斗争，在这里，根深蒂固的地方习俗和宗教法律限制了进步。在天主教欧洲（法国成文法给予女性一些有限的权利），斗争是漫长且复杂的，但最终是成功的。在东正教欧洲，斗争被拖延至二战结束后，尽管这里的一些拥有些许成文法的国家往往更为先进。在穆斯林地中海，这意味着要努力对伊斯兰教法（Shari'a）进行现代化，其手段是颁布规范婚姻、家庭、离婚以及继承的新家庭法典。斗争的第二个领域是女性的选举权问题。在1931年，西班牙成为第一个赋予女性在国家性选举中以投票权的地中海国家。紧随其后的是1934年的土耳其，1945年的法国和南斯拉夫，1948年的意大利和1952年的希腊。随着殖民主义的终结，阿拉伯地中海的其他地区也紧跟这股潮流。关于性别角色变革的最后一点来源于地中海的长期劳工移民史。劳工们的汇款以一种错综复杂的方式使得两件事成为可能：再造新的传统家庭和重新议定性别规范。然而，根据学术研究，我们所谓的传统地中海家庭的起源是相当晚近的事情。关于它是如何形成的以及如何被重塑的将在下一部分呈现。

地中海地区移民的影响

通信革命不仅极大地便利了商品交流，还促进了人员跨越地中海以及超越地中海的活动——没有迹象表明此进程在短期内会放缓。我们可识别出四大移民类型。第一大类是从欧洲-地中海地区移出，主要前往美洲和澳大拉西亚的移民。从19世纪20年代至20世纪30年代，有500万的西班牙人移民去了美洲，另外有1000多万意大利人也加入了他们的

53 Edmund Burke III, “The Terror and Religion: Brittany and Algeria,” in *Colonialism and the Modern World*, ed. Gregory Blue, Martin Bunton, and Ralph Croizier, White Plains, N.Y.: M. E. Sharpe, 2002, pp. 40–50.

行列。希腊人、亚美尼亚人、黎巴嫩人和叙利亚人也在19世纪离开奥斯曼帝国前往美洲，但他们的人数少于前两者。在125年的时间里，总计有将近1200万地中海男女移居国外，其中的大多数人是在1870年后离开的。第二类移民是在欧洲-地中海范围内移动的地中海人群。尽管这类移民的人数大大少于长途漂泊者，但也非常值得注意。到19世纪30年代，有数十万的意大利移民劳工在法国（在19世纪的稍后时段换成了德国）的城市里找寻经济机会。在一战之前，已有数千西班牙人和葡萄牙人以及阿尔及利亚的卡比尔人在法国的工厂中工作。这些移民是二战之后由伊比利亚人、马格里布人以及出生于其他地方的人构成的移民潮的先驱。由于这些迁移相对为人所熟知，在此处就不过多评述了。

与上述情况相比，下列情况并不太为人所知：自18世纪末起，黑海和高加索地区大批操土耳其语的人口涌入安纳托利亚和巴尔干地区。由于俄罗斯人渐渐向黑海地区扩张，迫使700多万穆斯林在1783年至1913年间前往奥斯曼土耳其寻求避难。这些人中有380万人是俄罗斯臣民，其中绝大多数是说土耳其语的穆斯林（其中有200万来自高加索）。随着巴尔干地区民族国家的出现，更多的穆斯林和土耳其人口被驱逐。大量的希腊人以及其他基督教群体向相反的方向迁移。直到20世纪20年代希腊和土耳其进行人口交换，这些民族的流动才得以告终。对于亚美尼亚人的大规模种族屠杀，特别是在一战期间，导致大约有70万到120万人死于土耳其人之手，这永久性地改变了现代土耳其的人口结构。这些屠杀和人口迁移的结果就是巴尔干地区和土耳其变得越来越同质化（前者多基督徒，后者多穆斯林），文化断层线变得更加明显。

更不为人所知的是来自意大利南部、西西里、科西嘉和马耳他的人们向北非（特别是突尼斯）的前殖民迁徙。茱莉亚·克兰西-史密斯（Julia Clancy-Smith）对此进行了研究。根据她的估算，在成千上万的人当中，大多数人都是这样或那样的不适应环境的人——逃避兵役者、罪犯、投机商、淘金者、私奔的恋人。当法国在1881年建立保护领时，有大约7万西西里-意大利人和1.2万马耳他人以突尼斯的土耳其省督辖区（Beylik of Tunisia）为家。值得回味的是，直到意大利的统一和欧洲各国的巩固，这种情况一点都不奇怪。在这一点上，克兰西-史密斯将地毯掀起（lift the rug），使我们可以窥见还未完全现代化的地中海的杂交文化。[54]

赫迪夫（Khedival，埃及总督）统治下的埃及吸引了同样数量众多的黎凡特人（在那时他们被这样称呼），尽管在这个例子中，许多通晓多语言的、混杂的欧洲人和非纯粹的欧

---

54 参见她的 *Mediterranean: North Africa and Europe in the Age of Migration, c. 1800–1900*, Berkeley: University of California Press, 2010。

洲人融合了早先的“沉积层”（sedimentary layers），即被香料贸易吸引（如果不是被十字军运动吸引）来到埃及的意大利人和希腊人。19 世纪的欧洲移民不仅因逃避苦难，还被伴随开凿苏伊士运河（1867 年）而来的财富前景而吸引。（这一时期的现代埃及史以“尼罗河的纸牌”为欧洲人所熟知不是没有原因的，这样的前景吸引投机商和骗子如真正的瘟疫一般前来。[55]）这些人的后代就居住于劳伦斯·德雷尔（Lawrence Durrell）的《亚历山大里亚四重奏》（*Alexandria Quartet*）的书页里。

最后，有大批欧洲移民迁徙至北非和巴勒斯坦。在 20 世纪 50 年代和 60 年代的独立运动前夕，北非计有 150 万的欧洲移民（主要是法国、意大利和西班牙人），他们在 19 世纪的历史进程中到达这里。（20 世纪上半叶在委任托管下的巴勒斯坦的犹太复国主义定居者也应归入这个群体。）阿尔及利亚的殖民定居者比任何地方都多，在革命前夜，阿尔及利亚总共大约有 120 万殖民定居者。有一个众所周知的秘密，在阿尔及利亚的“法国”人口中，大部分人的祖先为西班牙、意大利和马耳他移民，而非六角形的法国土生土长的人。大卫·普罗查斯卡（David Proschaska）在《把阿尔及利亚法国化》（*Making Algeria French*）一书中，唤醒了移民人口的阿尔及利亚式法语方言以及他们将自己视为新“地中海”种族的意识。[56]摩洛哥、突尼斯以及利比亚（这些马格里布的其他社会）的欧洲人口总共有 35 万人。

伴随着去殖民化，超过 150 万的欧洲移民重新到法国南部、意大利、西班牙以及美洲定居。这可被算作重塑地中海的第三大主要移民潮。前移民人口重新融入现今欧洲社会带来了巨大挑战。法国南部尤其如此，在那里，前阿尔及利亚殖民者构成了支持勒庞（Le Pen）的主要选民群体。具有历史讽刺意味的是，法国南部现在不仅有西班牙人、葡萄牙人和意大利人，还充斥着大量刚刚到来的北非穆斯林，他们都被更美好生活的前景吸引而来。针对地中海地区流向欧洲北部和更广阔世界的劳工移民研究，不仅揭示了这一现象的深刻历史根源，还揭示了其复杂性。

二战结束后，大规模的移民现象发生了：西班牙和葡萄牙人前往法国，土耳其人前往德国，南意大利人前往北意大利和德国，马格里布人前往西欧。随着全球化的开始，一种规模更大和更加异质性的移民浪潮将更多的人从阿拉伯东方、土耳其、东欧以及非洲内陆

---

55 David Landes, *Bankers and Pashas; International Finance and Economic Imperialism in Egypt,* Cambridge, Mass.: Harvard University, 1958.

56 *David Prochaska, Making Algeria French: Colonialism in Bòne , 1870–1920*, Cambridge: Cambridge University Press, 1990，以及同一作者的“History as Literature, Literature as History: Cagayous of Algiers,” *American Historical Review,* 101, 1996, pp.670–711。

带往西欧。这批人互相间差异很大、人数众多，从人口学上改变了西欧社会。这一现象还对基于异质性迷思的欧洲民族主义提出了强有力的挑战。

我们应如何理解地中海内部以及从地中海区域向外的大规模移民的影响？我有两种想法。两者均以不同方式向我们呈现了移民的社会背景。我们已经得知，整个地中海在19世纪由于商品化农业的发展而饱受农民暴力的折磨，绝望的农民对贪婪的地主（大庄园主、殖民定居者）以及人口高速增长所带来的不可阻挡的压力发起了抗争。在这样的历史背景下，移民扮演了平息农村随时爆发的冲突的作用。第二个想法出自一种观察，即地中海移民模式还与农民社会的社会结构复杂地交织在一起。在整个地中海，劳工的汇款使得新式-传统家庭的再造以及性别规范的再协商成为可能。就像许多学者所认为的那样，传统的地中海家庭事实上是动态过程的结果，而这些动态过程与家庭投资土地的策略以及男性移民对女性和未成年人的控制权的维持紧密相连。阿克拉姆·哈提尔的著作《发明家庭》探讨了这一现象在黎巴嫩的运作方式。他研究了丝绸业繁荣（和萧条）对于马龙派（Maronite）黎巴嫩农民社会的性别化影响，并且将它与黎巴嫩移民对于家庭经济的影响的审慎研究联系起来。[57]哈提尔认为，若要对现代黎巴嫩是如何形成的这一问题做出新的理解，核心要务就是要搞清楚黎巴嫩的乡村女性是以何种方式回应该时期由大规模变革所引发的矛盾冲突。他认为，性别和家庭是不断变化的黎巴嫩文化认同的争论焦点。这两者与移民的历史密切相连。

迈向现代地中海史

本研究试图以世界历史为背景，重新审视地中海是如何走向现代性的，其目的在于激发进一步的思考，而非压制争论。我认为现代性是亚欧大陆各社会全球性互动进程的产物，而非某一特定社会的天赋成果。对于欧洲历史的传统解读是，欧洲是天定命运的受益者，并将现代世界首次在欧洲完全实现的事实归因于其道德优越性。与之相反，我建议做另一种解读。这种解读始于一种观念，即认为社会依据其内置的文明引擎而发生变革的因果关系模式具有重大缺陷。虽然“西方的崛起”创造了伟大的意识形态，但它是糟糕的历史。同贾雷德·戴蒙德（Jared Diamond）一样，我认为我们需要将国家的命运置于长期的生态史框架中来考察。与戴蒙德不同的是，我认为事物发生的方式（和顺序）通常会决定接下

57 Akram Khater, *Inventing Home: Emigration, Gender, and the Middle Class in Lebanon, 1870–1920*, Berkeley: University of California Press, 2001.

来发生的事情。在这方面，地中海是一个极其有用的个案。它是一个古老的经济和文化活力中心，其历史发展为巩固欧洲奇迹叙事提供了部分权威性的证据：一旦历史变革的弹跳球弹至西北欧，现代地中海就从这种叙事中退出了。地中海的长期衰退（secular decline）以及非工业化预示着第三世界的命运。16世纪后地中海不再是进步的中心，它的衰退通常被归因于文化上的固有缺陷。尽管不同的历史学家认为地中海有不同的文化疾病（其中最为津津乐道的是不合伦理的家庭主义、庇护/侍从主义、宗教），但是这些文化疾病的文明预设是十分清晰的。从这个方面看，对于“什么出了错”的追寻是地中海区域诸民族历史的典型特征。

作为回应，我认为我们可以观察地中海区域内的众多聚合点（points of convergence）。例如，自由主义改革一揽子方案引起了整个地中海区域的精英和农村人口的类似反应。对地中海精英而言，在各处都可以见到新的生活方式。与基督教精英一样，穆斯林自由派精英经常光顾相同的水疗地、赌场以及歌剧季，（偶尔）在董事会任职，而且是共济会的成员。最近聚焦于工人阶级意识起源的论著揭示了在工人和农民间相类似的广泛性趋势。[58]新的政治认同在整个地中海传播，其中不仅包括民族主义（大多都公开承认世俗化），还有针对新兴的中产阶级和更加上层人士的不可阻挡的消费主义。新的意识形态也开始出现，包括平民主义、无政府主义、社会主义以及在两次世界大战之间法西斯主义的肇始。地中海是否注定要成为文化和文明冲突的地区？如果我们考虑到，即使在法国普世主义中都潜藏着根深蒂固的对文化同质性的追求，以及同样根深蒂固的对它的响应，那么就很难给予这个问题一个积极的回答。然而，正如本文所指出的那样，这里存在其他形态的历史，也存在对于该区域及其与现代性相遭遇的其他思考方式。如果我们不希望重蹈文明史的覆辙，鼓励这些非传统史学的发展是十分重要的。

【原文出处】Edmund Burke III. “Toward a Comparative History of the Modern Mediterranean, 1750–1919,” *Journal of World History*, Vol. 23, No. 4 (2012), pp. 907–939.

58 可以参见 John T. Chalcraft, *The Striking Cabbies of Cairo and Other Stories: Crafts and Guilds in Egypt , 1863–1914*, Albany, N.Y.: SUNY Press, 2004, 以及 Ilham Makdisi, *The Eastern Mediterranean and the Making of Global Radicalism, 1860–1914,* Berkeley: University of California Press, 2010。

让·米肖　著
张捷　译

“佐米亚”及其超越*

【导读】

让·米肖（Jean Michaud），加拿大拉瓦尔大学社会人类学教授。1995 年获蒙特利尔大学博士学位，之后曾任教于该校和英国赫尔大学。长期致力于东南亚高原地区少数民族群体研究，结合田野考察成果，对历史上该地区少数族群如何应对社会、经济、文化变革等问题有着深刻的见解。其主要著作包括《动荡的时代与坚忍的民族：东南亚地块的山区少数民族》（2000）、《东南亚地块民族历史词典》（2006）等。

“佐米亚”一词由荷兰历史学家范·申德尔于 2002 年首先提出，原指喜马拉雅南麓及东南亚的高地社会。它是一个源于当地民族语言的极具地方性的地理概念，同时具有跨越传统地区（东亚、东南亚、南亚、中亚）、跨国、跨族群、跨文化的多重性质。它经由美国政治学家詹姆斯·斯科特阐发进而传播开来，并衍生出多层涵义和更大规模的空间指向性，引起学界的广泛关注和不同学科之间的讨论。为此，《全球史杂志》在 2010 年第 2 期推出了“佐米亚研究”专刊，本文乃其中提纲挈领的述评文章。

文章梳理了近年来与佐米亚相关的研究成果，并对其路径和视角进行探讨。在研究路径上，历史学和人类学的方法相互关联，互相补充，对亚洲高地甚至其他边疆地区的研究都意义重大。这些成果虽然方法趋同，但在具体研究中存在着视角和概念表述方面的差异。除了佐米亚以外，还出现了“亚洲高地”“东南亚地块”“兴都库什—喜马拉雅区域”“喜马拉雅地块”等不同术语。这些高地社会同属一个生态系统，并且都处于边缘和从属状态。作者认为不仅要了解以上概念的异同并加以综合运用，还要将少数民族研究从民族国家的

---

* 《全球史杂志》三位匿名审阅人提出了颇有启发性的建议，我的同事也对本文章稿给出了非常有益的意见。特别感谢莎拉·特纳（Sarah Turner）、马思中（Magnus Fiskesjö）、萨拉·施耐德曼（Sara Shneiderman）和利夫·琼森（Leif Jonsson）。感谢詹姆斯·C. 斯科特（James C. Scott）帮我与马思中建立联系。作为《全球史杂志》的主编，威廉·杰维斯·克拉伦斯-史密斯（William Gervase Clarence-Smith）对这项略显生僻的研究给予了不懈支持，我非常感谢他与其他主编的学术热忱和精诚协作。

框架中解放出来。

本文以佐米亚研究为典型个案，指出了新的空间建构、跨学科方法以及全球视野对于修正传统区域史，尤其是边疆研究的重要意义。一方面，它突破传统的区域划分方法，摆脱既有路径和概念的束缚，有助于恢复被割裂开来的区域联系，开辟新的研究议题，于边缘处发现历史进程的整体性；另一方面，以整体视野审视边缘地区，有助于充分赋予边缘群体以主体性和能动性，超越中心与边缘、文明与野蛮的二元对立思维模式，最终形成超越传统空间建构的新区域理论。

前　言

何为"佐米亚"（Zomia）？下述这段简要解释有助于对本期专刊的研究对象做出定位。2002年，荷兰社会科学家威廉·范·申德尔（Willem van Schendel）在发表于地理学杂志《环境与规划D：社会与空间》的文章中，首创了"佐米亚"这个听上去异乎寻常的名字。[1]他探讨并突破了传统"地区研究"的固有边界，其研究视野恢宏、发人深省。范·申德尔提议将从喜马拉雅山脉西部，经青藏高原直至东南亚半岛高地南端的这片高原区，视为一个政治和历史实体，该实体迥异于通常意义上的亚洲区划，即中亚（内亚）、南亚、东亚、东南亚。他认为，佐米亚是一块为人所忽视，甚至一块隐匿的跨国地带，它与上述四大分区都有交叠之处，却不完全属于任何一个。这里人烟稀少，在历史上与世隔绝，在政治上被周边强国支配，具备各种边缘化、语言和宗教多样化的特征。此后，范·申德尔就这一提议与研究西喜马拉雅地区的学者展开了讨论。在此基础上，他于2007年尝试着将佐米亚的范围进一步向西、向北延展，囊括了中国境内的青海和新疆的南部地区以及中亚的一大块区域，其中包括巴基斯坦、阿富汗、塔吉克斯坦和吉尔吉斯斯坦的高原地区。[2]如此一来，他在研究喜马拉雅山脉以东地区的基础上，顺理成章地将视线扩展到喜马拉雅山脉以西的高地。本期专刊重在讨论这块"全新的"社会空间和地理空间。

历史学与人类学的契合

在本期专刊中，历史学与社会人类学融合起来，也在某种程度上与文化人类学相得益彰。此外，人文地理学也有所助益。对于一本历史学期刊而言，这一做法非同寻常，我们需要对此做出解释。相比于周边的大型王国和帝国，亚洲高原区一直很少受历史学家关注。诸多历史学家一心钻研中国、印度、尼泊尔、缅甸、泰国及越南等国的丰富史料，却对高原地区置之不理，这恰切地诠释了范·申德尔所谓的"无知地理"（geography of ignorance），这种状况反过来又导致了这些高地社会的"不可见性"（invisibility）。[3]鉴于这些社会的总人口数超过1.2亿（如果我们将泛佐米亚地区都囊括进去，则超过1.5亿），并被官方贴上了"少

1　Willem van Schendel, "Geographies of Knowing, Geographies of Ignorance: Jumping Scale in Southeast Asia," *Environment and Planning D: Society and Space*, vol. 20, no. 6, 2002, pp. 647–668.

2　得自2008年2月的私下交流。据我所知，范·申德尔并未将关于延展后的佐米亚的想法公诸于世。

3　Willem van Schendel, "Geographies of Knowing, Geographies of Ignorance: Jumping Scale in Southeast Asia," p. 660.

数民族”人口的标签，这种“无知”便愈发令人难以容忍。一些擅长田野调查的学者，如人类学家、人文地理学家和语言学家，会翻山越岭去观察和记录这些人的生活、语言和习俗，而历史学家可能并不怎么喜欢爬山。在斯科特看来，一种文明唯有陷入迫不得已的困境下才会勉强上山。这也许很好地解释了为什么历史学家会被远远地甩在后面。[4]

克利福德·格尔茨在 1990 年发表了一篇名为《历史学与人类学》的文章，笔者非常欣赏他在谈到这一问题时流露出的幽默。他把长期以来主流历史学家和人类学家彼此间的误解和偏见概述如下：

> 有些历史学家所受的人类学教育似乎终于马林诺夫斯基，或始于列维-斯特劳斯，他们认为人类学家无视变化或敌视变化，只为那些散落人世偏远角落的静止的社会绘制静态图景。而有些人类学家的历史观则大致与芭芭拉·塔奇曼（Barbara Tuchman）的观点相吻合，认为历史学家的所作所为，不过是一遍遍地讲述西方文明中一篇篇的劝鉴性故事。[5]

这位文化人类学家接着讲道：

> 这场争执可能涉及的另一个问题是“大与小”的问题。历史学家倾向于研究恢宏视野下的思想与活动，如资本主义的兴起、罗马帝国的衰落之类的问题，而人类学家倾向于研究规模较小、边界明确的社群，如特瓦世界（“哪个？”），阿洛人（“谁？”）。于是，历史学家便指责人类学家沉溺于晦涩、琐碎的细枝末节，而人类学家则诟病历史学家所崇尚的“概略主义（schematicism）”与实在的、复杂的事物相脱节，认为他们早已丧失了对真实生活的“感觉”，却觉得自己感同身受。一方是壁画画家，另一方是细密画画家，前者很难领会方寸之间的精彩绝伦，后者也很难欣赏壁画图案的恢宏之势。[6]

换言之，格尔茨当时认为，长期以来历史学家和人类学家一直对对方怀有误解，抑或互不信任。言下之意，相比彼此漠视，双方都可以从相互沟通中获益匪浅。也许他是正确

---

4 James C. Scott, *The Art of not Being Governed: An Anarchist History of Upland Southeast Asia*, New Haven, CT: Yale University Press, 2009, 第一章。

5 Clifford Geertz, “History and Anthropology,” *New Literary History*, vol. 21, no. 2, 1990, p. 321.

6 Clifford Geertz, “History and Anthropology,” pp. 321–322.

的，今天，我们已看到这两个学科正在进行类似的对话，例如卡尔布和塔克的《关键节点》（2005）一书的出版就是这种对话的产物。[7]本期专刊旨在进一步拓宽这种跨学科取径。

大约50年前，即1963年，基思·托马斯曾写道："增强对人类学的了解，可以使历史学家受益匪浅，这既不新鲜，也不稀奇。30年前（即20世纪30年代），托尼教授在伦敦经济学院的就职演讲中也曾提出类似观点，但奇怪的是，没人听从这位最负盛名的历史学家所给出的忠告。"[8]唉，托尼教授的建议并未像托马斯所盼望的那样广为人知。其实，就本期专刊所涉及的这块特定地理区划而言，历史学界直到最近才开始小心翼翼地接触人类学家的专业知识。历史学家书写该区域历史的一则例证是杨斌的《季风之北，彩云之南》（2009）。[9]杨斌是受过西方教育的中国汉族人，他书中的主要资料来源是书面文本。对于云南这样的边陲省份而言，元、明、清时期的文本大都是汉语典籍。然而，云南的几个少数民族社会（如傣族、白族、纳西族和彝族）已经有数个世纪的读书识字的历史，并用各族的方言文字撰写了编年史，只是并非汉语罢了。在挖掘这些本土资料和外来资料时，中国学者常受困于其语言的复杂性，也往往笃信用少数民族语言编写的文本意义不大。因而，长久以来，这些文本在很大程度上都被忽视了。更糟糕的是，被忽略的还有口述史，而这些流传至今的口述历史可能早已嵌入个人记忆和集体记忆之中。杨斌一书同样缺乏当地人的声音，其中第七章"划入中华民族大家庭"即为一个缩影。该章聚焦于20世纪下半叶，尽管这一时期的一手史料浩如烟海，但书中并没有使用口述史的资料。

在其他地区的研究工作中，基于口述证词和口述传统的口述史运动，是历史学家和人类学家共同筑建的一个分支学科，特别是所谓民族史的领域。历史学家兼人类学家扬·范西纳的著作就是一个典型的例子。20世纪60年代早期，范西纳在研究非洲口述传统的过程中开创了口述史这一领域。[10]然而对于佐米亚的研究而言，历史学家对口述史的利用仍然处于起步阶段。相比之下，人类学家往往会在他们的著作中采用这些资料，即便这些资料

---

7 D. Kalb and H. Tak, *Critical Junctions: Anthropology and History beyond the Cultural Turn*, New York: Berghahn, 2005。另见 Johannes Fabian, *Anthropology with An Attitude: Critical Essays*, Stanford, CA: Stanford University Press, 2001, 第四章"民族学与历史学"。

8 Keith Thomas, "History and Anthropology," *Past & Present*, vol. 24, 1963, pp. 3–24.

9 Bin Yang, *Between Wind and Clouds: the Making of Yunnan (Second Century BCE to Twentieth Century CE)*, New York: Columbia University Press, 2009.

10 Jan Vansina, *Oral Tradition: A Study in Historical Methodology*, trans. H. M. Wright, London: Routledge & Kegan Paul, 1965; Jan Vansina, *Oral Tradition as History*, Madison, WI: University of Wisconsin Press, 1985。另见 Elizabeth Tonkin, "Implications of Oracy: An Anthropological View," *Oral History*, vol. 3, no. 1, 1975, pp. 41–49。

经过语言和文化方面的转译后有所调整。不过，时至今日，这些人类学文本仍很少进入历史学家的法眼。在过去的几十年里，西方国家出版了大量有关东南亚史和中国史的重要通史著作。无论是 D. G. E. 霍尔、艾伯华*的经典作品，扬·普鲁维尔的历史图集，还是尼古拉斯·塔林、维克多·李伯曼编写的多卷本的资料汇编，都表现出同样的倾向。[11]在这些作品中，边缘的高地及其居民仍然隐匿为背景，仅见的一两个高地邦国在帝国史编纂中也是声名狼藉，西藏和南诏可谓其中的典型。

当然，对于历史学家而言，微观史并非新生事物，他们也不排斥它。最近几年，与某些地区相关的微观史研究蔚然成风，另一些地区则不然。在欧洲的历史学家所撰写的史学著作和历史故事中，很多关乎某个村庄或某个社会中的隐匿阶层，包括少数族群。他们搜罗了可资利用的所有资料，如口述史料、考古资料、视觉资料、语言资料等。最为著名的村庄史恐怕就是埃马纽埃尔·勒华拉杜里在1975年出版的《蒙塔尤》一书了。[12]那些致力于北美土著社会研究的历史学家几十年来同样完成了数以百计的此类研究，而研究非洲史和美拉尼西亚史的历史学家也紧随其后。毫无疑问，微观史正在成为一种重要的史学范式。[13]然而事实表明，当历史学家将目光转向其他社会时，情况大有不同。无论是来自西方还是亚洲的历史学家，都很难将叙事根植于口述文化，也很少利用其他学科的口述研究成果。

就本期专刊所涉及的亚洲的这些地区而言，格尔茨的看法依然不失意义。亚洲高原地区处于边缘位置的、碎片化的社会，与区域权力中心以及全球权力中心相距甚远，通常处于行政管辖范围之外。因而，如同本期专刊所展现的那样，尽管主流历史学家并未完全无视这些社会，但他们显然不愿像兄弟学科的同事们那样去“翻山越岭”。尽管历史人类学

---

* Wolfram Eberhard，沃尔弗拉姆·埃伯哈德，中文名为艾伯华。——译者

11 D. G. E. Hall, *A History of Southeast Asia*, 4th ed, Hong Kong: MacMillan, 1981; Jan Pluvier, *Historical Atlas of South-east Asia*, Leiden: Brill, 1995; Wolfram Eberhard, *A History of China*, London: Routledge, 2005 (first published 1950); N. Tarling, *The Cambridge History of Southeast Asia*, 2 vols., Cambridge: Cambridge University Press, 1992; Victor Lieberman, *Strange Parallels: Southeast Asia in Global Context. c.800–1830, Volume 1: Integration on the Mainland*, Cambridge: Cambridge University Press, 2003; and *Volume 2: Mainland Mirrors: Europe, Japan, China, South Asia, and the Islands*, Cambridge: Cambridge University Press, 2009.

12 Emmanuel Le Roy Ladurie, *Montaillou, Village Occitan, de 1294 à 1324*, Paris: Gallimard, 1975.

13 Carlo Ginzburg, John Tedeschi, and Anne C. Tedeschi, “Microhistory: Two or Three Things that I know about It,” *Critical Inquiry*, vol. 20, no. 1, 1993, pp. 10–35; James F. Brooks, Chris DeCorse, and John Walton, eds., *Small Worlds: Method, Meaning, and Narrative in Microhistory*, Santa Fe, NM: School of American Research Press, 2008.

（或人种历史学）领域已经蓬勃发展了数十年，[14] 但有关亚洲地区（南亚地区部分除外）的“人类学历史”仍处于襁褓之中。笔者曾认为，人类学有时可以被称为一种综合性的社会科学，它从不耻于在邻近学科中挖掘财富。[15] 列维-斯特劳斯也讲到，人类学家是“修补匠”（*bricoleurs*），热衷于将多种元素拼成一幅跨越学科界限的异乎寻常的拼图，众多学科中有时候就包括历史学。[16]

对佐米亚而言，除了最近一系列主要以中国为对象的研究之外，几乎大多数社会都未得到历史学家的青睐。[17] 其中一个原因在于，亲身走进这片区域，处理令人生畏的众多语言和手稿，实非易事。另外，其位置（在殖民地和帝国疆域的边缘）、民族（未实现政治统一的山区少数民族）以及他们留下的文字材料（散落各处）都隶属于一个次级世界（subsidiary universe），有些学者认为这里亘古至今都未在全球范围内产生什么历史影响或留下什么思想结晶。相较之下，来自社会人类学、人文地理学和语言学等学科的研究者采用了民族志这种特殊方法，长期进行田野调查，直接与当地人互动。不过，他们并未忽视从档案和其他文本中获取有效信息。

诚然，正如尼古拉斯·托马斯所言，在 20 世纪初之前，人类学基本上算是一种历史探究。[18] 此后，诸如民族志和参与观察法等标志性研究方法才陆续出现，成为其核心内容。后来的开拓者，诸如布罗尼斯瓦夫·马林诺夫斯基和 A. R. 拉德克利夫-布朗（A. R. Radcliffe-Brown）等人虽然也拥护这类新兴的田野调查方法，但他们仍坚持与历史学保持密切的学术联系。从 20 世纪 60 年代开始，随着结构主义以及与之相对应的元叙事——历史唯物主

14 具有开创意义的成果当属 Bernard S. Cohn, “History and Anthropology: towards a Rapprochement?” *Journal of Interdisciplinary History*, no. 12, 1981, pp. 227–252。参见 Nicholas Thomas 的综述，“History and Anthropology,” in Alan Barnard and Jonathan Spencer, eds., *Encyclopaedia of Social and Cultural Anthropology*, London: Routledge, 1996, pp. 273–277。

15 Jean Michaud, *“Incidental” Ethnographers: French Catholic Missions on the Tonkin-Yunnan Frontier, 1880–1930*, Leiden and Boston, MA: Brill Academic Publishers, 2007, p. ix

16 平心而论，有的历史学家也开始使用“修补匠”这一概念。早期的相关成果包括：K. M. Baker, “On the Problem of the Ideological Origins of the French Revolution,” in D. LaCapra and S. L. Kaplan, eds., *Modern European Intellectual History: Reappraisals and New Perspectives*, Ithaca, NY: Cornell University Press, 1982, pp. 197–219; Mario Biagioli, “Scientific Revolution, Bricolage and Etiquette,” in Roy Porter and Mikulas Teich, eds., *The Scientific Revolution in National Context*, Cambridge: Cambridge University Press, 1992, pp. 11–54; Frederick Cooper, “Conflict and Connection: Rethinking Colonial African History,” *American Historical Review*, vol. 99, no. 5, 1994, pp. 1516–1545。

17 C. Patterson Giersch, *Asian Borderlands: the Transformation of Qing China's Yunnan Frontier*, Cambridge, MA: Harvard University Press, 2006; John E. Herman, *Amid the Clouds and Mist: China's Colonization of Guizhou, 1200–1700*, Cambridge, MA: Harvard University Asia Center, 2007; Yang, *Between Wind and Clouds*.

18 Nicholas Thomas, “History and Anthropology,” p. 273.

义的出现，人类学家比以往任何时候都更加热衷于将社会进程历史化。此类例证比比皆是，如克劳德·列维–斯特劳斯于1952年出版的《种族与历史》以及E. E. 埃文斯–普里查德于1961年在曼彻斯特所做的著名演讲《历史学和人类学》。[19] 20世纪80年代，乔治·W. 史铎金、埃里克·沃尔夫、马歇尔·萨林斯等越来越多学者卷入修辞学和哲学方面的论争，他们的著作使得如下这种观念至今仍然根深蒂固，即历史学的概念本身就具有文化的、特殊的属性，[20]缺少历史分析的人类学研究是不完整的、有缺陷的。以历史分析为导向的研究方法，如档案研究，编年史的查读，口述史、生活史的搜集，或心智图分析，都已成为社会人类学的主流方法。

因此，随着历史学与人类学的研究路径越来越频繁地交汇，致力于亚洲研究的历史学家和人类学家将逐渐相互认可、开展学术交流，并从中受益匪浅。格尔茨在他发表于1990年那篇文章的篇尾，描绘了这样一幅令人向往的愿景：

> 近来，人类学家不仅对历史感兴趣（向来如此），而且对历史学家理解历史的当下意义的方法感兴趣；而历史学家不仅对文化生疏感感兴趣（希罗多德已然如此），而且对人类学家接近它的方式感兴趣。这股汹涌之势并非流行一时的时髦，它将在经过自身招致的狂热、恐慌和困惑之后而历久不衰。[21]

从东南亚地块检视佐米亚

本期专刊的关注对象是亚洲大陆中心一处特殊的跨界地带，其面积大致与欧洲相当。长久以来，学术界深受政治边界约束，将“地区研究”奉为圭臬。威廉·范·申德尔于2002年提出“佐米亚”一词，这一概念体量恢宏，一反主流观念，给学界带来强大冲击，一时间使得社会科学家们哑口无言，难以应对。然而，这一概念与那些研究该地区的学者们切实相关，也与他们实地考察的情况相一致，故而的确受到他们的广泛关注。最为出色的相关研究是政治学家詹姆斯·C. 斯科特的最新著作，该书聚焦于范·申德尔所谓

---

19 Claude Lévi-Strauss, *Race et Histoire*, brochure published by UNESCO, 1952; reprinted as a book in 1961; E. E. Evans-Pritchard, *Anthropology and History*, Manchester: University of Manchester Press, 1961。在该演讲中，埃文斯–普里查德还大胆地宣称，如果没有历史学，人类学将一无所有；失去了人类学，历史学也会一无所有。

20 Valerio Valeri, “‘Our Ancestors Spoke Little’: Knowledge and Social Forms in Huaulu,” in Leontine E.Visser, ed., *Halmahera and beyond: Social Science Research in the Moluccas*, Leiden: KITLV Press, 1994, pp. 195–212.

21 Clifford Geertz, “History and Anthropology,” p. 333.

"佐米亚"的东部地区。[22] 从该地区进一步往西延伸，研究喜马拉雅地区的学者也找到了与这个体量恢宏的概念相关的内容，代表性成果参见本期专刊中萨拉·施奈德曼的论文，纪若诚[*] 的研究在某种程度上也可列入其中。他们一致认为，生活在这片高地上的居民有着共同的传统，我们不能仅从西藏的政治影响和文化影响来阐释这种传统，毕竟西藏只是亚洲高地强权帝国中的一个特例。而那些致力于研究青藏高原东部地区及其居民的学者，也对跨国取径有一定兴趣。[23] 约翰·麦金农与笔者都意识到那些生活在我们所谓的东南亚地块的少数民族具有重要的跨国特质，并提议把社会科学对边陲社会的研究从民族国家所设定的学术框架中解放出来。[24] 不过，范·申德尔在探讨这一区域时所持的极为宏观的立场，以及其立场所依据的理论假设，也使我们中的一些人略感不适。[25] 因此，在本期专刊中，每位作者都用各自领域的基础知识来回应"佐米亚"这一术语及其涵盖的范围等问题。

佐米亚这片空间之所以引发全球史学家和社会科学家的共同关注，一方面在于，依照既定的亚洲分区方法来看，它具有跨国性和跨区域性；另一方面还在于它以一种独特的方式将相邻的政体联系在一起。自费尔南·布罗代尔的奠基性作品出版以来，大量作品将地中海视为人口、商品和观念流通与交换的场所。许多学者进而强调此类现象也发生在其他海域，例如波罗的海、印度洋或爪哇海等海域。将这类分析方法应用于高原地区可能难度较大，因为高原地区与撒哈拉沙漠、苔原地带或亚马孙河流域丛林地带类似，比之水域，这些地方更加难以通行。虽然山区并非不毛之地，山区与外界仍有贸易路线可循，但地形和气候还是将其与周围人口更稠密的地区区别开来。[26]

相比之下，将佐米亚与其他高原地区，如安第斯山脉、阿尔卑斯山脉进行比较或许会

---

22 James Scott, *The Art of not Being Governed.*

* Patterson Giersch，帕特松·吉尔施，中文名为纪若诚。——译者

23 Lim Joo Jock, *Territorial Power Domains, Southeast Asia, and China: The Geo-strategy of an Overarching Massif*, Singapore: Institute of Southeast Asian Studies, 1984; Gehan Wijeyewardene, *Ethnic Groups across National Boundaries in Mainland Southeast Asia*, Singapore: Institute of Southeast Asian Studies, 1990; Grant Evans, Christopher Hutton, and Kuah Khun Eng, eds., *Where China Meets Southeast Asia: Social and Cultural Change in the Border Regions*, Singapore and Canberra: Institute of Southeast Asian Studies and Allen & Unwin, 2000.

24 John McKinnon and Jean Michaud, "Presentation: Montagnard Domain in the South-east Asian Massif," in Jean Michaud, ed., *Turbulent Times and Enduring Peoples: the Mountain Minorities of the South-east Asian Massif*, Richmond, Surrey: Curzon Press, 2000, pp. 1–25.

25 尤其参见 Bernard Formoso, "Zomian or Zombies? What Future Exists for the Peoples of the Southeast Asian Massif?," *Journal of Global History*, no. 5, 2010, pp. 313–332。

26 详见 C. Patterson Giersch, "Across Zomia with Merchants, Monks, and Musk: Process Geographies, Trade Networks, and the Inner-East-Southeast Asian Borderlands," *Journal of Global History*, no. 5, 2010, pp. 215–239。

更有成效。作为一个拥有独特的社会逻辑、政治逻辑和历史逻辑的分散的社会空间，无论是将其看作一处避难所还是隔离区，它都难以割裂与更大区域的政治史之间的关联，即使这种关联相当稀疏。几个世纪以来，这种从属局面的出现通常需要两个条件，其一是高地和周围低地上的人口足够集中，其二是两地社会通过朝贡关系和贸易往来彼此受益，进而整合到一起。商品与人口的流通，常常沿着商旅和移民线路开展，从某个人口密集区流向另一个人口密集区，例如南美洲西部海岸和东部海岸之间，欧洲西部和南部之间，以及本文个案中的印度和中国之间。[27]安第斯山区、阿尔卑斯山区、比利牛斯山区和高加索山区都具备上述条件，而落基山地区或乌拉尔山区则略不相符，这是由于在很长一段时间内，这些山区内部和周边的人口不够集中。

安第斯山区及其高地文化，或位于欧洲地理中心的阿尔卑斯山区久已受到学界关注。相比之下，作为全球性区域的佐米亚亟待学术界的青睐。它就像一个新近发现的星座，不久前才显现在人们的视野中。不过毫无疑问的是，佐米亚的历史是全球性的。除了上文谈及的内容外，我们有理由认为，这块巨大空间的价值还体现于与此相关的全球性贸易，这种贸易将亚洲各个高地联系起来，也将它们与外部世界联系起来。几个世纪以来，不同规模的贸易活动在该区域同步进行。有的从一个山谷到另一个山谷，有的从一个邦国到周围的其他邦国，还有宏观视野下的远途洲际贸易，诸如那些常与“丝绸之路”这一概念有关的活动。[28]虽然这片高原地区从未真正成为远东至南亚、中东和欧洲贸易链条上的核心环节，但它是其中的重要一环。因为这里是众多商队的必经之地，且产出了不少稀世珍品，[29]其中包括质地坚硬的木材、动物及动物制品、棉、麻、草药、银等贵重金属，以及宝石。此处仅以玉米和鸦片加以佐证。[30]

16 世纪，伊比利亚人将玉米从美洲传向世界。在此之前，亚洲人尚不知玉米为何物。

27 参见 Magnus Fiskesjö , “Mining, History, and the Anti-state Wa: the Politics of Autonomy between Burma and China,” *Journal of Global History*, no. 5, 2010, pp. 241–264; Sarah Turner, “Borderlands and Border Narratives: A Longitudinal Study of Challenges and Opportunities for Local Traders Shaped by the Sino-Vietnamese Border,” *Journal of Global History*, no. 5, 2010, pp. 265–287。

28 Magnus Fiskesjö , “Mining, History, and the Anti-state Wa,” pp. 241–264.

29 Ann Maxwell Hill, *Merchants and Migrants: Ethnicity and Trade among the Yunnanese Chinese in Southeast Asia*, New Haven, CT: Yale University Press, 1998; William G. Clarence-Smith, “Horse Breeding in Mainland Southeast Asia and Its Borderlands,” in Peter Boomgaard and David Henley, eds., *Smallholders and Stockbreeders: History of Foodcrop and Livestock Farming in Southeast Asia*, Leiden: KITLV Press, 2004, pp. 189–210.

30 这两则例子取自 Jean Michaud, *Historical Dictionary of the Peoples of the Southeast Asian Massif*, Lanham, MD: Scarecrow Press, 2006 (reprinted in 2009 as *A to Z of the Peoples of the Southeast Asian Massif*), pp. 149–150, 183–186。

它旋即成为中国西南边陲山区的常见作物。玉米的生长无需沃土，也无需灌溉，可以种在山坡上，且完全适合高原地区的温和气候。这种作物颇受山民欢迎，因为它易于种植、收割和储存，不会过多消耗地力，其根系有助于保土护坡，且能间种黄豆、豌豆或罂粟，收益颇丰。从前几乎家家户户都有轻便的石磨，人们用它将玉米磨成细粉。玉米通常是猪的主要饲料之一，人类偶尔也会食用。非常重要的一点是，玉米还是自制蒸馏酒的常用原料。这种酒一方面大量供应于高地人饮用，另一方面也是繁荣的商贸活动中的重要商品。[31]

高地居民正是凭借这种特殊作物，成功地在这片艰苦的环境中存活下来。不仅如此，玉米也促使大批汉人迁移到先前只有山地族群居住的贫瘠山丘和高原地区，进而缓解了低地的人口压力。这类人口迁入连同国家频繁的侵轧和严苛的税收，导致汉族统治者与高地少数民族之间时常发生冲突。面对中央政府的统治及区域性统治者和军阀的侵扰，少数民族尽力维护自身的完整性。

鸦片（罂粟）这一个案更加有力地呈现了全球的一体化。由于欧洲人和印度人在中国大量销售鸦片，19 世纪的鸦片消费臻于顶峰（据麦科伊统计，1870 年时，中国有 1500 万人吸食）。[32] 这一趋势显然是英属东印度公司推动的结果，也是它刻意维护的状况。中国的统治者早已因数千吨鸦片的进口所导致的大量白银外流而忧心忡忡。最终，几方势力兵戎相见，是为我们所熟知的鸦片战争（1838—1842 年和 1856—1858 年），战争均以中国战败告终。根据 1842 年签订的《南京条约》，中国被迫允许西方人几近自由地与庞大的中国市场展开贸易。除鼓励和支持本国的鸦片生产外，中国人别无他法同入侵者竞争。西南部的石灰岩山地和高原适宜生产鸦片，政府便鼓励这里的居民种植罂粟，将生鸦片售给政府。接着，国家对原料进行加工，并在内地市场销售。[33]

经缅甸和中南半岛到达“中国佐米亚”地区的英国人、法国人，同样会拉拢西南高原地区的这些生产者。因此，加工后的鸦片也从西贡、加尔各答运往欧洲人在中国沿海的通商口岸以及世界其他有中国移民定居的地方。德库尔-加坦近来指出，此类贸易利润丰厚、市场巨大，在 1898—1922 年之间，鸦片贸易收入约占法属印度支那殖民地预算总收入的

---

31 参见 Sarah Turner, “Borderlands and Border Narratives,” pp. 265–287。

32 Alfred W. McCoy, Cathleen B. Read, and Leonard. P. Adams III, *The Politics of Heroin in Southeast Asia*, Singapore: Harper Torchbooks, 1989。另见 Pierre-Arnaud Chouvy, *Opium: Uncovering the Politics of the Poppy*, London: I. B. Tauris Publishers, 2009。

33 David. A. Bello, *Opium and the Limits of Empire: Drug Prohibition in the Chinese Interior, 1729–1850*, Cambridge, MA: Harvard University Asia Center, 2005.

25% ～ 42%。[34] 由此一来，佐米亚的高地少数民族也参与到激烈的国际竞争中。19 世纪下半叶，震撼中国南方的暴动和叛乱，如潘泰人与苗人叛乱，以及随后向半岛高原地区移民的浪潮，至少在一定程度上与控制鸦片生产与销售的迫切要求是有关系的。[35]

到 20 世纪下半叶时，对各个好战的族群而言，掌控鸦片生产和贸易仍然是至关重要的，他们可以借此筹得用于武装斗争的资金。在第二次印度支那战争期间（1954—1975 年），就连美国军队也不遗余力地忙于鸦片以及鸦片制品（如海洛因和吗啡）的运输、储存、分配和消费。但是，当该区域战事平息后，各国政府便意识到这种特殊贸易弊大于利，并尽力压制。如今，一些国家为了遏制由归国部队引发的毒瘾问题，开始向鸦片产地开展经济援助。1988 年，东佐米亚的所有国家最终签署了《联合国禁毒公约》（UN Drug Convention）。大规模的鸦片生产及其产生的一系列后果便转移到另一个重要战区，这便是坐落在泛佐米亚西部边缘的阿富汗和中亚高原地区。这一区域的全球互联性仍在延续。

图 1　郭德琪（上排中）及其在贵州的信徒
来源：外方传教会档案，巴黎

34　Chantal Descours-Gatin, *Quand l'Opium Finançait la Colonisation en Indochine*, Paris: L'Harmattan, 1992; Philippe Le Failler, *Monopole et Prohibition de l'Opium en Indochine: le Pilori des Chimères*, Paris: L'Harmattan, 2001.

35　Robert D. Jenks, *Insurgency and Social Disorder in Guizhou: the Miao Rebellion, 1854–1873*, Honolulu: University of Hawai'i Press, 1994.

早年间一位欧洲人眼中的亚洲高地

我们接下来就走进佐米亚，一睹其规模与特性。首先，从地方层面入手，有助于我们窥探其中错综复杂的因素。我们的向导是殖民时期只身一人的传教士——郭德琪。* 一个世纪前，他将所见所闻发表在学术刊物上。19 世纪 90 年代初，这位刚刚履职的天主教神父随巴黎外方传教会来到中国，旋即被派往兴义府（Hin-y-fou）。兴义府是位于贵州牧区（今贵州省）偏远高原地区中的中心城镇。[36] 此后 43 年的时间里，郭德琪在他所谓的苗族和夷族（更常见的称谓是彝族、倮倮族或诺苏族）等少数民族“部落”中传教布道，直到 63 岁时去世。

郭德琪在任职期间，表现出坚定的意志力。他恪守教职，还抽出时间搜集资料，撰写周详的民族志，记录日常观察到的这些可能成为教徒的少数族群。1908 年，时年 50 岁的郭德琪将其中一些考察报告发表在《人类学》（*Anthropos*）杂志上。该杂志由圣言会（Society of the Divine Word）的威廉·施密特（Wilhelm Schmidt）神父于 1906 年创办，旨在研究传教区的民族志、人种学和语言学。郭德琪写道：

> 对民族志学者和语文学家而言……贵州就像一座植物园，也像一所民族学博物馆。这里陡峭的山峰和幽深的峡谷，形成一个个大盒子，分门别类地蕴藏着各种部落“样本”。这些部落原本是中国原始族群的幸存者，后来受到汉族入侵者的排挤。他们是“中华先民”（Pre-Chinese）的后代，我们的贵州是典型的“中华先民”省份。[37]

接着，他又分析了该区域的人口分布与地理状况：“贵州的苗人就像丛丛灌木，覆盖着每一块山石；夷人就像粗壮的树干，他们聚居的村庄像枝杈一样伸向肥沃的平原；汉人则像槲寄生，他们会潜入每一寸土地，佯装治理，实则榨取、剥削原住民。”[38]

郭德琪的文章意义重大，因为它恰好涵盖了高地历史几个最为重要的方面。在第一段引文中，他推测了历史上高原地区的不同居民之间的等级关系。他在其中特别提到，陡峭山势造成的极为崎岖的地貌条件，导致当地文化长期与世隔绝。这幅民族马赛克拼图的

* Aloys Schotter，阿洛伊·肖特，中文名为郭德琪。——译者

36 有关郭德琪的生平与著作更为详细的记述，参见 Jean Michaud, *“Incidental” Ethnographers*, pp. 145–150。

37 Aloys Schotter, “Notes Ethnographiques sur les Tribus du Kuoy-tcheou (Chine),” *Anthropos*, no. 3, 1908, pp. 397–398.

38 Aloys Schotter, “Notes Ethnographiques sur les Tribus du Kuoy-tcheou (Chine),” p. 403.

历史，也许比汉族的历史还要悠久。但汉族人凭借更为强大的军事力量迫使少数民族背井离乡，迁居偏远山区。在第二段引文中我们可以发现，随着时间的推移，不同的族群在这幅某种程度上基于人口权重的机能布局（functional arrangement）中占据了不同的生态位（ecological niches）。人口相对众多的群体，如夷人，占据着肥沃的高原，那里适于开展集约灌溉型稻作农业。随后，那里产生了广义上的封建政治制度，这是一种不平等的政治关系，其特征是世袭精英占有土地、控制军队，而大量农民屈从于他们的统治。[39] 而苗族等人口数量较少的部落则选择在地势更高、互相隔离的生态位中定居。这种区隔揭示出一种政治等级关系：生活在中间海拔地区的族群更加强势，族群所处地势越高，势力越弱。不过，这两个族群都是该区域的原住民。随后，第三股势力——汉族人出现了，他们与其他族群差异显著。他们从外部渗透到苗人与夷人的社会之中，攫取资源，着手管制。以这些“入侵者”为代表的低地统治集团，不断与那些地处边陲的边缘社群发展朝贡关系，抑或向他们直接征税，从而榨取更多的财富，扩大势力范围。在佐米亚，不仅汉人如此，越南人、泰国人、孟加拉人或缅甸人亦是如此。

我们简要分析郭德琪的考察报告的目的，并非证实或推崇某种对居住在这些高地上的族群的原始的、本质的看法，以及某个为社会科学家广泛认同的理论预设。[40] 但是，这也并不妨碍我们去接受某些事实。根本而言，人与空间总是相互影响，尤其是地理位置的偏远与否直接影响到经济和政治的独立。有史以来，当掌权者以此来管控那些被视为蛮人的族群时，情况尤其如此。这一过程已经引发所谓从属者的某些适应性反应，有人称之为“现代性的本土化”。[41] 正如后文所述，斯科特大胆地认为，这些族群都或多或少地有意抛弃国家这个概念，遁入更为平等的政治形式之中。[42]

佐米亚的命名与定义

由于自身意识形态和所处环境的根本限制，郭德琪的脑海中并没有“佐米亚”这类总

39 Georges Condominas, “Essai sur l’Évolution des Systèmes Politiques Thais,” *Ethnos*, vol. 41, 1976, pp. 7–67.

40 Stephan Fuchs, *Against Essentialism: A Theory of Culture and Society*, Cambridge, MA: Harvard University Press, 2001; J. D. Eller and R. M. Coughlan, “The Poverty of Primordialism: the Demystification of Ethnic Attachments,” *Ethnic and Racial Studies*, vol. 16, 1993, pp. 181–202.

41 Marshall Sahlins, “What is Anthropological Enlightenment? Some Lessons of the Twentieth Century,” *Annual Review of Anthropology*, vol. 28, 1999, pp. i-xxiii; Sally Engel Merry, “Transnational Human Rights and Local Activism: Mapping the Middle,” *American Anthropologist*, vol. 108, no. 1, 2006, pp. 38–51.

42 James Scott, *The Art of not Being Governed.*

体性概念。范·申德尔的创见之所以值得称赞，在于他呼吁学者们多加关注那些位于真正（bona fide）国家和文明边缘的地区和社会，否则人们便会对其置之不理，视之为外围、异类、落后。在践行这一理念的过程中，范·申德尔承认，他从前辈那里获得了灵感。"兴都库什—喜马拉雅区域"示意图生动展示了高原地区的轮廓。它由总部设于尼泊尔的"国际山地综合开发中心"的研发小组在20世纪80年代绘制而成，其主要目的在于提供相关信息而非学术研究，因此它在当时并没有引起大规模的学术讨论。但是，它显然刻画了"泛佐米亚"的雏形，这也正是我们对其感兴趣的原因所在。[43]

范·申德尔此后提出了"佐米亚"这一概念。对此，我们有必要做出一番解释。他实地考察的地区位于印度最东北端，是与缅甸和孟加拉国接壤的几个小邦。以"佐米亚"这个新词指代这一位置会显得尴尬，因为它本应有一条更具概括性、包容性的标签。命名不仅仅是一种创作行为，它也需要强有力的逻辑支撑，一个相当贴切的名称应尽可能广泛地契合被命名的社群或民族。但在这场命名的争论中，一些因素并未得到考量，这也许是因为事实证明，"佐米亚"这个名字已极具吸引力，人们未加批判便予以采纳了。范·申德尔讲到，"佐米亚"源于"高地人使用的'佐米（zomi）'一词，它是缅甸、印度和孟加拉人所使用的众多钦-米佐-库基语中的一个术语"。[44]这些方言的适用范围极为局限，主要集中在以钦丘陵为中心的小范围地区，那里是缅甸西部、印度最东端以及孟加拉国东部等几个地区的交界处，它们与亚洲高原其他地区的语言缺乏共性。弗兰克·莱曼在1963年指出，钦丘陵以外的高地社会从未使用过"佐"（zo）或"佐米"（zomi）等词汇。[45]

范·申德尔十分明智。佐米亚这个名字就像香格里拉、仙那度（Xanadu）一样朗朗上口，让人过耳不忘。媒体和学术出版商对其也是大为追捧，他们笃爱其中的神秘气息。笔者还猜想，在学术通才的圈子和见多识广的公众中，我们每天都在接近创造和普及一个令人感到"新鲜刺激"的亚洲族群，即"佐米亚人"（本刊中的伯纳德·福莫索一文已采用），"佐米亚研究"也会随之出现。[46]但是我们应该牢记的是，对于这片广袤的、极为多元

43 Willem van Schendel, "Geographies of Knowing, Geographies of Ignorance," p. 655, n. 20. 国际山地综合开发中心是"一所为兴都库什-喜马拉雅地区的八个成员国——阿富汗、孟加拉国、不丹、中国、印度、缅甸、尼泊尔和巴基斯坦提供服务的区域知识发展和学习中心"：http://www.icimod.org/（2010年3月31日访问）。

44 Willem van Schendel, "Geographies of Knowing, Geographies of Ignorance," p. 653.

45 Frank K. Lehman, *The Structure of Chin Society*, Urbana, IL: University of Illinois Press, 1963。莱曼认为，在钦族本地方言中，"佐"（zo）是边缘的意思，"米"（mi）是人的意思；"佐米"可以翻译为"边缘人群"（私下交流，2008年3月）。

46 随着时间的推移，当"佐米亚""亚马孙尼亚"等词汇关联起来时，学界可能会发现其中潜在的共鸣，许多有趣的新词也会随之出现。

的现实世界而言，“佐米亚”这个命名并不完美。比如以北美洲为例，这种命名法就相当于用“落基”来命名北美洲。“落基”是从中美洲到阿拉斯加的一座大山的英文名称，这个名字来自育空河东部的阿萨巴斯卡人（Athabaskan）所使用的本民族方言地名。作为“佐米亚”的替代性概念，法国喜马拉雅研究界广泛使用的“*Haute-Asie*”，即“亚洲高原”一名似乎更为可行。不过，虽然笔者未敢断定范·申德尔创造的“佐米亚”一词完美无瑕，但它仍然可能会沿用下去。正如伯纳德·福莫索一文也曾思索的那样，真正重要的是这个名称背后的现实是否有助于学界研究亚洲高地社会的社会和历史。

迄今为止，对“佐米亚”一词运用得最为突出的当数斯科特的《逃避统治的艺术》一书。在这本极富学术启发意义的书中，斯科特明确提及范·申德尔的著作并将佐米亚作为他所研究的区域。然而，我们不难看出，斯科特笔下的佐米亚地区与范·申德尔的主张存在着显著差异。至于如何解释这种差异，斯科特只是在其序言中略加陈述，并未详加阐释：

> “佐米亚”这个新名词，指从越南中部高地到印度东北部地区海拔约300米以上的所有地区，它跨越了五个东南亚国家（越南、柬埔寨、老挝、泰国和缅甸）和中国的四个省份（云南、贵州、广西和四川的部分地区）。这块广袤的区域面积达250万平方公里，容纳了大约1亿少数民族人口。这些族群错综复杂，语言多种多样。从地理学上讲，这里也被称为东南亚大陆地块（Southeast Asian mainland massif）。[47]

斯科特所选择的这块佐米亚地区与范·申德尔的主张并不一致。但是正如句中所言，它与其他学者所谓的东南亚地块相吻合，这种吻合也值得加以解释。

也许诚如斯科特所言，对于一个社会空间而言，“佐米亚”这样的非地理学术语要比“东南亚地块”这样的自然地理称谓更为贴切。安第斯山区、亚马孙河流域、地中海地区、喜马拉雅山区的社会和文明也存在同样的问题。尽管存在此类疑虑，但这些名称几十年来一直广为采用并行之有效。范·申德尔主要从宽泛的政治层面界定“佐米亚”，并未给出明确的边界，该定义在地理、文化或语言层面仍然不甚清晰。相比之下，“东南亚地块”的概念就被赋予了更多的可操作性，其内在逻辑被定义得更为明确。对此，笔者将在下文谈到。与范·申德尔的“佐米亚”相比，人们讨论“东南亚地块”的时间略久，因此也得以充分把握其特征。本期专刊大部分论文的研究范围都处于亚洲大陆东南部，即东南亚地块，它们以不同的方式展现出该地区的内在逻辑。

47 James Scott, *The Art of not Being Governed.*, p. ix.

范·申德尔的“佐米亚”概念与东南亚地块所涵盖的区域虽然不同，但在佐米亚东部地区和斯科特所研究的范围里有一块重要的重叠地带。从某种程度上讲，笔者能够理解范·申德尔开展“泛佐米亚”研究的原因及其背后的宏观地理逻辑。然而，由于它所涵盖地区的社会极具多样性，人们无法对这里的文化给出任何定论。从地方史和区域史来看，这里的族群有着巨大差异，它们包括巴基斯坦的普什图族牧民、克什米尔的古吉拉特游牧民、中国和尼泊尔边境的夏尔巴族农民、西藏西部的游牧民族、缅甸和印度边界的钦族种植园农、云南中部处于“封建”社会的彝族和白族、广西西半部高度汉化的壮族、生活在诸多社会中的回族商人以及分属老挝南部和越南的以血缘关系为纽带的南岛族。这还只是泛佐米亚理应包含的族群中的一小部分。作为一名社会人类学家，笔者基于对语言谱系、宗教系统、社会组织、移民模式、外部影响等文化因素的考量，对“佐米亚”这一概念作为社会研究的一个明确单位的可操作性深表怀疑（另见本期特刊中的福莫索一文）。不过，笔者也承认，范·申德尔是从宏观的、历史学的和政治科学的角度进行分析的。因此，他不必像社会人类学家或人文地理学家那样，对该地区的文化差异中的细节如此关注。

几年前，笔者在编纂《东南亚地块民族历史词典》时，不得不对“东南亚地块”这个标签所涵盖的区域下一个可行的定义。“东南亚地块”这一名称源自林朱乔（Lim Joo Jock）的原创性著作《领土权力域、东南亚与中国：总体地块的地缘战略》。当时，尽管我在主编的《动荡的时代与坚忍的民族：东南亚地块的山区少数民族》一书和其他文章中也使用过这个词，[48]但无论是我还是其他学者，全然没有意识到有必要或有义务给这个区域确确实实地下个定义。为了完成2006年出版的那部词典，笔者决心潜心研究该区域的历史进程、政治定型、语言传播、种族群体、移民和地理特征。

从清晰可鉴的自然维度出发，使用精确的海拔、经纬度等数据来划定明晰的外部边界和内部分区，这种做法既不现实，也徒劳无益。这是因为这个庞大空间里的地形地貌极其复杂，人口流动持续不断。[49]不过，大体而言，从最大限度来看，这些高地族群大部分散居于海拔约300～500米，面积大致与西欧相当的地区内。处于温带的长江大致是其北部边

48 Jean Michaud, “Economic Transformation in A Hmong Village of Thailand,” *Human Organization*, vol. 56, no. 2, 1997, pp. 222–232; Jean Michaud, “From South-west China into Upper Indochina: An Overview of Hmong (Miao) Migrations,” *Asia-Pacific Viewpoint*, vol. 38, no. 2, 1997, pp. 119–130; Jean Michaud, *Turbulent Times and Enduring Peoples*.

49 参见如下案例：有关婆罗洲，见 Bernard Sellato, *Nomads of the Borneo Rainforest: the Economics, Politics, and Ideology of Settling down*, Honolulu: University of Hawai’i Press, 1994。属印度尼西亚的部分，见 Tania Murray Li, “Marginality, Power, and Production: Analyzing Upland Transformations,” in Tania Murray Li, ed., *Transforming the Indonesian Uplands*, Amsterdam: Harwood, 1999, pp. 1–44。

界，由此向南扩展，囊括从喜马拉雅山脉和青藏高原向东和向南延伸的山脉，以及雅鲁藏布江、伊洛瓦底江、萨尔温江、湄南河、湄公河、红河和珠江等河流的下游流域的季风高原。在中国境内，它包括西藏最东部、四川西部与南部、湖南西部、广东西部的一小部分、贵州和云南全境、广西北部和西部，以及海南岛的高原地区。在东南亚半岛上，包括缅甸、印度东北部和孟加拉国东南部之间边境区域的大部分、泰国的北部和西部、湄公河流域的老挝、越南北部和中部沿安南山脉的边界地带，以及柬埔寨的东北边缘。

笔者并未将地块以北的重庆盆地划入其中，这是因为它已经被汉族人统治了一千余年，大量人口涌入这片肥沃的“鱼米之乡”，甚至渗透到四川的中部和西部等海拔 500 米以上的部分地区。更北的甘肃省和陕西省的高地地区也是同理，因此地块的北部边界大致以长江流域为限。而在最南端，笔者认为应该把马来半岛的高原地区排除在外。这是因为由于克拉地峡的存在，这里与整个地块相脱离，却与马来世界有着更为密切的联系。[50] 即便如此，居住在马来半岛上的许多高地土著居民奥朗阿斯利 * 从语言上讲仍属于南亚语系，与地块中诸如佤人、克木人（Khmu）、戈都人（Katu）和巴拿人（Bahnar）等族群有着紧密的联系。

在范·申德尔 2002 年对佐米亚的界定中，显然囊括了西藏自治区及其毗邻的新疆、青海、四川等省份的相关地区以及尼泊尔、不丹、印度的高原地区，这与东南亚地块所涵盖的范围十分相似。笔者决定不把那片地区纳入东南亚地块范围之内。[51] 西藏世界有其自身的逻辑：一个中央集权的、宗教和睦的核心连同一个长久的、独特的政治实体，将其置于“封建”和帝制范畴之中；而历史上的地块社会，即使有的话，很少能发展成这般模样。[52] 那么，从这个层面上来讲，地块的西部边界既是语言的、文化的和宗教的边界，也是历史的和政治的边界。当然，我们仍不应将其视为一条轮廓鲜明的界线。西藏周边的许多社群，如云南的康巴族 [53]、纳西族、独龙族或摩梭族，尼泊尔的珞巴族（Lopa），锡金的菩提亚族（Bhutia），几个世纪以来时而归顺时而反叛拉萨的统治。此外，藏缅语系和藏传佛教也渗透到高原的东部边缘。其边界绝不是一目了然的，而是呈现为诸多文化传统的融合。

为了进一步厘定东南亚地块的独特性，我们可以考量一系列核心因素：历史当然尤为

50　D. G. E. Hall, *A History of Southeast Asia*; N. Tarling, *The Cambridge History of Southeast Asia*.

*　Orang Asli，即马来原住民。——译者

51　另见 Sara Schneiderman, “Are the Central Himalayas in Zomia? Some Scholarly and Political Considerations across Time and Space,” *Journal of Global History*, no. 5, 2010, pp. 289–312。

52　Melvyn C. Goldstein, *A History of Modern Tibet, 1913–1951: the Demise of the Lamaist State*, Berkeley, CA: University of California Press, 1989.

53　在 Patterson Giersch, “Across Zomia with Merchants, Monks, and Musk” 一文中有相关讨论。

重要，其余因素还包括语言、宗教、传统社会结构、经济以及与低地国家的政治关系。众多高地社会具有诸多共性，它们同在一个巨大的生态系统之中，同处边缘化的状态，同在政治上从属于他者。不过，它们之间的差异或许大于这些共性。东南亚地块分布着四个主要语系，任何语系都不占有绝对优势。在宗教方面，有的族群信奉万物有灵论，有的信奉佛教，有的信奉基督教，还有不少推崇道家和儒家的价值观。回族人皆信仰伊斯兰教，而大多数社会的信仰都是大杂烩。纵观历史，当地族群之间的长期不和与频繁争斗，证实了地块文化的多元性。[54]该区域从未实现政治上的统一，既没有出现过帝国，也没有形成一个由几个敌对王国共同掌控的空间，甚至在政治制度上也互不兼容。长期以来，这里存在着各种形式的传统政治组织，主要包括以血缘为纽带的政治组织和"封建"政治组织。[55]从今天的国家层面来看，该区域各国的政治制度（一些民主国家、三个社会主义政权、一个君主立宪制政权和一个军事独裁政权）只是放大了其古老的政治多样化特征。

与喜马拉雅山脉周围（其实是世界各地）的其他跨国高地一样，东南亚地块在历史、经济和文化层面都处于边缘化、破碎化的状态，范·申德尔的佐米亚更是如此。有人也许会因此认为，在亚洲研究这项宏大计划的一众颇有价值的分支区域中，东南亚地块似乎没有研究的必要。然而，笔者此意并非要成为这种新"地区研究"分支的旗手，而是强调我们必须反思基于国家层面的研究，着手研究跨界社会和边缘社会。

对整个东南亚地块细致入微的实地考察，例如本期专刊中的相关研究，表明这些族群实则持有如下共同意识，即他们有别于多数族群，地处偏远，在政治和经济层面都处于区域的边缘。从文化层面而言，这些高地社群就像一幅色彩对比鲜明的文化马赛克，而非色调协调的画作，即特里·兰博口中的"迷幻梦魇"（'apsychedelic nightmare'）。[56]然而，当从某个特定的距离观察时，马赛克也可以拼出一幅别具特色、意义非凡的画面，尽管它有时显得不甚精确，这也正是范·申德尔和斯科特所做的工作及其价值所在。

让我们回到斯科特笔下的佐米亚，把探讨印度周边和西藏周边喜马拉雅地区族群的任务留给萨拉·施耐德曼和纪若诚。[57]正如学者们之前所言，历史上，这片高地已被低地国家

---

54 Herman, *Amid the Clouds; Claudine Lombard-Salmon, Un Exemple d'acculturation Chinoise: la Provincedu Guizhou au XVIIIe siècle*, Paris: Publication de l'École Fran, caise d'Extrême-Orient, vol. 84, 1972.

55 参见 Jean Michaud, *Historical Dictionary of the Peoples of the Southeast Asian Massif* 的导言部分。

56 A. T. Rambo, "Development Trends in Vietnam's Northern Mountain Region," in D. Donovan, A. T. Rambo, J. Fox, and Le Trong Cuc, eds., *Development Trends in Vietnam's Northern Mountainous Region*, Hanoi: National Political Publishing House, 1997, p. 8.

57 Sara Schneiderman, "Are the Central Himalayas in Zomia?" ; Patterson Giersch, "Across Zomia with Merchants, Monks, and Musk" .

用作资源（包括奴隶）储备区和领土间的缓冲带。[58]詹姆斯·斯科特恰恰认为佐米亚在政治支配与从属关系上存在统一性，这种统一性将居住于此的族群的命运联系在一起。他试图运用地中海世界的例子来反思佐米亚：

> 这个社会（即地中海世界）的维系有赖商品、人口与思想的频繁流动，全然没有通常意义上的统一“领土”或政治统治。爱德华·怀廷·福克斯（Edward Whiting Fox）从较小的尺度出发，认为古希腊时期的爱琴海虽然从未实现政治上的统一，却在社会、文化和经济层面成为单一的有机体，在平静海面上通过繁密的接触与交流联系在一起。

在将这种分析方法挪用到东南亚时，斯科特补充道：

> 历史上最具代表性的例证便是马来世界。这是一个伟大的航海世界，其文化影响东到太平洋的复活节岛，西到马达加斯加和非洲南部海岸，从沿海港口上操斯瓦希里语的族群就可见其印记。在 15 到 16 世纪的全盛时期，马来国家本身就像汉萨同盟一样，可谓一个流动的贸易港口联盟。国家的基本政治单位是港口，诸如占碑、巴邻旁、柔佛和马六甲等，另有一批凭借政治优势和贸易优势在这些港口周旋的马来贵族。在我们固有的观念中，“王国”往往由紧密地连为一体的领土构成。然而，面对这种横跨漫长距离的海上统一体，这种观念显得毫无意义。[59]

斯科特认为，这一论据有助于我们将佐米亚视为一个紧密相连的社会空间。不过，与相对容易穿越的大海与大洋相比，东南亚地块并非轻易通行的地理空间。[60]

佐米亚的国家、边界与主体性

斯科特认为，直到大约一个世纪之前，佐米亚都是一片尚未国家化的空间。然而，这

---

58 Patterson Giersch, “Across Zomia with Merchants, Monks, and Musk”; Magnus Fiskesjö, “Mining, History, and the Anti-state Wa”; Lim Joo Jock, *Territorial Power Domains, Southeast Asia, and China*; Gehan Wijeyewardene, *Ethnic Groups across National Boundaries in Mainland Southeast Asia*; Andrew Walker, *The Legend of the Golden Boat: Regulation, Trade and Traders in the Borderlands of Laos, Thailand, China and Burma*, Honolulu: University of Hawai'i Press, 1999.

59 James Scott, *The Art of not Being Governed*, pp. 48–49.

60 参见 Patterson Giersch, “Across Zomia with Merchants, Monks, and Musk”。

里其实仍然如雨后春笋般涌现出一系列小国家，诸如讲泰语的“勐”（比如云南的西双版纳、越南的西双楚泰、老挝的兰沧等）、缅甸的众多掸邦、[61]颇具规模的南诏“封建”政权，以及云南和贵州的彝族、侗族和白族政权。事实上，国家的缺失并不是东南亚地块的特征。相反，这里充斥着诸多规模较小、联系松散，且处于不同发展阶段的国家。它们曾降服势力范围内的同类政权，却从未合而为一，也从未完全融入周边的政体。如同纪若诚和马思中在刊登于本期专刊的文章中所阐释的那样，这些政治实体虽然在地理层面相互分离，却凭着危机四伏但畅行无阻的商贸路线建立了密切的经济联系。

在欧洲人殖民东南亚之前，“曼荼罗”式的国家行政管理模式占据着主导地位。人们常将邦国与帝国核心区的外围地带设定为缓冲区，这里居住着“欠开化者”或“未开化者”，缓冲区与核心区的朝贡关系通常足以确保后者的政治安全与稳定。[62]不过，目前广为接受的分区方法是将其分为南亚、东亚、中亚（内亚）和东南亚等大型文化区，这种方法主要以欧洲人和中国人的民族国家观与线性国界观为基础。

此后，这种分区方法在诸多学术实体，诸如美国亚洲研究学会（American Association for Asian Studies）中孕育出各种具体的研究分支，相关的研究成员与学术文章都必须立足于某个既定的分区。偶有一些研究者会跨越两个或多个分区，他们最近被集中到刚刚成立的“跨界”部门。由此可见，尽管学界对跨区域研究的兴趣姗姗来迟，却也势头可喜。[63]与这一现象相一致，并在一定程度上作为其结果的是，大多数政治科学家都几乎顺理成章地认定，由于少数民族政策是以国家为基础来制定的，因此少数族群问题理应在国别背景下加以研究。克里斯托弗·邓肯编写的《教化边疆》就秉持了这一立场。[64]虽然该书内容本身十分重要，但每个国家都占据一章，且篇幅大致相当，而中国或印度的邻近地区，或有关跨界研究的内容却只字不提。

然而只有从低地的视角出发，“少数群体”这一范畴及其衍生属性，即偏远性和边缘性才言之有理。只有当他们牵涉一个或几个国家核心区，而这些国家又可以创造出关于边

---

61 Georges Condominas, “Essai sur l’Évolution des Systèmes Politiques Thais” ; J. Rispaud, “Les Noms à Éléments Numéraux des Principautés Taï,” *Journal of the Siam Society*, vol. 29, no. 2, 1937, pp. 77–122.

62 O. W. Wolters, *History, Culture and Region in Southeast Asian Perspectives*, revised edn, Ithaca, NY and Singapore: Cornell Southeast Asia Programme and Institute for Southeast Asian Studies, 1999; Thonchai Winichakul, *Siam Mapped: A History of the Geo-body of a Nation*, Honolulu: University of Hawai’i Press, 1994; Michel Bruneau, “Évolution des Étagements Ethnopolitiques dans les Montagnes Sino-indochinoises,” *Hérodote*, vol. 10, no. 4, 2002, pp. 89–117.

63 AAS 网址：http://www.aasianst.org/（2010 年 2 月访问）。

64 Christopher R. Duncan, ed., *Civilizing the Margins: Southeast Asian Government Policies for the Development of Minorities*, Ithaca, NY: Cornell University Press, 2004.

陲地区的权威知识——无论是古代史书中的零星描述，还是近来对境内的异族他者，或是其本身历史的研究——少数群体才会进入我们的视野。[65] 在某个既定的民族国家的束缚性框架内研究高地社群，二者关系会从唇齿相依的文化实体，变为“多数-少数，现代-古代，文明-野蛮”的二元对立。人们会不加批判地把一些既定标签，诸如“民族少数群体（national minorities）”和“少数民族（minority nationalities）”，贴在他们身上。在过去的一百多年里，不少学科涌现出大量基于国家框架的关于整个东南亚地块与佐米亚地区的研究，它们以鲜活的例证展现了国家因素如何遏制，甚至抹去了整个跨国社会维度。同样的情形也出现在别的研究对象之中，如库尔德人、吉卜赛人、因纽特人、努尔人（Nuer）、昆人（!Kung）、达雅人（Dayak）等。国界本身的政治属性，人为地割裂了跨界主体的历史社会脉络和文化结构，弱化了以国家为框架的研究成果的有效性，使其仅仅适用于一个碎裂的群体，而更大的实体往往消失在国界之外。[66]

社会人类学家并非否认国家语境及其蕴含的重要性，他们只是认为，在研究那些被众多国界线割裂开来的族群时，还应遵循跨国取径，考虑到他们的文化完整性，而不该只是将其视为某个民族国家的一部分。从学术研究角度将佐米亚地区和东南亚地块看作一个跨国社会空间，恰恰有助于推进跨国取径的采用。在本期专刊中，萨拉·特纳揭示了赫蒙族人对跨越中越边境的家族网和贸易网的充分利用，马思中则探讨了佤族人对中缅边境类似网络的利用（从某种程度上来讲台湾一文也探究了类似问题）。[67] 自古以来，这些群体一直遭到曲解，进而被剥夺了种种权利。从更加宏观的层面而言，跨界研究有助于在国际范围内提醒人们关注这些在世界人口中占有重要份额的群体。

有鉴于此，斯科特的著作极其有助于重新评估那段历史，赋予高地居民以主体性。他

---

65 例如 Ma Touan Lin, *Ethnographie des Peuples Étrangers à la Chine: Ouvrage Composé au XIIIe Siècle . . . Traduit . . . du Chinois avec un Commentaire Perpétuel par le Marquis d'Hervey de Saint-Denys*, Paris: Ernest Leroux, 1883；张坦：《“窄门”前的石门坎：基督教文化与川滇黔边苗族社会》，昆明：云南教育出版社，1992 年。

66 在这方面，泰国堪称典范。20 世纪 60 年代至 90 年代之间，已有关于赫蒙族（Hmong，在中国境内称苗族。——译者）、克伦族（Karen）、阿卡族（Akha）的数百本专著出版。但是在每份案例研究中，每个族群所占比例并不多。参见：Gordon Young, *The Hill Tribes of Northern Thailand*, Bangkok: The Siam Society, 1962; Inga Lill Hansson, *A Folktale of Akha in Northern Thailand*, Copenhagen: University of Copenhagen, 1984; Paul E. Durrenberger, “Misfortune and Therapy among the Lisu of Northern Thailand,” *Anthropological Quarterly*, vol. 52, no. 4, 1979, pp. 204–210; Robert G. Cooper, “Sexual Inequality among the Hmong,” in John McKinnon and Wanat Bhruksasri, eds., *Highlanders of Thailand*, Kuala Lumpur and New York: Oxford University Press, 1983。

67 关于佐米亚或东南亚地块，类似个案研究参见 Jean Michaud, *Turbulent Times and Enduring Peoples*; Jean Michaud and Tim Forsyth, eds., *Moving Mountains: Highland Livelihoods and Ethnicity in China, Vietnam and Laos*, Vancouver: University of British Columbia Press, 2010。

利用政治科学家所熟悉的鸟瞰视角，为（他所定义的）佐米亚的人居环境和政治关系绘制了一幅图表。其论点如下：

> 佐米亚是世界上现存最大的一块其居民尚未完全纳入民族国家的区域。这样的时日不会延续太久。然而，就在不久以前，绝大多数的人类都以这种自治方式生活着。时至今日，谷地王国的人们仍将他们看作"我们的活祖先"，是"在稻作文化、佛教与文明出现之前的我们"。不过，我认为我们最好把山地居民理解为逃避的、流亡的、被孤立的族群，在过去两千年的历史进程中，他们一直在逃避谷地国家建设带来的苦难——奴役、征兵、课税、徭役、瘟疫和战争。他们所居住的大部分地区几乎可以称为破碎带或避难区。[68]

虽然此前从未有人如此透彻、有力、直白地提出如此大胆的论点，但有些人讨论过与之相似的观点，而且大多是人类学家在实地考察了那些展现出"逃避策略"的群体后发起论战。20世纪60年代，法国人类学家皮埃尔·克拉斯特对亚马孙河流域北部的多个族群展开调查，并于1974年发表了题为《反抗国家的社会》的短篇论辩文章。[69]他认为，如下这种现象，即在哥伦布到达美洲之前，美洲诸多所谓的原始社会不存在复杂层级的社会组织，并不代表美洲人"尚未"意识到社会分层。相反，克拉斯特推测，随着时间的推移，这些社会已经逐渐具备了避免出现社会分层的能力。在他看来，所谓原始社会的形成正是为了避免从中出现国家。彼时，克拉斯特的论点在法国引发了激烈的争论。其中最苛刻的责难，便是有人指责他在全力反抗现代性的种种罪恶的过程中给"高贵的野蛮人"涂上了浪漫色彩，有些人可能觉得这一批评也有必要加在斯科特头上。

斯科特对皮埃尔·克拉斯特充满感激之情，认为"他对后征服时期南美土著族群'逃避国家'与'防范国家'的大胆诠释……被随后证实是颇具预见性的。"[70]他还赞扬了墨西哥人类学家冈萨洛·阿吉雷·贝尔特兰的原创性研究，即后者所谓的"避难区"。[71]斯科特还借鉴了他人对全球各地被征服社会的研究，这些社会渴望遗世独立，无视或拒绝国家建设。欧内斯特·盖尔纳发现，马格里布就存在着类似情形。他指出，为了与入驻的穆斯

---

68 James Scott, *The Art of not Being Governed*, p. ix.

69 Pierre Clastres, *La Société Contre l'État*, Paris: Editions de Minuit, 1974, trans. by Robert Hurley as *Society against the State: Essays in Political Anthropology*, New York: Zone, 1987.

70 James Scott, *The Art of not Being Governed*, p. xiii.

71 Gonzalo Aguirre Beltrán, *Regions of Refuge*, Washington, DC: Society for Applied Anthropology (Mon. Ser. No. 12), 1979.

林阿拉伯人及其势不可挡的文明浪潮保持距离，崇尚万物有灵的柏柏尔人宁愿四处漂泊。[72]据施瓦茨和所罗门研究，在欧洲征服时期，定居巴西的天主教传教士努力安抚印第安土著，让他们改信基督教，这种举动引发了希瓦罗人（Jivaro）与扎巴罗人（Zaparo）的逃离。这种古老的对抗模式再现了他们在更早时期对印加帝国的抵制。[73]这个案例的有趣之处在于，与佐米亚的情形相比，占主导地位的印加社会住在高地，而边缘族群则只配生活在地势较低、疾病肆虐的热带雨林地区。这也进一步表明，我们要切忌将海拔当作划分社会的标记，赋予其过多的原始效力（primordial potency）。

斯科特还指出，理查德·怀特业已证明，在欧洲征服的一个世纪之后，北方的一群美洲印第安族群将五大湖区作为避难所，把英国、法国殖民者拒之门外。[74]他进一步指明，欧洲也有从各国逃出的吉卜赛人（Roma）、船载奴隶，以及15世纪逃向哥萨克边境的俄罗斯农奴。至于亚洲，斯科特借用了如下研究成果：欧文·拉铁摩尔（1962年）研究过中国西南部的一些小社群逃至深山以躲避汉族同化的事例；罗伯特·海夫纳关于爪哇高地的研究（1985年）揭示了信仰印度教的腾格里人（Hindu Tenggeri）躲避控制爪哇岛的穆斯林势力的事例；基辛曾研究过菲律宾吕宋岛北科迪勒拉地区的伊富高人（1976年）。斯科特还充分利用了埃德蒙·利奇对缅甸高地的颇具影响的研究（1954年），据此可知，崇尚平等主义的克钦社会可以根据周遭环境和战略目标调整对策，或者建立以宗亲关系为纽带的地方政权，或者投靠邻近的封建掸族人所建立的更为集中的政治组织。[75]除了这些令人信服的研究成果之外，我们还可以从纪若诚的深入研究中，了解清朝中国是如何逐渐对云南的西普潘纳（今西双版纳）施行政治统治的。此外还有伯纳德·塞拉托和热罗姆·卢梭对婆

72 Ernest Gellner, *Saints of the Atlas*, London: Weidenfeld and Nicholson, 1969.

73 Stuart Schwartz and Frank Solomon, “New Peoples and New Kinds of People: Adaptation, Adjustment, and Ethnogenesis in South American Indigenous Societies (Colonial Era),” in Stuart Schwartz and Frank Solomon, eds., *The Cambridge History of Native Peoples of the Americas*, Cambridge: Cambridge University Press, 1999, pp. 443–501.

74 Richard White, *The Middle Ground: Indians, Empires, and Republics in the Great Lakes Region, 1650–1815*, Cambridge: Cambridge University Press, 1991.

75 Owen Lattimore, “The Frontier in History,” in *Studies in Frontier History: Collected Papers, 1928–1958*, London: Oxford University Press, 1962; Robert W. Hefner, *Hindu Javanese: Tengger Tradition and Islam*, Princeton, NJ: Princeton University Press, 1985; Felix M. Keesing, *The Ethnohistory of Northern Luzon*, Stanford, CA: Stanford University Press, 1976; Edmund Leach, *The Political Systems of Highland Burma: A Study of Kachin Social Structure*, Cambridge, MA: Harvard University Press, 1954。有关利奇的研究，另参见 Jonathan Friedman, *System, Structure and Contradiction in the Evolution of “Asiatic” Social Formations*, Walnut Creek, CA: Altamira-Sage, 1998; Mandy Sadan and François Robinne, eds., *Social Dynamics in the Highlands of South East Asia: Reconsidering Political Systems of Highland Burma by E. R. Leach*, Leiden: Brill, 2007。

罗洲高地的详尽研究：这个区域与佐米亚非常相似，此地的普南族（Punan）游牧民与达雅族农民之间之所以保持着一定的距离，正是为了避免受到后者的影响。同样，阿兰·德斯塔也指出，世界各地的狩猎-采集社会飞地的流动性，表明他们意图与周围以农民为主的社会保持距离。[76]

在斯科特的研究中，有一个内涵丰富的因素，便是他所谓的“地域阻力”。[77]在他看来，这一概念在某种程度上解释了为什么佐米亚的小型社会会选择偏远的高地作为避难所。一处难以进入的地形在一定程度上保障了安全，其景致还可以从社会层面增加阻力。相反，那些渴望接触、控制这些族群的雄心勃勃的国家，则通过一系列“消除距离的技术”努力弱化地域阻力，比如架造桥梁、建造全天候道路、砍伐森林、制作精确地图，以及发展电报。更为先进的树木脱叶技术，以及直升机、飞机和现代卫星摄影技术的使用，进一步减弱了那种阻力。因此，阻力并不只是以某种机械方式“存在于此”，而是出于不同目的不断地被人为加工出来。斯科特发现，从逻辑上讲，对于那些渴望将“地域阻力”最大化，从而将其用作抵制国家控制的策略的人来说，他们也可以采取一系列与之抗衡的手段，诸如摧毁桥梁，在关隘或峡谷中埋伏兵力或设置陷阱，沿路伐倒树木，切断电话线和电报线等。有关游击战争的大量文献（除了与情报搜集技术相关的部分内容外）都涉及如何利用地形来因势利导。[78]

因此，佐米亚的居民不只是被动的臣服者，同时也具有主体性。如同王富文*在他新近对《逃避统治的艺术》的评论中所言：

> 斯科特力图将主体性赋予那些被视为缺失主体性的人们，以求在刀耕火种的农业、裂变型的宗亲关系结构和口头传说等历史实践中，找到他们有意识的政治选择和战略决策。……这与人们普遍接受的观念大相径庭。人们通常认为，这些人是国家机构的无奈且不幸的牺牲者，是历史上的失败者，是膏腴之地上的被剥削者，甚至是某个史前时期遗存的活化石。[79]

---

76 C. Patterson Giersch, *Asian Borderlands*; Bernard Sellato, *Nomads of the Borneo Rainforest; the Economics, Politics, and Ideology of Settling down*, Honolulu: University of Hawai'i Press, 1994; Jérôme Rousseau, *Central Borneo: Ethnic Identity and Social Life in A Stratified Society*, Oxford, Oxford University Press, 1990; Alain Testart, *Le Communisme Primitif, vol. 1: Economie et Idéologie*, Paris, Editions de la Maison des Sciences de l'Homme, 1985.

77 James Scott, *The Art of not Being Governed*, chapter. 2.

78 James Scott, *The Art of not Being Governed*, p. 166.

* Nicholas Tapp，尼古拉斯·塔普，中文名为王富文。——译者

79 Nicholas Tapp, “Review of James C. Scott's ‘The Art of not Being Governed’,” *ASEASUK News*, no. 47, 2010.

詹姆斯·斯科特介绍这些“被规划的野蛮人”[80]，是为了告诉我们，他们尽管受到外界的管制，却也根据所处的特殊环境尽可能实现自身的本土化，以旁观者难以理解的、颇具创造性和文化特性的方式，制定合适的对策。

结语：“佐米亚”及其超越

大家同意将本期专刊命名为“‘佐米亚’及其超越”，乃出于以下几个方面的原因。我们之所以选择“佐米亚”这个名称，是因为尽管它的定义不甚精确、饱受质疑，但这个术语恰恰似乎可以引起大家的讨论。此外，它具有一个弥足珍贵的特质，即可以在国际层面提高对这个偏远的社群熔炉及其鲜为人知的历史的关注，因为这些内容非常值得人们更好地了解。我们之所以用“超越（beyond）”一词，是因为它凸显了本期专刊的各位作者都认可的主旨，即要结合各自的专业特长，通过对某个地点、某个时期的扎实研究，在现实中检视佐米亚。这种“检视”虽是在历史学专业期刊上完成的，但作者们却来自一系列不同的学科，这有助于我们评估这种超越任一特定学术圈的佐米亚研究的意义。参与这项研究的所有作者，都对“佐米亚”的概念持有一定程度的保留意见。而提出这一概念的学者很可能不会想到它会以这种方式在此呈现出来，供人思考。作者们的研究不但拓宽了学界关于这一概念的知识界限，也拓宽了学界所知的它所囊括的族群的界限。

本文集还有一个尚待解决的问题：到底是谁需要诸如“佐米亚”这样一个概念？笔者猜想，也许不会是共存于这片高地的诸民族国家。如果佐米亚之中的每个国家都用本民族的方言来定义国境之内的高原地区，那么据我所知，这些国家中没有哪个能创造出一个可行的名称来表述自己国境之外的高地。

我们还可以推断，生活在那里的那些族群从未需要诸如“佐米亚”、“东南亚地块”、“喜马拉雅地块”或“亚洲高地”这样的概念。在山区，存在着数百种指代局部生活环境的方言术语，其中一些还明确指出了其地形的特殊要素。但我怀疑，任何一个长久居住于此的当地社群都未曾提出过像“佐米亚”这样的总体性概念。大多数研究某个高地族群的专家可以证实，对于高地人来说，如此大尺度的概念无论在实用性还是在象征性上都毫无意义。

尤为典型的是，社会人类学家（还有语言学家以及诸如传教士郭德琪那样的“业余”民族志学者[81]）往往专攻某个特定的高地族群，而且局限于某个国家之中。数百篇关于傈僳族（Lisu）、那加族（Naga）、菩提亚族、瑶族、墨侬族（Mnong）、傣族、哈尼族、侗族、

80 James Scott, *The Art of not Being Governed*, p. 8.

81 Jean Michaud, *“Incidental” Ethnographers*, p. 67.

布依族等民族的论文和专著证实了这一现象。[82] 笔者也怀疑，这些扎根一地的学者也许会认为“佐米亚”这个笼统概念的限定范围过于宏观，远非他们的研究领域所能企及。

尽管高地人本身、他们所处国家的统治者和学界专家似乎都对“佐米亚”这类概念兴趣索然，但它仍然吸引了一些国际组织与学者的关注。出于制度、知识、研究或教学等层面的需要，这些组织和学者试图从宏观视角探究“亚洲高地”及其族群。近年来涌现出一批贴有此类跨国标签的项目，诸如针对北极圈周围土著社会的“环极地研究”，[83] 以及已经启动的关于南美洲中部跨国森林带的“亚马孙研究”。这些研究彰显了我们既需要从宏观视野分析遍布于广袤疆域的大量人口的活动，也渴望超越政治边界和学科界限，以不同的方式评估地方社会的眼下与未来。

在亚洲，从长远来看，对于历史学和所有的社会科学而言，“佐米亚”及类似术语的重要性有待进一步思考。尽管它目前很受青睐，但这有可能只是昙花一现。穿越这些高地的公路网和铁路网日趋密集，通信技术（电视、移动电话、互联网）几乎覆盖了各个角落，大规模的内部移民，以及因贸易和旅游而逐渐开放的边界，这些因素可能很快就会把“地域阻力”冲破。这将促使这些族群融入更广阔的亚洲，并最终融入全球化的世界。

如今，大批高地人离开他们的祖先朝耕暮耘的农村环境，搬到了佐米亚内部及四周的低地和城区。这种人口流动所覆盖的范围令人印象深刻。在曼谷，克伦族和拉祜族的农民成为城郊小工；在河内，人民委员会中出现了岱依族（Tay）、泰族（Thai）、依族（Nung）的男性和女性选区代表的身影；在印度北部，夏尔巴人在城市中经营着旅游业；在昆明或成都，受过教育的纳西族人、白族人和彝族人担任着国家公务员；在贵阳，瑶族、侗族和布依族学者在学校中任教；在南宁与香港，壮族计算机程序员在努力提升技术；在上海，苗族的出租车司机小伙子在整日奔波；在佐米亚的各个地区，少数民族流行歌星时不时地跃升至排行榜榜首。

与之相反的趋势是，佐米亚地区的每个国家都已颁布，或正在推动一项针对低地居民的人口迁移政策。由于高原地区上人口对土地的压力低于全国平均水平，因此国家鼓励人们去高地实现经济梦想。这其中就包括20世纪60年代越南发起的“新经济区”计划和近年来在中国西南部发起的“西部大开发”战略。因此，在过去一百年左右的时间里，典型的高地小城镇已从以土著人为主的实体，发展成为大规模的文化杂交场所。佐米亚高地的

---

82 Jean Michaud, “Bibliography,” in *Historical Dictionary of the Peoples of the Southeast Asian Massif*, pp. 273–355.

83 参见2002年由加拿大马基维克制图社（Makivik Cartographic Services）提供的地图，http://www.makivik.org/en/mediacentre/nunavik-maps（2010年4月1日访问）。目前，北极大学（The University of the Arctic）颁发“环极地研究”的学士学位。

土著社会迟早会被外来族群整合或取代，这将使这一独特的社会空间变得无足轻重。

不过，当今时代的联系也可能再次重塑佐米亚，而非消除佐米亚。[84] 游客想要的正是千差万别，而非千篇一律。大多数高地族群仍然在乡村中生活和工作，他们无论在人口、技术，还是思想上都很少直接受到低地移民影响。因此，高地地区与低地地区在种族特征上仍然存有很大区别。在未来许多年内，该区域将持续存在复杂的族群。至于逃亡、避难和抵抗同化是否仍将是重要议题，尚有待观察。面对这种现代化困境，詹姆斯·斯科特在《逃避统治的艺术》中谨慎地指出，他对相关形势的解读只适用于20世纪上半叶之前的时期。然而，他早期所著关于"底层政治"和日常抵抗的成果已强烈地表明，这一现代化进程可能也不如其拥趸所预期的那么行之有效。[85]

【原文出处】Jean Michaud. "Editorial – Zomia and beyond," *Journal of Global History* (2010) 5, pp. 187–214.

84 参见 Bernard Formoso, "Zomian or Zombies?"。

85 James Scott, *Weapons of the Weak: Everyday Forms of Peasant Resistance*, New Haven, CT: Yale University Press, 1985; James Scott, *Domination and the Arts of Resistance: Hidden Transcripts*, New Haven, CT: Yale University Press, 1990。另见 Benedict J. Tria Kerkvliet, "Everyday Politics in Peasant Societies (And Ours)," *Journal of Peasant Studies*, vol. 36, no. 1, 2009, pp. 227–243。

希瑟·斯特里兹-萨尔泽　著
姜伊威　译

地方即全球：1915年新加坡哗变

【导读】

希瑟·斯特里兹-萨尔泽（Heather Streets-Salter），美国东北大学历史系教授，1998年于杜克大学获得博士学位，之后曾任教于华盛顿州立大学。主要研究领域为世界史，帝国史和殖民关系。代表作包括《军事民族：英帝国文化中的军事、种族与男子气概（1857—1914年）》（2004）、《传统与碰撞：全球简史》（合著，2014）、《一战在东南亚：全球冲突时代的殖民与反殖民》（2017）。

1915年2月15日，英国驻守新加坡的印度穆斯林兵团发生哗变，一周之内叛军即被镇压。本文以这个鲜为人知的突发事件为引子，讨论在20世纪初，尤其是“一战”刚刚开始的敏感时刻，风云诡谲的全球局势如何影响到新加坡这个弹丸之地，同时该地方性事件又是如何牵动世界列强（英、德、法、俄、日等）的敏感神经。作者指出，这场哗变的酝酿、爆发和失败由多股相互联系又互相冲突的世界性暗流推动：一方面是各殖民帝国建立的错综复杂的信息网络和军事联盟；另一方面是泛伊斯兰主义的抬头和反殖民浪潮下东方国家民族主义（尤其是印度的激进民族主义）的勃兴。

在全球史研究中，最引人入胜的问题往往在世界大势与地方经历的纠葛互动中产生。如何考察两者之间对立统一的复杂关系是全球史研究的一大难题，也是重要特色。本文对一个带有全球背景和影响的地方事件进行深入分析，其小中见大和大中见小的交叉视角、单一个案的方法以及“地方即全球”的主张，都对全球史研究颇有借鉴意义。此外，文章不仅考察了一战在东南亚的发展以及两者的互相影响，还强调了该地区殖民关系的复杂性和界限的模糊性，有助于推进学界对一战的整体研究。

本文的另外一个贡献与历史叙事有关。殖民地官方简单地把这场哗变描绘成由军队内部矛盾引发的地方事件。然而，作者通过对不同国家原始档案的分析，证明以上说法是英国为了息事宁人而有意为之。他们担心如果哗变背后隐藏的各种全球因素（尤其是列强的介入以及印度民族主义和泛伊斯兰主义）被公之于众，那将会引发更加激烈的反殖民浪潮。本文将这些被掩盖的历史真相披露出来。这也表明，当我们以灵活的视角在全球背景下重新审视被官方叙事所固化的历史事件的时候，许多被掩盖或曲解的过去自然会展现出来。

1915 年 3 月 22 日，大约六千名新加坡平民聚集在新加坡欧南路（Outram Road），围观一场对 21 名印度第五轻步兵团成员的审判。在军法审判下，这 21 名印度士兵皆被判有罪：16 人被判流放或监禁，5 人被行刑队立即处决。这 5 名被判死刑的人——分别为东德·汗准尉（Subedar Dunde Khan）、奇斯特·汗少尉（Jemadar Chisti Khan）、拉赫马特·阿里中士（Havildar Rahmat Ali）、士兵阿基姆·阿里（Hakim Ali）与中士阿卜杜勒·加尼（Abdul Ghani）——在重兵把守下被押送到狱墙前示众。他们的手脚被绑在一起，长官高声宣布这几个人"因煽动并参与哗变，被判处枪决"，并且，"身为印度陆军（Indian Army）的士兵，他们违背了誓死效忠国王陛下的诺言"。[1] 为了让围观群众听懂，宣判词分别以英语、马来语、汉语和乌尔都语进行了朗读。随后，由 25 人组成的行刑队举起来复枪执行枪决。

从这一年的 2 月底到 4 月初，新加坡政府试图在该岛上重树威信；这场处决既不是第一次，也不是最后一次。在第五轻步兵团，有 203 人先后接受审讯，202 人被定罪。判决包括 41 例绞刑，63 例终生流放，69 例十年到二十年徒刑，24 例六周到七年不等的监禁。所有的判决都发生在 2 月 23 日到 4 月 18 日之间，尽管军事法庭持续到了 1915 年 9 月，因为直到那时，所有逃逸在岛上的士兵才全部归案。[2]

如此大规模的判决是因为哗变。2 月 15 日午后，由 850 人组成的第五轻步兵团在亚历山德拉军营搬运弹药的时候，其中的一半人参与反抗他们的英国长官。[3] 哗变在一声枪响中开始，起事者分成了三组。第一组直奔位于东陵（Tanglin）的德国战俘营，那里关押着沉没于马来亚海岸的德国舰船"埃姆登号"（Emden）的官兵，起义者释放了这些战俘，并杀害了 14 名英国和印度官兵。[4] 第二组冲向新加坡的中心，沿途杀死 6 名士兵和平民。第三组向马来州属守卫（Malay States Guides）的炮兵营房进发，试图强迫那里的士兵们也加入起义队伍。他们还在沿途杀掉了 10 名英国平民，其中包括 9 名男性和 1 名女性。[5]

哗变的讯息传遍新加坡，在当地的欧洲居民中间引发恐慌。他们惊惧地意识到，唯

---

1 *The Straits Times*, 23 March 1915.

2 Court Martial Proceedings on Mutineers of the 5th Light Infantry, 1915. India Office Records, (IOR) L/MIl/7/7191, volume Ⅱ, "Secret. Court of Enquiry," p. 1.

3 参与哗变的士兵中有半数为右翼，官方记录称，哗变者主要由"拉吉普特穆斯林"组成。T. R. Sareen, comp., *Secret Documents on Singapore Mutiny 1915*, Vol. 1, New Delhi: Mounto Publishing House, 1995, p.37. 该书的第 1 卷和第 2 卷为哗变后庭审记录的公开发行版本，其内容还包括相关证据、当事人回忆，以及一些报纸文章。

4 Report on Singapore Disturbances of 1915, the National Archives (hereafter TNA), Kew, p. 22; *Secret Documents,* pp. 28–29.

5 *Secret Documents*, pp. 30–31.

——支守护新加坡的常规军队中，已经有很大一部分人开始公然反叛，这也就意味着殖民地几乎完全失去了防御能力。在一年前，还有一支英国兵团驻扎在新加坡——国王私人轻步兵团（the King's Own Light Infantry），不过1914年一战开始后，这支武装就被调回欧洲。1914年8月，马来人和华人组成了“新加坡志愿军”（Singapore Volunteer Corps, SVC），这是一支450人的平民志愿武装，但是其中没有欧洲人。无论如何，这支部队缺乏正规军事训练。随着一战爆发，一支名为“新加坡来复枪志愿军”（Singapore Volunteer Rifles）的欧洲步兵团成立起来，但这支队伍的成员都是有着全职工作的专职人员，因而他们的训练也是零星的。最终，新加坡只保有了一支由马来人、华人和印度人组成的大约1200人的警察队伍，他们并没有接受过常规装备实操训练。这支队伍中，只有一支约220人的锡克人分队接受过武器训练。[6]然而，时值中国春节，所有的华人志愿者与警察都正在过年。缺乏常设的马来人兵团，是因为英国统治者既不看好其军事潜力，也认为从印度军队调出的兵团足以保卫新加坡。[7]因此，当第五轻步兵团在2月15日哗变时，整个殖民地都处于险境——讽刺的是，该兵团因为在1857年镇压印度叛乱而被称为“忠诚的第五兵团”（Loyal 5th）。

人心惶惶。白人妇女相传遭到丧心病狂的当地人奸淫，因此英方政府将所有的妇女儿童都撤离到了港口的船只里。[8]欧裔、华裔和日裔男性都被尽可能地调集起来保护城市中的重要建筑区和重要人物。总督阿瑟·杨（Arthur Young）宣布戒严令，并着手请求增援。除了向英国紧急请求从缅甸调兵增援外，杨还授权向附近船只发出求救信号。缅甸的援兵几天之内还无法赶到新加坡，周边海域上的船则要快得多：法国、日本和俄罗斯的船只都回应了遇难信号，并派遣水手前往殖民地帮助恢复秩序。邻近的柔佛州在短暂的迟疑后，最终也派兵援助英国人。

实际上，在多方援助下，哗变在开始后仅仅两天就被平息了。城市保住了，没有市民再为此丧命。几天后，当英国增援部队到达时，只剩下少数叛军藏匿于周围的丛林中，其中多数人也迅速被抓捕。正如我们已经看到的那样，英国统治者很快就将这些人处决、流放和监禁，以儆效尤。

在1915年的新加坡哗变中，可以看到一段人类悲惨历史所包含的所有要素：阴谋、背

---

6 W. R. E. Harper and Harry Miller, *Singapore Mutiny*, Singapore: Oxford University Press, 1984, p. 16.

7 时任新加坡总督阿瑟·杨坚持认为，马来人是无法遵守军队纪律的。见 Nadzan Haron, “Colonial Defense and British Approach to the Problems in Malaya, 1874–1918”, *Modern Asian Studies* 24, no. 2,1990, p.287。

8 关于这一主题的更多内容，见 C. Doran, “Gender Matters in the Singapore Mutiny,” *Sojourn: Journal of Social Issues in Southeast Asia* 17, no. 1, 2002。这种策略在1857年的印度起义时成功起到了作用，英国的妇女儿童被强奸或谋杀的画面激起了英国人的强烈复仇欲，见 Heather Streets, *Martial Races: The Military, Race, and Masculinity in British Imperial Culture*, Manchester: Manchester University Press, 2004, chaps. 1 and 2。

叛、激情、谋杀、种族主义、惨案、恐慌。由于英国官方调查法庭被委任彻查此事，因此留下了数百页来自英国、印度、中国与马来目击者的法庭证词，使得这段历史有据可查。[9]法文资料和日文资料为英方的档案提供了补充，此外，还有相当多来自日本、香港、马尼拉和纽约的报纸资料。[10]然而这段惊心动魄的历史却没有吸引太多的学者关注，只有两本相关专著。其中一本写就于约 25 年前，没有任何的脚注，另一本聚焦于这场事件中日本人的角色。[11]曾经有学者把这一事件作为印度民族主义运动史的一部分进行讨论，不过，在今天这一事件大多数情况下已被置于新加坡国家历史的语境中。[12]

学界对于这一事件的普遍忽视也许是情有可原的。毕竟，回望 1915 年的世界，发生了太多的大事，只举两例：德军宣布以潜艇封锁英国海岸线，英法海军联合攻击土耳其在达达尼尔海峡的各处港口要塞，相比之下，新加坡的这场哗变只不过算是一个边缘的历史注脚，在新加坡本土之外影响甚微。但是，在本文中，我希望为这一事件赋予重要的世界史意义，对于这场哗变的研究，足以影响到区域史、帝国史乃至世界史本身的学术领域。国家或帝国间的疆界曾经被认为是明朗的，但是正在兴起的一股史学潮流却试图强调疆界的模糊性和混乱性，对于区域史和帝国史而言，深入研究这场哗变的始末有助于推进这一历史学工

---

9 英国的相关档案藏于国家档案馆 (Report on Singapore Disturbances of 1915, WO 32/9559 and Report on Singapore Disturbances Part Two, WO 32/9560) 以及印度部图书馆（India Office Library）(Report in Connection with Mutiny of 5th Light Infantry at Singapore 1915, L/MIL/17/19/48, and Court Martial Proceedings on Mutineers of the 5th Light Infantry, 1915, India Office Records, [IOR] L/MIl/7/7191, vols. 1 and 2)。国家档案馆中所藏的外交部海峡殖民地相关档案中，也有大量关于这场哗变的报告和书信，内容以围绕印度军队中的煽动性言论为主。如前所述，其中的许多档案已经重印并收录于 Sareen 所编的 *Secret Documents on the Singapore Mutiny*。

10 相关的法国资料现藏于普罗旺斯艾克思的国立海外档案馆（Archives Nationales d'Outre-Mer in Aix-en- Provence）(Troubles de Singapore, FM indo/nf/1037)，日文资料已经被 Sho Kuwajima 在其书中大量使用，*Mutiny in Singapore: War, Anti-War, and the War for India's Independence*, New Delhi: Rainbow Publishers, 2006。新加坡国立档案馆存有口述采访的录音（和记录），大多于 1980 年代进行汇编，主要来自新加坡老居民对童年时所经历的哗变的回忆。然而，这些口述资料最大的意义在于研究这一哗变在新加坡是如何被记忆的，而不是在于它们的事实准确性。受访者包括：Mabel Martin, William Martinus, Mohammad Javad Namazie, and Sng Choon Yee (SNA accession numbers 000388; 000446/09/07–08; 000189/11; and 000064/48/11–12, respectively).

11 这些著作分别是 R. W. E. Harper 与 Harry Miller 合著的 *Singapore Mutiny* (New York: Oxford University Press, 1984), 以及 Sho 的 *Mutiny in Singapore*。

12 比如，Bhai Nahal Singh 和 Kirpal Singh 在他们著作的 174 页和 175 页提到了这场哗变，*Struggle for Free Hindustan: Ghadar Movement, VolumeI (1905–1916)*, New Delhi: Atlantic Publishers and Distributors, 1986, 以及 ShoKuwajima (*Mutiny in Singapore*) 明确地将这些事件视为印度民族主义历史的一部分。Malcolm Murfett 也在他以民族国家为基础的著作中为这场哗变专设一个章节，*Between Two Oceans: A Military History of Singapore from First Settlement to Final British Withdrawal*, Singapore: Marshall Cavendish Academic, 2004。新加坡国立博物馆内关于新加坡史的常设展中，坚定地将这场哗变描述为一次地方事件，其重要性主要体现在新加坡民族国家的发展中。

作。[13] 我认为，新加坡哗变只不过是关于 1850 年到 1940 年间的众多事件的个案研究之一，该研究展示出，殖民地边界通常都具有可渗透性，尤其是东南亚殖民地在与宗主国的关系之外，还受到了多种其他势力的影响。[14] 最后，尽管这场哗变失败了，也没有产生全球影响，并在很大程度上被遗忘了，然而重要的是，它能够使我们非常清楚地看到殖民地间乃至全球间更为广泛的联系，这种联系影响着各地民众的信仰和行为。因此，新加坡哗变这样的故事就提供了另一种图景来看待查尔斯·蒂利所说的“大结构、大过程、大比较”。[15] 这取决于历史镜头的大小：虽然有许多杰出的世界史学者用宏观透镜（macro lens）来研究历史结构和进程，但是，对于这些结构的发展动力，很少有用微观透镜（micro lens）来开始研究的。[16] 我认为这两种路径都有价值、有启发性和必要性。当我们用微观透镜进行研究时，所形成的历史故事将非常具体地呈现出：世界历史浪潮中总是裹挟着普通人，有他们抗争、失败或胜利的故事，即便他们并不完全了解自己与其他人之间的联系。对于我们来说，以微观透镜来探究全球联系，可以提供通过“使历史鲜活的人类戏剧”（欧阳泰最近的一个说法）来研究这些现象的手段。[17] 正如我们将看到的那样，本文讲述的故事是关于

13　有三本新书试图综合讨论帝国历史以及各帝国间的联系，见 Jane Burbank and Frederick Cooper, *Empires in World History: Power and the Politics of Difference*, Princeton, N.J.: Princeton University Press, 2010; John Darwin, *After Tamerlane: The Global History of Empire since 1405*, New York: Bloomsbury Press, 2008; Trevor Getz and Heather Streets, *Modern Imperialism and Colonialism: A Global Perspective*, Upper Saddle River, N.J.: Prentice Hall, 2010。英帝国史的诸多研究，已从理论上和实践上为此类研究铺平了道路；从 20 世纪 90 年代开始，英帝国史的研究者们已经为宗主国与殖民地之间的联系做出了重要的理论化工作（如 Mrinalini Sinha 提出的“帝国社会构造”【imperial social formation】），并且开始考察殖民政策对英国多个殖民地的影响，（如 Philippa Levine, *Prostitution, Race, and Politics: Policing Venereal Disease in the British Empire*, 2003）。最近，Antoinette Burton 和 Tony Ballantyne 编著的两本文集做了进一步尝试，推动帝国史研究者超越宗主国殖民地的边界，探索跨殖民地空间的观念和人群的流动。这两本文集是 *Bodies in Contact: Rethinking Colonial Encounters in World History*, Durham, N.C.: Duke University Press, 2005; *Moving Subjects: Gender, Mobility, and Intimacy in an Age of Global Empire*, Champaign: University of Illinois Press, 2008。

14　事实上，东南亚史领域的学者们长久以来都非常明白汇合、流动和借用在这一地区历史中的重要作用。近年来对这些主题的探索，见 Craig Lockard, *Southeast Asia in World History*, New York: Oxford University Press, 2009。另见四卷本 *Cambridge History of Southeast Asia*, Cambridge: Cambridge University Press, 1999 and 2000 所收录的若干文章，以及 Eric Tagliacozzo, *Secret Trades, Porous Borders*, New Haven, Conn.: Yale University Press, 2009。关于现代史的著作，可参见 Benedict Anderson, *The Spectre of Comparisons: Nationalism, Southeast Asia, and the World*, London: Verso, 1998; Edwin Jurriens, *Cosmopatriots: On Distant Belongings and Close Encounters*, Amsterdam: Rodopi, 2007。

15　此为 Tilly 于 2006 年出版的著作标题，出版者为 Russell Sage Foundation Publications。

16　近期微观史视角的一个例子，Tonio Andrade, “A Chinese Farmer, Two African Boys, and a Warlord: Toward a Global Microhistory,” *Journal of World History* 21, no. 4, 2010, p. 574；另见 Donald Wright, *The World and a Very Small Place in Africa: A History of Globalization in Niumi*, the Gambia, 2nd ed., Armonk, N.Y.: M. E. Sharpe, 2004。

17　Tonio Andrade, “A Chinese Farmer,” p. 574.

多样的全球纽带、关系、意识形态等如何在某个地方和某个有限的历史时刻发挥作用的。

本文将以两部分来讨论这场军事哗变的全球性质。第一部分回溯这场哗变的起因，我认为，如果忽视了 1915 年席卷全球的各种网络和意识形态——尤其是泛伊斯兰主义和激进的印度民族主义，就无法理解这场哗变何以爆发。我也将追溯一战期间关押在新加坡的德军战俘的影响，他们对当时世界事件的观点影响了哗变中核心人物的全球观。第二部分讨论这场哗变剧中的诸多角色，包括英国、法国、俄国、日本与荷兰政府，以及新加坡的日本人、华人与印度臣民对这场哗变的反应。在该部分中，我的观点是，更宏观的全球环境、结盟与竞争等，都深刻地塑造了对这场哗变的官方或非官方的反应，尽管整个东南亚与东亚早已存在殖民地与独立国家之间的根深蒂固的正式网络也在其中发挥了重要作用。

第一部分：起因

这场哗变的起因是什么？为何在第五轻步兵团有如此多的印度士兵不满自己的处境，以至于在明知道失败代价的情况下，仍然向他们的长官举起了武器？这些问题促使英国官方调查法庭对哗变进行彻查，并且成为 1915 年 5 月 20 日签署的最终报告中的重点。根据这份报告，这场哗变是由多种“主要因素”和“次要因素”激发的。在主要因素中，该报告着力指出了兵团中英国指挥官们之间的紧张关系，纪律的败坏正源于此。另外，报告提及，兵团中的印度军官和参与哗变的右翼分子之间存在分歧。至于报告中提到的“次要因素”，则是因外部煽动势力渗入新加坡，这些因素包括：印度商人卡西姆·曼苏尔（Kasim Mansur）在军营中进行煽动性的宣讲，德军战俘营的影响，一些印度官兵所撰写的煽动性文字（其中包括本文开头提到的被判刑的人），以及这些印度官兵之间因阶位晋升而引发的相互嫉妒。[18]

当然，法庭调查的结果远远不够完美。首先，法庭全部由英国人组成，且三人均是军人，因此他们对哗变的看法注定偏颇。其次，庭审承受着巨大压力，因为开庭期只有 43 天，法庭不得不尽快做出判决，以便能够立即伸张正义——这一因素几乎阻碍了对相关事宜的全面调查。[19] 最后，尽管报告中搜集了上百名第五兵团印度士兵（以及其他许多人）的证词，但对这些证据的真实性必须格外留意，因为很多士兵都试图避免自己受到牵连，或要保护他们的战友。

---

18 Proceedings of Court of Inquiry, *Secret Documents*, p. 39.

19 Court Martial Proceedings on Mutineers of the 5th Light Infantry, 1915. India Office Records, (IOR) L/MIl/7/7191, volume 2. Letter from Dudley Ridout, General Commanding the Troops in Singapore, 26 August 1915.

尽管最终报告并不完善，但相比英国本地政府和新加坡政府在哗变一个月后迅速给出的官方解释，这份报告还是要公允得多。事实上，庭审的最终报告从来没有公开过，报告的结论至少承认了激发哗变的外部因素，但英国官方有意用淡化外部因素的结论取而代之。这是可以理解的，因为英国的统治者担心，强调哗变的外部因素只会点燃印度境内外更多军民的愤怒，甚至蔓延到其他殖民地。[20]毕竟，英国正在与强大的敌人作战，军事资源已经捉襟见肘。英政府此时对于部分印度民众的不断上升的不满心知肚明，同时其治下的华人群体也成为担忧的对象，因为孙中山发出的反殖民主义言论可能会影响到后者的忠诚度。[21]更糟糕的是，德国和土耳其政府显然已着手为殖民地的民族主义者提供积极帮助，这些人想要让大英帝国成为永远的历史。[22]因此，此时的英国当局谨小慎微，避免点燃人们的不满情绪，更要避免某一事件成为公开舆情，以至引起各地效仿。

英方政府很快就公布了对这一事件的官方定论，与庭审结果大相径庭。最重要的是，这一官方版本否定了外在起因的重要性，反而认为这场哗变仅仅是一场由于部队缺乏纪律而导致的地方事件。其实，哗变后几个星期里的政府公报都致力于强调上述版本，并曾试图将事件的性质由“军队哗变”（mutiny）降格到“骚乱”（riot）。尽管哗变在新加坡引起了恐慌，但政府在 13 天后交由路透社的官方新闻稿中写道：“新加坡第五轻步兵团（前第五孟加拉兵团）中的部分士兵，由于近期的晋升问题而心生妒意，拒绝服从命令，进而引发了严重的暴乱。在英国及协约国船只的协助下，当地政府已平息事件。”[23]为确保这一说法不受动摇，新加坡政府对报纸新闻和往来新加坡的信件进行严格的审查。[24]另外，因为庭审记录直

20 英当局格外忧虑的是驻扎在香港和缅甸等地的印度军团。同时，英方也非常注意中国及东南亚华人群体对哗变的立场。

21 关于印度人的不满情绪的英方当局材料，见 F. C. Isemonger and J. Slattery, *An Account of the Ghadar Conspiracy, 1913–1915*, Ann Arbor, Mich.: Archana Publications, 1998 [repr. of 1919 book]；关于英方对华人群体的担忧，见 Yen Ching-hwang, *The Chinese in Southeast Asia and Beyond: Socioeconomic and Political Dimensions,* Singapore: World Scientific Publishing Company, 2008, pp. 191–204; Leo Suryadinata, *"Overseas Chinese" in Southeast Asia and China's Foreign Policy: An Interpretive Essay,* Research Notes and Discussions Paper no. 11, Singapore: Institute of Southeast Asian Studies Singapore, 1978, p. 9。

22 若要深入了解奥斯曼帝国与德国之间的合作，见 Sean McMeekin, *The Berlin-Baghdad Express: The Ottoman Empire and Germany's Bid for World Power*, Cambridge, Mass.: Belknap Press of Harvard University Press, 2010。对两国活动更为通行的解释，见 Peter Hopkirk, *Like Hidden Fire: The Plot to Bring Down the British Empire*, New York: Kodansha, 1997。

23 Press Bureau Account of the Emeute, February 28, 1915. *Secret Documents*, p. 828.

24 海峡殖民地总督府的一份内部备忘录中，阿瑟・杨写道：“……已于 16 日向审查官下令，一切报纸不得离境，除了寄往英国的信件之外，一切信件都要审查。” Arthur Young to Government House, 25 February 1915. Report on Singapore Disturbances Part Two, WO 32/9560, the National Archives, London.

到 1965 年才被解密，“哗变纯粹是一件地方事件”的官方解释阻碍了之后不同解释的出现。

然而，无论是庭审记录下来的证据，还是其他英文、法文、日文资料中的电报和信件，都表明仅凭当地的情况是无法解释如此激烈的行动的。相反，有两个外来的因素似乎均对第五轻步兵团有所影响：泛伊斯兰主义情绪和印度民族主义下的加达运动（Ghadar movement）。这两个因素通过多种渠道影响到士兵，这些渠道又牵扯到奥斯曼帝国、印度、加拿大、美国、德国和中国香港等地的人或事件。在 1915 年 2 月，这些信息与互动渠道所形成的网络效应，最终引发了第五轻步兵团的哗变。

要将这些渠道梳理清楚，我们需要把目光的起点从第五轻步兵团转移到马来州属守卫。该卫队最初为保卫马来半岛而设立，1914 年秋天因战争任务而被调配到新加坡，当时的英政府确信这支部队愿意前往新加坡。马来州属守卫由印度人组成，既包括当地的印度人，也有从印度本土招募而来的，其中锡克教徒、帕坦人和旁遮普穆斯林占多数。[25] 然而，就在新加坡等待调令的期间，很明显卫队内部出事了。最初的迹象发生在 1914 年 11 月 24 日，卫队指挥官收到一封匿名信，信中透露，一些印度军官正在鼓动手下的士兵拒绝海外任务。[26] 紧接着，当部队接到前往东非的命令时，这些人明确表示抗拒，声称他们在服役条款中不包括执行海外任务的义务。[27]

结果就是，1914 年 12 月初，马来州属守卫的指挥官不得不撤回海外任务的命令。1915 年 1 月，除了一队山地炮兵外，其余人都被送回马来半岛。然而，在返回马来之前，守卫队中的一名下士劝说卡西姆·曼苏尔（Kasim Mansur）——一名居住在新加坡、有亲德倾向的印度民族主义商人，让他写信告知仰光的土耳其领事，马来州属守卫已经准备好对英国人反水，并要求土耳其政府派一艘军舰到新加坡来支持他们。这封信件在仰光被英当局拦截，1915 年 1 月 23 日曼苏尔在新加坡被捕。[28] 这其中最为值得注意的是，法庭在讯问第五轻步兵团哗变的调查报告表明，曼苏尔与马来州属守卫和第五轻步兵团都有联系，他在自己的住处多次接待这两个部队中的人。并且，曼苏尔是激进民族主义党派印度加达党（Indian Ghadar Party）的支持者，这一点尽人皆知，在下文中我们将更多地涉及这一点。英当局意识到曼苏尔在哗变中的重要作用，1915 年 5 月 31 日，曼苏尔在新加坡受审并被处以绞刑。

---

25 Harper and Miller, *Singapore Mutiny*, p. 15.

26 Malcolm Murfett, *Between Two Oceans*, p. 160.

27 与马来州属守卫拒绝海外服役相关的一系列事件，见 Malay States Guides: Withdrawal of Offer to Volunteer for Foreign Service and Subsequent Renewal of Offer, India Office Library, IOR/L/MIL/7/17261. 在 1915 年 2 月 5 日的一份印度官方报告中，有一封印度士兵所写的信，信中详述了他们不想执行任务的具体原因。

28 Murfet, *Between Two Oceans*, p. 161.

这说明什么呢？这说明最晚到 1914 年 12 月，英当局应该已经清楚，问题不单单是驻留在新加坡的印度士兵们的内部不满，而在这些印度士兵和外界的反英政府势力之间，一直都存在着明确的联系渠道。况且，守卫军成员的陈述清楚地表明，他们的不满不仅是出于本地因素以及队伍内部的个人因素，也与新加坡的直接势力范围之外的全球事件有关。其中最重要的是日本船“驹形丸号”（Kumagata Maru）的遭遇。1914 年初，这艘船由印度人古尔迪特·辛格（Gurdit Singh）包租，从香港驶往温哥华，船上载有 376 名印度乘客（340 名锡克人和 24 名穆斯林），这次航行有意挑衅加拿大关于限制印度移民的立法。[29] 然而，船只在到达温哥华后停泊被拒，乘客也被禁止上岸。他们被迫在条件恶劣的板船上滞留了两个月，最终被要求返回印度。1914 年 7 月 23 日，“驹形丸号”在加拿大军队的押送下离开温哥华。9 月 26 日，当该船到达加尔各答的时候，船上乘客们与英当局发生了冲突，因为后者打算将这些愤怒而疲惫的人们当作囚犯处理。冲突导致政府方面开枪示威，船上有 19 名印度人遭到枪杀。

“驹形丸号”事件刺激了世界各地的印度人，尤其是锡克教徒和旁遮普人的反英情绪。印度部队的士兵尤其激愤，因为船上的许多潜在移民都曾在部队服役过。“驹形丸号”的消息很快传到马来州属守卫，他们对长官表示，锡克人和旁遮普人的遭遇表明殖民地政府并没有尊重他们的付出，因此他们不打算为海外任务卖命了，牺牲不值得。[30] 一封匿名信上讽刺地写道：“我们绝不会忘记印度政府的大恩大德，他们屠杀了那些在印度难以谋生，渴望在北美过上美好生活但被驱逐出境的人们。”[31]

在对马来州属守卫进行庭审的时候，兵团中的英国军官做证道，他们当时已然意识到士兵不仅仅是得知了“驹形丸号”的惨案，也听到了关于战争中恐怖的伤亡率以及德军的威力。[32] 并且，虽然“驹形丸号”事件的传播几乎完全依靠二手信息网络，但士兵们直接从东陵的德军战俘那里得知了德军的战斗力——这些守卫军本来就负责看护战俘营。的确，法庭在调查原因的时候已经发现，煽动性言论、“驹形丸号”事件、德军战俘营的影响，都在守卫军的反叛中起到了作用。然而，法庭最终给出了一个令人震惊，且近乎是一厢情愿的结论，即马来州属守卫的不满主要来自海外任务的酬劳过低，以及印度军官的各种非政

29 Maia Ramnath, *Haj to Utopia: How the Ghadar Movement Charted Global Radicalism and Attempted to Overthrow the British Empire*, Berkeley: University of California Press, 2011, p. 47.

30 对“驹形丸号”的进一步处理，以及该事件对新加坡哗变走向的影响，见 Kuwajima, *Mutiny in Singapore*, pp. 16–33。

31 Malay States Guides: Withdrawal of Offer to Volunteer for Foreign Service and Subsequent Renewal of Offer, India Office Library, IOR/L/MIL/7/17261. India Office report, 5 February 1915.

32 Murfett, *Between Two Oceans*, p. 160.

治性“阴谋”。[33]

让我们回过头来再现第五轻步兵团的情况。在1914年末到1915年初的冬天几个月里，第五轻步兵团照常与马来州属守卫一同驻扎在这个小岛上，直到后者在1月末离开。第五轻步兵团在1914年10月从印度中部省份来到新加坡，执行他们史上的第一次海外任务。绝大多数兵团成员来自北印度，就像马来州属守卫一样，其中包括很多旁遮普人，兵团中无论左翼还是右翼，几乎都是穆斯林。第五轻步兵团的士兵们知道守卫军拒绝去东非执行任务，这一点几乎没有什么疑问，因为我们知道两支部队之间是有机会互动的。在二者的联系中，有一点是可明确的：前文提及的以守卫军名义给土耳其领事写信的曼苏尔，即那位支持印度民族主义和加达尔党的商人，他在第五轻步兵团到达当地之后，就特意与其中的许多官兵交上了朋友。[34] 在任何情况下，轻步兵团的成员只要没有任务，他们都可以在新加坡四处走动——无论是社交还是前往当地清真寺，这意味着他们很有可能听到在大量印度人群体中流传的任何消息。[35] 几乎可以肯定，这些消息中包括马来州属守卫拒绝海外任务的事情。

同样可以肯定的是，与马来州属守卫一样，第五轻步兵团的成员们也听说了激起世界各地印度人的反英情绪的“驹形丸号”事件。加拿大政府拒绝该船靠岸的消息已见诸世界各地的媒体——尤其是那些对加拿大政府和英政府持批判态度的报刊。而在新加坡，“驹形丸号”与当地印度社群之间存在着更多的直接联系。一方面，组织并赞助了“驹形丸号”这一航行的印度人古尔迪特·辛格，在1914年4月船只起航之前，曾在英属马来亚和新加坡生活过几年。同样关键的是，船只在驶回印度的途中，于1914年9月16日到19日在新加坡靠港三天。尽管新加坡政府因担心在印度群体中传播不满情绪而没有允许船上乘客登岸，但船只出现的消息还是很快地在殖民地传开。在哗变几个月之后，当地总督说道：“虽然这艘船与陆地没有联系，但它给驻扎在那里的印度军队造成了不良影响。”[36]

与加达运动（一场激进的印度民族主义运动）相关联的人们的行为，大大加剧了新加坡印度士兵由于“驹形丸号”事件而产生的不满。加达运动由加利福尼亚的印度侨民在1913年发起，其中有为数不少的来自旁遮普的锡克教徒，他们在20世纪初为了摆脱贫困而来到北美西海岸。[37] 然而，在美国和加拿大，这些侨民受到了越来越多来自政府层面

33 Murfett, *Between Two Oceans*, p. 160.

34 Proceeding of Court of Inquiry, *Secret Documents*, p. 39.

35 根据1911年的人口普查，新加坡的印度社群规模为24494人。Kuwajima, *Mutiny in Singapore*, p. 5.

36 Letter from the Governor of the Straits Settlements to the Secretary of State for the Colonies Regarding Court of Inquiry and Causes of Mutiny, 15 August 1915. *Secret Documents*, p. 711.

37 Harish K. Puri, *Ghadar Movement: Ideology, Organization, and Strategy*, 2nd ed. (Amritsar: Guru Nanak Dev University, 1993), p. 15.

和白人群体的歧视。事实上，在当时，来自任何国家的“亚洲人”在北美太平洋海岸都面临着严重的歧视，这些歧视表现在限制移民的法律、旨在防止财富积累和种族骚乱的立法上。[38]在充满敌意的压迫之下，印度人试图寻求英国政府的帮助，但遗憾的是，英方无意在北美为印度人争取自由，因为他们担心印度人会在印度本土也提出类似要求。[39]英政府对于北美和印度两地歧视状况的容忍，使印度人的不满情绪与日俱增。对此，加州的印度人成立了加达党，该党派宗旨明确，即以武装起义推翻英国在印度的统治。实际上，“Ghadar”一词即有“反抗”（mutiny）的意思，选取这一名字也是为了唤起人们对1857年印度大起义（Great Indian Rebellion）的回忆，当时印度中北部有大批孟加拉军队和农民起义反抗英国统治。

1913年11月，加达党发行了其第一期报纸《加达报》。该报纸不仅在美国、加拿大、印度等地区发行，也包括南部和东部非洲、香港、缅甸、马来亚和新加坡等有大量印度人口或印度驻军的地区。这份出版物开宗明义：“今天，1913年11月1日，印度历史将迎来一个全新的阶段，因为一场反抗英国统治的战争在今天打响，尽管不在我们自己的土地上，但我们使用的是自己的语言……我们的名字叫什么？反抗（Mutiny）。我们的任务是什么？反抗。我们将在哪里开始反抗？印度。什么时候？就在几年内。为什么？因为人民对英国统治下的压迫和暴政已忍无可忍，准备好了举起武器为自由而战，为自由而死。”[40]对于加达党来说，最需要争取的对象就是印度军队中的成员，因为他们知道如何购买并使用武器。[41]为此，加达党的报纸经常发表文章直接向服务于英国军队的印度士兵们喊话，譬如1914年2月14日的这期报纸：“哦，印度斯坦的战士们，锡克人的战士们，穆斯林战士们，勇敢的拉杰普特（Rajputs）战士们，白沙瓦（Peshawar）的居民们，边境的帕坦人（Pathans），高贵的阿夫里迪人（Afridis）和阿富汗人，所有为英国人服务的这些士兵，你们为什么要为英国人而战，白白牺牲自己的生命？当你们置身于危险的战壕中，而英国士

---

38 在19世纪末和20世纪初，美国和加拿大通过了旨在阻止“亚洲”移民的法律。首先是针对中国人，1882年美国推出了《排华法案》，1903年加拿大颁行了《华人移民法》。在排斥华人移民之后，两国紧接着开始限制日本移民。1908年，加拿大政府通过一项限制亚洲移民的立法，要求所有抵达加拿大的移民都要拥有200加元以上的个人资产。Puri, *Ghadar Movement*, pp. 31–32. 关于北美太平洋沿岸限制亚洲移民的更多内容，见 Adam McKeown, *Melancholy Order: Asian Migration and the Globalization of Borders*, New York: Columbia University Press, 2008; Andrew Gyory, *Closing the Gate: Race, Politics, and the Chinese Exclusion Act*, Chapel Hill: University of North Carolina Press, 1998。

39 Puri, *Ghadar Movement*, p. 37.

40 T. R. Sareen, *Select Documents on the Ghadar Party*, New Delhi: Mounto Publishing House, 1994, p. 84.

41 Ramnath, *Haj to Utopia*, p. 55.

兵们却躲在后方安全之地的时候，你们的心中是坦然的吗？”[42]

当然，英国政府在“驹形丸号”事件之前就已警觉到《加达报》的煽动性隐患，并且英政府也断定：英帝国在全球的防卫都严重依赖殖民地部队，因此这一状况相当危险。尽管英当局已经尽力对报纸的流传进行拦截，但是，一份英国外交部的备忘录显示，至少早在 1914 年 3 月的时候，新加坡、中国香港以及中国的英租界已经发现了这些报纸的流通。[43]这些地方的锡克教谒师所（gurdwaras：锡克教寺庙）都已成为加达运动的中心，该地区的教众结束了礼拜后，就开始大声朗读报纸上的诗歌，或讨论政治问题。[44]1914 年秋天，《加达报》的读者量和信誉因“驹形丸号”事件直线上升。

加达党的成员们从北美输出的不仅仅是文字，还有人员。加达党的具体目标是，至少要在印度掀起革命并推翻殖民地统治，无论采取什么手段。在新加坡哗变的几个月之前，也就是从 1914 年的 9 月和 10 月开始，加达党人从旧金山动身前往印度和远东。目标地区包括香港、马来邦、仰光、新加坡——这些地区都有印度士兵驻防，加达党人迫切希望能够渗透到这些军队中。由于“驹形丸号”事件的戏剧性变化，这一时期加达党的工作得以顺利开展。实际上，“驹形丸号”的乘客们被加拿大拒之门外，返程后又被禁止上岸，还遭到印度政府开枪镇压，这一系列事件成为英国高压统治的例证，它被用来煽动印度侨民们的不满之情。[45]

尽管加达党人最终没能如愿按计划掀起大规模起义，但他们的行动无疑与以下两者有关：马来州属守卫的不满，这种不满导致他们于 1914 年 12 月拒绝海外服役；以及一场发生在缅甸仰光的失败哗变，当时的俾路支 130 军（一支印度人军队）原本谋划在 1915 年 1 月 21 日发动兵变。[46]在对第五轻步兵团叛乱的原因进行总结的时候，庭审记录中写道：“新加坡的城镇和驻地以及相邻的各邦，现已臭名昭著，因为它们已成为往来于远东和美洲

---

42 Sareen, *Select Documents on the Ghadar Party*, p. 87.

43 Sareen, *Select Documents on the Ghadar Party*, p. 59；关于英当局试图渗透进加达党的努力，见 Harold A. Gould, *Sikhs, Swamis, Students, and Spies: The India Lobby in the United States, 1900–1946*, New Delhi: Sage Publications, 2006, p. 210。

44 Puri, *Ghadar Movement*, p. 85.

45 Ramnath, *Haj to Utopia*, pp. 48–49; Puri, *Ghadar Movement*, pp. 88, 107.

46 关于加达运动和马来州属守卫的关系，见 Puri, *Ghadar Movement*, p. 108。关于与缅甸的失败哗变的关联，见 Kuwajima, *Mutiny in Singapore*, p. 41, 以及 T. R. Sareen 所撰写的资料集导论，*Secret Documents*, p. 13。在缅甸，英国当局在仰光哗变之前的几天就已经得到了消息，从而得以阻止哗变的发生。Sareen 在文中强调了一点，有三名加达党人在一月于仰光被捕，原因是他们试图教唆俾路支 130 军发动哗变，而这三人已被确定在此前曾去过新加坡。

的印度叛乱者们的中心。众所周知，这里的居民中窝藏着许多印度籍的极端分子。”[47] 其中所指的来自美洲的印度叛乱者，只能是加达党人。另外，报告认为，考虑到第五轻步兵团“常常访问新加坡的甘榜爪哇清真寺（Kampong Java Mosque），那里有着一位尽人皆知的危险人物……，宣扬最激进的革命布道，反对政府，反对英帝国的一切”，因此毋庸置疑，他们有相当多的机会熟知加达党支持者们的反英情绪。[48]

如果断定第五轻步兵团与加达党活动者及同情者们之间存在联系，那也就能解释（至少是部分解释）第五轻步兵团具有明显亲德色彩的叛乱。[49]1914 年夏天一战爆发之时，德国的战略家和印度的激进民族主义者们迅速产生共鸣。事实上，德国的战略目标之一——一旦英国参与到战争中来——就是通过武装哗变推动英国在印度殖民统治（Raj）的瓦解。[50] 德国的“推动”不仅包括道义上的，还包括通过印度和德国联合成立的“印度独立委员会”（Indian independence Commitee）的协调工作提供资金、后勤与技术援助，该组织位于柏林。[51] 其背后意图有三：将武器直接船运至印度；在暹罗为印度革命者建立训练基地；协助扩大宣传，以煽动世界各地印度人群体的不满乃至反抗。[52] 在加达党人看来，敌人的敌人就是朋友。实际上，除了与德国特工合作之外，部分加达党人还在密谋与同样以美国为基地的爱尔兰革命者们合作。[53]

我们已知的是，在美国的德国特工的确为加达党人提供了物质支持，包括将加达党的宣传品从旧金山一路向东散播。[54] 为明确他们对英帝国垮台的共同诉求，《加达报》定期地发表文章，明确鼓动印度人民在战争期间要以一切形式支持德国。1914 年 8 月 18 日，一篇名为《哦！印度人们，帮助德国人！》（O Hindus, Help the Germans）的文章鼓励印度人乘英国虚弱之机发起哗变。9 月 8 日，《加达报》预测道：“德军将会打败英国。德国人（原

---

47 Report in Connection with Mutiny, IOR, L/MIL/17/19/48, p. 8.

48 Ibid., p. 9.

49 撰写报告的长官们确信，“德国的插手促成了哗变”，尽管他们也并不认为德国人能干预超过几个东陵战俘行动以外的其他活动。Report in Connection with Mutiny, IOR, L/MIL/17/19/48, p. 9.

50 以此为研究对象的著作，见 Peter Hopkirk 的 *Like Hidden Fire*。

51 该组织被称为“柏林印度委员会”（Berlin India Committee）, 更多细节见 Ramnath, *Haj to Utopia*, pp. 72–75。

52 Puri, *Ghadar Movement*, pp. 102, 105.

53 Matthew Erin Plowman, “Irish Republicans and the Indo-German Conspiracy of World War I,” *New Hibernia Review* 7, no. 3, 2003.

54 1917 年，伍德罗·威尔逊授意印行一本列有此类密谋的小册子，无疑是为了鼓励人们支持美国参战，见 Earl E. Sperry and Willis M. West, *German Plots and Intrigues in the United States during the Period of Our Neutrality*, Washington, D.C.: Committee on Public Information, 1918。该书第四章标题为《德国对印度革命的煽动》（“Germany’s Effort to Incite Revolution in India”）。

文如此）已完全占领法兰西，俄国也已经陷落。”1915 年 12 月 8 日的一篇文章呼吁道：“起来：为了那一天的到来，全世界都会向你的旗帜致敬……很快，在德国和土耳其的帮助下，你的敌人不会活着离开战场。现在正是时机。”[55]

如果第五轻步兵团的成员们确实接触过《加达报》、加达党活动家或马来州属守卫队及其他印度社群中的中间人，那么他们的确很可能在哗变之前，就已对此类亲德国的情绪多有耳闻。实际上，官方调查委员会从部分士兵那里取证的结果常常反映出，第五轻步兵团的成员能够接触到各种报纸以及其他在新加坡的印度人。兵团成员阿卜杜勒·哈米德（Abdul Hamid）证实，他曾见过支持德国的报道，因为从表面上看，德国人已经成了穆斯林，但哈米德又迅速补充道：“我本人从未亲眼见过那些报纸。我不知道那是什么报纸。”[56] 无论哈米德是否亲自见到过，他战友们的陈词证明，许多印度裔士兵会定期从其他士兵那里听到支持德国的言论。一些士兵的名字在此处被多次提及，尤其是奇斯特·汗（Chiste Khan）、东德·汗（Dunde Khan）、塔杰·穆罕默德（Taj Mohammed）、伊姆蒂亚兹·阿里（Imtiaz Ali）。这几个人因为在哗变中扮演的角色被军事法庭悉数行刑。举例而言，当被问到哗变起因的时候，兰斯·奈克·法扎尔·阿西姆（Lance Naik Fazal Asim）回答道：“奇斯特·汗曾经与我所在的连队进行过谈话，向他们传达所有不利于英国政府（Sirkar）的战争消息。我们听惯了英国胜利的消息，这些消息让我们振奋。但奇斯特·汗所说的英国已经战败之类的消息与这些说法截然相反。我所能告诉你的就是这些。”[57]类似地，兰斯·奈克·马克苏德（Lance Naik Maksud）承认他听到东德·汗、阿卜杜拉·阿里（Abdul Ali）和奇斯特·汗等人说过：“德军正在取得进展，德国很快就会取代英国的统治。”[58]

显然，第五轻步兵团的许多成员都受到了加达党宣传工作及其在新加坡支持者的影响；同样显而易见的是，其中一些人有机会通过与关押在新加坡郊外的东陵战俘营的德国人的接触来证实这些说法。1915 年新年伊始，东陵战俘营共关押了 309 名德国人，他们在整个战争期间都被拘禁于此。[59] 他们多数都是在战前就生活在新加坡的德国公民。英德之间宣战后，这些德国公民及其家人获准待在家中，当然这只是软禁的借口。然而，1914 年 10 月下旬后事态有变，德国巡洋舰“埃姆登号”（Emden）驶入英属马来亚的槟城湾，

55 Sareen, *Select Documents on Ghadar Party*, p. 86.

56 *Secret Documents*, p. 122.

57 Ibid., pp. 139–140.

58 Ibid., p. 79.

59 Murfett, *Between Two Oceans*, p. 163.

并且迅速击沉了俄国巡洋舰“热姆丘格号”（Zhemtchug）和法国巡逻船“火枪号”（Le Mousquet）。[60]11月9日，“埃姆登号”被一艘澳大利亚巡洋舰击沉，船上的几位官兵被当作战俘押送到新加坡。同时，德国人的行动地点离新加坡如此之近，这加剧了当局对德国侨民忠诚度的怀疑，由此，伦敦方面下令将所有的德国人与“埃姆登号”成员一起关入东陵战俘营。[61]

至于德国侨民对新加坡是否忠诚，我们是无从得知的，尽管下述事实或许会说明一些问题：2月15日晚，309名被印度兵释放的德国囚犯中，仅有17名逃走，他们都是“埃姆登号”的军人。在被捕之前，这些海军成员对英军及其联盟积极作战，因此“埃姆登号”上的官兵是作为敌军被关押起来的——他们有理由抓住一切机会引发混乱。此外，德国的战略之一便是在敌国殖民地军民中煽动不满，这不是什么秘密，被捕的船上军官显然熟知这一战略。实际上，我们已经知道，他们涉嫌在驻守东陵马来州守卫军中煽动不满情绪。

令人难以置信的是，新加坡的英军长官已经在1914年12月向总督做出的正式报告中指出，马来州属守卫早就被东陵的“埃姆登号”战俘“洗脑”，随后又建议应该只派“白人”士兵来看守战俘，但即便如此，结果仍是第五轻步兵团在1915年初被派去接替马来州属守卫看守战俘营。[62]显然，在东陵，被派去看押战俘的第五轻步兵团中，有一些人与部分战俘愈发亲近。具体细节不得而知，但是，一些印度兵在接受审讯的时候特别提到某些人——尤其是塔杰·穆罕默德——经常与德国人待在一起，还跟奇斯特·汗这些与哗变深深牵连的印度兵们一起开长会。[63]德国证人亲口证实了塔杰·穆罕默德也在场，其中一位证人还说到，在哗变之前，穆罕默德曾向这位证人所画的一幅德皇肖像敬礼。当这名证人问穆罕默德为何要这样做的时候，他的回答是：“他是我的国王。”[64]

在哗变之前的几周里，第五轻步兵团中所流传的有亲德倾向的新闻中，很可能至少有一部分是来自德国战俘，其中有些人对于他们能在印度兵中散播不满感到非常得意。如果士兵与德国战俘在接触之前就已经受到《加达报》或加达党人情绪影响的铺垫，那么，兵团某些士兵对战俘们表示同情，那简直是水到渠成的事情。尽管哗变首领们是最终行动的决定者，这一点看似明确，然而我们仍然难以判断他们在多大程度上听信了如阿里·乌拉

60 Harper and Miller, *Singapore Mutiny*, p. 17.

61 Ibid., p. 18.

62 这一安排与长官的建议完全相反，在哗变之后，新加坡总督阿瑟·杨写道：“我很震惊地得知……第五轻步兵团已在看守东陵战俘营。”Letter from the Governor of the Straits Settlements to the Secretary of State for the Colonies Regarding Court of Inquiry and Causes of Mutiny. *Secret Documents*, pp. 710–711.

63 例如，the testimony of Lance Naik Maksud and Sepoy Nizam Ali, *Secret Documents*, pp. 79, 109.

64 Testimony of G. R. Hanke, *Secret Documents*, p. 210.

（Ali Ulla）等印度兵的承诺。报告显示乌拉曾说过："德国人告诉他，如果他能释放俘虏，之后就会有一艘德国船将他们全部带走。"[65] 无论此处内情如何，在哗变爆发的时候，一队印度士兵就专程给德国战俘带来了枪支和弹药，并将他们放走。这些德国人最终也没有为叛军提供什么帮助，但是 17 名来自"埃姆登号"的水兵趁机逃离该岛。其中 6 人后来被捕，而余下的人似乎成功逃入荷兰治下的水域，重获自由。[66]

除了让印度兵普遍感觉到作为被殖民者所受到的压迫，德国人和加达党人也都竭力去拉拢印度穆斯林——尤其是在 1914 年 11 月奥斯曼帝国作为德国盟友参战后。德国、土耳其和加达党人都不约而同地着手鼓励协约国的穆斯林群体起身反抗政府——而印度是其中穆斯林人数最多的国家。奥斯曼帝国在参战时即宣布，将解放被占领的穆斯林土地作为参战宗旨之一。几乎与此同时，1914 年 11 月 11 日，奥斯曼苏丹以帝国最高宗教权威的名义宣布进行吉哈德，所有忠诚的穆斯林都将为自己的信仰投身于对协约国异教徒的战斗中。[67]

同时，德国政府利用与奥斯曼帝国联盟的机会，推进它的另一个战争目的：通过在英属殖民地的臣民中挑起叛乱来削弱英帝国。除了与加达党这一类的激进民族主义团体合作，德国还将目标瞄向了战略区的穆斯林群体，向他们宣传德国的亲伊斯兰倾向。"德皇威廉二世已改信伊斯兰教，德国的多数人口也已经成为穆斯林"的消息通过上述宣传渠道散播出去。[68] 从哗变前后所截获的一些信件中判断，德国的这类活动至少对第五轻步兵团中的一些成员产生了成效。正如兰斯·奈克·法塔·穆罕默德（Lance Naik Fateh Mohammed）在给旁遮普的父亲的信中所说："德国人已经成为了穆斯林。德皇威廉二世的女儿和土耳其苏丹的继承人已经联姻了。许多德国军民已经改宗伊斯兰教。但愿真主保佑，这些德国人的伊斯兰信仰会越发受到尊崇。"[69]

不仅德国的宣传机器对准了穆斯林，加达党同样与奥斯曼帝国特工合作，试图影响英帝国治下的穆斯林臣民，尤其是为英国效力的穆斯林军人。[70] 为了尽可能广泛地影响到穆斯林群体，《加达报》还印行了如普什图语（Pushtu）等小语种的宣传册（普什图语主要通行于阿富汗和部分印度西北地区）。例如 1915 年 8 月所发行的一本小册子，主要是试图面

65 *Secret Documents*, p. 109.

66 Governor-General Arthur Young to Lewis Harcourt, M.P., Colonial Office, 3 March 1915. Report on Singapore Disturbances, Part II, WO 32/9560, p. 35.

67 Cemil Aydin, *The Politics of Anti-Westernism in Asia: Visions of Pan-Islamic and Pan-Asian Thought*, New York: Columbia University Press, 2007, pp. 94, 110; McMeekin, *The Berlin-Baghdad Express*, p. 124.

68 Hopkirk, *Like Hidden Fire*, p. 3.

69 *Secret Documents*, p. 731.

70 Puri, *Ghadar Movement*, p. 107.

向在西北战线为英国效力的士兵。这本小册子宣称："邪恶的英国人及其盟军正在对伊斯兰教发起进攻，而德国皇帝和土耳其苏丹已经发誓要将亚洲从暴政中解放出来。是时候该起来了……你们只要拿出勇气和宗教热情。"[71]

1915年1月——加达党支持下的俾路支130军在仰光起义受挫不久之后——英方审查官在离新加坡更近的缅甸截获了104个装有《加达报》的信件，包括三个语种的版本。夹在这些报纸中的还有一份名为《伊斯兰世界》（*Jahan-i-Islam*）的土耳其报纸。上面刊登了奥斯曼战争部长、军队总指挥官恩维尔帕夏（Enver Pasha）的一份演讲，其中宣称："是时候让加达党进入印度了……印度教徒们，穆斯林们，你们是战友，也是兄弟，卑贱的英国人是你们的敌人；你们应该成为圣战战士，发起吉哈德，与你们的兄弟们去杀死英国人，解放印度。"[72]我们无法确定是否有类似的土耳其资料传入新加坡，不过在这个殖民地小岛上始终流传着大量的违禁材料，如果有的话也毫不意外。更容易确认的事实是，在新加坡，有一些亲德的穆斯林——如卡西姆·曼苏尔，他们鼓动印度兵和平民与英国的敌人结盟。英方政府确定，类似的个人还有努尔·阿拉姆·沙（Nur Alam Shah），一位穆斯林辟尔（pir，苏菲派导师），英方还怀疑他是某"革命党"成员（或许是加达党人）；他在城内的甘榜爪哇清真寺进行宣教。[73]第五轻步兵团的许多成员都对法庭承认，他们或是曾听说过努尔·阿拉姆·沙，或是曾去过甘榜爪哇清真寺。然而，无论是出于恐惧，还是基于事实，几乎所有受审的兵团成员都否认这位圣者曾宣扬过煽动叛乱的思想。但另一方面，两名受雇于英政府的密探的说法则与士兵们完全相反。其中一名密探的说法是："他满嘴都是煽动叛乱和针对英政府的反动言论。他每天都宣扬狂热的教义。第五轻步兵团中有很多人经常去听他的宣讲，并捐资给他。"[74]无论这两名密探的证词可靠与否，哗变之前所发生的一系列事件都清楚地表明，第五轻步兵团的印度兵们对于印度、土耳其和德国所宣传的泛伊斯兰主义思想非常熟悉。

综合上述情势，我们能够知道的是，在1915年1月末以前，一支印度部队——第五轻步兵团——刚刚在他们的首次海外任务中度过了三个月。这些官兵几乎都是穆斯林，他

---

71 Puri, *Ghadar Movement*, p. 110.

72 Kuwajima, *Mutiny in Singapore*, p. 41.

73 Ramnath, *Haj to Utopia*, p. 288. 为了消弭由叛乱分子造成的对穆斯林的负面形象，3月6日，新加坡约有三千名穆斯林商人和领袖举行会议宣布他们对国王的忠诚，他们的宣言被转发给伦敦。在会议结束后，总督致电说："虽然他听到人群中表达的不忠情绪，但他并没有质疑新加坡主要穆斯林的诚意。" Telegram exchange from Arthur Young to Secretary of State for the Colonies, 10 and 11 March 1915. Report on Singapore Disturbances, WO 32/9559, pp. 54–56.

74 *Secret Documents*, p. 616. 这一证词被另一名密探确认。

们登陆新加坡时恰逢关于“驹形丸号”的消息四处蔓延；第五轻步兵团被指派与马来州属守卫共同承担军事职责，而此时，严重的不满情绪正在酝酿之中。当马来州属守卫中的大部分人都不体面地离开了新加坡时，第五轻步兵团被派去接替看守德国战俘，马来州属守卫的不满情绪与这批战俘是颇有关联的。此外，第五轻步兵团很可能成为加达运动的活动者或支持者的争取目标，而后者在马来州属守卫中也进行了同样的活动。信息通过大量的渠道传达到第五轻步兵团中，而其中许多信息的源头远至北美、德国、英国、奥斯曼帝国，以及印度。这些信息大部分是在当地获得的，然而即便如此，它也是以大量的国际活动者为媒介进行传播的，如来自南亚次大陆的形形色色的印度人、英国官员、德国囚犯、阿拉伯和马来地区的同宗教信仰者。一场战争正在进行，未来尚不可知。

我们再快进到哗变前的几天。1915 年 1 月 27 日，第五轻步兵团指挥官爱德华·马丁中校（Edward Martin）接到命令，第五轻步兵团将从新加坡转调往香港。[75] 香港并非战斗岗位，第五轻步兵团将在香港承担与新加坡一样的看守职责。这一消息引发了兵团中一些人的不满，并将他们的反英情绪刺激到了顶点。到 2 月初，齐斯特·汗、东德·汗、塔杰·穆罕默德、伊姆蒂亚兹·阿里等人开始对战友们散播即将到来的、令人不安的调令。据部分士兵的交代，他们听说部队虽会被先派到香港，但之后就会被派往前线。[76] 还有一些士兵交代到，他们听说德国定然会赢得战争，他们这些印度兵对于英国已经没有用处，所以他们的船会被故意击沉。另有一些士兵则说，兵团不会被派去香港，而是直接送上前线。[77] 所有这些说法都让印度兵感到恐慌：只不过在一个版本中，死亡是近在眼前的，而另外两个版本中，死亡也只是早晚问题。[78] 另外，对于那些担心被派往前线的士兵们来说，他们还面临着另一种恐惧，即到达战场后就要与其他穆斯林兵戎相见。

这些传言很快引起了第五轻步兵团二号指挥官威廉·科顿少校（Wlliam Cotton）的注意。在科顿少校的庭审证词中，他回忆到，就在哗变之前的几天，有一名大毛拉（moulvi，穆斯林教法博士）在起程回印度之前曾去找他道别。这位大毛拉告诉科顿，第五轻步兵团中的一名印度兵曾说，有另一名大毛拉对士兵们说过“不要与土耳其人作战”这样的话，另外，奇斯特·汗“每天早上也会对部队中人发表同样的言论”。[79] 科顿对这位大毛拉的话没有完全采信，但他与指挥官对此进行了商量，指挥官表示会在士兵们抵达香港之后进行

75 Harper and Miller, *Singapore Mutiny*, p. 31.

76 一批被审查官拦截的信都表露了这种情绪，譬如第二连队的 Shaikh Mohammed Ali，他在信中写道，军团“将去往香港，但不知道我们会不会被送去战场”。*Secret Documents*, p. 729.

77 如 Lance Naik Najaf Khan 和 Munshi Khan 等人的信件，*Secret Documents*, p. 718。

78 正如 Najaf Khan 所认为的：“没有人能在战争中幸存下来，去战场的人都死了。” *Secret Documents*, p. 720.

79 Testimony of Major W. L. Cotton, 5th Light Infantry, *Secret Documents*, p. 383.

调查。同时，科顿也注意到部队中流传的关于不会去到香港的传言。为了辟谣，科顿将他手下的印度裔军官们召集起来，向他们出示了一份来自香港的电报，电报内容是通告部队抵达香港后的住宿环境。[80]

然而，这些措施并未能阻止带头的煽动者们。奇斯特·汗等人是否真的确信他们会被直接送往前线（或是淹死在海里），还是说他们只是为了让更多的士兵加入他们蓄势待发的起事中，我们不得而知。无论内情如何，我们至少可以知道的是，在听闻他们将被调往香港后，第五轻步兵团中一些官兵决定拒绝前往，并且将枪口对准他们的长官，释放德国俘虏，占领新加坡或乘德国船只从岛上逃离。根据证词，最初计划的哗变日期是 18 日，但不巧的是，运载第五轻步兵团前往香港的船只提前到港，出发日期改为了 16 号。情况迫在眉睫。

15 日一早，部队被召集起来，接受新加坡最高军事长官的检阅。他的讲稿提前一天送到了马丁少校手上以便翻译。在长官对第五轻步兵团在新加坡的效力表示赞扬之后，士兵们听到了如下的翻译："在与部队告别之际，长官想提醒一句，尽管前往欧洲执行任务不是什么幸运的事情，但他们仍要去往需要的地方。前往被派驻的地方，这是我们所有人的责任，无论我们的个人感受如何。帝国是辽阔的，守卫帝国是一项伟大的任务。长官也希望将来部队可以有幸尽快地前往欧洲，与其他的印度兵团并肩对敌作战。"[81]尽管长官已经明确表示第五轻步兵团不是要去欧洲，同时他也没有明确地指出他们将前往香港。然而，由于兵团所处的紧张状态，这种含糊其词无法消除士兵们的顾虑，他们的忠诚在过去几个月中已备受考验。所以，当天下午的第一声枪响，是对一系列来自全球的压力所作出的本土表达。它足以将兵团中的右翼势力全部烧成灰烬。

第二部分：反应

这场哗变的起因展现了一个全球信息网络是如何将新加坡的人和事件与世界上其他遥远的地方连结起来的，而官方对哗变的反应也展现出了类似图景。第一，官方对于哗变的反应让人们意识到在东南亚殖民地和各国之间以及诸多欧洲和东亚的宗主国之间存在着一张牢固且常态的关系网络——这些网络连结至少在哗变发生前的半个世纪就存在了。第二，虽然这场哗变本身触发了这一存在已久的网络，同样明确的是，官方回应的具体表现是由当时，尤其是一战爆发前几年所形成的全球联盟决定的。结果就是，英当局在平息哗变过

80 Testimony of Major W. L. Cotton, 5th Light Infantry, *Secret Documents*, p. 384.

81 Copy of Regimental Order no. 100 d. Report on Singapore Disturbances, Part II, WO 32/9560, p. 103.

程中所接受的一些国际上的协助，只能解释为战时联盟带来的外交事实和战略事实。第三，也是最后一点，英国的一些机密文件同样表明，从一开始，无论是新加坡还是其宗主国英国，当局政府都是在国际背景下看待哗变事件的，尤其是考虑到了世界各地的印度士兵和印度民族主义者、东南亚的华人群体，乃至美国媒体会怎样解读这起事件。

帝国史的研究者或许会落入这样一个陷阱，似乎是殖民地与宗主国的关系决定了殖民地与外部世界的互动。[82] 然而，尽管殖民地与宗主国的关系非常重要，但也只是复杂的交流信息网络的一部分。这些网络还包括同一民族性帝国的各殖民地当局间的沟通，比如英属马来亚、英属印度和澳大利亚之间的沟通。此外还有不同民族性帝国治下各殖民地间的稳定交流，如英属马来亚、法属印度支那和荷属东印度之间的交流。最后，网络中还包含了多边的沟通渠道，将殖民地，宗主国，以及中国、日本、奥斯曼帝国等各主权国家都卷入其中。

信息以多种通道在这些地区间流转。各地的殖民地总督（及其下属职员）可以直接相互联系。不过，更关键的是国际领事制度所奠定的稳固的信息通道。在东南亚，每处殖民地都设有领区，与其宗主国相竞争的帝国势力或主权国家，都在这里派驻领事。以新加坡为例，到 19 世纪的最后 20 年，法国、俄国、荷兰、日本、中国都已在这里设立领事，此外还有其他许多国家的领事，而英国也相应地在对方国家设有领事。

几十年来，关于领事在帝国史中的作用一直没有成为学术研究的热点。[83] 然而我还是想表明，这一问题不可忽略，否则我们就可能将殖民地的历史简化为殖民地和宗主国间的关系问题，从而忽略了存在于邻近殖民地之间、各宗主国之间、各主权国家之间的关键性网络。本质上讲，驻东南亚各地的领事，其重要功能之一是充当本国政府的耳目（世界其他各地同样如此），向其报告驻地及邻近地区有可能影响到本国国民的事件和问题。及至 20 世纪，驻东南亚的各领事已经建立起稳定而丰富的信息系统，接收这些信息的不仅是宗主国政府（home governments），也包括相邻殖民地的殖民政府，以及设立在其他殖民地或主权国家内的相应领事机构。

因此在紧急时刻，领事利用他们在当地的关系以及全球各地多种信息渠道，迅速采取行动。新加坡的军事哗变清晰展示了这一点，当哗变在 2 月 15 日爆发时，当地的各国领事

---

82 这种思路最新的例子，可见 Anne Foster, *Projections of Power: The United States and Europe in Colonial Southeast Asia*, Durham, N.C.: Duke University Press, 2010。作者认为，1920 年之前“无论在地理上还是其他方面，（东南亚的）殖民政府都已成为孤岛，政治（以及经济）重要的交流线路都是在殖民地和母国之间运转的，”p.22。

83 数十年前，D. C. M. Platt 曾就英国领事档案指出过这一点，见“The Role of the British Consular Service in Overseas Trade, 1825–1914,” *Economic History Review* (1963)。此后论者极少。

都迅速地通知了宗主国政府（home governments），以及民族帝国网络内的邻近殖民地。因此，大多数与新加坡或东南亚地区有利害关系的国家，其外交人员几乎都在 24 小时内获悉了这一事件。这使得许多政府都能够对这一情况做出反应，并且进行决策，采取行动。通常来讲，对于某殖民地叛乱或动乱的消息，宗主国政府和邻近殖民地通常会在接到消息后暂持观望态度，然而在新加坡的这场哗变中，日本、俄国、法国的领事都积极地进行国际协助，最终确保了事态的平息。

在协助应对哗变的各国领事中，日本领事最为积极。在向日本政府报告了新加坡的局势之后，该领事在 15 日的夜里便去拜访总督阿瑟·杨，询问他是否允许当地日本人组织一支志愿武装力量，让城市免受哗变之害。由于岛上的正规军力匮乏，杨非常感激地接受了这一提议，这位日本领事于是迅速地召集到了 192 名日本人，他们在城区街道中巡逻了一周。[84] 该领事还试图联系日本政府，询问是否可以派日本船只协助英国平息哗变。[85] 与此同时，中国领事呼吁新加坡庞大的华人群体保持冷静，保持商业正常运转。[86] 俄国领事则在得到哗变消息之后动员本国政府做出反应。或许是通过一番电报联系之后，在 2 月 18 日，俄国领事告诉杨，俄国船只"老鹰号"（Orel）将在晚上抵达新加坡，船上配有 42 名士兵和两挺机关枪，均由英当局调用。[87] 从 18 日到 27 日，这支小型部队在抓捕岛上仍在逍遥法外的叛军时起到了相当重要的作用。法国领事也不甘示弱，他与法国政府和河内总督进行了协调，并在 2 月 19 日通知阿瑟·杨，河内已经提出派遣一队印度支那士兵前来协助平息哗变。[88] 尽管杨没有接受这一帮助，因为已有一艘法国武装巡洋舰前来帮忙，但这仍能够说明由各国领事运作的多边国际网络。

其实，这也说明官方对此次哗变反应的独特形式，是由一战下特定的全球联盟体系决定的。实际上，重审 1900 年前后的那一段时间，我们可以有把握地断定，欧洲列强在东南亚殖民地上的竞逐远远大于他们之间的友谊或联盟。举例来说，至迟到 1903 年，驻印的英军就已经出具了一份秘密报告，以判断什么样的具体手段可以从法国手中夺取印度支那。[89]

---

84 Arthur Young to Lewis Harcourt, M.P., 25 February 1915. Report on Singapore Disturbances, Part II, WO 32/9560, pp. 90, 91. 通过搜集日本档案，Kuwajima 呈现了一个与英国版本完全不同的叙述。在日本的版本中，新加坡英当局曾向日本人求助。Kuwajima, *Mutiny in Singapore*, p. 95.

85 Kuwajima, *Mutiny in Singapore*, pp. 103−104.

86 Ibid., p. 94.

87 Arthur Young to Lewis Harcourt, M.P., 25 February 1915. Report on Singapore Disturbances, Part II, WO 32/9560, p. 90.

88 Ibid.

89 Frank Rennick, Strategical Memorandum on French Indochina, WO 33/287, 1903. National Archives, Kew.

在东南亚，荷兰与英国自 19 世纪初便关系紧张，到 20 世纪仍然如此，包括在世界大战期间。[90] 至于英俄关系，到 1907 年协约国成立之前，双方的紧张态势发展到了顶点。[91] 实际上，直到 1902 年之前，新加坡防线的建设主要就是出于对俄罗斯在中亚、东亚扩张势力的考虑——尤其是 1897 年俄国在中国东北的大连设立了一支强大的海军之后，其力量可以威胁到中国和日本。在这样的威慑之下，英国政府认为有必要派遣一支舰队前往该地区，以保证其利益不受俄国威胁。[92] 并且，英国之所以在 1902 年愿意与日本结盟，主要原因也是要在东亚受到俄国潜在威胁的时候巩固自身地位。

对于新加坡哗变的这种奇特的国际反应，也不能简单地以东南亚殖民地已有的国际网络去进行解释。其实，法、俄、日等国之所以在危机期间主动提供实质性的军事援助，是因为他们直接受到了新近形成的全球联盟体系的影响。

毋庸置疑，俄、法、日与英国在 1915 年结盟，共同对抗同盟国。尽管当时英国与这些国家分别已有 8 年、11 年、13 年之久的双边结盟，然而如果有一名 1900 年前后的观察家看到 1915 年的情况，一定会大跌眼镜，尤其是考虑到英法俄之间长期以来紧张的竞争关系。然而，国际政治领域确实变天了，1915 年发生在一座东南亚小岛上的事件，展现出了这个变化到底有多大。

当亚历山德拉军营出现哗变的消息在 15 日下午传达到新加坡城时，紧接着发生了一系列混乱的行动。如前所述，各国外交官迅速联系了本国政府和附近的殖民地，激活了横跨大西洋和太平洋的信息网络系统。但在这场危机中，领事网络不是唯一起作用的：在事发两小时内，阿瑟·杨授权英国海军远东总指挥官马丁·杰拉姆上将（Martyn Jerram）向一艘前一天刚刚离港的法国巡洋舰发送求助电报。[93] 这点至关重要——新加坡除了没有常设陆军之外，当时唯一在港的军舰是卡德摩斯号（H.M.S.Cadmus），一艘仅配备了 85 名水手的勘测帆船。[94]15 日夜里晚些时候，杨批准向所有附近水域的协约国船只发出第二次求助

90 战争期间的各种问题使英国和荷兰之间反复出现紧张关系，包括英国多次拦截荷兰中立船只，英方对爪哇荷兰人亲德倾向的疑虑；此外，在 1915 年之前，荷兰政府一直拒绝在荷属东印度禁止加达运动资料、德国宣传资料流向奥斯曼和德国领事，这激怒了英国。印度部图书馆所藏的相关秘密卷宗，标题为 The War: German Propaganda Among Muhammedans, p. 7. IOL/L/PS/11/88, p. 404. 对于战争期间荷属东印度整体的政治形势，见 Kees van Dijk, *The Netherlands Indies and the Great War, 1914–1918*, Leiden: KITLV Press, 2007。

91 19 世纪末，双方在东南亚的对抗格外值得注意，俄罗斯试图干预缅甸及暹罗，以对抗英国在缅甸以及法国在暹罗的影响力。见 Karen Snow, "Russia as the 'Western Other' in Southeast Asia: Encounters of Russian Travelers in the Second Half of the Nineteenth Century," *Russian Review* 71, April, 2012.

92 Murfett, *Between Two Oceans*, p. 154.

93 Harper and Miller, *Singapore Mutiny*, p. 97.

94 Arthur Young to Lewis Harcourt, 17 February 1915. Report on Singapore Disturbances of 1915, WO 32/9559, p. 28.

信号。[95]这一信号得到了其中四艘船只的响应：法国巡洋舰“蒙特卡姆号”（Montcalm），日本巡洋舰“对马号”（Tsushima）和“音羽号”（Otowa），以及俄国的“老鹰号”。

率先到达新加坡的协约国船只是“蒙特卡姆号”，它在2月16日收到求助信号后迅速掉头返回港口。[96]当“蒙特卡姆号”在次日下午抵达后，该船长官海军少将于盖（Huguet）将手下的190名水手交由英国调遣。[97]这些水手上岸后，与少数几个在新加坡会合的志愿武装一起追捕躲入周边森林中的叛军。尽管法国援军击毙了一名印度兵，不过除此之外，他们在新加坡的追捕算不上成功。

随后日本巡洋舰“音羽号”在2月18日晚抵达新加坡，“对马号”也于次日到达。值得一提的是，这两艘日本巡洋舰之所以能够回应救援，本身就是当时全球局势的体现：日俄战争（1904—1905）摧毁了俄国海军力量，使俄国在远东的威胁不复存在；在英日联盟的保障下，英国认为可以安全地将部署在中国周边的五艘战舰调回欧洲了。这也意味着1905年之后日本海军已在东南亚及东亚地区占支配力量，而且在一战期间，日本海军的确保证了整个该地区海域的安全。[98]总之，两艘日本战船上的150名水手登陆后迅速开始协助英国官兵夺回哗变的发起地——亚历山德拉军营。[99]在岸上的期间，日本兵受到过一次炮火攻击，他们抓获22名逃亡的印度兵，并及时交由英方处置。[100]载有42名兵力的俄国船只“老鹰号”紧随“音羽号”，在18日晚上到达新加坡。[101]这些俄国兵也加入到追捕逃犯行列中，其中有两人在2月25日与撤退的印度兵交战时受到重伤。[102]

虽然有两名俄国兵负伤，但协约国的援军并没有在哗变期间接触到太激烈的战斗。除了这两名受伤的俄国兵，援军们都没有在岛上逗留太久：法、日、俄援兵分别于23、25和27日离开。[103]英国在紧要关头接受到的这种国际援助，其影响是不仅限于新加坡当地的。当这场突如其来的危险被平定之后，岛上的英国人——尤其包括总督本人在内——都对援军的帮助赞不绝口。在提交给殖民地部的备忘录中，多处都格外提到了各方出色而重要的

---

95 Harper and Miller, *Singapore Mutiny*, p. 102.

96 “蒙特卡姆号”及其船上成员的经历，有相当完备的档案，藏于普罗旺斯艾克思的国立海外档案馆，卷宗名为 Troubles de Singapore, FM indo/nf/1037。

97 于盖为法国远东海军中队的指挥官。

98 Murfett, *Between Two Oceans*, pp. 156, 158.

99 Young to Harcourt, 3 March 1915. Report on Singapore Disturbances, Part II, WO 32/9560, p. 91.

100 Kuwajima, *Mutiny in Singapore*, p. 106. 据 Kuwajima 的记载，只有“音羽号”上的官兵参与了抓逃。

101 Young to Harcourt, 3 March 1915. Report on Singapore Disturbances, Part II, WO 32/9560, p. 91.

102 Telegram 26 February 1915. Report on Singapore Disturbances of 1915, WO 32/9559.

103 Young to Harcourt, 3 March 1915. Report on Singapore Disturbances, Part II, WO 32/9560, p. 91.

外部援助。新加坡当局向这些海军指挥官个人致信感谢，并在每支部队离岛前，以游行阅兵的形式向他们的帮助公开致谢。英国海军上将杰拉姆在检阅法国援军时宣称，法国的援助证明了“坚固的友谊纽带将两国紧密相连，真是令人欣慰”，这句话被政府和军事当局频繁地拿来引用。[104] 实际上，英国对法国温暖而热烈的感谢，有点让法国海军上将想不通，正如他写到的，“对英国殖民地上的法国水手而言，这种举动不太寻常。”[105] 他也承认，当听到阿瑟·杨宣称“激情与热忱是伟大的法兰西民族的美好品质”的时候，他感到非常惊讶，[106] 以略带尴尬，“不那么热情的口吻”对杨进行了回应。[107]

一片热情的气息洋溢在心怀感激的新加坡政府和海上援军之间。由于伦敦方面及时收到了阿瑟·杨和军事长官里杜特将军（General Ridout）的报告，外交部得以调动英国在巴黎、彼得格勒、东京各处的领事网络，要求当地的领事代表向驻在国传达“更深的谢意”，感谢他们“从海上登陆并提供的有效而令人钦佩的帮助”。另外，外交部还要求驻东京的英国领事向日本领事提供的义务帮助表示格外的感谢。[108]

从更大的国际语境来看，日本从军事上参与平息新加坡哗变，也清楚地表明了日本政府对于印度民族主义所采取的立场。尤其是 1905 年日本对俄胜利之后，印度民族主义者（也包括其他亚洲民族主义者）将日本视为战胜殖民主义暴政的鼓舞和希望。[109] 但在全球联盟的博弈中，日本必须做出选择：要么与世界列强（它们也是帝国主义势力）合作，要么为反殖民的民族主义者们提供援助，与列强为敌。出于对英国利益的考虑，日本海军对英国平息哗变提供直接援助，是其在军事立场上进行选择的首次表态。[110] 从日本政府的角度来看，对于提升日本在协约国中的地位而言，海军的这次援助意义深远。

至于法国和俄国，由于它们与英国之间长期的剑拔弩张，因此当哗变发生时，法、俄政府都尽可能地做出表率来协助英国，这也毫不意外。正如印度支那总督所提到的，这场

104 Vice-Admiral T. M. Jerram to Rear-Admiral A. L. M. Huguet, 22 February 1915. “Troubles de Singapour,” CAOM FM indo/nf/1037.

105 Huguet to the Governor-General in Indochina, 25 February 1915, “Troubles de Singapour,” CAOM FM indo/nf/1037.

106 Discours prononce par Sir Arthur Young, Gouverneur de Singapore, 23 February 1915, “Troubles de Singapour,” CAOM FM indo/nf/1037.

107 Huguet to the Governor-General in Indochina, 25 February 1915, “Troubles de Singapour,” CAOM FM indo/nf/1037.

108 Foreign Office to Consulates in Paris, Petrograd, and Tokyo, 27 February 1915. Report on Singapore Disturbances, Part II, WO 32/9560, p. 13.

109 关于这一问题的出色论著，见 Aydin, *The Politics of Anti-Westernism in Asia*, chap. 4.

110 Kuwajima, *Mutiny in Singapore*, p. 107.

哗变最重要的结果是，法国的行动对法英关系产生了“令人满意的效果”。[111] 同年冬天，当人们开始警觉到，这场全球战争不会在短时间内结束，也不会轻易获胜，这类体现真正战争盟友的意义的个案，或许会让人宽慰。事实上，海军少将于盖认为，以法国的力量帮助英国这个新晋盟友是明智的，因为印度支那政府很有可能在不久后也会需要英国的帮助。[112] 战争期间全球联盟的力量是强大的，即便是远离战斗中心，即便联盟中的各方长期以来一直相互敌对竞争——这一点可能是第五轻步兵团反叛的印度士兵们始料未及的。这意味着，虽然新加坡境内及其周边缺乏英国的常驻陆军和海防力量，但不代表这片殖民地真的像看上去的那么孤立和脆弱。相反，海军少将于盖在给印度支那总督的一份报告中提到，国际联盟的援助向反叛的士兵和新加坡的臣民表明，英国“并非孤军作战”，它是危急时刻可以依靠“坚实的联盟力量”。[113]

当我们回顾这场新加坡的哗变时，自然应该从全球视角来对其进行恰当的理解。但是，将这场哗变作为一个全球性事件进行解读，并不是一个百年后的历史学家来当事后诸葛亮这样简单：本文的第一部分表明，第五轻步兵团的印度兵们是在一系列全球的革命网络、信息网络的影响下，做出 2 月 15 日哗变的决定的。而新加坡和伦敦的英国当局，则尽可能地淡化事件中的激进民族主义和泛伊斯兰主义的全球关联，将哗变描述为由于军团中的“嫉妒”问题和纪律涣散而导致的地方性事件。然而，从档案中可以明确看出，无论英国还是其它的东南亚殖民地当局，都从事件一开始就意识到了可能会引发的全球性后果——尤其是对东南亚华人、英帝国治下的其他穆斯林，以及服役于世界各地的印度士兵的影响。

当哗变爆发时，最令新加坡的欧洲居民感到恐慌的是，当地最主要的人口群体——华人，可能会借此机会制造混乱。[114] 尽管当局没有理由认为当地华人会勾结印度叛兵，但在此前的几十年内，华人一直是最令殖民当局头疼的群体。华人群体在 19 世纪晚期即已是新加坡和马来半岛两地重大暴乱的源头，中国政府和中国民族主义者在新加坡华人中造成的不稳定因素，是英国殖民政府三十多年来的心腹大患。[115] 而就在不久之前爆发的辛亥革命

111 Governor-General Hanoi, 18 March 1915. “Troubles de Singapour,” CAOM FM indo/nf/1037.

112 Vice-Admiral T. M. Jerram to Rear-Admiral A. L. M. Huguet, 22 February 1915. “Troubles de Singapour,” CAOM FM indo/nf/1037.

113 Rear-Admiral Huguet to the Governor-General in Indochina, 25 February 1915, “Troubles de Singapour,” CAOM FM indo/nf/1037.

114 1911 年，一战之前的最后一次人口普查显示，新加坡 303261 人的总人口中，华人人口为 219577 人，毫无疑问是主要族群。*Military Report on the Straits Settlements*, 1915. IOR/L/Mil/17/19/47, p. 16.

115 Tagliacozzo, *Secret Trades, Porous Borders*, p. 133.

（1911）——以及孙中山刻意鼓励东南亚华侨将自己视为中华民族一分子——将中国反帝运动的消息带到了东南亚华人群体的眼前。[116]随着一战的爆发，东南亚各殖民地当局都投入了大量资源，监控整个地区华人群体的煽动性言行。所以，当哗变爆发时，新加坡政府和印度支那政府都屏息观测着华人群体的反应。[117]

事实证明，担心新加坡华人会加剧混乱是完全没有根据的。当然，有些人为保护自己的生命财产做了一些预防措施，但最令英国政府惊讶的是，城内的华人表现得“近乎漠然”。[118]实际上，在哗变之后，华人农民和店主主动告发藏匿在周边森林中的印度叛兵。[119]尽管新加坡华人群体的反应出乎当局意料，但后者最开始的担忧，表明他们一直意识到跨越多帝国、多国家的全球网络的存在。

除了华人的反应之外，英当局同样担心这场哗变对新加坡和世界各地其他印度人和穆斯林群体的影响。当奥斯曼帝国号召世界各地的穆斯林对敌人发起吉哈德的时候，各殖民当局的确都认为自己应当警觉行事，以避免在治下的穆斯林群体中无端地激起泛伊斯兰情感。阿瑟·杨的报告指出，他相信糟糕的后果已经出现了，尽管新加坡城内的穆斯林首领们在哗变之后迅速声明了他们对英国的忠诚。3 月 11 日，他告知殖民地部：“毫无疑问，在印度人和下层阿拉伯移民中弥漫着不满情绪；煽动性言论已经散播开，且目前已有五人因此被捕。”[120]正因为这一原因，印度总督在 2 月 25 日向殖民地部表示，在法庭审讯哗变起因时，印度政府在法庭上发挥强有力的作用将至关重要。他强调：“这是必要的，因为印度正处于急剧的事态变化中，新加坡方面应当咨询的是我们，而不是其他的什么委员会。任何严肃行动都不可脱离印度的总体政治利益，而只有我们才能在这一方面做出最好的判断。”[121]

新加坡最高军事长官、陆军准将里杜特将军，同样清晰指出了他如何理解新加坡哗变、

116 Yen Ching-hwang, *The Chinese in Southeast Asia and Beyond: Socioeconomic and Political Dimensions*, Singapore: World Scientific Publishing Company, 2008, pp. 191-204; Leo Suryadinata, *"Overseas Chinese" in Southeast Asia and China's Foreign Policy: An Interpretive Essay*, 1978, p. 9.

117 新加坡的哗变很快引起了印度支那总督以及法国殖民当局的兴趣。海军少将于盖在写给印度支那总督的全面报告中说道：“这一事件必然会引起印度支那殖民地的兴趣。”最重要的是，他强调，如果动乱影响到了新加坡的广大华人群体，那么“完全有必要提防这一事件在马来联邦及其他各地的间接后果”。哗变后的一个月，该总督感到松了一口气，因为新加坡华人的忠诚使事件没有在印度支那造成什么后果。“Troubles de Singapour,” CAOM FM indo/nf/1037.

118 Young to Harcourt, 25 February 1915. Report on Singapore Disturbances, Part II, WO 32/9560, p. 82.

119 印度部图书馆所藏的军事法庭抄件有清楚的记录。Court Martial Proceedings on Mutineers of the 5th Light Infantry, 1915. IOR/L/MIl/7/7191.

120 Young to Harcourt, 11 March 1915. Report on Singapore Disturbances, Part II, WO 32/9560, p. 18.

121 Telegram from Viceroy, 26 February 1915. Report on Singapore Disturbances of 1915, WO 32/9559, p.130a.

加达运动和帝国内其他印度群体（尤其是士兵）之间的网络。3月3日，他向位于伦敦的英国陆军部报告到，他已经安插了密探，这些人“非常了解马来联邦（F.M.S.）和印度的人情”；他们在吉隆坡窥探居住在马来亚的印度人的不满程度，尤其是锡克警察群体。同时，他还报告到，刚刚收到的一份来自马来半岛怡保市（Ipoh）的情报，显示“鼓动分子已经在当地活跃了一段时间”，因此从北印度来到该地区的穆斯林“都不值得信赖”。[122] 如果这还不足以说明里杜特对于影响印度兵的国际网络的了解程度的话，那么还有一个例证，即旁遮普第25、26军团在从香港前往印度的途中，于3月1日靠港，彼时叛军仍然在逃，里杜特与阿瑟·杨拒绝了这两支部队主动提出的协助。其实，载着两支部队的船只仅被允许停靠半个小时。[123]

2月16日，阿瑟·杨下令，新加坡的任何报纸都不许运往岛外；除了发往英国的信件之外，一切送往新加坡以外地区的信件必须接受审查，以封锁关于哗变事件的消息。这显然是担忧哗变消息所可能引发的全球性后果。[124] 如我们所见，关于“暴乱”只有一份平淡无奇的消息被发送给了路透社，消息中只说这是由内部“嫉妒”而引发的。然而，尽管当局尽可能地阻止“敏感”人群接触到相关消息，但消息仍不胫而走，并在日本、中国、菲律宾、北美以及其他多处地方被报道。令新加坡等驻有印度士兵的殖民当局大为光火的是，刊有相关报道的外国报纸回流到了英国殖民领地，包括新加坡。3月12日，新加坡总督告知殖民地部，马尼拉和上海都出现了关于哗变的“危险”报道。他强调道，尤其是马尼拉的报社，“极尽夸张之能事，譬如某些报道称遇害居民有数百人之多”，以及“公共广场上每日都举行公开行刑”。[125]

尽管杨认为新加坡居民不会太在意这些夸张的报道，但是在香港的总指挥官却对此高度警惕。3月8日，他在向战争大臣发出的第二封紧急电报中，要求在香港披露更多关于哗变起因的事实。他指出，如果不这样做的话，当驻港的印度士兵听闻风声时，英方将会付出致命的代价。同时他强调道，“这些传言会在今天抵港的第18印度军团中扩散”，并且“当务之急就是披露更多的真相。”[126]

---

122 GO Commanding the Troops to Secretary of War, 3 March 1915. Report on Singapore Disturbances, Part II, WO 32/9560, p. 99. 从结果来看，锡克警察似乎没有受到影响。

123 GO Commanding the Troops to Secretary of War, 3 March 1915. Report on Singapore Disturbances, Part II, WO 32/9560, p. 100.

124 Young to Harcourt, 25 February 1915. Report on Singapore Disturbances, Part II, WO 32/9560, p. 92.

125 Young to Harcourt, 12 March 1915. Report on Singapore Disturbances of 1915, WO 32/9559, pp. 12–13.

126 Secretary of State to Governor, Hong Kong, 8 March 1915, and GO Commanding in Hong Kong to Secretary of State for War, 8 March 1915. Report on Singapore Disturbances of 1915, WO 32/9559, pp. 14, 16.

显然，当时的英国政府已经意识到了多重网络的存在，国家和非国家的要素都纠缠其中，这些网络将英帝国内的各地、其他殖民帝国以及主权国家的各地都连成一片。英当局决定在哗变消息传出新加坡之前即加以控制，是因为他们不认为这场哗变只是由嫉妒引起的局部事件，而是一起由蔓延全球的思想和势力在当地点燃的事变。一旦哗变爆发的消息传遍世界，许多地方都会被积压已久的愤怒和不满所引爆。

结　论

全球视角有助于我们用全新的眼光看待地方性事件，新加坡哗变只是诸多个案中的一例。1915 年的新加坡远不是一个被孤立的前哨——无论是这个地方本身，还是在当地生活和效力的人们，都以多种方式与外界相连：东南亚的其他地区，列强的帝国体系，在欧洲激烈进行的全球战争，全球范围内的泛伊斯兰主义和民族主义思潮。如我们所见，参与哗变者和镇压者双方都将自己置身于这种更大的全球网络中，进而在地方上采取行动。对参与哗变的印度士兵而言，虽然他们的声音只留在了官方档案的碎片中，但是很显然，当他们做出最终给自己带来悲惨命运的哗变决定时，不仅仅是出于军团间政治的原因，同时也明确地出于其他原因，例如加达运动所体现出的对英国殖民统治的反抗，跨国的伊斯兰团结运动。同样明显的是，他们习惯收集来自不同地区的信息，包括新加坡、印度、北美、奥斯曼帝国。而英国当局意图平息这场哗变的反应，也被同样程度地捆绑在这张地图上。无论是新加坡还是其他英属殖民地，当局都认为这场哗变处在紧密的网络关系中，与其他英属殖民地、战争时期的盟友和敌人、全球伊斯兰群体以及更加广大的海外华人世界和外交世界，都相互联系在一起。对于印度兵和英国当局双方而言，在网络的每一处节点上，跨国跨殖民地的意识、信息和关系，不断使殖民地和民族国家的界限变得模糊。总而言之，新加坡哗变有助于说明，1915 年 2 月开幕的这场地方性戏剧，必须放在一个更广阔的全球语境中才能予以充分解读。我们应该意识到，从近代早期开始，新加坡也好，世界其他地方也好，地方也往往就是全球。

【原文出处】Heather Streets-Salter. “The Local Was Global: The Singapore Mutiny of 1915,” *Journal of World History*, Vol. 24, No. 3 (2013), pp.539–576.

彼得·伯克、卢克·克洛赛、菲利普·费尔南多–阿梅斯托　著
杨雨菲　译

全球文艺复兴

【导读】

彼得·伯克（Peter Burke，1937—　），英国历史学家，新文化史的代表性学者之一。曾先后执教于苏塞克斯大学、剑桥大学，现为剑桥大学荣休教授和伊曼纽尔学院终身研究员。主要从事欧洲近代早期的社会史、思想史和文化史研究。代表作有《文艺复兴》（1987）、《欧洲文艺复兴：中心与边缘》（1998）、《什么是文化史》（2004）等。

卢克·克洛赛（Luke Clossey，1975—　），加拿大西蒙弗雷泽大学副教授。主要研究基督教思想史，基督教、佛教、伊斯兰教间的关系，以及全球化与现代性。代表作有《早期耶稣会士传教的救赎与全球化》（2008）。

菲利普·费尔南多–阿梅斯托（Felipe Fernández-Armesto，1950—　），英国历史学家。曾在多所院校任教，现为美国圣母大学教授。研究涉及环境史、思想史、西班牙史、拉丁美洲史、全球史等多个领域，代表作有《美洲五百年：一部西半球的历史》（2003）、《寻路者：全球探索史》（2006）、《1492：世界开端之年》（2009）等。《寻路者》获2007年世界史学会本特利图书奖。

本文试图将欧洲文艺复兴置于全球史的语境下重新进行考察，建构这一运动与更广泛的世界背景之间的关系。文章指出，语文学、怀疑论及线条透视等诸多通常被视作“文艺复兴独有”的内容，实则在世界其他地方早已有之。尽管文艺复兴发生在跨亚欧联系减弱之时，但它仍受到伊斯兰世界、南亚和东亚等地文化的影响。同时，文艺复兴反过来对非洲、亚洲、美洲及伊斯兰世界的文化产生了不同程度的影响。在文艺复兴向欧洲之外传播的过程中，传教士和版画起到了尤其重要的媒介作用，被传播的事物也大都发生了变化，从而在到达地形成了一种“杂交”风格的新型文化样式。

长期以来，文艺复兴运动都被视为“欧洲的运动”，西方人以文艺复兴运动缔造者的身份自居，宣扬自身文化的独特性与优越性。学者们此前往往通过探索欧洲之外的文化复兴，来破除欧洲文化中心论的神话。本文另辟蹊径，通过考证文艺复兴时期欧洲与世界其他地方的跨文化交流行为，分析文化间的交往方式及交往结果，质疑文艺复兴运动完全是一场西方本土运动的说法。更为重要的是，文章在阐释文艺复兴运动的兴起与传播时，提出了“杂交”的概念，认为“杂交”在文艺复兴过程的两端都非常重要，这为“文化相遇”问题提供了一个有价值的研究范式，同时也对中西方分流的传统论述提出了质疑。文章视角独特，涉及诸多地域、诸多学科，加之运用了多种语言的文献材料，尽显“全球”意味。

引　言

新西班牙首任总督安东尼奥·德·门多萨（Antonio de Mendoza）在他手中那本维特鲁威（Vitruvius）关于建筑的论著的扉页上写到，1539 年 4 月“于墨西哥城展阅此书”。[1] 当时，在附近的特拉特洛尔科（Tlatelolco），方济各会修士正在教授阿兹特克的年轻贵族模仿西塞罗的写作风格。16 世纪下半叶，耶稣会士向阿克巴大帝赠送了丢勒的版画，以供莫卧儿帝国宫廷艺术家临摹。在大约一代人稍长的时间里，利玛窦不但让中国的士大夫了解了基督教，还令他们见识了文艺复兴的修辞学、哲学、天文学、地理学和记忆之术。[2] 尽管此前也曾存在智识和艺术跨越亚欧大陆的势头，尤其是在公元前第一个千年和宋元时期，但唯有文艺复兴方可真正称为思想史上的第一次全球性运动，即文艺复兴是第一次同时在两个半球引起反响且深入赤道两侧内陆的运动。

如今，史学写作中出现了所谓的“全球转向”（global turn），该转向不仅体现在人们愈加关注西方史学家笔下“世界的其他地方”，还体现在人们越来越对那些曾被视为“欧洲的运动”（包括文艺复兴）的全球语境感兴趣。本文所探讨的“文艺复兴”并非指代整个文艺复兴时期，而是指发生于 15—16 世纪旨在复兴希腊、罗马古典文化的运动。[3] 下文将借用“近代早期”（early modern）这一术语，意指大约自 15 世纪初至 18 世纪末这个时段。18 世纪末的美国革命、法国大革命和工业革命开启了近代晚期（late modern）。

与阿诺德·汤因比（Arnold Toynbee）、欧文·潘诺夫斯基（Erwin Panofsky）以及近来强烈反对“欧洲中心论”的已故的杰克·古迪（Jack Goody）不同，本文并非探讨复数形式的“文艺复兴”（Renaissances）概念——如中国的文艺复兴、伊斯兰的文艺复兴等，而是关注欧洲文艺复兴与更广泛的世界间的关系，认为这一世界刺激并响应了欧洲的文化发展。关于文艺复兴的全球语境，上一代人已进行了诸多有价值的研究，本研究不是平添数量，而是试图描绘一幅综合而宏大的图景，该图景与 30 年前占主流地位的全然不同（更不

1　J. J. López-Portillo, “‘Another Jerusalem’: Political Legitimacy and Courtly Government in the Kingdom of New Spain (1535–1568),” PhD dissertation, University of London,2012, p. 294.

2　J. Spence, *The Memory Palace of Matteo Ricci*, London: Faber, 1984.

3　已出版的该主题的著作有：J. Brotton, *The Renaissance Bazaar*, Oxford: Oxford University Press, 2002, pp. 33–61; P. Burke, *The European Renaissance: Centres and Peripheries*, Oxford: Oxford University Press, 1998，该书是一部关于创造性接受的比较研究；C. Farago, ed., *Reframing the Renaissance*, New Haven, Conn.: Yale University Press, 1995，该书探讨了全球视角；以及 S. Gruzinski, *L'Aigle et le dragon*, Paris: Fayard, 2012, pp. 405–415，该书强调了墨西哥与中国的联系。

用说 60 年前，当时，本文的其中一位作者正在牛津大学从事文艺复兴研究）。

中世纪的西方对复兴所谓古代辉煌的兴趣长期存在或者时断时续，一定程度上讲，我们最好将文艺复兴理解为西方对这一兴趣的一次提升，但出于文章主旨考虑，我们把文艺复兴视为一个独有的、连续的事件：14 世纪中叶兴起，15 世纪在意大利全面展开，16 世纪扩至欧洲大部分地区，且影响遍及多个领域。鉴于我们试图把文艺复兴置于其他更为遥远的文化语境之中，因此我们将像探讨别的文化复兴运动那样探索文艺复兴的特点，考察其源自何处、去向何方、如何抵达、抵达后做何反应等问题。

长期以来，"欧洲中心论"一直在消退，[4] 然而，文艺复兴在"西方的兴起"、"现代性"的起源或文化"全球化"先锋中（更确切地说，是在西方用价值观念和行动实践征服世界许多地区中）的作用举足轻重——这一观点仍受学界的强力拥护和大众的热切追捧。[5] 倘若文艺复兴之兴起仅仅源于西方传统而未受其他地方的关键性影响，其潜在含义则会引人注意：文艺复兴完全是一场本土运动的主张，与通常所谓的"欧洲中心论"（宣扬西方成就的独特性及其对世界其他地方的空前影响）密不可分。照此情形，人们将不得不把文艺复兴当作西方馈赠给世界其他地方的一件礼物。然而，这一设想令人信服或行之有效吗？言之有据吗？是时候把"文艺复兴的中心地位"的说词置于全球史中检验其是否与事实相符了。

一、文艺复兴的起源与发展

将文艺复兴运动置于全球视角中进行考察的第一次真正有影响力的尝试始于 1954 年。当时，阿诺德・汤因比可能是鼓励历史学家进行文明比较研究的最为积极的学者，他否认 15 世纪的意大利文艺复兴运动是"一个独特事件"（a unique occurrence），认为其"仅是一

4 例如参见：Vassilis Lambropoulos, *The Rise of Eurocentrism: Anatomy of an Interpretation*, Princeton, N.J.: Princeton University Press, 1993; Peter Gran, *Beyond Eurocentrism: a New View of Modern World History*, Syracuse: Syracuse University Press, 1996; James Blaut, *Eight Eurocentric Historians*, New York: Guildford, 2000; Jack Goody, *The Theft of History*, Cambridge: Cambridge University Press, 2006; Samir Amin, *Eurocentrism: Modernity, Religion, and Democracy—A Critique of Eurocentrism and Culturalism*, New York: Monthly Review, 2009; Dipesh Chakrabarty, *Provincializing Europe: Postcolonial Thought and Historical Difference*, Princeton, N.J.: Princeton University Press, 2008。

5 John M. Headley, *The Europeanization of the World: On the Origins of Human Rights and Democracy*, Princeton, N.J.: Princeton University Press, 2007。关于"欧洲中心论"在学术界长期盛行的研究，参见 Luke Clossey and Nicholas Guyatt, "It's a Small World After All: The Wider World in Historians' Peripheral Vision," *Perspectives in History*, May 2013，https://www.historians.org/publications-and-directories/perspectives-on-history/may-2013/its-a-small-world-after-all.

个反复出现的历史现象的一则特例”。[6]后来的研究者发现并宣称，从5到15世纪，几乎每个世纪都发生过古典思想、风格和意象的复兴。随着西方与复兴运动有关的著作的大量涌现，世界其他地方的学者对复兴运动的文化论述也愈加频繁。杰克·古迪认为，文艺复兴是众多复兴运动中的一次。[7]所有文化都有自己的“古典”（classics），且思古情怀几乎可以随时随地成为潮流，受到人们的欢迎，并产生一定的影响。

围绕“文艺复兴是对古典世界的一次复兴”这一核心含义的是一些与之密切相关的思想，这些思想不仅强化了人们的妄自尊崇，即文艺复兴及其缔造者欧洲人是与众不同的，还在更广泛的意义上为文艺复兴的名誉增光添彩。欧洲以外的地方确实存在重燃对古典历史的兴趣的类似运动，但15世纪的那些据说推动欧洲超越了古代成就的突破又是什么呢？我们可能会发现，赋予我们所论述的文艺复兴一个不仅古典化而且近代化的角色，将不但有助于探讨一般的复兴运动，还有助于探究那些通常被视作文艺复兴的独有特点，如文本批评（textual criticism）、怀疑论（skepticism）和线条透视（linear perspective），在同时代的其他地方的具体表现以及先例。[8]

（一）语文学

人们对手稿传播的浓厚兴趣推动了文艺复兴的兴起。第一批人文主义者为寻求手稿而进行的本地与域外旅行从根本上促成了他们思想的发展，一定程度上来说，这预示了全球旅行者的记述将如何塑造16世纪文艺复兴全盛时期的思想。古代先贤也曾进行过语文学（*Philology*）[*]研究，但洛伦佐·瓦拉（Lorenzo Valla，1407—1457年）和波利齐亚诺（Angelo Poliziano，1454—1494年）已明显超越了他们的成就。波利齐亚诺沿用了一些寻常做法，如区分直接引用与间接引用、像彼特拉克一样偏爱较为古老的文献等，但为了逢迎自己的庇护者美第奇，他又进行了两方面的超越。

第一个方面是理解了谬误的价值：在后来被称为的“宁取较难阅读法则”（*lectio difficilior potior*）之下，阅读难度越大越是首选，因为它不大可能是编者润色的结果。到近代

---

6 A. J. Toynbee, *A Study of History,* Oxford: Oxford University Press, 1954, 9:4.

7 J. Goody, *Renaissances: The One and the Many*, Cambridge: Cambridge University Press, 2009; P. Burke, “Jack Goody and the Comparative History of Renaissances,” *Theory, Culture and Society* 26, 2009, pp. 16–31.

8 人们通常把“自我塑造”（self-fashioning）作为文艺复兴的第四个特征，但它可能可以在早期的伊斯兰传统中找到。参见 Felipe Fernández-Armesto, *1492: The Year the World Began*, New York: HarperCollins, 2010, pp. 268–271。

* 语文学，全称语言文字学，是语言学的一个分支，偏重从文献角度研究语言和文字。——译者

早期结束之时，该理念将在一般的语文学中被广为接受，尤其是在圣经研究中。[9]尽管在我们看来，这种对原文与其手稿历史的关系进行精细鉴别的方法是另辟蹊径，但“宁取较难阅读法则”实际上早已有之。在10世纪的印度，沃勒伯德沃（Vallabhadeva）[*]曾为5世纪迦梨陀娑（Kālidāsa）的《罗怙世系》（*Raghuvaṃśa*）撰写评注。《罗怙世系》在各地广为流传，版本繁多，疑问颇多，而沃勒伯德沃倾向于选取最为古老的手稿，因为其含意最是含混不清（*aprasiddha*，अप्रसिद्ध）、与众不同且晦涩难懂。[10]至少在宋代，研究《尚书》的中国学者就认为，无论是一般的语言还是古文字学上讲究的文字的特有形式，愈难读的篇目，愈古老、愈真实。早在12世纪，吴棫就认识到了“诘屈聱牙”的文本的价值及其权威性。[11]

在“宁取较难阅读法则”之外，波利齐亚诺还进行了第二项突破。他开创了一种谱系法，叫作“剔除派生手稿法”（*eliminatio codicum descriptorum*）。该方法注重文献间的关系，即文本传播的因果关系史。波利齐亚诺的同时代人往往对谱系法不以为然，认为该方法只是回归到文本清点。直至波利齐亚诺逝世半个世纪后，这一方法才得到普遍运用。

伊斯兰世界业已存在一种类似的，但更侧重于分析的研究知识谱系的方法：伊斯兰教一经诞生，人们即刻便关注其来源、传播情况及其可信性。伊斯纳德（*isnād*）[**]列出了每段圣训（*ḥadīth*）的确切传述史，几个世纪以来，穆斯林学者总是依照伊斯纳德来确保对先知言论的准确记述。（希罗多德在权衡历史原始资料时注重自己的决策意志，这些穆斯林记述者对希罗多德有所了解，并且可能受到了他的影响。）穆斯林占据了古典时代的希

---

9 Jerry H. Bentley, *Humanists and Holy Writ: New Testament Scholarship in the Renaissance*, Princeton, N.J.: Princeton University Press, 1983, pp. 112–193; Anthony Grafton, *Defenders of the Text: The Traditions of Scholarship in an Age of Science, 1450–1800*, Cambridge, Mass.: Harvard University Press, 1991, pp. 27, 47–75; E. J. Kenney, *The Classical Text: Aspects of Editing in the Age of the Printed Book*, Berkeley: University of California Press, 1974, pp. 4–10, 43, 49–51; L. D. Reynolds and N. G. Wilson, *Scribes and Scholars: A Guide to the Transmission of Greek and Latin Literature*, 4th ed., Oxford: Oxford University Press, 2013, pp. 140–164.

* 沃勒伯德沃，克什米尔学者，《罗怙世系》现存最早的文评即是他所作。——译者

10 *Vallabhadeva's Kommentar (Śāradā-Version) zum Kumārasambhava des Kālidāsa*, ed. M. S. Narayana Murti, Wiesbaden: F. Steiner, 1980, p. 27。参考 Sheldon Pollock, “What Was Philosophy in Sanskrit?” in *World Philology*, ed. Sheldon Pollock, Benjamin A. Elman, and Ku-ming Kevin Chang, Cambridge, Mass.: Harvard University Press, 2015, p. 121。

11 叶国良：《宋人疑经改经考》，台北：“国立”台湾大学出版委员会，1980年，第49页。布鲁斯·鲁斯克（Bruce Rusk）博学多才，在此感谢他的慷慨相助。

** 伊斯纳德，伊斯兰教圣训学术语，阿拉伯 *isnād* 的音译，是辨明传述的“圣训”真伪的主要依据。“圣训”未汇集成书时，主要据圣门弟子的记忆，世代相传，互有出入。公元9世纪后，随着圣训学的兴起，圣训学者开始对传述人的世系、身世、品行、活动年代和地点等背景加以考证，以判定所传“圣训”的真伪。（此处释义参考金宜久主编：《伊斯兰教辞典》，上海：上海辞书出版社，1997年。）——译者

腊化世界和前罗马帝国的诸多中心地区，从而享有了与拉丁基督徒一样的遗产。实际上，由于伊斯兰世界所占据的地区受到的劫掠和破坏相对较少，因此他们有更多可资利用的古希腊-罗马文本和完好的历史遗迹。古迪关注了一些学者的“人文主义”。[12] 首先是 9 世纪的伊本・古泰拜（‘Abdallāh ibn Qutaybah），他曾将一项语文学计划的洞见应用于治理，该计划成为后来西方智识发展的先驱。其次是 9 世纪的穆罕默德・本・伊萨・提尔密济（Muḥammad ibn‘Īsáal-Tirmidhī，824—892 年），他打破了传述的优劣二分法，划分了三种可能可信的类别，将伊斯纳德中的每段记述归类为其中的一种。[13] 还有 13 世纪的伊本・萨拉赫（Ibn al-Ṣalāh），他在提尔密济划分的三个类别的基础上，又增加了 62 个其他范畴或门类（*naw'*），包括五类传述者和七种传述，这说明传述研究非常细致，举例来说，其中有一类是非连续的圣训（*munqaṭi'*），即在伊斯纳德中，一段圣训的上下相继的两位传述者从未见过彼此。[14]

相较于中世纪伊斯兰语文学、印度语文学的复杂性，我们最好将欧洲文艺复兴的突破性进展视作仅仅是赶上了世界上最先进的学术成就。

（二）怀疑论

我们的下一个概念是怀疑论。怀疑论是考量一个人是否才思敏捷的诱人指标，因为它要求具备一定的超然性和诡辩能力，即它不仅要求有知识，还要求有关于知识的知识。在早期基督教世界中，无论是皮浪（Pyrrho）还是塞克斯都（Sextus）* 都遭到人们的冷眼相待。额我略・纳齐盎（Gregory of Nazianzus，死于 390 年）抱怨道：“自从塞克斯都派和皮浪派……（如同令人憎恶的恶疾般）传染了教堂，人们便把疯言疯语尊为了文化。”同时，尤利安皇帝（死于 363 年）因“众神用智慧摧毁了他们的作品，使得他们的大多数论著都已不复存在”而欣喜不已；教皇利奥一世（Leo I，约 5 世纪 40 年代）在抨击摩尼教时曾提到皮浪派，这可能是拉丁西方一千年来对他们或他的最后一次提及。[15]

作为人文主义者对晦涩古文本兴趣的附带产物，怀疑论再现于文艺复兴时期。我们发现，怀疑论本身在 15 世纪末变得至关重要，同时又危险重重。我们以萨沃纳罗拉（Savon-

---

12　参见 J. Goody, *Renaissances: The One and the Many*。

13　‘AlīNāṣirī, *An Introduction to Hadith: History and Sources*, trans. Mansoor Limba , London: MIU Press, 2013, p. 188.

14　Scott C. Lucas, *Constructive Critics, Ḥadīth Literature, and the Articulation of Sunnī Islam*, Leiden: Brill, 2004, pp. 28, 29–33, 288–289.（简言之，“非连续的圣训”即指传述世系有间断而不完整的圣训。——译者）

*　皮浪，古希腊怀疑派哲学家，怀疑论鼻祖；塞克斯都，罗马帝国时期的希腊怀疑论者。——译者

15　Luciano Floridi, *Sextus Empiricus: The Transmission and Recovery of Pyrrhonism*, Oxford: Oxford University Press, 2002, pp. 12, 22.

arola）* 的命运为例。萨沃纳罗拉企图借助塞克斯都来颠覆亚里士多德以及所有希腊“创造的”知识，仅将基督教启示和受启发的先知（如萨沃纳罗拉自己）的言论保存完好。他的圣马可修道院中藏有五部塞克斯都的手稿，他委托包括乔吉奥·安东尼奥·韦斯普奇（Giorgio Antonio Vespucci，亚美利哥的叔叔）在内的三位同人将这些文本翻译为拉丁文；此时，他的对手多明我会总会长焦阿基诺·托里亚尼（Gioacchino Torriani）也正在梵蒂冈翻看塞克斯都的著作。[16] 事实证明，在萨沃纳罗拉的案件处理中，起决定性作用的是确定性问题。与“不确定之事”相比，法官奥曼诺佐·德蒂（Ormannozzo Deti）更喜欢“确定的”：考虑到这位修士身陷纷扰动乱的处境之中，赞同教皇似乎更为安全。大使圭丹托尼奥·韦斯普奇（Guidantonio Vespucci）认为，如果——萨沃纳罗拉是上帝派来的——这一点是“确定的，确信无疑的”[他起初是用带有主观性的意大利语“如果是真的”（*si fussi certo*），但后来转用拉丁语的“完全确定”（*omni certitudine*）]，那么最好允许他布道；既然他们没有这样的把握，还是站在教皇一边为妥。[17] 萨沃纳罗拉委托翻译的作品并未能及时拯救他，但我们得以从乔瓦尼·弗朗切斯科·皮科·德拉·米兰多拉（Gianfrancesco Pico della Mirandola，1469—1533 年）的著作中窥见他之所想。乔瓦尼·弗朗切斯科是乔瓦尼 ** 的侄子，名气较乔瓦尼（恰巧他也有一本塞克斯都的著作）稍逊，他拥护萨沃纳罗拉，并为之写了传记。据他所说，萨沃纳罗拉一直建议把塞克斯都的著作作为基督教的优质入门读物。乔瓦尼·弗朗切斯科的《探索虚无》（*Examen Vanitatis*）即在萨沃纳罗拉的思想基础上写成。[18]

文艺复兴时期的怀疑论在其他文化中有先例吗？在印度，不确定性思想在中世纪就非常盛行，最晚到 13—14 世纪，一些抄写文本就已开始抨击作为获取正确知识之方法的“量”（*pramāṇas*）***。贾亚拉西（Jayarāśi，约 800 年）在《吞噬一切原则的狮子》（*Tattvopaplavasiṃha*）中做了自认为“令人惧怕”或“让人敬畏”的肆无忌惮的抨击；[19] 室利哈沙

---

* 萨沃纳罗拉，意大利多明我会修士，1494—1498 年担任佛罗伦萨的精神领袖和世俗领袖。在此期间，他不但进行了严厉地布道，还强烈反对文艺复兴艺术和哲学，焚烧了所有艺术品和非宗教类书籍，引起了教皇和佛罗伦萨市民的强烈不满。1498 年萨沃纳罗拉被处以火刑。——译者

16 Richard Popkin, *The History of Scepticism*, Oxford: Oxford University Press, 2003, pp. 3–7, 19–29; Luciano Floridi, *Sextus Empiricus*, pp. 30–33.

17 Denis Fachard, *Consulte e pratiche della Repubblica Fiorentina, 1498–1505*, Geneva: Droz, 1993, pp. 60, 51.

** 乔瓦尼即下文中将会提到的意大利哲学家乔瓦尼·皮科·德拉·米兰多拉（Giovanni Pico della Mirandola，1463—1494 年），其著作《论人的尊严》被称为“文艺复兴时代的宣言”。——译者

18 Richard Popkin, *The History of Scepticism*, pp. 19–29.

*** 量，佛教术语，意为正确的认知，或正确的知识来源。——译者

19 主要的英文论著是 Eli Franco, *Perception, Knowledge, and Disbelief: A Study of Jayarāśi's Scepticism*, Delhi: Motilal Banarasidas, 1994。

（Śrīharṣa，约 1150 年）的《诘蜜》（*Khaṇḍana-khaṇḍa-khādya*）以祝愿开头：“啊，智慧的人们，愿你们获得全胜的喜悦，即使仅是鹦鹉学舌般复述我的这一著作，也要彻底推翻你们所有傲慢对手所论说的言辞或事物的可能性，把他们驳斥得‘无言以对’”；在阐释了为什么明确的争论“像咀嚼干草一样毫无价值”或“像寻找乌鸦的牙齿一样毫无用处”之后，他归纳出了动摇一切表面知识的策略。[20]

与此同时，穆斯林思想家比基督徒更易于获得希腊的怀疑论文本，尽管就我们所知并没有具体提到皮浪。海什木（Ibn al-Haytham，大约死于 1040 年）[*]的《光学书》（*Kitābal al-Manāẓir*）在西欧极具影响力，书中回顾了一系列视错觉，并阐明了一些颠覆我们确定感的认知过程。[21]安萨里（al-Ghazālī，死于 1111 年）将他亲身的怀疑经历记录在《迷途指津》（*Munqidhmin al-Ḍalāl*）中：

> 这种疾病无法治愈，持续了近两个月。事实上，在此期间我欣然接受了（怀疑论）信条，尽管并非在言语或表述上。最终，真主治愈了我……而且我的头脑恢复了健康和平衡。我再一次安心并确定无疑地接受和相信了理性的必要信念。这不是通过撰写一份证明或一项文字约定来实现的，而是通过万能的真主投在我胸前的一束光来实现的。[22]

因此，和先进的语文学一样，文艺复兴时期的怀疑论根植于由印度传入希腊的古老舶来品，在中世纪的亚洲也有先例。

（三）线条透视

最后，文艺复兴运动中最具代表性的或许是线条透视传统。技艺精湛的画像会给观者以强烈的空间感，让人仿若置身其中，在某一时间从某一点看到的一样。这似乎是文艺复兴的独有创新，也确实很难在欧洲以外的地方找到先例。

---

20 Śrīharṣa, *The Khaṇḍanakhaṇḍakhāḍya of Shri-Harṣa, an English translation*, trans. Ganganatha Jha, Delhi, India: Sri Satguru, 1986, pp. 3, 704–705; Phyllis Granoff, *Philosophy and Argument in Late Vedānta*, Dordrecht: Reidel, 1978, pp. 143–146。参见 Ben-Ami Scharfstein, *A Comparative History of World Philosophy*, Albany: State University of New York Press, 1998, pp. 233–273。

* 海什木，阿拉伯学者，物理学家、数学家，对光学研究有巨大成就。——译者

21 David C. Lindberg, *Theories of Vision from Al-Kindi to Kepler*, Chicago: University of Chicago Press, 1976, pp. 18–32; Katherine H. Tachau, *Vision and Certitude in the Age of Ockham*, Leiden: Brill, 1988, pp. 4–43.

22 Al-Ghazali, “The Rescuer from Error,” in *Medieval Islamic Philosophical Writings*, ed. Muhammad Ali Khalidi, Cambridge: Cambridge University Press, 2005, p. 63.（安萨里，波斯裔伊斯兰神学家、哲学家，怀疑论的先驱。——译者）

事实证明，欧洲以外不存在这种画法并不是非欧洲艺术家无力为之的结果，而是与他们的艺术鉴赏力有关。举例来说，李成（919—967年）即是运用与线条透视相类似的方法作画。尽管这些画作现已不存，但所幸11世纪的宋代政治家、博识者沈括撰写的《梦溪笔谈》能够为我们提供证明。沈括写道："李成画山上亭馆及楼塔之类，皆仰画飞檐，其说以谓自下望上，如人平地望塔檐间，见其榱桷。"他继续说道，运用李成的视角，观者"只合见一重山"。

中国人对线性透视的发现并没有彻底改变中国艺术，并且沈括并不欣赏这一画法：

> 若同真山之法……只合见一重山，岂可重重悉见？兼不应见其谿谷间事。又如屋舍，亦不应见其中庭及后巷中事。若人在东立，则山西便合是远境；人在西立，则山东却合是远境。似此，如何成画？李君盖不知以大观小之法，其间折高、折远，自有妙理，岂在"掀屋角"也。[23]

线条透视在中国受到了非议，三个世纪后在意大利却备受推崇。然而，即便是在文艺复兴时期也有人意识到：线条透视并非极致目标，而是一种务实的妥协；且就失去的东西而言，其代价高昂。多那太罗（Donatello）抱怨说（正如一个世纪后瓦萨里记载的那样），保罗·乌切洛（Paolo Uccello）因痴迷于运用数学方式进行精确计算，"把确定变成了不确定"。[24]长期的一致推崇引起了人们对线条透视的质疑，质疑声贯穿15、16及17世纪。[25]另一方面，欧洲的文艺复兴运动确实采用了与中国的"以大观小"风格相类似的手法，如构思堡垒时、描绘耶稣能在天上看到地球的能力时。[26]文艺复兴时期的艺术所应用的线条透

23 Tsung Pai-hua, "Space-Consciousness in Chinese Painting," trans. Ernest J. Schwartz, *Sino-Austrian Cultural Journal* 1, 1949, p. 27。关于视觉透视的比较史研究，参见 Jean-Yves Heurtebise, "Comparative Aesthetics: The Construction of Perspective in Chinese and European Paintings," in *Artistic Traditions of Non-European Cultures*, ed. B. Łakomska, Turon: Tako, 2013, 2:49–75。（关于沈括的记述的译文，均参考沈括著，张富祥译注：《梦溪笔谈》，北京：中华书局，2016年。——译者）

24 "Lasciare il certo per l'incerto." Giorgio Vasari, *Le Vite de' più eccellenti Architetti, Pittori, et Scultori Italiani*, Rome: Pagliarini, 1759, p. 205; Giorgio Vasari, *The Lives of the Artists*, trans. Julia Conaway Bondanella and Peter Bondanella, Oxford: Oxford University Press, 2008, p. 75.

25 例如，参见 Antonio Filarete, *Trattato di architettura*[ca. 1465], ed. L. Grassi, Milan: Il Polifilo, 1972, 2:657; Baldassarre Castiglione, *Il libro del cortegiano*(Venice: F[ederico] T[orresano d'Asola], 1538 [1528]), Aiii; Daniele Barbaro, *Dieci libri dell' architettura di M. Vitruvio*, Venice: Senese, 1567, p. 321; Giovan Battista Belici (Belluzzi), *Nuova inventione di fabricar fortezze*, Venice: Baglioni, 1598, p. 88; Emanuele Tesauro, *Il Cannocchiale Aristotelico*, Turin: Sinibaldo, 1654, pp. 89, 127。

26 Michael Baxandall, *Painting and Experience in Fifteenth-Century Italy*, Oxford: Oxford University Press, 1972, p. 104. 关于这种城堡设计的著作有：Jacques Androuet du Cerceau, *Les plus excellents bastiments de France*, Paris, 1576; Moritz von Prittwitz und Gaffron, *Lehrbuch der Befestigungskunst und des Festungskrieges*, Berlin: Herbig, 1865。

视法并非一个前所未有的发现，其只是遵循了寻找可用之法的传统。

二、来自欧洲之外的影响

欧洲以外的地方所存在的这些类似之事、相似之处和各种先例，并不能够证明它们就起源于欧洲之外。相似是一回事，影响则是另一回事。[27]不同历史文化中的相似事件可能独立地出现或可追溯至共同的起因，但并非彼此影响所致。不过，声势浩大的文化运动通常不是单性繁殖，异花授粉几乎总会起到作用，且通常是至关重要的作用。古典时期的赫利孔山（Helicon）[*]有一副“东方面孔”（east face）：古希腊人向爱琴海东岸、埃及或美索不达米亚的文化中注入了许多知识，同时也从这些地方的文化中汲取了一些学问。希腊怀疑论从伊利斯（Elis）的皮浪那里获得动力，而皮浪是在跟随亚历山大到印度时从印度汲取了思想［且希腊怀疑论可能传回印度影响到了龙树（Nāgārjuna，活跃于公元 200 年前后）[**]；龙树的学说转而将对中国的思想产生巨大影响］。[28]在公元前第一个千年里，从东亚到地中海欧洲，其所发展出的逻辑、哲学、科学、艺术和宗教思想表现出极强的连续性，这表明：至少来说，有些内容必定是沿横跨大陆或环绕大陆的贸易路线进行传播的。我们很难接受这样的说法，即中世纪中期西欧思想和技术的繁荣发展未受到“蒙古和平”（Mongol Peace）的影响。近代早期是欧洲科学的加速发展时期，这一定程度上要归功于探险家、学者和标本采集者在美洲、亚洲和非洲的发现。我们愈渐认识到，18 世纪的启蒙运动借鉴了中国、印度和日本的美学和政治模式，并通过与美洲和太平洋地区这些更为遥远的文化的接触，形成了诸如“高贵野蛮人”（noble savage）和所谓“绿色帝国主义”（green imperialism）等具有影响力的概念。如果文艺复兴仅发生于欧洲而未受可与之比拟的外部影响，这一反常现象将令人讶异。

尽管如此，从表面上看，我们有充分的理由认为文艺复兴未受到欧洲以外的地方的影响。从 14 世纪中叶到 15 世纪末，即我们所谓的文艺复兴兴起时期，“西方”很少或根本未

---

27 拜占庭对拉丁基督教世界的文艺复兴产生了一定影响，出于文章主旨考虑，我们在此不予论述。参见 D. J. Geanokoplos, *Interaction of the Sibling Byzantine and Western Cultures*, New Haven, Conn.: Yale University Press, 1976，该书强调文艺复兴中的拜占庭因素；K. Setton, “The Byzantine Background to the Italian Renaissance,” *Proceedings of the American Philosophical Society* 100, 1956, pp. 1–56。

* 赫利孔山，希腊的一座山脉，公元前 8 世纪的希腊诗人赫西俄德的故居即在这里。——译者

** 龙树，大乘佛教中观学派创始人。——译者

28 Christopher I. Beckwith, *Greek Buddha: Pyrrho's Encounter with Early Buddhism in Central Asia*, Princeton, N.J.: Princeton University Press, 2015.

与中国、中亚以及印度有直接的深入联系，尽管这些地方曾为西方早期的运动植入了异域概念和图像，或者提供了有用的知识、技术及能够启发灵感的思想。

（一）伊斯兰世界

在文艺复兴变得清晰可见之时，亚欧间的联系中断了。1342 年，一位新任命的中国大主教被派往东方，之后再无音信；足够长的时间过后，人们推测其已死亡，便又派去一位新的大主教。1490 年之前，这种出于宗教目的的人类牺牲重演了 11 次。[29] 我们尚未得知 16 世纪之前有欧洲旅行者成功跨越欧亚大陆的个案。当哥伦布于 1492 年前往中国时，他的国王对中国的认知早已过时，以至于他们让他携带的是致大汗（Great Khan）的外交国书。

这一时期，基督教世界挪用最多的文化是伊斯兰文化。[30] 倘若没有采用从“伊斯兰之家”（Dar al-Islam）引进的器物和颜料，文艺复兴时期的绘画将全然不同：绿松色和土耳其红让画布呈现出了前所未有的色彩；纺织品和地毯增强了场景的质感；题词画家所用的库法体和仿库法体为宗教历史绘画中的圣地增添了一种虚幻的真实感。宗教绘画对异域风格和情景的需求，驱使艺术家把伊斯兰（如果有的话，还有鞑靼奴隶）作为灵感与模板的来源。在文艺复兴的建筑方面，伊斯兰对其的影响显然至少和对绘画一样重要。布鲁内莱斯基（Brunelleschi）可能是受 14 世纪初苏丹尼耶（Solṭāniyeh）伊尔汗国完者都（Öljaitü）陵墓的穹顶设计启发，把佛罗伦萨教堂设计成了穹顶：每层结构不仅采用了人字形砌砖法，还采用了拱肋支撑的中空的双层穹顶形式。[31] 文艺复兴时期的艺术家对伊斯兰文化的最大借鉴可能就是所有的装饰性图案，有植物的、书法的和几何的，我们现在仍称这些图案为

---

29 Joseph Sebes, “Jesuit Attempts to Establish an Overland Route to China,” *Canada-Mongolia Review* 5, 1979, p. 67; Kenneth S. Latourette, *A History of Christian Missions in China*, New York: Macmillan, 1929, pp. 71–72.

30 相关研究颇丰，仅举几例：H. Belting, *Florence and Baghdad: Renaissance Art and Arab Science*, Cambridge, Mass.: Harvard University Press, 2011; L. Darling, “The Renaissance and the Middle East,” in *A Companion to the Worlds of the Renaissance*, ed. G. Ruggiero, Oxford: Wiley-Blackwell, 2002; D. Gutas, *Greek Thought in Arabic Translation*, London: Routledge, 1998; D. Howard, *Venice and the East*, New Haven: Yale University Press, 2000; G. Makdisi, *The Rise of Humanism in Classical Islam and the Christian West*, Edinburgh: Edinburgh University Press, 1990，该书认为欧洲的智识发展受到伊斯兰影响；J. Raby, *Venice, Dürer and the Oriental Mode*, London: Tauris, 1982，该书论及伊斯兰教对欧洲的影响；G. Saliba, *Islamic Science and the Making of the European Renaissance* , Cambridge, Mass.: Harvard University Press, 2007; N. G. Siraisi, *Avicenna in Renaissance Italy*, Princeton, N.J.: Princeton University Press, 1987，该书认为希腊医学的复兴离不开阿拉伯传统。

31 Piero Sanpaolesi, “La cupola di Santa Maria del Fiore ed il mausoleo di Soltanieh: Rapporti di forma e struttura fra la cupola del Duomo di Firenze ed il mausoleo del Ilkhan Ulgiaitu a Soltanieh,” *Mitteilungen des Kunsthistorischen Instituts in Florenz* 26, 1972, pp. 221–260.

“阿拉伯式花纹”（arabesques）。15—16 世纪，这一风格的地毯和金属制品（如大口水壶、碟盘等）在威尼斯非常时兴。过去人们习惯认为这类金属制品产于威尼斯，并将该装饰风格称为“威尼托-萨拉森式”（Veneto-Saracenic）。然而，如今人们认识到，这些器物产自大马士革和中东其他地区，通常是订购生产，上面印着它们未来主人的纹章，而意大利艺术家则是从 15 世纪后期开始采用这种装饰风格。[32]

在这个“全才”（*uomo universale*）的时代，我们所认知的数学、科学和技术的情况，不可避免地与视觉艺术的情况类似。皮耶罗·德拉·弗朗切斯卡（Piero della Francesca）对透视的认识部分源于他阅读了从阿拉伯语翻译过来的欧几里得的作品；方济各会数学家卢卡·帕西奥利（Fra Luca Pacioli）被认为是西方最早阐述复式簿记法和三角测量术的人，他曾与列奥纳多合作，所创作的作品很大程度上是基于参考阿拉伯的著作；许多西方数学家和天文学家都借鉴了 13 世纪的波斯著作，哥白尼只是其中的一位，尽管确切的传播方式尚不可知，但对其的模仿是确凿无疑的。[33]

在文学方面，西方作家可以获知许多源自东方的故事，薄伽丘和乔叟即为其中的典型代表。彼特拉克及其追随者的抒情诗，与伊斯兰世界的加扎勒（*ghazals*）* 惊人地相似，二者均描绘了爱的甜蜜痛苦、心爱之人的残酷无情等。无论如何，彼特拉克通晓行吟诗人的诗歌，行吟诗人转而通晓安德卢斯（Al- ‘Andalus）的诗歌（“行吟诗人”这一称呼即源自阿拉伯语 *taraba*，“吟唱”）。西方对乞丐和小偷的伎俩的描写始于 14 世纪，到 16 世纪达到极盛，这是效仿 9 世纪在阿拉伯兴起的叙写城市下层社会（*Banū Sāsān*）的形式。以流浪汉为题材是阿拉伯早期传统—— 10—11 世纪兴起的麻格摩（*maqāmāt*）——的延续。这一点不足为奇，因为像开罗、巴格达和大马士革等中东大城市的发展也早于西欧城市。[34]

在智识史方面，尽管它令人着迷，但我们知之甚少。穆斯林怀疑论者或许填补了古希腊与奥特库尔的尼古拉（Nicholas of Autrecourt，中世纪最多疑的基督徒）之间的鸿

32 Sylvia Auld, “Veneto-Saracenic,” in *Dictionary of Art*, ed. Jane Turner, New York: Grove, 1996, 32:160–162; Stanley Morison, “Venice and the Arabesque Ornament,” in Morison, *Selected Essays*, ed. David McKitterick, Cambridge: Cambridge University Press, 1981, 1:142–158.

33 George Saliba, *A History of Arabic Astronomy: Planetary Theories during the Golden Age of Islam*, New York: New York University Press, 1994; Joseph T. Clark, “ ‘Something Old, Something New, Something Borrowed, Something Blue’ in Copernicus, Galileo, and Newton,” in *Transformation and Tradition in the Sciences*, ed. Everett Mendelsohn, Cambridge: Cambridge University Press, 2003, pp. 67–80.

* 加扎勒，阿拉伯文学中一种以爱情为题材的抒情诗，伊斯兰教诞生之前就已存在。——译者

34 Enrico Cerulli, “Petrarca e gli arabi,” *Rivista di cultura classica e medievale* 7, 1965, pp. 331–336; Jareer Abu-Haidar, “*Maqamat* Literature and the Picaresque Novel,” *Journal of Arabic Literature* 5, 1974, pp. 1–10; Clifford E. Bosworth, *The Medieval Islamic Underworld*, 2 vols., Leiden: Brill, 1976.

沟。[35]1481年，阿威罗伊（伊本·鲁世德）为亚里士多德的《诗学》（*Opetics*）撰写的评注被译为拉丁文在威尼斯发行。雷格蒙塔努斯（Regiomontanus）转录了花拉子密（Al-Khwārizmī）的《代数学》（*Algebra*）。格奥尔格·冯·佩尔巴赫（Georg von Peuerbach）熟识9世纪阿拉伯天文学家白塔尼（al-Battānī）的论著。文艺复兴时期，人们对阿维森纳（伊本·西那）的研究像中世纪晚期一样热度不减。[36]皮科·德拉·米兰多拉（Pico della Mirandola）在论人的尊严的著名演讲中，引用了他称之为"萨拉森人阿布达拉（Abdala the Saracen）"（更确切地说是伊本·古泰拜）的言辞，大意是说"没有什么比人类更奇妙"。

（二）南亚和东亚

尽管如此，文艺复兴受伊斯兰世界的影响似乎太为有限，且有一定的选择性；再就一些方面来说，伊斯兰世界对文艺复兴产生影响的时期相对较晚，因而不足以反驳"土生土长的文艺复兴"的观点。对文艺复兴的兴起可能产生影响的最具争议的发源地，是相距更遥远的印度和中国。早在古代和中世纪，这两个地方就对西方艺术和思想产生了重要影响，到启蒙运动时亦是如此。

文艺复兴研究者于20世纪初开始考察中国对文艺复兴的影响。1910年，评论家奥斯卡·明斯特伯格（Oskar Münsterberg）注意到，列奥纳多的风景画与中国先前的山水画有些相似，他认为，这些相似之处太过于一致因此绝非巧合。两年后，阿比·瓦尔堡（Aby Warburg）在费拉拉斯齐法诺亚宫（Palazzo Schifanoia）的壁画中发现了一幅印度占星图［由阿拉伯占星家阿布·马沙尔（Abū Ma'shar），或叫阿尔布马扎（Albumazar），传到意大利］。[37]20世纪20年代初，以研究契马布埃（Cimabue）[*]著称的古斯塔夫·苏里耶（Gustave Soulier）声称，西方中世纪晚期以及文艺复兴时期绘画中的许多创新，与中国和印度的典型的佛教画相似，他认为，这些相似之处——主题、手势、肉体的呈现、苍白的肤色、精致的质地、纤细的双手、修长的手指——是如此显著，因此，很难想象西方人可以发展出这些是出于巧合。[38]大约同一时期，矢代幸雄（Yukio Yashiro）被吸引去研究波提切

---

35 一个相关的警示，参见 Taneli Kukkonen, "Al-Ghazâlî's Skepticism Revisited," in *Rethinking the History of Skepticism*, ed. H. Lagerlund, Leiden: E. J. Brill, 2010, pp. 121–139。

36 N. G. Siraisi, *Avicenna in Renaissance Italy.*

37 Oskar Münsterberg, *Chinesische Kunstgeschichte*, 2 vols., Esslingen: N. Neff, 1910–1912; Aby Warburg, "Italienische Kunst und Internationale Astrologie im Palazzo Schifanoja zu Ferrara," in *Gesammelte Schriften*, Leipzig: B. G. Teubner, 1932, 2:459–481.

* 契马布埃（1240—1302年），佛罗伦萨最早的画家之一，其作品带有拜占庭的风格。——译者

38 Gustave Soulier, *Les Influences orientales dans la peinture toscane*, Paris: Laurens, 1924.

利（Botticelli）*，因为他发现波提切利的作品与日本的绘画传统——从绘卷到喜多川歌麿（Utamaro）** 的木版画——有些相像，不过，他并未断言二者间存在联系。[39] 接下来的十年里，一位研究文艺复兴哲学的俄罗斯专家通过考证概括出一个普遍的理论：至少来说，文艺复兴时期的绘画是受中国影响的结果。[40] 然而，在第二次世界大战即将结束之时，列奥那多・奥尔斯克基（Leonardo Olschki）通过详细考证发现，早期的所有这些探究不过尔尔。他坚称，所谓亚洲的异域情调，无论是技术还是风格，大多都源自意大利，"东亚的影响无迹可寻"。[41] 从那时起，对 15 世纪中西艺术相似性理性地抱有兴趣的学者们，开始关注共同或普遍鉴赏力的发展理论，而不再对文化传播进行论证。

据目前所知，中世纪欧洲人最热衷于挪用中国影响的领域是技术领域。如今，我们把"西方的兴起"并形成全球霸权与技术相联系起来，实际上，这些技术均源自中国，它们在中世纪中期的文化传播过程中传入欧洲：航海技术，如隔离舱壁、船舵和测向设备；资本主义早期和工业化的关键要素，如纸币和高炉；以及军事火力的重要成分火药。因此，15 世纪的欧洲人继续寻求中国影响的诱惑是强烈的。14 世纪早期的《农书》是中国的一部有关农业改良的著作，书中的工具部分描绘了一些工程设备，如齿轮，以及抽水、架桥、去锈、钻孔、磨削等装置，这些装置与 15 世纪意大利设计者们——从"锡耶纳的阿基米德"马里亚诺・迪・雅可波・伊尔・塔科拉（Mariano di Jacopo il Taccola）及其同乡弗朗切斯科・迪・乔吉奥・马尔蒂尼（Francesco di Giorgio Martini）到列奥纳多——笔记本中的设计图有潜在的相似之处。然而，欧洲并没有《农书》或任何与之类似的文本。不仅如此，14 世纪的欧洲著作中也存在同样令人信服的先例。[42]

印刷继续引发猜测。活字印刷术是西方的创新还是一则东亚技术传播的案例？中国于公元 7 世纪或稍晚时间发明了印刷术，但人们通常使用的是更适合汉字书写的雕版印刷术。尽管如此，中国人从 11 世纪开始尝试活字印刷。在 15 世纪上半叶的朝鲜，两位相继的统治者委命铸造了活字印刷的墨水缸、设计了二十四个字母的字母表，形成了一套书籍生产系统，法国学者亨利-让・马丁（Henri-Jean Martin）认为，这套系统"与古腾堡的系统近

---

* 桑德罗・波提切利（1445—1510 年），文艺复兴早期的佛罗伦萨画派艺术家。——译者

** 喜多川歌麿（1753—1806 年），日本著名的浮世绘大师。——译者

39 Yukio Yashiro, *Sandro Botticelli and the Florentine Renaissance*, London: The Medici Society, 1929.

40 I. V. Pouzyna, *La Chine, l'Italie et les débûts de la Renaissance*, Paris: Les Éditions d'Art et d'Histoire, 1935.

41 Leonardo Olschki, "Asiatic Exoticism and the Italian Art of the Early Renaissance," *Art Bulletin* 26, 1944, pp. 105–108.

42 Roxann Prazniak, "Menzies and the New Chinoiserie," *Medieval History Journal* 13, 2010, pp. 115–130.

乎魔幻般地相似”。[43]

阿尔伯特·卡普尔（Albert Kapr）把古腾堡与拜占庭世界联系了起来，这是因为：古腾堡可能与库萨的尼古拉（Nicholas of Cusa）合作过，尼古拉曾在美因茨生活很长一段时间，他力求将礼拜仪式的手册规范化，因此把印刷机视为天赐之物；再者，尼古拉与贝萨里翁（Basilios Bessarion）的友谊众所周知。卡普尔推测，古腾堡可能是从这两位枢机主教那里了解到朝鲜的印刷机很先进。[44] 地理位置上越是靠近，受影响的可能性越大，古腾堡的灵感还可能源自中亚维吾尔人约 1300 年开始使用的活字印刷机。[45] 当然，也有可能在古腾堡发明印刷机之前的一个半世纪里，技术情报就已越过三千公里、跨过伊尔汗国或其继承国，传至高加索甚至更远的基督教人群中，但是与朝鲜的情况一样，我们现在除了认为这是巧合或进行推测外，别无证据。印刷看起来和农业、书写及冶金这些技术一样，也是在不同地方独立出现的。

尽管先前的跨亚欧联系发生了中断，但跨越亚欧大陆或其大部分地区的传播在 15 世纪确实仍然存在，它们是利用可靠的、有文字记载的方式通过伊斯兰世界进行传播的。伊斯兰世界填补了，并在一定程度上消弭了欧洲与南亚和东亚间的间隙。被欧洲效仿者用作模仿样品的中国和印度的手工艺品，作为外交礼物随穆斯林君主派遣的使者一起进入了欧洲宫廷。自 1442 年起，埃及统治者赠予欧洲君主的礼物中便有了瓷器的相关记录。很难说这些器物中有多少是真正的瓷器，或者说是真正产自中国的，因为撒马尔罕及其他中心的工厂生产的仿制品质量上乘，也足以吸引欧洲客户。但无论如何，使者所带去的瓷器或仿瓷可把中国的图像传入欧洲。这些瓷器对西方艺术家及其庇护人的影响不久便显现出来：洛伦佐·德·美第奇（Lorenzo de’ Medici）收藏了 50 件瓷器，并把它们锁在自己的卧室里。[46]

马穆鲁克苏丹卡伊特拜（Qā’it Bey）可能是中国与西方之间最为重要的中间人。15 世纪 80 年代，列奥纳多曾寻求卡伊特拜的庇护，因此他能够了解这位苏丹所收外交礼物中

43 Henri-Jean Martin, *The History and Power of Writing*, Chicago: University of Chicago Press, 1994, p. 225.

44 Albert Kapr, “Gab es Beziehungen zwischen Johannes Gutenberg und Nikolaus von Kues?” *Gutenberg-Jahrbuch* 47, 1972, pp. 32–40; Albert Kapr, *Johann Gutenberg: The Man and His Invention*, trans. Douglas Martin, Aldershot: Scolar Press, 1966, pp. 62–63.

45 一个世纪前，为了妥善保管这台印刷机，人们将其送至巴黎，但在那里丢失了。T. Francis Carter and L. Carrington Goodrich, *Invention of Printing in China and Its Spread West-Ward*, New York: Ronald, 1955, pp. 143–148, 218; Tsuen-HsuinTsien, *Paper and Printing*, vol. 5, part I, of *Science and Civilisation in China*, Cambridge: Cambridge University Press, 1985, pp. 18, 304.

46 R. E. Mack, *From Bazaar to Piazza: Islamic Trade and Italian Art, 1300–1600*, Berkeley: University of California Press, 2002, pp. 21–24; P. Burke, *Hybrid Renaissance*, Budapest: Central European University Press, 2016.

的中国手工艺品。1487 年，卡伊特拜派遣使者前往佛罗伦萨，使者携带了具有其他地方艺术家的绘画特点的画作为礼物。15 世纪 50 年代起，曼特尼亚（Mantegna）* 对效仿中国瓷器产生兴趣。当时，他正供职于曼托瓦（Mantua）公爵的宫廷，统治曼托瓦的贡扎加家族（Gonzaga）** 珍藏了一些瓷器器皿。早期西方艺术中描绘了这样一件瓷器：在曼特尼亚于 1499 年左右创作的主显节油画 *** 中，三博士的其中一位手持一只绘有青花的明代酒杯。[47] 当乔瓦尼·贝利尼（Giovanni Bellini）于 1514 年在费拉拉绘制他的《诸神之宴》（*Feast of the Gods*）时，更多的瓷器已随着更多的埃及使者先后于 1498 年、1508 年抵达威尼斯，因此他可以在狂欢的诸神中加入大量的常用青花瓷，但这些器皿参照的可能是相对便宜的欧洲或伊斯兰仿制的中国瓷器。倘若如此，这些艺术家便是从中国明朝初年的设计中获得了灵感。

通过卡伊特拜这些人送去欧洲的瓷器物件，西方人了解了中国绘画，尽管这些绘画是专门化的且类型也有限。穆斯林绘画偏爱非写实的植物图案，这些图案在西方绘画中显而易见。那么，西方艺术家可利用的图像的来源有多广？据我们所知，目前还没有极为详尽地描述这些物品的清单能让我们对此有所了解，且欧洲大部分的陶艺家都是模仿伊斯兰世界所广泛供应的瓷器。然而，就 15 世纪欧洲陶艺家试图为其模仿的瓷器进行装饰的方式来看，他们有各种各样的范例可供参照。中国的图案——尤其是龙——在其他艺术中出现得极为频繁，也说明同样的推论。佛罗伦萨的一个 1448 年的箱子（*casone*）上装饰着许多中国图案，其中就有一条云龙。如果说，文艺复兴时期的艺术家对中国产生了一些直观印象，那么，最有可能的媒介便是瓷器。16 世纪，热那亚工匠已能生产出上乘的明代瓷器仿品，尽管那时，热那亚与中国的直接联系已通过绕过好望角、穿越印度洋的航路重新开启。[48]

三、文艺复兴的传播与接受

通常来说，创新无非是社会变迁或是与其他文化相遇的结果。就文艺复兴而言，欧洲

---

* 安德烈亚·曼特尼亚（Andrea Mantegna，1431—1506 年），北意大利第一位文艺复兴画家。——译者

** 贡扎加家族，享誉欧洲的意大利贵族世家，1328—1707 年期间统治意大利曼托瓦公国。——译者

*** 此画即曼特尼亚创作的《三博士来朝》布面油画。主显节是基督教的重要庆日，纪念的是东方三博士对耶稣基督的朝拜。——译者

47 R. E. Mack, *From Bazaar to Piazza*, p. 105.

48 Robert Finlay, “The Pilgrim Art: The Culture of Porcelain in World History,” *Journal of World History* 9, 1998, pp. 141–187; Richard A. Goldthwaite, “The Economic and Social World of Italian Renaissance Maiolica,” *Renaissance Quarterly* 42, 1989, pp. 13–27; S. Pierson, *From Object to Concept: Global Consumption and the Transformation of Ming Porcelain*, Hong Kong: Hong Kong University Press, 2013.

的城市化使得罗马和希腊这样的城市文化典范，较之以往与欧洲人的关系更加密切。我们已经看到其他文化（特别是伊斯兰世界）对文艺复兴艺术、文学和思想的影响，是时候探讨文艺复兴及其成果在欧洲以外传播的程度与方式了。

在传播过程中，人与物均起到重要作用。旅行者、传教士、征服者、开拓者，以及艺术作品和其他物质文化产品，都在传播思想和图像。极为巧合的是，在欧洲进行跨海航行的同时，印刷业开始在这些航海者的故乡迅速发展。书籍含有明确的思想；版画则可以含蓄地传播思想，使得从未见过欧洲人的人了解到西方艺术的主题、技术和内容。这些新信息引起了其先前从未到过的地区，以及先前从未与其有过接触的人们的注意，并激发了他们的想象力。

（一）移译，杂交

在传播过程中，被传播的事物无论是被有意识地进行了调适还是受到误解，它们大都发生了改变。因此，学者们开始运用“归化”（domestication）、“综摄”（syncretism）*、“杂交”（hybridity）、“文化移译”（cultural translation）和“克里奥尔化”（creolization）** 等术语，来探讨文艺复兴的传播与“接受”（reception）。这些概念非常有助于阐释文化（或者更具体地说是智识和艺术）运动是如何发生的问题，因此，原则上讲，它们似乎可能用以说明文艺复兴的起源问题。

研究宗教、语言、时尚、艺术运动、技术、菜肴及思想等的起源的学者，已成功运用了“不同文化的不同影响如何创造性地融合在一起”的类似模式。[49]“文化杂交（或 *métissage*, *mestizaje*，或 *mestiçagem*）”概念是有时被称作“南方理论”（Southern Theory）的鲜有的成功案例之一，该理论产生于像哈瓦那（Havana）或累西腓（Recife）这样的文化边缘，之后也被巴黎和纽约等文化中心应用。20 世纪初，加勒比地区和巴西的从事美国黑人文化研究的学者开始对这一领域进行系统研究，如吉尔贝托·弗雷雷（Gilberto Freyre）、费尔南多·奥尔蒂斯（Fernando Ortiz）和阿莱霍·卡彭铁尔（Alejo Carpentier）等人。卡彭铁尔撰写了一部关于古巴音乐的重要著作，书中探讨了 16 世纪初古巴岛上的音乐文化互动情况。他注意到，古巴在被西班牙征服之后，其本土乐器得以保存下来，如沙锤（*maraca*，装有种子的葫芦制作而成的摇铃）和刮瓜（*güiro*，需用一根棒刮擦的有坑纹的葫芦）等，

---

* 综摄，调和或统合信念（如宗教）冲突，也可指对调和或统合所做的努力。——译者

** 克里奥尔化，指混合和内化不同文化形成新文化的过程。——译者

49 P. Burke, *Cultural Hybridity*, Cambridge: Polity, 2009; S. Gruzinski, *Painting the Conquest*, Paris: Flammarion, 1992，该书强调了新西班牙的杂交化。

甚至还被用于教堂音乐中。[50]

上一代人的时候，一种语言学模式的术语逐渐取代了先前的杂交术语，文化史学家开始像人类学家一样探讨“文化移译”，即从一种文化中吸收的东西也被进行调适，以满足另一种文化之需。该模式的一个优点是，它为人类能动性、为移译过程中涉及的工作和技术提供了更多的空间。

美国人类学家马歇尔·萨林斯（Marshall Sahlins）对文化相遇的结果进行了深刻阐释，他将这一过程分为两个阶段：[51]在第一阶段，文化秩序以碎片形式吸收新的元素，因此我们也可称其为地方化（localization）或本土化（indigenization）阶段；到第二阶段，文化秩序会跨越一个临界阈限，使得其自身发生转变。正是基于第二阶段，有些学者提出了“克里奥尔化”——换言之，即新秩序催生了新的语法规则。就此而言，语言学的另一个术语可能派上了用场——“趋同”（convergence）。无论是在个体词汇还是整体语言层面，研究语言接触（language contact）的学者都提及了“趋同”。就词汇发展来说，当两个相似的词合二为一，新词即结合了原来两个词的含义，而整体语言在相互接触后也变得愈加相像。在其他文化形式方面也是如此，我们可以说，可感知的亲缘性促成了趋同。

“印加人文主义者”加尔西拉索·德·拉·维加（Garcilaso de la Vega）是智识杂交（尽管一些学者更喜欢用其他术语）的一个典型案例。他的母亲是印加公主，父亲是西班牙征服者（*conquistador*），他在秘鲁长大，但后来移居西班牙。他学习了许多意大利文艺复兴时期的文化，其藏书不仅有阿里奥斯托（Ariosto）的《疯狂的罗兰》（*Orlando Furioso*）和卡斯蒂利奥内（Castiglione）的《廷臣论》（*Courtier*），还有费奇诺（Ficino）和本博（Bembo）* 的作品。他所撰写的西班牙人到来之前的秘鲁历史，流露出他对没落的印加帝国的怀念之情。他通过运用西方人文主义的多种语言风格（从语文学到新柏拉图主义），驳斥了西班牙人声称美洲印第安人是野蛮人和偶像崇拜者的说法。他提出，在西班牙人到来之前，秘鲁人已有一神信仰。他所撰写的历史表明，秘鲁文化与费奇诺等人探讨的古代神学模式是一致的。新柏拉图主义者崇拜太阳，而秘鲁也敬拜太阳。如此，在基督诞生后的最初几个世纪里，异教和基督教文化之间的一种综摄形式，便用来证明了彼此信仰的合理性。[52]

---

50 A. Carpentier, *Music in Cuba*, Minneapolis: University of Minnesota Press, 2001.

51 Marshall Sahlins, *Historical Metaphors and Mythical Realities*, Ann Arbor: University of Michigan Press, 1981; Marshall Sahlins, “Colors and Cultures,” *Semiotica* 26, 1976, pp. 1–22.

* 费奇诺，文艺复兴时期佛罗伦萨的新柏拉图主义的捍卫者。本博，文艺复兴时期威尼斯作家。——译者

52 J. A. Mazzotti, *Incan Insights: El Inca Garcilaso's Hints to Andean Readers*, Madrid: Iberoamerica, 2008; G. Bailey, *The Andean Hybrid Baroque*, Notre Dame, Ind.: University of Notre Dame Press, 2010，该书研究当地对混合建筑风格的影响；D. Brading, “The Incas and the Renaissance: The Royal Commentaries of Inca Garcilaso de la Vega,” *Journal of Latin American Studies* 18, 1985, pp. 1–23，文章探讨加尔西拉索的双重遗产。

西班牙人希望将文艺复兴景观带到新大陆，比如效仿塞利奥（Serlio）的设计用圆雕饰和西洋穴怪图像风格装饰建筑立面等。由于采用了维特鲁威风格的城镇规划方式和建筑原则，西半球的城市设计几乎全是网格状，建筑用柱廊和三角楣饰做点缀。事实上，有人认为，西属美洲的古典建筑风格具有政治作用，因为它体现并增强了欧洲的文化优越感。[53] 美洲的许多新城市往往采用文艺复兴建筑论著中所推崇的规则网格设计，不过，欧洲的旧城市反而很少采用这种设计。

然而，规范的城市设计也是美洲当地传统的一部分，特诺奇蒂特兰城（Tenochtitlan，墨西哥城建在该城废墟上）即是如此，军营（同样，这也许是早期殖民城镇建立者心目中有一定影响力的模式）也通常是基于网格模式。反过来，有人认为，阿尔布雷希特·丢勒将理想城市设计成对称模式，是因为他了解特诺奇蒂特兰城，受到了它的影响。在欧洲观者和读者心目中，这种合理设计体现了与古典时期的联系，同时，特诺奇蒂特兰城的湖上位置还令人联想到了威尼斯。这些认识与16世纪欧洲的书籍和版画中对阿兹特克城的描绘相一致。[54]16—17世纪，负责西属美洲城市规划的通常并非专业人士，而是由征服者（*conquistadores*，就能力来说，他们是当时受教育程度最低的人）或牧师即时设计。尽管国王自16世纪70年代起一再颁布法令来推崇这种网格模式，但对于这些未受教育的人来说，采用网格模式已几乎成为理所当然。近乎目不识丁的皮萨罗（Pizarro）将利马设计成由137个对称排列的街区组成的网格形状；库斯科（Cuzco）被征服之前的街道规划保存得非常之好，但因人们对殖民地的网格的印象如此深刻，使得《寰宇城市》（*Civitates Orbis Terrarum*）的雕刻师们在描绘该城时错误地将其标记为一般的网格模式。1549年，许多城市规划艺术家跟随巴伊亚州的萨尔瓦多（Salvador de Bahia）总督托梅·德·索萨（Tomé de Sousa）来到巴西，他们在进行城市规划时，尽管因受到周边地形限制而把巴西设计成了三角形状，但仍是网格状布局。1554年，即墨西哥被征服后仅一代人的时间，有人用流畅完美的古典拉丁语写就了一本墨西哥城旅行指南，书中将该城的主广场称颂为“（古罗马）公共集会场所”，将新成立的大学称赞为“阿波罗、米诺娃和缪斯的居所”。[55]

---

53 V. Fraser, “Architecture and Imperialism in Sixteenth-Century Spanish America,” *Art History* 9, 1986, pp. 325–335; V. Fraser, *The Architecture of Conquest*, Cambridge: Cambridge University Press, 1990.

54 David Y. Kim, “Uneasy Reflections: Images of Venice and Tenochtitlan in Benedetto Bordone’s ‘Isolario,’ ” *RES: Anthropology and Aesthetics* 49–50, 2006, pp. 80–91.

55 V. Fraser, “Architecture and Imperialism in Sixteenth-Century Spanish America,” pp. 325–335; V. Fraser, *The Architecture of Conquest*; F. Fernández-Armesto, “Latin America” in *The Oxford Handbook of Cities in World History*, ed. P. Clark, Oxford: Oxford University Press, 2013, chap. 20.

当然，我们需要区分文艺复兴对非洲、亚洲和美洲的影响。在新大陆，古典知识塑造了欧洲人对他们所遇之事的认知以及做出反应的方式。[56]费尔南德斯·德·奥维耶多（Fernándezde Oviedo）和阿科斯塔（Acosta）在撰写印第安自然史时，都沿用了普林尼的写作模式；为致敬李维，皮耶特罗·马尔蒂雷（Pietro Martire）和若昂·德·巴罗斯（João de Barros）都将自己的历史著作命名为“数十年”（Decades），含蓄地将正在崛起的西班牙帝国、葡萄牙帝国与罗马帝国做了比较；对希腊和罗马异教的了解阻碍了传教士对当地宗教的认知，即便有所认知，也很少能够深入认识到——被美洲当地奉为“人格神”（personal deities）的众神均掌管有自己的自然范围；受过人文主义教育的传教士制定了非欧洲语言——纳瓦特尔语（Nahuatl）、克丘亚语（Quechua）或图皮语（Tupí）——的语法，这些语言尽管在结构上与拉丁语有别，但采用了拉丁语的语法规则；墨西哥城、米却肯州（Michoacán）建立了拉丁语学校，其中最有名的在特拉特洛尔科；一些文艺复兴文学名著在新大陆众所周知，尤其是《乌托邦》和《堂吉诃德》；[57]有些人文主义者从西班牙来到美洲，如弗朗切斯科·塞万提斯·德·萨拉萨尔（Francisco Cervantes de Salazar），16世纪中叶他在墨西哥城新成立的大学任教；人文主义者学会基于欧洲的学会模式建立起来，尤其是16世纪90年代在利马成立的南极学会（Academia Antártica）。新大陆也对文艺复兴的文学发展做出贡献。彼特拉克的诗在秘鲁被翻译成西班牙语，南极学会成员迭戈·达瓦洛西·菲圭罗阿（Diego Davalosy Figueroa）发表了彼特拉克风格的诗歌；西班牙诗人阿隆索·德·埃尔西利亚（Alonso de Ercilla）在南美洲写下他的著名史诗《阿劳卡纳》（*Araucana*），描绘了智利原住民（然后是秘鲁总督辖区的一个偏远地区）对西班牙人的抵抗，在古典史诗和阿里奥斯托（Ariosto）的影响下，该史诗还采用了英雄叙事的方式；加斯帕尔·德·比利亚格拉（Gaspar de Villagrá）所创作的关于征服新墨西哥的史诗，开篇即为“我歌颂武器与英雄”。[58]

直到最近人们仍普遍认为，关于文艺复兴在非洲的情况，仅仅有葡萄牙工匠可能于16世纪初参与建造了刚果统治者的新宫殿这一简略记述。但是，“非洲-葡萄牙”象牙制品（“AfroPortuguese” ivories）当时在欧洲广受欢迎。由此而言，非洲工匠可谓在不知不觉中

56 D. P. Abbott, *Rhetoric in the New World: Rhetorical Theory and Practice in Colonial Spanish America* , Columbia: University of South Carolina Press, 1996.

57 Silvio Zavala, *Sir Thomas More in New Spain*, London: Hispanic and Luso-Brazilian Councils, 1955; Irving A. Leonard, *Books of the Brave*, Berkeley: University of California Press, 1992.

58 Miguel Encinias, Alfred Rodríguez, and Joseph P. Sánchez, eds. *Historia de la Nueva México, 1610*, Albuquerque: University of New Mexico Press, 1992, p. 1.

参与了文艺复兴运动。[59]

在东亚，耶稣会士带去反宗教改革的同时也带去了文艺复兴。（相比之下，在欧洲，意大利新教徒带去宗教改革的同时也带去了文艺复兴！）[60]对意大利传教士利玛窦进行的诸多研究已充分表明，他不仅让中国的士大夫了解了古典哲学，还向他们介绍了文艺复兴的修辞学、天文学、地理学和记忆之术。甚至说，耶稣会士的治学方法可能对考证语文学这一重要运动有所帮助。[61]耶稣会士给墨西哥和秘鲁带去了宗教版画，同样，他们也给中国带来了宗教版画，且正如艺术史学家明斯特伯格所指出的那样，这些版画深刻影响了中国艺术，尤其是中国的山水画。尽管中国的山水画画家并未效仿西方模式，但了解一种自身传统之外的绘画艺术，将对他们的创新有所裨益。[62]

与中国相比，日本受基督教和文艺复兴文化的影响更为深刻。圣方济·沙勿略（Francis Xavier）把宗教画像带到了日本，他发现这些画像帮助激发了人们对基督教的兴趣。另一位意大利耶稣会士安东尼奥·瓦利格纳诺（Antonio Valignano）在有马（Arima，现为南岛原市的一部分）和安土城（Azuchi）建立了大学。与在墨西哥一样，这些大学也教授古典拉丁语，使用的是当地版本的古典拉丁语教科书；还教授绘画和雕刻，绘画仿效欧洲版画——不仅宗教画如此，一些世俗绘画亦是如此，包括有一个围屏即是基于一幅勒班陀战斗场景的版画制作而成。

文艺复兴对新大陆的影响非常之大，原因在于：从欧洲到达美洲较为容易，且许多或大多数土著文明对外来者及其思想非常热情。文艺复兴在西属美洲相对来说比较重要，很大程度上归功于西班牙移民者，因为他们试图将自己的故土文化照搬至新的家园。然而，在亚洲大部分地区，除了菲律宾和一些相对具有防御力的飞地外，欧洲人只是被当地人勉强接受，他们或多或少地听凭于当地国家，只能见机行事地改变当地盛行的美学或教育方案。在相对较远、难以到达的东亚，当地人对西方野蛮人极尽鄙夷，这使得西方更加难以对其施加影响。不过，中国和日本的精英阶层还是乐于接受西方人所展示的这些有用的知

---

59 William Fagg, *Afro-Portuguese Ivories*, London: Batchworth, 1959; E. Bassani and W. B. Fagg, *Africa and the Renaissance: Art in Ivory*, New York: Center for African Art, 1988.

60 关于全球的反宗教改革，参见 Simon Ditchfield, “Catholic Reformation and Renewal,” in *The Oxford Illustrated History of the Reformation*, ed. P. Marshall, Oxford: Oxford University Press, 2015, pp. 152–185。

61 J. Spence, *The Memory Palace of Matteo Ricci*; Benjamin A. Elman, *From Philosophy to Philology: Intellectual and Social Aspects of Change in Late Imperial China*, Cambridge, Mass.: Harvard University Press, 1984, pp. 46–81.

62 J. Cahill, *The Compelling Image: Nature and Style in Seventeenth-Century Chinese Painting*, Cambridge, Mass.: Harvard University Press, 1982，该书探讨当地传统和西方传统的“趋同”；M. Sullivan, *The Meeting of Eastern and Western Art*, Berkeley: University of California Press, 1989，该书呈现出广泛的语境。

识和思想的，除非欧洲客人的过分热情或傲慢冒犯到了他们。传教士们自认为已让这些精英皈依了基督教，然而，通过研究记载此次文化接触的本土文献，有学者提出：对于中国和日本的“皈依者”来说，新思想并没有取代他们原有的佛教和儒家传统，其只是以多种多样的形式融入了这些传统当中。例如，他们就此提出了“耶儒合流”（Confucian-Christian syncretism），并指出晚明时期（即耶稣会士在中国传教布道期间）是“中国综摄的全盛时期”，人们透过儒家观念来审视外来宗教（不仅是基督教，还有犹太教和伊斯兰教）。[63] 艺术中也有类似的情况：无论是艺术家有意为之，抑或只是出于“惯习”（habitus，因为艺术家掌握的知识已成为其自身认知的一部分，以至于他们对此并无意识），西方绘画形式融入了中国的传统绘画秩序当中。

（二）伊斯兰世界

伊斯兰世界则与众不同。尽管它对欧洲文化有所影响，但它只是极具选择性地回应欧洲文化的诱惑。以奥斯曼帝国为例，其地跨欧亚两洲，相关证据非常之丰富，相关研究也已极为深入。正如我们所见，文艺复兴时期的人们对古罗马政府模式兴致盎然，而苏丹穆罕默德二世（Mehmed II）也是如此。如今，我们认识到了穆罕默德不但是君士坦丁堡的征服者，还是意大利艺术家的庇护人。例如：费拉拉的科斯坦佐（Costanzo da Ferrara）曾为他制作了一枚肖像纪念章，真蒂莱·贝利尼（Gentile Bellini）曾为他画了一幅肖像油画。当征服者穆罕默德（Mehmet the Conqueror）开始建造他的宏伟宫殿建筑群——托普卡帕宫（Topkapı Saray）——时，他试图征召意大利的顶级建筑师包括提倡将古罗马模型作为构建理想城市之方法的菲拉雷特（Filarete），以及佛罗伦萨美第奇宫的设计者米开罗佐（Michelozzo）。希腊人文主义者特拉比松的乔治（George of Trebizond）和佛罗伦萨人文主义者弗朗切斯科·贝尔林吉耶里（Francesco Berlinghieri）等人曾为穆罕默德献过书籍；反过来，穆罕默德对一些古典文本表现出了兴趣，如托勒密的地理著作，以及希罗多德、李维、昆图斯·库尔提乌斯（Quintus Curtius，他为另一外征服者——亚历山大大帝——写了传记）的历史著作。尽管本段所援引的例证体现的是土耳其人对文艺复兴文化的接受而非所施与的影响，但促成此次文化相遇和交流的是奥斯曼的扩张，而非欧洲的扩张。[64]

63 Jacques Gernet, *Chine et christianisme. Action et réaction*, Paris: Gallimard, 1982; Nicolas Standaert, *Yang Tinyun, Confucian and Christian in Ming China*, Leiden: Brill, 1988; Ikuo Higashibaba, *Christianity in Early Modern Japan: Kirishitan Belief and Practice*, Leiden: Brill, 2001.

64 Julian Raby, “A Sultan of Paradox: Mehmed the Conqueror as a patron of the arts,” *Oxford Art Journal* 5, 1982, pp. 3–8.

穆罕默德的继承者们与意大利的交往相对较少，但巴耶济德（Bayezid，列奥纳多曾效劳于他）在其统治早期，即16世纪30年代，曾邀请米开朗基罗到访伊斯坦布尔。苏莱曼大帝（Suleiman the Magnificent）在大维齐易卜拉欣（Ibrahim）帕夏的协助支持下成为一位文艺复兴艺术庇护人，他曾委托一个威尼斯作坊制作了一顶皇冠头盔，还委托弗拉芒（Flemish）织工专程来伊斯坦布尔为他编织挂毯。[65]

关于萨法维波斯，我们知之甚少，但从最近的研究中了解到：艺术家卡马勒·阿勒-丁·贝赫扎德（Kamālal-DīnBehzād）临摹了科斯坦佐的《坐着的抄写员》的画作，由此成为一名艺术家；据记载，旅行者皮耶特罗·德拉·瓦尔莱（Pietro Della Valle）在伊斯法罕城（Isfahan）看到了正在出售的意大利画作；17世纪的库姆（Qom）画家穆罕默德-扎曼·伊本·哈吉·优素福（Muḥammad-zamān ibn ḤājīYusūf）借鉴了文艺复兴时期的版画。[66]

在三个火药帝国中，印度的莫卧儿帝国距离欧洲最远，但同时又与西方文化的联系最为密切，尤其是在阿克巴皇帝时期。[67]耶稣会士给阿克巴带去了一些油画和版画，阿克巴命令他的艺术家们进行效仿。这些艺术家为这些版画上色，并从中借鉴一些元素用于自己的画作。例如，阿克巴最喜欢的细密画画家巴萨万（Basawan）对丢勒的版画进行了调适。阿克巴之子贾汗吉尔（Jahangir）手下的艺术家能够精准临摹欧洲绘画，这些画足以迷惑欧洲的观光客，这令贾汉吉尔欣喜无比。耶稣会士还将文艺复兴时期的建筑风格引进印度，使得塞利奥在印度获得了"来世"，恰如维特鲁威在墨西哥一样。

我们甚至可以在印度的莫卧儿帝国找到人文主义的痕迹。如1586年，一位佛罗伦萨商人在科契（Cochin）发现一本正在出售的卡斯蒂利奥内的《廷臣论》。[68]耶稣会士出版社（1556年在果阿开始运营，类似机构随后传播到印度之外：1581年到澳门，1592年到长崎，1593年到菲律宾）主要经营宗教类书籍，以及被译为当地语言的基督教文本，但

65 Gülru Necipoğlu, "Süleiman the Magnificent and the Representation of Power in the Context of Ottoman-Habsburg-Papal Rivalry," *Art Bulletin* 71, 1989, pp. 401–402; Lisa Jardine and Jerry Brotton, *Global Interests: Renaissance Art between East and West*, London: Reaktion, 2000, pp. 63–131.

66 Eleanor Sims, "The European Print Sources of Paintings by the Seventeenth-Century Persian Painter Muhammad-Zaman ibn Haji Yusuf of Kum," in *Le stampe e la diffusion delle immagini*, ed. Henri Zerner, Bologna: CLUEB, 1979, pp. 73–83.

67 G. Bailey, *The Jesuits and the Grand Mogul: Renaissance Art at the Imperial Court of India, 1580–1630*, Washington, D.C.: Smithsonian, 1998，该书探讨莫卧儿帝国绘画中的杂交；M. Beach, *Mughal and Rajput Painting*, Cambridge, 1992，该书是一部概览性著作。

68 Filippo Sassetti, *Lettere*, ed. Ettore Marcucci, Florence: Le Monnier, 1855, n. 102.

同时它还出版人文主义课程的文稿，包括圣方济·沙勿略的哲学文摘、日文版的《伊索寓言》等。

在莫卧儿帝国的边缘及帝国以东地区，即从康贝（Cambay）到马六甲、澳门，零散地聚居着葡萄牙人，他们所建造的房屋和教堂与其故乡建筑的古典风格遥相呼应。在菲律宾，西班牙人聚居的相对较小的飞地形成了一个类似于西属美洲的世界。西班牙人可在这里建立自己的人文主义教育机构，还可将欧洲风格的城市景观强加于此地。他们把天主教带到这里的同时，也把文艺复兴风格的教堂音乐传入进来。然而，同往常一样，西班牙人原本想要进行的文化转移，实则更像一场文化交流。菲律宾人的改宗伴随着基督教的“菲律宾化”（philippinization），而在音乐方面，根据最近的一项研究，耶稣会士的适应策略是将当地语言的歌“确保融入……教堂音乐中”。当地音乐家从西班牙人那里学到了西方音乐，然后把习得的东西传给了后代，他们可能在不知不觉中对西方音乐进行了调适，而一些本土音乐则“披着西班牙化的外衣”（under the guise of hispanization）保存下来。[69]

那些通过文艺复兴时期形成的网络传播的画像，其本身并不完全是文艺复兴时期的视觉创新。在耶稣会士的传教热情之下，传播最频繁、最广泛的图像之一是被人们称为“罗马人的保护者”（*Salus Populi Romani*）的罗马圣母子像。这类圣像即便不是始于卢坎（Lucan）[*] 也要追溯至中世纪，后来传播到了美洲、非洲、印度和中国，尽管（或者可能）其得以传播是鉴于其拟古主义。曾在欧洲禁行的将三位一体画成三个耶稣形象的画像之所以出现在了埃塞俄比亚和美洲，是因为其肖像极具表现力，而与文艺复兴的写实主义无关。在一些情况下，越是文艺复兴时期的画像越不受欢迎。大祭司阿瓦库姆（Avvakum）抱怨说，从外面传入的耶稣形象“面部丰满，嘴唇红润，头发卷曲，胳膊粗壮而又肌肉发达，且腿部也是如此，所有这些使他看起来像一个德国人，只是腰间没有佩剑”。人们对意大利-德国式写实主义的抵制非常普遍。[70]

我们试图通过鸟瞰这一过程引出“杂交的重要性”这一中心论题。就绘画和雕塑而言，传教士努力改变印第安人信仰并维持其虔诚的过程，也是所谓的“欧洲画像入侵”的过程：最先是欧洲宗教版画传入，随后是欧洲画家到来，最后是运用杂交风格创作本土画像（如秘鲁画像中持枪的天使）的当地艺术家的兴起。例如，在莫卧儿帝国的宫廷，人们用基督教圣徒和天使的画像来“传达一种基于伊斯兰教苏菲派和印度教象征主义，以及与波斯诗

---

69 D. R. M. Irving, *Colonial Counterpoint: Music in Early Modern Manila*, Oxford: Oxford University Press, 2010.

* 卢坎（39—65 年），古罗马诗人。——译者

70 Avvakum, *The Life of the Archpriest Avvakum*, trans. Jane Harrison and Hope Mirrlees, London: Hogarth, 1924, p. 23.（阿瓦库姆·彼得罗夫（1620—1682 年），俄国正教会高级教士。——译者）

歌的隐喻有关的信息”。[71]

西方艺术品在传入中国之前先传入了日本。早在16世纪60年代，葡萄牙女王就将一幅圣母玛利亚像送给了日本（大名）的一位贵族。16世纪80年代，意大利传教士乔瓦尼·尼科洛（Giovanni Niccolò）在长崎建立了一所学院，教授日本基督徒运用西方风格作画，还教他们版画艺术。1600年前后，画着欧洲人［日本人称他们为“南蛮”（*Nanban*）］的画屏在日本流行起来，该画屏尤为注重描绘欧洲人的服饰、船只细节。[72]

在中国，西方艺术品由传教士引入。利玛窦把西方风格的绘画带到了北京，不过，影响较大的是西方的版画，如福音书上的插图、奥特柳斯（Ortelius）的著名地图集，以及《寰宇城市》中的城市景观图。中国山水画后来的变化被视作“中国传统绘画方法与对外部刺激的反应的融合”。[73]正如一位耶稣会士在写给罗马的一封信中所说的那样，中国人之所以对欧洲版画印象深刻，是因为他们“认为版画中所使用的阴影使画看起来颇具美感、甚是精妙，而中国绘画中不使用阴影”。版画的强烈明暗对比（*chiaroscuro*）特点令中国的一些艺术家联想到了北宋的风景画。这些相似之处引起了北宋绘画风格的复兴，但由于他们新了解到一种中国传统之外的模式，因此此时的绘画与北宋时期并不完全相同。18世纪之前，中国和日本的艺术家一直抵制西方的透视法，始终坚持自身那种传统的更为流畅的空间表现形式。

在新西班牙，奥维德（Ovid）的《变形记》（*Metamorphoses*）本身即是被改编过的。例如，一幅壁画可能既包含古典传统又融入了当地传统，如普埃布拉的牧正的房屋（the house of the Dean of Puebla）装饰着绘有猴子和女性半人马的壁画。[74]不过，在建筑方面，西班牙人几乎不会向当地传统让步。实际上，人们认为复兴的古典风格代表且强化了西班牙人的一种观念，即西班牙的文化比阿兹特克人和印加人的优越。尽管如此，一些教堂在早期寺庙的遗址上建立起来，甚至用了相同的石头，如：从1559年开始兴建的库斯科教堂建在了叫作基斯瓦尔坎查（Kiswarkancha）的神庙旧址上；在伊萨马尔（Izamal）的那座迭戈·德·兰达（Diego de Landa）建的大修道院-教堂里，人们还可以在回廊里看到被再次利用的石头上的图像字符。

在墨西哥和秘鲁，石匠和雕刻家主要是当地人。他们可能有自己的传统和习惯（尽管我们不能确定他们在被殖民者训练之前是否就已是石匠和雕刻家）。因此，在16—17世纪

---

71 Serge Gruzinski, *The Mestizo Mind*, London: Routledge, 2002; G. Bailey, *The Jesuits and the Grand Mogul*, p. 35.

72 Yoshitomo Okamoto, *The Nanban Art of Japan*, Tokyo: Weatherhill, 1972.

73 J. Cahill, *The Compelling Image*, p. 91.

74 Serge Gruzinski, *La pensée métisse*, Paris: Fayard, 1999, pp. 112–116.

的新大陆（特别是在秘鲁），教堂立面的雕刻可能运用了古典句法，但上面的一些词汇却是当地的——换言之，与厄瓜多尔的“混合语”（*media lengua*）[*]恰恰相反。当地图案与外来图案的结合 16 世纪就已存在，然而，直到 17 世纪才出现了一种独特的秘鲁风格或生态型风格，一些艺术史学家将其命名为“混合风格”（*estilo mestizo*），还有些人称之为“杂交巴洛克”（hybrid baroque）。[75] 这种杂交风格不仅包含这样一种趋势，即充分采用与当时的欧洲建筑相比更为扁平化的方式来装饰建筑立面，就如同工匠把当地的纺织品图案挪到了石头上，还包括用当地之物（如美洲狮）来装饰教堂立面。阿雷基帕（Arequipa）的耶稣会教堂（人们称其为 La Compañía）即是该风格的典型例子。

这种“混合风格”的出现可能是耶稣会士支持的结果，因为耶稣会士在世界不同地区（从中国到秘鲁）的传教策略是使基督教“适应”（accommodation）当地传统。杂交通常是适应的结果，“适应”这一术语近来在语言学中得到了应用，或者更确切地说是被再次使用，因为古罗马修辞学家已经使用过。

秘鲁的杂交风格也可能是受中世纪西班牙基督教和穆斯林文化相互渗透的影响，因为当时的西班牙被基督教和穆斯林王国一分为二。例如，在中世纪和文艺复兴时期的托莱多（Toledo）、阿尔卡拉（Alcalà）及西班牙其他地方，阿拉伯艺术家在装饰一些基督教堂时采用了所谓的穆德哈尔（*mudejar*）风格，伴以清真寺中的几何、书法之类的图案。因此，或许可以说，这些建筑的西班牙殖民庇护者在半岛上的经历使得他们乐意支持或者至少接受欧洲与当地艺术传统的混合。

阿雷基帕教堂和果阿教堂立面的这类装饰是有意识的艺术综摄，还是当地工匠被要求效仿他们不熟悉的欧洲模式时无意间产生的结果？该问题仍悬而未决。然而，在欧洲的人工制品方面（从雕像到文本）也可以提出类似的问题，因为这些物品大多都结合了中世纪元素和古典元素，或基督教传统元素和异教传统元素。

结　论

本研究引申出几个重要的普遍性主题。其一是关于传教士在将基督教和文艺复兴引入欧洲以外的世界的过程中所扮演的角色。传教士带来宗教图像是鉴于图像内容，但这些图像的风格却激发了人们的兴趣。媒介是信息的一部分，传教士是“文化传译员”，尽管他们

---

* 该语言的句法源于盖丘亚语，而词汇是源于西班牙语。——译者

75 G. Bailey, *The Andean Hybrid Baroque*，该书赞同“杂交”概念；Thomas DaCosta Kaufmann, *Toward a Geography of Art*, Chicago: University of Chicago Press, 2004，该书对“杂交”概念表示质疑。

的方法各不相同。例如，耶稣会的“适应”当地文化的策略受到了诸如多明我会等竞争性修会的批判，这些修会担心皈依者得救所必需的信仰要义会危险地堕落。

另一个反复涉及的主题是：易于大量输出的版画在文艺复兴时期的艺术知识传播过程中的重要作用。当然，至关重要的是欧洲文化得以被长期接受的语境：探险，空前庞大的帝国，不断扩大的贸易圈，流动性日益增强的旅行者、移民、旅居者和军队，以及让非欧洲人敬仰西方智慧的技术。举例来说，如果不是受耶稣会制图学和天文学吸引，很难想象中国、日本或一些东南亚国家会对无知、贫穷、充满异味的野蛮人表现出热情。然而，无论传播文艺复兴的力量是战争还是商品、是帝国主义还是样品，无论通过杂交发生了何种改变，文艺复兴都是一场空前的、影响深远的运动。它对世界许多其他地方产生了广泛的影响——尽管它对大部分所及之地影响明显较弱，但有些地区却发生了巨大的变化。同样，文艺复兴也确实受到了世界其他地方的影响，而且对一些领域的影响还是决定性的。

如果说文艺复兴的影响是全球性的，“其起源有多遥远”这一问题相对而言则难以回答。参照可与之相较的较早的和后来的运动的标准，我们发现文艺复兴运动实属反常，因为它发生于跨亚欧联系减弱之时，东亚、南亚几乎没有，甚至完全没有参与其中。举例来说，无论是公元前第一个千年里的变革、中世纪盛期的变革还是启蒙运动，其创新均受到遥远地区的显著影响，然而在文艺复兴运动的形成过程中却不可能发现受到了类似程度的影响。

尽管如此，文艺复兴运动是杂交的产物。它肇始于欧洲，但汲取了欧洲以外地区的文化，这些外来文化可能起源于伊斯兰世界，也可能是通过伊斯兰世界传播到了欧洲。美洲和非洲的影响尽管效果缓慢而温和，但也推动了这场运动在 16 世纪的发展。在文艺复兴的形成时期，欧洲并未折服于欧洲外围的诸多影响，更确切地说，一些来到欧洲腹地的衣衫褴褛的游荡者（其中大多数都来自离欧洲较近的地方）所起的作用是重要的，但并不是关键性的。

至少在视觉艺术方面，一个暂定的结论可能是：实际上，在文艺复兴时期，西方文化对外来影响的开放性要逊于中世纪，在 14 世纪 60 年代至 15 世纪 90 年代欧洲相对孤立时是这样，甚至 16 世纪初文艺复兴“全盛”之时也是这样，在后一阶段，文艺复兴时期的古典主义理想（例如建筑中的“文法”）阻碍了杂交（含有不纯的意味）。试举一例：拉斐尔与其画坊人士就“墨西哥对梵蒂冈凉廊装饰的影响”这一可能的案例进行了分析，得出的结论是阿兹特克艺术太过于陌生因而无法融入。[76]尽管如此，从全球视角来考察文艺复兴的

---

76 Nicole Dacos, “Présents américains à la Renaissance: L’Assimilation de l’exotisme,” *Gazette des beaux-arts* 73, 1969, pp. 57–62.

重要好处在于，它使杂交的例子愈加明显可见。这些杂交在文艺复兴运动过程中的两端都非常重要，但直到最近人们才对此有所认识。

【原文出处】Peter Burke, Luke Clossey and Felipe Fernández-Armesto. “The Global Renaissance,” *Journal of World History*, Vol. 28, No. 1 (2017), pp. 1−30.

帕特里克·曼宁　著
武逸天　译

在世界舞台上定位非洲人：世界史研究中的一个问题*

【导读】

帕特里克·曼宁（Patrick Manning，1941—　），美国世界史学家，匹兹堡大学荣休教授。1969年于威斯康星大学麦迪逊分校获非洲史博士学位，之后曾在加拿大麦吉尔大学、美国布林茅尔学院和东北大学任教。2016—2017年担任美国历史学会主席。主要研究领域为全球史编纂学、早期人类史、世界史上的移民、非洲离散社群以及与黑奴贸易相关的人口统计，长期以来致力于推动世界史学科在全球的发展。最为重要的著作是2003年出版的《世界史导航》一书，对该领域的研究和教学都有重要的指引作用。另一著作《历史学中的大数据》（2013）为建立世界史学科的数据库做出了开创性努力。

本文从非洲的角度审视世界史并提出了三个主要问题：世界史为什么会忽视非洲？非洲史在全球历史变迁中有怎样的内在逻辑？非洲史可以为世界史的完善带来哪些贡献？从比例上讲，非洲和非洲裔人口（包括离散社群中有非洲血统的居民）一直是世界的重要组成部分，但他们在世界史的学术研究和编纂中常常被忽视、被边缘化。作者认为其原因并不在于非洲及其居民存在某些先天的缺陷，而在于大多数世界史家的研究与写作框架本身有问题。简而言之，他们以精英为中心的叙事逻辑忽视了底层的能动性，因此会得出非洲的历史进程是由欧洲精英以及欧洲化了的本地精英所推进的结论。本文强调，非洲人并不全然是西方的跟随者，他们在世界历史上的许多时期都展现了突出的能动性并做出诸多贡献：从15、16世纪全球联系的加深，到17世纪的小冰期；从18世纪非洲对西方压迫的反抗，19世纪的解放时代，到20世纪的非洲独立运动和黑人民权运动等。最后，作者谈及非洲史如何为世界史领域的成长提供养分和助力。譬如，它增进了学者对社会史的重视并为底层研究和离散社群研究提供了范例；在此基础上，它也为如何将自下而上的大众史和

---

* 感谢《世界史杂志》的匿名评审以及 Michael Gomez, Ariel Salzmann, Maghan Keita, Frederick Cooper, Jane Burbank, Amitava Chowdhury 和 Molly Warsh 对本文初稿的颇有价值的评议。

自上而下的精英史结合起来提供思路。通过非洲史和黑人史，我们还可以获得全新的观察世界史进程的视角和思维方式。

本文对世界史学科的理论总结（全面性、专业性和连贯性）以及对“世界舞台”这一叙事方式的解读都非常精彩。旁征博引的注释及其对全球史文献综述的意义也值得重视。

全球性、互动性是现今时代的明显特征，世界史研究反映了一种对与之相关的历史进程进行追寻和解释的努力。尽管对历史进程进行的全球性解释可以不断向上追溯，直到创世神话，但是世界史被专业历史学所接纳不过才短短五十年，尤其是以 1963 年威廉·麦克尼尔的《西方的兴起》一书的问世为标志。在这本鸿篇巨著中，麦克尼尔设定并达成了两个目标：他全面解释了“人类共同体”这一概念，并且这种解释是通过规范的历史学研究和写作实践实现的。尽管如此，麦克尼尔的这一创造性著作也从一种即使时断时续但却非常深厚的世界历史写作传统中汲取了营养。他作为世界历史分析的早期领军人物，同若干其他学者一道，开创了一个全新领域。[1]

在之后的五十年里，世界历史著述在分析（its analysis）、修辞（its rhetoric）以及体制机构（its institutions）上出现了质的进步。就分析而言，学者们所遵循的惯例拥有三个维度：全面性（comprehensiveness）、学科专业性（disciplinary specialization）以及连贯性（coherence）。于是，广度、深度以及解释上的连贯性之间的矛盾使得世界历史的写作成为了一种既有综合性，但又因遵循专业研究和理论构想从而超越了综合性的研究门类。所谓修辞，就是历史学研究的架构和表达方式。在这方面，世界史家形成了一种可以被称作“世界舞台”的表述风格。在这一舞台上，特定角色和结构进行着互动，舞台本身也经历着时空的变换，表达出对超越这一舞台的更大世界的解释。世界历史写作中的这些分析方式和修辞特色始于个别著名学者的努力，但其巩固则是通过各种机构譬如学会、期刊以及研究项目的问世而实现的。随着一批反映了上述特点的世界历史作品的涌现，我们便可以说世界史作为一个历史学研究的领域开始走向成熟了。

然而，成熟并不意味着没有问题。世界史就其源头而言，与当代全球逻辑始终相互龃龉，纠结于“世界史过去是什么”“它将何去何从”这种两难的选择中。世界史脱胎于文明史、帝国史和比较史学。它仍带有这些源头的印记，因为它总是在强调帝国、长途贸易、宏观文化比较以及大国间的冲突。与之相比，当今的全球化关切使我们注意到文化和经济议题上的球际互动。在这样的形势下，战后兴起的史学潮流，如区域研究、社会史以及环境史都对世界历史研究的百花齐放做出了贡献。如今，世界历史的分析在其历来所强调的领域之外，在多个方向上全面开花，提出了新的议题和联系。[2]

---

1 William H. McNeill, *The Rise of the West: A History of the Human Community*, Chicago: University of Chicago Press, 1963；参见 H. R. Trevor-Roper 的书评，“Barbarians Were Often at the Gates”, *New York Times Book Review,* October 6, 1963, 1, 30。

2 发表世界历史研究的刊物有：《社会和历史比较研究》（*Comparative Studies in Society and History*）、《旅程》（*Itinerario*）、《世界史杂志》（*Journal of World History*）、《国际史评论》（*International History Review*）、《新全球研究》（*New Global Studies*）、《全球史杂志》（*Journal of Global History*）、《关联的世界史》（*World History Connected*），以及《世界史亚洲评论》（*Asian Review of World Histories*）。

世界史这一不断发展、不断走向成熟的领域在其分析方式和表达风格上遭遇了一系列根本性的问题。世界史的定义仍然难以捉摸：这一领域的视野太广以至于不同的研究群体在研究它时有着相当不同的研究习惯。不同的框架——诸如大家知晓的全球的、缠结的、深度的——彼此之间相差甚远，特别是在地理、时间和社会尺度上。方法论的不同导致了比较、联系、互动这些研究取径上的区别，而学科的子领域也逐渐在世界史中兴起。[3] 在修辞上也是如此，尽管公开的争论相对要少一些，但现实中并存着不同的表达方式。它们给受众、研究领域、任何世界历史阐释中的历史发展动力，带来了对比鲜明的呈现风格。

相较于民族国家层面的历史而言，世界史研究显然不仅需要讨论经验性的历史记录，还要面对不同视角间的多样性平衡。已成为过去的历史主角之间，活在当下的历史学研究者之间在不同议题上持有的多样视角让世界史复杂到了难以定义的程度。如此，人们不再追寻一个确定的世界历史的立场。[4] 世界史学者一旦习惯了多重视角的必然性，就会变得极其有创造力。[5]

3 有关对多种世界性历史研究取向的全面探究，参见 Diego Olstein, *Thinking History Globally*, New York: Palgrave Macmillan, 2014。有关比较史学的部分，参见 Micol Seigel, "Beyond Compare: Comparative Method after the Transnational Turn," *Radical History Review*, vol. 91, 2005, pp. 62–90；有关联系的历史，参见 Sanjay Subrahmanyam, "Connected Histories: Notes toward a Reconfiguration of Early Modern Eurasia," *Modern Asian Studies*, vol. 31, 1997, pp. 735–762；有关世界历史的联系，参见 Patrick Manning, *Navigating World History: Historians Create a Global Past*, New York: Palgrave Macmillan, 2003。跨国史是一种致力于改变民族国家史研究的框架而并不是要创造一种新的全球性的历史学研究领域。它的出现比世界史更晚但发展更快。我们可以将其看作是众多世界历史研究途径中的一种，但也有其拥趸认为它可以取代世界史。Akira Iriye and Pierre-Yves Saunier, eds., *The Palgrave Dictionary of Transnational History,* New York: Palgrave Macmillan, 2009; Pierre-Yves Saunier, *Transnational History*, New York: Palgrave Macmillan, 2013.

4 虽然 20 世纪 90 年代学界出现了针对欧洲中心论的长期论战，但世界史家们或许仍未充分意识到有关种族和文明认同以及社会阶层模式的假设是普遍的。参见 James Blaut, *The Colonizer's Model of the World: Geographical Diffusionism and Eurocentric History*, New York: Guilford Press, 1993; Immanuel Wallerstein, *The End of the World as We Know It: Social Science for the Twenty-First Century*, Minneapolis: University of Minnesota Press, 1999, pp.168–184.

5 房龙（Hendrik Van Loon）是一位普及世界史的先行者，他认为从鹿特丹老圣劳伦斯大教堂的塔楼上看见的景象让他有了一种全球视野，之后的 L.S. 斯塔夫里阿诺斯则认为应该以"从月球看地球"来解释世界史。Van Loon, *The Story of Mankind*, New York: Cardinal Giant, 1952, pp. ix-xii; Leften S. Starvrianos, Loretta Krieder Andrews, George I. Blanksten, Roger F. Hackett, Ella C. Leppert, Paul L. Murphy, and Lacey Baldwin Smith, *A Global History of Man*, Boston: Allyn and Bacon, 1964. 当今的世界史家已经向着历史哲学的艰难改造踏出了第一步，他们的观点隐含着对从任何特权立场解释过去的谴责：这方面的领军人物有全球环境史家约翰 · R. 麦克尼尔（John R. McNeil）和菲利普 · 费尔南多-阿梅斯托（Felipe Fernández-Armesto），他们从探险史中渐渐开拓出大批各具特色的研究。John R. McNeil, *Something New Under the Sun: An Environmental History of the Twentieth Century,* New York: Norton, 2000; McNeil, *Mosquito Empires: Ecology and War in the Greater Caribbean, 1620–1914*, New York: Cambridge University Press, 2010; Felipe Fernández-Armesto, *Amerigo: The Man Who Gave His Name to America*, London: Weidenfeld and Nicolson, 2006; Fernández-Armesto, *Civilizations: Culture, Ambition, and the Transformation of Nature*, New York: Free Press, 2001.

世界史脱离了把政治史摆在第一位的研究路径，随着其视野的调整，政治变迁被放进了一个更广阔的历史进程之中。譬如，学界在过去二十年对“大分流”问题的关注极大地推动了全球经济史以及其他相关研究领域的阐释。[6]然而，这些新颖又令人振奋的阐释并没有带来一个世界历史的共识。它们所带来的是一个新的全球性的历史学任务：通过应用适当的标准和实践，在观察历史进程的诸多视角中取得平衡。[7]在这种新兴且重要的讨论中，世界史著述也获取了重要的影响力。

本文将详述这些史学编撰成就。与此同时，本文还将从一个独特视角——非洲人和非洲离散社群的居民（Africans and people of the African diaspora）的视角——对世界历史著作做出评论。本文认为，非洲人和非洲离散社群的居民在世界性历史解释中很少出现，在此基础上追问为什么我们应该对之加以关注。当代世界史的主流解释简要提及了黑人的经验——对奴役、解放、去殖民化和民权运动的讨论——但仅仅满足于此，没有进而将这些经验置于构建现代经济、民族认同、政府管理，或者知识和文化的核心叙事中。[8]本文从人口统计学角度指出，黑人在世界人口中占相当大的比例，今天非裔人口有13亿之多，差不多是全体人类的六分之一，超过了欧洲或者美洲人口的总和，然而，现今的世界历史叙事却与之形成了很大反差。

“非洲人”“黑人”以及“非洲离散社群”这些范畴是历史地建构起来的：通过来自外部的奴役、帝国主义以及文化分类有意利用着表型变异（*phenotypical variation*），再通过作为回应的民族主义和反种族主义斗争被建构出来。这些群体的边界是具有可渗透性的，这说明种族和文明作为历史分类——我们用起来可能会承担风险，但却一直在用的分类方式——是被历史地建构起来的，其定义也是模糊不清的。W. E. B. 杜波依斯在《黑人》（*The Negro*，1915）一书中直面这个问题。他试图否认种族在生物学上的意义，并概述撒哈拉以南非洲和非洲离散社群中各个民族的历史。如他所说：“在这本小书中，我们将研习人类大

---

6 Kenneth Pomeranz, *The Great Divergence: China, Europe, and the Making of the Modern World Economy,* Princeton, N.J.: Princeton University Press, 2000; Andre Gunder Frank, *ReOrient: Asian Economy in the Global Age,* Berkeley: University of California Press, 1998; Andre Gunder Frank, *ReOrienting the Nineteenth Century in the Continuing Asian Age*, ed. Robert A. Denemark, Boulder, Colo.: Paradigm Publishers, 2014; Prasannan Parthasarathi, *Why Europe Grew Rich and Asia Did Not: Global Economic Divergence 1600–1850,* New York: Cambridge University Press, 2011.

7 这一问题在20世纪50年代联合国教科文组织支持编写世界史时即有所显现，该计划由于多重视角的困扰几近破产。用吉尔伯特·阿勒代斯（Gilbert Allardyce）的话说：“教科文组织式的世界史沦为了一种权利保障计划（entitlements program），每个人都可以从过去分一杯羹。”Allardyce, “Toward World History: American Historians and the Coming of the World History Course,” *Journal of World History*, vol. 1, 1990, p. 36.

8 详情请见下文。

家庭中肤色比较黑的那部分人的历史，这一部分与其他人类之间并不存在一条绝对的体质上的分界线，但作为一群人，它仍然形成了一个在历史上、外表上，乃至从某种程度来说，在属灵的恩赐（*Spiritual Gift*）上都与其他人类不同的社会群体。”[9]

杜波依斯写下这些文字之后的一个世纪，我们获得了很多有关遗传学的知识，也学会了从认同感的社会建构的角度来谈论种族和族群。整个地球上的人类基因都差不多，这些基因在生物学意义上的进化极其缓慢，但社会演进所导致的地方性特征的形成则以一种更快的速率发生。但无论是生物上的还是社会上的差异，都与合流的力量处于交锋之中，这些力量既来自于长时段上的同出一祖，也来自短时段上的移民、混血和交流。于是，人类的次群体（human subgroups）始终是暂时性的、历史性的，而不是本质上的，也不是永恒的。

人类的话语在构建那些夸大了社会和生物差异的分界线上起了远比自然的力量大得多的作用。对分离性边界和次群体的话语建构（discursive construction）冷酷无情地压制着个人迁徙的自由以及对多重认同的接受。随着这些有意而为的构建越来越多，有关种族、族群以及社会阶层的话语就把种族变成了一种社会事实，把文明变成了一种社会关系。其中有一种话语策略（discursive strategy）划定了界限并将人武断地放进这样或那样的群体里（譬如“黑人”或“西方人”）；而另一种话语策略又在这条界限上制造了一种独特的“混合”群体，于是儿童被附加了与他们的父母不同的身份［譬如“黑白混血儿”（“mulattos”），乃至“杂交体”（“hybrids”）］。这些话语吸收了在更早的年代里构建出的差异，并将它们强加给后代的子子孙孙。

“阿非利加”（Africa）最开始作为一个拉丁语术语而出现，指的是罗马的敌人迦太基的地中海领土；在阿拉伯治下，这一术语变成了“易弗里基叶”（Ifriqiya）。随着时间的推移，尤其是随着葡萄牙沿岸所进行的航海活动，欧洲人将他们所称的“阿非利加”的含义扩展到了整个非洲大陆。随着这一地域名称应用范围的扩展，它又被附加了一种种族成分：“阿非利加人”这一术语被用来称呼居住在撒哈拉以南非洲的人，相对而言，它很少再被用来指称北非的居民了。[10] 随着这一系列的话语转变，居住在撒哈拉以南非洲、拥有尼格罗

9 Du Bois, *The Negro*, New York: Henry Holt, 1915. 因此在使用有关种族和民族的概念时，笔者假设它们同时既是清楚的，也是有问题的：参见 Patrick Manning, *The African Diaspora: A History through Culture,* New York: Columbia University Press, 2009, pp. 11–16。

10 由于奴役和非洲离散社群的增多，到达美洲的移民被认作非洲人、黑人，或是以其来源地区的不同而被加上不同“国家”的标签，例如“纳戈人”和“刚果人”。跨越印度洋的移民则普遍被称作“希狄（Habshi）”和“赞吉（Zanj）”。

人种体质特征的人以及他们的后代被贴上了“阿非利加人”和“黑种”的标签。被定义在“黑种”或是“阿非利加人”这一界线内的群体极易受到奴役，或者在之后的年代里遭受针对奴隶后代的歧视。这些术语反映了，不管黑人走到哪，人们仍会假定他们携带着这些种族和文化特征。

全球层面上对非洲和非洲人的记述反映了世界史编撰中的一个悖论。世界史研究具有全面性，因此，它坚称应当把非洲人和非洲人离散社群纳入研究范围。[11] 然而，这些著述只在形式上把非洲人囊括在内，除此以外，它们并没有深入细致地探究这片大陆、那里的人民以及从那里流出的移民。这些著述对葡萄牙环绕非洲大陆的航海活动的叙事重点在于葡萄牙人与印度的贸易，被俘获的非洲人在美洲的生活似乎只是全球舞台上的一个小片段，而 18 世纪以来非洲大陆政治与文化的变迁也被置于幕后。也许五十年前有人会认为关于非洲历史进程的信息是不可得的，但这种说法现在已经站不住脚了。

本文是一篇评论性综述，试图构建不同的全球历史叙事。在接下来的部分，将讨论推动世界性历史著述达到今天如此成就的动力——但与此同时，这种力量也强化了先前的局限之处。之后，将记录一个世纪以来黑人史研究中出现的理论上和实证上的进步，通过对自发与回应（initiative and response）的概念的关注，确证世界历史的话语中对非洲人的忽视，并且以那些依据黑人史的可用记录而做出的各种世界历史的叙事为例，来综合分析这些发展阶段。结论部分将指出本文对于世界史研究的意义。

世界历史分析的特征

世界史编撰在 20 世纪 90 年代得到了发展，如今已成为一个关于互动研究的活跃领域。最开始，是由一些秉持全球主义的老牌学者撰述了为数不多的重要作品，随后中生代乃至年轻学者的作品也陆续问世。[12] 世界史专业化的发展是以一些新兴的史学实践为基础的，

---

11 Philip D. Curtin, “Depth, Span, and Relevance,” *American Historical Review*, vol. 89, 1984, pp. 1–9.

12 由于 1990 年之后世界历史文献的增多，这一部分的注释大多来源于这一时期的著作。20 世纪 90 年代有关 1500 年之后的重要的世界历史著作有：Giovanni Arrighi, *The Long Twentieth Century: Money, Power, and the Origins of Our Times*, London: Verso, 1994; Blaut, *The Colonizer's Model of the World*; K. N. Chaudhuri, *Asia before Europe: Economy and Civilisation of the Indian Ocean from the Rise of Islam to 1750*, Cambridge, U.K.: Cambridge University Press, 1990; Frederick Cooper, Florencia E. Mallon, Steve J. Stern, Allen F. Issacman, and William Roseberry, *Confronting Historical Paradigms: Peasants, Labor, and the Capitalist World System in Africa and Latin America,* Madison: University of Wisconsin Press, 1993; Philip D. Curtin, *The Rise and Fall of the Plantation Complex: Essays in Atlantic History,* Cambridge, U.K.: Cambridge University Press, 1990; Michael Geyer and Charles Bright, “World History in a Global Age,” *American Historical Review,* vol. 100, 1995, pp. 1034–1060.

这些实践强调分析的全面性、学科专业性以及连贯性。[13] 首先，世界史家在设定他们的历史学问题时倾向于撒大网。尽管世界史的教师和研究者面临在解释中如何取舍的难题，他们仍保持着一种追求**全面性**的原始冲动。世界史家付出了大量努力以强调问题之间的关联，关注更宽广的空间、不同的历史时代、相连的主题以及不同规模的群体。世界史已然发展出多个活跃的子领域，例如帝国研究、全球经济、社会运动、环境、卫生、移民等等。

世界史家所强调的第二点与第一点相互补足，即让他们的研究富有**学科专业性**。也就是说，由于全球研究宏大的视野使其有可能只是制造出一种过于广泛以至于略去了重要细节的综合物，世界史家便寻求通过深挖某一学科的知识来详述并验证他们的解释。世界史家寻求在不同尺度上利用区域的、不同学科的专业学术成果和资料，以尽可能避免过度简化。阿尔弗雷德·克罗斯比（Alfred Crosby）具有开创性的《哥伦布大交换》一书依据生物学的分析表达出跨大西洋关系中的一种新范式。劳伦·本顿（Lauren Benton）则通过聚焦于边疆地带的法律交流建构出她对近代早期世界的法律制度的分析。[14]

世界史家所关注的第三个分析难题是**连贯性**。世界史家想尽办法去保证作品的全面性，他们有时还对学科专业性进行深挖，这就造成了这样一个难题：世界史的作品应该是无所不包的大拼盘，还是应该在全球尺度上找到一种新的层次上的连贯性？世界史家试图赋予历史情景中的要素和进程以特征，以便将他们的分析模型化。即使这样，他们仍要抉择如何解释社会变迁的进程，是通过因果关系、互动反馈或是通过相互关系。世界史对连贯性的追求暗示（有时是明示）我们需要采用一个体系框架来分析人类社会的运转和互动。[15]

---

13 尽管对当前世界历史分析框架的表述是归纳得来，但也可与一些更早的学术框架相呼应。年鉴学派的作品，自吕西安·费弗尔（Lucien Febvre）以降，承以费尔南多·布罗代尔（Fernand Braudel），都在追求一种互动的总体史（*histoire totale*）。卡尔·马克思（Karl Marx）对人类社会中“总体性”的观点同样强调要在彼此竞争的分析中取得平衡，格奥尔格·卢卡奇（György Lukács）也对马克思的观点进行了重申。不过，当前世界历史分析之框架的不同之处在于参与世界历史分析的历史学家更多，他们之间的差异也更大。

14 Alfred W. Crosby, *The Columbian Exchange: Biological and Cultural Consequences of 1492*, Westport, Conn.: Greenwood, 1972; Lauren Benton, *Law and Colonial Cultures: Legal Regimes in World History, 1400–1900*, Cambridge, U.K.: Cambridge University Press, 2002.

15 体系框架（systems frameworks）总体而言旨在进行穿越时间和边界的思考。展现世界史的逻辑及其多重视角的一种方法，是假定存在一个人类体系，它包括所有的人类社会和人与自然的互动（如在气候、卫生和资源这些方面）。在这个视角上，世界史要解决的问题是跨越空间、时间、主题和尺度的互动与系统性行为（systemic behavior）。有关体系研究最近的进展，请参见 John H. Miller and Scott E. Page, *Complex Adaptive Systems: An Introduction to Computational Models of Social Life*, Princeton, N.J.: Princeton University Press, 2007。具体说来，伊曼纽尔·沃勒斯坦（Immanuel Wallerstein）所创的“世界—体系分析”已经在历史学和历史社会学中引出了大量的分析。但在历史学命题上应用系统性思考的方法有很多，沃勒斯坦的方法只是其中一种。Immanuel Wallerstein, *World-Systems Analysis: An Introduction*, Durham, N.C.: Duke University Press, 2004. 还可参见 James Grier Miller, *Living Systems*, New York: McGraw Hill, 1978。

对作者们而言，将世界史展现给读者与世界史研究一样富有挑战性。世界史的修辞表达方式虽很少被直接讨论，但也一步步地在试图摆脱民族国家形式的束缚。一个多世纪以来，历史学家为了塑造读者的民族国家认同感，打磨形成了一些写作风格。对世界史家而言，用纽约去代表整个美国的表达手法是不靠谱的；他们必须做出选择，是为那些想要了解世界史的民族国家的受众写作，还是去寻求创造一个新的全球立场。由此，**世界舞台**这一表达手法应运而生。所谓世界舞台，就是在一本书或者一篇文章中，表达出世界彼此相连的组成部分：场景的选择由空间、时间、话题和尺度来决定，叙述必须表达发生在每个场景的戏码，但同时还要表达出每个戏码对于**更广阔世界**——作品中舞台之外的全球不同区域——的意义。[16]

由于世界史的研究有着如此众多的视角，学者们该如何组构它们并使其对历史进程的理解具有连贯性呢？世界历史研究在承认历史视角的多重性上所获得的巨大成功恰恰说明了总体性阐释具有一种明显的不确定性或者说随意性。我们是要去除政治史然后代之以社会史和环境史吗？我们是要在它们之间寻找一种新的平衡吗？对一个成熟的研究领域而言，需要在这两者之间做出选择。例如，20 世纪 90 年代全球化的冲击提高了历史学家对大规模历史解释的兴趣。然后，方向一转，历史学家又燃起对全球格局中在地化社群之地位的研究兴趣。[17]后一种趋势还没太见成效，世界史家对社会史的兴趣也仍然不温不火，尽管社会史在整个历史学研究中的重要性不断提升。[18]总而言之，多重视角已经成为一个历史学的

---

16 所谓的“世界舞台”是一种**暂时性**的叙事策略，宏大的故事被坚实地置于更广阔的世界这一语境之中。与之相对，所谓的“主导叙事”（master narrative）假定在作者的舞台上不断展开的故事决定了更广阔世界中的各种进程。有关在实践中发展了世界舞台这一策略的作品，参见 Yuval Noah Harari, *Sapiens: A Brief History of Humankind*, New York: Harper, 2015; Sebouh Aslanian, *From the Indian Ocean to the Mediterranean: The Global Trade Network of the Armenian Merchants from New Julfa,* Berkeley: University of California Press, 2011; Jürgen Osterhammel, *The Transformation of the World: A Global History of the Nineteenth Century,* trans. Patrick Camiller, Princeton, N.J.: Princeton University Press, 2014；另参见 Patrick Manning, *The African Diaspora: A History through Culture*。

17 历史学中多尺度理念的流行要比全球分析（planetary analysis）的流行晚得多。相关早期著作参见 A. G. Hopkins, ed., *Globalization in World History*, New York: Norton, 2002; A. G. Hopkins, ed., *Global History: Interactions between the Universal and the Local,* New York: Palgrave Macmillan, 2006; Patrick Manning, ed., *World History: Global and Local Interactions,* Princeton, N.J.: Markus Wiener, 2006。

18 E. P. 汤普森的著作为社会史研究设定了许多议题，特别是他对工人阶级能动性的强调。两位卓越的世界史家承担了将社会史引入世界史的重任。《社会史杂志》（*Journal of Social History*）的常任主编彼得·斯特恩斯（Peter Stearns）参与了劳特利奇（Routledge）出版的世界史丛书的主编和撰写工作；彼得·格兰撰写了两部很有分量的专著，在全球尺度上应用了社会史的分析。E. P. Thompson, *The Making of the English Working Class*, Harmondsworth: Penguin, 1963; Peter Stearns, *Childhood in World History,* New York: Routledge, 2006; Peter Gran, *Rise of the Rich: A New View of Modern World History*, Syracuse, N.Y.: Syracuse University Press, 2009。

连接点：我们不仅要探究每一组彼此相冲的理念，还要思考多重视角的一般性问题。[19]

世界史中的讨论已经越发火热，在某些案例中甚至已经发展成全新的论战。迁移史（migration history）长期以来在民族国家语境中被称作“移民”史（“immigration” history），而它现在正发展成一种高度专业化的对迁移的叙事。在这一过程中，离散社群通过世界史的著述已被认为是一个现代社会科学分析的重要概念。[20]围绕全球环境史和全球卫生史的讨论已经促使一些重要的新讨论领域出现，每一个这样的讨论领域都蕴含着地方性在全球语境中的意义。[21]此外，对于一些长期以来在其他历史学领域中进行讨论的问题，世界史家也发展出了新颖的、全球性的视角。在这些老题新解中，帝国研究尽管至今大多仍只是针对特定的帝国，但也已经增加了全球层面的比较和叙事。革命比较研究一直以来都是历史学家的一个关注点，这一研究在世界历史视角下则形成了新的洞见。与之不同的是，尽管家庭史研究已经在地方和区域研究中进展神速，要在世界历史分析中站稳脚跟尚需时日。[22]总而言之，世界史著述的发展展现出了良好的势头，但也颇不均衡。在观察过去时不断采用多重视角确实能带来许多极具启发性的新见解。但这样做的同时也助长了人们采用那些过度简化或是短视的视角。

然而，这样一个蓬勃发展的领域，就算它不可避免地会出现发展不平衡的问题，我们

19 如本文第 16 个注释中所说，表达世界史逻辑及其多重视角的一种方法就是假定存在一个包括了所有人类社会和人与自然互动（气候上、卫生上、资源上）的人类体系。立足于这个视角的世界史讲述的是跨越不同空间、时间、主题和尺度的互动与系统性行为。John H. Miller and Scott E. Page, *Complex Adaptive Systems*.

20 “离散社群”这一概念起源于犹太和希腊的移民社群，直到 20 世纪 70 年代，这一概念的适用范围才超出这一限定。有关迁移问题，参见 Jan Lucassen and Leo Lucassen, eds., *Globalising Migration History: The Eurasian Experience（16th-21st Centuries）*, Leiden: Brill, 2014; Adam McKeown, *Melancholy Order: Asian Migration and the Globalization of Borders*, New York: Columbia University Press, 2008。有关离散社群，参见 Donna Gabaccia, *Italy's Many Diasporas,* Seattle: University of Washington Press, 2000; Robin Cohen, *Global Diasporas: An Introduction,* Seattle: University of Washington Press, 1997。

21 关于环境史，参见 McNeill, *Something New Under the Sun*; John F. Richards, *The Unending Frontier: An Environmental History of the Early Modern World*, Berkeley: University of California Press, 2003; Geoffrey Parker, *Global Crisis: War, Climate Change and Catastrophe in the Seventeenth Century*, New Haven, Conn.: Yale University Press, 2013; John L. Brooke, *Climate Change and the Course of Global History: A Rough Journey*, New York: Cambridge University Press, 2014。关于卫生史，参见 James L. A. Webb, Jr., *Humanity's Burden: A Global History of Malaria*, New York: Cambridge University Press, 2008; George Dehner, *Influenza: A Century of Science and Public Health Response*, Pittsburgh: University of Pittsburgh Press, 2012。

22 关于帝国史，参见 Jane Burbank and Frederick Cooper, *Empires in World History: Power and the Politics of Difference*, Princeton, N.J.: Princeton University Press, 2011；关于社会运动，参见 Jack Goldstone, *Revolution and Rebellion in the Early Modern World,* Berkeley: University of California Press, 1993；有关家庭史，参见 Wally Seccombe, *A Millennium of Family Change: Feudalism to Capitalism in Northwestern Europe*, London: Verso, 1992。

仍然会惊奇地发现它对非洲及非洲离散社群的关注少得不成比例。我们可以推想出至少四种原因来解释这种情况，尽管这些原因大多很难立得住脚。第一，我们会想到非洲人因生理上的缺陷，没有像其他人一样对历史的发展做出同等贡献。第二，我们可能想到非洲人并非受其基因所限，而是社会的劣根所致，因为他们建立起的社会制度抑制历史能动性的发挥。第三，我们可能认为有关黑人的过去的信息就是不可获取的。第四，这种状况可能源自历史学家展开其分析的方式。

人类现有的知识储备让我们可以推测出前三种假定都是站不住脚的。自然科学在近期取得的进步已经表明，人类个体在基因、心理和智商上有着显著的一致性，因此社会阶层和族群分类的内在价值遭到怀疑。[23] 其二，社会科学虽然重点关注庞大、复杂的社会组织，但并没有确证某些家庭或社会比其他的更有效。[24] 第三点，我们将在下一节详述，有关非洲和非洲人的离散的历史文献和解释的资料很多，足以证明非洲人与其他种族或文明群体经历了类似的历史发展。

因此，我们只能认为历史学对非洲裔人口的不公源自世界史家的逻辑以及他们对历史进程的模式化处理。论证起始，笔者先提醒读者注意，世界史家是以大视野看待历史的专家。这个大视野可以被定义为水平的或者地理上的范围，也可以被定义为从普通人到精英这样的垂直的范围。在水平和垂直意义上探寻联系以及联系的中断，是世界史家的中心工作。

当我们把诸如种族和文明这样的水平类别与垂直的或者说精英中心论的创新观相结合的时候，一种将人类社会分成彼此分离的各个部分的模式便随之诞生。这种模式再与一种将创新看作以精英阶层为中心的罕见现象的变迁观相结合，就又会出现一些认为只有人类社会的为数不多的群体才蕴藏着造成社会变迁动力的模式。[25]

文明和社会层级的概念与种族的概念存在着同样的问题。笔者在定题时决定主要谈论种族，然而笔者也试图展现文明和社会层级概念是如何与种族的概念纠缠在一起的。此外，如果我们认为这个世界是被分割成不同的种族、文明和社会阶层的，那么这些类别就可以

---

23 R. L. Cann, Mark Stoneking, and Allan C. Wilson, "Mitochondrial DNA and Human Evolution," *Nature*, vol. 325, 1987, pp. 31–36.

24 Douglass C. North, John Joseph Wallis, Steven B. Webb, and Barry R. Weingast, eds., *In the Shadow of Violence: Politics, Economics, and the Problems of Development,* New York: Cambridge University Press, 2013.

25 受到文明化思维所带来的限制，笔者曾将该文标题定为“黑色的现代性”，并试图结合一种全面的、全球的现代性来抛出黑人在世界历史研究中的地位这一问题。然而笔者在将文稿传阅后通过一些审稿人的反馈认识到，不同大陆、文明或种族的人群均有各自独特的现代性。所以说站在全球的立场上对现代性加以评价也许无法令人信服。

彼此相连，进而可以得出某些种族和文明存在着大量精英，而另一些则几乎只有普通人的结论。如果我们再加上“自发—回应”这组概念——它认为平民缺乏创新，而精英长于创新，那我们就可以对这样一种观点习以为常，即认为少数精英有能力发挥能动性，而多数的其他群体则处于被动响应的地位。[26]

从根本上而言人类是平等的。本文基于这一预设，对现有探讨近五百年历史的世界史作品展开研究，从中寻找非裔人口的地位。[27]通过关注多重视角，世界历史著述在解释性上已经取得了重大进步，但这还不够。笔者认为，我们在描述全球话题时出现的不平衡蕴藏着一种对精英和文明视角的学术偏好——这类视角源自一种对人类创新的片面理解。[28]这就造成了这样一个悖论：一方面，全球历史的编撰试图探索以更为广阔的且更强调互动的方式描述过去，另一方面，它抛出的新论点又让非洲的过去及其离散社群所扮演的角色在现代史中边缘化。世界史受帝国史影响很大，而帝国史很大程度上则植根于精英主导历史变迁的假设，尽管社会史家给出大量证据表明底层社群所蕴藏的社会动力的重要性，甚至还详细说明了这样的动力形成了能够造成大规模社会变迁的机制。与此同时，因为我们长期认同种族和文明边界，越来越多的黑人史作品在黑人社群以及黑人史专家中流行开来，但却无法为这些群体之外的人们广泛了解。因此，非洲和非洲离散社群的角度告诉我们，精英和文明视角的偏见可能会限制世界历史分析的广度。

殖民主义、去殖民化和关于黑人的历史研究

战后去殖民化的浪潮给许多民族带来了独立，在亚洲始于 1945 年，在非洲始于 1955 年，在加勒比地区则始于 1962 年。这种去殖民化在之前被殖民的民族中开启了进行历史和理论创作的潮流。随着越来越多的人获得了公民权，世界各地开始重拾失落的过去，对黑人社群的历史研究也在这个过程中激增。黑人民族史的研究和出版填补了历史记载的空白，也挑战了那些贬低黑人能动性的社会理论。新的研究有助于找回过去被“掩埋”的历史，

26 这种观点认为，创新在人类社会中是罕见的，而历史学旨在追寻那些罕见但影响深远的创新。其反论题认为，创新是普遍的，无论在哪，无论是哪个社会阶层，当遇到新环境时都会有所反应，创新便由此而来。在这个假设中，整个社会遍布着能动性，而历史学则是要探索所有社会阶层的创新与反应。这些假设尽管极度简化，但却为全球社会变迁史的研究指明了不同的道路。

27 世界史对非洲人的呈现这一题目当然可以放在更长的时段里讨论，乃至追溯到人类起源也无不可，但这里之所以采用 1500 年之后这个时段是因为绝大部分史学研究关注的是这个时段。

28 就现代而言，“文明”这一概念指的是宏观社会学族群，它包含多个社会、多个国家和多个语言群体，但可能会拥有同样的宗教传统。就古代而言，这一概念指的是自成一体、等级森严且以城市为中心的社会。

从而服务于新的民族国家建构（在非洲），重构民族国家的历史以突出过去被无视的黑人的贡献（在离散社群），并将囊括非洲离散社群的历史加以明确。这些研究和出版多出自黑人社群，这是因为在非洲、加勒比地区、拉丁美洲、北美，黑人受教育的机会越来越多，于是对社群历史的记录成为可能；在欧洲的城市和亚洲的工厂，不断扩张的黑人社群也出现了同样的趋势。[29] 在非洲和拉丁美洲，高中和大学越来越多；在美国这样的国家，黑人就读各类学校的人数也急剧上升。欧洲和美国大学中已有的地区研究项目，之前出于政治原因而关注亚洲和拉丁美洲，现在也扩展到了非洲研究；20 世纪 60 年代末起，黑人研究的浪潮有些齐头并进的味道，不过这类研究多是回应社群的需求而非政策制定者的关切。

新的历史研究找回并弘扬了 16 世纪以来黑人作者作品的遗产。在这个解放时代，越来越多出身于黑人社群或是与黑人社群联系紧密的作者对这些在非洲和欧洲成书的作品进行了重新发现、传播和补充。[30] 到 20 世纪中叶，这些作品更是得到了进一步发展，开始囊括黑人世界的视野，相互关联的社会变迁分析，以及对种植园和城市生活的社会学研究。W. E. B. 杜波依斯（W. E. B. Du Bois），C. L. R. 詹姆斯（C. L. R. James）和埃里克·威廉姆斯（Eric Williams）因其特别的影响脱颖而出。[31] 战后出版了有关非裔美洲人历史的第一批成

29 尽管在去殖民化时代学术作品的作者大多是白人，但此时已经有越来越多的黑人取得了成为专业学者的机会，而且黑人作者一直在非学术领域中发表其历史研究成果。

30 本节所引用的文献大多出版于去殖民化时代（20 世纪 40 年代到 20 世纪 80 年代），但也有前殖民时代的作品。西非作者有：《非洲纪事》（*Tarikh al-Sudan*，约 1655 年）的作者阿卜杜·拉赫曼·伊本·阿卜杜·阿拉·萨迪（‘Abd al-Rahman ibn ‘Abd Allah Sa ‘di）、《西非编年史》（*Tarikh al-Fattash*, 约 1664 年）的作者马哈茂德·卡迪（Mahmud Kati），以及艾哈迈德·巴巴（Ahmad Baba）。有关近代早期欧洲的黑人作家，参见 Dieudonné Gnammankou and Yao Modzinou, eds., *Les Africains et leurs descendants en Europe avant le XXe siècle,* Toulouse: MAT Editions, 2008。

31 有关全球视野，参见 Edward W. Blyden, *Christianity, Islam and the Negro Race,* London: W. B. Whittingham, 1887; W. E. B. Du Bois, *The Negro*, New York: H. Holt, 1915; Du Bois, *The World and Africa: An Inquiry into the Part Which Africa Has Played in World History*, New York: Viking, 1947; Chiekh-Anta Diop, *Nations nègres et culture*, Paris: Editions Africaines, 1955。有关相互联系的社会变迁，参见 C. L. R. James, *Black Jacobins: Toussaint Louverture and the San Domingo Revolution*, New York: Dial Press, 1938; W. E. B. Du Bois, *Black Reconstruction: An Essay toward a History of the Part Which Black Folk Played in the Attempt to Reconstruct Democracy in America, 1860–1880*, New York: Russell and Russell, 1935; Eric Williams, *Capitalism and Slavery*, Chapel Hill: University of North Carolina Press, 1944。有关社会学研究，参见 W. E. B. Du Bois, *The Philadelphia Negro: A Social Study*, Philadelphia: Published for the University, 1899; Gilberto Freyre, *The Masters and the Slaves: A Study in the Development of Brazilian Civilization*, trans. Samuel Putnam, New York: Knopf, 1956; Fernando Ortiz, *Cuban Counterpoint: Tobacco and Sugar*, trans. Harriet de Onís, New York: Knopf, 1947; E. Franklin Frazier, *The Negro Family in the United States,* Chicago: University of Chicago Press, 1939; St. Clair Drake and Horace Cayton, *Black Metropolis: A Study of Negro Life in a Northern City*, New York: Harcourt, Brace, 1945. For a review of African-American historical writing, see Maghan Keita, *Race and the Writing of History: Riddling the Sphinx*, New York: Oxford University Press, 2000。

功的调查性研究，之后还有关于非洲和加勒比地区历史的作品问世。[32] 之前学者们专注于研究帝国和种植园对黑人社群的控制，这之后先是出现了对非洲的贸易和政治的互动研究，再然后又有了对遍及离散社群的黑人民族主义的编年史研究。研究者对非洲能动性的探寻促使他们去书写非洲的各个王国、不同的社会秩序、贸易和技术。[33]

罗伯特·W. 福格尔（Robert W. Fogel）和斯坦利·L. 恩格尔曼（Stanley L. Engerman）的《苦难的时代》（*Time on the Cross*，1974 年）在经济史领域曾是一部引领性著作，它毫不避讳为奴隶制进行辩护，围绕这本著作展开的讨论标志着种植园研究的顶峰。对大西洋奴隶贸易的数据统计促使大量研究者致力于相关研究，这些研究最终使大西洋沿岸四块大陆的经济和人口研究相互得以关联起来。自 20 世纪 70 年代起，有关黑人世界的历史学专著和阐释已覆盖了它的各个角落。[34]1974 年弗雷德里克·鲍泽（Frederick Bowser）对秘鲁早期殖民史中的非洲人的研究是这一时期对社会史最重要的贡献之一。A. I. 阿西瓦朱（A. I. Asiwaju）对于跨边界社群的研究部分地记录了殖民时代非洲大陆上各种边界的缺口。瓦尔特·罗德尼（Walter Rodney）借用了“欠发达”这一概念给我们带来一种对非洲及其与欧洲的相互关系的跨历史的解释（trans-historical interpretation）。对泛非思想和运动的研究也将 18 到 20 世纪大西洋两岸各个地区联系在一起。[35]

---

32 John Hope Franklin, *From Slavery to Freedom; A History of American Negroes*, New York, A. Knopf, 1947; Roland Oliver and John D. Fage, *A Short History of Africa*, Baltimore, Md.: Penguin, 1962; William Claypole and John Robottom, *Caribbean Story*, London: Longman, 1981; and Joseph Ki-Zerbo, *Histoire d'Afrique noire, d'hier à demain*, Paris: Hatier, 1972.

33 K. O. Dike, *Trade and Politics in the Niger Delta, 1830–1885,* Oxford: Clarendon Press, 1956; B. A. Ogot, *Building on the Indigenous: Selected Essays 1981–1998,* Kisimu: Angange Press, 1998; Jan Vansina, *Kingdoms of the Savanna*, Madison: University of Wisconsin Press, 1966; A. G. Hopkins, *An Economic History of West Africa*, London: Longman, 1973.

34 基本著作有 Robert W. Fogel and Stanley L. Engerman, *Time on the Cross: The Economics of American Negro Slavery*, Boston: Little, Brown, 1974; Philip D. Curtin, *The Atlantic Slave Trade: A Census*, Madison: University of Wisconsin Press, 1969; Joseph E. Harris, *The African Presence in Asia: Consequences of the East African Slave Trade*, Evanston, Ill.: Northwestern University Press, 1971; Edward A. Alpers, *Ivory and Slaves: Changing Pattern of International Trade in East Central Africa to the Later Nineteenth Century,* Berkeley: University of California Press, 1975; James Walvin, *Black and White: The Negro and English Society, 1555–1945*, London: Penguin, 1973; Jean-Louis Miège, *Le Maroc*, Paris: Presses Universitaires de France, 1950; Bethwell A. Ogot, *History of the Southern Luo: Volume I, Migration and Settlement, 1500–1900*, Nairobi: East African Publishing House, 1967。此外，在非洲和新大陆的大学中还有许多未发表的论文，其中一些很有价值，有待电子化并纳入更大的资料库中。

35 这一时期的重要著作有 Frederick Bowser, *The African Slave in Colonial Peru, 1524–1650*, Stanford, Calif.: Stanford University Press, 1974; Colin Palmer, *Slaves of the White God: Blacks in Mexico, 1570–1650*, Cambridge: Harvard University Press, 1976; Walter Rodney, *How Europe Underdeveloped Africa,* London: Bogle-L'Ouverture Publications, 1972; A. I. Asiwaju, *Western Yorubaland under Colonial Rule: A Comparative Analysis of French and British Colonialism*, London: Longman, 1976; Elikia M'Bokolo, *Mirambo: Ungrand chef contre les traficants d'esclaves*, Paris: ABC, 1976; B. W. Higman, *Slave Population and Economy in Jamaica, 1807–1834*, Cambridge, U.K.: Cambridge University Press, 1976; J. Ayodele Langley, *Pan-Africanism and Nationalism in West Africa, 1900–1945; A Study in Ideology and Social Classes*, Oxford: Clarendon Press, 1975。

越来越多有关黑人历史的著作以英语、法语、葡萄牙语、西班牙语等语言在四块大陆上问世。[36] 同样地，对历史和文化的研究也覆盖到所有主流宗教团体——基督教（天主教、新教、一性论派以及五旬节派）、伊斯兰教（特别是对各种苏菲派的关注），以及非洲和非洲人离散社群中的各种非洲传统宗教。[37] 此外，各种小型出版社和历史学杂志也四处涌现，尽管并不都能维持到今天，但其出版的作品如今成了历史记录的一部分。20 世纪 80 年代，一些大型的项目开始启动，譬如《剑桥非洲史》、联合国教科文组织编写的《非洲通史》、布克·T. 华盛顿（Booker T. Washington）以及马库斯·加维（Marcus Garvey）的文集的出版；之后联合国教科文组织又编撰了加勒比史。[38]20 世纪 80 年代出现了大量关注各种社会问题的专题研究，随后相关文献和著作被结集出版——这一学术现象在美国和非洲英语区尤为突出，最终也波及了非洲离散社群的各个角落。[39] 对艺术和文化的研究成果也在这些年井喷；1986 到 1993 年之间的七年，沃莱·索因卡（Wole Soyinka）、纳吉布·马哈福兹（Naguib Mahfouz）、内丁·戈迪默（Nadine Gordimer）、德里克·沃尔科特（Derek Walcott）和托妮·莫里森（Toni Morrison）获得的五次诺贝尔文学奖让黑人和非洲作家的

---

36 Laënnec Hurbon, *Comprendre Haïti: Essai sur l'état, la nation, la culture*, Paris: Karthala, 1987; Nina S. de Friedemann and Jaime Arocha, *De sol a sol: Génesis, transformación y presencia de los negros en Colombia*, Bogotá: Planeta, 1986; Luiz Felipe de Alencastro, *O Trato dos Viventes: Formacão do Brasil no Atlántico Sul. Séculos XVIe e XVII*, São Paulo: Companhia das Letras, 2000. 另外还包括以阿拉伯语、荷兰语、德语、斯瓦希里语、阿姆哈拉语、意大利语和俄语出版的作品。

37 João José Reis, *Death Is a Festival: Funeral Rites and Rebellion in Nineteenth-Century Brazil* [1991], trans. H. Sabrina Gledhill, Chapel Hill: University of North Carolina Press, 2003; Jean Copans, *Les marabouts de l'arachide: La Confrérie mouride et les paysans du Sénégal*, Paris: Le Sycomore, 1980; James Fernandez, *Bwiti: An Ethnography of the Religious Imagination in Africa*, Princeton, N.J.: Princeton University Press, 1982; James Lorand Matory, *Sex and the Empire That Is No More: Gender and the Politics of Metaphor in Oyo Yoruba Religion*, Minneapolis: University of Minnesota Press, 1994.

38 J. D. Fage and Roland Oliver, eds., *The Cambridge History of Africa*, Cambridge: Cambridge University Press, 1975–1986; *General History of Africa*, Paris: Unesco, 1978–1993; Lewis Harlan, ed., *The Booker T. Washington Papers,* Urbana: University of Illinois Press 1972–1984; Robert A. Hill, ed., *The Marcus Garvey and Universal Negro Improvement Association Papers*, Berkeley: University of California Press, 1983–1995; *General History of the Caribbean*, Paris: Unesco, 2003–2004.

39 Jan S. Hogendorn and Marion Johnson, *Shell Money of the Slave Trade*, Cambridge, U.K.: Cambridge University Press, 1986; John Iliffe, *The African Poor: A History*, Cambridge, U.K.: Cambridge University Press, 1987; Boubacar Barry, *Senegambia and the Atlantic Slave Trade* [1988], trans. Ayi Kwei Armah, Cambridge, U.K.: Cambridge University Press, 1998; Hilary McD. Beckles, *Natural Rebels: A Social History of Enslaved Black Women in Barbados*, New Brunswick, N.J.: Rutgers University Press, 1989. 有关文献集参见 James Walvin, *The Black Presence: A Documentary History of the Negro in England, 1555–1860*, London: Orbach and Chambers, 1971; John Hope Franklin and August Meier, eds., *Black Leaders of the Twentieth Century*, Urbana: University of Illinois Press, 1982.

文学才华得到了更多的认可。[40]

去殖民化过程中出现的理论争论削弱了种族论和文明论的影响。"种族"概念首当其冲，随后更令人意外的是"帝国"和"文明"这两个概念在分析的完善性上也越来越受到学术质疑，尽管这两个概念的构想常常会推陈出新。我们可以从几种等级理论的兴起和衰落中看到这种转变。一些理论认为非洲（或可包括美洲的赤道地区的低地）所固有的土地或气候特性给黑人社会的进步带来阻碍。[41] 现代化理论对社会等级进行了全面的辩护，甚至可以说是对之进行了美化，这一理论认为大多数社会都陷入传统社会结构的泥淖中，需要那些适应了欧式社会的精英的引导才能前进。[42] 在家庭方面，丹尼尔·帕特里克·莫伊尼汉（Daniel Patrick Moynihan）在 20 世纪 60 年代所提出的著名论断认为，非裔美洲人的家庭是反社会的（*sociopathic*），并且单亲母亲问题迫使整个社会族群处于弱势地位。[43] 有时这些等级范式会遭遇新理论的侧面冲击，例如，非洲学家、人类学家雅克·马凯（Jacques Maquet）试图重新将"文明"定义为生活方式而非高雅文化。[44]有时它们则会遭遇正面挑战，例如在心理学领域，利昂·卡明（Leon Kamin）便披露了一些宣称发现了智能的遗传性的研究在统计上的错误。生理学和药学已反复论证了不同种族的人类在生理上的平等性，这一平等极大程度上抵消了不同社会群体固有的但却很微小的生理

---

40 John Holm, *Pidgins and Creoles,* 2 vols., Cambridge, U.K.: Cambridge University Press, 1980; Robert Farris Thompson, *Flash of the Spirit: African and Afro-American Art and Philosophy*, New York: Random House, 1983; Richard J. Powell, *African and Afro-American Art: Call and Response*, Chicago: Field Museum of Natural History, 1984; Sterling Stuckey, *Slave Culture: Nationalist Theory and the Foundations of Black America,* New York: Oxford University Press, 1987.

41 就非洲土地的生产率而言，非洲大陆的人口到 20 世纪末增长了四倍但仍能做到食品自给。Marvin P. Miracle and Bruce Fetter, "Backward-Sloping Labor-Supply Functions and African Economic Behavior," *Economic Development and Cultural Change*, vol. 18, 1970, pp. 240–251.

42 有关现代化，参见 Talcott Parsons and Neil Smelser, *Economy and Society*, London: Routledge and Kegan Paul, 1956; Manfred Halpern, *The Politics of Social Change in the Middle East and North Africa*, Santa Monica, Calif.: Rand, 1963。W. W. 罗斯托（W. W. Rostow）的《经济增长的阶段》（*Stages of Economic Growth*，纽约：剑桥大学出版社，1960）是一种以政策为导向的现代化理论，美国政府在其"争取进步联盟"（Alliance for Progress）中采用了这一理论。最近一次严谨的文明分析，参见 Samuel Huntington, *The Clash of Civilizations?,* Cambridge, Mass.: Olin Institute, 1993。

43 Daniel Patrick Moynihan, *The Negro Family: The Case for National Action*, Washington, D.C.: Office of Planning and Research, United States Department of Labor, 1965. 之后，在艾滋病刚开始流行的时候，美国疾病控制中心（U.S. Centers for Disease Control）轻率地认为海地人（Haitian nationality）是一个发病因素，这完全破坏了科学准则，在个体层面的病理学解释中将种族（race）和国籍（nationality）混为一谈。

44 马凯认为非洲人的文明是各种锄头文明、放牧文明、猎人文明。Jacques Maquet, *Civilizations of Black Africa*, trans. Joan Rayfield,, New York: Oxford University Press, 1972.

特殊性。[45]

不断增多的黑人历史著述一直都对黑人个体和社群的能动性加以关注，在这个层面上，它与一种有关人类自发和回应的哲学立场相关联。历史学研究中的精英主导论是对这种哲学立场的简单模仿。它认为自发性和创新是罕见的，很大程度上只存在于社会上和文化上的上流场所（privileged arenas）；人类中的大多数只能对精英的自发性做出回应，或者甚至更糟，连回应都做不到。[46]也许有人会持与之相反的观点，即任何创造都是对既有条件的回应，而创新在各社会阶层都并不罕见。这样一来，问题就成了对既有（或变化着的）条件的反应是有效的还是无效的。对黑人发明家的大量研究无不体现了对该问题的浓厚兴趣。[47]

总体而言，到 1990 年，有关非洲及其离散社群的历史研究已经有了可观的积累。自那之后，解释景观（interpretive landscape）出现了转变：20 世纪 90 年代以来，学者们通过努力将黑人历史的各要素串联起来，形成了跨地域、跨学科的纽带。在南非、拉美、印度洋地区和欧洲的非洲裔人口中，历史学研究成果的发表与政治运动相得益彰。南美国家，特别是委内瑞拉和哥伦比亚，正式承认了其国族传承中有来自非洲先祖的部分，这也使其在教育、法律和公众认识方面发生了深刻变化。[48]在印度洋地区，非洲传承（African heritage）获得了与其在西非和大西洋地区相当的关注。[49]北非和撒哈拉地区大量的黑人人口重新被载入了史册，促进了对这一地区与撒哈拉以南非洲、欧洲和中东的联系的清晰梳

---

45 Leon J. Kamin, *The Science and Politics of I.Q.*, Potomac, Md.: Erlbaum, 1974. 卡明先是指出西里尔·伯特（Cyril Burt）孪生子在智力上强相关的研究报告不可信，接着又认为智力的遗传性接近于零。种族理论衰落的后果之一便是实证主义的、普世的、基于个体的理论更加流行。如此，种族和文明论退潮之时即是理性选择论（rational choice theory）兴起之日。

46 阿诺德·J. 汤因比（Arnold J. Toynbee）在其卷帙浩繁又影响深远的历史学综论中强调了文明的兴衰，阐发了一种看重精英自发性的宏观历史研究法。Toynbee, *A Study of History,* 12 vols., Oxford: Oxford University Press, 1933–1961.

47 例子有很多，但可着重参见 Louis Haber, *Black Pioneers of Science and Education*, New York: Harcourt, Brace and World, 1970，以及 Silvio Bedini, *The Life of Benjamin Banneker*, New York: Scribner, 1971。

48 自本条始至本节结束所引文献，可以从中看出，研究非洲及其离散社群的历史学家所进行的工作，特别是 1990 年之后的工作，就是从过去中找出了一些更大的模式。Peter Wade, "El movimiento negro en Colombia," *America Negra*, vol. 5, 1993, pp. 173–191.

49 Abdul Sheriff, *Slaves, Spices, and Ivory in Zanzibar: Integration of an East African Commercial Empire into the World Economy, 1770–1873*, London: James Currey, 1987; Gwyn Campbell, ed., *Structure of Slavery in Indian Ocean Africa and Asia*, London: Frank Cass, 2004; Indrani Chatterjee and Richard Eaton, eds., *Slavery and South Asian History*, Bloomington: Indiana University Press, 2006.

理。[50] 此外，除了关注具体的区域，学者们对黑人世界中不同区域间的联系的关注也越来越多，尤其体现在迈克尔·戈麦斯（Michael Gomez）对非洲人和美国南方之间的联系的追溯，这之后他还对美洲国家中伊斯兰的传承进行了探索。[51] 在 20 世纪 90 年代，随着非洲与海外的这些联系得到重视，“非洲离散社群”这一概念也从一种学术构想发展成一种广泛而有力的大众认同。[52] 随着时间的推移，分布如此广泛的非裔人口在历史中的相似性和联系性为重新阐释非洲离散社群——从在历史演进中发挥重要作用的非洲、美洲和亚欧三个区域的角度——提供了基础。长期以来，黑人史的彼此关联都只是暗含在其对种族歧视的回应上，如今它明白无误地为我们提供了一种观察过去的世界历史的视角。

自 21 世纪早期起，这些不断增长的著述反映了学术探索在诸多方向上的积累——有些是开拓性的，另一些则是对争论已久的问题的回顾。有关黑人历史的论著中既有传记和政治叙事这些成熟的文献类别，[53] 也有率先运用多学科方法进行研究的成果，包括在口述史、量化历史、社会人类学、考古学、语言学和民俗学中的新知。[54] 总而言之，有关非洲和非

---

50 关于欧洲，参见 Allison Blakely, *Blacks in the Dutch World: The Evolution of Racial Imagery in a Modern Society*, Bloomington: Indiana University Press, 1993; Peter Martin, *Schwarze Teufel, edle Mohren*, Hamburg: Junius, 1993; Jayne Ifekwunigwe, *Scattered Belongings: Cultural Paradoxes of "Race," Nation and Gender*, London: Routledge, 1999。关于中东，参见 Ehud Toledano, *The Ottoman Slave Trade and Its Suppression, 1840–1890*, Princeton, N.J.: Princeton University Press, 1982; William Gervase Clarence-Smith, *Islam and the Abolition of Slavery*, Oxford: Oxford University Press, 2006。有关北非，参见 Eve Troutt Powell, *A Different Shade of Colonialism: Egypt, Great Britain, and the Mastery of the Sudan*, Berkeley: University of California Press, 2003; Chouki El Hamel, *Black Morocco: A History of Slavery, Race, and Islam*, New York: Cambridge University Press, 2012。

51 Michael Gomez, *Exchanging Our Country Marks: The transformation of African Identities in the Colonial and Antebellum South*, Chapel Hill: University of North Carolina Press, 1998; Gomez, *Black Crescent: The Experience and Legacy of African Muslims in the Americas*, New York: Cambridge University Press, 2005. Richard J. Powell, *Black Art and Culture in the Twentieth Century*, New York: Thames and Hudson, 1997.

52 有关非洲离散社群概念化的重要文章，参见 Carlton Wilson, "Conceptualizing the African Diaspora," *Comparative Studies of South Asia, Africa, and the Middle East*, vol. 17, No. 2, 1997, pp. 118–122; Palmer, "Defining and Studying the Modern African Diaspora"; Robin D. G. Kelley, "'But a Local Phase of a World Problem': Black History's Global Vision, 1883–1950," *Journal of American History*, vol. 86, 1999, pp. 1045–1077; Brent Hayes Edwards, "The Uses of Diaspora," *Social Text*, vol. 66, 2001, pp. 45–73; Patrick Manning, "Africa and the African Diaspora: New Directions of Study," *Journal of African History*, vol. 44, 2003, pp. 487–506。

53 Taylor Branch, *Parting the Waters: America in the King Years, 1954–63*, New York: Simon and Schuster, 1988; Fatima Meer, *Higher than Hope: The Authorized Biography of Nelson Mandela*, New York: Harper and Row, 1990.

54 Maureen Warner Lewis, *Central Africa in the Caribbean: Transcending Time, Transforming Cultures*, Kingston: University of the West Indies Press, 2003; George Reid Andrews, *Afro-Latin America 1800–2000*, New York: Oxford University Press, 2004; Kim D. Butler, *Freedoms Given, Freedoms Won: Afro-Brazilians in Post-Abolition São Paulo and Salvador*, New Brunswick, N.J.: Rutgers University Press, 2003; Christopher Ehret, *An African Classical Age: Eastern and Southern Africa in World History, 1000 B.C. to A.D. 400,* Charlottesville: University Press of Virginia, 1998.

洲离散社群的历史著述不但规模庞大而且涉及广泛，它们在社群和地域层面上的阐释尤其清楚。这些著述如今呈现在历史学家面前，现在的问题就是那些在更广阔层面上撰写历史的学者是否对这些资料给予重视和参考。

世界史与黑人史

非洲人真的被世界历史著述忽视了吗？当我们回顾过去五个世纪世界历史编纂的成就与挑战时，非洲人及其离散社群人口那错综复杂的历史便提供了一个重要的实例。这一对世界历史编纂的讨论受益于对非洲大陆及其离散社群放在一起进行思考。在非洲的海岸线以外，离散社群的框架使人们注意到移民（包括自愿和被迫的移民），并尤为关注移民对他们出发之地、移居之地和对他们自己造成的改变。而在非洲大陆内部，地域性传统之间的相互影响以及毗邻地区间的互联不断地改变着语言、宗教、政治和经济体系，从而塑造了一个文明的框架。[55] 坚持将非洲大陆和非洲离散社群这组概念放在一起讨论让我们得以全面了解过去几个世纪的经验。譬如，当我们把这组概念放在一起，就会发现表达性文化（expressive culture，19 世纪和 20 世纪的一个特征）的发展是如何从非洲及其离散社群中汲取特别的力量的。此外，这样做也能让我们看到近来以争取民族独立和社会公正为目的的社会运动与关于何为人类本质的讨论之间的遥相呼应（parallel interactions）。

主流的世界史叙事碎片化地参考了非洲及其离散社群的历史元素，但却不涉及各黑人社群中所存在的互动和变迁。近年来最杰出的世界现代史（modern world history）研究者是 C. A. 贝利（C. A. Bayly）。他的综论探讨了一个在国家、经济和意识形态上不断走向一致（尽管仍然复杂）的世界。这本书认为 1780 年之后发生的诸多变化是“如此的迅速，它们彼此间的联系是如此深远”，这个时期可以被看作“现代世界的诞生”。然而，直到现代世界诞生的故事快要讲完，贝利才对非洲离散社群做出了唯一一次重要讨论：在题为“奴隶的印度洋之夏”的一节中，他粗略概述了世界范围内奴隶制的历史，并对 19 世纪末期奴隶制仍然存在感到惊奇。[56] 之后，于尔根·奥斯特哈默（Jürgen Osterhammel）在对 19 世纪世界的叙述中将发生在世界各地的重大事件与进程精巧地联系起来并加以比较。其中有

55　与海外离散社群的联系清楚地表明，大陆视域中的非洲“文明”必然涉及移民和离散社群，包括在非洲内部因奴役而产生的移民。

56　本节注释主要有关 1990 年之后的世界历史研究，并讨论这些研究在多大程度上关注了非洲及其离散社群的过去。Bayly, *Birth of the Modern World*, pp. 402-410. 其他提及非洲人和非裔人口的部分可参见该书第 215—216 页（有关帝国和民族国家）以及第 344—349 页（有关宗教）。

关非洲的篇章以布尔人、英国人、祖鲁人在南非的三足鼎立为主，辅以对奴隶制的扼要讨论。有关美洲黑人的篇幅体量与非洲相当，但更多地关注种族主义。[57]伊曼纽尔·沃勒斯坦（Immanuel Wallerstein）对1500年到19世纪90年代之间的“现代世界体系”的探究给我们带来了另一种宏观历史学解释。其四卷本著述耗费将近四十年才得以完成。沃勒斯坦很少提及非洲人和离散社群中的黑人，但这绝不是因为他缺乏有关非洲的知识——他早年专研非洲政治，也毕生保持着该领域的人脉。沃勒斯坦尤其受布罗代尔的影响，然而他汲取更多的是布罗代尔在经济层面上的思想，而不是其有关系统性因素的多重性的见地。[58]总而言之，世界历史专著和综论的作者尚未找到将非洲及其离散社群中的非洲人作为全球事务的参与者予以呈现的方法，现有的关注无论如何也谈不上与他们在人类中的地位相匹配。

尽管通论性教科书有时比专论性著作更清晰地罗列了各个时段非洲及其离散社群的社会，但在这种罗列中，它们与现代历史变迁的重大课题之间是割裂的。在杰里·本特利与赫伯特·齐格勒所编写的知名教科书中有专门的章节讨论1500年到1800年之间的非洲地区并聚焦于大西洋奴隶贸易。该书之后的章节提及了海地革命、美国内战、帝国征服和去殖民化。[59]如此这般的教科书层出不穷，其插图的质量和对历史进程的描述一版比一版精致。

---

57 这本九百多页的巨著中有十二页谈论了非洲，主要说的是外部对非洲大陆的影响；与之类似，离散社群在这本书中主要在有关种族主义的描述中出现。Jürgen Osterhammel, *The Transformation of the World: A Global History of the Nineteenth Century*, trans. Patrick Camiller, Princeton, N.J.: Princeton University Press, 2014.

58 Immanuel Wallerstein, *The Modern World-System*, 4 vols., New York: Academic Press, 1974, 1980, 1989, 2011. Fernand Braudel, *The Mediterranean and the Mediterranean World in the Era of Philip II*, trans. Sian Reynolds, New York: Harper, 1976. 布罗代尔的范式主要通过其合作者、《黑非洲史》（*Histoire d'Afrique noire*）的作者约瑟夫·基·泽尔博（Joseph Ki-Zerbo）推广到非洲研究中。其他作品的模式没有什么变化，对现代世界的主叙事很少谈及非洲，尽管非洲在人类文明中占比很大，甚至在某种程度上有着突出地位。米歇尔·博德（Michel Beaud）的诸多版本的资本主义史除了在谈到奴隶劳力时一笔带过外，并未太多提及非洲人和非裔人口。Michel Beaud, *A History of Capitalism, 1500–2000*, trans. Tom Dickman and Anny Lefebvre, New York: Monthly Review Press, 2001. 也可参见 Robert B. Marks, *The Origins of the Modern World: A Global and Ecological Narrative from the Fifteenth to the Twenty-First Century*, 2nd ed., Lanham, Md.: Rowman and Littlefield, 2007; David Landes, *The Wealth and Poverty of Nations: Why Some Are So Rich and Some So Poor*, New York: Norton, 1998。

59 Jerry H. Bentley and Herbert Ziegler, *Traditions & Encounters: A Global Perspective on the Past*, 5th ed., New York: McGraw-Hill, 2014; Richard W. Bulliet, Pamela Kyle Crossley, Daniel R. Headrick, Steven W. Hirsch, and Lyman L. Johnson, *The Earth and Its Peoples: A Global History*, 5th ed., Boston: Cengage, 2010; Robert Tignor, Jeremy Adelman, Peter Brown, Benjamin Elman, Stephen Kotkin, Gyan Prakash, Brent Shaw, Stephen Aron, Xinru Liu, Suzanne Marchand, Holly Pittman, Michael Tsin et al., *Worlds Together, Worlds Apart: A History of the World*, 4th ed., New York: Norton, 2013; Felipe Fernández-Armesto, *The World: A History*, 2nd ed., New York: Pearson, 2009; Peter N. Stearns, Michael B. Adas, Stuart B. Schwartz, Marc Jason Gilbert et al., *World Civilizations: The Global Experience*, 7th ed., New York: Pearson, 2014. 有关关注全球背景中的非洲的文献，参见 Erik Gilbert and Jonathan Reynolds, *Africa in World History: From Prehistory to the Present*, 3rd ed., Upper Saddle River, N.J.: Prentice-Hall, 2011。

然而，非洲人及其离散社群中的居民却一直处在世界舞台的边缘，在这个舞台上我们几乎看不到他们之间或他们与其他人之间的互动。一众教科书仍然倾向于将非洲当作一个单一的整体来描述，忽略非洲内部各区域之间的多样性以及这些区域之间的互联性，而且把这些区域排除在工业、政治、宗教或是哲学这样的大命题之外。

为何哪怕在这些卓越的世界史解释中非洲和非洲人及其能动性还是无法得到足够的表现呢？当人们试图讲述整个世界及其变迁的故事时，篇幅总是捉襟见肘的；表面上看来，作者们没有办法把更多与主流的世界问题相关联的黑人生活的细节展现出来。然而关键的一点在于：这些教科书一直是按照一种文明的或者说地区研究的模式来编写的。按世界区域来设置章节存在这样的风险：对每个区域的概述不仅会忽视区域间相互关联的历史进程，还会忽视区域内部的历史变迁。

专研非洲及其离散社群历史的学者不断尝试着改变宏观历史学解释中对黑人的忽视，虽然成效并不大。两次世界大战期间以及二战后，很多有才华的作者在描写黑人世界时拒绝赞美现代化，而是富有批判性地聚焦于全球转型所带来的消极影响，例如奴役、种族歧视、文化剥夺。[60] 哲学家 V. Y. 姆丁贝（V. Y. Mudimbe）和夸梅·安东尼·阿皮亚（Kwame Anthony Appiah）在 20 世纪 80 年代进一步发展了这类论点。[61] 保罗·吉尔罗伊（Paul Gilroy）在其 1993 年发表的著作《黑色大西洋》中所提出的对现代性的见解不仅在黑人中影响深远，甚至影响了更广阔的世界，尽管这可能是因为它仍然采用了一种精英视角。他认为在奴隶获得解放的社会中，黑人艺术家和知识分子利用了他们四海为家的经历，在文学和音乐领域产出了众多创造性佳作。所谓的“黑色大西洋”对他而言是黑人艺术家的世界性网络，这些黑人艺术家对现代性的洞察改变了主流的英语文化。[62]

历史学家蒂凡尼·鲁比·帕特森（Tiffany Ruby Patterson）和罗宾·D. G. 凯利（Robin D. G. Kelley）在 1998 年的一篇文章中又进一步详述了非裔美洲人经历的普世性。他们通过

---

60 James Baldwin, *The Fire Next Time*, New York: Dial Press, 1963; Cheikh-Anta Diop, *Black Africa: The Economic and Cultural Basis for a Federated State*, trans. Harold Salemson, Westport, Conn.: L. Hill, 1978; Aimé Césaire, *Discourse on Colonialism*, trans. Joan Pinkham, New York: Monthly Review Press, 1972; C. L. R. James, *A History of Negro Revolt*, New York: Haskell House Publishers, 1969; Rodney, *How Europe Underdeveloped Africa*. 也可参见 Chancellor Williams, *The Destruction of Black Civilization: Great Issues of a Race from 4500 B.C. to 2000 A.D.*, rev. ed., Chicago: Third World Press, 1976。

61 V. Y. Mudimbe, *The Invention of Africa: Gnosis, Philosophy, and the Order of Knowledge*, Bloomington: Indiana University Press, 1988; Anthony Appiah, *In My Father's House: Africa in the Philosophy of Culture*, New York: Oxford University Press, 1992.

62 Paul Gilroy, *The Black Atlantic: Modernity and Double Consciousness*, Cambridge, Mass.: Harvard University Press, 1993.

社会史、经济史和文化史中的一些重要命题展现了非裔美洲人社群中的变迁所具有的全球意义。玛根·凯塔（Maghan Keita）在一篇与之相似的文章中，站在非洲本土的角度，回顾了有关非洲在世界上的地位这一问题的分析性叙事（analytical narratives）并逐一批判了世界历史专家乃至非洲学家对非洲在历史中所扮演的角色的忽视。[63] 这两篇文章分别呼吁人们认识到非洲人和非裔美洲人的普世性，但如果在讨论中将这两个群体关联在一起，就像他们在历史中那样彼此相连，那么这种讨论的影响也许会更大一些。然而，尽管科林·帕尔默（Colin Palmer）的作品涵盖了整个黑人世界，并尝试摆正黑人在全球历史变迁这一语境中的位置，但同样也没有引起其他论著的太多反响。[64]

共同的能动性：非洲、离散社群和全球变迁

非洲及其离散社群的历史彰显了黑人在现代世界的构建中扮演的角色，从中可以发现黑人的能动性分为两条坐标轴。沿着垂直的坐标，处于底层的黑人不但持续影响着其与精英之间的阶层关系，而且广泛地影响着跨社群的社会模式。而沿着水平的坐标，黑人世界中某个地方出现的新事态也影响其他地方。更进一步，随着非洲各区域及其离散社群之间不断加强的交互联系，一个广大而互通的区域被建构出来，这个区域中普遍存在一种离散社群的意识——这是一种跨越了数个文明边界的意识。这其中有许多复杂的历史进程，笔者在此挑出其中一些来说明这一历史的特征和关联。笔者将叙述跨越三个世纪的七次互动性演变浪潮，非洲人、欧洲人及其散落在大西洋两岸的子子孙孙都参与其中。（类似的叙事框架亦可用于探讨非洲大陆各类边界之内的历史，非洲人与亚洲人之间的联系的历史，或者是其他尺度的历史。）

15 到 16 世纪欧洲与非洲的海路联系给两个大陆带来巨变，也同样地使两者陷入僵持局面。非洲既不像亚洲各中心区那样坐拥着集中的财富，也不像美洲那样易受侵袭而引发混乱，但各个阶层的非洲人都发现他们已经卷入大西洋联系的最初旋涡之中。非洲的工匠

63 Tiffany Ruby Patterson and Robin D. G. Kelley, "Unfinished Migrations: Reflections on the African Diaspora and the Making of the Modern World," *African Studies Review*, vol. 43, 2000, pp. 11– 45; Maghan Keita, "Africa and the Construction of a Grand Narrative in World History," in *Across Cultural Borders: Historiography in Global Perspective*, ed. Eckhardt Fuchs and Benedikt Stuchtey, Lanham, Md.: Rowman and Littlefield, 2002. 还可参见 Keita, "Africans and Asians: Historiography and the Long View of Global Interaction," *Journal of World History*, vol. 16, 2005, pp. 1–30。

64 Colin Palmer, "Defining and Studying the Modern African Diaspora," *Perspectives* [American Historical Association], vol. 36, no. 6, 1998, pp. 1, 22–25.

削减了一部分针对本土精英消费者的生产，并将这些产能转去满足葡萄牙和欧洲那不断增长的对远方精美物品的需求。[65]譬如在塞内冈比亚和上几内亚出现了新兴的商业精英 *nhara* 或 *Signares*，对这些女商人而言，与远道而来的欧洲人建立海事和商业联盟是其商业模式的一部分。[66]无论是留在非洲还是被运往国外的非洲战俘，名义上都被打上了“社会底层”的标签，但他们偶尔也能通过婚姻、手艺、商业头脑、政治磋商和宗教活动的技巧找到出路，从而使自己的社会地位得到保障。13 世纪卡斯蒂利亚所采用的《七编法》(Siete Partidas) 的法律框架对之后的整个伊比利亚地区产生了影响，这部法典尽管对奴隶身份的合法性予以认可，但它也为被奴役者提供了多种保护，甚至还赋予他们恢复自由的可能。[67]艾拉·柏林（Ira Berlin）在描述这一社会流动的近代早期版本时，发明了“大西洋克里奥尔人”这一概念来指代这些移民先辈中的一部分人，他们的身影出现在一个又一个地区，在殖民地秩序的发展中，巧妙而极有想象力地发挥了领导作用，尽管他们名义上是奴隶。[68]

17 世纪中叶开始，一些互相矛盾的社会经济变动浪潮席卷了包括西非和中非在内的大西洋世界。其中，荷兰、英格兰和法国的商业、军事与殖民扩张是这些转变中最为人熟知的部分。与此同时，欧洲人和非洲人都对不断加剧的小冰期以及 16 世纪全球互联扩大带来的广泛影响做出了反应。因此，17 世纪危机既有欧洲维度也有非洲维度。[69]此外，随着残酷的奴役体系的扩张，横跨大西洋的非洲人数如今也远远多于欧洲人，而非洲社会也经历着新的转型。西非的自由人口中出现了一种引人注目的经济自发性（economic initiative）：如雷·基亚（Ray Kea）所述，17 世纪黄金海岸的村落中突然涌现了大量手工艺产业。黄金贸易为该地区密集的商业往来提供了基础，而这种生产活力的扩张代表着一种经济自发性，这与扬·德·弗里斯（Jan de Vries）在描述同时代低地国家时所使用的“勤勉革

---

65 本节注释记录了世界现代史中黑人的能动性。有关塞拉利昂专为欧洲顾客制造的象牙雕塑品，参见 Mario Pereira, “West African Art in Renaissance Portugal,” unpublished paper。

66 George Brooks, *Eurafricans in Western Africa: Commerce, Social Status, Gender, and Religious Observance from the Sixteenth to the Eighteenth Century*, Athens: Ohio University Press, 2003, pp. 124–129, 206–221.

67 《七编法》吸收了罗马法和教会法规，认为奴隶是经受过不幸的人；这种认知体现在葡萄牙、法国和荷兰的奴隶法律中，直到 17 世纪种植园利益团体在美洲殖民地权势日盛。Elsa Goveia, “The West Indian Slave Laws of the Eighteenth Century,” *Revista de Ciencias Sociales*, vol. 4, 1960, pp. 75–105.

68 Ira Berlin, “From Creole to African: Atlantic Creoles and the Origins of African-American Society in Mainland North America,” *William and Mary Quarterly*, vol. 53, no. 2, April, 1996, pp. 251–288. 还可参见 Benton, *Law and Colonial Cultures*。

69 C. R. Boxer, *The Dutch Seaborne Empire 1600–1800*, London: Hutchinson, 1965. Jan de Vries, “The Economic Crisis of the Seventeenth Century after Fifty Years,” *Journal of Interdisciplinary History*, vol. 40, 2009, pp. 151–194. Geoffrey Parker, *Global Crisis: War, Climate Change & Catastrophe in the Seventeenth Century*, New Haven, Conn.: Yale University Press, 2013.

命”相类似。其相似性体现在中等收入家庭开始主动投资手工艺生产以扩大消费，尤其是在奢侈品方面的消费。[70] 此外，非洲以及其他地区的贸易离散社群向我们展示了一些彼此相距甚远的商业家族和社群保持互联的方式。非洲许多地区出现了新政权；这些政权的统治者似乎想要限制奴隶贸易，但最终却事与愿违反而更加深陷其中。[71] 在离散社群中，黑人家庭努力争取自由，尽管他们中只有小部分偶尔能获得成功；个别黑人能够跻身于精英阶层，而逃跑的奴隶则组成了孤立的社群。这类社群中令人印象最为深刻的是帕尔马雷斯（Palmares），该社群位于距离巴西甘蔗殖民地伯南布哥数天路程之外的地方。在 17 世纪的大部分时间，他们时而和平地做着生意，时而抵抗着荷兰和葡萄牙的惩罚性征伐。[72]

可以说无论是个体还是群体，离散社群中的黑人都正在逃离精英的控制。然而 17 世纪末发生的一些大事给他们泼了冷水。1685 年法国出台限制性的《黑人法典》（French Code noir of 1685）以文本的形式确认了先前发生的社会冲突，也正是这些社会冲突导致了这部法典的颁布。该法典被普遍认为是路易十四及其大臣科尔贝的单方面决定。以帝国的视角来看，有太多的奴隶正在通过婚姻、自赎和逃跑而获得自由乃至得到了社会的承认。这个法典确定了非洲人的血统将使其永远处于社会底层。[73] 就在同一时期，摩洛哥君主穆莱·伊斯梅尔（Mawlay Isma’il）前所未有地强制摩洛哥所有的黑人成年男性及其家属从军。在当时的摩洛哥，已经有包括长期居民和新近从苏丹而来的战俘在内的大量黑人人口获得了社会地位的提高。穆莱·伊斯梅尔高效地将这些自由的穆斯林变成奴隶，并给这一举动强加了一条法律上的理由。[74] 他给开罗爱资哈尔大学的律法学者送去了一批详尽的档案，试图让他们批准这一史无前例的措施，并最终得到了他们的首肯。这一举措连同

---

70 所谓“勤勉革命”指的是 17 世纪欧洲的农民和工匠似乎不约而同地做出了增加工作时长并进行更多消费的决定。Ray A. Kea, *Settlements, Trade, and Polities in the Seventeenth-Century Gold Coast*, Baltimore, Md.: Johns Hopkins University Press, 1982; Jan de Vries, “The Industrial Revolution and the Industrious Revolution,” *Journal of Economic History*, vol. 94, 1994, pp. 249–270. 有关非洲和美洲工匠的技能和产出，参见 Colleen E. Kriger, *Pride of Men: Ironworking in 19th Century West Central Africa*, Portsmouth, N.H.: Heinemann, 1999。关于另一种“勤勉革命”的解读，参见 Bayly, *Birth of the Modern World*, pp. 49–54。

71 有关贸易离散社群，参见 Claude Meillassoux, *The Development of Indigenous Trade and Markets in West Africa*, London: Oxford University Press, 1971; Philip D. Curtin, *Cross-Cultural Trade in World History*, Cambridge, Mass.: Cambridge University Press, 1984。有关国家，参见 Barry, *Senegambia; Vansina, Kingdoms of the Savanna*。

72 有关帕尔马雷斯，参见 Décio Freitas, *Palmares: A Guerra dos Escravos*, 5th ed., Rio de Janeiro: Graal, 1990；以及 Raymond K. Kent, “Palmares: An African State in Brazil,” *Journal of African History*, vol. 6, 1965, pp. 161–176。

73 Louis Sala-Molins, *Le Code noir, ou, Le calvaire de Canaan*, Paris: Presses Universitaires de France, 1987; Goveia, “West Indian Slave Laws”; Jacques Gillot and Jean-François Niort, *Le Code Noir*, Paris: Editions le Cavalier Bleu, 2015.

74 穆莱·伊斯梅尔的母亲出生在尼罗河谷，后来沦为奴隶。El Hamel, *Black Morocco*, p. 95.

《黑人法典》的实施展现了奴隶制的种族化是如何同时在基督教和伊斯兰世界中愈演愈烈的。[75]1694 年，在葡萄牙不断增强的进攻下帕尔马雷斯覆灭了，这也成为这一历史性时刻的一个见证。

然而，对黑人自发性的一致打压绝非大获全胜。在同一时期，特别是从 1690 年至 1730 年间，非洲海岸上的战俘的价格差不多翻了四倍，这可能是因为可供奴役的人口数量变少了，但也可能是因为潜在的战俘发现了一些手段使奴役他们的成本更高。[76] 囚禁和迁徙打乱了非洲及以外的黑人男女的生活，尽管如此，他们还是发挥了社会实践的能动性来适应新生活，譬如通过非正式的联合、通过能胜任抚育下一代的以女性为户主的家庭而构建起拟亲属关系。然而，女奴们所抚养的孩子尽管是她们亲自孕育的，但从一个重要的意义上说，这些孩子并不属于她们。此外，对于那些无法获得财产的人而言，连结婚本身也渐渐遥不可及。但是，在文化和思想领域，某些关于巫术和占卜的具体概念得到了发展并用以解决重大社会矛盾；更普遍的是，美洲殖民地各民族在宗教和社会事务中形成并传播了宽容的信念和实践。[77] 在艺术表现上，为精英提供统治观的艺术与为社群团结和振兴提供更为广泛的社群观念的艺术之间出现了越来越大的差异。正因为此，18 世纪穷兵黩武的达荷美国王阿加扎（King Agaja）不仅身着印度产的服饰，还以葡萄牙的贩奴船的形象作为自己的标志，而在其军事控制范围内说约鲁巴语的纳戈人（Yoruba-speaking Nago）却发展了“盖莱德”面具的传统，以一种幽默且恭敬的方式去表现老年妇女。正是后者在 20 世纪成为象征非洲创造性的符号。[78]18 世纪剩余的时间中，扩张了的大西洋奴役体系变成了一个多极体系，在这其中，英国和法国为了掌控奴隶贸易和殖民生产而大打出手，荷兰、葡萄牙和西班牙则继续扮演着重要角色。然而，到该世纪晚期，该体系的发展出现了两类瓶颈：其一是被奴役的人越来越多地揭竿而起（最成功的例子是海地的建立）；其二是在帝国本土不断发展的反奴役运动，这在英国尤甚。

约 1790 年到 1930 年之间发生的解放运动及其余波席卷了整个世界。[79] 对非洲及其离散社

---

75 此外，西班牙政府在 1680 年修改了其有关奴隶制的法律，明确限制了对奴隶权利的承认。伯纳德·刘易斯（Bernard Lewis）给出了不同的见解，他忽略了时代的变迁，认为伊斯兰社会一直有种族歧视。Lewis, *Race and Slavery in the Middle East: An Historical Inquiry*, New York: Oxford University Press, 1990.

76 Patrick Manning, *Slavery and African Life: Occidental, Oriental, and African Slave Trades*, Cambridge, U.K.: Cambridge University Press, 1990, pp. 18–19, 94–98, 131–133.

77 Stuart Schwartz, *All Can Be Saved: Religious Tolerance and Salvation in the Iberian Atlantic World*, New Haven: Yale University Press, 2008.

78 Patrick Manning, “Primitive Art and Modern Times,” *Radical History Review*, no. 33, 1985, pp. 165–181.

79 Leo Spitzer, *Lives in Between: The Experience of Marginality in a Century of Emancipation,* New York: Hill and Wang, 1999.

群的人们而言，19 世纪是一个奴役继续存在、解放运动蓬勃发展、自由社群得以巩固的时代。当一些区域限制了压迫，这些压迫便会在另一些区域扩张，这反映了解放运动中有一种至关重要的全球动力。奴隶制在海地终结了，在英帝国衰退了，但在其他地区（古巴、巴西、非洲大部以及亚洲部分区域）却反而扩张了。解放运动在整个 19 世纪出现了许多关键时刻，越来越多的黑人得以解放，然而因为上述原因，到 19 世纪 60、70 年代，被奴役的人口总数却达到了顶峰。[80] 奴隶制的终结往往是通过战争实现的，黑人男性通过参与一场又一场血战才得以改变社会并获得个人的发展。在以下战事中牺牲的黑人同样功不可没：委内瑞拉和哥伦比亚的内战、巴西的几场战事、1868 年和 1895 年两次古巴起义、非洲的连年大战，以及 1914 至 1918 年发生的世界大战。安东尼奥·马赛奥（Antonio Maceo）或许是这些战士中最为杰出的人物，他以将军的身份参加了古巴为获取独立而打响的所有战争。[81] 对于奴隶而言，获得自由是远远不够的——那些获得了表面上自由的人还寻求获得彻底的解放和公民权。

在非洲和美洲，那些享有自由但却仍处底层的社群依赖于各种非正式的自治系统，这些系统是在奴隶制下和殖民时期发展起来的。美国的黑人教堂便是其中一例。这些传统虽然通常游离于政治理论之外，但在村落和宗教机构、社会运动、底层民众的长期管理中发挥了作用。他们对土地、公民权以及国家政治权力的诉求方式构成了现代政治传统中的一个至关重要的部分。

激进的白人至上主义和不加掩饰的种族理论在 19 世纪 70 年代出现，这或许可以被视作是对一浪高过一浪的解放运动的回应。白人至上主义发展出一种控制意识形态的新形式以取代渐渐过时的用来压制大量臣属人口的法律体系。[82] 这种社会压制的潮流是对非洲及其离散社群中被解放人民积极开展的社会组织的反弹，是 17 世纪末出现的那种压制的清晰的回响。然而值得注意的是，尽管在这个时代白人至上主义和文化沙文主义发展到极盛，但与此同时各个大陆的黑人社群也在获得解放之后爆发出了强大的文化创造力。美洲、欧洲、亚洲以及整个非洲的城市流行文化得到了发展，新的音乐、舞蹈、文学和电影形式层出不穷。[83] 在美国，爵士和蓝调家喻户晓。还有其他例子，如伦巴之于古巴、桑巴之于巴西、卡利普索民歌之于特立尼达、哥斯特诺（costeño）之于哥伦比亚、快活音乐（high life）之于

80 非洲内部奴隶劳力出现增长的前提条件是其某些经济部门出现了增长，这与欧洲、北美和亚洲出现的与奴隶制相关的经济增长类似。

81 Andrews, *Afro-Latin America*, pp. 54–62, 76–82; Ada Ferrer, *Insurgent Cuba: Race, Nation, and Revolution, 1868–1898*, Chapel Hill: University of North Carolina Press, 1999.

82 一种新的反犹太主义浪潮也存在着同样的趋势。Neil MacMaster, *Racism in Europe, 1870–2000*, New York: Palgrave, 2001.

83 Manning, *The African Diaspora*, pp. 209–272.

加纳、斯瓦希里歌曲之于东非。黑人流行文化不断地推陈出新，利用新技术，吸引新受众，既有即兴表演也有对其他文化的借用。它瞄准大众而非精英；它依赖于新型的场地和媒体。事实上，即兴表演以及对新受众、新技术的关注不仅仅是爵士乐的特点，遍及各离散社群的黑人流行文化大多有这样的特征。在以上所有案例中，黑人社群中诞生的城市音乐均受到了更广泛的社群的接纳。在农村，黑人流行文化中最引人注目的创新源自一首非洲圣曲。这支被翻译为"天佑非洲"（Nkosi Sikelel'i Afrika, God Bless Africa）的无伴奏合唱创作于19世纪末期南非说科萨语的地区，被视为对身份和命运的讲述。随着时间的推移，它被以越来越多的语言唱响在东非的海滨地带。这首圣曲因其所蕴含的音乐性和社会性能量而在这些社群中一直广为传唱，外人对之则是啧啧称奇。[84]

可以通过一些较近的事件重申黑人史在全球的中心地位：人们在讲述1968年和1989年爆发的数场激烈的社会冲突时遵循迥异的叙述方式，有的谈及了黑人的生活，有的则完全没有涉及。一些叙事将重点放在了1968年的巴黎或是1989年的柏林，一再强调那些激情时刻——欧洲中心的、白人主导的、聚焦于精英的、能量向外扩散的。但是如果将黑人纳入进来，视角就会发生转变：1968年之事包含着去殖民化、民权运动、教育普及以及民族解放斗争；1989年之事可涉及南部非洲的多数统治、非洲国民会议的风潮、接踵而至的非洲内战、拉美社会改革的发展，以及世界各地黑人名流之间不断紧密的交流之网等内容。1989年之后不久，"天佑非洲"一曲就成了新南非的国歌。[85]

总之，黑人并非仅仅经历着世界历史，他们也改变着世界历史。把非洲离散社群作为一个整体来叙述能够展现文化、社会包括政治变迁中那些引人注目的模式。19世纪末期白人至上主义到达顶峰，世界各地的黑人几乎丧失了所有职权，无论这些职权是经由选举、任命还是世袭而来的。然而，同样也是在一瞬之间，在20世纪60年代，居住在世界四个大陆之上的黑人又能够通过选举或任命重新拥有自己的领袖。被剥夺领导权后经历60年不得染指正式政治的年头又重获官职，这样的叙事在每个地区都有所不同，但事情的进展在各地同步，也彼此影响着。这一世界历史变迁的原因值得深入研究。

---

84 这首合唱用的是一种传统表现形式，但它却植根于新的社会组织，证明了在非洲及其离散社群出现的现代转型的进程。到20世纪中叶，黑人文化的产物提供了一个政治动员的平台：围绕土地、识字权和城市中的工作机会的抗争，凝结成了一种对种族歧视和殖民统治的全球事业。

85 1997年，《天佑非洲》一曲与一首阿非利卡人圣歌《南非的呐喊》（Die Stem van Suid Africa）一起被编入了国歌——这赋予了长期的社会斗争一种象征性的妥协。另参见 August Meier, John Bracey Jr., and Elliott Rudwick, eds., *Black Protest in the Sixties*, New York: M. Wiener Pub., 1991; Patrick Manning, "1789–1792 and 1989–1992: Global Interactions of Social Movements," *World History Connected*, vol. 3, no. 1, October 2005, http://worldhistoryconnected.org/3.1/manning.html。

世界史中的社会史

世界史研究的目的是以宏观视角解释过去并关注全球模式。世界史不但寻求在全球尺度上解释社会，也寻求在诸如大陆、文明、离散社群、宗教社群、经济制度、种族认同、帝国等层面上解释那些彼此重叠的子系统。这些历史彼此冲突、重叠、互相影响，每一个都有着复杂的内部结构。世界史家需要全面地分析人类社会（也就是说增加复杂度），同时还要保证连贯性（也就是说寻求符合逻辑且前后一致的简明化）。此外，这类分析必须在其最为核心的领域有着相当的学科深度。

本文通过非洲及其离散社群彼此相连的历史这面镜子回顾了世界史，旨在描述世界历史研究的特征，并在垂直和水平的尺度上对该研究加以阐明。本文呼吁世界史家要进行自我评价，并思考这样一个问题：世界历史研究在强调全面性、学科专业性及连贯性上进展若何？本文涉及其他历史学研究领域眼中的世界史：世界史与其他尺度的历史研究，譬如与跨国史、地区研究和民族国家史相容与互相作用的效果如何？

从特性上讲，笔者认为世界史作为一种整体研究正不断增强其连贯性，此外，该领域正分化出清晰的子领域，其中一些子领域的话语尤为完备。譬如，全球环境史在对比长时段变迁与短时段波动、全球与地方这些方面已经取得了令人瞩目的成果。尽管环境史中仍然还存在区域视角，但我们可以认为它作为一种历史学话语已经融入了世界史。在经济史中，对“大分流”的讨论也推动了一种全球话语和一个确切的子领域的诞生——全球经济史。[86]但是，其他世界历史的子领域却进展缓慢。帝国史的话语可以被视作世界史这一领域中尚未被接纳的新进者，其话语的主流倾向仍然是分析个别的帝国以及它们与眼前之敌的争斗。[87]社会史

86 有关环境史，参见 J. McNeill, *Something New Under the Sun*; Richards, *Unending Frontier*; Parker, *Global Crisis*。有关经济史，参见 Kevin H. O'Rourke and Jeffrey G. Williamson, *Globalization and History: The Evolution of a Nineteenth-Century Atlantic Economy,* Cambridge, Mass.: MIT Press, 1999; Pomeranz, *Great Divergence*; Gareth Austin and Kaoru Sugihara, eds., *Labour-Intensive Industrialisation in Global History,* London: Routledge, 2013。

87 伯班克与库珀的著作和达尔文的著作反映了全球帝国史所取得的进展，但约翰·埃利奥特（John Elliott）对西班牙帝国和英帝国的比较研究所尽力描述的仍然主要是个别的帝国。Burbank and Cooper, *Empires in World History*; John Darwin, *After Tamerlane: The Global History of Empire since 1405*, London: Allen Lane, 2007; J. H. Elliott, *Empires of the Atlantic World: Britain and Spain in America 1492–1830*, New Haven, Conn.: Yale University Press, 2006. 有关迁移，参见 Jan Lucassen and Leo Lucassen, eds., *Globalising Migration History: The Eurasian Experience, 16th–21st Centuries*, Leiden: Brill, 2014; Dirk Hoerder, *Cultures in Contact: World Migration in the Second Millennium*, Durham, N.C.: Duke University Press, 2002; Patrick Manning with Tiffany Trimmer, *Migration in World History*, 2nd ed., London: Routledge, 2012。

尽管与世界史有交集，它的话语对世界史家而言还很陌生，文化史也是如此。总而言之，世界历史研究之进展的不平衡是显而易见的。

兴起中的世界历史著述在对全球分析和互动分析的处理上有很多需批判的地方；这里的评论主要来自对非洲及其离散社群的思考。其一，有必要强调社会史的地位，通过社会史我们可以更好地理解普通人经历的各种社会进程、基于某种原因而出现的自下而上的社会压力，以及精英与底层间创造力的交叉。尽管社会史中已经存在大量的研究，但如何将这些社会史洞见应用于世界历史的语境中，仍有待努力。[88]对性别研究而言，这一任务尤为不易。在这一领域，才思敏锐的分析者已经在试图从世界历史的角度对性别做出解释，但他们还没有为性别关系的模式找到一套固定的叙事方式。[89]其二，世界史家需要积累更多关于各文明和文化地区的知识，包括其边界的可渗透性以及其内部的特征，以理解过去的各种趋势，在此基础上决定将各文明或文化地区视为单一性的整体，或视其为无意义而将之忽略。其三，世界史家应当给予离散社群更多的关注，这些离散社群随着移民的增多而稳步地发展壮大，并扮演着有别于民族国家、帝国和文明的角色。[90]此外，通过对包括垂直和水平在内的社会流动和社会互动给予更多的关注，历史学家会找到交流和历史模式的变迁中最有趣的研究领域。

黑人史除了叙述世界上近六分之一人口的历史外，还为更广阔的世界史研究提供了重要的养料。黑人与众不同的历史经验对我们建立世界历史思维大有裨益。黑人自 17 世纪以来丧失了多数的精英阶层，在精英历史中长期缺乏立足之地。[91]但黑人大众仍然一直创造

---

88 彼得·莱恩博（Peter Linebaugh）和马库斯·雷迪克（Marcus Rediker）的作品《九头蛇：水手、奴隶、普通人和巨变的大西洋的隐秘历史》（*The Many-Headed Hydra: Sailors, Slaves, Commoners, and the Hidden History of the Revolutionary Atlantic*）（Boston: Beacon Press, 2000）可以说是对下层史（history from the below）最持久、最宏观的应用。对这一方法的进一步应用，参见 Rediker, *The Amistad Rebellion: An Atlantic Odyssey of Slavery and Freedom*, New York: Viking, 2012；另参见 Schwartz, *All Can Be Saved*。

89 Gerda Lerner, *The Creation of Patriarchy*, New York: Oxford University Press, 1986; Joan Wallach Scott, *Gender and the Politics of History*, New York: Columbia University Press, 1988; Mrinalini Sinha, *Colonial Masculinity: The 'Manly Englishman' and the 'Effeminate Bengali'*, Manchester, U.K.: Manchester University Press, 1995; Antoinette Burdon, *Gender, Sexuality, and Colonial Modernities*, New York: Routledge, 1999; Stearns, *Gender in World History*; Merry Wiesner-Hanks, *Gender in History: Global Perspectives*, 2nd ed., Hoboken, N.J.: Wiley-Blackwell, 2010; Pamela McVay, *Gender in World History*, Upper Saddle River, N.J.: Pearson, 2011.

90 有关对文明框架的批判，参见 Edward Said, *Orientalism*, New York: Vintage, 1979; Samir Amin, *Eurocentrism*, trans. Russell Moore, New York: Monthly Review Press, 1989。有关离散社群，参见 Cohen, *Global Diasporas*; Stéphane Dufoix, *Diasporas*, trans. William Rodarmor, Berkeley: University of California Press, 2008。

91 在非洲大陆，像在非洲离散社群中一样，有处于精英地位的人，但是欧洲人一般都把他们忽略了，这种忽略常常是后知后觉的。

着历史，在经济结构、社会组织、流行文化、底层自治等方面开拓创新。借助于这些黑人经验，我们也许可以在许多方面为黑人乃至全人类重写世界史。这将会是一部更为复杂的社会变迁史，它所呈现出的将会是互动进程而不是一个接着一个的鼓舞人心的时刻。从非洲大陆和离散社群的视角来看，它关注家庭和社群（多于帝国）、行业（多于工业）、受迫劳动（与自由劳动同等）、政治抗争和公民权（多于民族性）、基础教育（多于高等教育）、大众文化（多于精英文化），以及不断复现的社会和经济不平等的难题。

【原文出处】Patrick Manning. “Locating Africans on the World Stage: A Problem in World History,” *Journal of World History*, Vol. 26, No. 3 (2015), pp.605–637.

图书在版编目(CIP)数据

全球史研究指南:方法与实践/夏继果,王文生,杜宪兵主编.—北京:商务印书馆,2025
ISBN 978-7-100-23016-2

Ⅰ.①全… Ⅱ.①夏… ②王… ③杜… Ⅲ.①世界史—研究方法 Ⅳ.①K107

中国国家版本馆 CIP 数据核字(2023)第 176461 号

全球史研究指南
方法与实践
夏继果 王文生 杜宪兵 主编

商 务 印 书 馆 出 版
(北京王府井大街36号 邮政编码100710)
商 务 印 书 馆 发 行
北京市白帆印务有限公司印刷
ISBN 978-7-100-23016-2

2025 年 8 月第 1 版 开本 787×1092 1/16
2025 年 8 月北京第 1 次印刷 印张 32¼
定价:160.00 元